山东大学中文专刊

钱曾怡文集

第二卷

社会科学文献出版社
SOCIAL SCIENCES ACADEMIC PRESS (CHINA)

本卷目录

济南方言词典

济南话音档

济南方言词典

《現代漢語方言大詞典》領導小組

召集人　李　榮　趙所生

成　員　（按姓氏拼音爲序）

陳鳳英　李　榮　繆詠禾
王建邦　熊正輝　徐宗文
楊牧之　葉祥苓　張振興
趙所生　周　方

《現代漢語方言大詞典》編纂委員會

主　編　李　榮

副主編　（按姓氏拼音爲序）

繆詠禾　熊正輝　徐宗文
葉祥苓　張振興　趙所生

分地方言詞典總序

李 榮

方言調查記錄語言的現狀,方言比較反映語言的歷史。方言詞典用分條列舉的形式,表達調查研究的初步成果。讀者可以用來查考方言詞語的意義。語言工作者可以據此從事專題研究。文史方面的學者,也可以取用其中的語料。

漢語方言的調查研究工作近年來有所進展。在這個背景下,我們計畫編一部以實地調查爲主的,綜合的現代漢語方言詞典。這個計畫分兩步走。第一步是調查四十處方言,編四十册分地方言詞典。第二步是在四十册分地方言詞典的基礎上,補充一些其他方言資料,編一部綜合的漢語方言詞典。分地方言詞典與綜合的漢語方言詞典均由江蘇教育出版社出版。

方言詞典以方言調查爲本。調查首先是物色發音合作人。發音合作人選擇老年中年,也不排斥青年。根據前者確定音系,記錄語料;參考後者補充詞語,同時説明音系與前者不同處。

調查表有字表與詞表兩種,前者采用公開出版的《方言調查字表》,後者是專爲本計畫新編的《方言調查詞表》。這兩個表裏所列的單字與詞語,凡是本方言能説的,都盡可能問清楚。這樣各地的語料才能對比異同。這些語料不過是分地詞典的最大公約數。各地的編者有充分的篇幅,可以廣泛收羅本方言的字音與語彙。

分地方言詞典的要求有兩項:一是爲綜合的方言詞典準備條件,二是反映本方言的特色。

分地方言詞典的内容分爲三部分:主體是詞典正文,前有引論,後有義類索引與條目首字筆畫索引。

引論大致包括以下八項:(壹)本地的沿革、地理與人口。(貳)本方言内部的地理差別與年齡差別,本詞典發音合作人的方言派別。(叁)本方言的聲韵調，聲韵調的連讀變化。假如有變音，就説明變化的格式與功用。（肆）單字音表，就是反映字音構造的聲韵調拼合表。這種表可以檢驗所定音系是否周到，有没有什麽音在表裏不好安排。老讀輕聲的字與超出一般語音系統之外的象聲詞，都可以在表前交代，不列入表内。注意[m n ŋ]自成音節時的用法。子細詢問表裏空格所代表的音有什麽意義，把有音義而無通行寫法的字通通記下來。這是采集語料的一種有效方法。不會寫、光會説的字往往是口語裏常用的，可以補充單字與詞語調查之不足。（伍）本方言在語音、語彙、語法各方面的特點。特點指本方言區别於其他方言，尤其是區别於附近方言之處。（陸）凡例，説明本詞典出條、注音、釋義的方式，大小字區别，各種符號的用法，等等。（柒）詞典例句中常用字注釋。（捌）音節表。

詞典正文按字音排列，以本方言的韵母、聲母、聲調爲序。爲了查閲方便，正文之後有兩個索引。義類索引大致依據《方言調查詞表》的分類和次序。

方言詞典編寫時經常參考《現代漢語詞典》，有些條目並從中引用注文，不説出處。引用其他書刊時一般都説出處。

我們全體工作人員，雖説多少做過一些方言工作，在詞典方面還是初學乍練。本計畫在一九九一年春天起步，一九九二年秋天起，分地詞典先後交稿，陸續出版。趁此機會向讀者提個要求，希望對已經出版的各册多提意見，幫助我們把以後的工作做得好一點兒。是爲序。

一九九三年一月

總　目

引　論

壹　濟南市

濟南市位於山東省中部偏西，地處泰山隆起北緣，黄河下游南岸。東部和南部與淄博、泰安兩市爲鄰，西部與德州地區的齊河縣主要以黄河爲界，北接德州、惠民兩個地區。地理坐標南起北緯 36°01′、北至北緯 37°32′、西起東經 116°11′、東至東經 117°44′。地勢南高北低。

濟南因地處古濟水之南而得名，是我國著名文化古城之一。相傳舜曾躬耕於歷山(《史記·五帝本紀》:"舜耕歷山")。濟南是山東省的省會，京滬鐵路和膠濟鐵路在此交會，北通京津唐，南達寧滬杭，東至青島煙臺，公路更是四通八達，是我國東部南北交通的要冲。

濟南在殷商時期屬譚國地，西周至戰國屬齊國。《漢書·地理志》及顔師古注："濟南郡，故齊。文帝十六年(公元前 164 年)别爲濟南國。景帝二年(公元前 155 年)爲郡。莽曰樂安。屬青州。"屬縣有歷城。隋改濟南郡爲齊州，後又改稱齊郡。以後至唐宋，名稱多有更替，到宋徽宗政和六年(公元 1116 年)爲濟南府。明洪武元年(公元 1368 年)置山東行省，定濟南爲山東首府，開始了濟南作爲山東省會的歷史。

民國 18 年(公元 1929 年)建濟南市，轄歷城縣城和城外商埠及四郊等地，人口近 40 萬。1948 年濟南解放以後，行政區劃常有調整。現在的濟南市總面積已達 8227 平方公里，市區以外，轄章丘、長清、平陰、濟陽、商河五縣。濟南市區居於全市南北之中的位置，面積 2119 平方公里，分歷下、市中、天橋、槐蔭、歷城五區。

歷下區：由原歷城縣古縣城擴建而成，位於濟南市區中部，因坐落於歷山(今千佛山)脚下而得名。全區轄十五個街道辦事處和一個鎮。濟南名勝大明湖、趵突泉、解放閣、環城公園等多在該區。本區是濟南的文化區。

市中區：位於歷下區之西，轄區主要爲清光緒三十年(公元 1904 年)於歷城西關外所辟商埠一帶。全區轄十五個街道辦事處和一個鎮。本區是濟南市的政治、商業中心，也是回民聚居區之一。

天橋區：位於濟南市的北部，轄十二個街道辦事處和一個鎮。本區是濟南市的工業區。

槐蔭區:位於濟南市西南部,原是歷城縣的鄉區,後辟爲商埠。轄十一個街道辦事處和兩個鎮。其鄉區是濟南市的重要副食品基地。

歷城區:原爲歷城縣,舊城區即今歷下區。1987 年撤縣設濟南市歷城區。地處城郊,南依泰山,北臨黄河,成月牙形自北、東、南包圍天橋、歷下、市中、槐蔭四區。轄十七個鄉鎮。本區資源豐富,除礦藏以外,水生動植物别具特色。

據 1989 年統計,濟南市總人口爲 513.4 萬,市區 228.9 萬。有漢、回、滿等二十九個民族,其中漢族人口占 98%以上。少數民族中以回族人口居多,約占全部少數民族人數的 97%以上。各少數民族多數與漢族雜居,只有回族有幾個比較集中的聚居點,如市中區的杆石橋、黨家莊等。各民族日常通用漢語濟南方言。

貳 濟南方言的内部差别

濟南市區方言的内部差異從語音看主要是文讀和白讀、新派和老派的不同。文讀接近北京話,新派向北京話靠攏,所以有些文讀音實際上也是新派的口語音。例如"客"有 k'ə˨˩、k'ei˨˩˧ 二音,前者是文讀音也是新派口語音,後者是白讀音也是老派音。

㈠有明顯系統性的文白異讀是曾梗攝開口一、二等入聲與曾攝三等莊組入聲北京話讀 ɤ 韵母的字。見下表:(以下舉例,得至刻是曾攝一等,側至嗇是曾攝三等莊組,格至隔是梗攝二等)

	得德	特	勒	則	克刻	側	測	廁	色	嗇
文	꜀tə	꜁t'ə	꜀lə	꜀tsə	꜀k'ə	ts'ə꜄	꜀ts'ə	ts'ə꜄	꜀sə	sə꜄新 ꜀sə老
白	꜀tei	꜁tei	꜀lei	꜀tsei	꜀k'ei	꜀tʂei	꜀tʂ'ei	꜀tʂ'ei	꜀ʂei	꜀ʂei
	格	客	額		嚇	責	策册	隔		
文	꜀kə	k'ə꜄	꜁ŋə		꜀xə	tsə	꜀ts'ə	꜀kə		
白	꜀kei	꜀k'ei	iə꜄～拉蓋兒		꜀xei	꜀tʂei	꜀tʂ'ei	꜀kei		

但是梗攝開口二等的入聲"澤擇革核扼軛"六字,北京雖也讀 ɤ 韵母,濟南讀音是"澤擇"꜁tʂei,"革"꜀kə,"核"꜁xə,"扼軛"꜁ŋə,未聞有文白兩讀。

㈡其他文白異讀的常用字如:(以下按白讀音韵母順序排列)

	去～啊罷	尾～巴	雹	割	磕	角	啄	做
文	tɕ'y꜄	꜂vei	꜁pɔ	꜀kə	꜀k'ə	꜀tɕyə	꜁tʂuə	tsuə꜄
白	tɕ'i꜄	꜂i	꜁pa	꜀ka	꜀k'a	꜀tɕia	꜀tuə	tsou꜄
	綽	嚼	鑰	誰	淋	虹	頸	耕更三～
文	꜀tʂ'uə	꜁tɕyə	yə꜄	꜁ʂuei	liẽ	꜁xuŋ	tɕiŋ꜄	꜀kəŋ
白	꜀tʂ'ɔ	꜁tɕiɔ	iɔ꜄	꜁ʂei	꜁luẽ	꜁tɕiaŋ	꜂kəŋ脖～子	꜀tɕiŋ

㊂新老讀音差異成系統的主要有兩部分字：一部分是北京開口呼零聲母字（“啊阿～姨”除外），老派讀 ŋ 聲母，新派零聲母；另一部分是北京合口呼 ʐ 聲母字，老派讀 l 聲母而新派是 ʐ 聲母。見下列二表：

	阿東～、～膠	愛	襖	藕	安	摁	昂
老	꜀ŋə	ŋɛ꜄	꜂ŋɔ	꜂ŋou	꜀ŋã	ŋẽ꜄	꜁ŋaŋ
新	꜀ə	ɛ꜄	꜂ɔ	꜂ou	꜀ã	ẽ꜄	꜁aŋ

	褥	弱	銳	軟	容
老	lu꜄	luə꜄	luei꜄	꜂luã	꜁luŋ
新	ʐu꜄	ʐuə꜄	ʐuei꜄	꜂ʐuã	꜁ʐuŋ

據曹志耘（1989 年）對上述例字二百人的抽樣調查，濟南人將北京開口呼零聲母和合口呼 ʐ 聲母分別讀爲 ŋ、l 兩個聲母的年齡百分比爲：

北　京	濟　南	老	中	青	少
開口呼零聲母	部分或全部讀 ŋ 聲母	100%	97%	51%	11%
	全部讀 ŋ 聲母	76%	24%	0	2%
合口呼 ʐ 聲母	部分或全部讀 l 聲母	100%	90%	78%	63%
	全部讀 l 聲母	82%	52%	28%	3%
被調查人數（總計 200 人）		38	29	68	65

㊃其他新老異讀的常用字如：（以下按老派讀音韵母順序排列）

	倪	擬	逆	農	妯軸	阻	蛇	爪	血
老	꜁i	꜂i	i꜄	꜁nu	꜁tʂu	꜂tʂu	꜁ʂa	꜂tʂua	꜀ɕiə
新	꜁ȵi	꜂ȵi	ȵi꜄	꜁nuŋ	꜁tʂou	꜂tsu	꜁ʂə	꜂tʂɔ	꜀ɕyə
	挨～號	挨～打矮	陌	深伸	參差	縱	從	嵩松～樹	誦訟頌
老	꜀iɛ	꜂iɛ	mei꜄	꜀tʂʻẽ	꜀tʂʻẽ ꜀tʂʻʅ	tɕyŋ꜄	꜁tɕʻyŋ	꜀ɕyŋ	ɕyŋ꜄
新	꜀ŋɛ	꜂ŋɛ	mə꜄	꜀ʂẽ	꜀tsʻẽ ꜀tsʻʅ	tsuŋ꜄	꜁tsʻuŋ	꜀suŋ	suŋ꜄

此外，還有個别字如“我、國”等的舊讀音꜂ŋə、꜂kuei 大致已消失，不論新派、老派，都讀꜂və、꜂kuə 了。

濟南方言詞語也有新舊的不同，大多是新派向書面語、北京話靠攏，例如：夜來——昨天，長果——花生，電棒子——手電，洋釘——釘子，這裏不細說。

濟南方言詞語在回族和漢族之間還略有差别。市中區杆石橋一帶回民聚居點的回民跟歷下區的漢民，下列詞語説法不同。

漢	爸爸、爹	要飯的	媽媽乳房、奶水
回	大꜁ta（·大）、爸爸新	找乜臺的꜂tʂɔ ȵiə꜄ ·tʻɛ ·ti	口口꜂kʻou ·kʻou對幼兒稱奶水

漢 豬　　　　　　　　　　麼 ˓mə 幹～、爲～、～事

回 黑牲口 ˛xei ˛ʂəŋ ·k'ou　　嗎 ˓ma 幹～、爲～、～事

由於宗教信仰、民族禮儀、職業、飲食及其他生活習慣等原因，回民還有一些特有的詞語。關於宗教的如真主、阿訇、開齋節、冲灌沐浴等。杆石橋一帶回民商販通行一套數字暗語從一到九爲：即 ˓tɕi、到 tɔ˞、聽 ˛t'iŋ、西 ˛ɕi、來 ˓lɛ、滾 ˓kuẽ、憲 ɕiã˞、分 ˛fẽ、虛 ˛ɕy，十爲老即子、十一爲重即子、十五爲即來子等。以下再酌舉數例生活中的常用詞並略加說明：

果子盆 kuə˥˨ ·tsɿ p'ẽ˨˦ 回民舊俗，結婚時男方要送數十斤乃至百多斤果子（糕點）供女方贈送親友，因戲稱女孩爲果子盆。

依扎布 i˨˩˨ tʂa˨˩˨ ·pu 舊時回民結婚儀式，由六到八名阿訇在院子裏念經，新郎跪在桌前聽經，阿訇一邊念經一邊用生栗子和棗打新郎。

這那哉 tʂə˨˩ na˨˩˨ ·tsɛ 出殯前的一種念經儀式，子女跪在旁邊。

篤瓦 tu˨˩ va˥ 回民住宅、店鋪門前掛的橫匾，作爲回民的標志，含有祝福的意思。

里不里斯 li˥˨ ·pu li˥˨ ·sɿ 好挑起事端惹是生非的小人。

上貨 ʂaŋ˨˩˨ ·xuə｜下水 ɕia˨˩˨ ·ʂuei 食用的牲畜內臟漢民統稱下水；回民用兩個名稱，心和肝叫上貨，肚子、腸子和腰子叫下水。

本詞典所記方言以濟南市區老派爲主。發音合作人主要是：朱廣祁，男，漢族，1939 年生，文學碩士，世居濟南市歷下區縣東巷；陳淑華，女，回族，1993 年 65 歲，高小畢業，世居市中區禮拜寺巷陳家胡同；姚玉友，男，漢族，1993 年 71 歲，不曾上學，祖籍泰安，五六歲時到濟南市東郊利農莊（今屬歷城區）定居。三人中前二人作全面調查，後一人着重調查農業、動植物和部分紅白事的詞語。三人的不同除明顯可判斷是城郊、回漢差異隨文作出說明以外，其餘以朱廣祁的說法爲準。

叁　濟南方言的聲韻調

㈠聲母二十五個，包括零聲母在內。

p p' m f v　t t' n l　ts ts' s　tʂ tʂ' ʂ ʐ　tɕ tɕ' ȵ ɕ　k k' ŋ x　Ø

㈡基本韵母三十八個。右上角的數字是韵母的次序，下文單字音表和詞典正文都用這個次序。

ɿ[1]	ʅ[2]	ər[3]	a[7]	ə[10]	ɛ[14]	ei[17]	ɔ[19]	ou[21]	ã[23]	ẽ[27]	aŋ[31]	əŋ[34]	ŋ̍[38]
i[4]			ia[8]	iə[11]	iɛ[15]		iɔ[20]	iou[22]	iã[24]	iẽ[28]	iaŋ[32]	iŋ[35]	
u[5]			ua[9]	uə[12]	uɛ[16]	uei[18]			uã[25]	uẽ[29]	uaŋ[33]	uŋ[36]	
y[6]				yə[13]					yã[26]	yẽ[30]		yŋ[37]	

㊂兒化韵　上列基本韵母除本身是捲舌的 ər 韵與未發現兒化的 yŋ、ŋ̍ 兩韵之外，其他三十五韵均可兒化。有的基本韵母兒化以後合併，共有二十六個兒化韵，列舉如下。

ar	[<a]變戲法兒　找碴兒	iar	[<ia]光腳丫兒　豆芽兒
uar	[<ua]小褂兒　種花兒	ur	[<u]棗核兒　水珠兒
ər	[<ə]自個兒　下巴頦兒	iər	[<iə]爺兒倆　樹葉兒
uər	[<uə]大伙兒　座兒	yər	[<yə]家雀兒　小月兒
ɛr	[<ɛ ã]牌兒　盤兒	iɛr	[<iɛ iã]臺階兒　筆尖兒
uɛr	[<uɛ uã]肉塊兒　飯館兒	yɛr	[<yã]花卷兒　包圓兒
er	[<ʅ ɿ ei ẽ]刺兒　事兒　輩兒　盆兒	ier	[<i iẽ]玩意兒　腳印兒
uer	[<uei uẽ]一對兒　吃一頓兒	yer	[<y yẽ]蛐兒蛐兒　翻群兒
ɔr	[<ɔ]筆帽兒　小刀兒	iɔr	[<iɔ]麵條兒　小小兒
our	[<ou]土豆兒　死扣兒	iour	[<iou]煤球兒　小牛兒
ãr	[<aŋ]幫忙兒　瓜瓤兒	iãr	[<iaŋ]亮兒　地瓜秧兒
uãr	[<uaŋ]四方框兒　鷄蛋黄兒	ə̃r	[<əŋ]縫兒　跳繩兒
iə̃r	[<iŋ]小名兒　定盤星兒	uə̃r	[<uŋ]種兒　空兒

以上是濟南城裏兒化音的基本情况。濟南舊城郊的 ŋ 尾韵兒化時有兩種形式，一種是讀上述的鼻化元音捲舌，另一種是兒化時失去鼻音，元音捲舌不鼻化，aŋ iaŋ uaŋ əŋ iŋ uŋ 六韵的兒化跟 a ia ua ə iə uə 六韵的兒化相同，如(藥)方兒＝(没)法兒 far˨˩˧。有個順口溜説明這種兒化音的特點："黑了就變明兒(miər˦˨)，陰了就變晴。大小長點病兒(piər˨˩)，可別要了命兒(miər˨˩)。不是吃麵條，就是喝麵葉兒(iər˨˩)"。下面比較兩類兒化韵的讀音：

aŋ	藥方兒	fãr˨˩˧～far˨˩˧[<faŋ˨˩˧]	麵湯兒	t'ãr˨˩˧～t'ar˨˩˧[<t'aŋ˨˩˧]
iaŋ	裝樣兒	iãr˨˩～iar˨˩[<iaŋ˨˩]	拿個亮兒	liãr˨˩～liar˨˩[<liaŋ˨˩]
uaŋ	莊兒	tʂuãr˨˩˧～tʂuar˨˩˧[<tʂuaŋ˨˩˧]	鷄蛋黄兒	xuãr˦˨～xuar˦˨[<xuaŋ˦˨]
əŋ	嚴絲合縫兒	fə̃r˨˩～fər˨˩[<fəŋ˨˩]	格聲兒的	ʂə̃r˨˩˧～ʂər˨˩˧[<ʂəŋ˨˩˧]
iŋ	人名兒	miə̃r˦˨～miər˦˨[<miŋ˦˨]	麥稭梃兒	t'iə̃r˥～t'iər˥[<t'iŋ˥]
uŋ	種兒	tʂuə̃r˥～tʂuər˥[<tʂuŋ˥]	公兒	kuə̃r˨˩˧～kuər˨˩˧[<kuŋ˨˩˧]

後一種兒化歷下區等舊城區的人一般不説。郊區説的較多，但也不是所有的 ŋ 韵尾字兒化時都失去鼻音，跟德州話 ŋ 尾韵兒化多失去鼻音不同。

本詞典將 ŋ 尾韵元音不鼻化的兒化音稱爲二類兒化，詞典正文對每一個屬二類兒化的詞都作出説明。

㊃聲調四個。

陰平　[˨˩˧] 213　　陽平　[˦˨] 42　　上聲　[˥] 55　　去聲　[˨˩] 21

㊄變調和輕聲

濟南方言兩字連讀變調表

前字 ＼ 後字	陰平 ˨˩˧	陽平 ˦˨	上聲 ˥	去聲 ˨˩
陰平 ˨˩˧	①˨˩˧˨˧ ˨˩˧	②˨˩˧ ˦˨	③˨˩˧ ˥	④˨˩˧˨˧ ˨˩
陽平 ˦˨	⑤˦˨ ˨˩˧	⑥˦˨ ˦˨	⑦˦˨ ˥	⑧˦˨ ˨˩ ⑪˦˨˥ ˨˩
上聲 ˥	⑨˥ ˨˩˧	⑩˥ ˦˨	⑦˥˦˨ ˥	⑪˥ ˨˩
去聲 ˨˩	⑫˨˩ ˨˩˧	⑬˨˩ ˦˨	⑭˨˩ ˥	④˨˩˨˧ ˨˩ ⑮˨˩ ˨˩

濟南兩字組的變調都是後字不變，前字有變有不變。四個單字調的十六種排列變調後主要有十五種調型。其中有變調的五種，一個變調調值[˨˧]23。

①陰平＋陰平 ˨˩˧˨˧ ˨˩˧ 蜂窩 fəŋ˨˩˧˨˧ və˨˩˧ 花椒 xua˨˩˧˨˧ tɕiɔ˨˩˧
②陰平＋陽平 ˨˩˧ ˦˨ 香油 ɕiaŋ˨˩˧ iou˦˨ 稀甜 ɕi˨˩˧ t'iã˦˨
③陰平＋上聲 ˨˩˧ ˥ 花卷兒 xua˨˩˧ tɕyã˥ 孬種 nɔ˨˩˧ tʂuŋ˥
④陰平＋去聲 ˨˩˧˨˧ ˨˩ 殺樹 ʂa˨˩˧˨˧ ʂu˨˩ 幫硬 paŋ˨˩˧˨˧ iŋ˨˩
　去聲＋去聲 ˨˩˨˧ ˨˩ 掛麵 kua˨˩˨˧ miã˨˩ 另外 liŋ˨˩˨˧ vɛ˨˩
⑤陽平＋陰平 ˦˨ ˨˩˧ 前街 tɕ'iã˦˨ tɕiɛ˨˩˧ 元宵 yã˦˨ ɕiɔ˨˩˧
⑥陽平＋陽平 ˦˨ ˦˨ 紅糖 xuŋ˦˨ t'aŋ˦˨ 門牙 mẽ˦˨ ia˦˨
⑦陽平＋上聲 ˦˨ ˥ 棉襖 miã˦˨ ŋɔ˥ 年景 ȵiã˦˨ tɕiŋ˥
　上聲＋上聲 ˥˦˨ ˥ 海米 xɛ˥˦˨ mi˥ 雨傘 y˥˦˨ sã˥
⑧陽平＋去聲 ˦˨ ˨˩ 城市 tʂ'əŋ˦˨ ʂʅ˨˩ 難受 nã˦˨ ʂou˨˩
⑨上聲＋陰平 ˥ ˨˩˧ 粉絲 fẽ˥ sʅ˨˩˧ 老家 lɔ˥ tɕia˨˩˧
⑩上聲＋陽平 ˥ ˦˨ 老頭兒 lɔ˥ t'our˦˨ 可能 k'ə˥ nəŋ˦˨
⑪上聲＋去聲 ˥ ˨˩ 眼鏡 iã˥ tɕiŋ˨˩ 恐怕 k'uŋ˥ p'a˨˩
　陽平＋去聲 ˦˨˥ ˨˩ 油菜 iou˦˨˥ ts'ɛ˨˩ 蠶豆 ts'ã˦˨˥ tou˨˩
⑫去聲＋陰平 ˨˩ ˨˩˧ 豆沙 tou˨˩ ʂa˨˩˧ 順心 ʂuẽ˨˩ ɕiẽ˨˩˧
⑬去聲＋陽平 ˨˩ ˦˨ 便鞋 piã˨˩ ɕiɛ˦˨ 個人 kə˨˩ ʐẽ˦˨
⑭去聲＋上聲 ˨˩ ˥ 月餅 yə˨˩ piŋ˥ 碰巧 p'əŋ˨˩ tɕ'iɔ˥
⑮去聲＋去聲 ˨˩ ˨˩ 剩飯 ʂəŋ˨˩ fã˨˩ 順便 ʂuẽ˨˩ piã˨˩

以上産生"去＋去"和"陰＋去"、"上＋上"和"陽＋上"、"陽＋去"和"上＋去"三種形式合併，如：三步＝散步 sã˨˧ pu˨˩｜塗改＝土改 t'u˦˨ kɛ˥｜同志＝統治 t'uŋ˥ tʂʅ˨˩。而"去＋去"和"陽＋去"又分别有變或不變兩種形式，這兩種形式基本是兩可的，詞典正文按被調查人的習慣發音記錄。

此外，少數"上聲＋去聲"的組合讀成[˥˩ ˨˩]的形式，例如板凳 pã˥˩ təŋ˨˩、口供 k'ou˥˩ kuŋ˨˩ 等。"陰＋陽"、"陰＋上"的前字 213 的收尾稍低，實際 212，"陽＋

陽"的前字實爲 43，都按不變處理。

濟南方言兩字連讀後字讀輕聲的變調有八種形式：

前字陰平 ①˨˩˧˨˧ ˩ ⑤˨˩˧ ˦ 前字上聲 ③˥˨˧ ˦ ⑦˥ ˧

前字陽平 ②˦˨˥ ˥ ⑥˦˨ ˧ 前字去聲 ④˨˩˦ ˧ ⑧˨˩ ˩

四聲加輕聲，多數前字變調(①—④類)，少數時間詞、疊音詞等不變(⑤—⑧類)，前字變不變影響輕聲高低。

①陰平＋輕聲	˨˩˧˨˧ ˩	閨女	kuẽ˨˩˧˨˧ ȵy˩	稀罕	xi˨˩˧˨˧ xã˩
②陽平＋輕聲	˦˨˥ ˥	蘿貝	luə˦˨˥ pei˥	糊塗	xu˦˨˥ tu˥
③上聲＋輕聲	˥˨˧ ˦	點心	tiã˥˨˧ ɕiẽ˦	養活	iaŋ˥˨˧ xuə˦
④去聲＋輕聲	˨˩˦ ˧	簸箕	pə˨˩˦ tɕʻi˧	湊付	tsʻou˨˩˦ fu˧
⑤陰平＋輕聲	˨˩˧ ˦	歇歇	ɕiə˨˩˧ ɕiə˦	(老)嬤嬤	ma˨˩˧ ma˦
⑥陽平＋輕聲	˦˨ ˧	前天	tɕʻia˦˨ tʻia˧	砸砸	tsa˦˨ tsa˧
⑦上聲＋輕聲	˥ ˧	想想	ɕiaŋ˥ ɕiaŋ˧	走走	tsou˥ tsou˧
⑧去聲＋輕聲	˨˩ ˩	右手	iou˨˩ ʂou˩	後年	xou˨˩ ȵiã˩

說明：②類陽平後的輕聲調值略高於 5。④類去聲在輕聲前的調值開頭略降，後面較長的一段仍是平調，實際可記 55 或 544，爲別於②類陽平＋輕聲的 55，現在記作 44。

三字組以上的連讀變調大體以兩字組的變調爲基礎，具體情況見詞典正文記音，此處從略。

肆 濟南方言單字音表

濟南方言單字音表，請看下文 10—15 頁表之一至表之六。說明如下：

㈠本表横行按韵母和聲調排，韵母次序見叁㈢。

㈡同一韵母的按直行的聲母排，聲母次序見叁㈠。

㈢有音無字的用圓圈表示並在表下加注，圈内數字表示注文順序。

㈣多音字(有的重出)或音義特殊的字，也在表下作注。

㈤輕聲字不列入表内。

㈥兒化韵不列入表内。

㈦[ŋ̍]韵也不列入表内，只見於語氣詞"嗯"，讀[ŋ̍˨˩˧]表示出乎意外或不以爲然；讀[ŋ̍˥]表示疑問，讀[ŋ̍˨˩]表示同意、答應。

10 引　論

濟南方言單字音表之一

聲＼調＼韻	ɿ	ʅ	ər	i	u	y
	陰平˨˩˧ 陽平˦˨ 上聲˥ 去聲˨˩	陰平˨˩˧ 陽平˦˨ 上聲˥ 去聲˨˩	陰平˨˩˧ 陽平˦˨ 上聲˥ 去聲˨˩	陰平˨˩˧ 陽平˦˨ 上聲˥ 去聲˨˩	陰平˨˩˧ 陽平˦˨ 上聲˥ 去聲˨˩	陰平˨˩˧ 陽平˦˨ 上聲˥ 去聲˨˩
p p‘ m f v				屄鼻比閉 批皮劈屁 瞇迷米蜜	不醭補布 撲莆普堡 木謀某目 夫服斧付	
t t‘ n l				低笛底地 梯提體替 捋梨里立	督毒賭度 禿徒土兔 　奴呶怒 擼如乳鹿	 捋驢呂綠
ts ts‘ s	資自紫字 齜慈跐刺 絲　死四				租族祖做 粗　　醋 蘇　　素	
tʂ tʂ‘ ʂ ʐ		知直紙志 吃池齒翅 詩時史是 ①　　日			朱妯主住 出除礎怵 書秫鼠樹	
tɕ tɕ‘ ȵ ɕ				鷄集擠計 七其起氣 妮泥你匿 西席喜細		居局舉巨 渠　取趣 　　女 虛徐許序
k k‘ ŋ x					姑骨古僱 哭　苦庫 呼湖虎户	
ø			兒耳二	衣姨椅意	屋 五物	淤魚雨育

① ʐʅ˨˩˧　東西扔出去的聲音

跐 ts‘ɿ˥（或 ts‘ɿ˦˨）　踩

劈 p‘i˥　～開；p‘i˨˩˧　～木頭

捋 li˨˩˧（或 ly˨˩˧）～槐花

木 mu˨˩˧　麻～；mu˨˩ ～頭

呶 nu˥　～嘴

骨 ku˦˨　～搐；ku˨˩˧　～頭；ku˥　顴～

渠 tɕ‘y˨˩˧　濟南今讀陰平，不讀陽平

濟南方言單字音表之二

韵 調 聲	a	ia	ua	ə	iə	uə
	陰陽上去 平平聲聲 ˩˧ ˦˨ ˥ ˩	陰陽上去 平平聲聲 ˩˧ ˦˨ ˥ ˩	陰陽上去 平平聲聲 ˩˧ ˦˨ ˥ ˩	陰陽上去 平平聲聲 ˩˧ ˦˨ ˥ ˩	陰陽上去 平平聲聲 ˩˧ ˦˨ ˥ ˩	陰陽上去 平平聲聲 ˩˧ ˦˨ ˥ ˩
p p‘ m f v	八拔靶霸 趴爬　怕 媽麻馬罵 法罰 挖娃瓦襪	②③ ④⑤		波脖簸簸 坡婆　破 摸麼抹沫 　佛 窩　我卧	憋别鱉彆 撇．苤 咩篾　滅	
t t‘ n l	搭達打大 塔　他 納拿哪納 垃落喇辣	 　倆		得得　嘚 　特 勒　嘞	爹蝶 貼 咧咧裂烈	多奪躲剁 拖砣妥 挼挪 掠羅裸弱
ts ts‘ s	咂雜 擦 仨糝撒			則 測　廁 色　嗇		作昨佐坐 搓矬撮錯 蓑⑧鎖
tʂ tʂ‘ ʂ ʐ	渣閘眨榨 插茶蹅岔 沙蛇傻廈		抓　爪 ⑦ 刷　耍	哲轍者這 車　扯徹 賒舌捨社 　惹熱		桌濁 輟戳 説碩所朔
tɕ tɕ‘ ȵ ɕ		家⑥賈架 掐　卡恰 蝦霞　下			接杰姐借 切茄　怯 捏　孽 歇協寫謝	
k k‘ ŋ x	旮尜生 喀　卡① 腌 哈蛤		瓜呱寡掛 誇　垮跨 花滑　化	哥硌閣各 科　可課 惡蛾我餓 喝何　賀		鍋　果過 闊　闊 攉活火貨
ø	阿　啊啊	鴨牙啞軋			噎爺野夜	⑨

①k‘a˩～拉：含油食品有了哈喇味
②pia˩˧ 摔東西的聲音
③pia˦˨、⑤p‘ia˦˨　槍聲
④p‘ia˩˧ 用手掌打的聲音
⑥tɕia˦˨ 役使牲口的吆喝，命令牲口向外拐
⑦tʂ‘ua˩˧ 很快地抓取
⑧suə˦˨(孩子)淘氣
⑨uə˩˧ 役使牲口的吆喝，命令牲口向外拐
納 na˩˧～鞋底；na˩ 出～
落 la˦˨～下；luə˩ ～地
蛇 ʂa˦˨ 白；ʂə˦˨ 文
喀 k‘a˩˧～嚓：斷裂聲

卡 k‘a˥～車；tɕ‘ia˥～子
腌 ŋa˩˧～臢
蛤 xa˦˨～蟆眼兒
啊 a˥ 表示驚訝、疑問的語氣
啊 a˩ 表示答應、同意的語氣
呱 kua˦˨ 脘～、kua˩˧ ～唧
簸 pə˥～一～；pə˩ ～箕
得 tə˩˧ 文；tei˩˧ 白；tə˦˨ ～了罷
嘚 tə˩ 役使牲口的吆喝，命令牲口往前走
特 t‘ə˦˨～别；tei˦˨～爲的
勒 lə˩˧ 文；lei˩˧ 白

則 tsə˩˧ 文；tsei˩˧ 白
測 ts‘ə˩˧ 文；tʂ‘ei˩˧ 白
廁 ts‘ə˩ 文新；tʂ‘ə˩˧ 文；·sɿ 茅～
色 sə˩˧ 文；ʂei˩˧ 白
嗇 sə˩ 文；ʂei˩˧ 白
閣 kə˥～子後街；kə˩˧ 其他
我 ŋə˥ 舊；və˥ 今
咧 liə˩˧ 亂説；liə˦˨～涎：口水
作 tsuə˩˧～揖；tsuə˩ 工～
撮 ts‘uə˥ ～合；tsuə˩˧ 一～毛
闊 k‘uə˩˧ 寬～；k‘uə˩～氣

12　引　論

濟南方言單字音表之三

韵／調／聲	yə	ε	iε	uε	ei	uei
	陰平 陽平 上聲 去聲	陰平 陽平 上聲 去聲	陰平 陽平 上聲 去聲	陰平 陽平 上聲 去聲	陰平 陽平 上聲 去聲	陰平 陽平 上聲 去聲
	˨˩˧ ˦˨ ˥ ˨˩	˨˩˧ ˦˨ ˥ ˨˩	˨˩˧ ˦˨ ˥ ˨˩	˨˩˧ ˦˨ ˥ ˨˩	˨˩˧ ˦˨ ˥ ˨˩	˨˩˧ ˦˨ ˥ ˨˩
p		伯別擺拜			杯白　被	
p'		牌排派			追培　佩	
m		埋買賣			没梅美麥	
f		①			飛肥榧肺	
v		歪　跩外			威圍委位	
t		獃　逮代			德特	堆　　對
t'		胎臺　太			頹	推頹腿退
n		奶耐			餒內	
l		賴來　賴			勒	雷儡瑞
ts		災　宰在			則賊	堆　嘴罪
ts'		猜才彩菜				崔　　脆
s		腮　　賽			塞	雖隋　碎
tʂ		齋　　債		拽　跩拽	摘宅	追　　贅
tʂ'		釵柴踩		搋　揣踹	策	吹垂
ʂ		篩　　曬		衰　甩帥	澀誰	摔誰水睡
ʐ						
tɕ	腳絕		街　解界			
tɕ'	缺瘸[illegible]					
ȵ						
ɕ	靴學		鞋　械			
k		該　改概		乖　拐怪	格給	規　鬼桂
k'		開　楷		擓快	克剋	虧葵傀愧
ŋ		哀癌矮艾				
x		咳孩海害		槐　壞	黑	灰回悔惠
ø	約　噦月	哎　欸欸	挨挨矮			

① fε˦˨　呼痛聲

伯 pε˨˩˧　～～；pei˨˩˧ 其他

別 pε˦˨　不要；piə˦˨ 分～

排 p'ε˥　地～兒車；p'ε˦˨ 其他

賴 lε˨˩˧　不～；lε˨˩ ～皮

矮 ŋε˥ 文；iε˥ 白

欸 ε˥　表示疑問或驚訝的語氣；ε˨˩　表示答應同意的語氣

挨 iε˨˩˧　～號；iε˦˨ ～打

拽 tʂuε˨˩˧　扔；tʂuε˨˩ 拉

没 mei˨˩˧(或 mu˨˩˧)　～介；mei˦˨ ～啢

頹 t'ei˦˨ 又；t'uei˦˨

塞 sei˨˩˧　～住；sε˨˩ 邊～

誰 ʂei˦˨ 白；ʂuei˦˨ 文

格 kei˨˩˧ 白；kə˨˩˧ 文

給 kei˦˨，又讀 tɕi˦˨

克 k'ei˨˩˧ 白；k'ə˨˩˧ 文

剋 k'ei˦˨　訓斥：～他一頓

堆 tuei˨˩˧ 文；tsuei˨˩˧ 白論～

濟南方言單字音表之四

韵 調 聲	ɔ	iɔ	ou	iou	ã	iã
	陰陽上去 平平聲聲 ˨˩˧ ˦˨ ˥ ˨˩	陰陽上去 平平聲聲 ˨˩˧ ˦˨ ˥ ˨˩	陰陽上去 平平聲聲 ˨˩˧ ˦˨ ˥ ˨˩	陰陽上去 平平聲聲 ˨˩˧ ˦˨ ˥ ˨˩	陰陽上去 平平聲聲 ˨˩˧ ˦˨ ˥ ˨˩	陰陽上去 平平聲聲 ˨˩˧ ˦˨ ˥ ˨˩
p p‘ m f v	包　保報 抛袍跑炮 貓毛卯帽 　　否	標　表鰾 飄瓢　票 喵苗秒妙	 哞		班　板半 潘盤　盼 　瞞滿慢 帆凡反犯 彎完晚萬	邊　匾遍 偏便諞片 　棉勉面
t t‘ n l	刀　島稻 掏桃　套 孬撓腦鬧 嘮牢老澇	雕　屌吊 挑條挑跳 　聊了料	兜　抖豆 偷頭敨透 摟樓簍漏	丟 遛流柳六	丹　膽但 貪談坦炭 　男暖難 　藍漤濫	顛　典店 天田舔　 　連臉斂
ts ts‘ s	遭　早造 操曹草糙 臊　嫂臊		走揍 　　　湊 搜		簪　咱贊 參殘慘燦 三　傘散	
tʂ tʂ‘ ʂ ʐ	昭着找兆 抄巢吵抄 梢勺少邵 　饒擾繞		周軸肘宙 抽愁丑臭 收　手受 ①柔　肉		氈　斬站 攙禪產懺 山　陝善 　然染	
tɕ tɕ‘ ȵ ɕ		交嚼絞叫 敲喬巧俏 　　鳥尿 消　小笑		揪揪九就 秋求糗　 妞牛扭拗 修　　秀		尖　減件 鉛前淺欠 蔫年捻念 仙賢險現
k k‘ ŋ x	高　稿告 　　考靠 熬熬襖傲 薅豪好號		溝　狗夠 摳②口扣 歐　藕漚 齁侯　厚		甘　敢贛 堪　砍看 安　俺暗 罕寒喊汗	
ø		妖搖咬躍		悠油友又		煙炎眼燕

① ʐou˨˩˧　轉圈：～一圈

② k‘ou˦˨　利害：這妮兒真～

貓　mɔ˨˩˧　瞧～兒：逗引幼兒發笑的動作；mɔ˦˨ 家畜

糙　ts‘ɔ˨˩　毛～；tsɔ˨˩ 粗～

臊　sɔ˨˩˧　尿～；sɔ˨˩ 害～

着　tʂɔ˦˨　～急；tʂuə˦˨ 穿～；·tʂʅ 看～我

抄　tʂ‘ɔ˨˩˧　～寫；tʂ‘ɔ˨˩ 用勺子～

少　ʂɔ˥　多～；ʂɔ˨˩ ～年

熬　ŋɔ˨˩˧　～肉；ŋɔ˦˨ ～夜

挑　t‘iɔ˨˩˧　～擔；t‘iɔ˥ ～撥

嚼　tɕiɔ˦˨ 白；tɕyə˦˨ 文

摟　lou˨˩˧　～柴火；lou˥ ～抱

揪　tɕiou˨˩˧　～住他；tɕiou˦˨ ～下來

暖　nã˥　～鷄：孵小鷄；nuã˥ ～壺

難　na˨˩　患～；na˦˨ ～易

散　sã˨˩　解～；sã˥ ～裝

便　p‘iã˦˨　～宜；piã˨˩ 方～

濟南方言單字音表之五

韵 / 調 / 聲	uã				yã				ẽ				iẽ				uẽ				yẽ			
	陰平 ˨˩˧	陽平 ˦˨	上聲 ˥	去聲 ˨˩	陰平 ˨˩˧	陽平 ˦˨	上聲 ˥	去聲 ˨˩	陰平 ˨˩˧	陽平 ˦˨	上聲 ˥	去聲 ˨˩	陰平 ˨˩˧	陽平 ˦˨	上聲 ˥	去聲 ˨˩	陰平 ˨˩˧	陽平 ˦˨	上聲 ˥	去聲 ˨˩	陰平 ˨˩˧	陽平 ˦˨	上聲 ˥	去聲 ˨˩
p									鏰	甭	本	笨	賓			殯								
p‘									噴	盆		噴	拼	貧	品	聘								
m									燜	門		悶		民	敏									
f									分	墳	粉	憤												
v									溫	文	穩	問												
t	端		短	段													蹲		盹	頓				
t‘	湍	團															吞	屯	①	褪				
n			暖																					
l		鸞	軟	亂										林	廩	吝		倫		嫩				
ts	鑽		纂	攥							怎						尊							
ts‘	氽			竄					參								村	存		寸				
s	酸			算													孫							
tʂ	專		轉	賺					真		疹	陣					諄		準					
tʂ‘	川	船	喘	篡					抻	沉		趁					春	純						
ʂ	拴			涮					身	神	嬸	慎						②		順				
ʐ										人	忍	任												
tɕ					捐		捲	眷					今		緊	近					君		窘	俊
tɕ‘					圈	全	犬	勸					親	琴	寢	吣					皴	群	綑	
ȵ																								
ɕ					宣	玄	選	楦					心	尋		信					醺	巡	榫	訓
k	官		管	貫					跟	哏	艮	亙					閨		滾	棍				
k‘	寬		款								肯	裉					昆		綑	困				
ŋ									恩			摁												
x	歡	環	緩	喚						痕	很	恨					昏	魂		混				
ø					鴛	元	遠	院					音	銀	尹	印					暈	勻	允	運

① t‘uẽ˥ 挺：～起肚子

② ʂuẽ˦˨ 羞：害～

轉 tʂuã˥ ～變；tʂuã˨˩ ～動

圈 tɕ‘yã˨˩˧ 圓～；tɕyã˨˩ 豬～

甭 pẽ˦˨；pəŋ˦˨ 又；piŋ˦˨ 又

噴 p‘ẽ˨˩˧ ～水；p‘ẽ˨˩ ～香

怎 tsẽ˥ 文；tsəŋ˥ 白：～麼

參 ts‘ẽ˨˩˧ ～差；ts‘ã˨˩˧ ～加；ʂẽ˨˩˧ 人～

尋 ɕiẽ˦˨ ～思；ɕyẽ˦˨ ～找

閨 kuẽ˨˩˧ ～女；kuei˨˩˧ 單字音

綑 k‘uẽ˥ 文；tɕ‘yẽ˥ 白

濟南方言單字音表之六

聲＼調＼韵	aŋ	iaŋ	uaŋ	əŋ	iŋ	uŋ	yŋ
	陰平˨˩˧ 陽平˦˨ 上聲˥ 去聲˨˩	陰平˨˩˧ 陽平˦˨ 上聲˥ 去聲˨˩	陰平˨˩˧ 陽平˦˨ 上聲˥ 去聲˨˩	陰平˨˩˧ 陽平˦˨ 上聲˥ 去聲˨˩	陰平˨˩˧ 陽平˦˨ 上聲˥ 去聲˨˩	陰平˨˩˧ 陽平˦˨ 上聲˥ 去聲˨˩	陰平˨˩˧ 陽平˦˨ 上聲˥ 去聲˨˩
p	幫　榜棒			崩甭　蹦	冰甭秉病		
p‘	乓旁耪胖			烹朋捧碰	乒平		
m	牤忙盲			蒙盟猛孟	明　命		
f	方房紡放			風逢　奉			
v	汪王往忘			翁　　甕			
t	襠　擋蕩		⑥	登　等凳	丁　頂定	東　董洞	
t‘	湯唐躺燙			熥騰	聽亭挺	通同桶痛	
n	囔囊攮齉			能　弄		膿　弄	
l	狼　浪	良兩亮		棱　冷愣	零領令	榮攏弄	
ts	髒　　葬			增　怎贈		宗　總縱	
ts‘	倉藏　①			層　蹭		蔥從	
s	桑　嗓喪			僧		嵩　聳送	
tʂ	張②掌丈		莊　　撞	爭　整證		忠　腫眾	
tʂ‘	昌常廠唱		窗牀闖創	撐成騁秤		沖蟲寵銃	
ʂ	商　晌上		霜　爽雙	聲繩省剩			
ʐ	嚷瓤攘讓			扔　仍			
tɕ		江⑤講匠			精　景敬		迥粽
tɕ‘		槍強搶戧			青晴請慶		窮
ȵ		娘			擰擰擰		
ɕ		香翔想向			星形醒性		兄熊
k	缸③港杠		光咣廣逛	庚　耿更		公　鞏共	
k‘	康　　抗		筐狂　礦	坑		空　孔控	
ŋ	骯昂④						
x	夯航　巷		荒黃晃㨪	哼恒　橫		烘紅哄鬨	
ø		央羊養樣			英迎影硬		擁　永用

① ts‘aŋ˨˩　摩擦，蹭

② tʂaŋ˦˨　添加，用：～上點鹽｜～油炒

③ kaŋ˦˨　很：～好

④ ŋaŋ˥　燃燒：～煙

⑤ tɕiaŋ˦˨　～～着：小孩叉開腿騎在大人脖子上

⑥ tuaŋ˨˩　碰撞聲：～，掉地上嘛！

喪 saŋ˨˩　～良心；saŋ˨˩˧　婚～

嚷 ʐaŋ˨˩　～～；ʐaŋ˥　叫～

巷 xaŋ˨˩　～道；ɕiaŋ˨˩　剪子～巷名

雙 ʂuaŋ˨˩　～巴｜一對～；ʂuaŋ˨˩˧　成～

咣 kuaŋ˦˨　敲鑼聲

蒙 məŋ˨˩˧　騙，瞎猜；məŋ˦˨　～上；məŋ˥　～古

弄 nəŋ˨˩；luŋ˨˩ 又；nuŋ˨˩ 又

棱 ləŋ˨˩˧　很：～好；ləŋ˨˩　～角

扔 ʐəŋ˨˩˧ 文；ləŋ˨˩˧ 白

更 kəŋ˨˩　～加；kəŋ˨˩˧ 文、tɕiŋ˨˩˧ 白 打～｜三～

擰 ȵiŋ˦˨　絞，扭轉：～毛巾；ȵiŋ˥　顛倒，抵觸；ȵiŋ˨˩　脾氣倔

銃 tʂ‘uŋ˨˩　對，向：～着我來嘛；tʂ‘uŋ˨˩˧　～鋒

粽 tɕyŋ˨˩ 白；ts‘uŋ˨˩ 文

伍　濟南方言的特點

濟南方言屬於漢語官話方言大區的冀魯官話區，在魯西的中部方言中有代表性，是山東快書和吕劇的藝術語言基礎。

㈠語音特點

①濟南方言開口呼的零聲母字限於 a、ər 兩個韵母的“阿啊”、“兒耳二”等字。中古影疑兩母在北京讀開口呼的零聲母字，濟南是 ŋ 聲母。例如：阿東～ ꜀ŋə、鵝 ꜁ŋə，哀 ꜀ŋɛ、艾 ŋɛ꜄，襖 ꜂ŋɔ、傲 ŋɔ꜄，歐 ꜀ŋou、藕 ꜂ŋou，安 ꜀ŋã、岸 ŋã꜄，恩 ꜀ŋẽ、摁 ŋẽ꜄，骯 ꜀ŋaŋ、昂 ꜁ŋaŋ。濟南的 ŋ 聲母，新派讀零聲母，詳見叁㈢。

②濟南方言合口呼的零聲母字限於單韵母 u，凡北京 u 以外的合口呼零聲母字，濟南是 v 聲母，韵母爲開口呼。比較如下：

	屋	挖	窩	歪	威	彎	溫	汪	翁
北京	꜀u	꜀ua	꜀uo	꜀uai	꜀uei	꜀uan	꜀uən	꜀uaŋ	꜀uəŋ
濟南	꜀u	꜀va	꜀və	꜀vɛ	꜀vei	꜀vã	꜀vẽ	꜀vaŋ	꜀vəŋ

③濟南　人＝路 lu꜄、若＝洛 luə꜄、鋭＝類 luei꜄、軟＝卵 ꜂luã、容＝籠 ꜁luŋ，北京凡中古日母（止攝今讀 ər 的除外）和個别云、以、禪來源今讀 ʐ 聲母的字，濟南開口呼也讀 ʐ-，合口呼讀 l-。比較如下（表中除小字注明古聲母的以外，皆古日母字）：

	日	肉	人	扔	如	弱	蕊瑞禪	軟	絨榮云融以
北京	ʐʅ꜄	ʐou꜄	꜁ʐən	꜀ʐəŋ	꜁ʐu	ʐuo꜄	ʐuei꜄	꜂ʐuan	꜁ʐuŋ
濟南	ʐʅ꜄	ʐou꜄	꜁ʐẽ	꜀ʐəŋ	꜁lu	luə꜄	luei꜄	꜂luã	꜁luŋ

例外字：閏潤，北京 ʐuən꜄，濟南 yẽ꜄。

④中古知莊章三組字，北京讀 tʂ tʂʻ ʂ，有少量的莊組字和知組澄母字讀 ts tsʻ s，濟南情况大致跟北京相同，但在《方言調查字表》莊組和澄母北京讀 ts tsʻ s 的三十一字中，濟南除灑、滓、搜、颼、餿、搜～集、簪七字也讀 ts tsʻ s 以外，其餘二十四字仍讀 tʂ tʂʻ ʂ。二十四字跟北京比較如下：

	阻莊	所生	輜淄莊	廁初	俟俟	鄒莊	參差初		岑崇	森生
北京	꜂tsu	꜂suo	꜀tsʅ	tsʻɤ꜄	sʅ꜄	꜀tsou	꜀tsʻən	꜀tsʻʅ	꜁tsʻən	꜀sən
濟南	꜂tʂu	꜂ʂuə	꜀tʂʅ	꜀tʂʻei	ʂʅ꜄	꜀tʂou	꜀tʂʻẽ	꜀tʂʻʅ	꜁tʂʻẽ	꜀ʂẽ

	澀生	瑟生	側莊	仄莊	測惻初	色生	澤擇澄	責莊	策册初	縮生
北京	sɤ꜄	sɤ꜄	tsɤ꜄、tsʻɤ꜄	tsɤ꜄	tsʻɤ꜄	sɤ꜄	꜁tsɤ	꜁tsɤ	tsʻɤ꜄	꜀suo
濟南	꜀ʂei	꜀ʂei	꜀tʂei	꜀tʂei	꜀tʂʻei	꜀ʂei	꜁tʂei	꜀tʂei	꜀tʂʻei	꜀ʂuə

以上“阻、參差”是老派音，“廁、瑟、側、仄、測惻、色、責、策册”是白讀音。又：章

母字“只～有”，北京讀꜂tʂʅ，濟南讀꜁tsʅ。

⑤北京 ai、uai 和 au、iau 兩套韵母，濟南是 ɛ、uɛ 和 ɔ、iɔ。例如：拜 pɛ꜄｜怪 kuɛ꜄｜包 ꜀pɔ｜交 ꜀tɕiɔ。

⑥有鼻化元音韵母 ã、iã、uã、yã 和 ẽ、iẽ、uẽ、yẽ，大致相當於北京的 an、ian、uan、yan 和 ən、in、uən、yn。例如：安 ꜀ŋã、煙 ꜀iã、官 ꜀kuã、鴛 ꜀yã；恩 ꜀ŋẽ、音 ꜀iẽ、昏 ꜀xuẽ、暈 ꜀yẽ。

⑦中古蟹攝開口二等見系字，北京大多讀 ie 韵母，解＝姐꜂tɕie，濟南解一類字讀 iɛ 韵母，跟 ɛ、uɛ 配套，解꜂tɕiɛ≠姐꜂tɕiə。濟南的 iɛ 韵母限於 tɕ、ɕ、ø 三個聲母，常用字有：tɕiɛ꜀皆꜀秸꜀階꜀街꜂解介꜄芥꜄界꜄疥꜄屆꜄戒꜄｜ɕiɛ꜁鞋械꜄諧꜄偕꜄解꜄姓懈꜄蟹꜄澥꜄｜iɛ꜀挨～號꜁崖꜁涯꜂矮。

⑧中古曾攝開口一等和梗攝開口二等的入聲字，北京讀 ɤ、o、ei、ai 四個韵母，濟南大多讀 ei 韵母。其中北京讀 ɤ 韵母的，濟南白讀 ei、文讀 ə 已見貳㊀；其他北京讀 o、ei、ai 三韵的常用字跟濟南比較如下：

曾開一	北	墨默	忒	肋	賊	塞	黑
北京	꜂pei	mo꜄	꜀t‘uei	lei꜄	꜁tsei	꜀sai	꜀xei
濟南	꜀pei	mei꜄	꜀t‘uei	luei꜄	꜁tsei	꜀sei	꜀xei
梗開二	百	伯柏	迫	拍	魄	白	帛
北京	꜂pai	꜁po	p‘o꜄	꜀p‘ai	p‘o꜄	꜁pai	꜁po
濟南	꜀pei	꜀pei	꜀p‘ei	꜀pei	꜀p‘ei	꜁p‘ei	꜁pei
梗開二	陌	拆	宅	窄	掰	麥脈	摘
北京	mo꜄	꜀tʂ‘ai	꜁tʂai	꜂tʂai	꜀pai	mai꜄	꜀tʂai
濟南	mei꜄	꜀tʂ‘ei	꜁tʂei	꜀tʂei	꜀pei	mei꜄	꜀tʂei

上表的例外字：忒，濟南、北京都讀꜀t‘uei；肋，北京 lei꜄、濟南 luei꜄，又見下文。

⑨中古蟹攝合口一等和止攝合口三等的來母字，北京讀開口呼的 lei，濟南都讀 luei。比較如下：

蟹合一	雷擂	儡	累極困	止合三	累積～	壘	累連～	類淚
北京	꜁lei	꜂lei	lei꜄	北京	꜂lei	꜂lei	lei꜄	lei꜄
濟南	꜁luei	꜂luei	luei꜄	濟南	꜂luei	꜂luei	luei꜄	luei꜄

此外，曾攝合口一等入聲肋勒，北京肋讀 lei꜄、勒讀꜀lei、lɤ꜄，濟南肋讀 luei꜄，勒讀꜀lei 單字、luei꜄～緊。濟南除勒一字以外，没有 lei 音節。

⑩中古通攝三等精組字，北京讀合口呼而濟南讀撮口呼的字有：縱聳 tɕyŋ꜄｜從꜁tɕ‘yŋ｜嵩松～樹꜀ɕyŋ｜頌誦訟 ɕyŋ꜄｜足꜀tɕy｜肅宿粟 ꜀ɕy｜俗 ꜁ɕy。以上十三個例字大多是老派讀音。又：中古通攝一等精組字，濟南讀合口呼跟北京相同，但“粽”字白讀 tɕyŋ꜄，比較特殊。

⑪中古清聲母入聲字濟南大多歸陰平，跟北京比較如下：

清入	八	郭	哲	德	塔	渴	榻	速
北京	꜀pa	꜀kuo	꜁tʂɤ	꜁tɤ	꜂t‘a	꜂k‘ɤ	t‘a꜄	su꜄
濟南	꜀pa	꜀kuə	꜀tʂə	꜀tei	꜀t‘a	꜀k‘ə	꜀t‘a	꜀su

例外字較多，值得注意三點：

第一，山東東部清入歸上，濟南清入歸陰平。但讀上聲或陰平、上聲兩讀的字較多，例如：赤斥 ꜂tʂ‘ʅ｜適 ꜀ʂʅ、꜂ʂʅ｜必 ꜂pi｜劈 ꜀p‘i～木頭、꜂p‘i～開｜撒 ꜀sa～手、꜂sa～種｜挾 ꜂tɕia｜閣 ꜀kə、꜂kə～子後街｜葛 ꜀kə、꜂kə 花絲～｜撮 ꜂tsuə－～毛｜索 ꜂suə｜縮꜂ʂuə｜國 ꜂kuə｜鱉 ꜂piə｜撇 ꜀p‘iə－～－捺、꜂piə 左～子。

第二，清入歸去聲的例外字大多跟北京同調類，例如：式 ʂʅ꜄｜益 i꜄｜砌 tɕ‘i꜄｜不 pu꜄又｜祝 tʂu꜄｜壓 ia꜄又｜設 ʂə꜄｜客 k‘ə꜄文｜妾怯 tɕ‘iə꜄｜泄 ɕiə꜄。

第三，避諱，凡清入字今聲韵爲 pi 的，皆不讀陰平：逼꜁pi｜必꜂pi｜畢碧壁璧臂又 pi꜄。

㈡詞彙語法特點

①詞義特點舉例

娶 ꜂tɕ‘y，除了男子娶親的意思以外，還指女子出嫁、被娶，如：他家～閨女｜你閨女～了啊罷？

媽媽 ꜀ma ·ma，除新派用以稱母親以外，還指乳房、乳汁，如：～頭兒｜吃～。

對象 tuei꜄ ɕiaŋ꜄，除指戀愛對方以外，還指配偶，如：你～生了個麼？｜俺～就弟兄倆，都結婚嘞！

外甥 vɛ꜄ ·ʂəŋ、外甥閨女 vɛ꜄ ·ʂəŋ ꜀kuẽ ·ȵy，除指姊妹的孩子外，還指女兒的孩子。

包子 ꜀pɔ ·tsʅ，稱水餃，也指包子。通常說包包子是指包餃子。

鼻子 ꜁pi ·tsʅ，指鼻子，也指鼻涕。

當… ꜀taŋ …，北京話只能跟少數名詞組合成詞，不跟處所詞組合，濟南方言結合範圍稍寬，如：屋～面屋子裏的地面、～院裏、～天井、～街街上。

賽 sɛ꜄，可作形容詞，猶好，前面一般要加副詞，如真～、棱～，還可跟玩字結合：真～玩｜□[꜀kaŋ]很～玩來！

②詞綴　濟南方言形容詞帶前綴，如“雪白、梆硬、嶄新、冰冷”等，與多數方言相同。但也有少量比較特殊的，如：“苗細、悲苦、飄偏、賊胖”，又如：“飛快、飛細、飛脆、飛碎”，等等。“阿姨”，地道的濟南人叫“大姨”。以下主要說濟南話中較特殊的後綴。

濟南話後綴比較豐富。現在先舉十個廣用的後綴，逐字說明適用的範圍。後綴“巴”附於動詞“撕洗……”之後，表示濟南話有“撕巴，洗巴”等說法。

巴　附於動詞撕洗擼打砸擦捏剁脱摘薅掃揉綑…｜附於形容詞緊窄擠瘦｜附於名詞雙力啞結癩嘲磕癱泥疙

拉　附於動詞撲劃扒撥白論夯糊…|附於形容詞粗倚斜枵|附於名詞痂疤

悠　附於動詞搓摶蜷逛晃轉 tʂuã꜄…|附於形容詞光蔫

麼　附於動詞撈揣舔摳尋踅|附於形容詞迂

乎　附於動詞攬嫌占|附於形容詞邪黏爛稠熱

溜　附於動詞提꜀ti 嬉|附於形容詞稀酸

棱　附於動詞撲支側立|附於形容詞斜

打　附於動詞摔踮呲搐踢磕

和　附於動詞湊虛對攙|附於形容詞軟忙

實　附於形容詞皮硬壯結瓷

以下舉出若干窄用的動詞後綴和形容詞後綴，以後綴的韵母爲序排列。

動詞後綴　摸拾　闖勢　禿魯　顧魯　骨搐　搗古　溜達　撲撤　爬查　慪作
　　　　　掂對　瞘瞜　挠當　當朗　挠登　折騰　糊弄　擺弄　支生

形容詞後綴　做勢　彆古　拐古　大發　細發　挺脱　齊截　膩外　寬快　活翻
　　　　　　平分　涼森　緊幫　正當　慢騰　脆生　輕生

此外，濟南方言還有一個後綴“價”，用在“没”和“别”等的後面。例如：你媽媽在家啊罷？——没價|他還没價吃飯|這人忒壞我非揍他！——别價|你别價走|他成天價不在家。

③代詞

(1)人稱代詞

第一人稱代詞口語常用的是俺、俺們。俺也可作複數，如：～弟兄仨。帶“這伙”的複數形式口語常用。

單數

我ʿvə 俺ʿŋã 咱ʿtsã

你ʿȵi

他ʿt‘a

複數

俺ʿŋã　俺們ʿŋã ·mẽ　俺這伙ʿŋã tʂə꜄ ʿxuə　我們ʿvə ·mẽ

[包括式]咱ʿtsã　咱這伙ʿtsã tʂə꜄ ʿxuə　咱們ʿtsã ·mẽ

你這伙ʿȵi tʂə꜄ ʿxuə　你們ʿȵi ·mẽ

他這伙ʿt‘a tʂə꜄ ʿxuə　他們ʿt‘a ·mẽ

注意“俺這伙”不説“我這伙”。其他人稱代詞有：

自家 ꜁tsɿ ·tɕia　自己，獨自：你～不説，旁人怎麼知道？|他～去我不放心。

旁人 ꜁p‘aŋ ꜁ʐẽ　也説别人 ꜁piə ꜁ʐẽ。

大伙兒 ta꜄ ʿxuər　也説大家伙 ta꜄ ꜀tɕia ʿxuə、大家 ta꜄ ꜀tɕia。

這伙兒 tʂə꜄ ʿxuər　這些(人)：～是幹什麼的？|～年輕人真能幹！

(2)指示代詞

這裏 tʂəʾ ·ȵi(·ȵi 又音 ·li,下同)、那裏 naʾ ·ȵi,也説這窩裏 tʂəʾ ꜀və ·ȵi、那窩裏 naʾ ꜀və ·ȵi,這□兒 tɕəʾ ·xər、那□兒 naʾ ·xər。

這户 tʂəʾ xuʾ、那户 naʾ xuʾ,猶這類、這種、那類、那種:碰上了這户事兒真倒霉!|和他這(那)户人説不清!|這户菜不如那户好吃!

(3)疑問代詞　口語中使用頻率很大的疑問代詞是麼 ꜀mə,即什麼:這是～啊?|晌午吃～飯?——有～吃～!|你這是爲的～啊?問時間的疑問代詞是多咱 ꜀tuə ·tsã,什麼時候:你～來的?～走?

注意,指示代詞和疑問代詞這麼 tsəŋʾ ·mə、那麼 nəŋʾ ·mə,什麼 ꜀ʂəŋ ·mə、怎麼 ꜂tsəŋ ·mə,前一字的韵母都是 əŋ。

④助詞

(1)了和嘛　北京話"吃了$_1$飯了$_2$"的"了$_1$"和"了$_2$"都讀 ·lə。了$_1$用在動詞後表示動作完成或預期的事態將要實現,如果有賓語,賓語在了$_1$後;了$_2$用在句末或句中停頓的地方,肯定事情發生或將要發生,有成句的作用,如果有賓語,賓語在了$_2$前。濟南方言了$_1$讀 ·lɔ 或 ·lə,·lə 是新派音,目前較通行;了$_2$讀 ·lia,新派也讀 ·lə。本書將了$_1$寫作"了",了$_2$寫作"嘛":

下了一場雨!　放了假就回家!　等水涼了可再喝!　去了三次。
下雨嘛!要下雨嘛!　放假嘛,回家!　水涼嘛,喝罷!　去過三次嘛。

(2)可　濟南方言的可 ·k'ə 多用於句中停頓處,意爲"…的時候"、"…以後"、"…再説"、"…的話"等,表示許諾、商量、假設等語氣,在句中有使語句舒緩的作用。例如:

他來～,你告訴他!　你走～,我去車站送你!　從前～,俺跟他在一個院裏住!
他小霎～,棱皮!　等水涼涼～再喝!　你等等,我把衣裳洗出來～!
寫完作業～再玩!　咱走罷!——等吃了飯～!　這事兒當時解決不了,以後～罷!
有錢～咱也買空調!　這衣裳你喜歡～就給你嘛!

"他小霎可,棱皮"只是一般的叙述,没有轉折的意思。此外,"可"還在某些詞語後表示注意防止某些情況的發生,例如:别跑,看跸着了～!|涼了再吃,燙着～!以上的"可"一般都能省去,省去後基本意思不變,但就失去了上述帶"可"的語氣和地道濟南方言的特色。

(3)來 ·lɛ　來是句末語氣助詞,多用於疑問或陳述的語氣,表示曾發生什麼事情。例如:頭午上午你上街～?——没上。|幹麼～?——學習～!

(4)的 ·ti　相當於北京話的"的、地、得"。例如:我～書|認真～聽|你説～對!

⑤介詞　從 ꜀ts'uŋ

(1)濟南方言的"從"有跟北京話相同的一些用法,例如:～這裏走|～明天起|～實際出發,等等。此外,"從"在濟南還有一種新興的用法是表示"在"的意思,其

介詞結構表示行爲的場所,例如:～家裏吃飯|～學校上自習|～黑板上寫字。這種説法在中小學生中特别普遍,老派一般不這樣説。目前的發展"從"作爲"在"的意思還可以單獨作謂語,如:你媽在家不在家?——從家。但是"從"並不完全取代了"在",例如:"在家不在家"不能説"從家不從家",其介詞結構也不能作補語,"放在桌子上"不説"放從桌子上"。

⑥形容詞生動形式 濟南方言的形容詞生動形式也很豐富,下面介紹十種。

(1)A—AA的 單音形容詞重疊,口語中後一音節常常兒化,也可兩個音節都兒化。

厚厚的 大大的 慢慢兒的 好好兒的 蔫兒蔫兒的

(2)A—BAA的 單音形容詞重疊前加表程度的B,大多是有正反義對立的形容詞。

老深深的—精淺淺的 老粗粗的—精細細的 老長長的—精短短的、棱短短的
老寬寬的—精窄窄的 老厚厚的—溜薄薄的 喬髒髒的 精小小的

(3)A—ABB的 單音形容詞加重疊後綴構成,可分三類:

AB成詞:脆生生的 緊巴巴的 爛乎乎的 平分分的 慢騰騰的
BA成詞:硬梆梆的 香噴噴的 酸溜溜的 黑黢黢的 冷冰冰的
AB與BA均不成詞:急拉拉的 直勾勾的 臭哄哄的 辣滋滋的 傻乎乎的

有的A可以是動詞或名詞,例如:哭嚌嚌的、笑眯眯的、麵兜兜的。重疊的後一音節有的兒化,有的前後兩個音節都兒化:涼森森兒的、鹹澤兒澤兒的、甜絲兒絲兒的,兒化後含有喜愛的感情色彩。

(4)A—ABC的 單音形容詞加後綴BC構成,多含貶義。

酸不嚌的 苦不嚌的 鹹不嚌的 鹹格當的 甜麼索的

(5)A—ABCD的 從所得語料的結構分析,可大致分爲三類。

單音形容詞加後綴BCD構成:

生不拉嚌的 苦不溜丢的 軟而格嚌的 平不拉塌的 花里胡哨的
圓鼓輪墩的 曲里拐彎的 斜不棱登的 破七撩爛的 邪而巴嚌的
黑不溜秋的 懈拉咣噹的 正而八經的 胡而馬約的 癔而巴怔的

AB和CD實際上是兩個雙音詞組的並列結構:

撇腔拉調的 頭疼腦熱的 鋥明瓦亮的 黑燈瞎火的 火燒火燎的
鷄零狗碎的 丢三落四的 胡吹海嗙的 順心如意的 四仰八叉的
裝模作樣的 拿喬作亂的 七零八碎的 正言正語的 一星半點兒的

雙音詞後加CD構成:

吆喝皇天的 囫圇個兒的 熱氣騰騰的 蔫悠不拉的 嘰溜咣噹的
狗尿不臊的 屁臭寡淡的 稀溜咣噹的 疤拉流球的 垺土揚場的

(6)AB—ABAB的 AB大多是動詞,重疊式必須後加"的"才能轉而爲形容詞,

不加“的”則仍爲動詞，有嘗試義。比較：你嘴裏不咂不咂的吃麼來？——你不咂不咂這是麼滋味！

拐拉拐拉的　踮拉踮拉的　不咂不咂的　撲棱撲棱的　鋪嚓鋪嚓的　呱嘰呱嘰的　做勢做勢的　□꜀t‘uẽ 哧□꜀t‘uẽ 哧的　眨巴眨巴的　擠巴擠巴的　搐搭搐搭的

(7)AB—AABB 的　雙音節形容詞或動詞、名詞、副詞等兩個音節分別重疊。

形容詞：馬馬虎虎的　窄窄巴巴的　膩膩外外的　貧貧氣氣的　地地道道的　皮皮實實的　做做勢勢的　急急火火的　迂迂磨磨的　囊囊衣衣的

動　詞：鼓鼓搗搗的　拉拉扯扯的　摔摔打打的　摸摸拾拾的　咋咋唬唬的　撲撲棱棱的　支支生生的　呲呲打打的　骨骨搐搐的　二二思思的

名　詞：旮旮旯旯的　結結巴巴的　半半青青的　嚶嚶症症的　肉肉頭頭的　上上下下的　裏裏外外的　前前後後的

副　詞：湊湊付付的　好好歹歹的　二二乎乎的

象聲詞：吱吱吚吚的　鋪嚓鋪嚓的　呱嘰呱嘰的

(8)AB—A 里 AB 的　雙音節形容詞前一音節重疊並在其間插入“里”。

馬里馬虎的　糊里糊塗的　古里古怪的　慌里慌張的　俗里俗氣的　狼里狼犭戔的

(9)BA—BBA　BA 成詞，B 重疊加强形容程度。後面一般不加“的”。

溜溜酸　齁齁鹹　噴噴香　梆梆硬　黢黢黑

(10)BA—BABA 的　帶前綴雙音形容詞 BA 的重疊，作用跟 BBA 相同，但用得比 BBA 更爲普遍，差不多所有 BA 式雙音節形容詞都可重疊爲 BABA 的。

嶄新嶄新的　鋥亮鋥亮的　溜光溜光的　通紅通紅的　焦黄焦黄的　煞白煞白的　死沉死沉的　精濕精濕的　噴香噴香的　厚辣厚辣的　稀甜稀甜的　精淡精淡的

以上十種，除第九種 BBA 的後面通常不帶“的”以外，其餘九種一般都帶“的”。

⑦補語

北京話“吃得，吃不得”，濟南方言大多不用“得”，而用動詞前加“能”表示。“拿得動，拿不動”，濟南的肯定式有幾種説法，否定式跟北京話相同。比較：

北京	吃得	吃不得	拿得動			拿不動	好得了		好不了
濟南	能吃	不能吃	拿的動	能拿動	拿動了	拿不動	好的了	能好了	好不了

程度補語“的傷 ·ti ·ʂaŋ”，也説“的慌 ·ti ·xuaŋ”，用在某些動詞後面，表示不快的心理狀態或感覺的程度深，例如：氣～|急～|餓～|使累～|熱～。其顯著特點是前面還可再加程度副詞“真、喬、□꜀kaŋ”等：□꜀kaŋ 氣～！|喬冷～！

⑧比較句　濟南方言的比較句主要有下述兩種形式。其中第二種在山東東部相當普遍。

	肯定比較	否定比較	疑問比較
一	他比我高|他學習比我强	他不比我高|他學習不比你强	他學習比你强啊罷？
二	他高起我|他學習强起我	他不高起我|他學習不强起你	他學習强起你啊罷？

⑨反復問句　濟南方言反復問句的説法有三種。第三種跟北京話相同，新派説的較多。

一	你去啊罷？	學習啊罷？	有啊罷？	能行啊罷？
二	你去啊還是不去？	學習啊還是不學習？	有啊還是没有？	能行啊還是不能行？
三	你去不去？	學習不學習？	有没有？	行不行？

⑩幾種特殊結構

(1)V人　"V"是表心理狀態的動詞，"V人"是使動用法，意爲令人覺得怎麼樣。北京話也有這種用法，濟南話用得較多。例如：棱嚇人|真煩人|氣人|急人|恨人|慪人。

(2)V不了的V　"V"是單音動詞，"V不了的V"表示使用、花銷等足夠有餘。例如：咱家買的煤燒不了的燒|他家錢花不了的花|吃不了的吃|喝不了的喝|使不了的使。

(3)A裏下　"A"是"長、寬、高、深"一類形容詞，"裏下"音 ·ȵi ·ɕia，"A裏下"表示"從…A裏説"、"從…A裏看"的意思。例如：長裏下不到十米|寬裏下也就六七米|高裏下|深裏下。

陸　詞典凡例

㊀詞典條目按濟南方言的韵母、聲母、聲調爲序排列。聲韵調次序見上文第叁節。兒化韵照基本韵排，輕聲在四聲之後。同音條目以漢字筆畫多少爲序。多字條目列在單字條目後面。首字相同的多字條目再按第二字的字音、筆畫排列。

㊁形同音不同的按兩種情况處理：首字不同音的分列條目，以常用音爲首條，又讀音除在常用音後加(或某音)外，另外再出一條目注明見某音；多音詞非首字有讀音不同的，則只在有異讀的字音後加(或某音)而不另出條目。

㊂同義條目中首條是較常用的。第一字跟首條不同的另出條，首條後用等號"＝"連接其餘條目，然後統一加注義項；其餘條目用"⇨"號連接首條表示與之同義。第一字跟首條相同的不另出條，只在等號"＝"後列出該條目。

㊃用國際音標注音。用五度制調號標記本調和變調。輕聲在音標前加輕聲點"·"，無調號。兒化韵後一律標出原韵母。可兒化可不兒化的條目列基本韵，在"‖"後加"也説××兒(並注兒化音)"。

㊄釋義力求簡明。多義項的詞條用❶❷❸等表示義項順序。

㊅小字：例句中的注用小字；詞目及注音後的小字"新、老、文、白"或"多、少"等是説明該詞或音是"新派、老派、文讀、白讀"或"多數人説、少數人説"等。

㊆各種符號

虛 字下加小圓圈，表示此字是同音代替。

□ 表示有音義而無合適字形。

= 同義條目之間用等號連接。用於帶釋義的首條之後，有幾個同義詞就用幾個等號。

⇨ 用於同義條目非首條的條目後以連接首條，説明本條詳注見於“⇨”號後面的條目。

～ 例子中用“～”替代本條目，無論本條目有幾個字，都用一個替代號。書前單字音表的注及其他各節説明也用“～”替代本字或本條。雙豎綫後連用式、重疊式等條目的變式，在舉例中也用“～”替代。

() 圓括號除平常用法外，在條目和注音裏表示其中的成分可有可無，而且該成分的出現與否不影響其前後成分的讀音。

< 音標前加“<”，外加方括號，表示前面那個音由這個音變來。例如：埋怨 mã˦˨꜒[<mɛ˦˨] ·yã，包圓兒 pɔ˩ yɛr˦˨[<yã˦˨]，“埋”字的音 mã˦˨꜒ 和“圓兒”的音 yɛr˦˨ 分别由 mɛ˦˨ 和 yã˦˨ 變來。

： 注文與例子之間用冒號。

| 例子之間用單豎綫隔開。

——例子中的對話用破折號隔開。

◇ 例子用比喻義前面加菱形。

△ 用熟語爲例前面加三角形。

‖ 注文及例子雙豎綫後面的文字，是對本條目釋義以外的一些説明，包括考訂、對語音變化的説明、詞語活用情況或跟其他方言的比較，以及用“也説某某，參見某某”等引出跟本條目有關的條目，便於比較，等等。

… 表示條目的前後或中間必須有别的成分，如：…的傷。

柒 詞典中例句常用字注釋

詞典正文例句中的濟南方言常用字，這裏先略加説明，不再一一加注，詳細釋義及用法請看正文有關條目。

俺 ŋã˥ 人稱代詞，我，我們，我的，我們的：～八歲，他七歲！|～倆|～家三口人|～學校放假嘛！

自家 tsɿ˦˨꜒ ·tɕia 自己，獨自：我～的事兒你别管！|你～去我不放心！

麼 mə˦˨ 什麼：你手裏拿的～？|剛才你説～來？|他家要～有～！

咋 tʂa˩ 怎麼：這事兒～辦？

多咱 tuə˦˨꜒ ·tsã 什麼時候：你～來家的？～走？

甭 pẽ˧(或 pəŋ˧, piŋ˧) 副詞,不需要:他這户人你～理他! |這事兒交給我罷,你～管啊!

楞 ləŋ˩ 副詞,很:～好|～壞|～能幹|這孩子～傻!

不孬 pu˩˧ nɔ˩ 不錯,好:考的～|這人～|真～!

的傷(或慌) ·ti ·ʂaŋ(或 ·xuaŋ) …得很:睏～|棱氣～|喬冷～!

一堆兒 i˩˧ tsuer˩[<tsuei˩] 一塊兒,一起:把這些東西弄到～! |咱倆～走!

待 tɛ˩ 助詞,將,要:你～上哪? |我～家去! |你～幹什麽?

啊 ·lia 助詞,多用於句末,大體相當於北京話的了$_2$:他頭午就走～! |孩子考上大學～! |快吃飯～,吃了飯可再走!

可 ·kə 助詞,表示…的時候、…的話、到…時再説等:等他來了～再説! |過年～咱這伙聚聚! |這魚多錢一斤? ——五塊六,你要～五塊五賣給你! |現在忒忙,以後～罷!

來 ·lɛ 助詞,用在句末,表示疑問或陳述的語氣:頭午你上學校～? |你倆説麽～! |我去看～!

啊罷 ·a ·pa 語氣詞,用在疑問句的末了問"是不是":去～? |上街～? |這書你有～?

饃饃 mə˧˥ ·mə 饅頭:蒸～|～是手揉的,卷子是刀切的

玩意兒 vã˧˥ ier˩[<i˩] 東西:這～有營養! |他算個什麽～!

小子 ɕiɔ˥˩ ·tsɿ ①男孩兒 ②蔑稱某些男人,猶家伙:這～不仗義! |你～不能不講理!

知不道 tʂɿ˩˧ ·pu ·tɔ 不知道

家來 tɕia˩ lɛ˧ 到家裏來:～坐

家去 tɕia˩˧ ·tɕʻi 回家去:天忒晚啊,我待～!

家走 tɕia˩ tsou˥ 往家裏走:下班啊,～罷!

捌 濟南方言音節表

ɿ		ər˨˩	12	tɕʻi˨˩˧	27	fu˨˩˧	49	ʂu˨˩˧	57
		i		tɕʻi˦˨	28	fu˦˨	49	ʂu˦˨	58
tsɿ˨˩˧	1			tɕʻi˥	28	fu˥	50	ʂu˥	58
tsɿ˦˨	1	pi˨˩˧	15	tɕʻi˨˩	29	fu˨˩	50	ʂu˨˩	58
tsɿ˥	1	pi˦˨	15	ȵi˨˩˧	29	tu˨˩˧	50	·ʂu	59
tsɿ˨˩	2	pi˥	15	ȵi˦˨	29	tu˦˨	50	ku˨˩˧	59
tsʻɿ˨˩˧	2	pi˨˩	15	ȵi˥	30	tu˥	50	ku˦˨	60
tsʻɿ˦˨	2	pʻi˨˩˧	16	ȵi˨˩	30	tu˨˩	51	ku˥	60
tsʻɿ˨˩	2	pʻi˦˨	16	·ȵi	30	tʻu˨˩˧	51	ku˨˩	60
sɿ˨˩˧	3	pʻi˥	17	ɕi˨˩˧	30	tʻu˦˨	51	·ku	61
sɿ˥	3	pʻi˨˩	17	ɕi˦˨	31	tʻu˥	51	kʻu˨˩˧	61
sɿ˨˩	4	mi˨˩˧	17	ɕi˥	31	tʻu˨˩	52	kʻu˥	61
		mi˦˨	17	ɕi˨˩	32	nu˦˨	52	kʻu˨˩	62
ʅ		mi˥	17	i˨˩˧	32	nu˥	52	xu˨˩˧	62
tʂʅ˨˩˧	5	mi˨˩	17	i˦˨	42	lu˨˩˧	52	xu˦˨	62
tʂʅ˦˨	6	ti˨˩˧	17	i˥	42	lu˦˨	52	xu˥	63
tʂʅ˥	7	ti˦˨	18	i˨˩	43	lu˥	52	xu˨˩	63
tʂʅ˨˩	7	ti˥	18			lu˨˩	53	·xu	64
·tʂʅ	7	ti˨˩	18	u		tsu˨˩˧	53	u˨˩˧	64
tʂʻʅ˨˩˧	7	·ti	20	pu˨˩˧	44	tsu˥	53	u˦˨	64
tʂʻʅ˦˨	8	tʻi˨˩˧	21	pu˦˨	46	tsʻu˨˩˧	53	u˥	64
tʂʻʅ˨˩	8	tʻi˦˨	21	pu˥	46	tsʻu˨˩	54	u˨˩	65
ʂʅ˨˩˧	8	tʻi˥	21	pu˨˩	46	su˨˩˧	54		
ʂʅ˦˨	8	tʻi˨˩	21	·pu	46	su˨˩	54	y	
ʂʅ˥	10	li˨˩˧	22	pʻu˨˩˧	47	tʂu˨˩˧	54	ly˨˩˧	67
ʂʅ˨˩	10	li˦˨	22	pʻu˦˨	47	tʂu˦˨	55	ly˦˨	67
ʐʅ˨˩˧	11	li˥	22	pʻu˥	48	tʂu˥	55	ly˥	67
ʐʅ˨˩	11	li˨˩	23	pʻu˨˩	48	tʂu˨˩	55	ly˨˩	67
		tɕi˨˩˧	23	mu˨˩˧	48	tʂʻu˨˩˧	56	tɕy˨˩˧	68
ər		tɕi˦˨	25	mu˦˨	48	tʂʻu˦˨	57	tɕy˦˨	68
ər˦˨	12	tɕi˥	26	mu˥	48	tʂʻu˥	57	tɕy˥	68
ər˥	12	tɕi˨˩	26	mu˨˩	48	tʂʻu˨˩	57	tɕy˨˩	68

ɿ

tsɿ

【吱聲】tsɿ˨˦˩(或 tsɿ˥˩˧) ·ʂəŋ 做聲,説話:不～不說話|有什麼事兒讓我幫忙你吱一聲‖吱,聲母讀 ts

【滋滋拉拉的】tsɿ˨˦˩ ·tsɿ ·la ·la ·ti 形容燙傷灼痛:炒菜迸上油啊,～疼!

【滋味兒】tsɿ˨˦˩ ·ver[<vei˨˩] 味道

【滋洇滋洇】tsɿ˨˦ iẽ˨˦˧ tsɿ˨˦˩ ·iẽ ❶求人辦事,先從外圍打點 ❷借指喝酒:明天上我那裏～!

【滋洇】tsɿ˨˦˩ ·iẽ 水慢慢滲透

【滋潤】tsɿ˨˦˩ ·yẽ ❶含水分多的 ❷比喻生活過得很舒適

【自己人】tsɿ˥˩ tɕi˥ ʐẽ˥˩ =〖自家人〗tsɿ˥˩˧ ·tɕia ʐẽ˥˩ 指彼此關係密切的人;自己方面的人‖自,單字讀書音和新派音、新詞爲去聲;口語詞、老派音陽平。此處及其他有"自"的各條皆按發音人的實際發音記錄

【自家】tsɿ˥˩˧ ·tɕia 自己,獨自:我～的事兒旁人管不着!

【自個兒】tsɿ˥˩ kər˨˩[<kə˨˩] 自己,獨自:他～去的!|你～行嗎?要不要再找個人?

【自來火】tsɿ˥˩(或 tsɿ˨˩) lɛ˥˩ xuə˥ 打火機的舊稱

【自從】tsɿ˥˩ ts'uŋ˥˩ 介詞,表示過去的時間的起點

【子】tsɿ˥ ❶兒子:～女 ❷古代對有學問的男人的美稱:孔～|孟～ ❸地支的第一位

【子兒】tser˥[<tsɿ˥] ❶卵:鷄～ ❷植物子實:松～|瓜～ ❸小而堅硬的:石頭～ ❹裝有沙子的小布口袋,用作兒童玩具:拾～ ❺極少量的錢:我一個～也沒有!

【子鼠】tsɿ˥˦ ʂu˥ 十二生肖之一,子年生的人屬鼠

【子午蓮】tsɿ˥˦ u˥ liã˥˩ ⇨〖睡蓮〗ʂuei˨˩ liã˥˩

【子女】tsɿ˥˦ ȵy˥ 合稱兒子和女兒:他家～多,生活困難‖口語多説"孩子 xɛ˥˩˧ ·tsɿ"

【仔把細兒的】tsɿ˥˨ ·pa ɕier˨˩˧[<ɕi˨˩] ·ti 仔細地:等有了空兒,把房子～拾掇拾掇!|你得～看,才能看清楚了!

【姊妹】tsɿ˥˨ ·mei ❶姐姐和妹妹 ❷兄弟姐妹:他家～五個,三男倆女

【姊妹倆】tsɿ˥˨ ·mei lia˥ 姐妹兩人

【姊妹們】tsɿ˥˨ ·mẽ[<mei˨˩] ·mẽ ❶關係親如姐妹的幾個女子:咱～挺拉諆的來! ❷稱女性青年:～你幹麼?|咳,～!‖妹,單字音 mei˨˩,此處受們字影響讀 ·mẽ。市井用語,特别在出於男性之口時就是一種流氣的稱呼

【籽兒】tser˥[<tsɿ˥] 某些植物的種子:白菜～|棉～‖也作子兒

【紫】tsɿ˥ 紅和藍相加的顏色

【紫菜】tsɿ˥ ts'ɛ˨˩ 甘紫菜,一種紅藻類海生植物,可食用

【紫薇】tsɿ˥˨ ·vei =〖百日紅〗pei˨˦˩

·ʐʅ xuŋ˦ 落葉小喬木，莖皮光滑，葉子卵形，花紫紅色或白色

【紫荆】tsɿ˥˩ ·tɕiẽ 落葉小喬木或灌木，花紫紅，結莢果

【紫藤】tsɿ˥˩ ·tʻəŋ ＝〖藤蘿〗tʻəŋ˦ luə˦ 落葉木本植物，纏繞莖，羽狀複葉，開成串紫色花，結莢果

【紫紅】tsɿ˥ xuŋ˦ 略帶紫色的深紅

【滓泥】tsɿ˥ ȵi˦ 沼澤、陰溝等處積澱的黑色污泥

【自來水筆】tsɿ˩ lɛ˦ ʂuei˥ pei˨ ⇨〖鋼筆〗kaŋ˨˦ pei˨

【自費】tsɿ˩˦ fei˩ 自己負擔費用：～安電話｜～留學｜～生

【自由市場】tsɿ˩ iou˦ ʂʅ˩ tʂʻaŋ˥ 在城鎮的固定地點以出售農副產品爲主的個體攤販市場

【自由式】tsɿ˩ iou˩ ʂʅ˩ 自由泳

【(自)尋短見】(tsɿ˩) ɕyẽ˦ tuã˥˩ ·tɕiã ⇨〖尋死〗ɕyẽ˦ sɿ˥

【自行車】tsɿ˩ ɕiŋ˦ tʂʻə˨ ⇨〖車子〗tʂʻə˨˩ ·tsɿ

【字兒】tser˩[<tsɿ˩] 特指硬輔幣有面值數字的一面

【字據】tsɿ˩ tɕy˩ 書面憑證，如合同、借條等：立～｜有個～好説話

【字帖】tsɿ˩ tʻiə˨ 學習書法的人用於臨摹的範本

【字號】tsɿ˩ xɔ˩ ⇨〖商號〗ʂaŋ˨˦ xɔ˩

【恣兒】tser˩[<tsɿ˩] 得意，舒適：這兩天你可～嘛！｜夜來游泳游的真～！

tsʻɿ

【呲打】tsʻɿ˨˩ ·ta ❶斥責：你别老～孩子！❷頂撞：你怎麼我一説話就～我！‖重叠式"呲呲打打的 tsʻɿ˨˩ ·tsʻɿ ·ta ·ta ·ti"：你别光～！

【疵毛】tsʻɿ˨ mɔ˦ 不好，低劣：這人真～！｜這事兒辦的～！

【疵毛大褂子】tsʻɿ˨ mɔ˦ ta˩ kua˩˥ ·tsɿ 疵毛，差（含詼諧口氣），一般單用

【滋】tsʻɿ˨ 噴射：往外～水｜～花‖滋，口語用作噴射義，讀送氣音，也寫作泚

【滋花】tsʻɿ˨˦ xua˨ ⇨〖放花〗faŋ˩ xua˨

【祠堂】tsʻɿ˦ tʻaŋ˦ ⇨〖家廟〗tɕia˨˦ miɔ˩

【瓷實】tsʻɿ˦˥ ·ʂʅ 細密結實：白槐的木頭～｜這凳子挺～，踩上去不要緊

【瓷器店】tsʻɿ˦˥ tɕʻi˩ tiã˩ 專營瓷器的商店

【瓷墰子】tsʻɿ˦ tʻã˦˥ ·tsɿ 舊時用於盛放茶葉的細瓷墰子，有蓋子

【慈菇】tsʻɿ˦˥ ·ku 多年生草本植物，地下球莖可食用

【跐】tsʻɿ˦(或 tsʻɿ˥) ❶踩：你～着個板凳罷！❷抬起脚後跟，脚尖着地：～着脚往[vaŋ˩]前看！

【跐着鼻子上臉】tsʻɿ˦˥(或 tsʻɿ˥˩) ·tʂʅ pi˦˥ ·tsɿ ʂaŋ˩ liã˥ 比喻得寸進尺：你怎麼～！｜這孩子～，吃了長果花生還要糖！

【磁鐵】tsʻɿ˦ tʻiə˨ ⇨〖吸鐵石〗ɕi˩ tʻiə˨ ʂʅ˦

【辭職】tsʻɿ˦ tʂʅ˨ 請求解除自己的職務

【辭竈糖】tsʻɿ˦˥ tsɔ˩ tʻaŋ˦ 供送竈神的麥芽糖‖參見"辭竈 tsʻɿ˦˥ ·tsɔ"

【辭竈】tsʻɿ˦˥ ·tsɔ 舊俗農曆臘月二十三日供送竈神上天的風俗

【次】tsʻɿ˩ ❶順序：名～｜～序 ❷第二：

～一等的 ❸不好，低檔的：～品｜這人梭～ ❹量詞，回數：第一～來濟南｜去了三～也没找着！

【次序】ts'ɿ˩ ɕy˩ 事物在時間或空間排列的先後：排列～｜别把～搞亂了！

【刺猬】ts'ɿ˩˧ ·vei 哺乳動物，頭小，四肢短，身上長硬刺

【刺撓】ts'ɿ˩˧ ·nɔ ❶癢：長了一身痱子，～的慌！ ❷諷刺：他臉皮薄，你别～他嗬！ ‖ 撓癢，口語説攔癢癢，不説攔刺撓

【刺參】ts'ɿ˩ ʂẽ˩ 海參的一種

sɿ

【司機】sɿ˩˧ tɕi˩ ⇨〖開車的〗 k'ɛ˩˧ tʂ'ə˩˩ ·ti

【私立】sɿ˩˧ li˩ 私辦(學校、醫院等)

【私塾】sɿ˩ ʂu˧ 舊時由家庭、家族或教師私家設立的教學處所

【私塾先生】sɿ˩ ʂu˧ ɕiã˩˩ ·ʂəŋ ＝〖私塾老師〗 sɿ˩ ʂu˧ lɔ˥ ʂɿ˩ 在私塾執教的老師

【私孩子】sɿ˩˩ ·xɛ ·tsɿ 私生子

【私訪】sɿ˩ faŋ˥ 指官吏等隱瞞身份到民間進行調查

【私章】sɿ˩˧ tʂaŋ˩ 私人的印章，區别於公章

【思謀】sɿ˩˩ ·mə 考慮：我～着不行 ‖ 單用少，常連用"思謀思謀 sɿ˩˩ ·mə sɿ˩˩ ·mə"

【絲襪】sɿ˩˧ va˩ 用絲綫織成的襪子

【絲瓜】sɿ˩˩ ·kua 一年生草本植物，莖蔓生，花黄色。果實長條形，嫩時是家常蔬菜，老熟後成網狀纖維

【絲瓜瓤】sɿ˩˩ ·kua ʐaŋ˧ ＝〖絲瓜巾〗 sɿ˩˩ ·kua tɕiẽ˩ 絲瓜絡，絲瓜成熟後的網狀纖維，常用於洗澡、刷洗器皿等

【絲孬】sɿ˩˩ ·nɔ 饅頭等食物變質，掰開可見絲狀物：這卷子～嗬，别吃！

【撕撓】sɿ˩˩ ·nɔ 廝打

【嘶咬】sɿ˩ iɔ˥ 爭執吵鬧：他倆在那兒～起來嗬！

【死】sɿ˥ 用在某些詞語前表示達到極點：～沉｜～等｜～不要臉｜～不願意 ‖ 跟形容詞合成的雙音節詞可連用，有强調義，表示程度更深：～沉～沉的

【死氣白賴的】sɿ˥˩ ·tɕ'i pɛ˧ lɛ˩˧ ·ti ＝〖死氣白咧的〗 sɿ˥˩ ·tɕ'i pɛ˧ liə˥˩ ·ti 没完没了地糾纏人：他～纏着人！

【死胡同】sɿ˥˩ ·xu ·t'uŋ 只有一頭能夠出入的胡同

【死嗬】sɿ˥˩ ·lia 生物失去了生命

【死嗬】sɿ˥˩ ·lia ＝〖死人〗 sɿ˥ ʐẽ˧ 用在表示生理、心理感覺的謂詞後，表示程度深：舒服～｜高興～｜熱～｜凍～｜氣～ ‖ "死人"只用於單音節的謂詞後，如可説："熱死人"，不説"舒服死人"

【死□兒】sɿ˥ k'uer˩[<k'uei˩] 粗繩打的大死結 ‖ 較小的死結叫"死扣兒 sɿ˥˩ ·k'our[<k'ou˩]"

【死手】sɿ˥˧ ʂou˥ 吝嗇，多指小孩不肯將手上的食物等分給别人：這孩子太～嗬，拿個蘋果誰也不給咬一口！

【死手客】sɿ˥˧ ʂou˥ k'ei˩ 吝嗇的人

【死扣兒】sɿ˥˩ ·k'our[<k'ou˩] 較小的死結 ‖ 大的死結叫"死□兒 sɿ˥ k'uer˩[<k'uei˩]"

【死麵】sɿ˥˩ ·miã 未經發酵的麵，跟發麵相對而言

【死心眼兒】sɿ˥ ɕiẽ˩ iɛr˥[<iã˥] ❶頭

腦不靈活，固執不開竅：這孩子忒～嘛！|你就～ ❷死心眼兒的人：你真是個～！

【死孫】sɿ˥꜖ ·suẽ 呆板不靈活：人家多活泛靈活啊，不像他那麼～！|送禮請他幫個忙，他也不要，該怎麼辦怎麼辦，這個人可～啦！

【死窗户】sɿ˥ tʂʻuaŋ˨˩˧꜖ ·xu ＝〖吊窗〗tiɔ˨˩꜒ ·tʂʻuaŋ 不能打開或支起的舊式窗户，一般安在靠街的牆上

【死刑】sɿ˥ ɕiŋ˦˨ 剝奪罪犯生命的刑罰

【死纓子蘿貝】sɿ˥ iŋ˨˩˧꜖ ·tsɿ luə˦˨꜒ ·pei ⇨〖紅蘿貝〗xuŋ˦˨ luə˦˨꜒ ·pei

【巳】sɿ˨˩ 地支的第六位

【巳蛇】sɿ˨˩ ʂa˦˨（或 ʂə˦˨ 新）十二生肖之一，巳年生的的人屬蛇

【四】sɿ˨˩ ❶基數詞 ❷濟南地名用字：～里山|～和街

【四十】sɿ˨˩ ʂɿ˦˨ 數詞

【四時八節】sɿ˨˩ ʂɿ˦˨ pa˨˩˧꜔ tɕiə˨˩˧ 泛指一年四季的節氣

【四十一】sɿ˨˩꜒ ·ʂɿ i˨˩˧ 數詞‖數數時也說"四一 sɿ˨˩ i˨˩˧"

【四里山後頭】sɿ˨˩ li˥ ʂã˨˩˧ xou˨˩꜒ ·tʻou 比喻不可信，不能只聽當面說的話：你這話得到～聽去，没譜！‖四里山，山名，在濟南市南部，今稱英雄山

【四捨五入】sɿ˨˩ ʂə˥꜔ u˥ lu˨˩ 捨去零點四以下，零點五以上進位

【四個】sɿ˨˩ kə˨˩ ＝〖四啊〗sɿ˨˩꜒ ·a 數量詞

【四個點兒】sɿ˨˩꜒ ·kə tiɛr˥[<tiã˥] 漢字偏旁，如"杰"字下面的四點

【四合房】sɿ˨˩ xə˦˨ faŋ˦˨ 四合院

【四腳朝天】sɿ˨˩ tɕyə˨˩˧ tʂʻɔ˦˨ tʻiã˨˩˧ 仰八叉，身體向後跌倒：踤了個～！

【四六不通】sɿ˨˩ liou˨˩ pu˨˩˧꜔ tʻuŋ˨˩˧ 不懂事，是非不明：他～！

【四面八方】sɿ˨˩ miã˨˩ pa˨˩˧꜔ faŋ˨˩˧ 泛指周圍各地或各個方面

【四眼兒】sɿ˨˩꜒ ·iɛr[<iã˥] 指孕婦

【四稱】sɿ˨˩꜒ ·tʂʻẽ 形容人的五官衣着、房間布置等和諧悦目：這人挺～|他穿的棱～|東西擺的～

【四鄰八舍】sɿ˨˩ liẽ˦˨ pa˨˩˧꜔ ʂə˨˩ 泛稱前後左右鄰居

【四仰八叉的】sɿ˨˩ iaŋ˥ pa˨˩˧꜔ tʂʻa˨˩˧꜖ ·ti 伸開手腳仰面躺着的樣子：踤倒嘛，～躺在那裏|～躺在炕上！

【四框欄兒】sɿ˨˩ kʻuaŋ˨˩˧ lɛr˦˨[<lã˦˨] ＝〖四方框兒〗sɿ˨˩ faŋ˨˩˧꜔ kʻuãr˨˩˧[<kʻuaŋ˨˩˧] 漢字偏旁，如"國"字周圍的方框

【四平八穩】sɿ˨˩ pʻiŋ˦˨ pa˨˩˧ vẽ˥ 平妥穩當

【四平】sɿ˨˩ pʻiŋ˨˩ 很平整‖重叠式"四平四平的 sɿ˨˩ pʻiŋ˦˨ sɿ˨˩ pʻiŋ˦˨꜒ ·ti"：用釘耙沙平整畦子，沙出來～！

【四零五散】sɿ˨˩ liŋ˦˨ u˥ sã˨˩ 形容零散不完整

【四通八達】sɿ˨˩ tʻuŋ˨˩˧꜔ pa˨˩˧ ta˦˨ 形容暢通無阻，交通方便

【四紅喜】sɿ˨˩ xuŋ˦˨ ɕi˥ ＝〖四兒啊四兒〗ser˨˩꜒[<sɿ˨˩] ·a ser˨˩[<sɿ˨˩] 劃拳時説出的數，即四‖參見"劃拳 xua˨˩ tɕʻyã˦˨"

【飼養室】sɿ˨˩ iaŋ˥ ʂɿ˨˩˧ 農業集體化時期飼養牲口的地方

【飼養員】sɿ˨˩ iaŋ˥ yã˦˨ 喂養牲口的人

ʅ

tʂʅ

【之乎者也】tʂʅ˨˩˦ xu˦˨ tʂə˥꜔ iə˥ 説話文縐縐的樣子：你別這麼滿嘴～的拽文！

【之外】tʂʅ˨˩˦꜔ vɛ˨˩ 以外

【之内】tʂʅ˨˩˦꜔ nei˨˩ 以内

【之後】tʂʅ˨˩˦꜔ xou˨˩ 表示在某個時間或處所以後，口語一般只表時間：從那～

【之間】tʂʅ˨˩˦꜔ tɕiã˨˩˦ 表示在兩者的距離之内：兩個沙發～｜夏秋～｜五十歲到六十歲～｜咱倆～

【之前】tʂʅ˨˩˦ tɕʻiã˦˨ 表示在某個時間或處所以前，口語一般只表時間：在這～

【支着架子】tʂʅ˨˩˦꜖ ·tʂʅ tɕia˨˩꜒ ·tsʅ ⇨〖裂着架子〗liə˥꜖ ·tʂʅ tɕia˨˩꜒ ·tsʅ

【支士(仕)】tʂʅ˨˩˦ ʂʅ˨˩ 象棋術語，稱上士

【支使丫頭】tʂʅ˨˩˦꜖ ·ʂʅ ia˨˩˦꜖ ·tʻou 婢女

【支棱】tʂʅ˨˩˦꜖ ·ləŋ 竪起，挺立：～着耳朵聽｜這草～起來啊！‖重叠式"支支棱棱的 tʂʅ˨˩˦꜖ ·tʂʅ ·ləŋ ·ləŋ ·ti"，横七竪八的：你車子後邊兒綁的柴火～別掉了

【支生】tʂʅ˨˩˦꜖ ·ʂəŋ ❶植物滋潤，挺立有生氣：這菠菜多～！｜這豆芽～着，多鮮亮！❷物品翹起，不平：這棍子～着 ❸白白地等待：他到三點還没來，我老在這兒～着 ‖ 重叠式"支支生生的 tʂʅ˨˩˦꜖ ·tʂʅ ·ʂəŋ ·ʂəŋ ·ti"，義同①，褒義：這小白菜～，挺新鮮！

【支驚】tʂʅ˨˩˦꜔ tɕiŋ˨˩˦ 擔心，驚恐：這個事兒到底兒怎麼樣，真讓人～！｜你辦了一半走啊，我可是給你支了驚！

【芝麻】tʂʅ˨˩˦ ma˦˨ ❶一種油料作物。莖直立，花白色 ❷這種作物的種子，小而扁平，有黑、白等顏色，可以吃，也可以榨油

【芝麻醬】tʂʅ˨˩˦ ma˦˨ tɕiaŋ˨˩ ⇨〖麻汁〗ma˦˨꜒ ·tʂʅ

【芝麻糖】tʂʅ˨˩˦꜖ ·ma tʻaŋ˦˨ 帶有芝麻的糖塊

【吱拉】tʂʅ˨˩˦꜖ ·la 炒菜時菜下油鍋的聲音

【吱牙怪叫的】tʂʅ˨˩˦꜖ ·ia kuɛ˨˩꜔ tɕiɔ˨˩꜒ ·ti 形容痛苦的叫唤：疼的他～！｜打的他老婆～！

【吱喹】tʂʅ˨˩˦꜖ ·vɛ 大聲説話，使人煩：你～麼？別～啊！‖連用式"吱喹吱喹的 tʂʅ˨˩˦꜖ ·vɛ tʂʅ˨˩˦꜖ ·vɛ ·ti"：你～幹麼？重叠式"吱吱喹喹的 tʂʅ˨˩˦꜖ ·tʂʅ ·vɛ ·vɛ ·ti"：這家伙～煩人！

【知己】tʂʅ˨˩˦ tɕi˥ ❶知心：他倆挺～ ❷知心的朋友：他倆是～

【知不道】tʂʅ˨˩˦꜖ ·pu tɔ˨˩ =〖不知道〗pu˨˩˦꜔ tʂʅ˨˩˦꜖ ·tɔ 對事實或道理不了解，没有認識 ‖ "不"插在"知道"中間，在山東方言中極爲普遍，蒲松齡《聊齋俚曲集》寫作"知不到"，如《慈悲曲》第一段："都知不道是甚麼緣故。"《聊齋俚曲集》也用"不知道"，如《牆頭記》第二回："兄弟，你不知道我麼？"

【知道】tʂʅ˨˩˦꜔ tɔ˨˩ 曉得

【知了】tʂʅ˨˩˦꜖ ·liɔ =〖稍錢兒〗ʂɔ˨˩˦꜖ ·tɕʻiɛr[<tɕʻiã˦˨] =〖截了〗tɕiə˦˨꜒ ·liɔ

蟬‖“截了”，蒲松齡《雜著·日用俗字·昆蟲章第三十一》作“蝅蟟”

【炙】tʂʅ˨˩˧ 在靠近火或夏季陽光的地方感到灼熱：～的慌！

【指甲蓋兒】tʂʅ˨˩˧˦ tɕia˨˩˧˦ kɛr˨˩[<kɛ˨˩] =〖（手）指甲〗（ʂou˥）tʂʅ˨˩˧˨ ·tɕia 手指尖在手背一面的角質物

【指甲草】tʂʅ˨˩˧˨ ·tɕia tsʻɔ˥ =〖指甲花〗tʂʅ˨˩˧˨ ·tɕia xua˨˩˧ 鳳仙花，花有紅、白等色

【指甲深子】tʂʅ˨˩˧ ·tɕia ʂẽ˨˩˧˨ ·tsʅ 指甲心兒，指甲和指甲肌肉的連接處‖指，此處及以下三條在輕聲前不變調

【指鱉】tʂʅ˨˩˧ ·piə 指頭僵直不能彎曲：怎麼我的手有點兒～‖過去調皮的小孩開玩笑指着别人說“指鱉”（鱉與鱉piə˨˩˧ 諧音）

【指頭肚兒】tʂʅ˨˩˧ ·tʻou tur˨˩[<tu˨˩] 手指尖手心一面有螺紋的鼓起部分

【指頭縫兒】tʂʅ˨˩˧ ·tʻou fə̃r˨˩[<fəŋ˨˩] 手指之間的縫隙

【指紋】tʂʅ˨˩˧ vẽ˦˨ =〖腡紋〗luə˦˨ vẽ˦˨ 手指紋

【枳荆】tʂʅ˨˩˧˨ ·tɕiŋ 小的酸棗樹，叢生‖枳，北京讀上聲。參見“酸棗子樹 suã˨˩˧ tsɔ˥˨ ·tsʅ su˨˩”

【栀子】tʂʅ˨˩˧˨ ·tsʅ 常綠小喬木，在濟南多是盆栽，花白色有濃香

【執照】tʂʅ˨˩˧˦ tʂɔ˨˩ 政府主管部門發給的准許從事某項工作的憑證：營業～

【稙】tʂʅ˨˩˧ 早種的（莊稼）：～棒子早玉米｜～地瓜‖稙，廣韵職韵竹力切：“早種禾”

【蜘蛛】tʂʅ˨˩˧˨ ·tʂu（或 tʂʅ˨˩˧˦ tʂu˨˩˧）⇨〖阿郎蛛子〗ŋə˦˥ ·laŋ tʂu˨˩˧˨ ·tsʅ

【蜘蛛網】tʂʅ˨˩˧˨ ·tʂu（或 tʂʅ˨˩˧˦ ·tʂu˨˩˧）vaŋ˥ 蜘蛛肛門尖端分泌的黏液在空氣中凝成的網狀細絲，用以黏住昆蟲

【擲色子】tʂʅ˨˩˧˦ ʂei˨˩˧˨ ·tsʅ 投擲色子的游戲‖參見“色子 ʂei˨˩˧˨ ·tsʅ”

【織布機】tʂʅ˨˩˧˦ pu˨˩ tɕi˨˩˧ 織布的機械裝置

【織女（星）】tʂʅ˨˩˧ ȵy˥（ɕiŋ˨˩˧）天琴星座中最亮的一顆，隔銀河跟牽牛星相對

【織錦緞】tʂʅ˨˩˧˦ tɕiẽ˨˩˧˦ tuã˨˩ 織有彩色花紋的緞子

【直】tʂʅ˦˨ ❶曲直的直，指不彎曲的：筆～ ❷從上到下的；跟地面垂直的：～行 ❸使不彎曲：～起腰來 ❹直爽：你說話太～，總得罪人！ ❺正直：理～氣壯 ❻副詞，指連續不停：氣的她～哭｜凍的～哆嗦

【直實】tʂʅ˦˥ ·ʂʅ 正直實在：他很～，有一說一，有二說二

【直勾勾的】tʂʅ˦˥ ·kou ·kou ·ti 形容目不轉睛地（看）

【直坑子】tʂʅ˦˥ ·kʻəŋ ·tsʅ 墓穴是垂直挖下的墳‖參見“洞子墳 tuŋ˨˩˥ ·tsʅ fẽ˦˨”

【直貢呢】tʂʅ˦˨ kuŋ˨˩ ȵi˦˨ 一種斜紋布，有單色和帶花格的

【侄兒】tʂer˦˨[<tʂʅ˦˨] =〖侄子〗tʂʅ˦˥ ·tsʅ 弟兄或其他同輩男性親屬的兒子。也稱朋友的兒子

【侄媳婦】tʂʅ˦˨ ɕi˨˩˧˨ ·fu 侄子的妻子

【侄女婿】tʂʅ˦˨ ȵy˥˨ ·ɕy =〖侄女女婿〗tʂʅ˦˥ ·ȵy ȵy˥˨ ·ɕy 侄女的丈夫

【侄女】tʂʅ˦˥ ·ȵy =〖侄女兒〗tʂʅ˦˥ ·ȵyer[<ȵy˥] 弟兄或其他同輩男性親屬的女兒。也稱朋友的女兒

【值不當的】tʂʅ˧˩˥ ·pu taŋ˨˥ ·ti 不值得:掙那麽點兒錢,～幹!｜爲這點小事生氣～!

【值過】tʂʅ˧˩˥ ·kuə 值得,合算:不～

【值當】tʂʅ˧˩˥ taŋ˨ 值得,常用於反問或否定:你看你生他的氣,～的麽?不～的!

【紙幣】tʂʅ˥ pi˨ 紙印的貨幣,跟硬幣相對而言

【紙馬】tʂʅ˥˦ ma˥ 甲馬,舊俗喪葬時紮的祭祀紙馬,死者男性紮馬、女性紮牛

【紙牌】tʂʅ˥ pʻɛ˧˩ 一種長條形的硬紙牌,有萬、條、餅等

【紙煤兒】tʂʅ˥ mer˧˩[<mei˧˩] =〖火煤子〗xuə˥˦ mei˧˩˥ ·tsɿ 舊時引火用的火紙捲兒,跟筷子差不多粗細

【紙錢】tʂʅ˥ tɕʻiã˧˩ 迷信的人燒給死人或鬼神的黄色長方形紙片,上面打有銅錢的形狀

【紙人子】tʂʅ˥ ʐẽ˧˩˥ ·tsɿ 舊俗喪葬時紮的祭祀用的紙人金童玉女:紮～

【紙坊】tʂʅ˥˩ ·faŋ 舊時造紙的作坊

【制子】tʂʅ˨˥ ·tsɿ 舊時舉重用的擔子,兩個圓盤形的石塊,中間是木頭棍子‖《儒林外史》第二十六回:"他是個武舉。扯的動十個力氣的弓,端的起三百斤的制子,好不有力氣!"

【制服】tʂʅ˨ fu˧˩ 軍人、學生、機關工作人員穿的有規定式樣的服裝

【制錢】tʂʅ˨ tɕʻiã˧˩ 銅錢,舊時用的銅製圓形輔幣,中間有方孔

【治】tʂʅ˨ ❶治理:～黄 ❷治療:～病‖另見 tʂʻʅ˧˩

【痔瘡】tʂʅ˨˥ ·tʂʻuaŋ 肛門或盲腸末端的靜脈因瘀血而形成的突起小結節

【置氣】tʂʅ˨˦ tɕʻi˨ 鬧意氣,生氣:△君子不跟牛～,好鞋不踏臭狗屎

【着】·tʂʅ 助詞。❶表示動作正在進行:家裏正吃～飯呢!❷表示持續着某種狀態:開～門,你自己進來吧!｜她紅～臉不吱聲 ❸用在動詞或形容詞後,表示命令或希望:你看～我!｜這件衣裳再大～點兒就好嘛!❹在兩個動詞之間構成連動式:坐～説｜你看～辦吧｜她抱～孩子走嘛‖另見 tʂuə˧˩、tʂɔ˧˩

【着呢】·tʂʅ ·ȵi 用在某些詞語後表示程度深,含有强調的語氣:這閨女俊～!｜這小子利害～!｜他家闊～!｜這道路遠～!｜他倆好～!｜這東西好吃～!

tʂʻʅ

【尺寸】tʂʻʅ˨˦ tsʻuẽ˨ 長度:量～

【吃媽媽】tʂʻʅ˨˦ ma˨˩ ·ma 吃奶‖回民不説

【吃拉拉】tʂʻʅ˨˩ ·la ·la =〖咧涎〗liə˧˩˥ ·ɕiə =〖涎綫〗ɕiə˧˩˥ ·ɕiã =〖哈拉子〗xa˨ la˧˩˥ ·tsɿ 口水

【吃奶】tʂʻʅ˨ nɛ˥ 嬰幼兒吮吸母乳‖回民、漢民通用,但漢民口語以説"吃媽媽"爲常

【吃肋巴】tʂʻʅ˨ luei˨˥ ·pa 放高利貸賺大錢‖部分人説

【吃早點】tʂʻʅ˨ tsɔ˥˦ tiã˥ 吃早飯

【吃小竈】tʂʻʅ˨ ɕiɔ˥ ·tsɔ˨ ❶吃單獨做的比大伙兒好的飯食 ❷比喻老師額外給學生指導幫助,增加學習内容

【吃頭兒】tʂʻʅ˨ tʻour˧˩[<tʻou˧˩] ❶泛稱吃的東西,食物:有麽～｜你上車帶點兒～!❷(是否)值得吃:這點心没～!

【吃飯】tʂʻʅ˨˦ fã˨ ❶就餐 ❷泛指生活

或生存：靠做小買賣～

【吃飯嘛】tʂ'ʅ˨˦ fã˨˦ ·lia 吃飯了‖一般用於招呼人吃飯的場合

【吃晚飯】tʂ'ʅ˨ vã˥ fã˨ 吃晚上的那頓飯

【吃傷嘛】tʂ'ʅ˨˦ ʂaŋ˨˩ ·lia ❶吃得傷了胃口 ❷比喻對某件事產生了膩味的情緒：這一回兒就叫我～，再也不幹嘛！

【吃晌飯】tʂ'ʅ˨˦ ʂaŋ˥˩ ·fã 在中飯和晚飯之間吃飯

【吃零嘴】tʂ'ʅ˨ liŋ˥ tsuei˥ 吃零食

【吃驚】tʂ'ʅ˨˦ tɕiŋ˨ 突如其來的事情使人感到驚異或緊張：這事兒真叫人～！|叫人吃了一驚

【吃睛食兒】tʂ'ʅ˨ tɕ'iŋ˨˦ ·ʂer[<·ʂʅ] 坐享其成：你也得出點力，不能光～

【吃中午飯】tʂ'ʅ˨˦ tʂuŋ˨ u˥ fã˨ 吃午飯

【眵目糊】tʂ'ʅ˨˩ ·ma（或·mu）xu˨ ＝〖眼眵〗iã˥ tʂ'ʅ˨ 眼屎，眼裏分泌出來的黃色黏液

【池子】tʂ'ʅ˥˦ ·tsʅ ＝〖水池子〗ʂuei˥ tʂ'ʅ˥˦ ·tsʅ 人工水池，如澡堂裏的：～裏的水忒熱，進不去！

【治魚】tʂ'ʅ˥ y˥ 把魚剖腹、去鱗等進行清理以供烹調‖治，廣韵之韵直之切："亦理也。"另見 tʂʅ˨

【遲到】tʂ'ʅ˥˦ tɔ˨ 到得比規定時間晚

【翅子】tʂ'ʅ˨˦ ·tsʅ 鰭，魚的運動器官

【翅膀】tʂ'ʅ˨˦ ·paŋ 鳥類、昆蟲的飛行器官

ʂʅ

【失眠】ʂʅ˨ miã˥ 睡覺的時候不能入睡

【蝨子】ʂʅ˨˩ ·tsʅ 寄生在人或動物身上的一種昆蟲，吸食血液，傳染疾病

【蝨子子兒】ʂʅ˨˩ ·tsʅ tser˥[<tsʅ˥] ⇨〖蟣子〗tɕi˥˩ ·tsʅ

【屍首】ʂʅ˨˩ ·ʂou 人的屍體

【施肥】ʂʅ˨ fei˥ 給種植物上肥料

【拾翻】ʂʅ˨˩ ·fã 翻動，翻尋：我～了半天也没找着！‖拾，單字音 ʂʅ˥，此處讀陰平。另見 ʂʅ˥

【師徒】ʂʅ˨ t'u˥ 師傅和徒弟

【師爺】ʂʅ˨ iə˥ 舊時衙門裏没有官職的輔佐人員，管理文案等工作：～那個筆挺利害，一個字可以讓人死了！

【師生倆】ʂʅ˨˩ ·ʂəŋ lia˥ 老師學生兩人

【獅子】ʂʅ˨˩ ·tsʅ 一種猛獸

【獅子狗】ʂʅ˨˩ ·tsʅ kou˥ 一種長毛的巴兒狗

【適宜】ʂʅ˨ i˥ 合適：△白露早，寒露遲，秋分種麥子正～

【濕】ʂʅ˨ 乾濕的濕，指水分多或沾了水的：衣裳全淋～嘛！

【濕濕蟲】ʂʅ˨˩ ·ʂʅ tʂ'uŋ˥ 潮蟲

【濕乎乎的】ʂʅ˨ xu˨˦ xu˨˩ ·ti 很濕的樣子

【識字兒的】ʂʅ˨˦ tser˨˦[<tsʅ˨] ·ti ⇨〖認字兒的〗ʐẽ˨ tser˨˦[<tsʅ˨] ·ti

【識文解字的】ʂʅ˨ vẽ˥ ɕie˥˦ tsʅ˨˦ ·ti 知書識字有文化的人：他行啊，～！‖解，廣韵蟹韵胡買切："曉也"

【十】ʂʅ˥ ❶基數詞 ❷表示達到頂點：～足|～全～美 ❸濟南地名用字：～方院街|～王店|西～里河

【十二月】ʂʅ˥ ər˨˦ ·yə 公曆一年中的末了一個月‖農曆一般説臘月

【十一】ʂʅ˥ i˨ 數詞

【十一月】ʂʅ˦ i˨˩˩ ·yə 一年的第十一個月份，即冬月

【十八羅漢】ʂʅ˦ pa˨ luə˦˩ ·xã 佛寺裏塑在兩旁的十八個羅漢像

【十拉個】ʂʅ˦˩ ·la kə˨ 十來個，十多個

【十拉天】ʂʅ˦˩ ·la t'iã˨ 十來天，十幾天

【十個】ʂʅ˦ kə˨ ＝〖十阿〗ʂʅ˦˩ ·ʐa 數量詞 ‖“阿”在此處讀 ·ʐa

【十月一】ʂʅ˦˩ ·yə i˨ ⇨〖國慶節〗kuə˥ tɕ'iŋ˨ tɕiə˨

【十好幾天】ʂʅ˦ xɔ˥˩ tɕi˥ t'iã˨ 十多天，比十天多出好幾天

【十全】ʂʅ˦ tɕ'yã˦ ＝〖全家福〗tɕ'yã˦ tɕia˨˩ fu˨ ＝〖滿唡〗mã˥˩ ·lia 劃拳時説出的數，即十 ‖ 參見“劃拳 xua˨ tɕ'yã˦”

【十冬臘月】ʂʅ˦ tuŋ˨ la˨˩ ·yə 寒冬

【什錦絲兒】ʂʅ˦˩ ·tɕiẽ ser˨[<sʅ˨] 一種用多種原料製成的鹹菜絲 ‖ 什，另見 ʂə˦、ʂəŋ˦

【石子兒】ʂʅ˦ tser˥[<tsʅ˥] ❶天然的小石塊 ❷用機器加工的大小差不多的小石塊，供建築用 ‖ 石，另見 tã˨

【石碑】ʂʅ˦ pei˨ ⇨〖碑〗pei˨

【石灰】ʂʅ˦˩ ·xuei 一種建築材料

【石膏】ʂʅ˦ kɔ˥ 一種礦物 ‖ 膏，單字讀 kɔ˨，此處讀上聲

【石頭】ʂʅ˦˩ ·t'ou 石塊

【石頭墩子】ʂʅ˦˩ ·t'ou tuẽ˨˩ ·tsʅ 整石打成的鼓形坐具

【石榴】ʂʅ˦˩ ·liou 一種水果，球形，厚皮內有許多種子

【石磙子】ʂʅ˦ kuẽ˥˩ ·tsʅ ⇨〖碌碡〗ly˨˩ ·tʂu

【拾】ʂʅ˦ ❶撿：把地上東西～起來！❷大寫十，數詞 ❸放，擱：這房子的事兒我没往心裏～！‖ 另見 ʂʅ˨

【拾子兒】ʂʅ˦ tser˥[<tsʅ˥] ＝〖抓子兒〗tʂua˨ tser˥[<tsʅ˥] 一種女孩兒常玩的游戲，用手拋、拾裝有沙子或豆粒的方形小布袋(也可用光滑的石子)

【拾起來】ʂʅ˦˩ ·tɕ'i ·lɛ ＝〖撿起來〗tɕiã˥˩ ·tɕ'i ·lɛ 把地上的東西拿起來

【拾孩子】ʂʅ˦ xɛ˦˩ ·tsʅ 舊稱接生：老娘婆接生婆給人～

【拾麥子】ʂʅ˦ mei˨˩ ·tsʅ 在收割過麥子的地裏撿麥穗

【拾掇】ʂʅ˦˩ ·tɔ(或 ·tuə) ＝〖收拾〗ʂou˨˩ ·ʂʅ 整理，歸攏 ‖ 連用式“拾掇拾掇 ʂʅ˦˩ ·tɔ(或 ·tuə) ʂʅ˦˩ ·tɔ(或 ·tuə)”。掇，單字音 tuə˨，此處輕聲韵母 ɔ、uə 兩讀，口語以 ɔ 爲常

【拾漏毛兒】ʂʅ˦ lou˨˩ ·mɔr[<mɔ˦] 得便宜，鑽空子：兩人都没爭着，他倒拾了個漏毛！

【拾棉花】ʂʅ˦ miã˦˩ ·xua ＝〖摘棉花〗tʂei˨ miã˦˩ ·xua 收摘棉花

【拾糞】ʂʅ˦˩ fẽ˨ 撿糞

【拾方兒】ʂʅ˦ fãr˨[<faŋ˨] 女童游戲，在一個小的沙袋上拋時，一隻手在下面迅速排出四個骨牌的一種組合，然後接住沙袋，反復進行

【食兒】ʂer˦[<ʂʅ˦] 特指小動物飼料：小鳥吃～！|鷄～|魚～

【食指】ʂʅ˦ tʂʅ˨ ⇨〖二拇指〗ər˨˩ ·mu tʂʅ˨

【食物】ʂʅ˦ u˨ ＝〖食品〗ʂʅ˦ p'iẽ˥ 通稱吃的東西：～店

【食盒】ʂʅ˦ xə˦ 舊時放置食物的提盒，分層有蓋

10 ʂʅ˦–ʂʅ˩ 食時實使屎士氏市似事

【食堂】ʂʅ˦ t'aŋ˦ 機關、團體供本單位人員吃飯的地方

【食嗓】ʂʅ˦˥ ·saŋ 食道‖參見"合嗓(眼兒) xə˦˥ ·saŋ (iɛr˥[<iã˥])"、"氣嗓 tɕ'i˩˥ ·saŋ"

【時】ʂʅ˦ ❶泛指時間的一段：古～|早些～|當～ ❷時辰，小時：子～|上午八～集合口語一般説八點 ❸規定的或合適的時間：按～上下班|不誤農～ ❹現在的：～事 ❺時常

【時遇】ʂʅ˦˥ y˩ 時運，運氣

【時節】ʂʅ˦ tɕiə˨ 節令，季節：麥收～

【時截】ʂʅ˦ tɕiə˦ 時間，一般不單用：多～|老～

【時候】ʂʅ˦˥ ·xou 時間的某一段、某一點：我上小學的～|現在什麽～嘞？|什麽～回來的？

【時間】ʂʅ˦ tɕiã˨ ❶物質存在的基本形式之一，由過去、現在、未來構成連綿不斷的系統：～過的真快！|～太緊，來不及！|有没有～？❷時間中的某一段或某一點：這段～最好多休息！|現在的～是三點差兩分！

【時辰】ʂʅ˦˥ ·tʂ'ẽ 舊時計時單位，一晝夜共十二時辰

【時興】ʂʅ˦ ɕiŋ˨ 一時流行

【實習】ʂʅ˦ ɕi˦ 安排學生進行實際工作以練習應用或檢驗學到的知識：教學～|～生

【實話】ʂʅ˦˥ ·xua 真實的話：～和你説|説～|～實説

【實在】ʂʅ˦˥ ·tsɛ ❶誠實，不虛假：這人棱～，不會作假！|他～啊，不説瞎話！❷結實，地道：你買的這東西挺～|他幹的活～！❸的確，確實：這人～好！‖重叠式"實實在在的 ʂʅ˦˥ ·ʂʅ ·tsɛ ·tsɛ ·ti"

【實成】ʂʅ˦˥ ·tʂ'əŋ ❶飽滿：這麥子長的棱～！❷誠實不虛假：這人棱～！

【實聾】ʂʅ˦ luŋ˦ 失去聽覺，全聾：兩耳朵～！

【使】ʂʅ˥ ❶用：他不會～筷子|～剪子鉸|～勁兒 ❷支使，使喚

【使筷子】ʂʅ˥ k'uɛ˩˥ ·tsʅ 用筷子

【使壞】ʂʅ˥ xuɛ˩ ⇨〖發壞〗fa˨˥ xuɛ˩

【使勁兒】ʂʅ˥ tɕier˩[<tɕiẽ˩] 用勁兒，下力氣：～幹！

【使撑桿兒】ʂʅ˥ tʂ'əŋ˨˥ ·kɛr[<·kã] 使用撑桿兒打水‖參見"撑桿兒 tʂ'əŋ˨˥ ·kɛr[<kã˥]"

【屎】ʂʅ˥ 糞便：拉～|△一顆老鼠～，攪壞一鍋湯

【屎殼螂】ʂʅ˥˨ ·k'ə laŋ˦ 蜣螂

【士(仕)】ʂʅ˩ ❶象棋棋子名，有藍色和紅色各兩個，紅色的一般寫作仕 ❷用這個棋子吃對方：～嘞

【氏牛】ʂʅ˩˥ ·ȵiou =〖母牛〗mu˥ ȵiou˦ 雌性牛

【市立】ʂʅ˩ li˩ 市級的官辦(學校、醫院等)

【市裏】ʂʅ˩˥ ·li 市區之內

【似的】ʂʅ˩ ·ti 助詞，用在名詞、代詞等後面，表示和該事物或情况相似：你看他裝的没事人～！|誰和你～成天玩兒？|這王八一動不動，死了～！|這布料像真絲～！‖也作是的

【事兒】ʂer˩[<ʂʅ˩] 事情

【事業】ʂʅ˩ iə˩ ❶人所從事的，具有一定目標、規模和系統並對社會有影響的經常活動：教育～ ❷特指没有生産投

人、由國家經費開支的事業：～單位 ‖ 參見"企業 tɕʻi˥ iə˨"

【侍弄】ʂʅ˨˦ ·luŋ ❶侍候，照管：孩子得～，大人得～，一天到晚忙不住！ ❷修理：這錶～了三天還是走不準！ ‖ 侍，廣韻志韵時吏切："近也從也承也。"此處聲母讀 ʂ，北京讀 tsʻ

【柿子】ʂʅ˨˦ ·tsɿ ❶一種水果，扁圓形或圓錐形，黄色，不熟時帶澀味：漤～除去柿子的澀味 ❷部分人又稱番茄

【柿子椒】ʂʅ˨˦ ·tsɿ tɕiɔ˧ ＝〖柿椒〗 ʂʅ˨ tɕiɔ˧ 辣椒的一個品種，燈籠形，不辣帶甜味，是普通蔬菜

【柿霜】ʂʅ˨ ʂuaŋ˧ 柿餅上生出的白色粉末，味甜

【柿餅】ʂʅ˨ piŋ˥ 用柿子製成的餅狀乾果

【是】ʂʅ˨ ❶對，合理：分清～非｜你說的～｜聽誰的～？ ❷表示解釋、存在等：這～他的書！｜身上淨～泥！ ❸凡是，任何：～活他都肯幹！ ❹表示合適：這雨下的～時候！ ❺加重語氣：～我說的，怎麼啦？

ʐʅ

【□】ʐʅ˧ 象聲詞，東西扔出去的聲音

【日子】ʐʅ˨˦ ·tsɿ ❶日期：你閨女多咱娶出嫁啊？定～了没有？｜從前出門兒都要找個好～！ ❷天數，時間：他走了有些～嘛！ ❸生活或生計：～過的不錯！｜好～還在後頭！

【日食】ʐʅ˨ ʂʅ˧ 太陽光被月球擋住不能照到地球，這種天文現象叫日食

【日曆】ʐʅ˨ li˨ ⇨〖月份牌兒〗 yə˨˦ ·fẽ pʻɛr˧[＜pʻɛ˧]

【日頭】ʐʅ˨˦ ·tʻou 熟語稱太陽：△～、月亮不能常晌午，有落的時候，有升的時候 ‖ 平常說話多用"太陽 tʻɛ˨ iaŋ˧"

【日暈】ʐʅ˨˦ yẽ˨ 日光通過雲層中的冰晶時，經折射而形成的光的現象，圍着太陽成球形：△～雨，月暈風

【日光燈】ʐʅ˨ kuaŋ˧˦ təŋ˧ 熒光燈

ər

ər

【兒】ər˧ =〖兒子〗ər˧˥ ·tsɿ 男孩子，對父母而言

【(兒)媳婦】(ər˧) ɕi˩˥˪ ·fu 兒子的妻子‖面稱一般叫名字

【兒馬(蛋子)】ər˧˥ ·ma (tã˩˥ ·tsɿ) =〖公馬〗kuŋ˩ ma˥ 雄性馬

【耳字旁】ər˥˪ ·tsɿ ·p'aŋ 漢字偏旁，如"取"字的左邊部分

【耳髓】ər˥˪ ·suei 耳屎

【耳朵】ər˥˪ ·tɔ 人和高等動物的聽覺器官‖新派有些人說 ər˥˪ ·tuə

【耳朵背】ər˥˪ ·tɔ pei˩ =〖耳朵沉〗ər˥˪ ·tɔ tʂ'ẽ˧ 聽覺失靈：左～|右～

【耳朵垂兒】ər˥˪ ·tɔ tʂ'uer˧[<tʂ'uei˧] 耳朵下部垂下的部分

【耳朵尖】ər˥˪ ·tɔ tɕiã˩ =〖耳朵靈〗ər˥˪ ·tɔ liŋ˧ 聽力强

【耳朵眼兒】ər˥˪ ·tɔ iɛr˥[<iã˥] ❶耳孔 ❷女子爲戴耳環在耳垂上穿的小孔

【耳朵眼子】ər˥˪ ·tɔ iã˥˪ ·tsɿ 耳孔

【耳朵根】ər˥˪ ·tɔ kẽ˩ 耳根

【耳套】ər˥ t'ɔ˩ 套在耳朵上使不受凍的用品，用毛皮、毛綫等製成

【耳彎勺兒】ər˥˪ ·vã ʂɔr˧[<ʂɔ˧] =〖挖耳勺兒〗va˩ ər˥˪ ʂɔr˧[<ʂɔ˧] 耳挖子

【耳輪】ər˥ luẽ˧ 耳朵邊緣向裏捲起的部分

【耳光】ər˥ kuaŋ˩ ⇨〖嘴巴子〗tsuei˥˪ ·pa ·tsɿ

【耳東陳】ər˥ tuŋ˩ tʂ'ẽ˧ 指"陳"字，通報姓氏的習用語

【理】ər˥ =〖理拉〗ər˥˪ ·la 理睬：咱不～他！|咱～不着他！‖理，通常讀 li˥，此處讀 ər˥

【爾麗】ər˥˪ ·li 多指人或環境修飾得漂亮：這閨女打扮的真～！|這屋子裝修的真～！

【二】ər˩ ❶基數詞 ❷第二，次等的：～等 ❸兩樣：三心～意 ❹濟南地名用字：～賢街|～郎廟|～合里‖義項①參見"兩 liaŋ˥"

【二次進風】ər˩ ts'ɿ˩ tɕiẽ˩ fəŋ˩ 用鐵片捲起的在爐膛與鐵片間填有保溫沙的蜂窩煤爐子，圓筒形

【二尺】ər˩ tʂ'ʅ˩ =〖兩尺〗liaŋ˥ tʂ'ʅ˩ 數量詞

【二尺二】ər˩ tʂ'ʅ˩˫ ər˩ =〖兩尺二〗liaŋ˥ tʂ'ʅ˩˫ ər˩ 數量詞

【二齒鈎】ər˩˫ ·tʂ'ʅ kou˩ 兩個齒的鈎，用於劃地，今已少有

【二十】ər˩ ʂʅ˧ 數詞

【二十一】ər˩˫ ·ʂʅ i˩ 數詞‖數數時也說"二一 ər˩ i˩"

【二二得四】ər˩ ər˩ tei˩˫ sɿ˩ =〖二二如四〗ər˩ ər˩ lu˧˥ sɿ˩ 乘法口訣

【二米子飯】ər˩ mi˥˪ ·tsɿ fã˩ 大米和小米攙和着做的飯

【二的】ər˩˫ ·ti =〖老二〗lɔ˥ ər˩ 排

行第二的‖以下“三的 sã˩˥˪ ·ti”、“四的 sɿ˩˧˥ ·ti”等

【二厘】ər˩ li˧ =〖兩厘〗 liaŋ˥ li˧ 數量詞

【二里】ər˩ li˥ =〖兩里〗 liaŋ˥˦ li˥ 數量詞

【二起腳兒】ər˩ tɕʻi˥ tɕyər˩[<tɕyə˩] =〖二起兒〗 ər˩ tɕʻier˥[<tɕʻi˥] =〖二響〗 ər˩ ɕiaŋ˥ 一種爆竹,即雙響

【二尾子】ər˩˥ ·i ·tsɿ 兩性人

【二畝】ər˩ mu˥ =〖兩畝〗 liaŋ˥˦ mu˥ 數量詞

【二拇指】ər˩˥ ·mu tʂʅ˩ =〖食指〗 ʂʅ˧ tʂʅ˩ =〖二門指頭〗 ər˩˥ ·mẽ tʂʅ˩˪ ·tʻou 緊挨着大拇指的手指頭

【二伏】ər˩ fu˧ ⇨〖中伏〗 tʂuŋ˩ fu˧

【二乎】ər˩˥ ·xu =〖二思〗 ər˩˥ ·sɿ 猶豫,下不了決心:要辦快辦,別~!‖重疊式“二二乎乎的 ər˩˥ ·ər ·xu ·xu ·ti”、“二二思思的 ər˩˥ ·ər ·sɿ ·sɿ ·ti”:這事兒我一直~!|別再~嘛,下決心罷!

【二五眼】ər˩ u˥˦ iã˥ 辨不明事理的人:這小子~,他說的可是不準!

【二把刀】ər˩˥ ·pa tɔ˩ =〖二把刀子〗 ər˩˥ ·pa tɔ˩˪ ·tsɿ ⇨〖半瓶子醋〗 pã˧ pʻiŋ˧˥ ·tsɿ tsʻu˩

【二大爺】ər˩ ta˩ iə˧ 父親的二哥‖以下按排行依次稱“三大爺”等

【二大娘】ər˩ ta˩ ȵiaŋ˧ 父親的二嫂‖以下按排行依次稱“三大娘”等

【二哥】ər˩ kə˩ 稱次兄

【二鱉瞅蛋】ər˩ piɔ˩ tʂʻou˥ tã˩ 罵人話,指盯住某事不放過:你看他那個眼直勾勾的和~似的!‖原意指雌雄兩隻鱉盯着未孵化的鱉蛋看。蒲松齡《聊齋俚曲集·增補幸雲曲》二十一回:“大姐姐,你看這網子上是二龍戲珠。”大姐說:“乜那是二鱉瞅蛋罷了!”

【二百】ər˩ pei˩(或 ər˩˥ ·pei) 數詞‖二百至九百,百皆可讀輕聲

【二百五】ər˩ pei˩ u˥ 有些傻氣、說話欠思考、做事莽撞的人:你真是~,什麼也不懂!

【二百五十】ər˩ pei˩ u˥˪ ·ʂʅ 數詞

【二百五十個】ər˩ pei˩ u˥˪ ·ʂʅ kə˩ 數量詞

【二百二十個】ər˩˥ ·pei ər˩˥ ·ʂʅ kə˩ 數量詞

【二百二(十)】ər˩˥ ·pei ər˩ (ʂʅ˩) 數詞

【二斗】ər˩ tou˥ ⇨〖兩斗〗 liaŋ˥˦ tou˥

【二半吊子】ər˩˥ ·pã tiɔ˩˥ ·tsɿ ⇨〖半吊子〗 pã˩ tiɔ˩˥ ·tsɿ

【二萬二(千)】ər˩ vã˩ ər˩ (tɕʻiã˩) ⇨〖兩萬二(千)〗 liaŋ˥ vã˩ ər˩ (tɕʻiã˩)

【二錢】ər˩ tɕʻiã˧ =〖兩錢〗 liaŋ˥ tɕʻiã˧ 數量詞

【二門】ər˩ mẽ˧ 老式院落進了大門後有個過道,從過道再進院子的門稱二門

【二分】ər˩ fẽ˩ =〖兩分〗 liaŋ˥ fẽ˩ 數量詞,用於重量、尺寸、錢款、地畝、時間等:一兩三錢~|三寸~|三塊五毛~|一畝~|三點零~

【二寸】ər˩ tsʻuẽ˩ =〖兩寸〗 liaŋ˥ tsʻuẽ˩ 數量詞:三尺~

【二寸二】ər˩ tsʻuẽ˩ ər˩ =〖兩寸二〗 liaŋ˥ tsʻuẽ˩ ər˩ 數量詞

【二婚頭】ər˩ xuẽ˩ tʻou˧ =〖二起兒〗

14 ər˩ 二

ər˩ tɕʻier˥[<tɕi˥] ＝〖二起腳〗 ər˩ tɕʻi˥ tɕyə˨ ＝〖後婚〗 xou˩˦ ·xuẽ 再婚的婦女

【二郎腿】ər˩ laŋ˧ tʻuei˥ 坐的時候把一條腿放在另一條腿上的姿勢：翹起～

【二丈】ər˩ tʂaŋ˩ ⇨〖兩丈〗 liaŋ˥ tʂaŋ˩

【二丈二】ər˩ tʂaŋ˩ ər˩ ⇨〖兩丈二〗 liaŋ˥ tʂaŋ˩˦ ər˩

【二兩】ər˩ liaŋ˥ 數量詞

【二斤】ər˩˦ ·tɕiŋ（或 ər˩ tɕiŋ˨）＝〖兩斤〗 liaŋ˥˨ ·tɕiŋ（或 liaŋ˥ tɕiŋ˨）數量詞

i

pi

【尿】pi˨˦ 女陰

【嗶嘰】pi˨˦꜔ tɕi˨˦ 一種斜紋布：毛～|綫～

【碧玉】pi˨˦꜔ y˩ 一種跟黄雀相似，叫聲好聽的鳥‖碧，另見 pi˩

【壁虎】pi˨˦ xu˥ ⇨〖蝎虎簾子〗 ɕiə˨˦꜖ ·xu liã˧꜒ ·tsɿ

【□式】pi˨˦꜖ ·ʂʅ ❶藏在隱蔽的地方：～了門後頭|你怎麼在這裏～着？❷單獨在一個地方呆着：我在這裏～了半天也没有等着他！

【荸薺】pi˧꜒ ·tɕ‘i 多年生草本植物，通常栽培在水田裏。地下莖扁球形，可以吃

【鼻子】pi˧꜒ ·tsɿ ❶嗅覺器官 ❷＝〖鼻涕〗 pi˧꜒ ·t‘i 鼻腔分泌的黏液：流～

【鼻子翅兒】pi˧꜒ ·tsɿ tʂ‘er˩[<tʂ‘ʅ˩] 鼻翼

【鼻子不靈】pi˧꜒ ·tsɿ pu˨˦ liŋ˧ 嗅覺差：你看飯都餿嘛，你還吃，～啊！

【鼻子尖】pi˧꜒ ·tsɿ tɕiã˨˦ 嗅覺靈敏

【鼻子尖兒】pi˧꜒ ·tsɿ tɕiɛr˨˦[<tɕiã˨˦] 鼻尖，鼻子的頂端

【鼻子眼兒】pi˧꜒ ·tsɿ iɛr˥[<iã˥] ＝〖鼻孔眼子〗 pi˧꜒ ·k‘uŋ iã˥꜖꜔ ·tsɿ ＝〖鼻窟窿〗 pi˧꜒ ·k‘u ·luŋ 鼻孔

【鼻鼻齉齉的】pi˧꜒ ·pi ·naŋ ·naŋ ·ti 説話帶鼻音：他這幾天傷風嘛，説話～！

【鼻涕】pi˧꜒ ·t‘i ⇨〖鼻子②〗 pi˧꜒ ·tsɿ

【鼻疙渣】pi˧꜒ ·kə(或 ·ka) ·tʂa 鼻腔裏乾結的鼻涕

【鼻毛】pi˧ mɔ˧ 長在鼻孔裏的毛

【鼻梁】pi˧ liaŋ˧ 鼻子隆起的部分

【比】pi˥ ❶比較，較量：～賽|你倆～～誰高！❷能夠相比：我怎麼能和你～！❸比方，摹擬：好～|～畫 ❹比賽雙方得分的對比：二～一 ❺介詞，用於比較雙方性狀和程度差别：他～你高|你不～他高

【比方】pi˥꜖꜔ ·faŋ ＝〖比項〗 pi˥ ɕiaŋ˩ 用甲事物來説明乙事物：打個～

【秕穀】pi˥꜖꜔ ·ku ＝〖秕子〗 pi˥꜖꜔ ·tsɿ 有殼無實的穀

【畢業】pi˩꜔ iə˩ 學習期滿，達到規定要求而結束學習

【畢業證書】pi˩꜔ iə˩ tʂəŋ˩ ʂu˨˦ ＝〖文憑〗 vẽ˧ p‘iŋ˧ 學校或其他主辦單位給受業者所發的證明其畢業的文件

【閉嘴】pi˩ tsuei˥ ＝〖閉口〗 pi˩ k‘ou˥ ＝〖合上嘴〗 xə˧꜒ ·ʂaŋ tsuei˥ 合上嘴巴

【閉眼】pi˩ iã˥ 合起眼睛

【閉庭】pi˩ t‘iŋ˧ 法庭審訊結束

【蓖麻子】pi˩ ma˧ tsɿ˥ ⇨〖麻子〗 ma˧ tsɿ˥

【碧桃】pi˩ t‘ɔ˧ 落葉喬木，開重瓣紅色花，供觀賞‖碧，另見 pi˨˦

【箅子】pi˩꜒ ·tsɿ 統稱有空隙而能起間隔作用的器具，如用於蒸放食物的器物、大型蒸籠籠屜最下部靠水的一層、

下水道口上擋住垃圾的鐵箅子

【滗】piɹ 擋住渣滓或泡着的東西把液體倒出:把藥～到碗裏!

【㔆嗵】piɹr ·lia ⇨〖槍㔆嗵〗 tɕ'iaŋɹr piɹr ·lia

p'i

【披縫】p'iɹʟ ·fəŋ 開裂的縫隙:牆上裂了一道～!｜這木頭有～,打櫥子不行!‖披,單字音 p'eiɹ,此處讀 p'iɹ

【劈】p'iɹ ❶用刀斧等破開:～木頭 ❷正對着:～頭蓋臉 ❸雷擊‖劈開的劈讀 p'iㄱ

【劈柴】p'iɹ tʂ'ɛɣ 木頭劈成的燃料

【皮】p'iɣ ❶生物或其他物體表面的一層組織:手上蹭破了～｜羊～｜橘子～｜牆～ ❷皮子:～鞋｜～大衣 ❸頑皮:這孩子真～! ❹皮塌,無所謂:你別老説他,説～了再説也没用嗵! ❺有韌性:～艮 ❻酥脆的食物受潮變韌:麻花～嗵!｜長果仁兒花生米～了不好吃

【皮兒】p'ierɣ[<p'iɣ] ❶包在外面的:包袱～｜餛飩～ ❷某些薄片狀的東西:豆腐～｜粉～｜鉛～

【皮實】p'iɣr ·ʂʅ 人的身體結實耐折磨:我這人身體～,經踤打!‖重叠式"皮皮實實的 p'iɣr ·p'i ·ʂʅ ·ʂʅ ·ti":小孩兒你别忒寵着了,～反倒不長病!

【皮塌】p'iɣr ·t'a 食物受潮發軟變得不堅韌:燒餅都～嗵｜餜子油條～嗵‖參見"皮艮 p'iɣr ·kẽ"

【皮嘎】p'iɣ kaɣ 皮鞋(有諷刺意):穿着大～

【皮夾子】p'iɣ tɕiaɹʟ ·tsʅ 用軟皮革等製成的小夾子,帶在身邊裝錢或其他小用品

【皮帶】p'iɣ tɛɹ ❶傳動帶的通稱 ❷特指皮革製成的腰帶

【皮鞋】p'iɣ ɕiɛɣ 皮革製成的鞋子

【皮包】p'iɣ pɔㄱ ❶舊時專指皮革手提包 ❷通稱各種形式各種質地的提包

【皮袍子】p'iɣ p'ɔɣr ·tsʅ ＝〖皮袍〗 p'iɣ p'ɔɣ 舊時用毛皮製成的長袍

【皮帽子】p'iɣ mɔɹr ·tsʅ 毛皮或皮革製的帽子

【皮襖】p'iɣ ŋɔㄱ 皮上衣

【皮笑肉不笑】p'iɣr ɕiɔɹ ʐouɹ puɹr ɕiɔɹ 形容勉强做作的虚僞或陰險的笑

【皮蛋】p'iɣ tãɹ ⇨〖松花〗 ɕyŋɹr (或 suŋɹr) xuaɹ

【皮艮】p'iɣr ·kẽ 食物受潮發艮不好咬:地瓜棗兒～了咬不動｜煎餅都放～嗵｜頭午上午買的餜子油條,過午下午就～嗵!‖參見"皮塌 p'iɣr ·t'a"

【皮箱】p'iɣ ɕiaŋɹ 皮革製成的箱子。也稱出門時用的手提箱

【皮精神】p'iɣr ·tɕiŋ ·ʂẽ 表面精神,内裹不聰明(多指青少年):這孩子～,真念書就不行嗵

【皮影】p'iɣ iŋㄱ ＝〖驢皮影〗 lyɣr ·p'i iŋㄱ 皮影戲

【枇杷】p'iɣr ·p'a 一種水果,黄色圓形,味甜。本地不産

【啤酒】p'iɣ tɕiouㄱ 用大麥爲主要原料製成的酒,有泡沫:青島～

【脾氣】p'iɣr ·tɕ'i 性情。也指容易發怒的性情:他～好｜你～忒大!‖脾,另見 p'iㄱ

【脾寒】p'iɣr ·xã 瘧疾:發～‖參見"發瘧子 faɹʟ yəɹr ·tsʅ"。脾,另見 p'iㄱ

【貔子】p‘i˧˥ ·tsɿ ＝〖貔大狐子〗 p‘i˧˥ ·ta xu˩˧˨ ·tsɿ ＝〖貔狐子〗 p‘i˧˥ ·xu ·tsɿ ＝〖狐狸〗 xu˥˨ ·li 一種野獸，形狀略像狼，性狡猾多疑

【貔子洞】p‘i˧˥ ·tsɿ tuŋ˩ 貔子居住的洞穴

【貔仙】p‘i˧ ɕiã˩ ＝〖狐仙〗 xu˧ ɕiã˩ 傳説中修行得道的狐狸

【脾】p‘i˥ 脾臟，五臟之一 ‖ 脾，單字及脾氣的脾陽平，此處讀上聲

【屁】p‘i˩ 從肛門排出的臭氣

【屁股】p‘i˩˥ ·ku ⇨〖腚〗 tiŋ˩

【屁臭寡淡的】p‘i˩˥ ·tʂ‘ou kua˥ tã˩˥ ·ti 食物没有滋味，多指自然食品：這西瓜～，不甜！

【屁溝】p‘i˩ kou˩ ⇨〖腚溝〗 tiŋ˩ kou˩

mi

【眯縫(眼)】mi˩˧˨ ·fəŋ (iã˥) 眯起眼睛而不全閉

【迷里木亂的】mi˧˥ ·li ·mu ·luã ·ti 心情不安：心裏～ ‖ 參見“木亂 mu˩˥ ·luã”

【迷糊】mi˧˥ ·xu (神志或眼睛)模糊不清 ‖ 重疊式“迷迷糊糊的 mi˧˥ ·mi ·xu ·xu ·ti”

【迷信】mi˧˥ ɕiẽ˩ ❶信仰神仙鬼怪等 ❷泛指盲目的信仰崇拜

【米】mi˥ ❶專指小米：～食兒 ❷通稱各種米 ‖ 通常説米都指小米，如説大米一般要加大字

【米食兒】mi˥˨ ·ʂer[＜ʂɿ˧] 純小米麵，用於做稀飯等

【米達尺】mi˥ ta˧ tʂ‘ɿ˩ 以公制米爲計量單位的尺

【米飯】mi˥ fã˩ 統稱用大米或小米做成的飯，跟稀飯相對而言 ‖ 這是新起的説法，通行的説法是“乾飯 kã˩˧˨ ·fã”

【米蘭】mi˥˨ ·lã 常綠小喬木，花黄色有濃香，花季很長

【米麵兒】mi˥˨ ·miɛr[＜miã˩] ＝〖米麵子〗 mi˥˨ ·miã ·tsɿ 小米、黄豆兩種糧食混合的麵粉，多用於蒸窩窩頭

【米湯】mi˥ t‘aŋ˩ ＝〖飯湯〗 fã˩ t‘aŋ˩ 煮飯滗出來的湯水

【米量】mi˥˨ ·liaŋ 比量，估計長度 ‖ 連用式“米量米量 mi˥˨ ·liaŋ mi˥˨ ·liaŋ”：～這繩子有多長！

【米蛘】mi˥˨ ·iaŋ ⇨〖螞蟻〗 ma˥˨ ·i

【米蛘子兒】mi˥˨ ·iaŋ tser˥[＜tsɿ˥] 螞蟻子

【密】mi˩(或 mei˩) ❶稠密：他頭髮挺～ | ～植 ❷親密 ❸秘密：保～ ‖ mei˩ 是舊讀音，只用於義項①的口語詞，如：莊稼長的忒～

【蜜三刀】mi˩ sã˩˧ tɔ˩ 一種表層有糖稀的小糕點

【蜜蜂】mi˩˥ ·fəŋ 一種昆蟲，工蜂能采花粉釀蜜

【膩蟲】mi˩˥ ·tʂ‘uŋ ＝〖蚜蟲〗 ia˧˥ ·tʂ‘uŋ 一種繁殖力很强危害多種農作物及花卉的害蟲，多長在葉子背面或莖部，身體卵圓形，綠色或黄色：遭了～咧！ ‖ 膩，單字音 ȵi˩，此處讀 mi˩

ti

【低】ti˩ ❶高低的低，指從上到下距離小的，離地面近的，等級在下的，價錢小的等 ❷頭下垂：△抬頭不見～頭見！

【低頭】ti˩ t‘ou˧ ❶垂下頭 ❷比喻屈服

18　tiɹ – tiɹ　低的堤提滴的提滌嘀敵底嘀地

【低頭秤】tiɹ t'ouɹ tʂ'əŋɹ 秤低，表示分量不足‖市場用語，常説“低着頭走 tiɹʟ ·tʂɿ t'ouɹ tsouㄱ”，比喻秤低

【的嗒的嗒】tiɹʟ ·ta tiɹʟ ·ta 鐘錶走的聲音‖的，另見 tiɹ、tiɹ、·ti

【堤】tiɹ 沿河或沿海的防水建築物

【提防】tiɹʟ ·faŋ 小心防備：這人心眼兒忒多，你～他點！｜我没～，讓他蹿個軲輪兒蹿倒在地‖提，單字音 t'iɹ，此處讀 tiɹ。另見 tiɹ、t'iɹ

【滴水】tiɹʟ ·ʂuei 兩所房子之間留出的空道，一般是一邊留三尺，兩房之間的滴水就成了胡同

【的的確確】tiɹr ·ti tɕ'yəɹʟ tɕ'yəɹ 副詞，完全，確實，表示十分肯定：這話～是他説的，他怎麼不承認呢？‖的，另見 tiɹ、tiɹ、·ti

【提溜】tiɹr ·liou 提：你手裏～的麼啊？｜～不動！｜～起來唡！‖提，另見 tiɹ、t'iɹ

【提溜當朗的】tiɹr ·liou taŋɹʟ ·laŋ ·ti 物體懸垂的樣子：你手裏～拿着什麼東西？｜這些衣裳掛在廳裏，～的不好看，快收起來！‖參見“當朗 taŋɹʟ ·laŋ”

【滌棉】tiɹ miãɹ 滌綸跟棉混紡的織物

【嘀咕】tiɹr ·ku ❶背着人小聲説：你倆～麼？❷猜疑，猶疑：我心裏直～！‖重叠式“嘀嘀咕咕的 tiɹr ·ti ·ku ·ku ·ti”：你一個人～幹麼？。嘀，另見 tiㄱ

【敵敵畏】tiɹ tiɹr veiɹ 一種殺蟲劑，可殺滅農業害蟲或蚊蠅等

【敵人】tiɹr ·ʐẽ 敵對的人，敵對的方面

【底下】tiㄱʟ ·ɕia 下面：樹～｜腳～

【底貨】tiㄱʟ ·xuə 家底，積蓄：他嫣有點兒～

【底綫】tiㄱʟ ·ɕiã 縫紉機纏在梭子上的綫

【底襟兒】tiㄱʟ ·tɕier[<tɕiẽɹ] 小襟，中式衣服右面掩在大襟裏面的狹長部分

【嘀嘀】tiㄱ tiㄱ ＝〖嘀嘀□兒□兒〗tiㄱ tiㄱ merㄱ merㄱ 模仿汽車喇叭聲，多用於哄幼兒時：～～，汽車來唡‖參見“□兒□兒 merㄱ[<meiㄱ] merㄱ[<meiㄱ]”。嘀，另見 tiɹ

【地】tiɹ ❶地球，陸地：天～｜山～｜～下水 ❷可以種植的地面：兩畝～｜下～種麥子 ❸房屋等地面的表層：磚～｜洋灰～｜～板 ❹地區：外～｜各～ ❺路程：走了有十里～

【地痞】tiɹ p'iㄱ ⇨〖街痞〗tɕiɛɹʟ ·p'i

【地契】tiɹ tɕ'iɹ 買賣土地的契約

【地不平】tiɹr ·pu p'iŋɹ 譃稱瘸子

【地租】tiɹ tsuɹ 租出土地的收入。也指租種土地的付出

【地處】tiɹr ·tʂ'u(或 ·tʂ'uə) ＝〖地窩〗tiɹr ·və 某一區域，地方：現在回民宰羊宰牛的都是河北老寨子那～的｜來到這個～‖“地處”比“地方”更口語化

【地蛆】tiɹr ·tɕ'y ❶專門咬植物根莖的地下害蟲，灰白色，半透明狀 ❷白薯被這種害蟲咬過的痕迹

【地下】tiɹr ·ɕia ❶地面上：天上下雨～滑 ❷地面下：～水‖義項①也説“地上 tiɹr ·ʂaŋ”

【地瓜苗】tiɹ kuaɹ miɔɹ 在溫牀裏培育的白薯幼株

【地瓜溝】tiɹ kuaɹʟ kouɹ 種白薯的地裏刨出的埂與埂中間的溝

【地瓜】tiɹr ·kua(或 tiɹ kuãɹ) 白薯

【地瓜母子】ti˩˧ ·kua mu˥˪ ·tsɿ 培育過幼苗的白薯,可用來做粉條

【地瓜爐子】ti˩˧ ·kua lu˦˧ ·tsɿ ❶專用於烤白薯的爐子 ❷戲稱特别肥胖的人

【地瓜花】ti˩˧ ·kua xua˩˥ 一年生草本植物,花大,重瓣,有紅、黄等多種顏色,根塊似白薯,即大麗菊

【地瓜棗兒】ti˩˧ ·kua tsɔr˥[<tsɔ˥] 煮熟的白薯切片或整個兒曬成的白薯乾

【地瓜乾兒】ti˩˧ ·kua kɛr˩˥[<kã˩˥] 白薯乾,由生白薯切片曬成。過去是山東農村的主食之一,壓成麵後可做餅、包包子、擀麵條等

【地瓜麵兒】ti˩˧ ·kua miɛr˩[<miã˩] 白薯乾碾壓成的麵

【地瓜秧子】ti˩˧ ·kua iaŋ˩˥˪ ·tsɿ 白薯蔓兒:翻～

【地瓜牀】ti˩˧ ·kua tʂ'uaŋ˦ =〖地瓜炕〗ti˩˧ ·kua k'aŋ˩ 培育白薯秧苗的溫牀:把地瓜母子放到～上,再蓋上四指厚的牲口糞和苫子,生上火

【地瓜種】ti˩˧ ·kua tʂuŋ˥ 選留的用於培植幼苗的白薯

【地排兒(車)】ti˩ p'ɛr˥[<p'ɛ˥] (tʂ'ə˩˥) 人力拉的雙輪小車:拉～ ‖ 也説"地排子車 ti˩ p'ɛ˥˪ ·tsɿ tʂ'ə˩˥"。排,單字音 p'ɛ˦,此處讀上聲

【地排子】ti˩˧ ·p'ɛ ·tsɿ 鼹鼠 ‖ 多生長於黄河沿岸

【地道】ti˩˧ ·tɔ ❶真正是有名産地出産的 ❷實在,可靠:這人不～!|這産品不～! ‖ 重叠式"地地道道 ti˩˧ ·ti ·tɔ ·tɔ":這東西～是上海來的!

【地老鼠】ti˩˧ ·lɔ ·ʂu(或 ti˩ lɔ˥˪ ·ʂu) 田鼠

【地蛋】ti˩ tã˩ =〖土豆兒〗t'u˥ tour˩[<tou˩] 馬鈴薯

【地蛋棵兒】ti˩ tã˩ k'ər˩˥[<k'ə˩˥] 馬鈴薯植株

【地毯】ti˩ t'ã˥ 鋪在地上的毯子

【地窨子】ti˩ iẽ˩˧ ·tsɿ =〖地窨〗ti˩ tɕiɔ˩ 存放白薯、蘿蔔等的地洞

【地磅】ti˩ paŋ˩ 一種承重的金屬板跟地面相平的大型磅秤,可以連同車輛稱物:過～

【地方】ti˩˧ ·faŋ ❶某一區域:你出差到什麼～去嘛?|靠窗户的～風大! ❷部分,點:你自己看罷,不懂的～問我!|有什麼～需要改進,你提出來! ❸各級行政區劃的統稱(相對於中央而言):～政府

【弟弟】ti˩˧ ·ti 同父母或同輩比自己年小的男子

【弟妹】ti˩ mei˩ 弟媳

【弟兄】ti˩˧ ·ɕyŋ ⇨〖兄弟〗ɕyŋ˩˥˧ ti˩

【弟兄倆】ti˩˧ ·ɕyŋ lia˥ =〖兄弟倆〗ɕyŋ˩˥˧ ti˩ lia˥ 弟兄兩人

【弟兄們】ti˩˧ ·ɕyŋ ·mẽ 弟兄兩個以上的合稱:你～上哪?

【的確涼】ti˩ tɕ'yə˩˥ liaŋ˦ 一種滌綸紡織品 ‖ 的,另見 ti˩˥、ti˦、·ti

【第】ti˩ 用在整數的數詞前,表示序數:～一|～二

【第四個】ti˩ sɿ˩ kə˩ =〖第四啊〗ti˩ sɿ˩˧ ·a 表示順序在第四的那個

【第十個】ti˩ ʂʅ˦ kə˩ 表示順序在第十的那個 ‖ 不説"第十啊"

【第二個】ti˩ ər˩ kə˩ =〖第二啊〗ti˩ ər˦˧ ·ʐa 表示順序在第二的那個

【第二天】ti˩ ər˩ tʻiã˩ 次日

【第七個】ti˩ tɕʻi˩˧ kə˩ ＝〖第七啊〗ti˩ tɕʻi˩˩ ·ia 表示順序在第七的那個

【第一個】ti˩ i˩˧ kə˩ ＝〖頭一個〗tʻou˥˩ ·i kə˩ 表示順序在首位的那個

【第一(名)】ti˩ i˩ (miŋ˥) ⇨〖頭一名〗tʻou˥˩ ·i miŋ˥

【第五個】ti˩ u˥ kə˩ ＝〖第五啊〗ti˩ u˥˩ ·ua 表示順序在第五的那個

【第八個】ti˩ pa˩˧ kə˩ 表示順序在第八的那個 ‖ 不説"第八啊"

【第六個】ti˩ liou˩ kə˩ ＝〖第六啊〗ti˩ liou˩˩ ·ua 表示順序在第六的那個

【第九個】ti˩ tɕiou˥˩ kə˩ 表示順序在第九的那個 ‖ 不説"第九啊"

【第三個】ti˩ sã˩˧ kə˩ ＝〖第仨〗ti˩ sa˩ 表示順序在第三的那個

【遞臉子】ti˩ liã˥˩ ·tsɿ 演員化裝：方榮翔濟南著名京劇演員一～就是活包公

【遞上嘛】ti˩˧ ·ʂaŋ ·lia 送上了(賄賂用的錢物等)

【的】·ti 助詞。❶用在定語後面：這麼好～衣裳還嫌孬！｜買書～錢｜誰拿來～東西？｜他～筆｜張家～閨女｜這個廠誰～主任？——老王～主任，小張～副主任｜要説他～好話，别説他～壞話｜你别開他～玩笑！❷構成"的"字結構代替人或物：賣菜～｜看書～看書，看報～看報，寫字～寫字｜兩個孩子，大～是閨女，小～是小兒兒子｜吃香～喝辣～ ❸用在謂語動詞後，强調動作的施事者或時間、地點、方式等：上次是誰請～客？——是我請～！｜你説～誰？——我不是説～你！｜他那天見～老張，不是老王！｜我前年到～北京！｜在舜井街買～鞋！｜回來坐～飛機 ❹構成"是…的"結構作謂語：這本兒書是他哥哥～！｜桌子上的東西是誰～？——(是)老高～！❺用在兩個或兩個以上同類的詞語之後，表示等等、之類的意思：上集買個葱啊蒜～，棱方便！｜這幾年鷄鴨魚肉～没少吃了！｜你提溜着大包小包～上哪裏去？❻用在兩個數詞之間表示兩數相加，一般用在打算盤時：三個～五個是八個 ‖ 另見 ti˩、ti˥、ti˩

【的】·ti 助詞，相當於北京話的"得"。❶用在動詞或形容詞後，連接表示結果或程度的補語：畫～不孬｜把我急～了不的！｜懶～要命｜吃～棱飽｜熱～燙手 ❷用在動詞和補語中間表示可能：你來～了來不了？——我没事，來了嘛！‖ 義項②説得不多。北京話"得"用在動詞和補語之間表示可能的用法如拿得動、看得見、來得了等，濟南話一般説拿動了、能拿動，看見了、能看見，來了[liɔ˥]了、能來了等。又，北京話"得"單獨在動詞後作補語表可能的用法，如吃得吃不得、去得去不得、説得説不得等，濟南話多説能吃不能吃、能去不能去、能説不能説

【的】·ti 助詞，相當於北京話的"地"，表示前面的詞語是狀語：嗚嗚～哭｜拼命～幹｜舒舒服服～睡一覺｜實事求是～説！

【的很】·ti xẽ˥ …得很，用在形容詞性的詞語後表示程度深：有趣～ ‖ 濟南人很少説，個别如"有趣的很"有的發音人雖然説，但不是普遍都説

【的傷】·ti ·ʂaŋ ＝〖的慌〗·ti ·xuaŋ 用

於表示身體感覺的動詞或形容詞後，表示程度深，令人難受：氣～|凍～|熱～|癢～|使累～|悶～|憋～|心疼～‖動詞或形容詞前還可再加程度副詞棱、怪等：棱氣～|怪心疼～；中間也可插入"人"字：真喜的人傷|笑的人傷

t'i

【涕溜圓】t'iɹʟ ·liou yã˧ 滾圓，形容非常圓的球體

【梯子】t'iɹʟ ·tsɿ 供人上下的用具，兩根粗長木頭之間横着嵌進若干可以蹬腳的木條

【踢】t'iɹ 抬起腿用腳撞擊：～他一腳|～球

【踢打】t'iɹʟ ·ta 有臺階的房子所設置的木製活動門檻，可以取開

【踢腿】t'iɹ t'uei˥ 伸腿踢

【踢毽子】t'iɹ tɕiãɹr ·tsɿ 用腳連續地踢起毽子使不落地的游戲

【踢蹬】t'iɹʟ ·təŋ ❶腳亂踢亂蹬：這小孩兒老～腿 ❷折騰，糟蹋，破壞：～一陣子走咧，還得我拾掇|一天到晚胡～，不幹正事！|吃喝嫖賭，家業都～光了|土匪走咧，日本鬼子又來～！

【踢腚呱】t'iɹ tiŋɹ kua˧ 被人攆出，遭到拒絶：最後讓他把我踢了腚呱‖參見"腚呱 tiŋɹ kua˧"

【踢零趿拉的】t'iɹʟ ·liŋ ·t'a ·la ·ti 零亂拖拉的樣子：你看他那鞋，～一點也不利索！

【提】t'i˧ ❶垂手拿着：～兜 ❷往上或往前移：～高|～前三天！❸提出，說出：～親|～意見|這事兒你就别～咧！❹取出：～貨‖另見 tiɹ、ti˧

【提土】t'i˧ t'u˥ 漢字偏旁，如"地"字的左邊部分

【提貨單】t'i˧r xuəɹ tãɹ 向貨站或倉庫提取貨物的憑據

【提兜】t'i˧ touɹ ＝〖提包〗t'i˧ pɔɹ 手提包

【提手】t'i˧ ʂou˥ 漢字偏旁，如"抓"字的左邊部分‖也說"提手兒 t'i˧ ʂour˥"

【提親】t'i˧ tɕ'iẽɹ 受男家或女家委托向對方提議結親

【提心兒】t'i˧r ·ɕier[<ɕiẽɹ] 箱子、籃子、秤桿等上面用手提的部分：這個箱子連個～也没有，忒難搬咧！

【蹄筋兒】t'i˧ tɕierɹ[<tɕiẽɹ] 作爲食物的牛羊豬四肢中的筋

【題】t'i˧ ❶題目：出～|問答～|思考～|文不對～|出難～ ❷寫上，簽上：～字

【題目】t'i˧r ·mu ❶概括詩文或演講内容的詞句 ❷練習或考試要求解答的問題

【體育】t'i˥ yɹ ❶爲增强學生體質而進行的教育，教學内容包括田徑、體操、球類等各項運動：上～課 ❷指體育活動

【體溫表】t'i˥ vẽɹ piɔ˥ 體溫計，測量人或動物體溫用的溫度計

【剃頭】t'iɹ t'ou˧ 剃掉頭上的頭髮‖重疊式"剃剃頭 t'iɹ ·t'i ·t'ou˧"

【剃頭的】t'iɹ t'ou˧r ·ti 挑着擔子外出爲人理髮的人

【剃頭刀】t'iɹ t'ou˧ tɔɹ 剃頭、刮臉用的刀子

【剃頭擔子】t'iɹ t'ou˧ tãɹr ·tsɿ 舊時理髮師挑着的擔子。擔子的一頭是凳子，凳上小抽屜放刀子、剪子等，另一

頭是臉盆、架子等

【替】t'i˩ ❶代替：頂～ ❷爲，給：你～我寫封信！｜你～我捎點兒東西給他

【替身】t'i˩˧ ·ʂẽ 替代别人的人，多指代人受罪的人

【嚏噴】t'i˩˧ ·fẽ 噴嚏：打～‖噴，單字音 p'ẽ˨、p'ẽ˩，此處聲母爲 f

li

【捋】li˨（或 ly˨）用手指順着抹過去，使條狀物體順溜或乾淨：把柳條上的葉子～下來｜麥粒～下來咽！｜～槐花‖另見 ly˥

【梨】li˦ 普通水果，品種很多，皮上多有細斑點

【犁】li˦ ❶翻土用的農具 ❷用犁耕地

【犁子】li˦˧ ·tsɿ 犁安裝在鏵頭上面的向一邊傾斜的鐵板，可將鏵頭挖起的土翻向一邊

【犁把】li˦ pa˥ 在犁的後面供人扶的把子

【犁□】li˦˧ ·k'uei 犁身上掛鉤子拴繩的部件

【犁頭】li˦˧ ·t'ou ⇨〖鏵頭〗xua˦ t'ou˦

【犁身】li˦ ʂẽ˨ 犁的主幹部分

【離嬉】li˦˧ ·ɕi 鬧着玩兒，開玩笑：鬧～｜你盡説些～話！｜他這人好～！｜胡～胡鬧！

【離婚】li˦ xuẽ˨ 依照法律手續解除婚姻關係

【灕灕拉拉的】li˦˧ ·li ·la ·la ·ti ❶形容液體斷續灑下：衣裳都淋濕咽，～水！❷事情辦得拖拉：你這人辦事～，不利索！

【劙心】li˦˧ ·ɕiẽ 胃部燒灼的感覺，燒心

【籬笆】li˦˧ ·pa 院子或場地外圍插上竹條或木條並編有樹枝或鐵蒺藜等的遮擋屏障

【李子】li˥˩ ·tsɿ 一種水果，小球形，紅色或綠色，味酸甜

【里不里斯】li˥˩ ·pu li˥˩ ·sɿ 回民稱好挑起事端起壞作用的人：他是個～，專幹戳低幹歹行爲低下卑劣的事兒

【里把路】li˥ ·pa lu˩ 一里來路

【里份】li˥˩ ·fẽ 里弄，胡同：俺這～的人都挺團結

【理髮】li˥ fa˨ 剪短並修整頭髮

【理髮椅】li˥ fa˨ i˥ 理髮店裏特製的椅子，座兒、靠背等可以活動

【理髮剪】li˥ fa˨ tɕiã˥ 一種專用於剪頭髮的剪子

【理髮館兒】li˥ fa˨ kuɛr˥［＜kuã˥］理髮店

【理髮員】li˥ fa˨ yã˦ 從事理髮工作的人員

【裏】li˥ ❶衣服、被褥等的内層：被～ ❷裏面，跟外相對：～間 ❸表示在一定範圍之内：這～｜夜～‖另見 ·ȵi

【裏脊】li˥˩ ·tɕi 牛羊豬脊骨内側的條狀嫩肉

【裏外】li˥ vɛ˩ 裏面和外面：△豬八戒照鏡子，～不是人‖重叠式“裏裏外外 li˥ li˥ vɛ˩˧ vɛ˩”：～一把手！

【裏頭】li˥˩ ·t'ou ＝〖裏邊兒〗li˥˩ ·piɛr［＜piã˨］（或 li˥ piɛr˨）＝〖裏面（兒）〗li˥˩ ·miã（·miɛr［＜miã˩］）指在一定的空間、時間或某種範圍以内：我～套了件衣裳

【裏間（屋）】li˥˩ ·tɕiã（u˨）相連的幾間房子中不直接通到外面的房間

【履歷】li˥ li˩ 個人經歷：～表 ‖ 履，廣韵旨韵力幾切，濟南讀 li˥，合乎規律，北京讀撮口呼ˊly，特殊

【禮】li˥ ❶禮金 ❷禮物

【禮服呢】li˥ fu˧ ȵi˧ 一種呢子

【禮拜（天）】li˥ pɛ˩ （t'iã˩˧） ⇨〖星期天〗 ɕiŋ˩˧˨ tɕ'i˩˧˦ t'iã˩˧

【禮帽】li˥ mɔ˩ 跟禮服相配的帽子

【鯉魚】li˥˨ ·y（或 li˥ y˧） 一種淡水魚，身體側扁，背部蒼黑色，腹部黄白色：糖醋～

【力士鞋】li˩ ·ʂʅ ɕiɛ˩ 舊稱球鞋 ‖ 力，去聲，此處在輕聲前不變調

【力氣】li˩˦ ·tɕ'i 氣力：他～棱大！

【力巴頭】li˩˦ ·pa t'ou˧ 外行：俺不會做買兒賣兒，是～！｜裁衣裳做衣裳他是～！

【立字（據）】li˩˦ tsʅ˩ （tɕy˩） 建立書面憑據

【立櫥】li˩ tʂ'u˧ ⇨〖大立櫥〗 ta˩ li˩ tʂ'u˧

【立馬追即】li˩ ma˥ tʂuei˩˧˦ tɕi˩˧ 馬上，立即：這個事兒我～給你辦！

【立夏】li˩˦ ɕia˩ 二十四節氣之一

【立早章】li˩ tsɔ˥ tʂaŋ˩˧ 指“章”字，通報姓氏的習用語：貴姓？——免貴姓章，～！

【立秋】li˩ tɕ'iou˩˧ 二十四節氣之一：△～十八天，寸草結滿籽（也説立秋十八天，百草結籽）

【立春】li˩ tʂ'uẽ˩˧ ＝〖打春〗 ta˥ tʂ'uẽ˩˧ 二十四節氣之一

【立棱】li˩˦ ·ləŋ ❶物不平整：板子～着，你把它弄平了 ❷瞪着眼不講理的樣子：你～個眼幹什麼？ ‖ 重疊式“立棱棱的 li˩˦ ·li ·ləŋ ·ləŋ ·ti”：這小子～，别惹他！

【立冬】li˩ tuŋ˩˧ 二十四節氣之一

【利】li˩ ❶利益，好處：～害｜～弊 ❷利潤，利息：本～｜三分～

【利索】li˩˦ ·suə 利落：這人幹事挺～｜這事兒幹得真～

【利錢】li˩˦ ·tɕ'iã ＝〖利（息）〗 li˩ （ɕi˩） 因存款、放款而得到的本金以外的錢

【利潤】li˩˦ ·yẽ 經營工商業等獲得的盈利

【利害嘞】li˩˦ ·xɛ ·lia 病重了：～，没治嘞！

【例假】li˩˦ tɕia˩ ⇨〖月經〗 yə˩ tɕiŋ˩˧

【荔枝】li˩ tʂʅ˩˧ 一種熱帶亞熱帶水果。本地不産，但市面有售

【栗子】li˩˦ ·tsʅ 一種乾果，外包紅褐色硬皮

【栗子花繩】li˩˦ ·tsʅ xuə˩˧ ʂəŋ˧ 一種點燃可熏蚊子的暗黄色草繩

【歷山】li˩ ʂã˩˧ 千佛山的古稱，又名舜耕山 ‖《水經注》：“歷城南對山，山上有舜祠，舜耕歷山，亦云在此。”《齊乘》又名千佛山

tɕi

【今們兒】tɕi˩˧˨ ·mer［＜mẽ˧］ 今天 ‖ 舊城區一般不説。“今”讀 tɕi˩˧，另見 tɕiẽ˩˧

【吉普車】tɕi˩˧ p'u˥ tʂ'ə˩˧ 一種輕便的中、小型汽車

【即墨老酒】tɕi˩˧˨ ·mei lɔ˥˦ tɕiou˥ 一種黄酒，即墨市名産 ‖ 墨，廣韵德韵莫北切：“……亦即墨縣名。”即墨當地音ˊmi

24 tɕi˨˩˧ 急脊基給幾皵嘰機積濟鯽飢饑籍鷄

【急】tɕi˨˩˧ 緊急：這個事兒要的挺～！‖急，單字一般讀陽平，只在表緊急的少數情况下讀陰平。另見 tɕi˦˨

【急火】tɕi˨˩˧꜖ ·xuə ❶時間緊，火急：你～着幹麼？❷使着急：你别～我！‖重叠式"急急火火的 tɕi˨˩˧꜖ ·tɕi ·xuə ·xuə ·ti"：你～上哪裏去？

【急慌】tɕi˨˩˧꜖ ·xuaŋ 因催促而着慌：你～的我連手也没來得及洗！‖重叠式"急急慌慌的 tɕi˨˩˧꜖ ·tɕi ·xuaŋ ·xuaŋ ·ti"，急急忙忙地：他聽説這個事兒就～趕來了

【脊排】tɕi˨˩˧ p'ɛ˦˨ 排骨中的脊椎骨

【脊梁】tɕi˨˩˧꜖ ·ȵiaŋ(或 ·liaŋ) 脊背

【脊梁骨】tɕi˨˩˧꜖ ·ȵiaŋ(或 ·liaŋ) ku˥ 脊骨

【基礎課】tɕi˨˩˧ tʂ'u˥ k'ə˨˩ 高等學校中不同科系所開設的使學生獲得該學科基本知識和技能的課程

【給着】tɕi˨˩˧꜖ ·tʂʅ(或 tʂuə˥) ＝〖給□〗tɕi˨˩˧꜖ ·kei 由着，隨便（後面帶代詞你、我、他等）：來不來～你，要不要就～我嗬！｜我説不住你，這事兒～你罷，我不管嗬！‖杆石橋一帶回民説法。給，另見 kei˦˨、tɕi˦˨

【幾乎】tɕi˨˩˧꜔ xu˨˩˧ 副詞，接近於，差點兒：～把我嚇殺！‖幾，另見 tɕi˥

【皵菜】tɕi˨˩˧꜔ ts'ɛ˨˩ ＝〖刀̥菜〗tɔ˨˩˧꜔ ts'ɛ˨˩ 用筷子搛菜‖皵，廣韵支韵居宜切："箸取物也"

【嘰嘰嗝】tɕi˨˩˧꜖ ·tɕi kə˦˨ ❶公鷄啼聲 ❷指天明‖嘰，另見 tɕi˥

【嘰溜咣嘡的】tɕi˨˩˧꜖ ·liou kuaŋ˨˩˧꜔ taŋ˨˩˧꜖ ·ti ＝〖嘰溜咣嘚兒〗tɕi˨˩˧꜖ ·liou kuaŋ˨˩˧꜔ ter˨˩˧[<tei˨˩˧] ⇨〖稀溜晃嘡的 ɕi˨˩˧꜖ ·liou xuaŋ˨˩˧꜔ taŋ˨˩˧꜖ ·ti

【機頭】tɕi˨˩˧ t'ou˦˨ 指縫紉機頭

【機場】tɕi˨˩˧ tʂ'aŋ˥ 飛機停放、起飛、降落的場地

【機靈】tɕi˨˩˧꜖ ·liŋ 聰明靈活：這孩子挺～，不論幹什麼一點指點就明！

【機井】tɕi˨˩˧ tɕiŋ˥ 安裝了機器抽水的井

【機動三輪車】tɕi˨˩˧꜔ tuŋ˨˩ sã˨˩˧ luẽ˦˨ tʂ'ə˨˩˧ 一種三個輪子，可以載貨、拉人的機動車

【積木】tɕi˨˩˧꜔ mu˨˩ 兒童玩具，是若干有不同造型的彩色木塊或塑料，可以用來擺成不同形狀的建築物或其他模型

【積肥】tɕi˨˩˧ fei˦˨ 積攢肥料

【濟南】tɕi˨˩˧ nã˦˨ 山東省省會，因地處濟水之南而得名‖濟，《漢書·地理志》、《説文》作"泲"。廣韵薺韵子禮切："水名，出王屋。亦州，本齊地。"北京話讀上聲，今濟南讀陰平。另見 tɕi˨˩

【鯽魚】tɕi˨˩˧꜖ ·y 一種淡水魚，身體側扁，比鯉魚小：活～

【飢困】tɕi˨˩˧꜖ ·k'uẽ （肚子）餓：棱～，有麽吃的？｜～的慌！

【飢困嗬】tɕi˨˩˧꜖ ·k'uẽ ·lia ⇨〖餓嗬〗ŋə˨˩꜔ ·lia

【饑荒】tɕi˨˩˧꜖ ·xuaŋ ❶莊稼收成不好或没有收成 ❷債：拉～

【籍貫】tɕi˨˩˧꜔ kuã˨˩ 祖籍‖籍，原籍的籍讀 tɕi˦˨，陽平；籍貫、書籍的籍讀陰平

【鷄】tɕi˨˩˧ 一種家禽，肉蛋供食用

【鷄子兒】tɕi˨˩˧ tser˥[<tsɿ˥] ＝〖鷄蛋〗tɕi˨˩˧꜔ tã˨˩ 鷄卵

【鷄虱子】tɕi˨˩˧ ʂʅ˨˩˧꜖ ·tsɿ 鷄身上長的虱子，比人身上的虱子小

【鷄食盆兒】tɕi˨˩˧꜖ ·ʂʅ p'er˦˨[<p'ẽ˦˨] ＝〖鷄盆兒〗tɕi˨˩˧ p'er˦˨ 喂鷄放飼料的盆

子

【鷄雜】tɕi˨˩˧ tsa˦˨ 用鷄内臟做的菜肴‖也説“鷄雜兒 tɕi˨˩˧ tsar˦˨”

【鷄爪子】tɕi˨˩˧˧ tʂua˥˩ ·tsɿ 鷄的爪子

【鷄窩子】tɕi˨˩˧˧ və˨˩˧˩ ·tsɿ ＝〖鷄窩〗tɕi˨˩˧˧ və˨˩˧ 鷄住的窩

【鷄咯咯】tɕi˨˩˧ kə˨˩˧˧ kə˨˩ 對小兒稱鷄：～來嘛！

【鷄合子】tɕi˨˩˧ xə˦˨˥ ·tsɿ ＝〖鷄肸肝兒〗tɕi˨˩˧˧ tʂẽ˨˩˧˧ kɛr˨˩˧[<kã˨˩˧] 鷄肸

【鷄内金】tɕi˨˩˧˧ nei˨˩ tɕiẽ˨˩˧ 鷄肸皮

【鷄毛撣子】tɕi˨˩˧ mɔ˦˨ tã˥˩ ·tsɿ 用鷄毛紮成的撣灰塵的用具

【鷄槽兒】tɕi˨˩˧ ts'ɔr˦˨[<ts'ɔ˦˨] 養鷄房喂鷄放鷄食的槽兒

【鷄罩】tɕi˨˩˧˧ tʂɔ˨˩ 圈[꜀tɕyan]鷄的罩子

【鷄腰子】tɕi˨˩˧˧ iɔ˨˩˧˩ ·tsɿ 公鷄的精巢

【鷄頭米】tɕi˨˩˧ t'ou˦˨ mi˥ 去了皮的芡實

【鷄蛋殼兒】tɕi˨˩˧˧ tã˨˩ k'ər˨˩˧[<k'ə˨˩˧] 鷄蛋的外殼

【鷄蛋角兒】tɕi˨˩˧˧ tã˨˩ tɕyər˥[<tɕyə˥] 油煎鷄蛋

【鷄蛋包】tɕi˨˩˧˧ tã˨˩ pɔ˨˩˧ 食品。把去殼的整鷄蛋打在軟麵片中裹起炸熟，略帶方形，市場上常作早點供應

【鷄蛋糕】tɕi˨˩˧˧ tã˨˩ kɔ˨˩˧ ＝〖蛋糕〗tã˨˩ kɔ˨˩˧ 鷄蛋和麵粉加糖、油等製成的鬆而軟的糕點

【鷄蛋湯】tɕi˨˩˧˧ tã˨˩ t'aŋ˨˩˧ 打上鷄蛋的湯

【鷄蛋鬆】tɕi˨˩˧˧ tã˨˩ suŋ˨˩˧ 鷄蛋攪碎炸成的絲狀食品

【鷄蛋麵疙瘩】tɕi˨˩˧˩ ·tã miã˨˩˧ ·kə ·ta 一種把鷄蛋打在裏面的麵湯：打一鍋～

【鷄眼兒】tɕi˨˩˧˩ ·iɛr[<iã˥] ⇨〖腳鷄眼兒〗tɕyə˨˩˧˧ tɕi˨˩˧˩ ·iɛr[<iã˥]

【鷄冠兒】tɕi˨˩˧˧ kuɛr˨˩˧[<kuã˨˩˧] ＝〖鷄冠子〗tɕi˨˩˧˧ kuã˨˩˧˩ ·tsɿ 鷄的頭頂上長的鮮紅色肉質的冠

【鷄冠花兒】tɕi˨˩˧˧ kuã˨˩˧˧ xuar˨˩˧[<xua˨˩˧] 一種狀似鷄冠的花，深紅色，是一種草本植物

【鷄冠薹菜】tɕi˨˩˧˧ kuã˨˩˧ t'ɛ˦˨˥ ·ts'ɛ 薹菜的一個品種，葉子鷄冠狀

【鷄腸子】tɕi˨˩˧ tʂ'aŋ˦˨˥ ·tsɿ 鷄的腸子‖濟南人一般不吃

【鷄零狗碎的】tɕi˨˩˧ liŋ˦˨ kou˥ suei˨˩˧ ·ti ❶物品零碎不整的樣子：門口擺小攤的盡賣些～東西 ❷内容瑣碎：你盡拉設些～小事，不拉主要的！｜盡些～小事兒，真煩人！

【鷄籠子】tɕi˨˩˧ luŋ˦˨˥ ·tsɿ ＝〖鷄籠〗tɕi˨˩˧ luŋ˦˨ 關鷄的籠子

【及格】tɕi˦˨ kə˨˩˧（或 kei˨˩˧）考試達到或超過規定的最低標準，我國通常的百分制及格爲六十分‖格，kei˨˩˧ 是舊音

【即】tɕi˦˨ 回民商販暗語，數詞一‖兩位數如即來子（十五）、重來子（五十五），末尾加“子”

【急】tɕi˦˨ ❶躁：～性子｜着～ ❷急迫：～病｜～信 ❸迅速，猛：～雨‖急，廣韵緝韵居立切，清聲母入聲字濟南一般讀陰平，但急字單字讀陽平。另見 tɕi˨˩˧

【急急啞啞的】tɕi˦˨˥ ·tɕi vɛ˨˩˧˩ ·vɛ ·ti ＝〖急啞啞的〗tɕi˦˨ vɛ˨˩˧˧ vɛ˨˩˧˩ ·ti 着急，匆忙的樣子：你看他～，没法商量！｜他～總也囉囉説不清楚

【急拉拉的】tɕi˦˨ la˨˩˧˧ la˨˩˧˩ ·ti（心情）焦急：你别那麼～，慢慢商量｜這個事

兒弄的我心裏～

【急拐嗝】tɕi˨˩˧ kuɛ˥꜖ ·lia 着急發怒，翻臉：説着説着他～！

【急眼】tɕi˨˩˧ iã˥ 着急：～嗝！

【急人】tɕi˨˩˧ ʐẽ˨˩˧ 令人着急：真～！‖中間可插入"殺"等，如"急殺人 tɕi˨˩˧꜒ ·ʂa ʐẽ˨˩˧"

【急病】tɕi˨˩˧꜒ piŋ˨˩ 突然發作的來勢兇猛的病症

【給】tɕi˨˩˧ 見"給 kei˨˩˧"

【給我】tɕi˨˩˧꜒ ·və 見"給我 kei˨˩꜒ ·və"

【集】tɕi˨˩˧ 集市：～上的菜新鮮，到～上去買｜趕～

【集體舞】tɕi˨˩˧ ti˥꜔ vu˥ 許多人一起跳的動作比較簡單的群衆性舞蹈，五十年代比較盛行

【嫉妒】tɕi˨˩˧꜒ ·tu 對才能、境遇等比自己好的人心懷忌恨：△奸懶生病，～長瘡

【蒺藜】tɕi˨˩˧꜒ ·li ❶一年生草本植物，開黃色小花，子實豆粒大小，皮上長有尖刺 ❷這種植物的子實

【雉鷄翎】tɕi˨˩˧꜒ ·tɕi liŋ˨˩˧ =〖翎子〗liŋ˨˩˧꜒ ·tsʅ ❶雉鷄尾部的長毛 ❷戲臺上武將頭上插的長毛‖濟南本地没有雉鷄。雉，北京讀 tʂʅʾ

【己】tɕi˥ ❶自己 ❷天干的第六位

【幾】tɕi˥ ❶詢問數目：一加二等於～？｜你家～口人？❷表示不定的數目：這～塊錢夠買麼啊？｜這孩子十～嗝？｜來了～十人！｜～萬個‖另見 tɕi˨˩

【幾支子人】tɕi˥ tʂʅ˨˩꜖ ·tsʅ ʐẽ˨˩˧ 家族中的幾房人丁

【幾個】tɕi˥ kə˨˩ ❶問單位是個的數量：這橘子一斤能稱～？｜來了～人？❷表示不定數量：有～就夠嗝！｜十好～！

【幾個兒個兒】tɕi˥꜖ ·kər[<kə˨˩] ·kər[<kə˨˩] =〖兩個兒個兒〗liaŋ˥꜔ kər˨˩꜒[<kə˨˩] ·kər[<kə˨˩] 表示數量很少：只有～

【幾根兒根兒】tɕi˥ ker˨˩꜖[<kẽ˨˩] ·ker[<kẽ˨˩] 很少的幾根

【嘰嘰喳喳】tɕi˥꜖ ·tɕi tʂa˨˩꜖ ·tʂa ❶鳥叫的聲音 ❷雜亂的、嗓門尖的説話聲：她一進門就～的完不了！｜小孩兒～的在一堆兒玩‖嘰，另見 tɕi˨˩

【擠巴】tɕi˥꜖ ·pa ❶狹窄，不寬綽：他家住的～｜這教室學生多，坐的棱～ ❷擠，作動詞：～一下‖重叠式"擠擠巴巴的 tɕi˥꜖ ·tɕi ·pa ·pa ·ti"：俺家住的～，倒可以了。連用式"擠巴擠巴 tɕi˥꜖ ·pa tɕi˥꜖ ·pa"，作動詞：你那裏～再坐倆人｜～讓他上來

【擠呱】tɕi˥꜖ ·kua ❶擠（眼）：眼睛疼，光～眼！❷用擠眼的方式傳遞信息：他給我～眼，叫我别説！‖連用式"擠呱擠呱 tɕi˥꜖ ·kua tɕi˥꜖ ·kua"：他向我～眼

【擠油油兒】tɕi˥꜖ ·iou ·iour[<·iou] ❶互相擠着身子玩兒：小孩兒～ ❷戲説擁擠：今天這個車人真多，～嗝！

【擠眼】tɕi˥꜔ iã˥ =〖擠呱眼（兒）〗tɕi˥꜖ ·kua iã˥ （iɛr˥）=〖擠眨眼〗tɕi˥꜖ ·tʂa iã˥ 眨動眼睛‖也説"擠眼兒 tɕi˥꜔ iɛr˥"

【蟣子】tɕi˥꜖ ·tsʅ =〖蝨子子兒〗ʂʅ˨˩꜖ ·tsʅ tser˥[<tsʅ˥] 蝨子卵

【忌日】tɕi˨˩꜒ ·ʐʅ 先輩去世的日子

【忌諱】tɕi˨˩꜒ ·xuei ⇨〖醋〗tsʻu˨˩

【既凡是】tɕi˨˩ ·fã ·ʂʅ 既然：他～答應的事兒，不會不去辦的‖既，此處輕聲前

不變調

【紀律】tɕi˩˥ ·ly 爲維護集體利益、保證正常工作而製訂的全體人員必須遵守的規章、條文：遵守～

【記】tɕi˩ ❶記憶：～住嘛｜～不清 ❷記錄，登記，記載：筆～｜～功｜～賬｜日～ ❸皮膚上生下來就有的深色斑：我閨女腿上有個紅～

【記事鐘】tɕi˩˥ ·ʂʅ tʂuŋ˩ （有）記性（多指小孩）：這個小孩可有～了，記的東西可清楚了 ‖ 後面不能加謂詞性成分，不說"這小孩記事鐘可好了"

【記住】tɕi˩˥ ·tʂu ＝〖記着〗tɕi˩˥ ·tʂʅ ＝〖想住〗ɕiaŋ˥˩ ·tʂu 把印象保留在腦子裏不忘

【記號】tɕi˩ xɔ˩ 標記：你在上面做個～，我一看就知道嘛！

【記分册兒】tɕi˩ fẽ˩˥ tʂʻer˩［<tʂʻei˩］學校中記錄學生考試分數的本子

【記賬】tɕi˩ tʂaŋ˩ ❶記載錢款、貨物等的出入 ❷買東西暫時不付錢記在賬上

【濟着】tɕi˩˥ ·tʂʅ 盡着，由着：～他要！｜先～你用罷！我以後再說｜什麼事他都～她！ ‖ 參見"給着 tɕi˩˩ ·tʂʅ"。濟，另見 tɕi˩

【薺菜】tɕi˩˥ ·tsʻɛ 一種野生的菜，葉子有缺刻，花白色

【繼子】tɕi˩ tsʅ˥ ❶過繼的兒子 ❷續娶妻子帶來的前夫的兒子

【繼女】tɕi˩ n̠y˥ 續娶妻子帶來的前夫的女兒

tɕʻi

【七】tɕʻi˩ ❶基數詞 ❷舊時人死後每隔七天祭一次，一共七次，到四十九天爲止：頭～ ❸濟南地名用字：～里河｜～里山｜～忠祠

【七十】tɕʻi˩ ʂʅ˥ 數詞

【七十一】tɕʻi˩˩ ·ʂʅ i˩ 數詞 ‖ 數數時也說"七一 tɕʻi˩˥ i˩"

【七穀】tɕʻi˩˥ ku˩ 指穀雨前後七天左右種穀子

【七八十拉天】tɕʻi˩˥ pa˩ ʂʅ˥˥ ·la tʻiã˩ 約數，七八天，十來天

【七個】tɕʻi˩˥ kə˩ ＝〖七啊〗tɕʻi˩˩ ·ia 數量詞 ‖ 啊在此處讀 ·ia

【七個巧】tɕʻi˩˥ kə˩ tɕʻiɔ˥ ＝〖七巧〗tɕʻi˩ tɕʻiɔ˥ 劃拳時說出的數，即七 ‖ 參見"劃拳 xua˩ tɕʻyã˥"

【七月十五】tɕʻi˩˩ ·yə ʂʅ˥˥ ·u 中元節，舊俗有祭祀亡人等活動

【七月七】tɕʻi˩˩ ·yə tɕʻi˩ 七夕

【七嘴八舌】tɕʻi˩ tsuei˥ pa˩ ʂə˥ ＝〖七言八語〗tɕʻi˩ iã˥ pa˩ y˥ 形容人多語雜

【七手八腳】tɕʻi˩ ʂou˥ pa˩˥ tɕyə˩ 形容很多人忙着做某事

【七點半】tɕʻi˩ tiã˥ pã˩ ＝〖待宵草〗tɛ˩˥ ·ɕiɔ tsʻɔ˥ ＝〖月光光〗yə˩ kuaŋ˩˥ kuaŋ˩ 兩年生草本植物，開黃色花，因總在下午七點半左右開花而得名

【七拼八湊】tɕʻi˩˥ pʻiẽ˩ pa˩˥ tsʻou˩ 把零碎的東西勉强拼湊起來

【七長八短】tɕʻi˩ tʂʻaŋ˥ pa˩ tuã˥ 形容長短參差

【七上八下】tɕʻi˩˥ ʂaŋ˩ pa˩˥ ɕia˩ 比喻心情波動不安

【七零五散】tɕʻi˩ liŋ˥ u˥ sã˩ 零散：這一家人家～嘛！

28　tɕʻi˨˩－tɕʻi˥　七曲沏淒萋棄㬤□其棋齊旗臍□企起

【七零八碎的】tɕʻi˨˩ liŋ˦ pa˨˩˧ sueiɹ˨˩˧ ·ti 整的東西搞散了：把收音機拆的～，都裝不起來嘛！

【曲里拐彎的】tɕʻi˨˩˨ ·ly kuɛ˥ vã˨˩˨ ·ti 見"曲里拐彎的 tɕʻy˨˩˨ ·li kuɛ˥ vã˨˩˨ ·ti"

【沏茶】tɕʻi˨˩ tʂʻa˦ ＝〖泡茶〗 pʻɔ˨˩ tʂʻa˦ 用開水冲茶

【淒淒灕灕的】tɕʻi˨˩˨ ·tɕʻi ·li ·li ·ti 形容腸胃斷續隱約疼痛：肚子疼，～

【萋萋菜】tɕʻi˨˩˨ ·tɕʻi tsʻɛ˨˩ 一種野菜，葉子邊緣有細刺

【棄豬】tɕʻi˨˩˧ tʂu˨˩ 回民稱殺豬

【㬤晾】tɕʻi˨˩˨ ·liaŋ 逐漸乾：衣裳～了再穿‖連用式"㬤晾㬤晾 tɕʻi˨˩˨ ·liaŋ tɕʻi˨˩˨ ·liaŋ"：等着路～再走！

【□縷（子）】tɕʻi˨˩˨ ·li（·tsɿ）⇨〖布□縷〗 pu˨˩ tɕʻi˨˩˨ ·li

【其他】tɕʻi˦ tʻa˥ 別的，除此之外：小王留下，～人散會！

【其它】tɕʻi˦ tʻuə˨˩ 其他，用於事物：我只要這個，～的留給你嘛｜咱先趕緊的把這個事兒辦了，～以後再説！‖它，現在多讀 tʻa˥，tʻuə˨˩ 只用於讀書音

【棋】tɕʻi˦ 文娱用品，一副棋包括棋盤和若干棋子：軍～｜跳～｜下～

【棋子兒】tɕʻi˦ tser˥［<tsɿ˥］下棋用的子兒，用木頭、塑料或其他材料製成

【棋盤】tɕʻi˦ pʻã˦ 下棋時擺棋子的盤，用紙或木板等製成，上面按不同棋的要求畫有格子或圖形等

【齊】tɕʻi˦ ❶長短高低一致，整齊 ❷達到同樣的高度：～腰深 ❸齊全：人都來～嘛！❹同樣，同時，一塊兒：～心｜男女老少～動手 ❺周朝國名，故都在今山東淄博市：～魯大地｜～國故都

【齊打呼的】tɕʻi˦˨ ·ta xu˨˩˨ ·ti 一齊地：～上！

【齊截】tɕʻi˦˨ ·tɕiə 整齊：這些學生水平不～

【旗袍】tɕʻi˦ pʻɔ˦ 女子穿的一種長袍

【臍兒】tɕʻier˦［<tɕʻi˦］一些糧食粒兒上種胚的部位：棒子～｜麥～｜豆～

【□溜】tɕʻi˦˨ ·liou 球形物體，團兒：綫～｜菜～

【企業】tɕʻi˥ iə˨˩ 統稱從事生産、運輸、貿易等經濟活動的事業：～部門｜工礦～‖參見"事業② ʂɿ˨˩ iə˨˩"

【起】tɕʻi˥ ❶由原來卧、坐、蹲、跪等狀態而立起或坐起：～來｜～立 ❷開始離開原來的地方：～身 ❸物體自下往上升：～飛｜皮球不～嘛，打打氣！❹長出（痱子、風疹等）：～了一身風疹 ❺把存放或嵌入的東西取出：～貨｜～釘子 ❻擬：～草 ❼通過手續領取或購買（票證）：～糧票｜～户口證明｜～車票 ❽發生：～作用｜～風 ❾建立：白手～家 ❿量詞，件，次，群，批：一～案子｜來了一～人

【起】tɕʻi˥ 介詞，從：～牆上爬過去｜這閨女～小兒聽話！

【起子】tɕʻi˥˨ ·tsɿ ❶開瓶蓋的工具 ❷焙粉，發麵用的白色粉末

【起鷄皮疙瘩】tɕʻi˥ tɕi˨˩ pʻi˦ kə˨˩˨ ·ta 因受冷、驚恐等原因，皮膚上出現小的疙瘩，似去毛鷄皮

【起訴】tɕʻi˥ su˨˩ 向法院提起訴訟

【起訴書】tɕʻi˥ su˨˩ ʂu˨˩ 向法院提出訴訟的文書

【起了】tɕʻi˥˨ ·lə（或 ·lɔ）從地裏收割莊

稼:△～麥子栽稻子,～稻子耩麥子

【起個草】tɕʻi˥ ·kə tsʻɔ˥ ＝〖打個草〗ta˥ ·kə tsʻɔ˥ 寫個草稿‖起,上聲,此處在輕聲前不變調

【起稿子】tɕʻi˥ kɔ˥˪ ·tsɿ ＝〖打稿子〗ta˥ kɔ˥˪ ·tsɿ 寫稿子

【起小】tɕʻi˥˫ ɕiɔ˥ ⇨〖從小〗tsʻuŋ˥˧ ɕiɔ˥

【起頭兒】tɕʻi˥ tʻour˥˧[<tʻou˥˧] ❶開頭(做):咱倆一塊兒幹,你～罷!|我想織毛衣不會～,你給我起個頭兒罷! ❷副詞,開始的時候:這事兒～我就不同意!

【起先】tɕʻi˥ ɕiã˧˥ 最初,開始:～俺知不道這個事兒!|這事兒～是他叫幹的!

【起墳】tɕʻi˥ fẽ˥˧ ＝〖遷墳〗tɕʻiã˧˥ fẽ˥˧ 遷葬

【起牀】tɕʻi˥ tʂʻuaŋ˥˧ 睡醒後下牀(多指早晨):～號

【起風】tɕʻi˥ fəŋ˧˥ 開始颳風

【起名兒】tɕʻi˥ miə̃r˥˧[<miŋ˥˧] 取名:給孩子起個名兒

【起靈】tɕʻi˥ liŋ˥˧ 把停放的靈柩抬向墓地

【啓明星】tɕʻi˥˪ ·miŋ ɕiŋ˧˥ ＝〖太白金星〗tʻɛ˩ pei˥˧ tɕiẽ˧˥˫ ɕiŋ˧˥ 指日出前出現在天空東方的金星‖參見“長庚星 tʂʻaŋ˥˧ kəŋ˧˥˫ ɕiŋ˧˥”

【去】tɕʻi˩ ❶來去的去:你多咱～北京?|你媽棱想你,快給她～封信! ❷用在動詞後表示動作的趨向:讓一讓我過～!|快進～!‖去讀 tɕʻi,口語通用。另見 tɕʻy˩

【汽車】tɕʻi˩ tʂʻə˧˥ 一種主要用内燃機爲動力的交通運輸工具

【汽水】tɕʻi˩ ʂuei˥ 一種含有二氧化碳的清涼飲料‖也説“汽水兒 tɕʻi˩ ʂuer˥”

【汽酒】tɕʻi˩ tɕiou˥ 含有二氧化碳的酒

【汽油】tɕʻi˩ iou˥˧ 一種液體燃料

【汽燈】tɕʻi˩ təŋ˧˥ 一種發白色亮光的燈具,燒煤油

【契約】tɕʻi˩ yə˧˥ 證明買賣、租賃等關係的文件

【氣】tɕʻi˩ ❶氣體,特指空氣:煤～|打開窗户透透～! ❷氣息,呼吸:没～嘛! ❸自然界冷熱陰晴現象:天～ ❹發怒或使人發怒:生～|你别～他!

【氣不忿兒】tɕʻi˩ pu˧˥˫ fer˩[<fẽ˩] 不平:～,他上前參與嘛!

【氣色】tɕʻi˩ ʂei˧˥ 人的精神和面色:你這兩天～不好,是不是太累嘛!

【氣球】tɕʻi˩ tɕʻiou˥˧ 在薄橡皮、塗有橡膠的布、塑料等製成的囊中充入氫、氦、空氣等氣體所製成的球‖舊時也説“洋茄子 iaŋ˥˧ tɕʻiə˥˧Γ ·tsɿ”

【氣煙】tɕʻi˩Γ ·iã 舊式房子中廚房裏的出氣口

【氣管炎】tɕʻi˩ ·kuã iã˥˧ 氣管發炎的病症

【氣嗓】tɕʻi˩Γ ·saŋ 氣管‖參見“合嗓(眼兒) xə˥˧Γ ·saŋ (iɛr˥[<iã˥])”、“食嗓 ʂɿ˥˧Γ ·saŋ”

【氣槍】tɕʻi˩ tɕʻiaŋ˧˥ 一種打鳥用的槍

ȵi

【妮兒】ȵier˧˥[<ȵi˧˥] ❶女兒 ❷小女孩 ❸未婚女子‖口語也稱“妮子 ȵi˧˥˪ ·tsɿ”

【尼姑】ȵi˥˧ ku˧˥ 出家修行的女佛教徒

【尼龍襪】ȵi˥˧ luŋ˥˧Γ va˩ 用尼龍絲織成

的襪子

【尼龍籮】ȵi˦ luŋ˦ luə˦ 用尼龍絲做的篩麵器具

【尼龍綢】ȵi˦ luŋ˦ tʂʻou˦ 一種聚酰胺合成纖維紡成的綢子

【尼龍傘】ȵi˦ luŋ˦ sã˥ 以尼龍綢作傘面的傘

【尼龍緞】ȵi˦ luŋ˦ tuã˩ 一種聚酰胺合成纖維紡成的緞子

【呢子】ȵi˦˥ ·tsɿ 一種較厚較密的毛織品

【呢子帽】ȵi˦˥ ·tsɿ mɔ˩ 呢製帽子

【泥】ȵi˦ ❶濕土：濺了一身～！❷像泥的某些半固體狀東西：棗～

【泥土】ȵi˦ tʻu˥ 板結的土

【泥巴】ȵi˦˥ ·pa 濕土

【泥瓦匠】ȵi˦ va˥ tɕiaŋ˩ 從事砌磚、蓋瓦等建築業的手藝人

【泥疙巴】ȵi˦˥ ·kə ·pa 衣物上的泥迹

【泥腿】ȵi˦˥ ·tʻuei 無賴，賴皮：～可不好惹！｜要～｜這個人特别～

【泥鰍】ȵi˦˥ ·tɕʻiou 淡水魚，身體圓柱形，有黏液，常潛伏泥中

【泥板】ȵi˦ pã˥ 瓦工用來泥牆皮等的工具

【你】ȵi˥ ❶代詞，稱説話者的對方 ❷可以表示領有：～家

【你媽的屄】ȵi˥ ma˩˨ ·ti pi˩ ⇨〖媽拉個屄〗ma˩˨ ·la ·kə pi˩

【你倆】ȵi˥˦ lia˥ ＝〖你們倆〗ȵi˥˨ ·mẽ lia˥ 你們兩人

【你這伙】ȵi˥ tʂə˩ xuə˥ 代詞，你們‖比較你們，你這伙本身不能表示領有，如你們公司不能説"你這伙公司"

【你來唡】ȵi˥˦ lɛ˦˥ ·lia 應酬話

【你老人家】ȵi˥ lɔ˥˨ ·ʐẽ ·tɕia 代詞，尊稱你：～别生氣！

【你們】ȵi˥˨ ·mẽ ❶代詞，稱説話者的對方，複數 ❷可以表示領有：～單位

【匿名信】ȵi˩ miŋ˦˥ ·ɕiẽ 不具名的信，多用於敲詐、恐嚇、毀謗、揭發他人時

【腻外】ȵi˩˥ ·vɛ ❶因次數多而感覺厭煩：這事兒没完没了真～人！❷厭惡：他真讓人～！❸糾纏，使人煩：你别～他！‖重叠式"腻腻外外的 ȵi˩˥ ·ȵi ·vɛ ·vɛ ·ti"：這病～，老不好。腻，另見 mi˩

【裏下】·ȵi ·ɕia 形容詞後綴，在可以表示長度的單音節形容詞後面，表示從A裏看、從A裏説：這屋子長～有三尺，寬～有兩尺｜高～｜深～‖裏，另見 li˥

ɕi

【西】ɕi˩ ❶方向，太陽落下的一方，跟東相對：～廂房｜～門濟南地名 ❷西洋或内容形式屬於西洋的：～方國家｜～服｜～餐

【西̥】ɕi˩ 回民商販暗語，數詞四

【西裏間】ɕi˩˦ li˥˨ ·tɕiã 明三暗五的上房最西的一間‖參見"明三暗五 miŋ˦ sã˩˦ ŋã˩ u˥"

【西服】ɕi˩ fu˦ ＝〖西裝〗ɕi˩˦ tʂuaŋ˩ 西式服裝

【西葫蘆】ɕi˩ xu˦˥ ·lu 一種圓筒形的蔬菜，淺綠或深綠褐色

【西屋】ɕi˩˨ ·u 西廂房，四合院中坐西向東的房子

【西瓜】ɕi˩˨ ·kua 水果，圓形或橢圓形，果肉汁多味甜，可解渴消暑。品種很多

【西頭】ɕi˨˩˦ t'ou˥˧ 靠西方的一端：橋～|山～

【西邊兒】ɕi˨˩˦ piɛr˨˩˦[<piã˨˩˦] 靠西方的一邊兒 ‖ 邊兒，又音 pɛr˨˩˦

【西紅柿】ɕi˨˩˦ xuŋ˥˧˩ ʂɿ˨˩ =〖(洋)柿子〗(iaŋ˥˧) ʂɿ˨˩ ·tsɿ 番茄

【吸塵器】ɕi˨˩˦ tʂ'ẽ˥˧ tɕ'i˨˩ 清除灰塵等的電器 ‖ 吸，另見 ɕi˨˩˦

【稀】ɕi˨˩˦ ❶稀稠的稀，指含水多的，不密的：黏粥忒～|頭髮～ ❷稀少：～罕 ❸用在單音節形容詞前表示程度深。如果用連用式，表示程度更深：～甜|～辣|～軟|～爛|～甜～甜的|～辣～辣的|～軟～軟的|～爛～爛的

【稀頭兒】ɕi˨˩˦ ·t'our[<t'ou˥˧] 稀飯、麵條等帶湯水的食品(不包括水)：你給他送點兒～去，別讓他在那兒乾啞乾吃！

【稀溜溜的】ɕi˨˩˦ liou˨˩˦ liou˨˩˦ ·ti 粥、湯等很稀的樣子

【稀溜】ɕi˨˩˦ ·liou 水分多：地瓜～的好吃，麵的不好吃 ‖ 重叠式"稀稀溜溜的 ɕi˨˩˦ ·ɕi ·liou ·liou ·ti"

【稀溜晃噹的】ɕi˨˩˦ ·liou xuaŋ˨˩˦ taŋ˨˩˦ ·ti(或 ɕi˥˧˩ ·liou ·xuaŋ ·taŋ ·ti) =〖稀溜咣噹的〗ɕi˨˩˦ ·liou kuaŋ˨˩˦ taŋ˨˩˦ ·ti =〖嘰溜咣噹的〗tɕi˨˩˦ ·liou kuaŋ˨˩˦ taŋ˨˩˦ ·ti ❶建築物等結構鬆動不牢固：這窗子～該修嘛！|這桌子～散架嘛！ ❷門窗等振動發聲：風吹的那門～

【稀飯】ɕi˨˩˦ fã˨˩ 專指用米熬的稀飯：大米～|小米兒～

【稀罕】ɕi˨˩˦ ·xã ❶稀奇：～事兒 ❷少：你這頭髮挺～|他家人挺～！ ❸因爲稀奇難得而喜愛：這東西當地没有啊，挺～！

【稀甜崩脆】ɕi˨˩˦ t'iã˥˧ pəŋ˨˩˦ ts'uei˨˩ 食物甜而脆：蘿貝蘿蔔不貴～！

【稀軟】ɕi˨˩˦ luã˥ 很軟 ‖ 連用式"稀軟稀軟的 ɕi˨˩˦ luã˥ ɕi˨˩˦ luã˥ ·ti"

【稀鬆】ɕi˨˩˦ suŋ˨˩˦ 平常，無關緊要：～平常！|這個事兒在我看來～！

【媳婦】ɕi˨˩˦ ·fu ❶兒媳：他～挺孝順 ❷妻：他～長的棱俊！ ❸通稱已婚的年輕婦女，常跟閨女對稱：大閨女小～

【媳婦的娘家侄兒】ɕi˨˩˦ ·fu ·ti ȵiaŋ˥˧˩ ·ɕia tʂer˥˧[<tʂɿ˥˧] 回民稱内侄

【媳婦的娘家侄女】ɕi˨˩˦ ·fu ·ti ȵiaŋ˥˧˩ ·tɕia tʂɿ˥˧˩ ·ȵy 回民稱内侄女

【熄燈】ɕi˨˩˦ təŋ˨˩˦ 使燈熄滅

【嬉溜】ɕi˨˩˦ ·liou 開玩笑：他棱認真，你別和他～！

【錫】ɕi˨˩˦ 一種金屬元素：～坐壺

【錫壺】ɕi˨˩˦ xu˥˧ 錫製水壺

【席席篾兒】ɕi˥˧˩ ·ɕi miər˥˧[<miə˥˧] =〖秫稭篾兒〗ʂu˥˧˩ ·tɕiɛ miər˥˧ 高粱稭的皮剖成的長條兒，可以編製炕席、筐子等 ‖ 篾，聲調陽平

【畦】ɕi˥˧ ❶有土埂圍着的一塊塊排列整齊的地，大多是長度較大的長方形，塊與塊之間有溝：寬～ ❷量詞：一～菜 ‖ 畦，廣韵齊韵户圭切："菜畦。"北京讀 ꜀tɕ'i

【畦子】ɕi˥˧˩ ·tsɿ 即畦

【習慣】ɕi˥˧˩ ·kuã ❶長期逐漸養成的一時不易改變的行爲、傾向或社會風尚 ❷一種新的情况由於經常接觸而逐漸適應：濟南天乾，剛來時真不～！

【洗衣機】ɕi˥ i˨˩˦ tɕi˨˩˦ 能用電力自動洗

淨衣物的機器

【洗衣局】ɕi˥ i˩˧ tɕy˧˨ 舊稱洗衣店

【洗一水】ɕi˥˩ ·i ʂuei˥ 衣物等用水洗濯一次

【洗菜】ɕi˥ ts'ɛ˨˩ 用水清洗蔬菜

【洗澡】ɕi˥˦ tsɔ˥ ❶用水洗身體使潔淨 ❷舊時也指游泳

【洗澡盆】ɕi˥˦ tsɔ˥ p'ẽ˧˨ 洗澡用的盆子 ‖也説"洗澡盆兒 ɕi˥˦ tsɔ˥ p'er˧˨"

【洗澡堂】ɕi˥˦ tsɔ˥ t'aŋ˧˨ ⇨〖澡堂子〗tsɔ˥˦ t'aŋ˧˨˥ ·tsɿ

【洗染店】ɕi˥˦ ʐã˥ tiã˨˩ 對綢、布、衣服等織物進行清洗、熨燙、染色的商店

【洗臉手巾】ɕi˥˦ liã˥ ʂou˥˩ ·tɕiẽ ⇨〖擦臉手巾〗ts'a˩˧ liã˥ ʂou˥˩ ·tɕiẽ

【洗腚】ɕi˥ tiŋ˨˩ 洗屁股

【喜事】ɕi˥ ʂɿ˨˩ ⇨〖親事〗tɕ'iẽ˩˧˦ ʂɿ˨˩

【喜儀】ɕi˥ i˧˨ 結婚時親友送給男家的禮金

【喜拉】ɕi˥˩ ·la 喜歡，常用於否定式：誰～你啊？｜你别湊近乎，我不～你！

【喜鵲】ɕi˥˩ ·tɕ'yə 鳥，狀似烏鴉而尾巴很長：△～尾巴長，娶了媳婦忘了娘‖郊區説"野鵲 iə˥˩ ·tɕ'iɔ"

【喜酒】ɕi˥˦ tɕiou˥ 結婚時款待親友的酒席

【喜歡】ɕi˥˩ ·xuã 對人或事物有好感、有興趣，喜愛：他～養花｜～吃香蕉

【喜糖】ɕi˥ t'aŋ˧˨ 結婚時招待、分贈親友的糖果

【蟢蛛蛛】ɕi˥˩ ·tʂu ·tʂu 蜘蛛的一種，吃蒼蠅等，有時候會由一根蛛絲掛着身子往下落

【吸鐵石】ɕi˩˧ t'iə˩˧ ʂɿ˧˨ ＝〖磁鐵〗ts'ɿ˧˨ t'iə˩˧ 能吸引鐵、鎳等金屬的磁體‖吸，單字音 ɕi˩˧，此處讀去聲

【細】ɕi˨˩ 粗細的細，指長條形物體横剖面小的，顆粒小的，嗓音小的，精密細緻的，仔細的等：～鐵絲｜～沙｜～聲～氣兒的｜～瓷碗｜精打～算｜～心

【細發】ɕi˨˩˥ ·fa 細緻，不粗糙：這活幹的真～！‖重叠式"細細發發的 ɕi˨˩˥ ·ɕi ·fa ·fa ·ti"

【細鹽】ɕi˨˩ iã˧˨ 粉末狀的鹽

【戲子】ɕi˨˩ tsɿ˥ 舊稱專業戲曲演員

【戲匣子】ɕi˨˩ ɕia˧˨˥ ·tsɿ 舊稱留聲機

【戲臺】ɕi˨˩ t'ɛ˧˨ 供演員表演的臺子

【戲園子】ɕi˨˩ yã˧˨˥ ·tsɿ ＝〖戲院〗ɕi˨˩ yã˨˩ 舊稱供演出戲劇、曲藝等的建築

【戲箱】ɕi˨˩ ɕiaŋ˩˧ 盛放戲裝等的箱子

i

【一】i˩˧ ❶基數詞，最小的正整數 ❷同一：～視同仁 ❸全：～冬天都幹了些麼？｜～屋子煙！｜～身汗

【一子兒】i˩˧ tser˥［＜tsɿ˥］數量詞：～香｜～綫｜～掛麵

【一次】i˩˧˦ ts'ɿ˨˩ 數量詞，多用於可以重複的動作：來～｜去～｜跑～｜看～｜～性處理

【一絲兒】i˩˧˦ ser˩˧［＜sɿ˩˧］一點兒，表示數量極少：～肉

【一枝】i˩˧˦ tʂɿ˩˧ 數量詞。❶用於帶枝子的花朵：～花兒 ❷用於桿狀的東西：～筆｜～槍

【一隻】i˩˧˦ tʂɿ˩˧ 數量詞。❶用於某些成對東西的一個：～手｜～眼｜～耳朵｜～鞋｜～手套 ❷用於某些動物：～雞｜～狗｜～鴨子｜～鵝 ❸用於其他事物：～船

【一直】i˩˥ tʂʅ˥˧ 副詞。❶表示順着一個方向不變：～望南走！ ❷表示動作持續或狀態不變：他～幹到天黑！｜俺家～在濟南住

【一指】i˩˥ tʂʅ˥˥ 數量詞，一個手指的寬度：～長｜△有影無影六指長

【一隻眼】i˩˥˩ ·tʂʅ iã˥˥ ＝〖一個眼兒〗i˩˥˦ kə˨˩ iɛr˥˥[＜iã˥˥] 一隻眼睛

【一池子】i˩˥ tʂʻʅ˥˧˦ ·tsʅ 數量詞：～水｜～魚

【一師】i˩˥˦ ʂʅ˩˥ 數量詞：～兵

【一時半時的】i˩˥ ʂʅ˥˧ pã˨˩ ʂʅ˥˧˦ ·ti 一時，短時間：他這病～好不了[liɔ˥˥]！

【一二得二】i˩˥˦ ər˨˩ tei˩˥˦ ər˨˩ ＝〖一二如二〗i˩˥˦ ər˨˩ lu˥˧˦ ər˨˩ 乘法口訣

【一匹】i˩˥˦ pʻi˩˥ 數量詞。❶用於某些牲口：～馬｜～騾子 ❷用於布：～布

【一批】i˩˥˦ pʻi˩˥ 數量詞，用於大宗貨物或許多的人：～貨｜～人

【一滴】i˩˥˦ ti˩˥ 數量詞，用於滴下的液體：～雨｜～眼泪｜～水｜～油｜～血｜～尿

【一里二里的】i˩˥ li˥˥ ər˨˩ li˥˥˨ ·ti 一二里，言其少

【一立棱一立棱的】i˩˥˦ li˨˩˦ ·ləŋ i˩˥˦ li˨˩˦ ·ləŋ ·ti （眼睛）一瞪一瞪的（兇狠的樣子）

【一粒】i˩˥˦ li˨˩ 數量詞，用於顆粒狀的東西：～米｜～珠子｜～沙子

【一劑】i˩˥˦ tɕi˨˩ 數量詞：～藥

【一起兒】i˩˥ tɕʻier˥˥[＜tɕʻi˥˥] 樓房一層叫一起兒：～樓‖二層就叫二起兒，其他依此類推

【一起子】i˩˥˦ tɕʻi˥˥˨ ·tsʅ 數量詞：～事兒‖一般不用於指人

【一系列】i˩˥˦ ɕi˨˩˦ ·liə 一連串的：～問題

【一布袋】i˩˥˦ pu˨˩˦ ·tɛ 數量詞：～長果｜～米｜～麵

【一部】i˩˥˦ pu˨˩ 數量詞：～書｜～汽車

【一鋪籠】i˩˥ pʻu˨˩˦ ·luŋ 數量詞，一蓬叢生的草木，常連用：這草長的～～的

【一幅】i˩˥˦ fu˩˥ 數量詞，用於字畫等：～字｜～畫兒｜～對子｜～春聯

【一付】i˩˥˦ fu˨˩ 數量詞：～藥

【一副】i˩˥˦ fu˨˩ 數量詞。❶用於成對或配套的東西：～眼鏡｜～手套｜～鐲子｜～耳墜｜～對子｜～牌 ❷用於面部表情：～笑臉

【一嘟嚕】i˩˥˦ tu˩˥˩ ·lu 數量詞，用於成串的水果：～葡萄｜～柿子

【一堵】i˩˥ tu˥˥ 數量詞，用於牆：～牆

【一肚子】i˩˥˦ tu˨˩˦ ·tsʅ ❶滿腔，一腦子：～學問｜～話｜～氣｜～牢騷｜～壞點子｜～壞水兒 ❷用於飲食：吃了～飯｜喝了～水

【一爐】i˩˥ lu˥˧ 數量詞，用於燒煉的鋼鐵、陶器等：～鋼

【一爐子】i˩˥ lu˥˧˦ ·tsʅ 數量詞，多用於家用爐子：～火｜～炭｜～灰

【一路】i˩˥˦ lu˨˩ ❶一類：～貨色 ❷一道：咱倆～走 ❸數量詞：～軍隊｜～人馬

【一炷】i˩˥˦ tʂu˨˩ 數量詞：～香

【一出】i˩˥˦ tʂʻu˩˥ 數量詞，用於戲曲的一個獨立劇目：～戲

【一櫥子】i˩˥ tʂʻu˥˧˦ ·tsʅ 數量詞：～衣裳｜～被窩被子｜～書

【一處】i˩˥˦ tʂʻu˨˩ 數量詞：～風景｜～宅子｜～房子‖不說一處地處

34 i˨˩ 一

【一竪】i˨˩˦ ʂu˨˩ 漢字筆畫之一，即“丨”

【一股】i˨˩ ku˥ 數量詞。❶用於氣味、氣體等：～香味兒｜～臭氣｜～味兒｜～涼氣 ❷用於長條形的東西：～綫 ❸用於筷子，十雙爲一股：～筷子 ❹用於集合資金的一份或一筆財物平均分配的一份：～三元｜～風險抵押金

【一顧擁一顧擁的】i˨˩ ku˨˩˦ ·yŋ i˨˩ ku˨˩˦ ·yŋ ·ti ❶一動一動的：還没死透呢，還～！❷隱語，指性行爲

【一呼攏統】i˨˩˦ xu˨˩ luŋ˥˧ t'uŋ˥ 一起，全部：全里份胡同的人～都出來唡｜我～都收下唡！

【一忽兒忽兒】i˨˩ xur˧˦[<xu˨˩] ·xur[<xu˨˩] 一會兒，時間很短：我待～就走！‖忽，單字音 xu˨˩，此處讀成陽平在輕聲前的變調型

【一壺】i˨˩ xu˧ 數量詞：～水｜～茶｜～酒

【一虎口】i˨˩ xu˥˧ k'ou˥ 數量詞，張開的大拇指跟食指兩端間的距離：～長

【一旅】i˨˩ ly˥ 數量詞：～兵

【一律】i˨˩˦ ly˨˩ ❶一個樣子，相同：千篇～ ❷副詞，一概，無例外：～不准走！

【一舉兩得】i˨˩ tɕy˥ liaŋ˥ tei˨˩ 做一件事情得到兩種效益

【一句】i˨˩˦ tɕy˨˩ 數量詞：～句子｜～話

【一犋】i˨˩˦ tɕy˨˩ 數量詞，用於拉動一種農具的牲畜：～牛

【一巴股】i˨˩˦ pa˨˩˨ ·ku ❶量詞，一段：給他～紅腸！｜～木頭｜落[la˨˩]下～路 ❷事兒，毛病：你多～｜他比人家多～！‖一段文章不能説一巴股文章

【一把】i˨˩ pa˥ 數量詞。❶用於有把手的器具：～椅子｜～水壺｜～刀｜～火剪｜～梳子｜～笤帚｜～刷子｜～鏟子｜～鎖｜～鑰匙 ❷用於用手抓起來的東西：～米｜～土｜～灰 ❸用於其他：～年紀｜拉他～

【一把兒】i˨˩ par˥[<pa˥] 數量詞：～芹菜｜～韭菜

【一沓子】i˨˩ ta˧˦ ·tsɿ 數量詞，一摞，用於重叠起來的紙張等薄的東西：～紙

【一打】i˨˩ ta˥ 數量詞，十二個爲一打：～襪子｜～毛巾‖今不常用

【一大早】i˨˩˦ ta˨˩ tsɔ˥ 清早：～趕集

【一捺】i˨˩˦ na˨˩ 漢字筆畫之一，即“㇏”

【一拉溜】i˨˩ la˨˩˦ liou˨˩ 一長串，一個挨一個：哎唷，這麽～車子！

【一拃】i˨˩˦ tʂa˨˩ 數量詞，張開的大拇指跟中指（或小指）兩端間的距離：～長

【一差三錯】i˨˩˦ tʂ'a˨˩ sã˨˩˦ ts'uə˨˩ 可能產生的意外或差錯：這事兒不怎麽樣，反正有個～的！

【一霎兒】i˨˩˦ ʂar˨˩[<ʂa˨˩] =〖一霎霎〗i˨˩˨ ·ʂa ·ʂa 一會兒（短時間）：别急，～就好唡！

【一家】i˨˩˦ tɕia˨˩ 數量詞：～人家｜～鋪子｜～商店

【一家子】i˨˩˦ tɕia˨˩˨ ·tsɿ ❶同宗的人，本家 ❷夫妻：他倆是～

【一架】i˨˩˦ tɕia˨˩ 數量詞：～飛機｜～葡萄｜～梁｜～機器

【一架子】i˨˩˦ tɕia˨˩˦ ·tsɿ 數量詞，用於裝了整架子的東西：～書｜～貨｜～報紙｜～文件｜～刊物

【一下兒】i˨˩˦ ɕiar˨˩[<ɕia˨˩] 數量詞，用於動作次數：打～｜敲～｜看～｜拉～｜煮～｜烤～｜走～｜吃～

【一掛】i˨˩˦ kua˨˩ 數量詞：～鞭鞭炮

【一畫】i˨˩˦ xua˨˩ 漢字的一筆

【一撥兒】i˨˩꜔ pər˨˩[<pə˨˩] 數量詞，用於分批的人：前天來了～，走嘛，今們兒今天又來了～！‖參看“一起子 i˨˩꜔ tɕ'i˥꜖ ·tsɿ”

【一窩兒】i˨˩꜔ vər˨˩[<və˨˩] 數量詞，用於一胎所生、一次孵出或在一個窩裏的動物：～狗｜～老鼠｜～鷄｜～蜂

【一個】i˨˩꜔ kə˩ 數量詞，用於個體事物：～人｜～頭｜△～鼻孔出氣｜～嘴｜～手指頭｜只生～（孩子）好！｜～蟲子｜～猴子｜～西瓜｜～蘿貝｜～茶碗｜～瓶子｜～壜子｜～事兒｜～地處地方｜～村子｜～字｜～笑話｜～月｜～星期｜～酒酒席上稱一杯酒

【一個組】i˨˩꜔ kə˩ tsu˥ 數量詞：～抓地刨地，～抬土‖不說一組

【一個月】i˨˩ kə˩ yə˩ 數量詞

【一個半】i˨˩꜔ kə˩ pã˩ 數量詞

【一個倆兒的】i˨˩꜔ kə˩ liar˥꜖[<lia˥] ·ti 一兩個，言其少

【一個點兒】i˨˩꜔ ·kə tiɛr˥[<tiã˥] ⇨〖單敬你〗tã˨˩꜔ tɕiŋ˩ ȵi˥

【一個銀角兒】i˨˩꜔ ·kə iẽ˦˥ kər˨˩[<kə˨˩] 一個硬幣‖角有 tɕyə˨˩、tɕia˨˩ 等音，此處讀 kər˨˩

【一個星期】i˨˩꜔ ·kə ɕiŋ˨˩꜔ tɕ'i˨˩ ＝〖一個禮拜〗i˨˩꜔ kə˩ li˥ pɛ˩ 一周，七天

【一個銅子兒】i˨˩꜔ ·kə t'uŋ˦˥ ts'ər˥[<ts'ɿ˥] 一個銅板

【一棵】i˨˩꜔ k'ə˨˩ 數量詞。❶用於整棵的植物：～樹｜～天津綠白菜｜～茉莉花｜～葱｜～苗｜～秧子 ❷用於香煙：～煙

【一顆】i˨˩꜔ k'ə˨˩ 數量詞，用得較少：～珠子｜～飯粒｜△～老鼠屎，攪壞一鍋湯‖顆粒狀的東西多說“一粒 i˨˩꜔ li˩”

【一□】i˨˩꜔ ŋə˩ ❶種植秧苗時一手將苗根放到埯兒裏，另一手把土從四周圍推起來的動作 ❷量詞，用於株植的白薯等：～地瓜

【一盒子】i˨˩ xə˦˥꜒ ·tsɿ 數量詞，用於成盒的東西：～東西｜～糖｜～點心｜～餅乾｜～茶葉

【一憋氣兒】i˨˩꜖ piə˨˩꜔ tɕ'ier˩[<tɕ'i˩] 一口氣，一股勁兒地：～幹了四個鐘頭！

【一撇】i˨˩꜔ p'iə˨˩ 漢字筆畫之一，即“丿”

【一碟子】i˨˩ tiə˦˥꜒ ·tsɿ 數量詞：～鹹菜｜～醋｜～醬油｜～芫荽

【一帖】i˨˩꜔ t'iə˨˩ 數量詞：～膏藥

【一列】i˨˩꜔ liə˩ 數量詞：～火車

【一節】i˨˩꜔ tɕiə˨˩ 數量詞，用於分段的事物：～課｜～文章｜～故事｜～電池｜～竹子｜～車箱

【一截股】i˨˩ tɕiə˦˥꜒ ·ku ＝〖一截子〗i˨˩ tɕiə˦˥꜒ ·tsɿ 數量詞，一段：高了～｜黃瓜切成～～的

【一屆】i˨˩꜔ tɕiə˩ 數量詞，用於定期召開的會議或定期招收的學生：開～會議｜招～新生｜～畢業生

【一些】i˨˩꜔ ɕiə˨˩ ❶若干，表示不定數量 ❷不少，許多：街上～人！｜～東西，吃不了的吃！

【一頁】i˨˩꜔ iə˩ 數量詞：～書｜～文章

【一葉蘭】i˨˩꜔ iə˩ lã˦˥ 多年生草本植物，無地上莖，葉片寬帶形有明顯縱條，花淺黃色

【一多半兒】i˨˩꜔ tuə˨˩꜔ pɛr˩[<pã˩] ＝〖一大半兒〗i˨˩꜔ ta˩ pɛr˩ 一大半：他分了～，剩下一少半給你！

36 i˨˩˧ 一

【一朵】i˨˩˧ tuə˥ 數量詞：～花兒｜～玫瑰

【一庹】i˨˩˧˧ tʻuə˨˩˧ 數量詞，指兩臂平伸兩手之間的距離：～長

【一撮】i˨˩˧ tsuə˥ 數量詞，用於成一小叢的細長的毛髮等：～頭髮｜～毛｜～草

【一座】i˨˩˧˧ tsuə˨˩（或 i˨˩˧ tsuə˥）數量詞，多用於大型固定的物體：～山｜～橋｜～塔｜～房子｜～樓

【一桌】i˨˩˧˧ tʂuə˨˩˧ 數量詞，用於跟酒席有關的：～酒席｜～菜｜請～客

【一桌席】i˨˩˧˧ tʂuə˨˩˧ ɕi˦˨ 一桌酒席

【一所】i˨˩˧ ʂuə˥ 數量詞，用於整所的房子：～房子｜～宅子

【一鍋】i˨˩˧˧ kuə˨˩˧ 數量詞：～飯｜～麵條｜～黏粥｜炒了～菜｜～水｜～湯

【一和兒】i˨˩˧˧ xuər˦˨[＜xuə˦˨] 數量詞，一小段時間：看了～｜吃了～

【一伙兒】i˨˩˧ xuər˥[＜xuə˥] ❶由同伴組成的一些人：他們是～｜咱倆～，他倆～！❷數量詞：～人

【一和】i˨˩˧˧ xuə˨˩ 數量詞。❶洗一水：洗了～嘛，還得再洗～！❷中藥煎一次：煎了～，再煎兩和！‖中藥一般煎三次，稱頭和、二和、三和

【一月】i˨˩˧˩ ·yə 公曆的第一個月‖農曆一般説“正月 tʂəŋ˨˩˧˩ ·yə”

【一排】i˨˩˧ pʻɛ˦˨ 數量詞，用於排成行的：～桌子｜～椅子｜～座位兒‖濟南多説“一溜 i˨˩˧˧ liou˨˩”

【一排】i˨˩˧ pʻɛ˦˨ 數量詞：～兵

【一臺】i˨˩˧ tʻɛ˦˨ 數量詞：～機器｜～戲

【一來二去】i˨˩˧ lɛ˦˨ ər˨˩˧ tɕʻi˨˩ 指互相接觸、交往後逐漸産生某種情况

【一塊】i˨˩˧˧ kʻuɛ˨˩ 數量詞。❶用於塊狀或片狀的東西：～磚｜～土坯｜～石頭｜～肉｜～豆腐 ❷用於不完整的塊狀或片狀物：～瓦不是整瓦｜～小紙片｜掰下～饃饃｜～乾糧 ❸用於甘蔗等，猶一節：～甘蔗｜～秫稭 ❹用於錢幣：～錢‖也説“一塊兒 i˨˩˧˧ kʻuɛr˨˩”

【一塊兒】i˨˩˧˧ kʻuɛr˨˩[＜kʻuɛ˨˩] ＝〖一起〗 i˨˩˧ tɕʻi˥ ❶同一個處所：俺倆在～工作 ❷副詞，一同：咱～走！‖口語多説“一堆兒 i˨˩˧˧ tsuer˨˩[＜tsuei˨˩˧]”

【一塊錢】i˨˩˧˧ kʻuɛ˨˩ tɕʻiã˦˨ 一元錢

【一百】i˨˩˧˧ pei˨˩˧ 數詞

【一百二(十)】i˨˩˧˧ pei˨˩˧ ər˨˩（ʂʅ˦˨）數詞

【一百一(十)】i˨˩˧˧ pei˨˩˧ i˨˩˧（ʂʅ˦˨）數詞

【一百一十二】i˨˩˧˧ pei˨˩˧ i˨˩˧ ʂʅ˦˨˥ ər˨˩ 數詞

【一百一十一】i˨˩˧˧ pei˨˩˧ i˨˩˧ ʂʅ˦˨ i˨˩˧ 數詞

【一百一十個】i˨˩˧˧ pei˨˩˧ i˨˩˧ ʂʅ˦˨˥ ·kə 數量詞

【一百五(十)】i˨˩˧˧ pei˨˩˧ u˥（ʂʅ˦˨）數詞

【一百五十個】i˨˩˧˧ pei˨˩˧ u˥˨ ·ʂʅ kə˨˩ 數量詞

【一百多個】i˨˩˧˧ pei˨˩˧ tuə˨˩˧˧ kə˨˩ 數量詞，比一百個還多一點的數量

【一百來個】i˨˩˧˧ pei˨˩˧ lɛ˦˨˥ kə˨˩ 數量詞

【一百三(十)】i˨˩˧˧ pei˨˩˧ sã˨˩˧ ʂʅ˦˨ 數詞

【一百錢】i˨˩˧˧ pei˨˩˧ tɕʻiã˦˨ 舊幣制合兩個半銅錢

【一杯】i˨˩˧˧ pei˨˩˧ 數量詞：～茶｜～水｜～酒

【一筆】i˨˩˧˧ pei˨˩˧ 數量詞。❶用於不定量錢款：～錢｜～存款 ❷少數不定量字句或繪畫：帶上～｜這裏加～！

【一筆】i˨˩˧˧ pei˨˩˧ 指用筆寫的能力：寫～好字｜寫～好文章

【一筆一畫】i˨˩˧ pei˨˩˧ i˨˩˧˧ xua˨˩ 每一筆每

一畫：～都要寫好

【一枚】i˩ mei˧ 數量詞：～獎章｜～郵票

【一位】i˩˨ vei˩ 數量詞，用於人：～客｜～同志｜～先生｜～老師｜～師傅

【一味】i˩˨ vei˩ 數量詞：～藥

【一對兒】i˩˨ tuer˩［<tuei˩］數量詞，用於成對的東西或人：～花瓶｜～帽筒｜～太師椅｜～戒鎦兒戒指｜～夫妻｜～兒女｜～耳朵

【一堆】i˩˨ tsuei˩ 數量詞，用於成堆的東西或成群聚集的人：～土｜～雪｜～灰｜～髒器垃圾｜～髒衣裳｜買了～菜｜～書｜～東西｜～人‖堆，單字音 tsuei˩

【一堆兒】i˩˨ tsuer˩［<tsuei˩］一齊，一塊兒：咱倆～走｜他們～來的！

【一穗】i˩˨ suei˩ 數量詞，用於植物聚生的穗子：～槐花｜～麥穗

【一水】i˩ ʂuei˥ 數量詞，表示洗一次水：洗～

【一回】i˩ xuei˧ 數量詞。❶用於動作的次數：去過～兒｜說～兒｜看他～兒｜哭～兒 ❷一件，用於事情：這是～事兒，不是兩回事！❸章回小說的一章‖也說“一回兒 i˩ xuer˧”。義項③不兒化；一回用在句末，一般兒化，後面如果還有詞，則不兒化

【一會兒】i˩˨ xuer˩［<xuei˩］數量詞，一小段時間：拉𧮪～｜坐～｜歇～｜站～｜走～｜聽～｜唱～｜看～｜等～｜煮～

【一包】i˩˨ pɔ˩ 數量詞，用於成包的東西：～書｜～香煙｜～糖｜～點心糕點｜～藥｜～長果花生｜～衣裳｜～東西

【一毛不拔】i˩ mɔ˧ pu˩ pa˧ 比喻小氣至極

【一毛錢】i˩ mɔ˧ tɕʻiã˧ 一角錢，十毛爲一元

【一刀】i˩˨ tɔ˩ 數量詞：～紙

【一刀兩斷】i˩˨ tɔ˩ liaŋ˥ tuã˩ 比喻徹底斷絕關係

【一道】i˩˨ tɔ˩ 數量詞。❶用於江河和某些長條形的東西：～河｜～溝｜～印兒｜～縫兒｜～杠兒｜畫了～ ❷用於題目：～題 ❸用於其他事物：～菜｜～點心

【一套】i˩˨ tʻɔ˩ 數量詞，用於搭配成套的事物：～家具｜～餐具｜～衣裳｜～書｜～教材｜～方法

【一老本把的】i˩ lɔ˥˦ pẽ˥˦ pa˥˨ ·ti 老老實實、腳踏實地的：這人～信的過！

【一槽】i˩ tsʻɔ˧ 數量詞：～飼料

【一勺兒】i˩ ʂɔr˧［<ʂɔ˧］數量詞：～醬油

【一勺子】i˩ ʂɔ˧˥ ·tsɿ 數量詞：舀～菜｜～湯

【一少半兒】i˩ ʂɔ˥ per˩［<pã˩］一小半，還不到一半：給他留下～

【一號】i˩˨ xɔ˩ ❶排號次序在第一位的 ❷公曆一個月裏的第一天：十月～ ❸諱稱廁所：小張上～嘛！

【一瓢】i˩ pʻiɔ˧ 數量詞，用於用瓢盛的糧食等：～糧食｜～小米兒｜～麵｜～水

【一吊錢】i˩ tiɔ˩ tɕʻiã˧ 舊幣制二十五個銅錢爲一吊

【一條】i˩ tʻiɔ˧ 數量詞。❶用於某些長條形的東西：～路｜～道｜～河｜～水溝｜～腿｜～褲子｜～板凳｜～手巾｜～肥皂｜～煙捲兒｜～魚｜～長蟲蛇｜～船 ❷用於生命：～命 ❸用於某些抽象的事物：一～新聞｜～罪狀

【一挑】i˩ tʻiɔ˥ 漢字筆畫之一，即“㇀”

‖挑，聲調有陰平、上聲兩讀，如“肩挑 tɕiã˨˩˧꜔ t'iɔ˨˩˧”，“挑撥 t'iɔ˥ pə˨˩˧”，此處讀上聲

【一窰】i˨˩˧ iɔ˦˨ 數量詞：～磚｜～陶器

【一頭】i˨˩˧ t'ou˦˨ 數量詞，用於某些牲口：～牛｜～牲口｜～騾子｜～驢

【一簍子】i˨˩˧꜔ lou˥꜖ ·tsɿ 數量詞：～灰｜～鷄子兒｜～菜

【一軸】i˨˩˧ tʂou˦˨（或 tʂu˦˨） 數量詞：～綫

【一抽屜】i˨˩˧꜔ tʂ'ou˨˩˧꜖ ·t'i 數量詞：～文件｜～糖｜～錢

【一手】i˨˩˧ ʂou˥ 指一種技能或本領：寫～好字｜綉～好花｜打～好牌

【一鈎兒】i˨˩˧꜔ kour˨˩˧[<kou˨˩˧] 漢字筆畫之一，即“亅 乛 乚 乀”等

【一口】i˨˩˧ k'ou˥ 數量詞。❶用於有口的東西：～井｜～缸｜～鍋｜～棺材 ❷用於進入口腔或口腔動作次數：～水｜～飯｜～饃饃｜～乾糧｜吃了～｜咬～嘗嘗 ❸用於豬：～豬

【一口兒】i˨˩˧ k'our˥[<k'ou˥] 數量詞，用於人口、氣息：～人兒｜～氣

【一口袋】i˨˩˧꜔ k'ou˥꜖ ·tɛ 數量詞：～長果花生｜～米｜～麵

【一綹兒】i˨˩˧ liour˥[<liou˥] 數量詞，用於細絲狀的東西：～頭髮｜～綫

【一溜】i˨˩˧꜔ liou˨˩ 數量詞，用於成排的物體：～樹｜南屋～五間｜～椅子｜～人

【一九藍】i˨˩˧ tɕiou˥ lã˦˨ 比深藍略淺的顏色

【一班】i˨˩˧꜔ pã˨˩˧ 數量詞。❶用於人群：～人 ❷專用於部隊：～兵 ❸用於定時開行的交通工具：～車

【一般】i˨˩˧꜔ pã˨˩˧ ❶一樣，同樣：俺倆～大 ❷普通，平常：這衣裳很～｜～都是七點半到學校

【一般見識】i˨˩˧꜔ pã˨˩˧ tɕia˨˩꜒ ·ʂɿ 與别人計較、爭執：你别和他～｜我不和他～

【一半】i˨˩˧꜔ pã˨˩ 二分之一‖也説“一半兒 i˨˩˧꜔ pɛr˨˩”

【一半時】i˨˩˧꜔ pã˨˩꜒ ·ʂɿ 短時間，暫時：他～來不了[liɔ˥]

【一瓣兒】i˨˩˧꜔ pɛr˨˩[<pã˨˩] 數量詞：～花瓣兒｜～蒜瓣兒｜～橘子

【一盤】i˨˩˧ p'ã˦˨ 數量詞。❶用於盤子盛的東西：～菜｜～饃饃｜～包子 ❷用於成圓形像盤的東西：～磨｜～鋼絲 ❸用於下棋次數：～棋｜下～！

【一碗】i˨˩˧ vã˥ 數量詞：～飯｜～菜｜～湯

【一萬】i˨˩˧꜔ vã˨˩ 數詞

【一萬二(千)】i˨˩˧꜔ vã˨˩ ər˨˩ (tɕ'iã˨˩˧) 數詞

【一萬二千個】i˨˩˧꜔ vã˨˩ ər˨˩ tɕ'iã˨˩˧꜔ kə˨˩ 數量詞

【一擔】i˨˩˧꜔ tã˨˩ 數量詞，舊稱一百斤爲一擔：～穀子｜～米

【一罈子】i˨˩˧ t'ã˦˨꜒ ·tsɿ 數量詞，用於成罈的東西：～酒｜～豆腐乳｜～榨菜｜～鹹菜

【一籃子】i˨˩˧ lã˦˨꜒ ·tsɿ 數量詞：～菜｜～梨｜～葡萄

【一盞】i˨˩˧ tʂã˥ 數量詞：～燈

【一扇】i˨˩˧꜔ ʂã˨˩ 數量詞。❶用於門窗等：～門｜～籠屜 ❷牛羊豬宰殺後去毛剖成兩半後的一半：～牛｜～羊｜～豬

【一乾二淨】i˨˩˧꜔ kã˨˩˧ ər˨˩ tɕiŋ˨˩ 乾乾淨淨毫無遺漏：忘的～

【一桿】i˨˩˧ kã˥ 數量詞：～槍｜～秤

【一邊兒去】i˨˩˧꜔ piɛr˨˩˧꜖[<piã˨˩˧] ·tɕ'i =〖上一邊兒去〗ʂaŋ˨˩ i˨˩˧꜔ piɛr˨˩˧꜖ ·tɕ'i

到旁邊去(用於命令句):～,我不點理睬你|你在這兒胡摻乎麼? ～!

【一遍】i˩˦ piã˩ 數量詞,從開始到結束的整個過程:做～|看～|學～‖也說"一遍兒 i˩˦ piã˩ piɛr˩"

【一篇】i˩˦ p'iã˩ 數量詞:～文章|～稿子

【一片兒】i˩˦ p'iɛr˩[<p'iã˩] 數量詞,用於片狀的東西:～肉|～薑|～雪花

【一片】i˩˦ p'iã˩ 數量詞:～好心|～敬意|～誠心

【一面】i˩˦ miã˩ 數量詞,用於扁平的東西:～旗|～鏡子|～鑼

【一面】i˩˦ miã˩ 數量詞,用於見面次數:見～|會～‖也說"一面兒 i˩˦ miɛr˩"

【一點】i˩ tiã˥ 漢字筆畫之一,即"丶"‖也說"一點(兒) i˩ tiɛr˥"

【一點兒】i˩ tiɛr˥[<tiã˥] 數量詞,表示不定準的少量事物:～東西|～麵粉|～芹菜|～事兒|有～|～也没哺!

【一點兒點兒】i˩˦ tiɛr˥˨[<tiã˥] ·tiɛr[<tiã˥] 表示極少的或極小的一點兒:給我～還不行嗎? |～大!

【一天到晚】i˩˦ t'iã˩ tɔ˩ vã˥ ⇨〖成天〗tʂ'əŋ˧ t'iã˩˨

【一連】i˩ liã˧ 數量詞:～兵

【一臉】i˩ liã˥ 滿臉:～土|～灰|～汗|～油|～油彩|～粉|～怒氣

【一間】i˩˦ tɕiã˩ 數量詞:～屋(子)|～房(子)

【一件兒】i˩˦ tɕiɛr˩[<tɕiã˩] 數量詞。❶用於上衣:～衣裳|～棉襖|～大褂|～襯衣 ❷用於事情等:～事兒|～公文

【一千】i˩˦ tɕ'iã˩ 數詞

【一千一百】i˩˦ tɕ'iã˩ i˩˨ ·pei =〖一千一〗i˩˦ tɕ'iã˩˦ i˩ 數詞

【一千九百】i˩˦ tɕ'iã˩ tɕiou˥˨ ·pei =〖一千九〗i˩˦ tɕ'iã˩ tɕiou˥ 數詞

【一眼】i˩ iã˥ 數量詞。❶用於井:～井 ❷用於眼睛看的次數:看～|瞧～|瞅～|斜～|白拉～

【一段兒】i˩˦ tuɛr˩[<tuã˩] 數量詞。❶用於長條形物體分成的一截兒 ❷用於時間或路程的一定距離:～時間|～路 ❸用於文章、說話的一部分:～文章|～故事|～話

【一團】i˩ t'uã˧ 數量詞。❶用於部隊:～兵 ❷用於成團的東西:和了～泥|～紙|～綫|～麵

【一轉眼】i˩ tʂuã˥˨ iã˥ 一刹那的時間:剛才還在這裏,～就不見哺!

【一串紅】i˩˦ tʂ'uã˩ ·xuŋ˧ 一年生草本植物,花成串多紅色,也有藍、白二色

【一管】i˩ kuã˥ 數量詞:～筆

【一罐子】i˩˦ kuã˩˦ ·tsɿ 數量詞:～鹽|～水

【一捲】i˩ tɕyã˥ 數量詞:～畫|～紙|～鋪蓋|～東西‖也說"一捲兒 i˩ tɕyɛr˥"

【一圈】i˩˦ tɕ'yã˩ 數量詞。❶用於環形的事物:圍了～人|走了～|輪了～ ❷打麻將的四人輪流做莊一次爲一圈:打～麻將

【一本】i˩ pẽ˥ 數量詞:～書|～賬‖也說"一本兒 i˩ pɛr˥"

【一盆】i˩ p'ẽ˧ 數量詞:～水|和了～麵|～菜|～花

【一門兒】i˩ mɛr˧[<mẽ˧] 數量詞。❶

用於親戚關係，一家，一宗：～親戚｜～親事 ❷用於功課等：～課｜～科學 ❸用於炮：～炮

【一□兒】i⅃⊦ mer⅃[<mẽ⅃] ＝〖一□子〗 i⅃⊦ mẽ⅃⊦ ·tsɿ ❶一段時間：這～怎麼没來啊？❷一會兒，一下子：～就來嘛｜這點兒活～就幹完嘛！

【一陣】i⅃⊦ tʂẽ⅃ 數量詞：～風｜～雨｜～雪‖也説"一陣兒 i⅃⊦ tʂer⅃"

【一陣子】i⅃⊦ tʂẽ⅃⊦ ·tsɿ 數量詞，一段時間：説了～話｜坐了～走嘛！｜這個人走了老大～嘛！｜這～你幹麼來？

【一身】i⅃⊦ ʂẽ⅃ 數量詞，用於衣服：～棉衣｜～制服｜～中山裝｜～西服(裝)

【一身】i⅃⊦ ʂẽ⅃ 全身，滿身：～土｜滚了～泥巴｜～水｜沾了～油｜～雪｜～勁兒

【一任】i⅃⊦ ʐẽ⅃ 數量詞，用於擔任有一定期限的官職次數：廠長任期兩年，他已經幹了～，下～還接着幹！｜做過～縣長

【一根】i⅃⊦ kẽ⅃ 數量詞，用於長條形的東西：～頭髮｜～綫｜～針｜～竹竿｜～木頭｜～房檩｜～柱子‖也説"一根兒 i⅃⊦ ker⅃"

【一品紅】i⅃⊦ p'iẽ⅃ xuŋ⅃ 落葉灌木，下部葉子橢圓形或披針形，綠色，頂端的葉片狹長，紅色，花有紅、白、粉三色

【一進】i⅃⊦ tɕiẽ⅃ 數量詞：～院子

【一頓】i⅃⊦ tuẽ⅃ 數量詞。❶用於飯食：～飯｜請他～ ❷用於打駡等行爲：打～｜駡～｜尅了～｜好～熊！

【一尊】i⅃⊦ tsuẽ⅃ 數量詞：～佛｜～塑像｜～大炮

【一綑】i⅃ k'uẽ˥ 數量詞：～行李｜～麥稭｜～木頭‖也説"一綑兒 i⅃ k'uer˥"

【一幫】i⅃⊦ paŋ⅃ ❶結合成伙的一些人，一伙兒：他仨～ ❷數量詞，一群(用於人)：～人

【一檔子】i⅃ taŋ⅃⊦ ·tsɿ 數量詞：～事兒

【一蹚郎】i⅃⊦ t'aŋ⅃⌞ ·laŋ 數量詞，行[꜀xaŋ]，串：來了～人！

【一趟】i⅃⊦ t'aŋ⅃ 數量詞，表示走動一次：走～｜來～｜去～｜跑了～

【一張】i⅃⊦ tʂaŋ⅃ 數量詞。❶用於紙、皮等：～(地)圖｜～鈔票｜～皮 ❷用於桌子、牀：～桌子｜～牀 ❸用於某些農具：～犁｜～鐵鍁｜～鋤｜～鎬 ❹用於其他：～嘴

【一張票子】i⅃⊦ tʂaŋ⅃ p'iɔ⅃⊦ ·tsɿ 一張鈔票

【一場】i⅃ tʂ'aŋ⅃ 數量詞。❶用於風雨災病等：～雨｜～大禍｜～水災 ❷用於某些言語行爲：笑～｜鬧～｜鬥～

【一場】i⅃ tʂ'aŋ˥ 數量詞，用於文體活動：～戲｜～電影｜～球賽

【一缸】i⅃⊦ kaŋ⅃ 數量詞：～水｜～麵

【一行】i⅃ xaŋ⅃ 數量詞，用於成行的東西：～字｜～樹

【一兩個】i⅃ liaŋ˥ kə⅃ 概數‖用相鄰的兩個數詞組合起來表示大約的數目，一般數小的在前，數大的在後：兩三個｜一二十個｜二三百個｜八九千個｜四五萬個

【一輛】i⅃ liaŋ˥ 數量詞：～車(子)‖也説"一輛兒 i⅃ liãr˥"。大車不帶子尾，小的車帶子尾

【一箱子】i⅃⊦ ɕiaŋ⅃⌞ ·tsɿ 數量詞，用於成箱的東西：～東西｜～衣裳｜～嫁妝

【一様】i⅃⊦ iaŋ⅃ 一個様兒，没有差別：大家都～｜～的顏色

【一樁】i˨˩˧˧ tʂuaŋ˨˩˧ 數量詞：～事情‖口語裏更常說“一件兒 i˨˩˧˧ tɕiɛr˨˩[<tɕiã˨˩]”

【一牀】i˨˩˧ tʂ'uaŋ˦˨ 數量詞，用於被褥等：～被窩|～毯子|～氈|～褥子

【一雙】i˨˩˧˧ ʂuaŋ˨˩˧ 數量詞，用於成雙的東西或人：～鞋|～眼睛|～兒女

【一筐】i˨˩˧˧ k'uaŋ˨˩˧ =〖一筐子〗i˨˩˧˧ k'uaŋ˨˩˧˩ ·tsɿ 數量詞，用於成筐的東西：～水果|～菜|～土

【一捧】i˨˩˧ p'əŋ˥ 數量詞，用於雙手能捧的東西：～長果花生|～豆子|～脆棗

【一蒙子】i˨˩˧˧ məŋ˨˩˧˩ ·tsɿ =〖一崩子〗i˨˩˧˧ pəŋ˨˩˧˩ ·tsɿ 一陣兒，一段時間：你這～好罷？|～就到唎！‖重疊式“一蒙子一蒙子的 i˨˩˧˧ məŋ˨˩˧˧ ·tsɿ i˨˩˧˧ məŋ˨˩˧˩ ·tsɿ ·ti”，一陣一陣的：這個人不正常，～，今天這樣，明天那樣

【一封】i˨˩˧˧ fəŋ˨˩˧ 數量詞：～信|～公文

【一層】i˨˩˧ ts'əŋ˦˨ 數量詞。❶用於重疊、累積的東西：～樓|～磚|～紙 ❷用於覆蓋在物體表面的東西：地上鋪上～沙子|結了～冰

【一成】i˨˩˧ tʂ'əŋ˦˨ 十分之一：增產～以上

【一横】i˨˩˧ xəŋ˦˨ 漢字筆畫之一，即“一”

【一瓶子】i˨˩˧ p'iŋ˦˨˦ ·tsɿ =〖一瓶〗i˨˩˧ p'iŋ˦˨ 數量詞，用於成瓶的東西，多是液體：～醋|～酒|～蜂蜜|～藥丸子|△～不滿，半瓶子咣噹

【一頂】i˨˩˧ tiŋ˥ 數量詞：～帽子|～轎子

【一頂點兒】i˨˩˧ tiŋ˥˧ tiɛr˥[<tiã˥] 極少或極小的一點兒

【一錠】i˨˩˧˧ tiŋ˨˩ 數量詞：～墨|～金子

【一停】i˨˩˧ t'iŋ˦˨ 總數分成幾份，其中的一份爲一停：三停去了～還有兩停|十停裏他只有～

【一領】i˨˩˧ liŋ˥ 數量詞：～席

【一驚一乍的】i˨˩˧˩ tɕiŋ˨˩˧ i˨˩˧˧ tʂa˨˩˧ ·ti 驚恐嚇人的樣子：你看你爲這點兒小事兒～！

【一清二楚】i˨˩˧˧ tɕ'iŋ˨˩˧ ər˨˩ tʂ'u˥ 清清楚楚

【一清二白】i˨˩˧˧ tɕ'iŋ˨˩˧ ər˨˩ pei˦˨ 清楚，明白：△小葱拌豆腐——～！

【一星些】i˨˩˧˧ ɕiŋ˨˩˧˩ ·ɕiə 一點點，一點兒：這菜裏～羊肉|這～夠吃的嗎？

【一星半點兒的】i˨˩˧˧ ɕiŋ˨˩˧ pã˨˩ tiɛr˥˩[<tiã˥] ·ti =〖一個半個的〗i˨˩˧˧ kə˨˩ pã˨˩˧ ·kə ·ti =〖一個倆兒的〗i˨˩˧˧ ·kə liãr˥˩[<liaŋ˥] ·ti 言其少：～東西，你留下別道道謝唎！

【一行】i˨˩˧ ɕiŋ˦˨ 數量詞，一層：飄起～油腥

【一性兒】i˨˩˧˧ ɕiə̃r˨˩[<ɕiŋ˨˩] 一層：～磚‖不說二性兒、三性兒等

【一營】i˨˩˧ iŋ˦˨ 數量詞：～兵

【一桶】i˨˩˧ t'uŋ˥ 數量詞：～汽油|～水

【一籠】i˨˩˧ luŋ˦˨ 數量詞：蒸了～饃饃|～素包子

【一盅】i˨˩˧˧ tʂuŋ˨˩˧ 數量詞：～白酒|～茶|喝～！‖現在濟南人在酒席上一盅酒多說一個酒

【一共】i˨˩˧˧ kuŋ˨˩ =〖總共〗tsuŋ˥ kuŋ˨˩ =〖統共〗tuŋ˥ kuŋ˨˩ =〖共總〗kuŋ˨˩ tsuŋ˥ 副詞，表示全部合在一起：他們～才十個人|三隻鷄～五斤

【一共攏總】i˨˩˧˧ kuŋ˨˩ luŋ˥˧ tsuŋ˥ 總共：～二百來斤，我扛的動|～才幾個人，這活一天幹不了！

【乙】i˨˩˧ 天干的第二位，常表示順序在第

42 i˨˩˧ – i˥ 伊衣依醫□姨胰疑遺已以

二位的

【伊瑪目】i˨˩˧˩ ·ma ·mu 伊斯蘭教主持禮拜的人，在清真寺的地位僅次於阿訇

【衣橱】i˨˩˧ tʂʻu˦˨ 放置衣被等的橱子

【衣架】i˨˩˧˧ tɕia˨˩ 掛衣服用的家具，也指可以把衣服撐起來掛的架子

【衣櫃】i˨˩˧˧ kuei˨˩ 放置衣物的櫃子

【衣胞兒】i˨˩˧˩ ·pɔr[<pɔ˨˩˧] =〖衣〗i˨˩˧ =〖胎盤〗tʻɛ˨˩˧ pʻã˦˨ 妊娠時期子宮内壁和胎兒之間的圓餅狀組織，通過臍帶和胎兒相連

【衣棺碑】i˨˩˧˧ kuã˨˩˧˧ pei˨˩ 墓碑

【衣襟兒】i˨˩˧˧ tɕiər˨˩˧[<tɕiẽ˨˩˧] 上衣或袍子的前面部分

【衣裳】i˨˩˧˩ ·ʂaŋ =〖衣服〗i˨˩˧˩ ·fu 穿在身上遮蔽身體或禦寒的東西

【衣撐】i˨˩˧˧ tʂʻəŋ˨˩˧ 用於撐起衣服可以掛着晾的小架子‖也說“衣架 i˨˩˧˧ tɕia˨˩”

【依】i˨˩˧ ❶聽從，依從 ❷按照：～我看，這事得這麼辦！

【依扎布】i˨˩˧˧ tʂa˨˩˧˩ ·pu 舊時回民的結婚儀式，由六至八名阿訇在院裏念經，新郎跪在桌前聽，阿訇一邊念一邊用生栗子和棗打新郎‖回民不拜天地

【醫院】i˨˩˧˧ yã˨˩ 治療和護理病人的機構，兼做健康檢查、疾病預防等工作

【□】i˨˩˧ 役使牲口的吆喝，命令牲口向裏拐‖常連用，聲調˨˩˧、˥不定

【姨】i˦˨ 母親的姐妹

【姨夫】i˦˨˦ ·fu 姨母的丈夫

【姨家】i˦˨˦ ·tɕia 姨母家

【姨奶奶】i˦˨ nɛ˥˩ ·nɛ 父親的姨母

【姨姥爺】i˦˨ lɔ˥˩ ·ie ❶父親的姨夫 ❷母親的姨夫

【姨姥娘】i˦˨ lɔ˥˩ ·ȵiaŋ 母親的姨母

【姨表】i˦˨ piɔ˥ 兩家的母親是姊妹的親戚關係

【姨表姊妹(們兒)】i˦˨ piɔ˥ tsɿ˥˩ ·mei (·mer[<·mẽ]) 母親是姊妹關係的姐妹

【姨表兄弟】i˦˨ piɔ˥ ɕyŋ˨˩˧˧ ti˨˩ 母親是姊妹關係的兄弟‖也說“姨表兄弟兒 i˦˨ piɔ˥ ɕyŋ˨˩˧˧ tiər˨˩”

【胰子】i˦˨˦ ·tsɿ 舊稱肥皂和香皂

【疑思】i˦˨˦ ·sɿ 猶豫，拿不定主意：你别～唡，還是走罷！‖重叠式“疑疑思思的 i˦˨˦ ·i ·sɿ ·sɿ ·ti”：我～老拿不定主意！

【疑惑】i˦˨˦ ·xuei 懷疑：這事兒我～是他說的！

【遺體】i˦˨ tʻi˥ 稱所尊敬的人的屍體

【遺像】i˦˨˦ ɕiaŋ˨˩ 死者生前的相片或畫像

【已經】i˥ ·tɕiŋ 副詞，表示事情完成或達到某種程度：他～來唡！|這稿子～抄了一半|他～七十唡，還那麼結實！‖已字上聲，此處在輕聲前不變調

【以】i˥ ❶用，拿：～身作則 ❷用在前後、東西南北、上下、内外等之前，表示時間、方位、範圍、數量等的界限：～前|～東|五千元～上|三天～内

【以西】i˥ ɕi˨˩˧ 在所說的某地之西：百貨大樓～就是四海香商場

【以下】i˥ ɕia˨˩ 位置、高度、等級、數目等在某一點之下：一米二～兒童免票|現在新蓋的樓房三層～的没大有|三歲～上小班

【以外】i˥ vɛ˨˩ 在一定的時間、處所、數量、範圍的界限之外：三天～|院牆～|

百米～|除此～

【以來】i˥ lɛ˦ 表示從過去某時直到現在的一段時間：解放～|開學～|入伏～

【以北】i˥ pei˩ 在所說的某地之北：俺宿舍在益壽路～

【以內】i˥ nei˩ 在一定的時間、處所、數量、範圍的界限之內：半年～|校園～|十尺～|二十人～

【以後】i˥ xou˩ 現在或所說某時之後的時間：從今～|開學～|十年～

【以南】i˥ nã˦ 在所說的某地之南：益壽路～是幹休所老幹部休養所

【以前】i˥ tɕʻiã˦ 現在或所說某時之前的時間：他～吸煙，現在早忌戒嘞|結婚～|十年～

【以先】i˥ ɕiã˩ 順序在某次之前：在你～他來過！

【以往】i˥˥ vaŋ˥ ⇨〖過去〗 kuə˩˥ ·tɕʻy

【以上】i˥ ʂaŋ˩ 位置、高度、等級、數目等在某一點之上：一米八～的個子|大事～學歷|他家月收入在千元～

【以東】i˥ tuŋ˩ 在所說的某地之東：百貨大樓在四海香商場～

【尾巴】i˥˩ ·pa 鳥獸魚蟲等動物的身體末端突出的部分‖尾，文讀 vei˥

【椅子】i˥˩ ·tsɿ 有靠背的坐具

【椅子背兒】i˥˩ ·tsɿ per˩[＜pei˩] 椅子上的靠背

【椅子撐】i˥˩ ·tsɿ tʂʻəŋ˩ 椅子腿中間的橫木

【椅披子】i˥ pʻi˩˩ ·tsɿ 放在椅子上的舊式裝飾布：桌頭～‖參見“桌頭 tʂuə˩ tʻou˦”

【蟻蛘】i˥˩ ·iaŋ 一種體小的螞蟻

【肄業】i˩ iə˩ 學習，沒有畢業：山東大學中文系～兩年

【意思】i˩˥ ·si ❶意義，內容：你這話什麼～？❷意見，願望：他倆都有這個～！❸指禮品表示的心意 ❹情趣，趣味：真有～！‖義項③可連用爲“意思意思 i˩˥ ·sɿ ·i ·sɿ”，轉爲動詞，意爲表表心意，打點打點

【意見】i˩˥ ·tɕiã ❶對事物的認識見解：你的～呢？❷對人對事不滿的想法：這事兒我有～！

【義地】i˩ ti˩ 舊時埋葬窮人的公共墓地

【義學】i˩ ɕyə˦ 慈善機關或募捐所辦的免費學校

【癔而八怔的】i˩˥ ·ər pa˩˥ tʂəŋ˩˩ ·ti 冒失惶惑的樣子：這孩子老是辦事～！|不跟他說，他～！

【囈症】i˩˥ ·tʂəŋ 神志不清，熟睡時突然坐起或驚叫等：睡～嘞！|發～|鬧～‖重疊式“囈囈症症的 i˦˥ ·i ·tʂəŋ ·tʂəŋ ·ti”，指人神經不正常的樣子

44 pu˨˩ 不

u

pu

【不吱聲】pu˨˩˦ ·tsɿ ·ʂəŋ =〖不做聲〗pu˨˩˦ tsu˨˩ ·ʂəŋ 不吭聲,不言語:你別看他不言語~的,一肚子心眼兒!‖不,另見 pu˧˩、pu˨˩、·pu

【不知道】pu˨˩˦ tʂʅ˨˩˦ ·tɔ ⇨〖知不道〗tʂʅ˨˩˦ ·pu tɔ˨˩

【不知好歹】pu˨˩˦ tʂʅ˨˩ xɔ˥˦ tɛ˥ 形容認不清是非黑白

【不識字兒的】pu˨˩ ʂʅ˨˩˦ tserɹ˨˩˦[<tsɿ˨˩]·ti 文盲

【不離兒】pu˨˩ lier˧˩[<li˧˩] =〖不大離兒〗pu˨˩˦ ta˨˩ lier˧˩[<li˧˩] ❶(東西)不壞,還可以:你買的這刀~|這房子蓋的真~ ❷(事情辦得)差不多,接近成功,後面帶"嘛"或"了":這房子蓋的~嘛|他倆的事兒~了罷?

【不及格】pu˨˩ tɕi˧˩ kə˨˩(或 kei˨˩) 考試沒有達到規定的最低標準‖參見"及格 tɕi˧˩ kə˨˩(或 kei˨˩)"

【不濟】pu˨˩˦ tɕi˨˩ ❶差,不好:這衣裳穿了一個月知道它~嘛!|便宜是便宜,東西~|我再~也幹不出這户事兒來! ❷不如,趕不上:我~他有本事!

【不起眼兒】pu˨˩ tɕʻi˥˦ iɛr˥[<iã˥] 數量小或價值低不能引人注目:這點兒錢你看起來~,我掙起來可不容易!

【不依】pu˨˩˦ i˨˩ 不答應,不放過

【不…不行】pu˨˩ …pu˨˩ ɕiŋ˧˩ "不"後加動詞,表示非怎麼不可,一定要怎麼才行:不走不行|不去不行|不給不行|不吃不行

【不服】pu˨˩ fu˧˩ 不信服,不服從:~可以上訴

【不舒坦】pu˨˩˦ ʂu˨˩˦ ·tʻã ❶身體不舒服 ❷心情不暢快:這些日子我心裏~

【不拘】pu˨˩˦ tɕy˨˩ 副詞,不論,隨便:~多少給他點兒就行!

【不熨帖】pu˨˩˦ ·y ·tʻiə 身體不舒服,有點感冒之類的小病

【不咂】pu˨˩˦ ·tsa ❶品嘗滋味時的咂嘴聲:你~~的吃什麼來? ❷用作動詞,仔細辨別滋味,多連用:你~~這是什麼味兒!

【不割捨的】pu˨˩˦ kə˨˩˦ ·ʂɔ ·ti 捨不得:~叫他走!‖捨,單字音 ʂə˥,此處輕聲,韵母讀 ɔ

【不客氣】pu˨˩ kʻə˨˩˦ ·tɕʻi ❶在交際場合沒有禮貌:你對他忒~嘛,他受不了! ❷應酬話:給你你就拿唄,別客氣!——那我就~嘛!|謝謝你!——~!

【不和】pu˨˩ xə˧˩ 不和睦,有矛盾

【不學好】pu˨˩ ɕyə˧˩ xɔ˥ 不向好處學,不長進

【不賴】pu˨˩˦ lɛ˨˩ 不壞,好:這字寫的真~|他幹的~|生活~‖賴,單字音去聲,此處在"不"後讀陰平

【不賴一個獃】pu˨˩˦ lɛ˨˩ i˨˩˦ kə˨˩ tɛ˨˩ 好,了不起:這個球進的~!|~!‖可以獨立成句

【不賴獃】pu˨˩˧꜔ lɛ˨˩˧꜖ ·tɛ 不含糊，不簡單：這人真～！|這個角兒演員唱的～！

【不在乎】pu˨˩˧꜔ tsɛ˩ xu˧（或 pu˨˩˧ tsɛ˩꜒ ·xu）不放在心上，無所謂：我～那幾個錢！‖乎，讀陽平，又如："之乎者也 tʂʅ˨˩˧ xu˧ tʂə˥꜓ iə˥"

【不在啢】pu˨˩˧꜔ tsɛ˩꜒ ·lia ⇨〖老啢〗lɔ˥꜖ ·lia

【不開竅兒】pu˨˩˧ k'ɛ˨˩˧꜔ tɕ'iɔr˩［<tɕ'iɔ˩］頭腦糊塗不明事理：榆木腦袋～！

【不解事兒】pu˨˩˧꜔ ɕiɛ˩ ʂer˩［<ʂʅ˩］不明事理，不懂事

【不得勁兒】pu˨˩˧꜔ tei˨˩˧꜔ tɕier˩［<tɕiẽ˩］❶使不上勁兒，不順，彆扭：你這剪子怎麼我使着這麼～？|這雙鞋小點兒，穿上～|這兩天碰上個事兒，心裏～！❷身體不舒適，有病：他身上～，上醫院啢！

【不對勁兒】pu˨˩˧꜔ tuei˩ tɕier˩［<tɕiẽ˩］不和：他倆～

【不孬】pu˨˩˧꜔ nɔ˨˩˧ =〖不錯〗pu˨˩˧꜔ ts'uə˩ 不壞，好：這衣裳～|他的脾氣～

【不好受】pu˨˩˧ xɔ˥ ʂou˩ ⇨〖難受〗nã˧꜒ ʂou˩

【不好】pu˨˩˧꜖ ·xɔ 身體有病，不舒服：你哪裏～？|我這幾天～，没去上班

【不好啢】pu˨˩˧꜖ ·xɔ ·lia ⇨〖長病啢〗tʂaŋ˥꜓ piŋ˩꜒ ·lia

【不消化】pu˨˩˧ ɕiɔ˨˩˧꜔ xua˩ 消化不良

【不要】pu˨˩˧꜔ iɔ˩ ❶不想得到或繼續占有：這筆我可～！|這衣裳我～啢，給你罷！❷表示禁止或勸阻：～喝酒！

【不辦】pu˨˩˧꜔ pã˩ 不行，不好：你夜來說的那事兒～|這臺彩電～！|你～不行，辦不了，看我的罷！

【不犯於】pu˨˩˧꜔ fã˩ y˧ 犯不上，不值得：和他這種人生氣，～！

【不算數】pu˨˩˧꜔ suã˩꜔ ʂu˩ 不作數，無效：你不能說話～！

【不言語】pu˨˩˧ yã˧꜒ ·i 不說話‖言和語，單字音分别讀 iã˧、y˥，此處是互换音變的結果

【不怎麼樣】pu˨˩˧꜔ tsẽ˥꜖ ·mə iaŋ˩ 不大好：這個人可～！|你買的東西～！

【不認的】pu˨˩˧꜔ ʐẽ˩꜒ ·ti 不認得

【不斤不離兒】pu˨˩˧꜔ tɕiẽ˨˩˧ pu˨˩˧ lier˧［<li˧］差不多，湊合，將就：何必那麼認真，～的能擋過去就行|～就行啢！

【不上相】pu˨˩˧ ʂaŋ˩꜔ ɕiaŋ˩ 命相不好

【不逢好死】pu˨˩˧꜔ fəŋ˩ xɔ˥꜓ sʅ˥ 咒人不得好死

【不棱】pu˨˩˧꜖ ·ləŋ ❶搖動：～頭 ❷亂動：你～麼？|胡～！‖連用式"不棱不棱的 pu˨˩˧꜖ ·ləŋ pu˨˩˧꜖ ·ləŋ ·ti"：這孩子～，給他穿衣裳都穿不上！

【不撐勁兒】pu˨˩˧꜔ tʂ'əŋ˩꜔ tɕier˩［<tɕiẽ˩］撐不住，承擔不了（多指人的能力）：這人～，他幹領導不行|你這人真～|這凳子腿忒苗細，～

【不頂事兒】pu˨˩˧ tiŋ˥ ʂer˩［<ʂʅ˩］=〖不管用〗pu˨˩˧ kuã˥ yŋ˩ =〖不頂用〗pu˨˩˧ tiŋ˥ yŋ˩ 没有用：他說了也～！|這藥～

【不行】pu˨˩˧ ɕiŋ˧ ❶不可以 ❷不中用 ❸不好

【不行】pu˨˩˧ ɕiŋ˧ 用在表示感覺等動詞或形容詞後，表示程度深，受不了，前面加"的"：熱的～|凍的～|怕的～‖部分人不說

【不送啢】pu˨˩˧꜔ suŋ˩꜒ ·lia 應酬語：～，

再來！

【不中用】pu˨˩˧꜔ tʂuŋ˨˩˧꜔ yŋ˨˩ 無能，没有用：這人～，别叫他幹！

【撥拉】pu˨˩˧꜖ ·la 用手或棍棒等撥動：把他～一邊兒唡！‖撥，單字音 pə˨˩˧，此處韵母讀 u。連用式"撥拉撥拉 pu˨˩˧꜖ ·la pu˨˩˧꜖ ·la"：～那上面的土。重叠式"撥撥拉拉的 pu˨˩˧꜖ ·pu ·la ·la ·ti"：集上人𤠻多，擁擠，他～走過去唡！

【不是】pu˦˨꜒ ·ʂʅ 錯誤：我好心倒落了～唡｜這就是你的～唡‖不，單字調陰平，此處讀陽平。另見 pu˨˩˧、pu˨˩、·pu

【垺土】pu˦˨꜒ ·t'u 塵土‖垺，廣韵没韵蒲没切："塵起"

【垺土揚場的】pu˦˨꜒ ·t'u iaŋ˦˨ tʂ'aŋ˦˨꜒ ·ti 塵土飛揚貌：你看你弄的屋裏～！

【脖臍(眼兒)】pu˦˨꜒(或 pə˦˨꜒) ·tɕ'i (iɛr˥[<iã˥]) 肚臍眼

【醭】pu˦˨ ❶食物長的白色霉 ❷做麵食時用的乾麵粉：麵～

【補補丁】pu˥ pu˥꜖ ·tiŋ 打補丁

【不拉理兒】pu˨˩ la˦˨ liɛr˥[<li˥] 不講理：這人～！‖不，單字音 pu˨˩˧，此處讀去聲。另見 pu˨˩˧、pu˦˨、·pu

【不吭氣兒】pu˨˩ k'əŋ˨˩˧꜔ tɕ'iɛr˨˩[<tɕ'i˨˩] 不吭聲，不説話：我問他他～！

【不清心】pu˨˩ tɕ'iŋ˨˩˧꜔ ɕiẽ˨˩˧ 因煩雜事情多而心裏亂、不清靜：老了老了～！

【布尺】pu˨˩ tʂ'ʅ˨˩˧ 專用於裁衣服的尺子

【布□縷】pu˨˩ tɕ'i˨˩˧꜖ ·li ＝〖布□縷子〗pu˨˩꜒ ·tɕ'i ·li ·tsʅ ＝〖□縷(子)〗tɕ'i˨˩˧꜖ ·li (·tsʅ) 不規則的布條‖縷，單字音 ly˥，此處韵母爲 i，疑上字同化結果

【布穀鳥】pu˨˩꜒ ·ku ȵiɔ˥ 杜鵑鳥，身體黑灰色，尾巴有白色斑點，初夏時晝夜不停地叫

【布襪子】pu˨˩ va˨˩꜒ ·tsʅ 舊時用布縫成的襪子，多白色，今僧侶仍穿用

【布鴿】pu˨˩꜒ ·kə 郊區有的人説鴿子‖城區多説"鴿子 kə˨˩˧꜖ ·tsʅ"、"鵓鴿 pə˦˨꜒ ·kə"

【布袋】pu˨˩ tɛ˨˩ ＝〖口袋〗k'ou˥ tɛ˨˩ 用粗布縫成的裝糧食等的袋子

【布袋兒】pu˨˩ tɛr˨˩[<tɛ˨˩] ＝〖布袋子〗pu˨˩꜒ ·tɛ ·tsʅ ＝〖口袋兒〗k'ou˥ tɛr˨˩ 衣兜

【布鞋】pu˨˩ ɕiɛ˦˨ 用布作面料的鞋

【布帽子】pu˨˩ mɔ˨˩꜒ ·tsʅ 用布製成的帽子

【布告】pu˨˩ kɔ˨˩ 機關團體等張貼的通告群衆的文字：～牌｜貼出～來唡！

【布票】pu˨˩ p'iɔ˨˩ 棉紡織品計劃供應時期居民領取的購買棉布的票證

【布頭】pu˨˩ t'ou˦˨ ❶成匹布剪剩下不成整料的部分 ❷剪裁下來的零碎布塊

【布傘】pu˨˩ sã˥ 陽傘，用布作傘面

【布店】pu˨˩꜔ tiã˨˩ 經營布匹的商店

【布莊】pu˨˩ tʂuaŋ˨˩˧ 舊稱布店

【部首】pu˨˩ ʂou˥ 根據漢字形體偏旁所分的類别，字典、詞典據以排列順序

【不嚌的】·pu tɕi˨˩˧꜖ ·ti 單音節形容詞後綴：黄～｜紅～｜酸～｜鹹～‖也説"不嚌兒的 ·pu tɕiɛr˨˩˧꜖ ·ti"。不，另見 pu˨˩˧、pu˦˨、pu˨˩

【不拉嚌的】·pu la˨˩˧꜔ tɕi˨˩˧꜖ ·ti 單音節形容詞後綴：生～｜斜～

【不了的】·pu liɔ˥꜖ ·ti 放在前後相同的單音動詞中間，表示爲該動詞支配的物品足夠有餘：俺家煙筒使～使｜帶的

錢足夠嘛，花～花｜吃～吃｜用～用｜喝～喝｜燒～燒‖有的也可説"不完的 ·pu vã˧˥ ·ti"

【不溜丢的】·pu liou˩˦ tiou˩˦ ·ti 單音節形容詞後綴：酸～，我不吃！

【不溜秋的】·pu liou˩˦ tɕ'iou˩˦ ·ti 單音節形容詞後綴：黑～，不好看！

【不上來】·pu ·ʂaŋ ·lɛ 用在吃、喝之後，表示不習慣於某種滋味、食物或飲料：我吃～這個味兒｜啤酒，俺喝～！

【不棱登的】·pu ləŋ˩˦ təŋ˩˦ ·ti 單音節形容詞後綴：傻～｜花～｜斜～

p'u

【捕捉】p'u˩˦ tʂuə˩ 捉‖捕，廣韵暮韵薄故切："捉也。"濟南讀 p'u˩，聲母、聲調皆特殊。又見"逮捕 tɛ˥ p'u˩"

【撲撒】p'u˩˦ ·sa 撲打拂拭，撣‖連用式"撲撒撲撒 p'u˩˦ ·sa p'u˩˦ ·sa"。撲，另見 p'u˧

【撲克（牌）】p'u˩˦ ·k'ə（p'ɛ˧）一種紙牌，分黑桃、紅桃、方塊、梅花四種花色

【撲燈蛾】p'u˩˦ təŋ˩ ŋə˧ ＝〖撲棱蛾子〗p'u˩˦ ·ləŋ ŋə˧˥ ·tsɿ 一種飛蛾，一見燈火就會飛撲上去

【撲棱】p'u˩˦ ·ləŋ 無規則地拍打、跳動：～翅膀跑過來｜你胡～麼？別～！‖重疊式"撲撲棱棱的 p'u˩˦ ·p'u ·ləŋ ·ləŋ ·ti"：你看兩個孩子～弄的滿屋子髒！｜這小子～，不聽話！連用式"撲棱撲棱的 p'u˩˦ ·ləŋ p'u˩˦ ·ləŋ ·ti"：這鷄没殺死，翅膀還～

【鋪拉】p'u˩˦ ·la 攤開：～開‖鋪，另見 p'u˩

【鋪嚓】p'u˩˦ ·ts'a ❶象聲詞，脚踩泥水走路的聲音 ❷作動詞，脚踩泥水走：～的鞋和褲子都是泥！‖連用式"鋪嚓鋪嚓的 p'u˩˦ ·ts'a p'u˩˦ ·ts'a ·ti"：他～走嘛！重疊式"鋪鋪嚓嚓的 p'u˩˦ ·p'u ·ts'a ·tsa ·ti"，泥濘的樣子：你看俺那個胡同道，一下雨就～棱不好走！

【鋪襯】p'u˩˦ ·tʂẽ 碎布頭或舊布片

【鋪牀】p'u˩ tʂ'uaŋ˧ 把被褥等鋪在牀上：～叠被

【菩薩】p'u˧˥ ·sa ❶泛指佛和某些神 ❷比喻慈善的人

【葡萄】p'u˧˥ ·t'ɔ 普通水果，果肉透明多汁，品種很多

【葡萄架】p'u˧˥ ·t'ɔ tɕia˩ 爲葡萄樹搭起的架子

【葡萄酒】p'u˧˥ ·t'ɔ tɕiou˥ 用葡萄釀製的酒

【葡萄乾】p'u˧˥ ·t'ɔ kã˩ 曬乾的葡萄

【蒲子】p'u˧˥ ·tsɿ 香蒲，多年生草本植物，葉子狹長，可用於編席子等

【蒲子涼席】p'u˧˥ ·tsɿ liaŋ˧ ɕi˧ 用蒲草編的席子

【蒲菜】p'u˧˥ ·ts'ɛ 蒲子的嫩芽，長條形，白色，可以炒菜或做湯：△濟南有三美，～、蓮藕、水

【蒲團】p'u˧ t'ã˧ 用蒲草等編成的圓形墊子‖團，此處音 t'ã˧，無 u 介音，新的讀音 t'uã˧

【蒲扇】p'u˧˥ ·ʂã 用香蒲葉編成的扇子

【蒲絨】p'u˧ luŋ˧ 香蒲雌花穗上長的白色絨毛，可以用來絮枕頭

【蒲公英】p'u˧ kuŋ˩˦ iŋ˩ 多年生草本植物。株含白色乳狀汁液，花黄色，果實帶白色軟毛，聚成球形，見風飄散。

根莖入藥

【撲拉】p'u˦˨꜒ ·la 撲打，理平‖撲，單字音陰平，此處讀陽平。連用式“撲拉撲拉 p'u˦˨꜒ ·la p'u˦˨꜒ ·la”：他站起來～腚走嘞！

【脯子】p'u˥꜖ ·tsɿ 禽鳥胸脯上的肉：鷄～

【鋪子】p'u˨˩꜒ ·tsɿ 設門面出售商品的處所，營業面積一般較小，設施也較簡陋：小～‖鋪，另見 p'u˨˩

【鋪板】p'u˨˩ pã˥ 用於代替牀的大木板，兩邊用板凳支起

mu

【木】mu˨˩˧ 麻木，不靈活：手發～|這人真～！‖另見 mu˨˩

【木格張】mu˨˩˧ ·kə tʂaŋ˨˩˧ 稱遲鈍不靈活的人：這小子是個～！

【木格張的】mu˨˩˧ ·kə tʂaŋ˨˩˧꜖ ·ti ❶麻木的感覺 ❷木獃獃的樣子：你别在這兒～發愣嘞！‖木，此處陰平在輕聲前不變調

【没價】mu˨˩˧꜖ ·tɕia 見“没價 mei˨˩˧꜖ ·tɕia”

【没滋夯拉味兒】mu˦˨꜒ ·tsɿ ta˨˩˧꜖ la˨˩˧꜖ ver˨˩[<vei˨˩] ❶食物没滋味：這個菜做的～！ ❷無趣：天天閑着，～的！‖没，另見 mu˨˩˧、mei˨˩˧、mei˦˨

【没答没答的】mu˦˨꜒ ·ta mu˦˨꜒ ·ta ·ti ❶没趣的樣子：誰都不理他，他自己～的走嘞！ ❷不説話不表態的樣子：我説了半天，他光～！

【没嘞】mu˦˨꜒(或 mei˦˨꜒) ·lia 没有了，丢了：鋼筆剛才還放在桌子上，怎麼～？

【没價】mu˦˨꜒ ·tɕia 見“没價 mei˦˨꜒ ·tɕia”

【没牙豁子】mu˦˨꜒ ·ia xuə˨˩˧꜖ ·tsɿ 多指掉了乳牙而新牙尚未長出的小孩：△～喝薄屎，長起牙來嗑瓜子！

【没頭帖子】mu˦˨꜒ ·t'ou t'iə˨˩˧꜖ ·tsɿ 舊時貼在門口或街頭以揭人短處、敗壞人爲目的的不指名姓、不署名的文字

【歿嘞】mu˦˨꜒ ·lia 死了：家裏兩位老的兒老人都～

【模樣】mu˦˨꜒ iaŋ˨˩ 人的長相或裝束打扮的樣子

【母子】mu˥꜖ ·tsɿ 泛稱雌性動物

【母鷄】mu˥ tɕi˨˩˧ 雌性鷄

【母豬】mu˥꜖ ·tʂu 雌性豬

【母馬】mu˥꜒ ma˥ ⇨〖騍馬〗k'ə˨˩꜒ ·ma

【母鴨】mu˥ ia˨˩˧ 雌性鴨

【母鵝】mu˥ ŋə˦˨ 雌性鵝

【母老虎】mu˥꜖ ·lɔ xu˥ 比喻兇悍的女性

【母狗】mu˥꜖ ·kou 雌性狗

【母猴】mu˥꜖ ·xou 雌性猴

【母牛】mu˥ ȵiou˦˨ ⇨〖氏牛〗ʂʅ˨˩꜒ ·ȵiou

【母羊】mu˥꜖ ·iaŋ 雌性羊

【牡丹】mu˥꜖ ·tã 著名觀賞花卉，花大，有紅、白、綠等多種顏色，是落葉灌木，葉子帶柄。山東菏澤市有大面積種植

【□量】mu˥꜖ ·liaŋ 猜測，估計：我～這個事兒早晚能辦成！‖連用式“□量□量 mu˥꜖ ·liaŋ mu˥꜖ ·liaŋ”：你～這活兒幾天能幹完

【木】mu˨˩ ❶樹木 ❷木材，木製的：棗～|～器|～板‖另見 mu˨˩˧

【木尺】mu˨˩ tʂ'ʅ˨˩ 木製尺子

【木耳】mu˩ ər˥ 一種乾菌，黑褐色，形似耳朵，供食用

【木渣】mu˩˦ ·tʂa 碎木頭

【木瓜】mu˩ kua˩˧ 木瓜樹上結的黃色長橢圓形有濃香的果子，供賞玩，可入藥

【木頜魚子】mu˩ ·xə y˧˦ ·tsɿ =〖木魚(兒)〗 mu˩ y˧ (yer˧) 僧尼念經或化緣時敲打的木器，現也用作樂器‖木，去聲，此處在輕聲前不變調

【木槌】mu˩ tʂʻuei˧ ⇨〖槌子〗 tʂʻuei˧˦ ·tsɿ

【木筲】mu˩ ʂɔ˩˧ 木桶

【木頭】mu˩˦ ·tʻou ❶統稱木材和木料 ❷比喻愚笨不靈活的人

【木頭疙瘩】mu˩˦ ·tʻou ka˩˧˨ ·ta 比喻寡言語、遲鈍不靈活的人：他是個～，你跟他説這個事兒，白搭！

【木板牀】mu˩ pã˥˨ tʂʻuaŋ˧ 用鋪板支成的牀‖板，此處在陽平(非輕聲)前變調爲[˥˨]

【木炭】mu˩˦ ·tʻã 木料燒成的燃料

【木鍁】mu˩ ɕiã˩˧ 形似鐵鍁的木製揚場用具

【木亂】mu˩˦ ·luã ❶因身體的某一部分感到不適而不安：我這個腿怎麼～的慌！ ❷擾亂人：心裏真煩，你別～我！|我正忙，別～我！

【木槿】mu˩˦ ·tɕiẽ 落葉灌木或小喬木，花有紅、白等顏色

【木匠】mu˩˦ ·tɕiaŋ 以木材爲勞作對象的工匠

【沐浴】mu˩ y˩ =〖冲灌〗 tʂʻuŋ˩˧˦ kuã˩ 清真寺裏及穆斯林稱洗澡：你～了没有？

【苜蓿】mu˩˦ ·ɕy 多年生草本植物，花紫色，結莢果

【穆斯林】mu˩ sɿ˩˧ liẽ˧ 伊斯蘭教信徒

fu

【夫妻倆】fu˩˧˦ tɕʻi˩˧ lia˥ =〖公母倆〗 kuŋ˩˧ mu˥˦ lia˥ 合稱夫妻二人

【復習】fu˩ ɕi˧ =〖溫習〗 vẽ˩˧· ɕi˧ 把學過的内容再學習，使鞏固

【福氣】fu˩˧˦ tɕʻi˩ 享受幸福生活的命運：好～！

【膚皮】fu˩˧˨ ·pʻi 頭上或身上表層的皮屑：頭上些～

【麩子】fu˩˧˨ ·tsɿ 小麥磨麵篩下的碎皮‖參見“麥糠 mei˩ kʻaŋ˩˧”

【輻條】fu˩ tʻiɔ˧ 車輪上連接車轂和輪圈的直條

【伏季花】fu˧˦ ·tɕi xua˩˧ 蜀葵，因伏天開花而得名

【伏了】fu˧˦ ·liɔ 伏天前後出現的一種蟬，比通常的蟬小‖有的地方叫伏天兒

【伏天】fu˧ tʻiã˩˧ 泛稱熱天，約在夏至後第三個庚日到立秋後第一個庚日這一段時間，相當於陽曆七月中旬到八月下旬，是我國最熱的一段時間‖參見“三伏 sã˩˧ fu˧”

【扶着】fu˧˦ ·tʂɿ =〖攙着〗 tʂʻã˧˦ ·tʂɿ =〖招着〗 tʂɔ˩˧˨ ·tʂɿ 用手攙扶着

【扶手】fu˧˦ ·ʂou 太師椅、沙發等邊上用於放手的地方

【扶鸞】fu˧ luã˧ 扶箕，一種迷信活動

【扶桑】fu˧ saŋ˩˧ 即朱槿，落葉灌木，葉子闊卵形，花紅色，供觀賞‖蒲松齡《雜著·日用俗字·花草章第二十六》寫作“佛桑”。濟南話“佛”讀 fə˧，跟“扶”不同音。博山“佛”讀 ʻfu

50 fu˦˨ – tu˥ 芙服訃浮鳧敷斧府腐附副婦富嘟毒獨讀肚

【芙蓉花】fu˦˨ luŋ˦˨ xua˨˩˧ ⇨〖馬纓花〗ma˥ iŋ˨˩˧˩ xua˨˩˧

【服】fu˦˨ ❶服裝：制～ ❷吃（藥）：内～ ❸擔任（職務），承當（義務或刑罰）：～務｜～刑 ❹服從，信服：心～口～ ❺適應：水土不～

【服務員】fu˦˨˥ u˨˩ yã˦˨ ❶旅館等服務行業中從事接待顧客、打掃衛生等工作的人員 ❷機關的勤雜人員

【訃聞】fu˦˨ vẽ˦˨ ＝〖訃告〗fu˦˨˥ kɔ˨˩ 報喪的通知‖訃，陽平，北京讀去聲

【浮皮兒】fu˦˨ p'ier˦˨［＜p'i˦˨］表面的一層：桌子～上盡些土！｜書架子～那一層

【浮萍】fu˦˨ p'iŋ˦˨ 浮生在水面的一年生草本植物，表面綠色，背面紫色，生白色或綠色鬚根

【鳧水】fu˦˨ ʂuei˥ 舊稱游泳‖也説“洗澡ɕi˥˩ tsɔ˥”

【敷衍】fu˦˨ iã˥ 表面應付：這事兒你可不能～！‖敷，聲調陽平

【斧子】fu˥˩ ·tsɿ 砍削竹木等的工具

【府】fu˥ 舊稱濟南府：上～裏來舊時濟南周圍縣鄉村的人到濟南來

【腐竹】fu˥ tʂu˨˩˧ 緊捲成條狀的乾豆腐皮

【附鞋】fu˨˩ ɕiɛ˦˨ 舊俗人死後將帶孝的人的鞋子用一層白布縫上

【附近】fu˨˩ tɕiẽ˨˩ ⇨〖近處〗tɕiẽ˨˩˥ ·tʂ'u

【附群兒】fu˨˩ tɕ'yer˦˨［＜tɕ'yẽ˦˨］郊區稱雞交配

【副食店】fu˨˩ ʂʅ˦˨ tiã˨˩ 經營魚肉蔬菜等副食品的商店

【婦女節】fu˨˩ ȵy˥ tɕiə˨˩˧ ＝〖三八節〗sã˨˩˧ pa˨˩˧˩ tɕiə˨˩˧ 國際婦女節，在公曆每年的三月八日

【富貴病】fu˨˩ kuei˨˩ piŋ˨˩ 泛稱肺結核、肝炎等需要保養不能勞累的病

tu

【嘟囔】tu˨˩˧˩ ·naŋ 小聲説（多是不滿意的話）：你～個麼?｜别～嘛!‖重疊式“嘟嘟囔囔的 tu˨˩˧˩ ·tu ·naŋ ·naŋ ·ti”

【毒】tu˦˨ ❶對生物體有危害的東西：有～｜吸～ ❷有毒的：～藥 ❸毒辣，兇狠：這人真～

【毒火】tu˦˨ xuə˥ 内熱，内火：這孩子頭上長癤子，有～，給他買點去火的藥吃！

【毒蚊子】tu˦˨ vẽ˦˨˥ ·tsɿ ⇨〖臭蚊子〗tʂ'ou˨˩ vẽ˦˨˥ ·tsɿ

【獨腿樓】tu˦˨ t'uei˥˩ ·lou 一種單腿的樓

【獨眼龍】tu˦˨ iã˥ luŋ˦˨ 謔稱瞎了一隻眼的人

【獨輪兒推車】tu˦˨ luer˦˨［＜luẽ˦˨］t'uei˨˩˧˩ ·tʂ'ə 人力推的獨輪小車，車架的左右兩邊放東西，也可坐人

【獨生子兒】tu˦˨ ʂəŋ˨˩˧ tser˥［＜tsɿ˥］唯一的親生兒子

【獨生女兒】tu˦˨ ʂəŋ˨˩˧ ȵyer˥［＜ȵy˥］唯一的親生女兒

【讀書】tu˦˨ ʂu˨˩˧ ＝〖念書〗ȵiã˨˩ ʂu˨˩˧ ❶看着書本出聲或不出聲地讀 ❷學習功課：要用功～！ ❸上學：他在山大山東大學～！

【讀書人】tu˦˨ ʂu˨˩˧ ʐẽ˦˨ ⇨〖念書的〗ȵiã˨˩ ʂu˨˩˧˩ ·ti

【肚子】tu˥˩ ·tsɿ ＝〖豬肚子〗tʂu˨˩˧˩

tu˥˩ ·tsɿ 用作食物的豬胃‖通常只說“肚子”,只有在跟牛、羊等的肚子區分時才說“豬肚子”。肚子,另見 tu˩˥ ·tsɿ

【賭氣】tu˥ tɕ'i˩ 因爲不滿意或受指責而任性行動:他～不理我!

【賭博】tu˥˩ ·pə 以財物作賭注,用打牌、壓寶、擲色子等形式定輸贏的行爲:嚴禁～

【篤瓦】tu˥˩ ·va 回民在住宅、店鋪等門框上面正中安置的作爲回民標志的牌子,含有祝福問好的意思,扁長方形

【杜鵑花】tu˩ tɕyã˩ xua˩ 常綠或落葉灌木,葉子橢圓形,花紅色或白色

【肚子】tu˩˥ ·tsɿ ❶腹 ❷某些物體中間鼓出的部分‖另見 tu˥˩ ·tsɿ

【肚子疼】tu˩˥ ·tsɿ t'əŋ˧ 腹部疼痛

【度的傷】tu˩˥ ·ti ·ʂaŋ ＝〖度的慌〗tu˩˥ ·ti ·xaŋ(或 ·xuaŋ) 脹痛的感覺:瘡跳膿的時候,特别～!

【渡】tu˩ ❶用船渡過水面:～江 ❷過,由此達彼:～過難關

【渡口】tu˩ k'ou˥ 河邊設有船隻擺渡的地方:黄河～

【渡船】tu˩ tʂ'uã˧ ＝〖擺渡③〗pɛ˥˩ ·tu 載運行人、貨物、車輛等横渡江河、湖泊、海峽的船隻

t'u

【禿子】t'u˩˩ ·tsɿ 禿了頭髮的人

【禿嚕】t'u˩˩ ·lu ❶脱落:鷄皮都燙～啊! ❷編織品脱綫:你這毛衣的袖子～綫啊!

【禿寶蓋兒】t'u˩ pɔ˥ kɛr˩[<kɛ˩] 漢字偏旁,如“軍”字的上面部分

【禿頭】t'u˩ t'ou˧ 長了禿瘡後不長頭髮的頭

【禿(頭)頂】t'u˩ (t'ou˧) tiŋ˥ ⇨〖拔頂〗pa˧ tiŋ˥

【禿瘡】t'u˩˩ ·tʂ'uaŋ 黄癬,痊愈後留下疤痕不長頭髮

【屠户】t'u˧˥ xu˩ 以宰殺牲畜爲業的人或家庭

【塗啊】t'u˧˥ ·lia ⇨〖抹啊〗mə˥˩ ·lia

【圖章】t'u˧ tʂaŋ˩ 私人用章

【土地(爺爺)】t'u˥ ti˩ (iə˧˥ ·iə) 迷信傳説中掌管一個地方的神‖“土地爺爺”是尊稱,説“土地”要有一定語言環境,如“城隍”“土地”對稱

【土地廟】t'u˥ ti˩ miɔ˩ 供奉土地神的廟

【土布】t'u˥ pu˩ 家庭土製的本白色粗棉布,只有一尺多寬,舊時多用作被裏

【土垃】t'u˥˩ ·la ＝〖土〗t'u˥ 乾的鬆土

【土垃古堆子】t'u˥˩ ·la ·ku tsuei˩˩ ·tsɿ ＝〖土古堆兒〗t'u˥˩ ·ku tsuer˩ 土堆

【土鱉】t'u˥˩ ·piə(或 t'u˥ piə˩) 一種扁體昆蟲,即地鱉,中醫入藥

【土坯】t'u˥ p'ei˩ ＝〖坯〗p'ei˩ 黏土在模型裏製成的方形土塊,用於盤炕、盤竈、砌牆等

【土肥】t'u˥ fei˧ ⇨〖糞肥〗fẽ˩ fei˧

【土匪】t'u˥˦ fei˥ ＝〖强盜〗tɕ'iaŋ˧˥ ·tɔ 搶劫别人財物的匪徒

【土堆】t'u˥ tsuei˩ 土丘‖也説“土堆兒 t'u˥ tsuer˩”

【土豆兒】t'u˥ tour˩[<tou˩] ⇨〖地蛋〗ti˩ tã˩

【土産店】t'u˥˦ tʂ'ã˥ tiã˩ 出售以日用

物品爲主的雜貨店，如笤帚、爐子等

【土葬】t'u˥ tsaŋ˩ 將死人裝進棺材再把棺材埋入土裏的喪葬方法

【吐絲】t'u˥ sɿ˨˩ 蠶成熟後從嘴裏吐出絲來作繭‖吐，單字音 t'u˩，此處讀上聲

【吐痰】t'u˥ t'ã˧ 把痰從嘴裏吐出

【吐嘛】t'u˩˧ ·lia 發生了嘔吐的症狀‖吐，另見 t'u˥

【吐沫】t'u˩˧ ·mə 唾液

【吐沫星子】t'u˩˧ ·mə ɕiŋ˨˩˨ ·tsɿ ＝〖吐沫星兒〗t'u˩˧ ·mə ɕiə̃r˨˩[<ɕiŋ˨˩] 説話時噴出來的零星唾液

【兔子】t'u˩˧ ·tsɿ 哺乳動物，耳長，尾短，上唇中間裂開，後肢比前肢長，跑得很快

nu

【農曆】nu˧˥（或 nuŋ˧˥）·li ⇨〖陰曆〗iə̃˨˩˧ li˩

【農藥】nu˧˥（或 nuŋ˧˥）yə˩ 泛稱農業上用於促使作物生長或殺滅害蟲的藥物

【農民】nu˧（或 nuŋ˧˥）miə̃˧ 農業勞動者

【農村】nu˧（或 nuŋ˧）ts'uə̃˨˩ 鄉下，農民聚居的村子

【努力】nu˥ li˩ 把力量盡量使出來

【呶嘴】nu˥˧ tsuei˥ 向人撅嘴示意‖呶，此處在上聲前讀同陽平，但在"呶一呶嘴 nu˥˩ ·i ·nu tsuei˥"中讀上聲，故此處定本調爲上聲

lu

【擼】lu˨˩ 捋，用於手套、袖子等：把手套～下來‖另見 lu˥

【擼饑】lu˨˩˧ tɕi˨˩ 解決困難：這件事可讓他給我擼了饑嘛！

【如意】lu˧˥ i˩ 合意：～算盤

【蘆葦】lu˧ vei˥ 多年生草本植物，多生在水邊。莖中空，可以編席，也可以造紙‖參見"草葦 ts'ɔ˥˧ vei˥"

【蘆笋】lu˧ ɕyə̃˥ 蘆葦的地下莖尖，乳白色，尖端發紅，味苦，經加工可製成罐頭

【爐子】lu˧˥ ·tsɿ ❶家庭用火器具，供做飯、燒水、取暖：天冷嘛，快生上～！|～滅嘛！❷冶煉或供應暖氣等的裝置

【爐箅子】lu˧ pi˩˧ ·tsɿ ❶裝在爐膛與爐底之間承燃料的鐵箅子 ❷一種狀如爐箅子的油炸食品

【爐蓋兒】lu˧ kɛr˩[<kɛ˩] 用於封爐火的鐵蓋，中間有一小孔

【爐腿兒】lu˧ t'uer˥[<t'uei˥] 爐子下面的腿，多是三個

【爐灰】lu˧ xuei˨˩ 爐子中煤炭等燃燒後的灰燼

【爐鏊】lu˧˥ ·ŋɔ 小的鏊子，用來烙餅的鐵製器具，平面圓形，中心略凸

【爐條】lu˧ t'iɔ˧ 爐膛與爐底之間承燃料的鐵條：這個爐子大，要多泥上幾根～

【爐圈兒】lu˧ tɕ'yɛr˨˩[<tɕ'yã˨˩] 蓋在爐子上的鐵圈

【爐門兒】lu˧ mer˧[<mə̃˧] 爐子下面的出口

【爐膛】lu˧ t'aŋ˧ 爐子裏放燃料燒火的地方

【□嘟】lu˧˥ ·tu 拉長臉不高興的樣子：～着個臉

【乳罩】lu˥ tʂɔ˩ 保護婦女乳房不使下垂

的用品

【鹵水】lu˥˦ ʂuei˥ 鹽鹵：～豆腐

【鹵水豆腐】lu˥˦ ʂuei˥ tou˩˦ ·fu 用鹽鹵爲凝固劑製成的豆腐‖濟南賣豆腐的人常用的叫賣語，含有强調鹵水爲凝固劑的意味

【擼】lu˥ ❶捋：～起袖子 ❷打：～他一頓！❸撤職：～了官‖另見 lu˩˧

【擼巴】lu˥˨ ·pa 用整個手捋：叫你～的都禿嚕皮啊|别～那孩子的頭！‖連用式"擼巴擼巴 lu˥˨ ·pa lu˥˨ ·pa"：蘿貝拔出來～泥就吃啊！

【櫓】lu˥ 撥水使船前進的工具，比槳長大

【入席】lu˩ ɕi˧ 舉行宴會或儀式時各按位次入座

【入伏】lu˩ fu˧ 進入伏天

【入土】lu˩ tʻu˥ ⇨〖下葬〗ɕia˩ tsaŋ˩

【入殮】lu˩˦ liã˩ 將死者放進棺材

【鹿】lu˩ 哺乳動物，反芻類，四肢細長，短尾，雄性頭上長角

【路】lu˩ ⇨〖道〗tɔ˩

【路基】lu˩ tɕi˩˧ 鐵路枕木下的小石頭

【路祭】lu˩ tɕi˩ 舊俗出殯時親友在路口擺供品祭祀死者

【路西】lu˩ ɕi˩˧ ＝〖道西〗tɔ˩ ɕi˩˧ 道路以西

【路截】lu˩ tɕiə˧ ⇨〖短道〗tuã˥ tɔ˩

【路北】lu˩ pei˩˧ ＝〖道北〗tɔ˩ pei˩˧ 道路以北

【路費】lu˩ fei˩ ⇨〖盤纏〗pʻã˧˦ ·tʂʻã

【路條】lu˩ tʻiɔ˧ 舊時的一種簡便的通行證

【路南】lu˩ nã˧ ＝〖道南〗tɔ˩ nã˧ 道路以南

【路（旁）邊兒】lu˩ （pʻaŋ˧）piɛr˩˧［<piã˩˧］道路旁邊

【路上】lu˩˦ ·ʂaŋ ⇨〖道上〗tɔ˩˦ ·ʂaŋ

【路東】lu˩ tuŋ˩˧ ＝〖道東〗tɔ˩ tuŋ˩˧ 道路以東

【褥子】lu˩˦ ·tsɿ 墊在身下的卧具，多用布包着棉花等做成

【錄音機】lu˩ iẽ˩˦ tɕi˩˧ 用電磁等方法把聲音記錄下來的機器

【轆轤】lu˩˦ ·lu 見"轆轤 u˩˦ ·lu"

【露水】lu˩ ʂuei˥ 地面上的水汽夜間遇冷結成的水點‖露，另見 lou˩

【露水珠兒】lu˩˦ ·ʂuei tʂur˩˧［<tʂu˩˧］＝〖露珠〗lu˩˦ ·tʂu 露水聚成的水珠

【鷺鷥】lu˩˦ ·sɿ 白鷺，羽毛白色，長腿，善捕魚蝦‖蒲松齡《雜著·日用俗字·禽鳥章第二十九》："鷺鷥長伴打漁郎"

tsu

【租子】tsu˩˧˨ ·tsɿ 指地租

【租賃】tsu˩˧˦ liẽ˩ ❶租用 ❷出租

【租房子】tsu˩˧ faŋ˧˦ ·tsɿ ⇨〖賃房子〗liẽ˩ faŋ˧˦ ·tsɿ

【祖爺爺】tsu˥ iə˧˨ ·iə 曾祖父的父親

【祖奶奶】tsu˥ nɛ˥˨ ·nɛ 曾祖父的母親

【祖墳】tsu˥ fẽ˧ 祖宗的墳墓

【組合櫥】tsu˥˨ ·xə tʂʻu˧ 由幾個單件組合而成的高櫥‖組，單字調讀陰平，此處讀上聲

tsʻu

【粗】tsʻu˩˧ ❶粗細的粗，指長條形物體横剖面大的，顆粒大的，聲音大而低的，粗糙不細緻的，魯莽不仔細的等：～綫|～鹽|大～嗓門|這衣裳做工忒

~！｜~心 ❷略微：~具規模

【粗鹽】ts'u⅃ iã˧ 未加工的顆粒狀的鹽

【醋】ts'u˩ =〖忌諱〗 tɕi˩꜔ ·xuei 一種調味液體，味酸

【醋淺子】ts'u˩ tɕ'iã˥˨ ·tsɿ =〖醋淺兒〗 ts'u˩ tɕ'iɛr˥[<tɕ'iã˥] 吃餃子等時用於放醋的小碟

su

【酥】su⅃ ❶食物鬆而易碎：這桃酥棱~ ❷一種烹調方法，用醋將食物軟化：~鍋｜~菜｜~海帶

【酥鍋】su⅃꜔ kuə⅃ 把魚肉鷄藕等多種菜加醋和其他調料慢火燜得骨酥肉爛，用這方法做菜叫"打酥鍋"，做出來的一鍋菜叫"酥鍋"，從酥鍋裏盛到碗裏吃的叫"酥菜"‖博山人叫酥魚鍋兒 兒讀 ə，輕聲

【素菜】su˩ ts'ɛ˩ 用蔬菜、瓜果等做的不攙肉類的菜

【素包】su˩ pɔ⅃ =〖素包子〗 su˩꜔ ·pɔ ·tsɿ 餡兒是白菜、韭菜、粉條、蝦皮或鷄蛋等不加肉的包子‖也說"素包兒 su˩ pɔr⅃"

【素油】su˩ iou˩ 食用植物油，跟葷油相對而言

【素緞子】su˩ tuã˩꜔ ·tsɿ 没有彩色花紋的平面緞子‖參見"織錦緞 tʂʅ⅃꜔ tɕiẽ⅃꜔ tuã˩"

【素靜】su˩꜔ ·tɕiŋ 顔色樸素，環境清靜，心情安寧：這衣裳棱~｜這地處~，坐下歇歇再走！｜心裏不~‖濟南風俗，大年夜吃的餃子是素的，以求一年素靜。重叠式"素素靜靜的 su˩꜔ ·su ·tɕiŋ ·tɕiŋ ·ti"

tʂu

【朱紅】tʂu⅃ xuŋ˧ 比較鮮艷的大紅顏色

【竹子】tʂu⅃ʟ ·tsɿ 多年生常綠植物，莖中空有節，質地堅硬，可製器物或供建築用，嫩芽叫笋，可食用，味鮮‖濟南一帶不産竹，只在部分園林種有少量觀賞竹

【竹字頭兒】tʂu⅃ʟ ·tsɿ t'our˧[<t'ou˧] 漢字偏旁，如"箭"字的上半

【竹批子】tʂu⅃꜔ p'i⅃ʟ ·tsɿ 長條形粗竹片子

【竹席】tʂu⅃ ɕi˧ 用竹子編的席子

【竹筢子】tʂu⅃ p'a˧꜔ ·tsɿ 摟柴草用的筢子，毛竹做成

【竹篾兒】tʂu⅃ miər˧[<miə˧] =〖竹篾子〗 tʂu⅃ miə˧꜔ ·tsɿ 竹子劈成的薄片

【竹節海棠】tʂu⅃꜔ tɕiə⅃ xɛ˥ t'aŋ˧ 草本植物，莖竹節狀，開紅色花

【竹葉兒】tʂu⅃꜔ iər˩[<iə˩] 竹子的葉片

【竹竿兒】tʂu⅃ kɛr˥[<kã˥] 砍下來削去枝葉的竹子

【竹笋】tʂu⅃ ɕyẽ˥ 竹的嫩芽

【竹瓤】tʂu⅃ ʐaŋ˧ 篾黄，竹子外皮以裏的部分

【竹牀】tʂu⅃ tʂ'uaŋ˧ 用竹子爲原料製成的夏季用牀

【竹青】tʂu⅃꜔ tɕ'iŋ⅃ 篾青，竹子的外皮

【珠寶店】tʂu⅃ pɔ˥ tiã˩ 經營珠寶的商店

【硃砂(小)豆】tʂu⅃꜔ ʂa⅃ (ɕiɔ˥) tou˩ ⇨〖花小豆〗 xua⅃ ɕiɔ˥ tou˩

【硃砂槐】tʂu⅃ʟ ·ʂa xuɛ˧ 本地槐的一種，木頭發黑，質地不及白槐‖參見"白槐 pei˧ xuɛ˧"

【豬】tʂu˨˩˧ 一種家畜,肉供食用

【豬食】tʂu˨˩˧ ʂʅ˦˨ 豬飼料

【豬蹄子】tʂu˨˩˧ t'i˦˨꜒ ·tsɿ 豬蹄兒,豬腳爪

【豬肚子】tʂu˨˩˧ tu˥꜖ ·tsɿ ⇨〖肚子〗tu˥꜖ ·tsɿ

【豬大腸】tʂu˨˩˧ ta˨˩꜒ ·tʂ'aŋ 供食用的豬大腸

【豬血】tʂu˨˩˧ ɕiə˨˩˧ 豬的血液,供食用的豬血是凝結成塊狀的

【豬崽兒】tʂu˨˩˧ tsɛr˥[＜tsɛ˥] ＝〖豬崽子〗tʂu˨˩˧꜖ tsɛ˥꜖ ·tsɿ 小豬

【豬肺】tʂu˨˩˧꜔ fei˨˩ 供食用的豬的肺

【豬槽】tʂu˨˩˧ ts'ɔ˦˨ 喂豬時盛飼料的長條形器具

【豬腰】tʂu˨˩˧꜔ iɔ˨˩˧ 供食用的豬的腎臟

【豬油】tʂu˨˩˧ iou˦˨ ＝〖豬大油〗tʂu˨˩˧꜔ ta˨˩ iou˦˨ 豬體内所含的脂肪,供食用

【豬欄】tʂu˨˩˧ lã˦˨ ＝〖豬圈〗tʂu˨˩˧꜔ tɕyã˨˩ 飼養豬的建築,有上欄和下欄兩部分。上欄有頂棚,豬住在那裏;下欄是坑,露天,裏面墊土,盛豬的糞尿

【豬欄糞】tʂu˨˩˧ lã˦˨꜒ fẽ˨˩ 豬圈裏的糞肥

【豬肝】tʂu˨˩˧꜔ kã˨˩˧ 供食用的豬的肝臟

【豬腸子】tʂu˨˩˧ tʂ'aŋ˦˨꜒ ·tsɿ 供食用的豬的腸子

【豬秧子】tʂu˨˩˧꜔ iaŋ˨˩˧꜖ ·tsɿ 剛生的小豬

【豬鬃】tʂu˨˩˧꜔ tsuŋ˨˩˧ 豬脖子上的長毛,比較硬,有韌性

【築】tʂu˨˩˧(或 tʂuei˨˩˧) 塞:～上|～給硬塞給

【築兒】tʂur˨˩˧[＜tʂu˨˩˧] ⇨〖瓶子築兒〗p'iŋ˦˨꜒ ·tsɿ tʂur˨˩˧[＜tʂu˨˩˧]

【矚咐】tʂu˨˩˧꜖ ·fu ❶告訴對方記住應該怎樣:大人～你,你要聽! ❷吩咐:我出去,～家裏人做飯! ‖連用式"矚咐矚咐 tʂu˨˩˧꜖ ·fu tʂu˨˩˧꜖ ·fu"

【妯娌倆】tʂu˦˨꜒(或 tʂou˦˨꜒) ·li lia˥ 哥哥的妻子和弟弟的妻子兩人

【妯娌們】tʂu˦˨꜒(或 tʂou˦˨꜒) ·li ·mẽ 合稱哥哥的妻子和弟弟的的妻子

【主意】tʂu˥꜖ ·i ❶主見:他這人有自己的準～ ❷辦法:你拿個～

【主户】tʂu˥ xu˨˩ 買主,顧客:老～|砸了～嘛商店失去了信譽!

【主客】tʂu˥ k'ə˨˩ 最主要的客人

【主角】tʂu˥ tɕyə˨˩˧(或 tʂu˥꜖ ·tɕyə) 戲劇、電影等藝術劇目中的主要人物:演～

【主張】tʂu˥꜖ ·tʂaŋ ❶對如何行動持有某種見解:我不～你這樣幹! ❷對如何行動所持有的見解:你甭管,他自有～!

【拄棒】tʂu˥꜖ ·paŋ 老人用的拐棍

【煮】tʂu˥ 把東西放在有水的鍋裏燒

【煮鷄子兒】tʂu˥ tɕi˨˩˧ tser˥[＜tsɿ˥] ＝〖煮鷄蛋〗tʂu˥ tɕi˨˩˧꜔ tã˨˩ 帶殼煮的鷄蛋

【煮鹹菜】tʂu˥꜓ ɕiã˦˨꜒ ts'ɛ˨˩ 用青豆、花生、蘿蔔等加上腌過的大頭菜等煮成的一種鹹菜

【煮餅子】tʂu˥꜖ ·piŋ ·tsɿ 用玉米麵或小米麵等做成的水煮圓餅,比餅子(貼餅子)小、薄

【助學金】tʂu˨˩ ɕyə˦˨ tɕiẽ˨˩˧ 定期發給學生的補助:評～

【住持】tʂu˨˩ tʂ'ʅ˦˨ 主持一個佛寺或道觀的和尚或道士

【住雨嘛】tʂu˨˩ y˥꜖ ·lia 雨停了

【住宅】tʂu˨˩ tʂɛ˦˨ 住房:燕子山～小區

【住風】tʂu˨˩ fəŋ˨˩˧ ＝〖刹風〗ʂa˨˩˧꜔ fəŋ˨˩˧

停止颳風

【注意】tʂu˨˩ i˨˩ 把注意力放到某一方面:～安全|～影響

【柱子】tʂu˨˩˥ ·tsɿ 建築物中直立的起支持作用的構件

【柱壯】tʂu˨˩˥ ·tʂuaŋ 有依靠,有把握,心裏踏實:有你幫忙,我心裏就～啢!

tʂ'u

【出繼】tʂ'u˨˩˧˧ tɕi˨˩ 給没有兒子的叔伯或其他親戚爲子:親兄弟～了就不是親兄弟啢,成了叔伯兄弟啢!

【出氣】tʂ'u˨˩˧˧ tɕ'i˨˩ 發泄怨氣:你别拿他～!|打他兩下給你出出氣!

【出去】tʂ'u˨˩˧˩ ·tɕ'i 從裏面到外面:～溜達溜達!|你～一下,我和他有話説!

【出息】tʂ'u˨˩˧˩ ·ɕi ❶發展前途,志氣:這孩子有～! ❷長進,出落:這孩子比過去～多啢!|這閨女～的更俊啢!|～好了?～個拔煙袋的小偷!

【出伕】tʂ'u˨˩˧˧ fu˨˩˧ 舊時老百姓承擔無報償勞工叫出伕,如不出工須出錢:～錢

【出伏】tʂ'u˨˩˧ fu˦˨ 出了伏天,伏天結束

【出主意】tʂ'u˨˩˧˧ tʂu˥˩ ·i 出點子,想辦法

【出車】tʂ'u˨˩˧˧ tɕy˨˩˧ 象棋術語,稱把車走出來

【出納】tʂ'u˨˩˧˧ na˨˩ ❶單位上現金、票據等的付出與收進 ❷擔任出納工作的人

【出廈】tʂ'u˨˩˧˧ ʂa˨˩ 房子的前檐超出一般,有較大的結構可以防雨遮陰:前～,後落□[tɕiẽ˨˩],四梁八柱言房子講究

【出血】tʂ'u˨˩˧˧ ɕiə˨˩˧ ❶血管破裂流出血液 ❷比喻雖不捨得但又不得不拿出錢來:他這人一點兒也不～|讓他出點血拿點兒錢

【出活】tʂ'u˨˩˧ xuə˦˨ 幹活成效顯著:不少～|不～|出了不少活

【出水痘兒】tʂ'u˨˩˧ ʂuei˥ tour˨˩[<tou˨˩] =〖生水痘兒〗 ʂəŋ˨˩˧ ʂuei˥ tour˨˩ [<tou˨˩] 皮膚上長出像水泡的疙瘩,伴有體溫略升高的症狀,患者多兒童

【出草契】tʂ'u˨˩˧ ts'ɔ˥ tɕ'i˨˩ 買賣房子、土地時賣方把介紹房、地情況及開價的文字交給經紀人

【出挑】tʂ'u˨˩˧˩ ·t'iɔ ❶形容詞,指年輕人體格、相貌長得美好:這人這麼～!|他長的不～,骨骨搐搐的! ❷作動詞,指長成美好的體格和相貌:這閨女～的這麼俊啢!

【出痘兒】tʂ'u˨˩˧˧ tour˨˩[<tou˨˩] =〖出花兒〗 tʂ'u˨˩˧˧ xuar˨˩˧[<xua˨˩˧] ❶出天花 ❷種痘苗後皮膚上出的豆狀疱疹

【出溜】tʂ'u˨˩˧˩ ·liou 滑動:～下去|從牀上～到地上|從滑梯上～下去[·tɕ'i]啢!

【出溜梯】tʂ'u˨˩˧˩ ·liou t'i˨˩˧ ⇨〖滑梯〗 xua˦˨ t'i˨˩˧

【出溜滑】tʂ'u˨˩˧˩ ·liou xua˦˨ 很滑

【出油的豆】tʂ'u˨˩˧ iou˦˨˥ ·ti tou˨˩ 豆子的一類,出油的如黄豆、黑豆等 ‖ 參見"出粉子的豆"

【出攤子的】tʂ'u˨˩˧˧ t'ã˨˩˧˩ ·tsɿ ·ti ⇨〖擺小攤的〗 pɛ˥˧ ɕiɔ˥ t'ã˨˩˧˩ ·ti

【出門兒】tʂ'u˨˩˧ mer˦˨[<mẽ˦˨] ❶走出門外 ❷離家外出:他媽～啢,十天半月回不來!

【出門子】tʂ'u˨˩˧ mẽ˦˨˥ ·tsɿ ⇨〖娶①〗 tɕ'y˥

【出粉子的豆】tʂ'u˨˩˧˧ fẽ˥˩ ·tsɿ ·ti tou˨˩

豆子的一類，出粉子的如綠豆、小豆等 ‖ 參見"出油的豆"

【出疹子】tʂ'u˨˩˧˦ tʂẽ˥˨ ·tsɿ ＝〖生疹子〗ʂəŋ˨˩˧˦ tʂẽ˥˨ ·tsɿ 出麻疹

【出殯】tʂ'u˨˩˧˦ piẽ˨ ⇨〖發喪〗 fa˨˩˧˦ saŋ˨˩˧

【出賬】tʂ'u˨˩˧˦ tʂaŋ˨ 記付出的賬

【出洋相】tʂ'u˨˩˧ iaŋ˦˨˥ ·ɕiaŋ 鬧笑話，出醜

【初】tʂ'u˨˩˧ ❶開始，表示時間在前的、第一次的等：年～｜～來｜～試｜～中 ❷原來的：當～ ❸用在一至十的數詞前，表示農曆一個月從第一天到第十天的時間：大年～一｜～十

【搐】tʂ'u˨˩˧ 縮水：這塊布下水～了一寸 ‖ 濟南人通常寫作縮。參見"搐搐"

【搐搐】tʂ'u˨˩˧˨ ·tʂ'u ❶收縮：這布～嘞｜鬆緊帶～進去嘞！ ❷有皺折：你這臉怎麼～嘞？

【搐搭】tʂ'u˨˩˧˨ ·ta 抽泣：這孩子哭了半天了，還在那兒～呢！ ‖ 重叠式"搐搐搭搭的 tʂ'u˨˩˧˨ ·tʂ'u ·ta ·ta ·ti"：他哭的～！

【縮溜鼻子】tʂ'u˨˩˧˨ ·liou pi˦˨˥ ·tsɿ 吸溜鼻涕，鼻涕淌出來又吸進去的動作 ‖ 縮，濟南口語讀 tʂ'u˨˩˧

【除服】tʂ'u˦˨ fu˦˨ 守孝期滿，脱去喪服

【除妖捉邪】tʂ'u˦˨ iɔ˨˩˧ tʂuə˨˩˧ ɕiə˦˨ 捉除妖魔

【廚子】tʂ'u˦˨˥ ·tsɿ 舊稱廚師

【廚師】tʂ'u˦˨ ʂɿ˨˩˧ 長於烹調並以此爲專業的人

【廚房】tʂ'u˦˨ faŋ˦˨ ＝〖飯屋〗 fã˨˥ ·u 做飯菜的屋子

【鋤】tʂ'u˦˨ ❶鬆土、除草用的農具 ❷用鋤鋤地：～草

【鋤地】tʂ'u˦˨˥ ti˨ 用鋤鬆土除草

【鋤草】tʂ'u˦˨ ts'ɔ˥ ＝〖耪草〗 p'aŋ˥˦ ts'ɔ˥ 用鋤除草

【雛鷄】tʂ'u˦˨˥ ·tɕi 長到可以殺來吃了的小鷄

【櫥】tʂ'u˦˨ 放置衣物的家具：大立～｜書～｜衣～｜碗～｜組合～

【杵】tʂ'u˥ ❶用木棍搗：～蒜｜他用棍子～我 ❷頂撞，冒犯：～着他痛處

【處暑】tʂ'u˥˦ ʂu˥ 二十四節氣之一

【儲蓄所】tʂ'u˥ ɕy˨˩˧ ʂuə˥ 供人存款取息的機構

【畜生】tʂ'u˨˩˧˥ ·ʂəŋ 泛指禽獸

ʂu

【束脩】ʂu˨˩˧˦ ɕiou˨˩˧ 舊時給私塾老師的薪水叫束脩

【叔叔】ʂu˨˩˧˨ ·ʂu 父親的弟弟 ‖ 也可單稱"叔 ʂu˨˩˧"

【叔伯姊妹(們兒)】ʂu˨˩˧˨ ·pei tsɿ˥˨ ·mei (·mer[＜mẽ˦˨]) ＝〖堂姊妹〗 t'aŋ˦˨ tsɿ˥˨ ·mei 同宗而非嫡親的姊妹

【叔伯弟弟】ʂu˨˩˧˨ ·pei ti˨˥ ·ti 同宗而非嫡親的弟弟

【叔伯哥哥】ʂu˨˩˧˨ ·pei kə˨˩˧˨ ·kə 同宗而非嫡親的哥哥

【叔伯姐姐】ʂu˨˩˧˨ ·pei tɕiə˥˨ ·tɕiə 同宗而非嫡親的姐姐

【叔伯妹妹】ʂu˨˩˧˨ ·pei mei˨˥ ·mei 同宗而非嫡親的妹妹

【叔伯兄弟兒】ʂu˨˩˧˨ ·pei ɕyŋ˨˩˧˦ tier˨ [＜ti˨] ＝〖堂兄弟兒〗 t'aŋ˦˨ ɕyŋ˨˩˧˦ tier˨[＜ti˨] 同宗而非嫡親的兄弟

【書籍】ʂu˨˩˧˦ tɕi˨˩˧ 書的總稱 ‖ 籍，此處

讀陰平，參見"籍貫 tɕi˨˩˧˧ kuã˨˩"

【書包】ʂu˨˩˧˧ pɔ˨˩˧ 供學生上學時裝書籍、文具的包兒

【書店】ʂu˨˩˧˧ tiã˨˩ 經營書籍的商店

【書房】ʂu˨˩˧ faŋ˦˨ 專用於讀書的房子‖另見 ʂu˨˩˧˩ ·faŋ

【書房】ʂu˨˩˧˩ ·faŋ ❶私塾 ❷舊稱中小學‖另見 ʂu˨˩˧ faŋ˦˨

【梳子】ʂu˨˩˧˩ ·tsɿ 梳理頭髮的用具

【梳頭】ʂu˨˩˧ t'ou˦˨ 用梳子梳理頭髮

【梳頭盒子】ʂu˨˩˧ t'ou˦˨ xə˦˨˥ ·tsɿ 舊時婦女盛放梳頭用品的木盒，有小的抽屜

【梳辮子】ʂu˨˩˧ piã˨˩˥ ·tsɿ 用梳子梳理頭髮並將頭髮打成辮子

【梳䰂】ʂu˨˩˧ tsuã˥ ⇨〖挽䰂〗vã˥˧ tsuã˥

【梳妝臺】ʂu˨˩˧˧ tʂuaŋ˨˩˧ t'ɛ˦˨ 專供梳洗打扮的臺子

【舒坦】ʂu˨˩˧˩ ·t'ã ＝〖舒服〗ʂu˨˩˧˩ ·fu 身體或精神上感到輕鬆愉快

【輸血】ʂu˨˩˧˧ ɕiə˨˩˧ 將健康人的血液抽出輸入病人體内

【秫米】ʂu˦˨˥ ·mi 不懂事，缺教養；辦事不利落，瑣碎；說話不吉利，令人不快：這人□[kaŋ˦˨]～來！|你看他～罷，說個事兒也說不清！|你别～啊！

【秫秫】ʂu˦˨˥ ·ʂu ⇨〖高粱〗kɔ˨˩˧ liaŋ˦˨

【秫稭】ʂu˦˨˥ ·tɕiɛ 去穗的高粱稈，可用於燒火或蓋房子等

【秫稭篾兒】ʂu˦˨˥ ·tɕiɛ miər˦˨[＜miə˦˨] ⇨〖席席篾兒〗ɕi˦˨˥ ·ɕi miər˦˨

【秫稭苗】ʂu˦˨˥ ·tɕiɛ miɔ˦˨ 高粱穗去粒後的部分，多用於綁笤帚、炊帚等

【黍草】ʂu˦˨˥ ·ts'ɔ 一種葉子像黍子的常見野草，成熟時也長穗，剜苗主要也是要除去這種草

【屬鐵公鷄的】ʂu˦˨ t'iə˨˩˧˧ kuŋ˨˩˧˧ tɕi˨˩˧˩ ·ti 比喻小氣極了：他～，一毛不拔！

【屬蓋墊的】ʂu˦˨ kɛ˨˩˥ ·tiã ·ti 横的豎的都是理，比喻好强詞奪理的人：你那個嘴是～，翻過來掉過去都是理！‖參見"蓋墊 kɛ˨˩˥ ·tiã"

【屬黑的】ʂu˦˨ xei˨˩˧˩ ·ti 回民諱稱屬豬的人

【暑假】ʂu˥ tɕia˨˩ 學校暑天的假期

【數落】ʂu˥˩ ·luə ❶一條一條地指責别人的過失：俺媽光好～我！❷心裏盤算：我～了半天，這點兒錢也不過能化半個月的！‖數，另見 ·ʂu

【數九】ʂu˥˧ tɕiou˥ 進入從冬至開始的九，共九個九

【豎直立兒】ʂu˨˩ tʂɿ˦˨˥ ·lier[＜li˨˩] 倒立，頭部不着地，只靠雙手在地上支撑身體‖參見"拿大頂 na˦˨ ta˨˩ tiŋ˥"

【豎心兒】ʂu˨˩ ɕier˨˩˧[＜ɕiẽ˨˩˧] 漢字偏旁，如"悦"字左邊的部分

【漱口】ʂu˨˩ k'ou˥ 含水洗口腔

【漱拉】ʂu˨˩˥ ·la ❶把東西含在嘴裏品嘗滋味 ❷吸取

【樹】ʂu˨˩ 通稱木本植物：△孤～不成林

【樹枝兒】ʂu˨˩ tʂer˨˩˧[＜tʂɿ˨˩˧] ＝〖樹枝子〗ʂu˨˩ tʂɿ˨˩˧˩ ·tsɿ 樹的枝杈

【樹皮】ʂu˨˩ p'i˦˨ 樹幹上的皮層‖也說"樹皮兒 ʂu˨˩ p'ier˦˨"

【樹杈】ʂu˨˩ tʂ'a˨˩ 樹的分枝‖也說"樹杈 ʂu˨˩ tʂ'ar˨˩"

【樹□古】ʂu˨˩ pə˨˩˧˩ ·ku 樹幹上分出枝杈的部位，比樹身略爲粗大

【樹圪棒兒】ʂu˨˩ kə˨˩˧˧ par˨˩[＜paŋ˨˩] 短樹枝‖棒兒，屬第二類兒化音變，兒化

韵爲 ar,不鼻化

【樹葉兒】ʂu˨˧ iər˨[<iə˨] =〖樹葉子〗ʂu˨ iə˨˧ ·tsɿ 樹的葉片

【樹梢】ʂu˨ ʂɔ˩ 樹的頂端‖也說"樹梢兒 ʂu˨ ʂor˩"

【樹苗】ʂu˨ miɔ˦ 可供移植的小樹,多培育在苗圃中‖也說"樹苗兒 ʂu˨ mior˦"

【樹身子】ʂu˨ ʂẽ˩˨ ·tsɿ =〖樹身〗ʂu˨ ʂẽ˩ =〖樹幹〗ʂu˨ kã˨ 樹的主幹部分

【樹根】ʂu˨ kẽ˩ 樹在土裏的部分‖也說"樹根兒 ʂu˨ ker˩"

【樹林子】ʂu˨ liẽ˦˥ ·tsɿ =〖樹林〗ʂu˨ liẽ˦ 成片生長的許多樹

【樹經濟】ʂu˨ tɕiŋ˩˨ ·tɕi 買賣樹木時從中説合的人。買賣成交後樹枝和樹葉歸從中説合的人

【□】ʂu˨ 肥皂滑而多泡沫,去污快:金牛肥皂不如華光肥皂~!

【數】·ʂu 表示概數。❶用在千、萬兩個數詞後:千~人|萬~塊錢 ❷用在某些量詞後:塊~錢|畝~地|斤~沉‖前面必須是單個音節的數詞或量詞;如是量詞,其單位必須是一,而且省略一,不能説一千數人、三萬數塊錢,也不能説一畝數地、一斤數沉‖另見 ʂu˥

ku

【咕咕頭兒】ku˩˨ ·ku t'our˦[<t'ou˦] 頭頂上長有一團球形絨毛的鷄‖咕,另見 ·ku

【咕咕噹子】ku˩˨ ·ku taŋ˨˧ ·tsɿ 用玻璃吹成的一種圓形薄底的玩具,能吹出咕咕的聲音

【咕噔】ku˩˨ ·təŋ 吞咽的聲音:~一下吃肚裏嘛!‖連用式"咕噔咕噔 ku˩˨ ·təŋ ku˩˨ ·təŋ":你看他咽的~的!

【孤兒】ku˩ ər˦ 失去父親或失去父母的兒童:~寡婦的日子不好過|~院

【姑子】ku˩˨ ·tsɿ 通稱尼姑和道姑

【姑夫】ku˩˨ ·fu 姑母的丈夫

【姑姑】ku˩˨ ·ku =〖姑〗ku˩ 父親的姐妹

【姑家】ku˩˨ ·tɕia 姑姑家

【姑爺爺】ku˩ iə˦˥ ·iə 父親的姑夫

【姑爺】ku˩˨ ·iə ⇨〖女婿〗ȵy˥˩ ·ɕy

【姑太太】ku˩ t'ɛ˨˧ ·t'ɛ 娘家人對出嫁後女子的通稱:~回來嘛!‖不分輩分,多是兄弟姊妹之間相稱,但是父母也可以

【姑奶奶】ku˩ nɛ˥˩ ·nɛ 父親的姑母

【姑姥爺】ku˩ lɔ˥˩ ·iə 母親的姑夫

【姑姥娘】ku˩ lɔ˥˩ ·ȵiaŋ 母親的姑母

【姑嫂倆】ku˩ sɔ˥˧ ·lia˥ 小姑和嫂子兩人

【姑表】ku˩ piɔ˥ 一家的父親和另一家的母親是兄妹或姐弟的親戚關係

【姑表姊妹(們兒)】ku˩ piɔ˥ tsɿ˥˩ ·mei (·mer[<mẽ˦]) 姑表關係的姊妹

【姑表兄弟】ku˩ piɔ˥ ɕyŋ˩˧ ti˨ 姑表關係的兄弟‖也說"姑表兄弟兒 ku˩ piɔ˥ ɕyŋ˩˧ tier˨"

【骨殖子】ku˩˨ ·ʂɿ ·tsɿ 屍骨‖骨,另見 ku˦

【骨架】ku˨˧ tɕia˨ 骨頭架子

【骨節】ku˩˨ ·tɕiə 手指骨節

【骨灰】ku˨˧ xuei˩ 屍體焚化後的灰

【骨灰盒】ku˨˧ xuei˩ xə˦ 安放骨灰的盒子

【骨頭】kuɹʟ ·t'ou 脊椎動物體内支持身體、保護内臟的堅硬的組織

【骨肉還家】kuɹʟ ·ʐou xuɛ˧ tɕiaɹ 男子娶姑姑的女兒成親，稱爲骨肉還家，是不允許的，但是舊俗又允許男子娶舅舅的女兒爲妻

【骨沾】kuɹʟ ·tʂã 沾上：你離遠點兒，别～上一身油！

【跍堆】kuɹʟ ·tuei =〖跍蹲〗kuɹʟ ·tuẽ =〖蹲〗tuẽɹ 兩腿彎曲，身體像坐而臀部不着地‖跍，廣韻模韵苦胡切："蹲貌"，濟南讀 k 聲母，不送氣，周圍方言如博山等"蹲"口語也説"跍堆"，聲母同樣不送氣

【軲轆】kuɹʟ ·lu 郊區的人稱車輪子

【軲轆錢】kuɹʟ ·lu tɕ'iã˧ 郊區的人稱成串的紙錢，出殯時由女婿拿着，邊走邊撒，直到墳頭

【軲輪】kuɹʟ ·luẽ 滾動：～過來唡！‖用作動詞不兒化、不帶子尾

【軲輪兒】kuɹʟ ·luer[<luẽ˧] =〖軲輪子〗kuɹʟ ·luẽ ·tsɿ ❶車輪子：車～ ❷滾倒，跌跤：跌了個～|◇跌了個～拾了個錢兒！

【瞉子】kuɹʟ ·tsɿ 粟

【瞉雨】kuɹ y˥ 二十四節氣之一：△清明斷雪，～斷霜|△～前，好種棉；～後，好種豆

【瞉草】kuɹ ts'ɔ˥ ⇨〖稈草〗kã˥ʞ ts'ɔ˥

【瞉名兒】kuɹ miər˧[<miŋ˧] 瞉類名稱：△種一輩子瞉，還知不道～！（瞉名多，搞不清楚，發音人説"咱説不上來！"）‖名兒，此處屬二類兒化

【骨搐】ku˧ʀ ·tʂ'u ❶蜷縮：他～在那裏 ❷收縮：這東西太陽一曬，～成一點點兒唡‖骨，單用聲調陰平，此處讀陽平。連用式"骨搐骨搐 ku˧ʀ ·tʂ'u ku˧ʀ ·tʂ'u"：～就鑽進去了。重叠式"骨骨搐搐的 ku˧ʀ ·ku ·tʂ'u ·tʂ'u ·ti"：這個人長的不出挑，～！

【古董店】ku˥ʞ tuŋ˥ tiãɹ =〖古玩店〗ku˥ʞ vã˧ʀ tiãɹ 舊時經營古董的商店

【古銅】ku˥ t'uŋ˧ 像古代銅器的深褐色

【估】ku˥ 估計，推測：～價|～産‖估，濟南讀上聲，北京陰平。另見 kuɹ

【估計】ku˥ʟ tɕiɹ 根據某些情况，對事物的性質、數量、變化等作大致的推斷

【估摸】ku˥ʟ ·mə 估計：你～着這事兒行啊罷？‖連用式"估摸估摸 ku˥ʟ ·mə ku˥ʟ ·mə"：你～這車多少錢！

【估量】ku˥ʟ ·liaŋ 估計(價錢、長度、重量等)：你猜猜這衣裳多少錢——我～着五十元！|你～這些蘋果有多少‖連用式"估量估量 ku˥ʟ ·liaŋ ku˥ʟ ·liaŋ"

【鼓】ku˥ ❶一種打擊樂器：腰～ ❷凸起：～了個大疙瘩！

【鼓】ku˥ ❶憋：～不住笑出來唡！|～了一肚子氣 ❷特指尿憋：～死唡！|～的尿了褲子

【鼓搗】ku˥ʟ ·tɔ 弄，不停地做(含貶義)：你在那兒～麽？|這事兒～了半天也没有幹成！‖連用式"鼓搗鼓搗 ku˥ʟ ·tɔ ku˥ʟ ·tɔ"，修理，整治(無貶義)：這收音機我裝不成，你再～！重叠式"鼓鼓搗搗(的) ku˥ʟ ·ku ·tɔ ·tɔ (·ti)"(含貶義)：這兩天他老是在家裏鼓鼓搗搗的，不知道幹什麽？|他盡鼓鼓搗搗，弄的大家都不高興

【估衣店】kuɹ iɹʟ tiãɹ 經營舊衣物的

商店,其中也有新的,但是原料次,加工粗‖估,另見 ku꜒

【故紙】kuɹ tʂʅ꜒ 通稱舊的地契、字據之類

【故事兒】kuɹ꜔ ·ʂer[<·ʂʅ] 點子,怪想法:他來了淨～|這人淨～

【故意】kuɹ iɹ 副詞,有意的,明知不必或不應這樣做而這樣做:～刁難‖新詞,用得較少,口語多用"特爲意兒的 teiꜜ꜔ ·vei ierɹ꜔[<iɹ] ·ti"

【故犯】kuɹ fãɹ 故意違犯:明知～

【錮露鍋的】kuɹ꜔ luɹ kuəɹ꜖ ·ti =〖錮露子〗kuɹ꜔ ·lu ·tsʅ 補漏鍋的人‖露,有 luɹ、louɹ 兩音,此處讀 luɹ

【錮露】kuɹ꜔ ·lu 用熔化的金屬堵塞漏洞

【顧魯】kuɹ꜔ ·lu 顧及,照顧到:這麼些事兒我～不過來!

【顧客】kuɹ k'əɹ 商店或服務行業來買東西的人或服務對象

【顧攬】kuɹ꜔ ·lã 照應:～不過來

【顧擁】kuɹ꜔ ·yŋ 蠕動:你睡覺不老實,～麼?|我看那死屍～了兩下,真嚇毛嘛!|～過來嘛‖重疊式"顧顧擁擁的 kuɹ꜔ ·ku ·yŋ ·yŋ ·ti":這豆蟲～怪嚇人!連用式"顧擁顧擁 kuɹ꜔ ·yŋ kuɹ꜔ ·yŋ":你～動一動挪點空我坐下

【咕龍冬的】·ku luŋꜜ꜔ tuŋɹ꜖ ·ti 單音節形容詞後綴:黑～|圓～‖咕,另見 kuɹ

k'u

【哭】k'uɹ 因痛苦悲哀或激動而流泪,有時還發出聲音

【哭不的笑不的】k'uɹ꜖ ·pu ·ti ɕioɹ꜔ ·pu ·ti =〖哭笑不的〗k'uɹ꜔ ɕioɹ ·pu ·ti 哭也不是,笑也不是,形容使人難受又感到好笑

【哭憋虎】k'uɹ꜖ ·piə ·xu 戲稱好哭的孩子

【哭喪】k'uɹ꜔ saŋɹ 號喪,人死後守靈的人和來吊唁的人大聲地哭

【哭喪棒】k'uɹ꜔ saŋɹ꜔ paŋɹ =〖哀杖〗ŋɛɹ꜔ tʂaŋɹ 舊俗出殯時孝子手上拿的棍子,濟南郊區多用柳木,要用剪成齒形的白紙條纏上

【哭喪個臉】k'uɹ꜖ ·saŋ ·kə liã꜒ 臉上流露着不痛快的樣子

【窟嚓】k'uɹ꜖ ·ts'a 像水煮的聲音,借用爲熬:白菜～肉

【窟窿】k'uɹ꜖ ·luŋ 孔,眼兒:窗户紙穿了個～|你看你捅了這麼大一個～,補不上嘛!|這布有個～!

【苦】k'u꜒ ❶像膽汁或黄連的味道:～瓜 ❷痛苦,苦於:～笑|～夏 ❸有耐心地,拼命地:～幹

【苦不溜丢的】k'u꜒꜖ ·pu liouɹ꜔ tiouɹ꜖ ·ti 味兒發苦:～不好吃!|我不願吃～東西!

【苦瓜】k'u꜒꜖ ·kua 一種兩頭尖、表面有顆粒狀突起的瓜,味苦

【苦菜兒】k'u꜒꜖ ·ts'ɛr[<ts'ɛɹ] =〖苦菜子〗k'u꜒꜖ ts'ɛɹ꜔ ·tsʅ 一種野生的菜,葉子細長形,開紅花

【苦水】k'u꜒꜖ ·ʂuei =〖漤水〗lã꜒꜖ ·ʂuei 某些井裏有苦鹹味、不宜飲用的水‖憶苦思甜時"倒苦水"的"苦水"讀 k'u꜒꜔ ʂuei꜒

【苦笑】k'u꜒ ɕioɹ 無可奈何的笑

【苦頭兒】k'u꜒꜖ ·t'our[<t'ouꜜ] ❶略苦的味道:這桃帶點兒～ ❷比喻磨難、痛

苦：他這一輩子吃夠了～

【苦溜溜的】k'u˥ liou˩˧ liou˩˨ ·ti 微苦：苦瓜～挺好吃！

【苦楝子】k'u˥ liã˩˧ ·tsɿ 楝樹，落葉喬木

【褲子】k'u˩˧ ·tsɿ 穿在腰部以下的衣服

【褲衩子】k'u˩ tʂ'a˥˨ ·tsɿ ＝〖褲衩兒〗k'u˩ tʂ'ar˥［＜tʂ'a˥］＝〖褲頭兒〗k'u˩ t'our˧［＜t'ou˧］貼身穿的短褲：褲子掉下來啢，～都露出來啢！

【褲腿角子】k'u˩ t'uei˥ tɕyə˩˨ ·tsɿ 褲腿的下端

【褲腿腳】k'u˩ t'uei˥ tɕyə˩ 褲腿兒‖現在也有人説"褲腳 k'u˩ tɕyə˩"

【褲腰】k'u˩ iɔ˩ 褲子上端繫腰帶的部分

【褲腰帶】k'u˩ iɔ˩˧ tɛ˩ ⇨〖紮腰帶子〗tʂa˩˧ iɔ˩ tɛ˩˧ ·tsɿ

【褲頭簍子】k'u˩˧ ·t'ou lou˧˥ ·tsɿ 長褲褲腿裏面：掉到～裏去啢！

【褲襠】k'u˩ t'aŋ˩ 兩條褲腿相連的地方

【褲筒】k'u˩˧ ·t'uŋ 褲腿裏面

xu

【胡同(道)】xu˩˨ ·t'uŋ (tɔ˩) 狹窄的街道，一般只有一頭是通的‖胡，此處讀陰平，北京陽平，另見 xu˧

【揔】xu˩ 用手掌打：我～你！｜～屁股｜這孩子不聽話，我～了他一巴掌‖廣韵没韵苦骨切："擊也"

【葫弄】xu˩˨ ·luŋ 大蒜、韭菜的氣味：你吃蒜了，滿嘴子～味！‖葫，廣韵模韵荒烏切："大蒜也。"另見 xu˧

【糊】xu˩ 用糊狀物貼上：～上泥｜～餅‖另見 xu˧、xu˩

【糊餅】xu˩ piŋ˥ 即餅子、貼餅子，做法是用手將餅子糊到鍋的上部周圍，故名

【囫圇】xu˧˥ ·luẽ 完整，整個兒

【和啢】xu˧˥ ·lia 打麻將或玩紙牌時其中一家按合乎規定的要求取得勝利‖和，另見 xə˧、xuə˧、·xuə

【狐臭】xu˧˥ ·tʂ'ou 腋窩發出的臭味‖狐，另見 xu˥

【狐仙】xu˧ ɕiã˩ ⇨〖貔仙〗p'i˧ ɕiã˩‖也説"狐仙兒 xu˧ ɕiɛr˩"、"狐狸大仙 xu˧˥ ·li ta˩ ɕiã˩"

【胡】xu˧ 副詞，表示亂來，没有道理：～搞｜～扯｜～來‖另見 xu˩

【胡而馬約的】xu˧˥ ·ər ma˥ yə˩˨ ·ti 隨便馬虎：這事～不行，得給我好好的辦！｜～説不過去！‖也可以説"馬馬虎虎的 ma˥˨ ·ma ·xu ·xu ·ti"、"馬里馬虎的 ma˥˨ ·li ma˥˨ ·xu ·ti"

【胡拉八侃的】xu˧ la˧ pa˩˧ k'ã˥˨ ·ti ＝〖胡拉八扯的〗xu˧ la˧ pa˩˧ tʂ'ə˥˨ ·ti 胡扯：你別在這兒～！

【胡咧咧】xu˧ liə˩˨ ·liə 胡説

【胡蘿貝】xu˧ luə˧˥ ·pei 即胡蘿蔔

【胡囉囉】xu˧ luə˥˨ ·luə 胡扯，瞎説：他盡～｜別聽他～｜你～些麼？‖囉，讀 luə˥，參見"囉囉 luə˥˨ ·luə"

【胡吹海嗙的】xu˧ tʂ'uei˩ xɛ˥˦ p'aŋ˥˨ ·ti 吹牛説大話：你別～｜別聽他～！

【胡椒】xu˧ tɕiɔ˩ 一種帶香辣味的調料，帶皮的黑色，去皮後成白色，稱白胡椒

【胡椒麵兒】xu˧ tɕiɔ˩ miɛr˩［＜miã˩］胡椒粉

【核兒】xur˧［＜xu˧］果核：桃～｜杏～｜棗～‖核，另見 xə˧

【葫蘆】xu˨˥ ·lu 一年生草本植物，莖蔓生，花白色，果實表面光滑，中間細，上下像一小一大的兩個球連在一起 ‖ 葫，另見 xu˩

【湖】xu˨ 被陸地圍着的大片積水的地方：大明～|微山～

【煳𠲎】xu˨˥ ·lia 食物燒焦了：飯～！

【蝴蝶】xu˨ tiə˨ 昆蟲，四翅闊大美麗，好在花草間飛行，吸花蜜，種類很多

【蝴蝶花】xu˨ tiə˨ xua˩ 多年生草本植物，花有紫、白等色，狀似蝴蝶

【糊里倒塗的】xu˨˥ ·li tɔ˩˥ ·tu ·ti 糊塗，多指老年人：這個老頭兒～𠲎 ‖ 糊，另見 xu˩、xu˩

【糊塗】xu˨˥ ·tu ❶頭腦不清，認識模糊，内容混亂：我真～，當初怎麼會信了他的話！|他～𠲎，他的話你别放在心上！|～賬 ❷用玉米麵或小米麵做的稀飯 ‖ 塗，單字音 t'u˨，此處聲母不送氣，蒲松齡《聊齋俚曲集》寫作突："今日又説糊突話"（《牆頭記》）。重疊式"糊糊塗塗的 xu˨˥ ·xu ·tu ·tu ·ti"、"糊里糊塗的 xu˨˥ ·li xu˨˥ ·tu ·ti"

【糊塗官】xu˨˥ ·tu kuã˩ 不廉正清明的官

【糊糊】xu˨˥ ·xu 大米麵糊

【糊拉】xu˨˥ ·la ❶撫摩 ❷清理使整齊 ‖ 連用式"糊拉糊拉 xu˨˥ ·la xu˨˥ ·la"：哪兒疼𠲎？别哭，奶奶給你～！|把牀上東西～！

【翻子】xu˨˥ ·tsɿ 翻鬚

【翻生】xu˨˥ ·ʂəŋ 即老生，因佩長鬚而得名

【狐狸】xu˥˩ ·li ⇨〖貔子〗p'i˨˥ ·tsɿ ‖ 狐，有三音：xu˨～仙、xu˥～狸、xu˩ 貔大～子。出於忌諱心理，濟南人口語中一般不出現"狐狸"等詞

【虎皮松】xu˥ p'i˨ suŋ˩ ⇨〖白皮松〗pei˨ p'i˨ suŋ˩

【虎皮樹】xu˥˩ ·p'i ʂu˩ 法國梧桐的又稱，因樹皮成片脱落使樹幹顔色深白相間而得名

【虎皮鸚鵡】xu˥˩ ·p'i iŋ˩˥ ·u 一種鸚鵡，羽毛顔色鮮艷且有斑紋

【虎牙】xu˥˩ ·ia 突出的犬齒

【虎頭簍子】xu˥˩ ·t'ou lou˥˩ ·tsɿ 没有本事卻裝腔作勢的人

【户】xu˩ ❶門：門～ ❷人家，住户：家家～～|俺這套房子住兩～ ❸户頭：存～|賬～ ❹種，類：没見過這～人！|遇到這～事兒真倒霉！

【瓠子】xu˩˥ ·tsɿ 一種圓筒形肉質蔬菜，皮淡綠色，肉白色

【糊弄】xu˩˥ ·luŋ ＝〖□弄〗u˩˥ ·luŋ ❶欺騙：你别～我！|他就是～你，你還信來！❷勉强湊合，將就：這車自行車先給你這麼～住，過兩天再修|這把椅子是～起來的|你看他修的電視機就是～|這日子就～着過唄！‖ 糊，另見 xu˩、xu˨

【糊弄人】xu˩˥ ·luŋ ʐẽ˨ 騙人：你别～！

【糊弄窮】xu˩˥ ·luŋ tɕ'yŋ˨ ＝〖糊弄局〗xu˩˥ ·luŋ tɕy˨ ＝〖□弄窮〗u˩˥ ·luŋ ·tɕ'yŋ˨ 將就敷衍的事情：這事先這麼辦罷，～！

【護士】xu˩˥ ·ʂɿ 醫療機構中擔任護理工作的人

【護駒子】xu˩ tɕy˨˥ ·tsɿ 家長袒護自己的孩子 ‖ 駒，單字調陰平，此處讀陽平

【護門石】xu˨˩ mẽ˦˨ ʂʅ˦˨ 回民喪葬時用以堵塞墓穴的石頭

【護城河】xu˨˩ tʂʻəŋ˦˨ xə˦˨ 人工挖掘的圍繞城牆的河，防禦用‖濟南的護城河今已改爲環城公園

【乎】·xu ❶形容詞後綴。重叠式AA乎乎的、A乎乎的；有的可連用，連用式轉而爲動詞：熱～｜黏～｜邪～｜熱熱～～的｜黏黏～～的｜熱～～的｜黏～～的｜熱～熱～ ❷動詞後綴：嫌～｜占～‖義項①也説“乎兒 ·xur”，但重叠式和連用式不兒化

u

【兀秃】u˨˩˧꜖ ·tʻu 水變得不涼不熱不新鮮了：這水～啢，不能喝啢！‖重叠式“兀兀秃秃的 u˨˩˧꜖ ·u ·tʻu ·tʻu ·ti”，含有渾濁的意思

【兀秃水】u˨˩˧꜖ ·tʻu ʂuei˥ 不涼也不熱的不新鮮的水：～不能喝！

【污水】u˨˩˧ ʂuei˥ 從下水道泛上來的帶泡沫的髒水‖參見“髒水 tsaŋ˨˩˧ ʂuei˥”

【屋】u˨˩˧ ❶單間房：裏～｜南～ ❷整座房子：蓋～

【屋子】u˨˩˧꜖ ·tsɿ 房間：你～裏誰在説話？‖南屋、裏屋、蓋屋，不説南屋子、裏屋子、蓋屋子

【屋脊】u˨˩˧꜔ tɕi˨˩˧ 人字結構的房子屋頂中間高起的部分

【屋裏】u˨˩˧꜖ ·ȵi（或 ·li）房子裏，房間裏：下這麼大的雨，～都進水啢！｜這～安不下兩張牀

【屋檐】u˨˩˧ iã˦˨ ⇨〖房檐〗 faŋ˦˨ iã˦˨

【屋當面】u˨˩˧꜔ taŋ˨˩˧꜔ miã˨˩ ⇨〖當面〗 taŋ˨˩˧꜔ miã˨˩

【屋梁】u˨˩˧ liaŋ˦˨ ⇨〖梁〗 liaŋ˦˨

【屋頂】u˨˩˧ tiŋ˥ ⇨〖房頂〗 faŋ˦˨ tiŋ˥

【烏鷄】u˨˩˧꜔ tɕi˨˩˧ 一種骨、肉爲黑色的鷄，能治病：一些許多來對貨尋求，購買～的｜～白鳳丸兒

【烏七八糟】u˨˩˧꜔ tɕʻi˨˩˧ pa˨˩˧꜔ tsɔ˨˩˧ 亂七八糟

【烏賊（魚）】u˨˩˧ tsei˦˨（y˦˨）墨魚，軟體動物，能分泌黑色液體

【烏龜】u˨˩˧꜔ kuei˨˩˧ 爬行動物，腹背有硬甲，頭尾和四肢能縮進甲内

【嗚嗚】u˨˩˧꜔ u˨˩˧ 小聲哭：她～的哭！

【誣告】u˨˩˧꜔ kɔ˨˩ 無中生有地控告别人犯罪

【誣陷】u˨˩˧꜔ ɕiã˨˩ 誣告陷害

【無事忙】u˦˨꜒ ·ʂʅ maŋ˦˨ 楊樹花，形似毛蟲，可食用

【無期徒刑】u˦˨ tɕʻi˦˨ tʻu˦˨ ɕiŋ˦˨ 將罪犯終生監禁的刑罰

【無常】u˦˨꜒ ·tʂʻaŋ 回民説人死：快～啢！｜某某～啢‖回民一般不説“死、老啢”等

【無名指】u˦˨ miŋ˦˨ tʂʅ˨˩˧ 中指和小指間的手指

【蜈蚣】u˦˨꜒ ·kuŋ 節肢動物。軀幹由許多環節構成，每節有脚一對。頭部的一對脚鈎狀，有毒腺

【五】u˥ ❶基數詞 ❷濟南地名用字：～龍潭｜～里牌坊｜～路獅子口

【五十】u˥ ʂʅ˦˨ 數詞，五個十

【五十一】u˥꜓꜕ ·ʂʅ i˨˩˧ 數詞‖數數時也説“五一 u˥ i˨˩˧”

【五一節】u˥ i˨˩˧꜔ tɕiə˨˩˧ =〖五一〗 u˥ i˨˩˧ =〖勞動節〗 lɔ˦˨꜒ ·tuŋ tɕiə˨˩˧ 五一國際勞動節

【五服】u˥ fu˩ 古代以宗族的親疏關係確定的五種喪服，今指高祖父、曾祖父、祖父、父親、自身五代的本家：出～哂！

【五穀】u˥ ku˨ 泛稱糧食作物

【五湖四海】u˥ xu˧ sɿ˩ xɛ˥ 指我國各地

【五麻日】u˥˩ ·ma ·zɿ ＝〖破五〗p'ə˩ u˥ 舊稱農曆正月初五，習俗吃水餃

【五花八門】u˥ xua˩˨ pa˨ mẽ˧ 比喻花樣繁多或變幻多端

【五個】u˥˩ ·kə ＝〖五啊〗u˥˩ ·ua 數量詞‖啊在此處讀 ·ua

【五月端午】u˥˩ ·yə tuã˨（或 tã˨）u˥ ＝〖端午〗tuã˨ u˥ 端午節，舊曆五月初五，習俗吃粽子

【五月紅子】u˥˩ ·yə xuŋ˧˥ ·tsɿ 五月成熟的一種桃子

【五魁（首）】u˥ k'uei˨（ʂou˥）劃拳時說出的數，即五‖參見"劃拳 xua˩ tɕ'yã˧"

【五斗櫥】u˥˦ tou˥ tʂ'u˧ 五個抽屜的櫥子，一般四層，上面一層是兩個較小的抽屜，下面三層各一個大抽屜

【五千】u˥ tɕ'iã˨ 數詞

【五音戲】u˥ iẽ˨˦ ɕi˩ 山東地方戲曲劇種之一，由民間花鼓秧歌發展而來，屬西路肘鼓子，因其多至五人搭班演出而得名，演員兼操鑼鼓，流行於淄博市一帶

【五臟】u˥ tsaŋ˩ 指心、肝、脾、肺、腎五種器官

【五香】u˥ ɕiaŋ˨ 統稱花椒、桂皮、八角等合在一起的混合調料：～牛肉｜～麵

【五香麵】u˥ ɕiaŋ˨˦ miã˩ 成包出售的用花椒等磨成的粉末調料

【五黃六月】u˥ xuaŋ˧ liou˩˥ ·yə 盛暑：△～站一站，十冬臘月少頓飯

【五更】u˥ tɕiŋ˨ ❶舊時夜間計時制，一夜分爲五更 ❷指第五更，拂曉

【午】u˥ ❶地支的第七位 ❷日中的時候：晌～

【午馬】u˥˦ ma˥ 十二生肖之一，午年生的人屬馬

【午飯】u˥ fã˩ ⇨〖晌午飯〗ʂaŋ˥˩ ·u fã˩

【戊】u˥ 天干的第五位‖戊，廣韻候韵莫候切，北京去聲，濟南上聲

【武術】u˥ ʂu˩ 我國傳統體育項目，打拳和使用兵器的技術：～表演

【武旦】u˥ tã˩ 戲曲角色，扮演有武藝的女子，偏重武功

【武生】u˥˩ ·ʂəŋ 戲曲角色，扮演有武藝的男子

【捂住】u˥˩ ·tʂu 遮蓋住或封閉起來

【捂求】u˥˩ ·tɕ'iou 用好長時間做成某一件事：～了半天才開開這扇門

【梧桐】u˥ t'uŋ˧ 落葉喬木，樹幹直，葉子掌狀分裂，木材白色，質輕而堅韌，種子可榨油‖梧，讀上聲

【舞獅子】u˥ ʂɿ˨˦ ·tsɿ ⇨〖玩獅子〗vã˧˥ ʂɿ˨˦ ·tsɿ

【舞劍】u˥ tɕiã˩ 持劍舞蹈

【舞廳】u˥ t'iŋ˨ 專供跳舞的房子

【杌子】u˩˥ ·tsɿ ＝〖方凳〗faŋ˨˦ təŋ˩ 長方形高凳

【杌撐子】u˩˥ ·tʂ'əŋ ·tsɿ ＝〖杌紮子〗u˩ tʂa˨˦ ·tsɿ ⇨〖馬紮子〗ma˥ tʂa˨˦ ·tsɿ

【物證】u˩ ʐəŋ˩ 通過對證物的分析研

66 u˩ 惡痦誤霧轆□

究而得出的證據

【惡訴】u˩˧ ·su 討厭:這個人邋里邋遢的,真讓人~! ‖惡,另見 ŋə˩

【痦子】u˩˧ ·tsɿ 隆起的黑褐色或紅色的痣:臉上長個~

【誤不了】u˩˧ ·pu ·liɔ 難免,很可能:你穿的這麼少,~感冒! |今天~下雨! |這麼晚啦,商店~都關門啦!

【誤犯】u˩˧ fã˩ 並非有意犯罪

【誤傷】u˩ ʂaŋ˩ 無意中使人身體受傷

【霧】u˩ 空氣中所含的水蒸氣因氣溫下降而凝結成小水點,飄浮在接近地面的空氣中

【霧露雨】u˩˧ ·lu y˥ 比牛毛雨還小的雨

【轆轤】u˩˧(或 lu˩˧) ·lɿ 安在井口的汲水裝置

【轆轤欛子】u˩˧(或 lu˩˧) ·lu pa˩˧ ·tsɿ 搖動轆轤的把手

【□□】u˩˧ ·sɿ 回民稱念經前洗得潔淨的身子,不能大小便、放屁等:你有~了麼? |破了~啦大小便或放屁等就是破了潔淨的身子!

【□弄】u˩˧(或 u˧˥) ·luŋ ⇨〖糊弄〗xu˩˧ ·luŋ

【□弄窮】u˩˧(或 u˧˥) ·luŋ tɕʻyŋ˧ ⇨〖糊弄窮〗xu˩˧ ·luŋ tɕʻyŋ˧

y

ly

【捋】lyᴊ 見“捋 liᴊ”

【驢】ly˧ 一種力畜，比馬小，有耐力，能拉磨、耕地、馱東西或供人騎等

【驢皮影】ly˧ᴦ ·p'i iŋ˥ ⇨〖皮影〗 p'i˧ iŋ˥

【驢駒(子)】ly˧ᴦ ·tɕy (·tsɿ) =〖驢駒兒〗 ly˧ᴦ ·tɕyer[<tɕyᴊ] 小驢

【驢騾(子)】ly˧ᴦ ·luə (·tsɿ) 公馬和母驢交配所產的牲畜，身體比馬騾小，耳朵較大，生長發育快，能耐勞，不易生病 ‖ 參見“馬騾(子) ma˥ᴌ ·luə (·tsɿ)”

【驢糞蛋子】ly˧ᴦ ·fẽ tãᴊᴦ ·tsɿ =〖驢糞蛋兒〗 ly˧ᴦ ·fẽ tɛrᴊ[<tãᴊ] 球形驢糞

【驢掌】ly˧ tʂaŋ˥ 釘在驢蹄下使驢蹄耐磨的鐵

【驢繮】ly˧ kaŋᴊ 拴驢的粗綫繩

【呂祖廟】ly˥ᴌ tsu˥ mioᴊ 當地供奉呂洞賓的廟，舊址在趵突泉

【呂劇】ly˥ tɕyᴊ =〖呂戲〗 ly˥ ɕiᴊ 山東具有代表性的地方戲曲劇種，在山東琴書的基礎上發展而來。說白、演唱都用濟南方言

【陸續】ly˥ᴌ ·ɕy 副詞，表示先先後後，時斷時續 ‖ 陸，單字音 luᴊ，此處讀上聲，音同“呂”

【旅着】ly˥ᴌ ·tʂɿ ⇨〖順着〗 ʂuẽᴊᴦ ·tʂɿ

【旅游鞋】ly˥ iou˧ ɕiɛ˧ 適宜於旅行穿的輕便鞋，品種很多

【旅店】ly˥ tiãᴊ =〖旅館〗 ly˥ᴌ kuã˥ =〖旅社〗 ly˥ ʂəᴊ 經營旅客住宿的館舍

【捋】ly˥ ❶用手指順着條狀物抹過去，進行梳理：～鬍子｜把頭髮～齊一點！❷梳理某件事情：過午下午咱把那個事兒再～一～ ‖ 另見 liᴊ(或 lyᴊ)

【鋁】ly˥ 一種金屬元素，用於製造器皿時口語多說“鋼種 kaŋᴊ tʂuŋ˥”、“鋼精 kaŋᴊᴌ tɕiŋᴊ”

【鋁壺】ly˥ xu˧ 鋁鑄水壺

【鋁鍋】ly˥ kuəᴊ ⇨〖鋼精鍋〗 kaŋᴊᴌ tɕiŋᴊᴌ kuəᴊ

【律師】lyᴊ ʂɿᴊ 受當事人委托或法院指定，依法協助當事人進行訴訟、出庭辯護以及處理有關法律事務的專業人員

【碌碡】lyᴊᴦ ·tʂu =〖石磙子〗 ʂɿ˧ kuẽ˥ᴌ ·tsɿ 用整石鑿成的農具，圓柱形，用於軋穀物，平場地 ‖ 碌，北京讀 liou˞，濟南多讀 lyᴊ，郊區也讀 liᴊ

【綠】lyᴊ 像綠葉的顏色

【綠茶】lyᴊ tʂ'a˧ 一種高溫製乾未經發酵的茶葉，泡出的茶水保持鮮茶原來的綠色

【綠菜花】lyᴊᴦ ·ts'ɛ xuaᴊ 近年引進的菜花新品種，花綠色

【綠豆】lyᴊᴦ ·tou 一種豆類作物：～麵

【綠豆皮】lyᴊᴦ ·tou p'i˧ 綠豆的外皮，濟南人常用以填枕心

【綠豆蠅】lyᴊᴦ ·tou iŋ˧ 身上發綠的大

蒼蠅

tɕy

【車】tɕy˨˩˧ 象棋棋子名‖另見 tʂ‘ə˨˩˧

【足球】tɕy˨˩˧ tɕ‘iou˦˨ ❶球類運動之一，主要用腳踢球：～比賽｜～運動員 ❷用於足球運動的球：踢～

【足秤】tɕy˨˩˧꜔ tʂ‘əŋ˨˩ 夠秤，表示重量足

【拘】tɕy˨˩˧ 悶：你們老也不來，我在家又出不去，真～的慌！

【菊花】tɕy˨˩˧꜖ ·xua 多年生草本植物，葉卵形，秋季開花，品種很多，花的形狀、顏色各異

【鋦】tɕy˨˩˧ ❶鋦子，用銅、鐵等製成的兩頭有鈎可以連合破裂陶瓷的小釘 ❷用鋦子連合：～碗

【鋦破的】tɕy˨˩˧꜔ p‘ə˨˩꜔ ·ti 用鋦子鋦鍋碗的人

【橘子】tɕy˨˩˧꜖ ·tsɿ 一種常見水果，當地街上所售都從南方運來

【橘子汁兒】tɕy˨˩˧꜖ ·tsɿ tʂer˨˩˧[<tʂʅ˨˩˧] 橘子水，含有橘汁的飲料

【橘紅】tɕy˨˩˧ xuŋ˦˨ 像紅色橘子皮的顏色

【局子】tɕy˦˨꜔ ·tsɿ 公安局：他犯事兒嘛，進～裏去嘛！

【舉手】tɕy˥꜓ ʂou˥ 伸手向上

【劇場】tɕy˨˩ tʂ‘aŋ˥ 供演出戲劇、歌舞、曲藝等的場所，也可放映電影：人民～濟南劇場之一‖有的叫“劇院 tɕy˨˩ yã˨˩”。劇場與劇院無顯著差别

【鋸】tɕy˨˩ ❶用來破開木料、石料、鋼材等的工具，主要部分是一邊有尖齒的薄鋼片：拉～｜電～ ❷用鋸鋸：～木頭

【鋸慮】tɕy˨˩꜔ ·ly 用刀子反復拉割：我～了半天才把它弄斷

【鋸末】tɕy˨˩꜔ ·mə 鋸木頭時掉下來的細末

tɕ‘y

【曲】tɕ‘y˨˩˧ ❶曲直的曲，指彎曲不直的：～綫 ❷不合理，理虧：理～

【曲尺】tɕ‘y˨˩˧꜔ tʂ‘ʅ˨˩˧ ⇨〖捲尺〗 tɕyã˥ tʂ‘ʅ˨˩˧

【曲里拐彎的】tɕ‘y˨˩˧꜖ ·li（或 tɕ‘i˨˩˧꜖ ·ly）kuɛ˥ vã˨˩˧꜖ ·ti 彎彎曲曲的

【曲藝】tɕ‘y˨˩˧꜔ i˨˩ 地方説唱藝術的總稱，包括相聲、快板、彈詞、大鼓、快書等等：～團

【曲曲縷縷的】tɕ‘y˨˩˧꜖ ·tɕ‘y ly˥ ly˥꜕ ·ti ❶蟲等彎彎曲曲爬動的樣子：一個蜈蚣～爬過來嘛，嚇人一跳！ ❷皮膚上有小蟲在爬似的感覺：我身上～有點兒疼！‖義項②口語又説 tɕ‘y˨˩˧꜖ ·tɕ‘y li˥ li˥꜕ ·ti

【屈】tɕ‘y˨˩˧ ❶委屈，冤枉：～的慌｜受～｜～了他嘛！ ❷屈服

【屈的慌】tɕ‘y˨˩˧꜖ ·ti ·xuaŋ 感到很冤屈：他～啊，那事兒不是他辦的！

【屈打成招】tɕ‘y˨˩˧ ta˥ tʂ‘əŋ˦˨ tʂɔ˨˩˧ 冤屈受刑，被迫招認

【蛆】tɕ‘y˨˩˧ 蒼蠅幼蟲

【渠】tɕ‘y˨˩˧ 人工開挖的水道‖渠，讀陰平，北京陽平

【蛐蛐】tɕ‘y˨˩˧꜖ ·tɕ‘y 蟋蟀‖也説“蛐兒蛐兒 tɕ‘yer˨˩˧꜖ tɕ‘yer˨˩˧꜖”，一般前後音節都兒化，也可都不兒化

【蛐蛐翵】tɕ‘y˨˩˧꜖ ·tɕ‘y xu˦˨ 頂部成細毛狀的蟋蟀草，用以引逗蟋蟀相鬥

【蛐蛐罐兒】tɕ‘y˨˩˧꜖ ·tɕ‘y kuɛr˨˩[<kuã˨˩] 飼養蟋蟀的陶製器皿，一般有拳頭大

小,小口

【蛐蟮】tɕ'yɹʟ ·ʂã 蚯蚓

【黢】tɕ'yɹ 在單音形容詞前表示程度深:～黑

【黢黑】tɕ'yɹ⊢ xeiɹ 很黑,很暗:長的～|屋子裏没有燈,～! ‖ 連用式“黢黑黢黑的 tɕ'yɹ⊢ xeiɹ tɕ'yɹ⊢ xeiɹʟ ·ti”

【驅】tɕ'yɹ =〖驅拉〗tɕ'yɹʟ ·la 用腳來回搓,輕輕踢:你用腳給我～過來!|用腳～～它!

【取保】tɕ'y˥⊢ pɔ˥ 找保人

【取款】tɕ'y˥⊢ k'uã˥ =〖取錢〗tɕ'y˥ tɕ'iã˦ 提取現金

【娶】tɕ'y˥ ❶=〖嫁人〗tɕiaɹ ʐẽ˦ =〖出門子〗tʂ'uɹ mẽ˦ɾ ·tsɿ 女子出嫁,被娶:～閨女|你姐姐～了没有? ❷(男子)娶親:～媳婦

【娶媳婦】tɕ'y˥ ɕiɹʟ ·fu =〖娶親〗tɕ'y˥ tɕ'iẽɹ 男子娶親

【娶女客】tɕ'y˥⊢ ȵy˥ k'eiɹ 舊俗結婚時男家所請的到女家去迎娶新娘的有兒有女、家庭人口齊全的婦女

【娶閨女】tɕ'y˥ kueiɹʟ ·ȵy =〖嫁閨女〗tɕiaɹ kueiɹʟ ·ȵy 嫁女兒

【去】tɕ'yɹ ❶來去的去 ❷過去的:～年|過～從前 ❸除去:～風 ❹離開:～世 ❺用在動詞後表示動作的趨向 ‖ 義項①和⑤口語讀 tɕ'iɹ

【去濕】tɕ'yɹ ʂɿɹ 化濕,中醫指用芳香藥物以宣泄濕邪的治療方法

【去火】tɕ'yɹ xuə˥ =〖敗火〗pɛɹ xuə˥ 中醫指清熱、涼血、解毒等治療方法

【去年】tɕ'yɹ ·ȵiã(或 ȵiã˦) =〖年時〗ȵiã˦ɾ ·ʂɿ 剛過去的一年 ‖ 去,去聲,此處在輕聲前不變調

【去風】tɕ'yɹ fəŋɹ 祛風,中醫指祛除風邪的治療方法,風邪的臨牀表現如頭痛、寒熱汗出、遍身游走疼痛等

ȵy

【女的】ȵy˥ʟ ·ti ❶女人:這～好打扮! ❷妻子:他～挺能幹!

【女婿】ȵy˥ʟ ·ɕy =〖閨女女婿〗kueiɹʟ ·ȵy ȵy˥ʟ ·ɕy =〖姑爺〗kuɹʟ ·iə 女兒的丈夫

【女家】ȵy˥ʟ ·tɕia 婚姻關係中女方的家

【女客】ȵy˥ k'eiɹ 女性客人

【女貓】ȵy˥ʟ ·mɔ 母貓

【女老的兒】ȵy˥ lɔ˥ʟ ·tier[<·ti] 特指母親

【女孝子】ȵy˥ ɕiɔɹ tsɿ˥ 通稱居喪的女子,包括女兒、兒媳等

【女人】ȵy˥ ʐẽ˦(或 ȵy˥ʟ ·ʐẽ) 女子,女性成年人

【女儐相】ȵy˥ piẽɹ⊢ ɕiaŋɹ 伴娘,舉行婚禮時陪伴新娘的女子

【女鄉老】ȵy˥ ɕiaŋɹʟ ·lɔ 回民稱對宗教特別虔誠、常到清真寺參加禮拜的伊斯蘭教女信徒

【女親家】ȵy˥ʟ ·tɕ'iŋ ·tɕia ⇨〖親家婆〗tɕ'iŋɹɾ ·tɕia p'ə˦

ɕy

【戌】ɕyɹ 地支的第十一位

【戌狗】ɕyɹ kou˥ 十二生肖之一,戌年生的人屬狗

【虛̥】ɕyɹ 回民商販暗語,數詞九

【虛和】ɕyɹʟ ·xuə 誇張:你那點病不重,别～!

【虚棚】ɕy˨˩˧꜖ ·p‘əŋ 頂棚的舊稱

【俗】ɕy˦˨ 頻繁：你這個煙抽的真～！

【□顧】ɕy˦˨꜒ ·ku ＝〖□呼〗 ɕy˦˨꜒ ·xu 注意：這事你～來嗎？‖連用式"□顧□顧 ɕy˦˨꜒ ·ku ɕy˦˨꜒ ·ku"：你～這個事兒

【許】ɕy˥ ❶預先答應給與：給他買罷，我～過他的！|～願|～配 ❷允許，許可：不～哭！ ❸副詞，也許，或許：他没來，～病嘛！

【許是】ɕy˥ ʂʅ˨˩ ⇨〖也許〗 iə˥꜔ ɕy˥

【許下】ɕy˥꜖ ·ɕia 答應下：我得給孩子買件衣裳，早就～嘛！

【許口】ɕy˥꜔ k‘ou˥ ＝〖保親〗 pɔ˥ tɕ‘iẽ˨˩˧ 在訂婚時，男方請媒人和有面子的人到女方去送紅帖，俗稱許口，又叫保親：張家孩子～，我上他家去！

【許願】ɕy˥ yã˨˩ ❶迷信的人對神佛有所祈求而許下某種酬謝 ❷借指事前答應的某種承諾

【叙】ɕy˨˩ 談：你倆先～～就認識嘛！

【絮】ɕy˨˩ 在衣服、被褥裏鋪棉花：～被子|～棉衣

【絮叨】ɕy˨˩꜒ ·tɔ 囉唆：你别～好不好？|上了年紀的人就是～！‖重叠式"絮絮叨叨的 ɕy˨˩꜒ ·ɕy ·tɔ ·tɔ ·ti"

【續閨女】ɕy˨˩꜔ kuei˨˩˧꜖ ·ȵy 女兒死後女婿續娶的妻子

【續弦】ɕy˨˩ ɕiã˦˨ 喪妻的男子再娶

y

【迂】y˨˩˧ 迂腐不知變通：這人挺～！‖另見 y˨˩

【淤血】y˨˩˧꜔ ɕiə˨˩˧ 凝聚不流通的血

【圍涎】y˨˩˧꜔ iã˨˩ 圍嘴的舊稱‖圍，廣韻微韻雨非切："守也圍也遶也。"按：濟南圍單字音讀 vei˦˨，此處讀 y˨˩˧。涎，廣韻仙韻夕連切："口液也。"此處讀零聲母，疑爲前字同化結果

【□】y˨˩˧（或 y˥）役使牲口的吆喝，命令牲口停止

【魚】y˦˨ 泛稱各種魚類

【魚子】y˦˨ tsʅ˥ 魚卵

【魚刺】y˦˨꜒ ts‘ʅ˨˩ 魚身上尖細如針的骨頭

【魚米】y˦˨ mi˥ 梭魚肉製成的魚乾

【魚鰓】y˦˨ sɛ˨˩˧ ＝〖鰓〗 sɛ˨˩˧ ＝〖結鰓〗 tɕiə˨˩˧꜖ ·sɛ 魚的呼吸器官，在頭部的兩邊

【魚泡】y˦˨ p‘ɔ˨˩˧ ＝〖魚飄〗 y˦˨ p‘iɔ˨˩˧ 魚鰾，魚腹中控制魚身浮沉的氣囊

【魚簍子】y˦˨ lou˥꜖ ·tsʅ 盛魚的簍子，多捕魚時用

【魚鈎兒】y˦˨ kour˨˩˧［＜kou˨˩˧］釣魚的鈎子

【魚盤】y˦˨ p‘ã˦˨ 專門用於盛魚的橢圓形盤子

【魚鱗】y˦˨ liẽ˦˨ ＝〖鱗〗 liẽ˦˨ 魚身上長的鱗片

【魚鱗雲】y˦˨ liẽ˦˨ yẽ˦˨ 魚鱗狀的雲：△～，雨淋淋

【魚網】y˦˨ vaŋ˥ 捕魚用的網

【魚秧子】y˦˨ iaŋ˨˩˧꜖ ·tsʅ ＝〖魚苗兒〗 y˦˨ miɔr˦˨［＜miɔ˦˨］魚子孵化出來供養殖的小魚

【魚鷹（子）】y˦˨꜒ ·iŋ（·tsʅ）鸕鷀

【榆皮兒】y˦˨꜒ ·p‘ier［＜p‘i˦˨］榆樹皮兒，災荒年時也用來充飢：賤年吃～

【榆木疙瘩】y˦˨꜒ ·mu ka˨˩˧꜖ ·ta ＝〖榆木腦袋〗 y˦˨꜒ ·mu nɔ˥꜖ ·tɛ 比喻頭腦

僵化:△～不開竅兒

【榆樹】y˧˩˥ ·ʂu 落葉喬木,木材堅硬,樹葉、嫩莢乃至樹皮都可以吃:～除樹身不能吃,別的都能吃

【榆葉兒】y˧˩˥ iər˩[<iə˩] 榆樹葉子,卵形,初生時可以食用

【榆葉梅】y˧˩˥ iə˩ mei˧˩ 落葉灌木,葉子像榆葉,花粉紅色,很繁盛

【榆錢兒】y˧˩˥ ·tɕʻiɛr[<tɕʻiã˧˩] 榆莢,圓形像小銅錢,初長時色嫩綠可食用

【漁船】y˧˩ tʂʻuã˧˩ 用於捕魚的船

【羽紗】y˥ ʂa˨˩˦ 專用於做衣服裏子的布料,一面光亮

【羽毛球】y˥ mɔ˧˩ tɕʻiou˧˩ ❶球類運動之一:～比賽 ❷用於羽毛球運動的球:打～

【羽絨服】y˥˩˨ ·luŋ fu˧˩ 以羽絨爲禦寒材料的服裝

【羽絨背心】y˥˩˨ ·luŋ pei˩ ɕiẽ˨˩˦ 以羽絨爲禦寒材料的無袖上衣

【雨】y˥ 從雲層中降到地面的水

【雨衣】y˥ i˨˩˦ 用塑料、油布、膠布等製成的防雨外衣

【雨夾雪】y˥ tɕia˩˨˩˦ ɕyə˨˩˦ 雨中夾雪

【雨鞋】y˥ ɕiɛ˧˩ 通稱下雨天穿的不透水的鞋

【雨水】y˥˦ ʂuei˥ 二十四節氣之一

【雨水】y˥˦ ʂuei˥ 下雨降下的水:今年～多

【雨傘】y˥˦ sã˥ 用油紙、油布等做面的遮雨的傘

【雨點兒】y˥˦ tiɛr˥[<tiã˥] 形成雨的小水滴‖也説"雨點子 y˥˦ tiã˥˩˨ ·tsɿ",比雨點兒大

【熨帖】y˥˩˨ ·tʻiə 舒服,妥帖‖熨,另見 yẽ˩

【玉】y˩ 一種礦物,質地細而有光澤,多用做裝飾品:～器|～鐲子|～雕

【玉石】y˩ ʂɿ˧˩ 玉:用～雕成‖玉器、玉鐲子等不能説玉石器、玉石鐲子

【玉米】y˩ mi˥ ⇨〖棒子〗 paŋ˩˥ ·tsɿ‖口語多説"棒子"

【玉米油】y˩ mi˥ iou˧˩ 從玉米中提煉的油‖比較少見

【玉樹】y˩˥ ·ʂu ＝〖玻璃翠〗 pə˨˩˦˩˨ ·li tsʻuei˩ 一種莖葉肉質的觀賞植物,葉片肥厚翠綠且有光澤,不開花

【玉鐲子】y˩ tʂuə˧˩˥ ·tsɿ 用玉做成的鐲子

【迂磨】y˩˥ ·mə 行動遲緩不利落:老李真～|別～啊,快走罷!‖重疊式"迂迂磨磨的 y˩˥ ·y ·mə ·mə ·ti"。迂,廣韻虞韻憶俱切:"曲也。"濟南去聲。另見 y˨˩˦

【迂磨黏痰】y˩˥ ·mə ȵiã˧˩ tʻã˧˩ 説話辦事拖拉黏糊:他囉囉囉唆不完啊,～!|他辦事慢,～!

【芋頭】y˩˥ ·tʻou 多年生草本植物,其塊莖橢圓形或卵形,含澱粉多,可食用

【浴室】y˩ ʂɿ˨˩˦ ⇨〖澡堂子〗 tsɔ˥˦ tʻaŋ˧˩˥ ·tsɿ

【浴巾】y˩ tɕiẽ˥ 洗澡用的毛巾,比較大‖巾,聲調上聲

【遇見】y˩˥ ·tɕiã ＝〖遇上〗 y˩˥ ·ʂaŋ ⇨〖碰見〗 pʻəŋ˩˥ ·tɕiã

【預備預備他】y˩˥ ·pei ·y ·pei ·tʻa 給他準備準備後事:這病又利害啊,快叫他家裏人～!

a

pa

【八】pa˩ ❶基數詞 ❷濟南地名用字：～里窪|～里橋

【八字鬍】pa˩˥ ·tsʅ xu˧ ＝〖兩撇鬍〗liaŋ˥ p'iə˩ xu˧ 修理整齊兩邊成八字形的鬍子

【八十】pa˩ ʂʅ˧ 數詞

【八十一】pa˩˥ ·ʂʅ i˩ 數詞‖數數時也說“八一 pa˩˥ i˩”

【八…的】pa˩ …·ti 表示大約的數字，含有輕鬆的語氣：塊兒八毛的，算嘛！|百兒八十的|千兒八百的|萬兒八千的‖加在前面的“塊、百、千、萬”等要兒化

【八個】pa˩˥ kə˩ 數量詞‖也說“八啊 pa˩˥ ·ia”。啊在此處讀 ·ia

【八哥】pa˩˥ ·kə 全身黑毛、頭部有羽冠的鳥，能模仿人說話

【八角帽】pa˩˥ tɕyə˩˥ mɔ˩ 解放初期流行的有八個角的單帽

【八角】pa˩˥ ·tɕyə（或 pa˩˥ tɕyə˩）⇨〖大料〗ta˩ liɔ˩

【八月十五】pa˩˥ ·yə ʂʅ˧˥ ·u ＝〖八月節〗pa˩˥ ·yə tɕiə˩ ＝〖中秋〗tʂuŋ˩˥ tɕ'iou˩ 中秋節

【八帶梢】pa˩˥ tɛ˩ ʂɔ˩ 章魚

【八寶粥】pa˩ pɔ˥ tʂou˩ 糯米加紅棗、蓮子等多種食物製成的甜粥

【八寶飯】pa˩ pɔ˥ fã˩ 糯米加蓮子等多種食物製成的甜飯

【八九十拉個】pa˩ tɕiou˥ ʂʅ˧˥ ·la kə˩ 約數，八九個，十來個

【八千】pa˩˥ tɕ'iã˩ 數詞

【八仙桌】pa˩˥ ɕiã˩ tʂuə˩ 大的方桌，一般沒有抽屜

【八仙壽】pa˩˥ ɕiã˩˥ ʂou˩ 劃拳時說出的數，即八‖參見“劃拳 xua˩ tɕ'yã˧”

【八根繫兒】pa˩˥ kẽ˩˥ ɕier˩[<ɕi˩] 繫在兩個籮筐上的八根繩子，用於挑擔：挑～的挑擔售貨的人

【八兄弟】pa˩˥ ɕyŋ˩˥ ti˩ ＝〖把兄弟〗pa˥ ɕyŋ˩˥ ti˩ 結拜的兄弟‖疑來源於拜把子的八拜之交。參見“老八 lɔ˥ pa˩”

【巴不的】pa˩˥ ·pu ·ti 巴不得，恨不能：他～你能去！‖巴，另見 ·pa

【巴角】pa˩˥ tɕia˩ ⇨〖掃角子〗sɔ˥˩ ·tɕia ·tsʅ

【巴結】pa˩˥ ·tɕiə 討好：～當官的‖也說“巴結奉迎 pa˩˥ ·tɕiə fəŋ˩ iŋ˧”

【巴臺子】pa˩ t'ɛ˧˥ ·tsʅ 回民稱房前的臺階：～的屋比較講究的房子

【巴狗(子)】pa˩˥ ·kou（·tsʅ）⇨〖哈巴狗〗xa˩˥ ·pa kou˥

【巴望】pa˩˥ vaŋ˩ 盼望

【巴掌】pa˩˥ ·tʂaŋ ❶手掌 ❷量詞，用於用巴掌打的次數：打他一～

【扒鍋子】pa˩˥ ·tɕy ·tsʅ 針腳：你看你做的活，～這麼大！‖扒，另見 p'a˧

【扒拉】pa˩˥ ·la ❶隨意翻動：你別亂～！❷往嘴裏填送：你看他～的那個

快！‖連用式“扒拉扒拉 paɹ˩ ·la paɹ˩ ·la”

【扒叉】paɹ˩ ·tʂʻa 扒，扒開‖連用式“扒叉扒叉 paɹ˩ ·tʂʻa paɹ˩ ·tʂʻa”

【扒窨子】paɹ iɔ˧˥ ·tsɿ 盜墓

【扒窨子的】paɹ iɔ˧˥ ·tsɿ ·ti 盜墓的人

【芭蕉扇】paɹ˦ tɕiɔɹ˦ ʂã˩ ＝〖芭蕉葉〗paɹ˦ tɕiɔɹ˦ iə˩ 用蒲葵葉做的扇子

【疤拉】paɹ˩ ·la 疤

【疤拉頭】paɹ˩ ·la tʻou˧ ❶有疤的頭 ❷頭上有疤的人：△～，貓咬的，他媽拿着當好的！

【疤拉流球】paɹ˩ ·la liou˧ tɕʻiou˧ 譃稱頭上長疤的人

【疤拉流球的】paɹ˩ ·la liou˧˥ ·tɕʻiou ·ti 帶有傷疤的樣子：他那個頭上～！｜你賣的這些兒地瓜白薯怎麼一個個都～？

【疤拉眼子】paɹ˩ ·la iã˥˩ ·tsɿ ❶有疤的眼睛 ❷眼睛有疤的人

【剝】paɹ 去掉外皮：～皮｜～長果‖剝，廣韵覺韵北角切，濟南讀 a 韵。覺韵濟南讀 a、ia 的又如雹 pa˧、角 tɕiaɹ。剝皮的剝，濟南有的人寫作扒，剝削的剝，讀 pəɹ

【拔】pa˧ 特指把物體放在涼水中使變涼

【拔不倒子】pa˧˥ ·pu tɔ˥˩ ·tsɿ 不倒翁，一種玩具

【拔毒】pa˧ tu˧ 祛毒：～膏‖可以重疊動詞說“拔拔毒 pa˧˥ ·pa tu˧”：給他貼個膏藥～！

【拔軲輪兒】pa˧˥ ·ku ·luer[＜luẽ˧] ＝〖拔倒兒〗pa˧ tor˥[＜tɔ˥] ＝〖拔倒子〗pa˧ tɔ˥˩ ·tsɿ 蹿跶游戲：兩個小孩兒在馬路上～‖“拔”後可插入“開了”、“起…嘛”等：他倆拔開了軲輪兒嘛！｜拔起倒兒來嘛

【拔河】pa˧ xə˧ 一種數量相等的兩隊人以拉繩子決勝負的體育運動

【拔麥子】pa˧ meiɹ˥ ·tsɿ 收穫成熟小麥的一種方法，用人工把麥穗連根拔起。舊時郊區農民燒火不用煤，拔麥子其根可作燃料。今已用鐮刀割

【拔草】pa˧ tsʻɔ˥ ⇨〖薅草〗xɔɹ tsʻɔ˥

【拔苗】pa˧ miɔ˧ ⇨〖薅苗〗xɔɹ miɔ˧

【拔煙袋的】pa˧ iãɹ˦ tɛɹ˥ ·ti 小偷，扒手

【拔罐子】pa˧ kuãɹ˥ ·tsɿ 拔火罐，中醫治病方法，在罐子裏點火燃燒片刻後立即將罐口扣在皮膚上使之充血以達到治療目的，民間多用於治療頭疼、腰背肌肉勞損、風濕痛等病症

【拔棒子】pa˧ paŋɹ˥ ·tsɿ 收玉米，連根拔起

【拔頂】pa˧ tiŋ˥ ＝〖禿(頭)頂〗tʻuɹ (tʻou˧) tiŋ˥ ＝〖謝頂〗ɕiəɹ tiŋ˥ 頭頂的頭髮大量脱落

【拔腚】pa˧˥ tiŋɹ 猶滾，滾蛋：(客人進門，見家中小孩)小寶，你在幹麼啊！——～！(小寶没有禮貌)｜～，一邊兒去！‖也可以簡略説成“拔 pa˧”

【雹子】pa˧˥ ·tsɿ ＝〖冷子〗ləŋ˥˩ ·tsɿ 冰雹，空中水蒸氣遇冷結成的冰粒或冰塊，常在夏季隨雷暴雨降落：△下～，敲銅盆

【把】pa˥ ❶介詞，表示處置、致使等：～窗户打開！｜可～他氣殺嘛！ ❷從：～北京回來｜～這裏往南‖另見 paɹ、·pa

【把屎】pa˥˦ ʂɿ˥ 抱持小兒雙腿使大便

【把齋】pa˥ tʂɛ˨˩˧ ⇨〖封齋〗 fəŋ˨˩˧꜊ tʂɛ˨˩˧

【把…叫】pa˥ …tɕiɔ˨˩ 將…稱爲：濟南人把白薯叫地瓜

【把尿】pa˥ ȵiɔ˨˩ 把持小兒雙腿使尿

【把手兒】pa˥꜌ ·ʂour[<ʂou˥] 門上、自行車及其他器物上手拿的地方

【把…當】pa˥ …taŋ˨˩˧ ⇨〖拿…當〗 na˦˨ …taŋ˨˩˧

【把兄弟】pa˥ ɕyŋ˨˩˧꜊ ti˨˩ ⇨〖八兄弟〗 pa˨˩˧꜊ ɕyŋ˨˩˧꜊ ti˨˩

【屉屉】pa˥꜌ ·pa 糞便，小兒語：拉～

【把拉子】pa˨˩꜈ ·la ·tsɿ ⇨〖菜把拉〗 ts'ɛ˨˩ pa˨˩꜈ ·la‖把，另見 pa˥、·pa

【把攬】pa˨˩(或 pa˨˩꜈) ·lã 獨攬：什麼事兒他都一個人～着！

【爸爸】pa˨˩꜈ ·pa ❶父親 ❷通稱與父親輩分相同的男子：大～大伯父｜二～二叔｜小～小叔叔‖稱父親爲爸爸是後起的，目前在兒童中已廣泛使用

【爸爸】pa˨˩꜈ ·pa ⇨〖伯伯〗 pɛ˨˩˧꜌ ·pɛ

【耙】pa˨˩ ❶碎土平地的農具，有鐵齒 ❷用耙平地碎土‖另見 p'a˦˨

【罷免】pa˨˩ miã˥ ❶選民或代表機關撤銷所選人員的職務 ❷免去官職

【罷官】pa˨˩ kuã˨˩˧ 罷免官職：罷了官嗰被免去官職了

【鮁魚】pa˨˩꜈ ·y 一種海魚，身體紡錘形

【霸道】pa˨˩꜈ ·tɔ 强横不講理

【壩】pa˨˩ ❶攔水的建築物：大～｜攔河～ ❷鞏固堤岸的建築物

【巴】·pa 用作後綴。❶名詞後綴，構成的雙音節名詞多用於指稱帶有生理缺陷的人：瘸～｜癱～｜嘲～傻子 ❷動詞後綴，構成的雙音節動詞含有動作比較隨便的意思，而且多用於動作已經完成時；單音節動詞加巴以連用式更爲常見，含有動作連續反復的意思，多用於動作進行之前：這張紙叫我撕～嗰！｜洗～洗～你那衣裳｜你擇～擇～這些薺菜！ ❸形容詞後綴，其構成的雙音節形容詞常重叠使用：這小妮兒挺俊～｜俺家住的棱窄～！｜緊緊～～的｜瘦瘦～～的‖另見 pa˨˩˧

【把】·pa 表示概數。❶用在千、萬兩個數詞後：萬～個 ❷用在某些量詞後：塊～錢｜里～路｜斤～沉‖用法同"數·ʂu"，比"數"用得少。另見 pa˥、pa˨˩

【把稀的】·pa ɕi˨˩˧꜌ ·ti 在數量詞後表示數量小，微不足道：塊兒～｜毛兒～｜斤兒～‖前面的數量詞必須兒化

【把來】·pa lɛ˦˨ 表示數量不大的概數：里～路｜斤～沉｜塊～錢‖一般用於度量衡。里把來路也説里把里路

p'a

【趴着睡】p'a˨˩˧꜌ ·tʂɿ ʂuei˨˩ 俯睡

【趴鼻子】p'a˨˩˧꜌ ·pi ·tsɿ 塌鼻子

【趴鷄】p'a˨˩˧꜊ tɕi˨˩˧ 燒得爛熟的整鷄：禹城～｜～店

【趴古蹲】p'a˨˩˧꜌ ·ku tuẽ˨˩˧ ＝〖老牛拽〗 lɔ˥꜌ ·ȵiou tʂuɛ˨˩ 一種長在地裏、生長很快、很難拔出、農民最討厭的野草，青色，種子扁形

【扒手】p'a˦˨꜈ ·ʂou 從别人身上偷取財物的小偷‖扒，另見 pa˨˩˧

【爬起來】p'a˦˨꜈ ·tɕ'i ·lɛ 站起來

【爬蛄蝦】p'a˦˨꜈ ·ku ɕia˨˩˧ ＝〖螻蛄蝦〗 lou˦˨꜈ ·ku ɕia˨˩˧ 一種海蝦，灰白色

【爬查】p'a˦˨꜈ ·tʂ'a 爬：～起來

【爬山】p'a˦˨ ʂã˨˩˧ 登山活動

【爬牆虎】p'a˧ tɕ'iaŋ˧ xu˥ 落葉藤本植物，附着在牆上生長，花白色

【耙子】p'a˧˥ ·tsɿ 通稱長柄有齒的農具，用於平整土地、聚攏或散開穀物柴草等‖耙，另見 pa˩

【怕】p'a˩ ❶害怕：他不～他爹，～他媽|不用～！❷恐怕：這天～要下雨|他～是不會來嘛！

【怕光】p'a˩ kuaŋ˩ 羞明，眼睛怕見光的症狀

ma

【抹布】ma˩ pu˩ ＝〖搌布〗tʂã˥˩ ·pu 擦器物用的布塊等‖抹，另見 mə˥

【抹了冒嘛】ma˩˩ ·lə mɔ˩˥ ·lia 河水漫過堤岸了

【抹頭兒】ma˩˩ ·t'our[＜t'ou˧] ⇨〖禢頭兒〗t'a˩˩ ·t'our[＜t'ou˧]

【媽】ma˩ 稱母親‖新派也稱"媽媽 ma˩˩ ·ma"

【媽虎】ma˩˩ ·xu ⇨〖狼〗laŋ˧

【媽媽】ma˩˩ ·ma ❶乳房 ❷乳汁：吃～ ❸新派稱母親‖義項①②爲口語。參見"奶 nɛ˥"

【媽媽頭兒】ma˩˩ ·ma t'our˧[＜t'ou˧] ＝〖奶頭兒〗nɛ˥˩ ·t'our[＜t'ou˧] 乳頭‖回民只說奶頭兒

【媽拉個屄】ma˩˩ ·la ·kə pi˩ ＝〖你媽的屄〗ȵi˥ ma˩˩ ·ti pi˩ 罵人話

【麻】ma˧ ❶苧麻等類植物的通稱 ❷麻類植物的纖維：～繩 ❸芝麻：～汁兒

【麻】ma˧ ⇨〖來〗lɛ˧

【麻子】ma˧˥ ·tsɿ ❶人出天花後留下的疤痕 ❷臉上有麻子的人

【麻子臉兒】ma˧˥ ·tsɿ liɛr˥[＜liã˥] 有麻子的臉

【麻籽】ma˧ tsɿ˥ ＝〖蓖麻籽〗pi˩ ma˧ tsɿ˥ 蓖麻的種子，可以榨油

【麻籽油】ma˧˥ ·tsɿ iou˧ 麻籽榨的油，過去有錢人家用於肥地

【麻汁麵】ma˧ tʂʅ˩˧ miã˩ 用麻汁爲調料的麵條

【麻汁】ma˧˥ ·tʂʅ ＝〖芝麻醬〗tʂʅ˩ ma˧ tɕiaŋ˩ 芝麻炒熟磨成的醬‖也說"麻汁兒 ma˧˥ ·tʂer"

【麻批兒】ma˧ p'ier˩[＜p'i˩] 苧麻的莖皮纖維，常用於自來水管安裝時纏繞於接頭處以防漏水

【麻利兒的】ma˧ lier˩˥[＜li˩] ·ti 利落，迅速：你～過來幫幫忙！

【麻利】ma˧˥ ·li ❶敏捷 ❷迅速，趕快：～的去罷！

【麻古醬】ma˧˥ ·ku tɕiaŋ˩ 芝麻榨油後的渣子

【麻花】ma˧˥ ·xua 一種將兩三股條狀的麵擰在一起炸得酥脆的甜食

【麻頁兒】ma˧˥ ·iər[＜iə˩] 麵粉和芝麻加糖或鹽擀成薄片炸成的食物

【麻袋】ma˧˥ tɛ˩ 用粗麻布做的大袋子

【麻刀】ma˧˥ ·tɔ 拌石灰泥牆皮用的碎麻繩

【麻稈兒】ma˧ kɛr˥[＜kã˥] 麻類植物的稈子

【麻片兒】ma˧ p'iɛr˩[＜p'iã˩] 芝麻加糖壓成的薄片，切成長方形

【麻疹】ma˧ tʂẽ˥ ⇨〖疹子〗tʂẽ˥˩ ·tsɿ

【麻蒼蠅】ma˧˥ ts'aŋ˩˩ ·iŋ 一種黑灰色的大蒼蠅

【麻將】ma˧˥ tɕiaŋ˩ 牌類娛樂用具，用竹子、象牙、骨頭或塑料製成：打～

【麻繩】ma˦˩ ·ʂəŋ ❶ =〖豆餅〗 tou˩ piŋ˥ 大豆榨油後壓成的餅形渣子，多用作肥料或飼料 ❷麻製的繩子

【麻繩菜】ma˦˩ ·ʂəŋ tsʻɛ˩ 郊區説馬齒莧：△矖不殺死的～‖參見“馬踏菜 ma˥˩ ·tʂa tsʻɛ˩”

【嗎】ma˦ 疑問代詞，什麼：這是～？｜你幹～？‖當地杆石橋一帶回民多用，一般漢民説“麼 mə˦”。參見“麼 mə˦”

【馬】ma˥ ❶一種力畜，面部長，耳小直立，頸上有鬃，尾生長毛。善跑，能拉車、耕地等 ❷象棋的棋子名，紅色和藍色的各兩個：～走日象棋規則馬的走法 ❸作動詞，對弈時，馬把對方的棋吃了，就叫“馬哂 ma˥˩ ·lia”

【馬子】ma˥˩ ·tsɿ 指亂搞男女關係的未婚女子

【馬蹄蓮】ma˥ tʻi˦ liã˦ 草本植物，開白色馬蹄形花

【馬蹄燒餅】ma˥˩ ·tʻi ʂɔ˩˨ ·piŋ 一種回民常吃的燒餅，用薄的發麵烙成，一面鼓起並帶有芝麻，有鹹味。在回民聚居區杆石橋一帶常見，一般是成對合起出售‖有的漢民稱其爲“回回燒餅 xuei˦˩ ·xuei ʂɔ˩˨ ·piŋ”

【馬尾籮】ma˥˧ i˥ luə˦ 用馬尾巴的毛做的篩麵器具

【馬尾松】ma˥˧ i˥ ɕyŋ˩ 松樹的一種，針葉細長柔軟‖現在多讀 ma˥˧ vei˥ suŋ˩

【馬夫】ma˥ fu˩ 舊稱飼養照管馬匹的人

【馬路】ma˥ lu˩ ❶城市或近郊可供車馬通行的寬闊平坦的道路 ❷公路

【馬路服】ma˥ lu˩ fu˦ 街市上出現的許多人穿的相同的流行服裝：這衣裳才買霎還覺着棱好，現在都成了～哂，不屑穿哂！

【馬路牙子】ma˥ lu˩ ia˦˩ ·tsɿ 人行道靠馬路一邊高出路面的石條：坐在～上歇歇！

【馬路邊兒】ma˥ lu˩ piɛr˩[<piã˩] 馬路邊緣

【馬虎】ma˥˩ ·xu 草率大意，不仔細：他幹事忒～｜幹麼事無論什麼事都不能～了‖重叠式“馬馬虎虎的 ma˥˩ ·ma ·xu ·xu ·ti”：你别～，弄準了！又説“馬里馬虎的 ma˥˩ ·li ma˥˩ ·xu ·ti”。參見“胡兒馬約的 xu˦˩ ·ər ma˥ yə˩˨ ·ti”

【馬駒子】ma˥ tɕy˩˨ ·tsɿ =〖馬駒兒〗 ma˥ tɕyer˩[<tɕy˩] 小馬

【馬紮子】ma˥ tʂa˩˨ ·tsɿ =〖杌撑子〗 u˩˩ ·tʂʻəŋ ·tsɿ 一種便於攜帶的小型坐具，腿交叉，上面交叉穿繩子或綳帆布等‖博山稱“交叉子”

【馬踏菜】ma˥˩ ·tʂa tsʻɛ˩ =〖馬繩菜〗 ma˥˩ ·ʂəŋ tsʻɛ˩ 馬齒莧，莖葉肉質，紅色或緑色，味發酸

【馬甲】ma˥ tɕia˩ ❶西服背心 ❷婦女夏季穿的自製背心（非針織）

【馬褂兒】ma˥ kuar˩[<kua˩] 舊時男子穿在長袍外面的對襟短襖

【馬車】ma˥ tʂʻə˩ ❶舊時馬拉的載人的車，有的轎式，稱轎車，有的無篷 ❷載貨的馬車，即大車：～社

【馬車社】ma˥ tʂʻə˩˨ ʂə˩ 舊時經營運輸的單位

【馬蛇子】ma˥˩ ·ʂə ·tsɿ 蜥蜴‖蛇，單字音 ʂa˦，此處讀 ·ʂə

【馬騾(子)】ma˥˩ ·luə (·tsɿ) 公驢和母馬交配所產的牲畜，身體比驢騾大，耳朵較小‖參見“驢騾(子) ly˧˥ ·luə (·tsɿ)”

【馬靴】ma˥ ɕyə˩ 長筒靴子

【馬寶】ma˥˦ pɔ˥ 病馬胃腸道中長的結石，是鎮驚、化痰的中藥材，可治驚癎癲狂等症

【馬掌】ma˥˦ tʂaŋ˥ ❶馬蹄下的角質皮，濟南地攤上有售，可作花肥 ❷釘在馬蹄下使馬蹄耐磨的鐵

【馬上】ma˥˩ ·ʂaŋ 副詞，立刻：這水～就開|他～就到！‖也説“馬上馬 ma˥˩ ·ʂaŋ ma˥”，有强調義

【馬韁】ma˥ kaŋ˩ 拴馬的粗綫繩

【馬棚】ma˥ p'əŋ˧ 飼養馬的棚子

【馬蜂】ma˥˩ ·fəŋ 胡蜂

【馬櫻花】ma˥ iŋ˩˦ xua˩ =〖芙蓉花〗fu˧ luŋ˧ xua˩ =〖合歡花〗xə˧ xuã˩˦ xua˩ 落葉喬木，羽狀複葉，小葉對生，白天張開，夜間合攏，花絲粉紅色，結扁平莢果

【馬桶】ma˥˦ t'uŋ˥ ❶大小便用的有蓋木桶 ❷指新式連接下水道的瓷製馬桶

【瑪瑙】ma˥˦ nɔ˥ 一種礦物，有各種顏色，可做首飾或其他裝飾品等

【碼】ma˥ ❶整齊地堆放：把這些磚頭～起來！ ❷用步量：我～一下，這地不到一畝 ❸量詞，用於事情：這是兩～事兒，不是一～事兒！

【碼頭】ma˥˩ ·t'ou 水路交通運輸綫上沿岸的停船建築，供乘客上下或裝卸貨物

【螞蚍】ma˥ p'i˩ 郊區稱螞蟥‖蒲松齡《雜著·日用俗字·昆蟲章第三十一》：“螞蚍官名爲水蛭。”今博山方言螞蟥也稱“螞蚍 ma˥ p'i˩”。蚍，濟南、博山皆陰平。螞，另見 ma˩

【螞蟻】ma˥˩ ·i =〖米蚌〗mi˥˩ ·iaŋ 一種黑色或褐色小昆蟲，成群穴居

【螞蟥】ma˥ xuaŋ˧ 水蛭

【□】ma˥ 介詞，把：你～那個東西給我！‖郊區用

【螞蚱】ma˩˥ ·tʂa 蝗蟲‖螞，另見 ma˥

【螞蚱菜花】ma˩˥ ·tʂa ts'ɛ˩ xua˩ ⇨〖太陽花〗t'ɛ˩ iaŋ˧ xua˩

【罵】ma˩ ❶用粗野或惡意的話侮辱人 ❷斥責

fa

【法兒】far˩[<fa˩] 法子，方法：没～

【法幣】fa˩˦ pi˩ 1935 年以後，國民黨政府發行的紙幣

【法律】fa˩˦ ly˩ 由立法機關制定，國家政權保證執行的行爲準則

【法律顧問處】fa˩˦ ly˩ ku˩ vẽ˩˥ ·tʂ'u 提供法律咨詢的機構

【法國梧桐】fa˩ kuə˥ u˥ t'uŋ˧ 落葉喬木，葉子大，掌狀分裂，果穗球形‖學名“懸鈴木 ɕyã˧ liŋ˧˥ mu˩”，又稱“虎皮樹 xu˥˩ ·p'i ʂu˩”

【法官】fa˩˦ kuã˩ 指司法和審判人員

【法院】fa˩˦ yã˩ 行使審判權的國家機關

【法庭】fa˩ t'iŋ˧ 法院設立的審理訴訟案件的機構

【砝碼】fa˩ ma˥ 放在天平一端的小盤上作爲重量標準的金屬片

【發大水】fa˩˦ ta˩ ʂuei˥ 洪水暴漲四溢

【發嫁閨女】fa˨˩˧˦ tɕia˨˩ kuei˨˩˧˨ ·n̩y 回民說嫁女

【發火】fa˨˩˧ xuə˥ ＝〖發脾氣〗fa˨˩˧ p'i˦˨˧ ·tɕ'i 因不如意而吵鬧、摔打等‖也說"發火兒 fa˨˩˧ xuər˥"

【發瘧子】fa˨˩˧ yə˨˩˧ ·tsɿ ＝〖發擺子〗fa˨˩˧˦ pɛ˥˨ ·tsɿ 發瘧疾

【發壞】fa˨˩˧˦ xuɛ˨˩ ＝〖使壞〗ʂʅ˥ xuɛ˨˩ 出壞主意，從中破壞：他從小就～｜我這事兒快成啦，你可別～！

【發燒】fa˨˩˧˦ ʂɔ˨˩˧ 體溫增高

【發票】fa˨˩˧˦ p'iɔ˨˩ 商店開給顧客的收款單據

【發汗】fa˨˩˧˦ xã˨˩ 用藥物等使身體出汗：發發汗就好啦！

【發麵】fa˨˩˧˦ miã˨˩ 麵粉加發麵酵子和好使發酵‖另見 fa˨˩˧˨ ·miã

【發麵】fa˨˩˧˨ ·miã 發過的麵，跟未發的死麵相對而言‖另見 fa˨˩˧˦ miã˨˩

【發懸】fa˨˩˧ ɕyã˦ 一種磚石砌的有石門的墳：大～

【發艮】fa˨˩˧ kẽ˥ 脆的食物發韌了

【發榜】fa˨˩˧ paŋ˥ ＝〖張榜〗tʂaŋ˨˩˧ paŋ˥ 考試後公布錄取者的名單或成績

【發喪】fa˨˩˧˦ saŋ˨˩˧ ＝〖出殯〗tʂ'u˨˩˧˦ piẽ˨˩ 把靈柩運到墓地

【發黃表紙】fa˨˩˧ xuaŋ˦ piɔ˥˦ tʂʅ˥ 過年時燒黃表紙祭祀天地‖參見"燒火紙 ʂɔ˨˩˧ xuə˥˦ tʂʅ˥"

【發冷】fa˨˩˧ ləŋ˥ 身上感到冷的症狀

【罰殊】fa˦˨˧ ·ʂu 受到報應：他不認相信主啊，爲主的～啦！‖回民語

【罰站】fa˦ tʂã˨˩ 老師對小學生的一種體罰

【罰錢】fa˦ tɕ'iã˦ 交款接受處罰：違章行車要～！

【罰款】fa˦ k'uã˥ ❶交款受處罰：隨地吐痰～二元！❷交納被罰的錢

va

【凹】va˨˩˧ 凹陷：～地｜這地～下去啦！

【凹苦臉子】va˨˩˧˨ ·k'u liã˥˨ ·tsɿ 上下突出中部凹進的臉

【挖】va˨˩˧ 用碗等舀麵粉等：～一碗麵來！｜～一勺稀飯

【挖】va˨˩˧ 白眼看人：～他一眼

【挖耳勺兒】va˨˩˧ ər˥ ʂɔr˦[＜ʂɔ˦] ⇨〖耳彎勺兒〗ər˥˨ ·vã ʂɔr˦[＜ʂɔ˦]

【窪地】va˨˩˧˦ ti˨˩ 低窪地

【蛙泳】va˦ yŋ˥ 一種像蛙游的游泳姿勢‖蛙，濟南讀陽平，北京陰平

【瓦】va˥ 鋪蓋屋頂的建築材料，多用陶土燒成

【瓦古】va˥˨ ·ku 平的東西中間凹進了：這塊鐵片兒～啦！

【瓦苦】va˥˨ ·k'u 心裏委屈，憋在心裏：心裏～的慌！

【瓦碴】va˥˨ ·tʂ'a 碎瓦

【瓦碴子盆】va˥˨ ·tʂ'a ·tsɿ p'ẽ˦ 一種瓦盆，青黑色

【瓦罐子】va˥ kuã˨˩˦ ·tsɿ 一種用泥土燒成的罐子，多用於從井裏打水、倒髒水、盛東西等

【瓦刀】va˨˩ tɔ˨˩˧ 瓦工用來砍斷磚頭、塗抹泥灰等的工具

【襪子】va˨˩˦ ·tsɿ 穿在腳上的針織品，也可用布縫成

【襪底兒】va˨˩ tier˥[＜ti˥] 襪子穿在腳底的部分。也指爲耐穿用另外縫在襪子底部的一層：補～｜納～

【襪帶兒】va˨˩ tɛr˨˩[<tɛ˨˩] 舊時用於紮住襪子的帶子，後用鬆緊帶代替

ta

【耷拉】ta˨˩˪ ·la 下垂：～着耳朵

【耷拉肩】ta˨˩˪ ·la tɕiã˨˩ ＝〖耷拉膀〗ta˨˩˪ ·la paŋ˥ ⇨〖溜肩膀〗liou˨˩˫ tɕiã˨˩˪ ·paŋ

【答理】ta˨˩˪ ·li 對別人的言語行動表示態度，理睬

【答應】ta˨˩˪ ·iŋ ❶應聲回答：我叫你你怎麼不～？ ❷應允：他～給我解決！

【大】ta˥˧ ＝〖大大〗ta˥˧┌ ·ta 回民稱父親‖大，此處讀陽平。另見 ta˩、tɛ˩

【打】ta˥ ❶敲打：～人 ❷表示某些動作：～傘｜～油｜～糧食｜～水｜～毛衣｜～草稿｜～球｜～手勢 ❸放射：～閃 ❹做，從事：～雜兒 ❺介詞，從：你～哪兒來？｜～天津到北京｜～他走後一直沒來信｜～今天起‖另見 ·ta

【打嘶咬】ta˥ sɿ˨˩˪ ·iɔ 互相糾纏不休：我不願和這些人～！｜這些人光～不辦事兒！｜他倆爲一點兒小事就～！

【打直勢】ta˥ᴋ tʂʅ˥˧┌ ·ʂʅ 小兒尿前全身一顫的動作

【打實契】ta˥ ʂʅ˥˧ tɕ'i˩ 買賣房子、土地時雙方商定後寫成的契約

【打嚏噴】ta˥ t'i˩˫ ·fẽ(或 ·p'ẽ) 打噴嚏

【打錫壺的】ta˥ ɕi˨˩ xu˥˧┌ ·ti 錫匠

【打一巴掌給個棗】ta˥ᒪ ·i pa˨˩˪ ·tʂaŋ kei˥˧┌ ·kə tsɔ˥ 比喻又打又拉

【打酥鍋】ta˥ su˨˩˫ kuə˨˩ 做酥鍋菜‖參見“酥鍋 su˨˩˫ kuə˨˩”

【打主意】ta˥ᴋ tʂu˥ᒪ ·i 對一些事物或人有某種企圖：他又來～，知不道坑誰嗬！｜你別打他的主意！｜他早在打我這塊錶的主意！｜他打什麼主意！

【打搐搐】ta˥ tʂ'u˨˩˪ ·tʂ'u 退縮：原來你答應過的，現在不能～！｜這個事兒非你辦不行，你別～！

【打矗立子】ta˥ tʂ'u˩˫ li˩˫ ·tsɿ 舊時用擔子挑着在鬧市演出的傀儡戲：玩～的來嗬！

【打舒身】ta˥ ʂu˨˩˪ ·ʂẽ 伸懶腰

【打呼嚕】ta˥ xu˨˩˪ ·lu 打呼

【打魚】ta˥ y˥˧ 用網捕魚

【打發】ta˥ᒪ ·fa ❶支使(出去)：我已經～人去買嗬！ ❷使離去：把孩子～走嗬！ ❸特指給上門的乞丐施捨：～要飯的｜俺這裏不～，下一家罷！ ❹消磨(時間、日子)：～日子

【打岔】ta˥ tʂ'a˩ ❶打斷別人說話：你別～，讓他把話說完！ ❷把話題引向別處：孩子他娘胡亂～不讓講！

【打哈吸】ta˥ xa˨˩˪ ·ɕi 打哈欠

【打架】ta˥ tɕia˩ 互相毆打‖口語多說“打仗 ta˥ tʂaŋ˩”

【打瞎驢】ta˥ ɕia˨˩ ly˥˧ 一種游戲，一人蒙住眼睛，另外的人打他一下避開，如果躲不及被抓住，就代替原先蒙眼的人

【打瓜】ta˥ᒪ ·kua 一種主要收瓜子的西瓜，瓜子黑色，有一圈白邊

【打袼褙】ta˥ kə˨˩˪ ·pei 用糨糊將三至四層布一層一層糊到板上曬乾，揭下後用於做鞋底

【打嗝得兒】ta˥ kə˥˧┌ ·ter[<tei˩] ＝〖打嗝兒〗ta˥ kər˥˧ [<kə˥˧] ＝〖打嗝逗兒〗ta˥ kə˥˧ tour˩[<tou˩] 橫隔膜痙攣，吸氣後聲門突然關閉而發出的

80　ta˥　打

聲音，小兒多發

【打個知字】ta˥꜖ ·kə tʂʅ˨˩˧꜖ ·tsʅ 預先告知：你也不先～，我怎麼知道？

【打個草】ta˥ ·kə tsʻɔ˥ ⇨〖起個草〗tɕʻi˥ ·kə tsʻɔ˥ ‖ 打，上聲，此處在輕聲前不變調

【打撇子】ta˥ pʻiə˨˩˧꜖ ·tsʅ 用撇子澆地 ‖ 參見"撇子 pʻiə˨˩˧꜖ ·tsʅ"

【打鐵的】ta˥ tʻiə˨˩˧꜖ ·ti ＝〖鐵匠〗tʻiə˨˩˧꜖ ·tɕiaŋ 製造或修理鐵器的工匠

【打夜作】ta˥ iə˨˩꜒ ·tsuə 開夜工

【打火機】ta˥꜔ xuə˥ tɕi˨˩˧ 一種小巧方便的取火器

【打伙兒】ta˥꜔ xuər˥［<xuə˥］❶合伙兒，共同：他倆～做買賣 ❷舊稱喪偶的男女未辦正式結婚手續而同居

【打藥】ta˥ yə˨˩ ⇨〖抓藥〗tʂua˨˩˧꜔ yə˨˩

【打嘚嘚】ta˥ tei˨˩˧꜖ ·tei 發抖 ‖ 回民多説

【打嘚塞】ta˥ tei˨˩˧꜖ ·sei 發抖

【打雷】ta˥ luei˦˨ 空中帶電的雲碰撞時發出響聲

【打墜軲轆】ta˥ tʂuei˨˩ ku˨˩˧꜔ lu˨˩ ❶墜着别人：這孩子～不讓我走！❷不願離開，不願做某事：説的好好的，真到幹的時候，他又打起墜軲轆來嘛！

【打水】ta˥꜔ ʂuei˥ 取水

【打水飄兒】ta˥꜔ ʂuei˥ pʻiɔr˨˩˧［<pʻiɔ˨˩˧］❶用瓦片或薄石片斜擊水面使之在水面上向前跳動幾下後落水的游戲 ❷借指白白浪費：幾十塊錢就這麼～嘛！

【打草稿】ta˥ tsʻɔ˥꜔ kɔ˥ 擬寫草稿

【打稿子】ta˥ kɔ˥꜖ ·tsʅ ⇨〖起稿子〗tɕʻi˥ kɔ˥꜖ ·tsʅ

【打吊針】ta˥ tiɔ˨˩ tʂẽ˨˩˧ 輸液

【打腰】ta˥ iɔ˨˩˧ 起重要作用，被重視：他在單位上挺～，離了他不行！

【打腰鼓】ta˥ iɔ˨˩˧ ku˥ 一種民間舞蹈，腰間掛鼓，邊打邊跳舞

【打球】ta˥ tɕʻiou˦˨ 進行球類活動：打籃球｜打排球｜打羽毛球

【打板子】ta˥ pã˥꜖ ·tsʅ 舊時老師對小學生的體罰

【打扮】ta˥꜖ ·pã 修飾使容貌衣着好看

【打閃】ta˥꜔ ʂã˥ 帶異性電的兩塊雲或雲與地面接近時發出電光

【打電話】ta˥ tiã˨˩ xua˨˩ 利用電話裝置對話

【打電報】ta˥ tiã˨˩ pɔ˨˩ 通過郵局用電信號將通訊内容傳遞給接電報的人

【打尖兒】ta˥ tɕiɛr˨˩˧［<tɕiã˨˩˧］旅途中吃東西

【打黏粥】ta˥ ȵiã˦˨꜒ ·tʂou 用小米麵、玉米麵等做稀飯

【打煙筒】ta˥ iã˨˩˧꜖ ·tʻuŋ 敲打煙筒，使煙灰落下以免堵塞

【打蒜薹】ta˥ suã˨˩ tʻɛ˦˨ 把蒜薹從種在地裏的蒜棵中抽出來

【打官司】ta˥ kuã˨˩˧꜖ ·sʅ 進行訴訟

【打針】ta˥ tʂẽ˨˩˧ 把液體藥物用注射器注入軀體内

【打襯】ta˥ tʂʻẽ˨˩ 用稀的糨糊將兩層布糊在板上曬乾，揭下後用於做鞋面

【打哏】ta˥ kẽ˦˨ 説話不流暢，不自然地停頓

【打盹兒】ta˥꜔ tuer˥［<tuẽ˥］小睡，打瞌睡：磕頭～

【打春】ta˥ tʂʻuẽ˨˩˧ ⇨〖立春〗li˨˩ tʂʻuẽ˨˩˧

【打旁連】ta˥꜔ pʻaŋ˦˨꜒ ·liã 俗稱側手翻

【打湯】ta˥ tʻaŋ˨˩˧ 做湯

【打仗】ta˥ tʂaŋ˩ ❶進行戰爭 ❷打架，吵嘴

【打仗鬥毆】ta˥ tʂaŋ˩ tou˩ ŋou˩ 泛稱打仗一類的事

【打場】ta˥ tʂʻaŋ˧ 麥子等農作物收割後在場上脱粒

【打澎澎】ta˥ pʻəŋ˩˥ ·pʻəŋ 一種雙腳不停打水的游泳姿勢

【打横】ta˥ xəŋ˧ 坐在横頭的位置上 ‖ 參見"横頭座 xəŋ˧˦ ·tʻou tsuə˩"

【打鳴】ta˥˦ miŋ˥ (鷄)啼：鷄～

【打腚】ta˥ tiŋ˩ 打屁股

【打更】ta˥ tɕiŋ˩ 舊時將一夜分作五更，每到一更就打梆子或敲鑼報時

【打總子】ta˥˦ tsuŋ˥˨ ·tsɿ ＝〖打總〗ta˥˦ tsuŋ˥ 副詞。❶一併，合在一起：～算 ❷反而更：越想見見他，他～不來啊！

【大】ta˩ ❶大小的大，指占空間多的、數量多的、力量强的、程度深的、聲音響的等 ❷年長，排行第一的：老～ ❸用在"不"後，表示程度淺或數量小：不～好｜不～回家 ‖ 另見 ta˧、tɛ˩

【大子兒】ta˩ tser˥[<tsɿ˥] 即銅元

【大栀子】ta˩˦ ·tʂɿ ·tsɿ 栀子花的一種，葉子長橢圓形，花大，有清香

【大師傅】ta˩˦ ·ʂɿ ·fu 對廚師的尊稱

【大兒】ta˩ ər˧ ＝〖大兒子〗ta˩ ər˧˦ ·tsɿ 排行第一的兒子

【大耳朵】ta˩ ər˥˨ ·tɔ ⇨〖雙耳朵〗ʂuaŋ˩˦ ər˥˨ ·tɔ

【大米】ta˩ mi˥ 脱殼後的稻子子實

【大力士】ta˩ li˩˦ ·ʂɿ 舊稱在街頭表演蹿跤等技藝并賣藥的人

【大力丸】ta˩ li˩ vã˧ 大力士賣的丸藥

【大立櫥】ta˩ li˩ tʂʻu˧ ＝〖立櫥〗li˩ tʂʻu˧ 一種高大的櫥子，有的裝有鏡子

【大漆】ta˩ tɕʻi˩ 生漆

【大戲】ta˩˦ ·ɕi ❶京劇 ❷河北梆子

【大衣】ta˩ i˩ 較長的西式外衣

【大姨】ta˩ i˧ ❶大姨母 ❷尊稱與母親年歲相近的非親屬女性，現在也説"阿姨 a˩ i˧"

【大姨子】ta˩ i˧˦ ·tsɿ(或 ta˩˦ ·i ·tsɿ) 妻姐 ‖ 面稱隨妻子稱大姐等

【大一些】ta˩˦ ·i ·ɕiə 大一點兒

【大拇指】ta˩ ·mu tʂɿ˩ ＝〖大門(手)指頭〗ta˩ ·mẽ (ʂou˥) tʂɿ˩˨ ·tʻou ＝〖大拇哥〗ta˩ ·mu kə˩ 拇指

【大肚子】ta˩ tu˩˦ ·tsɿ 孕婦的俗稱

【大鹵麵】ta˩ lu˥ miã˩ 加有用肉蛋等製成的湯料的麵條

【大暑】ta˩ ʂu˥ 二十四節氣之一

【大姑子】ta˩˦ ·ku ·tsɿ 丈夫的姐姐 ‖ 面稱隨丈夫叫大姐、二姐等

【大姑娘】ta˩˦ ·ku ·ȵiaŋ 青年女子

【大雨】ta˩ y˥ 下得很大的雨：△鹽罐返潮，～難逃｜△泥鰍上下游，～在後頭！

【大發】ta˩˦ ·fa ❶蒸的饅頭等麵發得大：他那裏賣的乾糧～｜你蒸的饃饃～！ ❷大，寬鬆：(買鞋)別可着腳買，～着點兒！ ❸事情嚴重，鬧大了：他家的那個事兒～啊！｜這事兒鬧～啊！ ‖ 也説"大發兒 ta˩˦ ·far"。重疊式"大大發發的 ta˩˦ ·ta ·fa ·fa ·ti"：衣裳做的～｜截的布～，别不夠了！

【大瓦】ta˩ va˥ 一種較大較厚的瓦，凹凸相間，多紅色

【大差不差】ta˩ tʂʻa˩ pu˩˦ tʂʻa˩ 差不多：～的，算啊！｜咱辦事總得～！

82　ta˨˩　大

【大差】ta˨˩꜒ ·tʂʻa 差,缺:我不～這幾塊錢

【大蝦】ta˨˩ ɕia˨˩˧ ＝〖對蝦〗 tuei˨˩ ɕia˨˩˧ 一種大的海蝦

【大牙】ta˨˩ ia˦˨ 位於口腔後方兩側的牙齒

【大褂兒】ta˨˩꜔ kuar˨˩[<kua˨˩] ＝〖大衣裳〗 ta˨˩꜒ ·i ·ʂaŋ 長衫

【大花臉】ta˨˩ xua˨˩˧ liã˥ 戲曲角色,注重唱工,又分銅錘、黑頭等等

【大車】ta˨˩ tʂʻə˨˩˧ ❶牲口拉的雙輪或四輪貨車 ❷舊時一種木輪畜力車,輪子上釘有鐵圈

【大哥】ta˨˩ kə˨˩˧ ❶弟妹稱最年長的哥哥 ❷尊稱年長於自己的非親屬男子

【大姐姐】ta˨˩ tɕiə˥꜖ ·tɕiə 尊稱年長於自己的非親屬女子 ‖ 多用於女性之間

【大爺】ta˨˩ iə˦˨ ❶父親的哥哥 ❷尊稱上年紀的非親屬男性

【大國光】ta˨˩ kuə˨˩˧꜔ kuaŋ˨˩˧ 國光蘋果的一種 ‖ 參見"小國光 ɕiɔ˥ kuə˨˩˧꜔ kuaŋ˨˩˧"

【大鍋】ta˨˩ kuə˨˩˧ 容量大的鍋

【大伙兒】ta˨˩ xuər˥[<xuə˥] ＝〖大家〗 ta˨˩ tɕia˨˩˧ 代詞,指一定範圍内所有的人:～想想,還要注意什麼?

【大雪】ta˨˩ ɕyə˨˩˧ 二十四節氣之一

【大學】ta˨˩ ɕyə˦˨ 統稱各類高等學校:閨女上～,學醫的 | 山東工業～

【大學苗】ta˨˩ ɕyə˦˨ miɔ˦˨ 上大學的苗子:他老二可聰明來,是個～!

【大約】ta˨˩ yə˨˩˧ 副詞,表示估計數目:～七八百斤

【大約模兒】ta˨˩ yə˨˩˧ mur˥[<mu˥](或 mər˥[<mə˥]) 副詞,表示大致,大概:～的説説,不用太仔細嘛! | ～有三百來斤罷! ‖ 模,此處聲調上聲

【大概】ta˨˩ kɛ˨˩ 副詞。❶表示估計數目:～三十來歲 ❷表示有很大的可能:他～已經走嘛!

【大楷】ta˨˩ kʻɛ˥ 手寫的大的楷體漢字

【大海碗】ta˨˩ xɛ˥꜓ vã˥ ⇨〖海碗〗 xɛ˥꜓ vã˥

【大白菜】ta˨˩ pei˦˨꜒ tsʻɛ˨˩ 過冬吃的白菜,白露下種,立秋前後栽苗,立冬前後收穫。俗諺"小雪蘿貝大雪菜,立冬前後起白菜",這裏的白菜是指大白菜 ‖ 參見"小白菜 ɕiɔ˥ pei˦˨꜒ tsʻɛ˨˩"

【大伯(子)】ta˨˩꜒ ·pei (·tsʅ) ＝〖大伯哥〗 ta˨˩꜒ ·pei kə˨˩˧ 丈夫的哥哥 ‖ 面稱大哥、二哥等

【大妹妹】ta˨˩ mei˨˩꜒ ·mei ＝〖大妹子〗 ta˨˩ mei˨˩꜒ ·tsʅ 尊稱年小於自己的非親屬女子 ‖ 多用於女性之間

【大麥】ta˨˩꜒ ·mei 一種麥子,子實的外殼有長芒

【大腿】ta˨˩꜒ ·tʻuei 下肢從臀部到膝蓋的一段

【大腿根兒】ta˨˩꜒ ·tʻuei ker˨˩˧[<kẽ˨˩˧] 大腿靠臀部的地方

【大錘】ta˨˩ tʂʻuei˦˨ 鐵匠用來打鐵的錘子

【大水】ta˨˩ ʂuei˥ ＝〖山水〗 ʂã˨˩˧꜖ ·ʂuei 洪水:發～

【大回靈】ta˨˩ xuei˦˨ liŋ˦˨ 舊俗喪葬後,送葬的人把除棺材外的其他喪具、祭品原樣抬回來,到門口放下,稱爲大回靈

【大包子】ta˨˩ pɔ˨˩˧꜖ ·tsʅ 蒸包 ‖ 參見"包子 pɔ˨˩˧꜖ ·tsʅ"

【大道】ta˨˩ tɔ˨˩ ＝〖大路〗 ta˨˩ lu˨˩ 較爲

寬闊的道路

【大腦炎】taɹ nɔ˥ iãɹ 流行性乙型腦炎

【大槽】taɹ ts'ɔ˦ 喂牲口放飼料的石槽 ‖ 參見"槽兒 ts'ɔr˦[<ts'ɔ˦]"

【大嫂子】taɹ sɔ˥ʟ ·tsɿ 尊稱年長於自己的非親屬已婚女子

【大嫂】taɹr ·sɔ 大哥之妻 ‖ 以下二嫂、三嫂等,嫂讀輕聲

【大罩】taɹɾ tʂɔɹ ⇨〖棺罩〗kuãɹɾ tʂɔɹ

【大料】taɹ liɔɹ =〖大茴香〗taɹ xuẽ˦r(或 xuei˦r) ·ɕiaŋ =〖八角〗paɹʟ ·tɕyə(或 paɹɾ tɕyəɹ) =〖茴香〗xuẽ˦r(或 xuei˦r) ·ɕiaŋ 一種調味香料,紅褐色,有八個角

【大頭魚】taɹ t'ou˦ y˦ ⇨〖鰱魚〗liã˦r ·y

【大後天】taɹ xouɹ ·t'iã(或 t'iãɹ) =〖大後兒〗taɹ xourɹ[<xouɹ] 緊接在後天之後的一天 ‖ 後,去聲,此處在輕聲前不變調

【大後年】taɹ xouɹ ·ȵiã 緊接在後年之後的一年 ‖ 後,去聲,此處在輕聲前不變調

【大舅子】taɹ tɕiouɹɾ ·tsɿ(或 taɹɾ ·tɕiou ·tsɿ) =〖大舅子哥〗taɹ tɕiouɹɾ ·tsɿ kəɹ =〖內兄〗neiɹ ɕyŋɹ 妻子的哥哥 ‖ 面稱隨妻子稱大哥、二哥等

【大油】taɹ iou˦ 豬油

【大板指頭】taɹ pã˥ tʂɿɹʟ ·t'ou =〖大板指〗taɹ pã˥ tʂɿɹ =〖大門指頭〗taɹ ·mẽ tʂɿɹʟ ·t'ou (伸出大拇指)表示對某個正派、能幹、有威望的人的尊敬:人家在廠裏是屬~的!

【大半天】taɹ pãɹ t'iãɹ 比半天多一點的時間

【大欄】taɹɾ ·lã 大的豬欄,有一人多深,一次可出三十多方土(肥) ‖ 參見"小欄 ɕiɔ˥ʟ ·lã"

【大寒】taɹ xã˦ 二十四節氣之一:△~小寒又一年

【大便】taɹ piãɹ ⇨〖拉屎〗laɹ ʂɿ˥

【大點兒】taɹ ·tiɛr[<tiã˥] 大一點兒 ‖ 此處大在輕聲前不變調

【大件兒】taɹɾ tɕiɛrɹ[<tɕiãɹ] 酒席上指整鷄整魚的大盤菜

【大前天】taɹ tɕ'iã˦ ·t'iã(或 t'iãɹ) =〖大前兒〗taɹ tɕ'iɛr˦[<tɕiã˦] 前天以前的一天 ‖ 前,陽平,此處在輕聲前不變調

【大前年】taɹ tɕ'iãɹɾ ·ȵiã 前年以前的一年

【大年初一】taɹ ȵiã˦ tʂ'uɹɾ iɹ 農曆正月初一:△~打了個兔子,有你也過年没你也過年

【大年三十兒】taɹ ȵiã˦ sãɹ ʂer˦[<ʂɿ˦] ⇨〖年三十兒〗ȵiã˦ sãɹ ʂer˦[<ʂɿ˦]

【大仙】taɹ ɕiãɹ 舊時諱稱黄鼠狼

【大眼角】taɹ iã˥ tɕyəɹ 靠鼻子的眼角

【大雁】taɹɾ iãɹ =〖雁〗iãɹ 一種候鳥,形狀略像鵝,善於飛行和游泳,群居,飛時排成行

【大蒜】taɹ suãɹ ⇨〖蒜〗suãɹ

【大專】taɹ tʂuãɹ 高等專科學校的簡稱

【大門】taɹ mẽ˦ 大的門,特指整個建築臨街的一道主要的門

【大門外】taɹ mẽ˦r vɛɹ =〖大門外頭〗taɹ mẽ˦ vɛɹɾ ·t'ou 大門外面的地方

【大糞】taɹɾ fẽɹ 人糞

【大糞乾】taɹ fẽɹ kãɹ 曬乾的人糞肥

【大人】ta˩˧ ·ʐẽ 成年人，跟小孩兒對稱

【大金牙】ta˩ tɕiẽ˨ ia˦ 稱鑲的金牙，也指發黄的牙齒：△穿皮鞋，嘎嘎叫；～，自來笑

【大襟兒】ta˩ tɕier˨[<tɕiẽ˨] 中式衣服從左向右扣在小襟前面的部分

【大盡】ta˩˧ ·tɕiẽ 大建，農曆有三十天的大月份

【大印】ta˩ iẽ˩ 正規使用的圖章

【大仿本兒】ta˩ faŋ˥˧ per˥[<pẽ˥] 用於毛筆臨摹大字的帶方格的本子

【大方】ta˩˧ ·faŋ ❶對於財物不計較，不吝嗇 ❷舉止自然，不拘束 ❸式樣顔色等不俗氣

【大堂】ta˩ t'aŋ˦ 舊時衙門中審理案件的廳堂：上～

【大腸】ta˩ tʂ'aŋ˦ 腸子下通肛門比小腸粗而短的部分

【大氅】ta˩ tʂ'aŋ˥ 舊稱大衣

【大娘】ta˩ ȵiaŋ˦ ❶父親的嫂嫂 ❷尊稱上年紀的非親屬女性

【大洋】ta˩ iaŋ˦ ⇨〖銀圓〗iẽ˦ yã˦

【大黄花】ta˩ xuaŋ˦ xua˨ 大的黄花魚

【大風】ta˩ fəŋ˨ 風力很大的風

【大淨】ta˩ tɕiŋ˩ 用淨水洗全身。伊斯蘭教法經規定，成年的男女穆斯林在封齋前必須大淨

【大葱】ta˩ ts'uŋ˨ 割了麥子以後把小葱栽到埂子上秋後拔出過冬用的葱，比較粗長，葱葉以下部分成白色‖參見"小葱 ɕiɔ˥ ts'uŋ˨"

【大工】ta˩˧ ·kuŋ 有技術的泥瓦匠

【大紅袍】ta˩ xuŋ˦ p'ɔ˦ 茄子的一個品種，個大而圓，色淺

【大兄弟】ta˩ ɕyŋ˨˩ ·ti 尊稱年小於自己的非親屬男子

【打】·ta 用作動詞後綴，構成的雙音節動詞有的可連用爲V打V打，重叠式VV打打的轉爲形容詞：敲～|踢～|甩～|呲～|顛～|我敲～敲～他！|顛～顛～就散了架咧！|你别這麼甩甩～～的！|你呲呲～～的幹什麼？|敲敲～～的‖另見 ta˥

t'a

【塔布】t'a˨˧ pu˩ 回民喪葬時直接扣在屍體上的四方格木架

【褟頭兒】t'a˨˩ ·t'our[<t'ou˦] =〖抹頭兒〗ma˨˩ ·t'our[<t'ou˦] 女子帶孝時戴在頭上的孝布

【他】t'a˥ 代詞，稱自己和對方以外的另一人‖可以表示領有：～家

【他媽】t'a˥ ma˨ 有子女的男子稱妻。常用於背稱‖也稱"他媽媽 t'a˥ ma˨˩ ·ma"，前面可加孩子或子女的名字，如：孩子～、珍珍～

【他倆】t'a˥˧ lia˥ =〖他們倆〗t'a˥˩ ·mẽ lia˥ 他們兩人

【他這伙】t'a˥ tʂə˩ xuə˥ 他們‖比較他們，他這伙本身不能表示領有，如"他們家"不能説"他這伙家"

【他爹】t'a˥ tiə˨ 有子女的女子稱丈夫。常用於背稱‖也稱"他爸爸 t'a˥ pa˩˧ ·pa"，前面可加孩子或子女的名字，如：孩子～、小華～

【他奶奶的】t'a˥ nɛ˥˩ ·nɛ ·ti ⇨〖奶奶的〗nɛ˥˩ ·nɛ ·ti

【他老人家】t'a˥ lɔ˥˩ ·ʐẽ ·tɕia 代詞，尊稱他：　最近身體好啊罷？

【他們】t'a˥˩ ·mẽ 代詞，稱自己和對方

以外的另一些人‖可以表示領有：～家

na

【納】na˩ 在鞋底或襪底上密密地縫的縫紉方法，有的襪底還納上花‖廣韵合韵奴答切，口語常讀：na˩～鞋底；na˩～悶兒、～税

【納鞋底】na˩ ɕiɛ˧ ti˥ 在鞋底上用粗綫密密地縫，使結實耐磨

【拿】na˧ ❶用手取，握在手裏：給他～雙筷子｜你手裏～的麼？❷掌握，把握：～主意｜這事我真～不準！❸刁難，要挾：～他一把 ❹用：～筆寫字 ❺把，對：～他當小孩兒｜～他開玩笑

【拿一把】na˧˦ ·i pa˥ 借着某種條件拿架子：這事兒非你幹不行，你別～！｜錶叫我拾到了，可以～嘛！

【拿主意】na˧ tʂu˥˨ ·i 作出決斷：你～罷！‖"拿"後可插入"個"等：你拿個主意，這東西咱要是不要！

【拿大頂】na˧ ta˩ tiŋ˥ 倒立，頭部着地‖參見"竪直立兒 ʂu˩ tʂʅ˧˦ ·lier [<li˩]"

【拿捏】na˧˦ ·ȵiə ❶扭捏不痛快 ❷刁難，要挾：別～他嘛｜過去是婆婆～兒媳婦，現在兒媳婦～婆婆嘛！‖變式"拿着捏着的 na˧˦ ·tʂʅ ȵiə˩˨ ·tʂʅ ·ti"：有麼就説，別～！重叠式"拿拿捏捏的 na˧˦ ·na ȵiə ·ȵiə ·ti"：有麼説麼，～幹麼？

【拿藥】na˧ yə˩ 到西藥房買藥或取藥

【拿喬兒】na˧ tɕ'iɔr˧[<tɕ'iɔ˧] 擱不住別人開玩笑，稍有一點小事就生氣：我隨便説了她兩句，她就～嘛！‖參見"拿喬作怪的 na˧ tɕ'iɔ˧ tsuə˩˨ kuɛ˩˦ ·ti"、"喬拉 tɕ'iɔ˧˦ ·la"

【拿喬作怪的】na˧ tɕ'iɔ˧ tsuə˩˨ kuɛ˩˦ ·ti 只爲一點小事，不該生氣而生氣：你別～！｜你～幹麼？

【拿…當】na˧ …taŋ˩ ＝〖把…當〗pa˥ …taŋ˩ 將…當作：他盡拿你當槍使，你還知不道！｜你別拿爹不當老子！

【拿糖】na˧ t'aŋ˧ 擺架子：這人多隨和，一點不～！

【哪】na˥ 疑問代詞。❶後面跟量詞或數量詞，表示要求在所問範圍内有所確定：這些衣裳你喜歡～件？｜這三支鋼筆你要～一支？❷表示反問：今頭午上午～有人來？｜他～會幹這號種事兒？

【哪裏】na˥˨ ·ȵi(或 ·li) ❶什麼地方：你上～？｜他把剪子放～嘛？❷任何地方：我～也不去！

【哪一個】na˥˨ ·i kə˩ 表示要求在一定範圍内確定其中一個：兩個肥城桃你要～？

【哪些】na˥ ɕiə˩ 哪一些：今天～人没參加早操？｜你説説還有～事兒要咱辦？

【那】na˩ 指示代詞，指示比較遠的人或事物：～人｜～地處地方｜～不是天津綠一種白菜，這才是！‖另見 nəŋ˩

【那裏】na˩˦ ·ȵi(或 ·li) ＝〖那兒〗nar˩[<na˩] 指示比較遠的地方

【那户】na˩˦ ·xu 那種，那類：我要～大的！｜他～的人你別答理他！

【那麼】na˩˦ ·mə 見"那麼 nəŋ˩˦ ·mə"

【那窩(裏)】na˩˦ ·və (·ȵi 或 ·li) 那兒：～有啊罷有没有？

【那個】na˩˦ ·kə 那一個：～人梭很大方！｜我要～不要這個！｜他～事兒我

管不了！‖後面如果有名詞，則“個”字常可省略。參見“那 na˨˩”

【那個樣兒】na˨˩꜔ ·kə iãr˨˩[<iaŋ˨˩] 指示狀態，那樣，有强調義：往後不許～！

【那□兒】na˨˩꜔ ·xər[<·xə] 那兒：～没有！‖□[xə]本調不明

【那些】na˨˩ ɕiə˨˩˧ 指示較遠的兩個以上的人或事物：～孩子學的都不孬！｜～事兒，過去就算唡，你别放在心上！

【那會兒】na˨˩ ·xuer[<xuei˨˩] 過去的某個時候：～山東大學還在青島‖那，去聲，此處在輕聲前不變調

【那口子】na˨˩ k'ou˥˨ ·tsɿ 前面加單數人稱代詞稱配偶的一方：俺～｜他～｜你～

【那樣】na˨˩꜔ ·iaŋ 代詞，指示方式、狀態等：他～做好嗎？｜像他～的肯幹，哪個單位都願意要！

【納税】na˨˩ ʂuei˨˩ ⇨〖交税〗tɕiɔ˨˩˧꜔ ʂuei˨˩

【納悶兒】na˨˩ mer˨˩[<mẽ˨˩] 因爲疑惑而發悶：知不道他爲麽生氣，當着大伙兒又不好問，我心裏真～！‖納，另見 na˨˩

la

【拉】la˨˩˧ ❶用力使向自己方向或跟着自己移動：把他～過來｜～地排車 ❷用車載運：～貨｜這車只能～十個人 ❸帶領隊伍走：把部隊～到城外｜把學生～到操場上去練練！❹牽引樂器的某一部位使之發聲：～二胡｜～手風琴 ❺拖長，拉開：他跟不上，～了一大截 ❻幫助：～他一把 ❼牽扯：你做的事爲什麽非得～上我？❽拉攏，聯絡：～關係｜～近乎 ❾排泄：～屎｜～肚子‖另見 la˦˨、·la

【拉屎】la˨˩˧ ʂʅ˥ =〖解大手〗tɕiɛ˥ ta˨˩ ʂou˥ =〖大便〗ta˨˩ piã˨˩ 出恭

【拉肚子】la˨˩˧ tu˨˩꜔ ·tsɿ ⇨〖跑茅子〗p'ɔ˥˨ mɔ˦˨꜔ ·tsɿ

【拉巴】la˨˩˧˨ ·pa 撫養：他離了婚，一個人～着孩子不容易！‖含有財力人力不寬裕、條件艱苦的意味

【拉大鍋底】la˨˩˧꜔ ta˨˩ kuə˨˩˧ ti˥ 對着舊式鍋竈拉風箱

【拉拉巴巴】la˨˩˧˨ ·la ·pa ·pa =〖拉拉扯扯〗la˨˩˧˨ ·la ·tʂ'ə ·tʂ'ə 推推讓讓：你兩個～的幹麽？｜～人家看着不好

【拉刹燈】la˨˩˧˨ ·ʂa təŋ˨˩˧ 拉滅電燈

【拉哈】la˨˩˧ xa˥ 回民指安放死者的墓穴，底部鋪土

【拉扯】la˨˩˧˨ ·tʂ'ə ❶拉：你别亂～，拉亂了可！❷撫養：把三個孩子～大了不容易！❸牽扯，涉及：這個事情我不管，你别～上我！❹推讓：這菜你收下罷，别～唡！‖重叠式①“拉拉扯扯的 la˨˩˧˨ ·la ·tʂ'ə ·tʂ'ə ·ti”：你～幹什麽？②“拉拉扯扯 la˨˩˧˨ ·la ·tʂ'ə ·tʂ'ə”，推讓：給你就拿着，别～唡！重叠式也説“拉拉巴巴”

【拉桌】la˨˩˧꜔ tʂuə˨˩˧ 指請客吃飯：他家裏～

【拉火】la˨˩˧ xuə˥ 用風箱使火燒着、燒旺

【拉腳的】la˨˩˧꜔ tɕyə˨˩˧˨ ·ti 拉着地排車等拉着運貨的人

【拉套子的】la˨˩˧ t'ɔ˨˩꜔ ·tsɿ ·ti 在駕轅者前面幫着拉車的人或牲畜‖參見“駕轅的 tɕia˨˩ yã˦˨꜔ ·ti”

【拉老婆舌頭】la˨˩˧ lɔ˥˨ ·p'ə ʂə˦˨꜔ ·t'ou

撥弄是非，傳播流言：男爺們還～！｜△張家長，李家短，～二尺半！

【拉着燈】la˧˩˪ ·tʂɔ təŋ˧˩ 拉開電燈

【拉料】la˧˩˫ liɔ˩ 推碾牲口飼料：～去！

【拉麵】la˧˩˫ miã˩ ❶用手把麵塊拉成麵條兒 ❷用手拉成的麵條兒

【拉近乎】la˧˩ tɕiẽ˩˫ ·xu 套近乎

【邋遢】la˧˩˪ ·t'a 不乾淨，不利索

【拉】la˦ 談，講：他倆～不到一塊兒｜～呱兒 ‖ 另見 la˧˩、·la

【拉呱兒】la˦ kuar˥[＜kua˥] ❶聊天兒：你走了我就没有～的啦｜咱老姊妹們拉會兒呱兒 ❷講故事：我給你～個呱兒講個故事

【拉頭兒】la˦˥ ·t'our[＜t'ou˦]（是否）談得攏、説得來：◇棗核兒解板兒，没～！｜我和他没～！

【拉閑呱】la˦ ɕiã˦ kua˥ 閑聊天

【剌】la˦ 切（開），拉（開）：把蘋果～開，咱倆一人一半｜手上～了個口子

【剌個口子】la˦˥ ·kə k'ou˥˪ ·tsɿ ＝〖剌個口兒〗la˦˥ ·kə k'our˥[＜k'ou˥] 拉開一個口兒

【喇叭】la˥˪ ·pa ❶一種管樂器：吹～ ❷喇叭狀的擴音器

【喇叭褲】la˥˪ ·pa k'u˩ 褲腿張開成喇叭形的褲子

【喇叭花】la˥˪ ·pa xua˧˩ 牽牛花，一年生草本植物，纏繞莖，葉片心形，花喇叭形，有紅、白、紫等色，果實爲蒴果

【落】la˩（或 la˦）❶遺漏：頭午還～了一個事兒没説｜～不下你！ ❷忘記把東西從某處拿走：我把鋼筆～在教室啦！ ❸掉在後面：他走的慢，～在後面啦｜～下距離｜他幹什麼都不願～在别人後面 ❹得下：～下病啦！ ‖ 另見 luə˩

【落字兒】la˩ tser˩[＜tsɿ˩] ＝〖掉字兒〗tiɔ˩ tser˩[＜tsɿ˩] ＝〖漏字兒〗lou˩ tser˩[＜tsɿ˩] 漏寫了字兒：這裏落了個字兒

【落啦】la˩˥ ·lia 遺落了：～倆人｜這裏～三個字！

【辣】la˩ 像辣椒、薑等的味道：薑要老的～！

【辣滋滋】la˩ tsɿ˧˩˫ tsɿ˧˩ 輕微的辣味

【辣椒】la˩ tɕiɔ˧˩ 一種蔬菜，品種主要有二：一種形狀像大的毛筆尖，青色，成熟後紅色，味辣，也可作調味品；一種燈籠形，不辣帶甜味，濟南人稱"柿子椒 ʂɿ˩˥ ·tsɿ tɕiɔ˧˩"。兩者通稱辣椒

【辣椒麵兒】la˩ tɕiɔ˧˩˫ miɛr˩[＜miã˩] 辣椒粉

【辣椒醬】la˩ tɕiɔ˧˩˫ tɕiaŋ˩ 大豆等加辣椒製成的醬

【辣酒】la˩ tɕiou˥ 白酒，區别於甜酒

【臘八】la˩˥ ·pa 農曆十二月（臘月）初八，這天民間喝臘八粥

【臘八粥】la˩˥ ·pa tʂou˧˩ 臘八這天喝的用米、豆等穀物加紅棗、蓮子等熬成的粥

【臘月】la˩˥ ·yə 農曆十二月

【臘梅】la˩ mei˦ 一種臘月開花的落葉灌木，花黄色，開花以後才長葉子

【臘梅花】la˩ mei˦ xua˧˩ 臘梅的黄色小花，有濃香

【蠟燭】la˩ tʂu˧˩ 一種燭心由葦子製成的大紅蠟燭，點的時候要插在蠟燭臺上，今已不多見 ‖ 參見"洋蠟 iaŋ˦ la˩"

【蠟燭托】la˩˥ ·tʂu t'uə˧˩ 燈籠裏插蠟燭的托子

【蠟臺】la˩ t'ɛ˧ 插蠟燭的器物，多錫製

【蠟簽兒】la˩ tɕ'iɛr˩[<tɕ'iã˩] =〖臘燭簽兒〗la˩˥ ·tʂu tɕ'iɛr˧ 插蠟燭的器物，下有圓形底盤，上面長釘形，多銅製

【蠟光綫】la˩ kuaŋ˩˥ ɕiã˩ 木軸的縫紉機用綫，有光澤

【拉】·la 用在數詞十之後表示概數，後面帶量詞：十～個｜十～年｜十～塊錢｜十～斤‖限於在單個的十後，不説二十拉個、百十拉個等。另見 la˩、la˧

【拉】·la ❶形容詞後綴，構成的雙音節形容詞可重叠爲 AA 拉拉的：粗～｜斜～｜梣～｜侉～｜粗粗～～的｜侉侉～～的 ❷動詞後綴，構成的雙音節動詞連用式爲 V 拉 V 拉，有的可重叠爲 VV 拉拉的，轉爲形容詞：扒～｜撥～｜撲～｜跍～｜謅～｜白～｜糊～｜扒～扒～｜撲～撲～｜撥撥～～的‖另見 la˩、la˧

tsa

【咂】tsa˩ ❶咂嘴 ❷用嘴唇吸 ❸仔細辨別滋味：你不～不～這是麼滋味‖另見 ·tsə

【砸砸】tsa˩ ·tsa 用縫紉機縫一縫：到裁縫鋪裁縫店去～！

【砸衣裳】tsa˧ i˩˥ ·ʂaŋ 用縫紉機縫製衣服

【砸蒜】tsa˧˥ suã˩ 搗蒜

【雜技】tsa˧˥ tɕi˩ 統稱各種技藝表演，有口技、車技、頂碗、走鋼絲、變魔術等等：～團

【雜巴拉】tsa˧˥ ·pa la˧ ❶多種事物混在一起：這些～的事兒我真不願意管！｜把這些～的東西拾掇拾掇！❷專指混在一起的各種鹹菜：稱一斤～！

【雜巴豆兒】tsa˧˥ ·pa tour˩[<tou˩] 幾個品種雜在一起的豆子

【雜貨鋪】tsa˧˥ xuə˩ p'u˩ 出售以日用物品爲主的雜貨店，如白糖、鹽以及碗筷等

【雜糧】tsa˧ liaŋ˧ ❶小麥以外的糧食 ❷多種糧食攙和在一起的糧食

ts'a

【擦】ts'a˩ ❶摩擦，揩拭：～皮鞋｜～黑板｜～桌子 ❷抹：～藥水｜～油 ❸貼近：天～黑

【擦抹黑】ts'a˩ ·ma xei˩ 天擦黑‖擦，陰平，此處在輕聲前不變調

【擦破皮兒】ts'a˩˥ ·p'ə p'iɛr˧[<p'i˧] ⇨〖蹭破皮兒〗ts'əŋ˩ p'ə˩ p'iɛr˧[<p'i˧]

【擦了去】ts'a˩˥ ·lə ·tɕ'i 擦掉

【擦腳布】ts'a˩˥ tɕyə˩˥ pu˩ 腳布

【擦臉手巾】ts'a˩ liã˥ ʂou˥˩ ·tɕiẽ =〖洗臉手巾〗ɕi˥˩ liã˥ ʂou˥˩ tɕiẽ 特指洗臉用的毛巾‖參見“手巾 ʂou˥˩ ·tɕiẽ”

【擦身子】ts'a˩˥ ʂẽ˩˥ ·tsɿ =〖擦擦〗ts'a˩ ·ts'a 擦澡

【擦腚紙】ts'a˩˥ tiŋ˩ tʂɿ˥ =〖手紙〗ʂou˥˩ tʂɿ˥ =〖衛生紙〗vei˩ ʂəŋ˩ tʂɿ˥ 解手時用的紙

【礤牀(子)】ts'a˩ tʂ'uaŋ˧˥ (·tsɿ) 把蘿蔔、瓜等擦成絲的器具

sa

【仨】sa˩ 三個：俺～｜你～｜他～｜娘兒～｜爺兒～｜五個桃叫他一下吃了～！

【撒】saɹ 放開：～手｜～腿 ‖ 另見 sa˥

【撒帖】saɹ⊦ tʻiəɹ 舉辦婚喪大事時給親友送帖子

【撒手】saɹ ʂou˥ 放開手，鬆手：拽住他別～！｜這事兒你可不能～不管！

【薩其馬】saɹ tɕʻi˦ ma˥ 一種把油炸的短麵條用糖黏合起來切成方塊的食品

【薩伊來】saɹ⊦ iɹ lɛ˦ 回民稱要飯的 ‖ 參見"找乜臺的 tʂɔ˥ ȵiəɹ⊦ ·tʻɛ ·ti"

【糝】sa˦ 蘇北、皖北、魯西南一帶的風味粥類食品，用麥仁加肉糜、鷄湯及其他作料熬成後再加鷄絲，濟南也偶有設攤銷售 ‖ 糝，廣韵感韵桑感切："羹糝。"《説文》："以米和羹也"

【糝湯】sa˦ tʻaŋɹ 用煮開的鷄湯冲生鷄蛋並放有鷄肉的湯 ‖ 濟南攤點商品牌寫"糝湯"。參見"糝 sa˦"

【暾麼】sa˦⊢ ·mə 到處看，找尋：我～個東西！

【撒】sa˥ 散布，散落：～種[tʂuŋ˥]｜你看你～了一地水！ ‖ 另見 saɹ

【撒網】sa˥⊦ vaŋ˥ 把魚網撒到水裏捕魚

tʂa

【扎刮】tʂaɹ⊾ ·kua(或 ·ku) ❶打扮：這閨女挺會～｜這妮兒～得挺好看 ❷修理：把車子～好嘞！❸治療：～病｜病了三個月，總算～好嘞 ‖ 扎刮的刮，在山東有音 ·kuə，如博山、濰坊等，多寫作"裹"；也有音 ·ku，如利津、煙臺、即墨等，寫作"古"、"固"；音 ·kua 的又如掖縣(今稱萊州)。西周生《醒世姻緣傳》寫作"扎刮"，如：童奶奶～齊整(七十一回)；蒲松齡《聊齋俚曲集》也寫作"扎刮"，如：你看我～的你一嶄新(《牆頭記》)

【扎針】tʂaɹ⊦ tʂẽɹ ＝〖針灸〗 tʂẽɹ⊦ tɕiouɹ 用特製的金屬針按一定的穴位扎入肌肉治療疾病

【扎猛子】tʂaɹ⊾ məŋ˥⊾ ·tsɿ 游泳時頭朝下跳入深水的動作

【咋呼】tʂaɹ⊾ ·xu 高聲説話，叫喊：你～麼？ ‖ 連用式"咋呼咋呼 tʂaɹ⊾ ·xu tʂaɹ⊾ ·xu"：你～，人就來嘞！重叠式"咋咋呼呼的 tʂaɹ⊾ ·tʂa ·xu ·xu ·ti"，形容詞：這人成天～！

【挓挲】tʂaɹ⊾ ·ʂa ❶(手、頭髮、樹枝等)伸張開：～個手 ❷比喻不守規矩，行爲放肆：你～麼？

【紮腿帶子】tʂaɹ tʻuei˥ tɛɹ⊢ ·tsɿ 冬季用於綁紮褲腿下部的布條，有的是針織品，黑色居多

【紮腰帶子】tʂaɹ⊦ iɔɹ tɛɹ⊢ ·tsɿ ＝〖褲腰帶〗 kʻuɹ iɔɹ⊦ tɛɹ ＝〖腰帶〗 iɔɹ⊦ tɛɹ 褲帶；束腰的帶子

【炸】tʂa˦ ❶將食物放到沸油裏使熟：～餜子油條｜～丸子｜～藕合 ❷將蔬菜放到沸水裏稍煮：～菠菜｜蕓豆要～一～再剁！ ‖ 另見 tʂaɹ

【炸合子】tʂa˦ xə˦⊢ ·tsɿ 一種皮厚帶肉餡的發麵油炸食品

【炸豆腐】tʂa˦ touɹ⊢ ·fu 油炸的豆腐

【炸油】tʂa˦⊢ ·iou 花生油的又稱

【炸醬麵】tʂa˦ tɕiaŋɹ miãɹ 用炸醬爲調料的麵條

【鍘】tʂa˦ ❶切草或切其他東西的器具，有鍘刀和鍘牀兩部分 ❷用鍘鍘：～草

【鍘牙】tʂa˦ ia˦ 鍘牀中間槽兩邊鑲的鐵齒

【鍘刀】tʂa˦ tɔɹ 鍘上的刀，一頭安在底

座上，一頭有欄，可以上下活動

【鍘牀】tʂa˧ tʂuaŋ˧ 鍘的底座，在整木頭的中間挖一條槽

【鍘釘】tʂa˧ tiŋ˩ 把鍘刀固定在鍘牀上的釘子

【眨巴】tʂa˥˩ ·pa ＝〖眨□〗 tʂa˥˩ ·ma 眨：～眼 ‖ 連用式"眨巴眨巴 tʂa˥˩ ·pa tʂa˥˩ ·pa"、"眨□眨□ tʂa˥˩ ·ma tʂa˥˩ ·ma"：他～眼想起個點子來

【眨眼】tʂa˥˦ iã˥ ❶眼睛一閉一開 ❷比喻時間短：～就不見嘞！

【乍】tʂa˩ 剛剛，開始：初來～到｜～暖還寒時候

【栅欄】tʂa˩˦ ·lã 用木條等製成的類似籬笆而較堅固的阻攔物：～門 ‖ 也說"栅欄兒 tʂa˩˦ ·lɛr[＜lã˧]"

【炸】tʂa˩ ❶突然破裂：瓶子燙～嘞！❷用炸藥爆破，用炸彈轟炸 ‖ 另見 tʂa˧

【痄腮】tʂa˩˦ ·sɛ 腮腺炎

【榨菜】tʂa˩ ts‘ɛ˩ 經過加辣椒等調味品腌製的一種鹹菜：～絲｜～湯 ‖ 本地不產榨菜，市場供應的多從四川、浙江運進

tʂ‘a

【差】tʂ‘a˩ ❶不相同，不相合：～遠嘞｜～别 ❷差錯 ❸差數，兩數相減的餘數 ‖ 另見 tʂ‘a˩

【差一乎乎】tʂ‘a˩˩ ·i xu˧˦ ·xu ＝〖差一火火〗 tʂ‘a˩˩ ·i xuə˥˩ ·xuə 差一點兒，幾乎：我～就掉下去嘞！

【差一點兒】tʂ‘a˩˩ ·i tiɛr˥[＜tiã˥] 副詞。❶表示某事接近實現：～踔倒嘞！｜～遲到 ❷表示某事勉强實現（後面多帶"没"字）：～没考及格！

【差不多】tʂ‘a˩˩ ·pu tuə˩ ＝〖差不離兒〗 tʂ‘a˩˩ ·pu liər˧[＜li˧] ❶相差無幾，大致相近：他倆～大｜～都來嘞！❷不錯，可以：這還～！

【插】tʂ‘a˩ ❶細長或薄的東西放進、刺進或擠進别的東西裏 ❷加入，參與：～班｜～手

【插地瓜】tʂ‘a˩˦ ti˩ kua˩ 將地瓜秧種到地埂上

【插樹苗】tʂ‘a˩˦ ʂu˩ miɔ˧ 把當年長的樹枝剪下分段插入土裏使長根

【插花】tʂ‘a˩˦ xua˩ ❶不用綳子撑着的綉花方式，例如在鞋面上綉 ❷攙雜，夾雜：～地 ❸把剪下的鮮花插起來裝點環境：～藝術 ‖ 義項①參見"綉花 ɕiou˩ xua˩"

【插嘴】tʂ‘a˩ tsuei˥ 别人説話時插進去説：先别～，等我説完了可！｜大人説話，小孩兒别～！

【插豆】tʂ‘a˩˦ tou˩ 一種褐色的豆子，可攙在米裏煮稀飯

【插秧】tʂ‘a˩˦ iaŋ˩ ＝〖插稻子〗 tʂ‘a˩˦ tɔ˩˦ ·tsɿ 把水稻的秧種到稻田裏

【喳喳】tʂ‘a˩˩ ·tʂ‘a ❶小聲説話：你倆别～嘞！❷小聲説話的聲音：你倆～～説什麼？

【茬】tʂ‘a˧ ❶農作物收割後留在地裏的根和莖 ❷同一塊土地上作物種植或生長的次數：麥～｜三年兩～｜頭～蘑菇｜二～割了一次以後又生長的韭菜

【茶】tʂ‘a˧ ❶茶葉：沏～｜花～ ❷沏好的茶水：喝～！

【茶几子】tʂ‘a˧˦ ·tɕi ·tsɿ 茶几，放置茶具、也可以放置盆花等的家具，老式的一般四方形

【茶爐】tʂ'a˦ lu˦ 機關集體專用於燒開水的爐子

【茶壺】tʂ'a˦ xu˦ 沏茶水用的瓷壺

【茶壺囤子】tʂ'a˦˩ ·xu tuẽ˨˩ ·tsɿ 舊式保暖用品，盛放茶壺的外面一層用草編成，裏面有一層棉套

【茶社】tʂ'a˦˩ ʂə˨ 賣茶水的鋪子，設有座位供顧客喝茶交談，北京稱茶館兒 ‖ 過去濟南的茶社還有説唱演出

【茶葉】tʂ'a˦˩ ·iə 經加工後的茶樹嫩葉，用於沏水作飲料 ‖ 通常口語多説"茶"

【茶杯】tʂ'a˦ pei˨ 倒茶水的帶欛帶蓋瓷器，比茶碗高

【茶客】tʂ'a˦ k'ei˨ 泡茶時茶葉梗豎直地懸浮於水中，兆有客人來到

【茶客】tʂ'a˦˩ ·k'ei 稱好喝茶的人

【茶碗】tʂ'a˦ vã˥ =〖茶盅〗tʂ'a˦ tʂuŋ˨ 倒茶水的小瓷杯，帶欛兒無蓋

【茶墊兒】tʂ'a˦ tiɛr˨[<tiã˨] 墊在茶杯下的小碟子

【茶點】tʂ'a˦ tiã˥ 糕點

【茶館兒】tʂ'a˦ kuer˥[<kuã˥] 燒開水賣的地方(過去每條街上都有，先買牌子，憑牌打水)：到～打開水去！ ‖ 過去濟南的茶館兒只賣開水不設茶座

【茶房】tʂ'a˦ faŋ˦ 舊稱在旅館、火車、輪船、劇院等處供應茶水、承擔雜務的人

【茶莊】tʂ'a˦ tʂuaŋ˨ =〖茶葉店〗tʂ'a˦˩ iə˨ tiã˨ 專售茶葉的商店

【查】tʂ'a˦ ❶檢查，調查 ❷數(動詞)：你～～車上幾個人！

【搽】tʂ'a˦ 塗抹：～粉｜～胭脂抹粉兒

【碴栗疙瘩】tʂ'a˦ li˨˩ ·kə ·ta 屈起指頭，用突出的手指骨節打人

【蹅】tʂ'a˥ 腳踩入稀或爛的地方：～泥｜～雪

【岔開】tʂ'a˨ k'ɛ˨ ❶(時間)互相讓開 ❷(説話)離題：説着説着～啦！

【杈】tʂ'a˨ 植物的分枝：樹～

【差】tʂ'a˨ ❶缺，短少：～點兒｜還～三塊錢！ ❷不好：成績～ ❸錯：説～啦！ ‖ 另見 tʂ'a˨

ʂa

【沙子】ʂa˨˩ ·tsɿ 細小的石粒：攙～

【沙子瓦】ʂa˨˩ ·tsɿ va˥ 用水泥、沙子製成的瓦，發白，不大耐用

【沙畦子】ʂa˨ ɕi˦˩ ·tsɿ 用釘耙平整畦子

【沙土】ʂa˨˩ ·t'u ❶泛稱含沙很多的土 ❷特指黄河沿岸取得的極細的沙：舊時回民死後埋葬，身下要鋪曬乾的～

【沙土地】ʂa˨˩ ·t'u ti˨ 含沙很多的土地

【沙發】ʂa˨˧ fa˨ 裝有彈簧或厚泡沫塑料的坐具，多有靠背和扶手

【沙發巾】ʂa˨˩ ·fa tɕiẽ˥ 墊在沙發上的毛巾

【沙鍋】ʂa˨˧ kuə˨ 用陶土和沙燒成的鍋，專用於煮菜：～豆腐｜～雞 ‖ 有别於熬藥用的沙鍋子

【沙鍋子】ʂa˨˧ kuə˨˩ ·tsɿ ⇨〖藥鍋子〗yə˨˧ kuə˨˩ ·tsɿ

【沙果子】ʂa˨˧ kuə˥˩ ·tsɿ 一種狀似蘋果而比蘋果小、比花紅大的水果，深紅色

【沙灘】ʂa˨˧ t'ã˨ 水邊由沙子淤積成的灘地

【沙瓤】ʂa˨ ʐaŋ˦ 肉質發沙的(西瓜等) ‖ 參見"肉瓤 ʐou˨ ʐaŋ˦"

【沙丁魚】ʂa˨˧ tiŋ˨ y˦ 一種海魚，身體

細紡錘形，背部灰色，腹部白色，多用於製罐頭‖濟南近年來多有成方冰凍鮮沙丁魚出售

【砂仁】ʂa˩ ʐẽ˧ 中藥名，即縮砂密。也用作調料

【剎風】ʂa˩˫ fəŋ˩ ⇨〖住風〗tʂu˩ fəŋ˩

【紗巾】ʂa˩˫ tɕiẽ˩ 細紗織成的圍巾或頭巾

【殺】ʂa˩ ❶使人或動物失去生命 ❷戰斗 ❸削弱，消除：～癢 ❹由於藥物等刺激感覺疼痛：這藥抹上～得慌！❺勒緊，收束：～緊｜～賬‖宰殺牲畜家畜等，回民只用"宰 tsɛ˥"

【殺豬】ʂa˩˫ tʂu˩ ＝〖宰豬〗tsɛ˥ tʂu˩ 宰殺生豬

【殺豬的】ʂa˩˫ tʂu˩˪ ·ti ＝〖宰豬的〗tsɛ˥ tʂu˩˪ ·ti 以殺豬爲業的人

【殺樹】ʂa˩˫ ʂu˩ 砍大樹

【殺嘞】ʂa˩˪ ·lia 用在表示生理、心理感覺的謂詞後，表示程度深：熱～｜凍～｜氣～

【殺高粱】ʂa˩˫ kɔ˩ liaŋ˧ ＝〖割高粱〗kə˩˫ kɔ˩ liaŋ˧ 收割高粱

【殺頭】ʂa˩ t'ou˧ ⇨〖斬首〗tʂã˥˪ ʂou˥

【痧子】ʂa˩˪ ·tsɿ ⇨〖霍亂〗xuə˩˪ ·luã

【煞戲嘞】ʂa˩ ɕi˩˥ ·lia 舊稱演戲結束散場了

【煞白】ʂa˩ pei˧（由於恐懼、氣憤、疾病等原因，臉色）極白，沒有血色：嚇的他臉～！‖連用式"煞白煞白的 ʂa˩ pei˧ ʂa˩˪ ·pei ·ti"

【蛇】ʂa˧ ⇨〖長蟲〗tʂ'aŋ˧˥ ·tʂ'uŋ ‖蛇，韵母讀 a，文讀 ʂə˧

【傻】ʂa˥ ❶愚笨不解事的：～瓜 ❷老實不知變通的：～幹

【傻瓜】ʂa˥˪ ·kua ＝〖傻子〗ʂa˥˪ ·tsɿ ＝〖獃子〗tɛ˩˪ ·tsɿ 智力低下的人

【霎】·ʂa 表示時間，猶……的時候：我小～可棱皮！｜你走～可帶着這本兒書！

ka

【合伙兒】ka˩（或 kə˩）xuər˥［＜xuə˥］❶合成一伙兒，相處：他幾個～開個小鋪兒｜咱～着幹罷！｜（幾個人做游戲）你和他～！｜他倆～的棱好！｜這人不好～！❷相邀：～着一堆兒走！❸指喪偶的中老年男女同居‖合，廣韵合韵古沓切："合集。"另見 xə˧

【旮旯兒】ka˩˪ ·lar［＜·la］❶角落 ❷偏僻的地方：山～‖重叠式"旮旮旯旯兒的 ka˩˪ ·ka ·la ·lar ·ti"，指所有的角落

【夾肢脖】ka˩˪ ·tʂ'ʅ pə˩ 回民稱腋下‖夾，單字音 tɕia˩，此處讀 ka˩；肢，單字音 tʂʅ˩，此處聲母是送氣的 tʂ'。夾，另見 tɕia˩

【夾肢窩】ka˩˪ ·tʂ'ʅ və˩ 腋下

【嘎吱】ka˩˪ ·tʂʅ ❶吃酥脆食品的聲音 ❷吃酥脆的食品：一霎就～嘞！‖連用式"嘎吱嘎吱 ka˩˪ ·tʂʅ ka˩˪ ·tʂʅ"：叫他～吃嘞！

【嘎拉】ka˩˪ ·la ＝〖疙拉〗kə˩˪ ·la 通稱汗水等乾後留下的痕迹：尿～｜碱～

【嘎渣】ka˩˪ ·tʂa ⇨〖疙渣〗kə˩˪ ·tʂa

【嘎嘎】ka˩˫ ka˩（或 ka˧ ka˧）穿皮鞋走路聲：～～的皮鞋聲

【尜】ka˧ 兒童玩具，圓木段兩頭削尖，玩時用扁長的木板打其一端使之跳起，然後用勁擊向遠處：打～

【蛤拉】ka˧˥ ·la 蛤蜊‖蛤，另見 xa˧、xə˧

【蛤拉蚰】ka˧˥ ·la iou˧ =〖蛤拉蚰子〗ka˧˥ ·la iou˧˥ ·tsɿ ❶蝸牛：△蛤拉蛤拉蚰，先出角[ɕia˩]後出頭，陰天下雨鑽陽溝 ❷螺螄‖蛤，韵母是 a，北京讀 ꜀kɤ。另見 xa˧、xə˧

【□】ka˧ 見"□ pia˧"

【乍古】ka˥˩ ·ku ❶吝嗇 ❷難纏，不好對付

k'a

【咖啡】k'a˩˦ fei˩ 常綠小喬木或灌木，生長在熱帶或亞熱帶。種子炒熟磨成粉，可作飲料

【喀嚓】k'a˩˦ ts'a˩ 斷裂聲：棍子～一聲斷唡！

【磕】k'a˩ 碰在硬東西上：～頭｜～倒唡‖廣韵曷韵苦曷切："石聲。"另見 k'ə˩、k'ə˩

【卡車】k'a˥˩ tʂ'ə˩ 運輸貨物、器材等的載重汽車：大～‖卡，另見 tɕ'ia˩、tɕ'ia˥

【□拉】k'a˩˥ ·la 食油或含油食品日久有哈喇味：這油有～味兒｜點心～唡！

ŋa

【腌臢】ŋa˩˩ ·tsa ❶窩囊：這事兒我没給他辦好，心裏挺～(含有遺憾、慚愧義) ❷骯髒：他家真～！

xa

【哈而乎稀的】xa˩ ·ər xu˩˩ ·ɕi ·ti 馬馬虎虎：這人～，一點不認真！

【哈密瓜】xa˩˩ ·mi kua˩ 甜瓜的一類，果實較大，產於新疆哈密一帶

【哈巴狗】xa˩˦ pa˩˩ ·kou =〖巴狗(子)〗pa˩˩ ·kou (·tsɿ) 一種毛長體小腿短的玩賞狗

【哈拉子】xa˩ la˧˥ ·tsɿ ⇨〖吃拉拉〗tʂ'ʅ˩˩ ·la ·la

【蛤蟆眼兒】xa˧˥ ·ma iɛr˥[<iã˥] 白薯、馬鈴薯等根塊上面抽芽的地方‖蛤，另見 ka˧、xə˧

a

【阿姨】a˩ i˧ ❶稱與母親年歲相近的非親屬女性 ❷稱保育員‖阿，另見 ŋə˧

【阿訇】a˩ xuŋ˧ 伊斯蘭主持教儀、講授經典的人

【啊】a˥ ⇨〖嗯〗ŋ̍˥

【啊】a˩ ⇨〖嗯〗ŋ̍˩

【啊罷】·a ·pa 疑問詞，構成的"V(P)啊罷"結構相當於北京話的反複問"V(P)不V(P)"：去～？｜行～？｜有～？｜吃飯～？｜你認的他～？‖濟南"V(P)啊罷"的句子，新派多說"V(P)不V(P)"，如：去不去、吃飯不吃飯等‖啊，另見 a˥、a˩

ia

pia

【□】pia˨˩˧ 摔東西的聲音：～一下摔到地上｜～的一聲

【□唧】pia˨˩˧꜖ ·tɕi ❶清脆有力的聲音：～一下掉地上嗝！❷咂嘴的聲音 ❸咂(嘴)：～嘴｜你～麼？‖連用式“□唧□唧的 pia˨˩˧꜖ ·tɕi pia˨˩˧꜖ ·tɕi ·ti”：你～吃麼？

【□】pia˦˨(或 p'ia˦˨、ka˦˨) 槍聲

p'ia

【□】p'ia˨˩˧ 用手掌打的聲音：～～兩巴掌

【□】p'ia˦˨ 見“□ pia˦˨”

lia

【倆】lia˥ ❶兩個：他～下象棋｜五個人走了～！❷不多，幾個：就這～錢能買麼？

【嗝】·lia 語氣詞，多用在句末，表示事情已經出現或將要出現，有成句的作用，如果動詞有賓語，賓語在嗝之前：吃了飯～｜下雨～｜不下～｜天要晴～｜這孩子多大～？｜别叫他走～！‖新派讀·la。參見“了 ·lɔ(或 ·lə)”

tɕia

【甲】tɕia˨˩˧ ❶天干的第一位 ❷第一，居於首位：～等｜～級隊 ❸手指或腳趾的角質硬殼：指～蓋兒 ❹用金屬等製成的有保護作用的裝備：裝～車 ❺舊時的户籍單位：保～

【甲魚】tɕia˨˩˧꜖ ·y ＝〖團魚〗t'uã˦˨꜒ ·y ＝〖黿魚〗yã˦˨꜒ ·y 用來吃的鱉

【甲板子】tɕia˨˩˧꜖ ·pã ·tsɿ 一種甲蟲，身體細長，尾部有一對細鉗，棕黑色有光澤

【夾衣裳】tɕia˨˩˧꜖ ·i ·ʂaŋ 統稱各種有夾層的衣服‖夾，另見 ka˨˩˧

【夾竹桃】tɕia˨˩˧꜔ tʂu˨˩˧ t'ɔ˦˨ 常綠灌木或小喬木，葉子條狀披針形，開紅色或白色花

【夾胡道】tɕia˨˩˧꜖ ·xu tɔ˨˩ 兩牆之間的窄道，一般在院子裏，可以堆放雜物，不走人：這鷄鑽到～裏去嗝！｜把這破箱子放到～裏去罷！｜小孩兒上～裏尿[ȵiɔ˨˩]泡尿[suei˨˩˧]

【夾和着】tɕia˨˩˧꜖ ·xə ·tʂɿ 攙夾着

【夾襖】tɕia˨˩˧ ŋɔ˥ 有夾層的上衣

【夾生】tɕia˨˩˧꜖ ·ʂəŋ ❶食物没有熟透：～飯｜饃饃～ ❷比喻事情一開始没辦好，返工難：這孩子的學習～，一半時跟不上！

【角】tɕia˨˩˧ 牛羊鹿等頭上長出的堅硬而略帶彎曲的部分：牛～‖另見 tɕyə˨˩˧

【角落】tɕia˨˩˧꜖ ·la 兩牆相接處的凹角：笤帚樹直放在牆～‖重叠式“角角落落的 tɕia˨˩˧꜖ ·tɕia ·la ·la ·ti”：～都找遍了，没找着！

【家什兒】tɕia˨˩˧꜖ ·ʂer[<ʂɿ˦˨] 用具，器物：這～不好使！｜車閘壞嗝，你拿個

～修修它!

【家裏】tɕia˨˩˨ ·ȵi(或 ·li) ❶家庭的住所裏 ❷妻:俺～她娘家是章丘

【家裏(的)】tɕia˨˩˨ ·ȵi(或 ·li) (·ti) ⇨〖老婆〗lɔ˥˨˩ ·p'ə

【家兔】tɕia˨˩˦ t'u˨ 家養的兔子

【家屬】tɕia˨˩ ʂu˥˧ ❶職工本人以外的家庭成員 ❷專指妻子:我～在服務公司當臨時工

【家務事】tɕia˨˩˦ u˨ ʂʅ˨ 家庭生活的各種事務:△清官難斷～,各説各的理兒!

【家具】tɕia˨˩˦ tɕy˨ 家庭生活用具,主要指木器,也包括炊事用具

【家具店】tɕia˨˩˦ tɕy˨ tiã˨ 經營家具的商店

【家圪拉頭】tɕia˨˩˨ ·kə ·la t'ou˥˧ 怕見生人、外人,缺乏交際能力的人:叫他到二奶奶家去拿個東西也不敢去,真是個～! |他～啊,怕見人! ‖ 圪拉,回民又讀 ·xə ·la

【家雀】tɕia˨˩˨ ·tɕ'yə ＝〖家雀子〗tɕia˨˩˨ ·tɕ'yə ·tsʅ 麻雀 ‖ 也説"家雀兒 tɕia˨˩˨ ·tɕ'yər"

【家來】tɕia˨˩ lɛ˥˧ 到家裏來:～坐!

【家廟】tɕia˨˩˦ miɔ˨ ＝〖祠堂〗ts'ʅ˥˧ t'aŋ˥˧ 舊時同族的人供奉、祭祀祖先的房屋

【家後】tɕia˨˩˦ xou˨ ＝〖家後頭〗tɕia˨˩ xou˨˦ ·t'ou 家宅後面

【家沿前後】tɕia˨˩ iã˥˧ tɕ'iã˥˧ xou˨ ＝〖門前屋後〗mẽ˥˧ tɕ'iã˥˧ u˨˩˦ xou˨ 屋前屋後:～没外人|～的都來嘛

【家訪】tɕia˨˩ faŋ˥ 中小學教師到學生家裏去訪問家長

【□】tɕia˥˧ 役使牲口的吆喝,命令牲口快跑

【假】tɕia˥ 真假的假,指不真實的,僞造的等:這畫是～的! |～冒|作～ ‖ 另見 tɕia˨

【假釋】tɕia˥ ʂʅ˨˩ 在一定條件下把刑期未滿的犯人暫時釋放

【架子花臉】tɕia˨˦ ·tsʅ xua˨˩ liã˥ 戲曲角色花臉的一種,因偏重做工和工架而得名

【架着】tɕia˨˦ ·tʂʅ 用勁攙扶:～他走!

【架把】tɕia˨˦ ·pa 架勢,姿勢

【假條】tɕia˨ t'iɔ˥˧ ＝〖請假條〗tɕ'iŋ˥ tɕia˨ t'iɔ˥˧ 要求請假的便條 ‖ 假,另見 tɕia˥

【嫁閨女】tɕia˨ kuei˨˩˨ ·ȵy ⇨〖娶閨女〗tɕ'y˥ kuei˨˩˨ ·ȵy

【嫁人】tɕia˨ ʐẽ˥˧ ⇨〖娶①〗tɕ'y˥

【嫁妝】tɕia˨˦ ·tʂuaŋ 出嫁時從娘家帶到夫家的物品,有家具、衣被及其他用品

【價】tɕia˨ ❶價格:物～|批發～|零售～|黑市～ ❷價值:等～交換 ‖ 另見 ·tɕia

【價錢】tɕia˨˦ ·tɕ'iã ＝〖價兒〗tɕiar˨ [<tɕia˨] 價格:～公道|什麼～|這個～不低!

【駕】tɕia˨ ❶使牲口拉 ❷駕駛 ❸敬辭:勞～|擋～

【駕駛員】tɕia˨ ʂʅ˥ yã˥˧ ⇨〖開車的〗k'ɛ˨˩˦ tʂ'ə˨˩˨ ·ti

【駕轅的】tɕia˨ yã˥˦ ·ti 在車前拉車的人或牲畜

【價】·tɕia 副詞後綴:成天～|没～走! |别～! ‖ 另見 tɕia˨

tɕʻia

【卡克】tɕʻia˩˪ ·kʻə 夾克衫，一種短上裝，用鬆緊帶或褶子使下部緊起‖也說"卡克兒 tɕʻia˩˪ ·kʻər"。卡，另見 tɕʻia˥、kʻa˥

【卡腰】tɕʻia˩˫ iɔ˩ 叉腰

【掐指頭算】tɕʻia˩˫ tʂʅ˩˪ ·tʻou suã˩ 扳手指算

【掐穀穗】tɕʻia˩ ku˩˫ suei˩ ⇨〖潲穀〗ʂɔ˩ ku˩

【卡子】tɕʻia˥˪ ·tsʅ ❶夾東西的器具：頭髮～ ❷爲警備或稅收而設立的崗哨：黄河公路橋兩頭都有～‖卡，另見 tɕʻia˩、kʻa˥

ɕia

【瞎】ɕia˩ ❶眼睛看不見東西 ❷胡，亂，没有根據地：～說｜～忙和 ❸浪費，壞了：這東西～嘛！｜這人真～了材料嘛！指人不成才

【瞎字不識】ɕia˩˫ tsʅ˩ pu˩ ʂʅ˩ 没文化：他～，老粗！

【瞎子】ɕia˩˪ ·tsʅ 失明的人

【瞎話】ɕia˩˫ xua˩ 謊言：這人盡說～，誰信他！

【瞎話流經】ɕia˩˪ ·xua liou˧ tɕiŋ˩ 形容好說謊話的人或事：他成天～，没實話！

【瞎包】ɕia˩˫ pɔ˩ ❶不學好、不成器的人：這孩子是～，啥也幹不成！｜好好上學，別學～！ ❷没出息、不成器的：別幹這些～事！｜別說這～話！‖也說"瞎包兒 ɕia˩˫ pɔr˩"

【瞎碰】ɕia˩˫ pʻəŋ˩ 一種常在燈下亂飛的甲蟲

【蝦】ɕia˩ 生活在水中的一種節肢動物，種類很多。可食用

【蝦子兒】ɕia˩ tser˥[<tsʅ˥] 蝦的卵

【蝦米】ɕia˩˪ ·mi 小蝦

【蝦米皮兒】ɕia˩˪ ·mi pʻier˧[<pʻi˧] ＝〖蝦皮兒〗ɕia˩ pʻier˧ 蒸熟曬乾的毛蝦

【蝦仁兒】ɕia˩ ʐer˧[<ʐẽ˧] 去頭去殼的鮮蝦

【蝦醬】ɕia˩˫ tɕiaŋ˩ 小蝦磨碎製成的鹹醬

【下】ɕia˩ ❶位置或等級低的，次序或時間在後的：～頭｜～級｜～次｜～半年 ❷從高處到低處：～山｜～樓 ❸家禽産卵：母鷄～蛋 ❹表示某些動作：～班｜～館子｜～麵條｜～棋｜～通知｜～工夫｜～本錢 ❺用在動詞後，表示動作完成：坐～｜睡～｜立～規矩 ❻量詞，表示動作次數：打一～｜這釘子活動了，我砸它幾～！

【下死手】ɕia˩ sʅ˥˫ ʂou˥ 用勁兒：～打！

【下四棋兒】ɕia˩ sʅ˩˫ ·tɕʻier[<tɕʻi˧] 在地上畫方框，中間畫井字形隔開，兩個人各用四個小石子對下的一種棋類游戲

【下地瓜】ɕia˩ ti˩˫ ·kua ＝〖養地瓜〗iaŋ˥˫ ti˩˫ ·kua 把選留的白薯放到溫牀裏使出芽‖參見"地瓜牀 ti˩˫ ·kua tʂʻuaŋ˧"

【下棋】ɕia˩ tɕʻi˧ 進行棋類游戲或比賽：他～下的好！｜我不會～！‖中間可插入各種棋名：下圍棋｜下五子兒棋

【下砌兒】ɕia˩ tɕʻier˩[<tɕʻi˩] 石磨的下面一扇

【下毒手】ɕia˩ tu˧ ʂou˥ 使出殺人或傷害人的手段

【下露】ɕia˩ lu˩ 地面上的水蒸氣夜間遇冷結成小水珠

【下霧】ɕia˩ u˩ 空氣中的水蒸氣凝成的小水點飄浮到接近地面的空氣中

【下午】ɕia˩ ·u ⇨〖過午〗 kə˩ ·u‖下,此處在輕聲前不變調

【下雨】ɕia˩ y˥ 雲層中的水落到地面

【下雨咧】ɕia˩ y˥˪ ·lia 雨開始下了:要~,別走咧!|~,涼快咧!

【下巴】ɕia˩˥ ·pa =〖下巴頦兒〗 ɕia˩˥ ·pa k'ər˩[<k'ə˩] =〖下巴頦子〗 ɕia˩˥ ·pa k'ə˩˪ ·tsɿ 下頜,口腔下部能上下開合的部分

【下個月】ɕia˩˥ ·kə yə˩ 當月的後一個月

【下課】ɕia˩ k'ə˩ 上課時間結束

【下座】ɕia˩ tsuə˩ =〖下首〗 ɕia˩ ʂou˥ 座位中的次等位置,在舊式房子中,八仙桌一般靠着條几安放,下座即面對八仙桌左邊的座位

【下雪】ɕia˩ ɕyə˩ =〖落雪〗 luə˩ ɕyə˩ 雪從空中降落

【下擺】ɕia˩ pɛ˥ 上衣、長袍等最下面的部分

【下埋葬】ɕia˩˥ ·mɛ ·tsaŋ 回民指喪葬時將死者放進墓穴

【下膗】ɕia˩ tʂ'uɛ˩ 豬胸腹下鬆弛的肥肉

【下催妝】ɕia˩˥ ·ts'uei ·tʂuaŋ 回民稱送嫁妝

【下墜】ɕia˩˫ tʂuei˩ 裹急後重的感覺,想排糞卻排不出或排不淨

【下水道】ɕia˩ ʂuei˥ tɔ˩ 流出污水和雨水的管道

【下水】ɕia˩˥ ·ʂuei 食用的豬牛羊等的內臟‖回民指食用的牛羊的肚子、腸子、腰子。按:回民把食用的牛羊內臟分爲上貨、下水兩部分,參見"上貨 ʂaŋ˩˥ ·xuə"

【下回兒】ɕia˩ xuer˧[<xuei˧] 下次:~我一定注意

【下包子】ɕia˩˫ pɔ˩˪ ·tsɿ =〖下餃子〗 ɕia˩ tɕiɔ˥˪ ·tsɿ =〖下扁食〗 ɕia˩ piã˥˪ ·ʂɿ 將餃子放進正在開的水中煮

【下包子】ɕia˩˥ ·pɔ ·tsɿ 水餃‖參見"包子 pɔ˩˪ ·tsɿ"

【下轎包子】ɕia˩ tɕiɔ˩ pɔ˩˪ ·tsɿ 本地東郊舊俗,新娘下轎後要吃半生不熟的餃子,邊吃邊有人問:"生不生?"新娘答:"生!"這半生不熟的餃子被稱爲下轎包子

【下頭】ɕia˩˥ ·t'ou =〖下邊兒〗 ɕia˩ piɛr˩[<piã˩] 下面,位置較低的地方‖"下邊兒"口語又說 ɕia˩˥ ·piɛr、ɕia˩ pɛr˩、ɕia˩˥ ·pɛr

【下班兒】ɕia˩ pɛr˩[<pã˩] 每天規定工作的時間結束離開工作地點

【下半宿】ɕia˩˥ ·pã ɕy˩ 下半夜

【下半月】ɕia˩˥ ·pã yə˩ 後半月

【下半年】ɕia˩˥ ·pã ·ȵiã 後半年

【下蛋】ɕia˩ tã˩ ⇨〖嬔蛋〗 fã˩ tã˩

【下欄】ɕia˩˥ ·lã 豬欄中的坑‖參見"豬欄 tʂu˩ lã˧"

【下麵條】ɕia˩ miã˩ t'iɔ˧ 把麵條放到鍋裏煮

【下眼皮腫咧】ɕia˩ iã˥˪ ·p'i tʂuŋ˥˪ ·lia 眼睛向上,看不起身份低於自己的人:這個人~,瞧不起老百姓!

【下館子】ɕiaˏ kuã˥˩ ·tsɿ 到飯館吃喝

【下神】ɕiaˏ ʂẽˎ ⇨〖跳大神兒〗t'iɔ˩˥ ·ta ʂerˎ[<ʂẽˎ]

【下旬】ɕiaˏ ɕyẽˎ 一個月中從二十一號到月底的日子

【下葬】ɕiaˏ tsaŋˏ =〖入土〗luˏ t'u˥ 埋入墳墓

【下霜】ɕiaˏ ʂuaŋ˩ 接近地面的水蒸氣在攝氏零度以下的氣溫中結成白色微細冰粒

【下請帖】ɕiaˏ tɕ'iŋ˥˩ ·t'iə 發請帖

【下種】ɕiaˏ tʂuŋˏ 播種

【夏至】ɕiaˏ˧ tʂɿˏ 二十四節氣之一

【夏收】ɕiaˏ ʂou˩ 夏季收穫農作物：～作物

【夏天】ɕiaˏ t'iã˩ 夏季

【夏種】ɕiaˏ ·tʂuŋ 割了麥子後種植玉米、豆子等莊稼‖夏，此處在輕聲前不變調

【嚇】ɕiaˏ 使害怕：～了一跳｜～殺咧！｜～人

【嚇唬】ɕiaˏ˥ ·xu 使之害怕：別～他！

【嚇人】ɕiaˏ ʐẽˎ 令人害怕：真～！

【嚇人吱啦的】ɕiaˏ ʐẽˎ tʂɿ˩˩ ·la ·ti 令人害怕：别這樣大聲咋呼叫喊，～！

ia

【押起來】ia˩˩ ·tɕ'i ·lɛ 暫時把人看押起來不許自由行動

【押轎的】ia˩ tɕiɔ˩˥ ·ti 舊俗結婚時，新娘梳妝好後坐在圈椅上，由兩名男性親屬抬到花轎前去上轎。這兩名男性親屬還要陪送花轎到男家，俗稱其爲押轎的

【押金】ia˩˧ tɕiẽ˩ 用做抵押的錢

【押送】ia˩˧ suŋˏ 押解罪犯等

【鴨子】ia˩˩ ·tsɿ 口語稱鴨，一種家禽

【鴨子兒】ia˩ tser˥[<tsɿ˥] 鴨蛋‖賣鴨蛋的人多説鴨子兒、鷄子兒

【鴨梨】ia˩ liˎ 梨的一個品種，肉質細甜多汁：陽信山東地名～

【鴨蛋】ia˩˧ tãˏ ❶通稱鴨的卵 ❷考試得零分

【鴨蛋青】ia˩˧ tãˏ tɕ'iŋ˩ 青鴨蛋皮那樣的顏色，淡青色

【壓住食兒】ia˩˩ ·tʂu ʂerˎ[<ʂɿˎ] 食積，不消化

【壓住咧】ia˩˩ ·tʂu ·lia 魘住了

【壓憋呼子】ia˩˩ ·piə xu˩˩ ·tsɿ =〖壓□呼子〗ia˩˩ ·pɛ xu˩˩ ·tsɿ 夢魘

【壓桌】ia˩˧ tʂuə˩ =〖壓桌菜〗ia˩˧ tʂuə˩˧ ts'ɛˏ 酒席上開始時擺出的涼菜，種數不等，一般在四盤以上

【壓歲錢】ia˩˧ sueiˏ tɕ'iãˎ 過陰曆年時長輩給小孩兒的錢

【壓寶】ia˩ pɔ˥ 一種賭博

【壓轎童子】ia˩˧ tɕiɔˏ t'uŋ˩˥ ·tsɿ 舊俗結婚時迎娶新娘的轎子不能空着，要找一個父母雙全的男孩壓轎，這個男孩被稱爲壓轎童子

【壓根兒】ia˩˧ ker˩[<kẽ˩] 根本，從來，多用於否定句：這事兒他～就没辦！｜～你就没做[tsuˏ]聲！

【壓性子】ia˩ ɕiŋ˩˥ ·tsɿ 舊俗結婚時，迎娶新娘的花轎抬到男家大門口，大門緊閉，稱爲壓性子

【牙】iaˎ 牙齒：～疼｜拔～

【牙子】iaˎ˥ ·tsɿ 舊稱牲口市場上爲買賣雙方撮合，並從中收取傭金的人

【牙豬】iaˎ˥ ·tʂu ⇨〖種豬〗tʂuŋ˥˩ ·tʂu

【牙巴骨】ia˧꜒ ·pa ·ku 牙牀骨；塞～

【牙花子】ia˧ xua˩꜖ ·tsɿ ❶齒齦 ❷吃東西後留在牙上的髒物

【牙狗】ia˧꜒ ·kou 公狗

【牙口兒】ia˧ k‘our˥［<k‘ou˥］❶老年人的咀嚼能力：～不好，吃點軟的！❷特指牲口年齡

【牙沉】ia˧ tʂ‘ẽ˧ 牙垢或牙上留下的食物碎渣

【牙磣】ia˧꜒ ·tʂ‘ẽ ❶食物中有沙子等雜物，硌牙：這稀飯裏有沙，～ ❷比喻没有顧忌説些不符合事實的話：你説話也不嫌～！

【牙根】ia˧ kẽ˩ 牙齒的根部

【牙黄】ia˧ xuaŋ˧ 牙垢

【蚜蟲】ia˧꜒ ·tʂ‘uŋ ⇨〖膩蟲〗mi˩꜒ ·tʂ‘uŋ

【衙役】ia˧꜒ ·i 舊時衙門裏的差役

【啞巴】ia˥꜖ ·pa 不能説話的人

ua

tʂua

【抓子兒】tʂua˨˩˧ tser˥[<tsʅ˥] ⇨〖拾子兒〗ʂʅ˦˨ tser˥[<tsʅ˥]

【抓地】tʂua˨˩˧˧ ti˨˩ =〖翻地〗fã˨˩˧˧ ti˨˩ 用钁刨地

【抓地瓜】tʂua˨˩˧˧ ti˨˩ kua˨˩˧ 刨白薯

【抓起來】tʂua˨˩˧˩ ·tɕʻi ·lɛ =〖抓進去〗tʂua˨˩˧˩ ·tɕiẽ ·tɕʻi 把罪犯等捉拿看押起來

【抓拉抓拉】tʂua˨˩˧˩ ·la tʂua˨˩˧˩ ·la 嬰兒哭聲：你聽聽又～哭嘛！

【抓藥】tʂua˨˩˧˧ yə˨˩ =〖打藥〗ta˥ yə˨˩ 到中藥店買藥，按中藥方取藥

【髽角】tʂua˨˩˧˩ ·tɕia =〖髽鬏〗tʂua˨˩˧˩ ·tɕiou 只用繩子紮而不交叉編的辮子

【爪子】tʂua˥˩ ·tsʅ 禽鳥的趾

tʂʻua

【□】tʂʻua˨˩˧ 很快地抓取：一把～過來！|老師～學生的卷子

ʂua

【刷洗帽墊兒的】ʂua˨˩˧˩ ·ɕi mɔ˨˩˧ ·tiɛr[<tiã˨˩] ·ti 舊時無固定營業點的專給人洗瓜皮小帽的人：～來嘛！

【刷牙】ʂua˨˩˧ ia˦˨ 刷洗牙齒

【耍獅子】ʂua˥ ʂʅ˨˩˧˩ ·tsʅ ⇨〖玩獅子〗vã˦˨˧ ʂʅ˨˩˧˩ ·tsʅ

【耍花槍】ʂua˥ xua˨˩˧˧ tɕʻiaŋ˨˩˧ 弄虛作假蒙騙别人：别～嘛！

【耍了叉嘛】ʂua˥˩ ·lə tʂʻa˨˩˧˩ ·lia 翻臉，耍横：他和他爺們～

【耍嘴皮子】ʂua˥˧ tsuei˥ pʻi˦˨˧ ·tsʅ 説的好聽實則不幹：你别光～

【耍刀】ʂua˥ tɔ˨˩˧ 玩刀，練習刀法

【耍手藝的】ʂua˥ ʂou˥˧ i˨˩˧ ·ti ⇨〖手藝人〗ʂou˥ i˨˩ ʐẽ˦˨

【耍流星】ʂua˥ liou˦˨ ɕiŋ˨˩˧ 雜技的一種，在長繩的兩端拴上盛水的碗或火球，用手擺動繩子，使水碗或火球在空中飛舞

【耍半青】ʂua˥˧ pã˨˩˧ ·tɕʻiŋ =〖耍半吊〗ʂua˥˧ pã˨˩˧ ·tiɔ 蠻不講理，耍横：你和警察～還行？|他耍開了半青|你和我耍什麼半青？‖參見"半吊子 pã˨˩ tiɔ˨˩˧ ·tsʅ"

【耍槍】ʂua˥ tɕʻiaŋ˨˩˧ 玩槍，練習槍法

kua

【瓜子兒】kua˨˩˧ tser˥[<tsʅ˥] ❶葵花子等食用瓜子的通稱 ❷各種瓜的種子

【瓜皮帽】kua˨˩˧ pʻi˦˨ mɔ˨˩ 一種舊式便帽，像半個西瓜皮的形狀

【瓜葉菊】kua˨˩˧˩ ·iə tɕy˨˩˧ 多年生草本植物，葉片似瓜葉，花有紅、粉、藍等多種顔色

【刮煎餅】kua˨˩˧˧ tɕiã˨˩˧˩ ·piŋ 一種用木片或竹片刮得很薄且較脆的煎餅，要趁熱疊起存放，吃時不能捲菜‖參見"煎餅 tɕiã˨˩˧˩ ·piŋ"、"胎煎餅 tʻɛ˨˩˧˩ ·tɕʻiã ·piŋ"。刮，另見 kʻua˨˩˧

【呱唧】kua˨˩˧꜔ tɕi˨˩˧ =〖呱哒〗 kua˨˩˧꜔ ·ta˨˩˧ 物品墜地的聲音：～一下落下來㖿！‖另見 kua˨˩˧꜖ ·tɕi、kua˨˩˧꜖ ·ta

【呱唧】kua˨˩˧꜖ ·tɕi =〖呱哒〗 kua˨˩˧꜖ ·ta ❶咂(嘴)：～嘴｜你～麼？❷咂嘴的聲音 ❸光腳走路的聲音 ❹鼓掌的聲音，也可借稱鼓掌 ‖ 連用式“呱唧呱唧 kua˨˩˧꜖ ·tɕi kua˨˩˧꜖ ·tɕi”：你～的吃麼？｜他光着腳丫子～的過來㖿！｜我唱好了，你給我～！‖另見 kua˨˩˧꜔ tɕi˨˩˧、kua˨˩˧꜔ ta˨˩˧

【呱(巴)嚌的】kua˨˩˧꜖ (pa˨˩˧꜖) ·tɕi ·ti 單音節形容詞後綴，帶有貶義：傻兒～｜邪兒～｜愣兒～｜爛兒～ ‖ 加在前面的單音節形容詞要兒化。濟南的這個後綴除以上呱、巴可以換用以外，還有其他變體，語音不同，如軟，有軟兒巴嚌的、軟兒各嚌的、軟扭呱嚌的、軟扭答哈的

【呱打板兒】kua˨˩˧꜖ ·ta pɛr˥[<pã˥] 木屐

【呱拉】kua˨˩˧꜖ ·la 特別響的雷

【呱拉劈㖿】kua˨˩˧꜖ ·la p'i˨˩˧꜖ ·lia ⇨〖雷劈㖿〗 luei˦˨ p'i˨˩˧꜖ ·lia

【呱呱的】kua˨˩˧꜔ kua˨˩˧꜖ ·ti 説話響亮流利：她説話～！

【颳風】kua˨˩˧꜔ fəŋ˨˩˧ 風吹

【寡婦】kua˥꜖ ·fu 死了丈夫的女子

【卦攤兒】kua˨˩ t'ɛr˨˩˧[<t'ã˨˩˧] 算卦人擺的攤子

【掛着】kua˨˩꜒ ·tʂɿ =〖掛掛着〗 kua˨˩꜒ ·kua ·tʂɿ 内心牽掛：你到了可就來信，別叫我～！

【掛曆】kua˨˩ li˨˩ 掛在牆上的月曆

【掛馬子】kua˨˩ ma˥꜖ ·tsɿ 跟作風不正派的未婚女子胡搞

【掛號信】kua˨˩ xɔ˨˩ ɕiẽ˨˩ 付郵時由郵局登記編號並給收據可以查詢的信件

【掛麵】kua˨˩꜔ miã˨˩ 特製的長短整齊用紙包起的乾麵條

【掛肩】kua˨˩ tɕiã˨˩˧ 上衣從肩到腋的長度

【掛鐘】kua˨˩ tʂuŋ˨˩˧ 可以懸掛的鐘

k'ua

【刮鬍子】k'ua˨˩˧(或 kua˨˩˧) xu˦˨꜒ ·tsɿ =〖刮臉〗 k'ua˨˩˧ liã˥ 剃鬚 ‖ 口語刮鬍子、刮臉的刮多讀 k'ua˨˩˧

【侉拉】k'ua˥꜖ ·la 大而無當，鬆散不緊湊：屋子倒不小，看起來有點兒～！｜他這人寫個字～，穿個衣裳也～！‖重疊式“侉侉拉拉的 k'ua˥꜖ ·k'ua ·la ·la ·ti”

【胯骨】k'ua˨˩꜒ ·ku(或 k'ua˨˩ ku˨˩˧) 髖骨

xua

【花】xua˨˩˧ ❶種子植物有性繁殖的器官：開～結果 ❷觀賞植物：盆～｜插～ ❸形狀像花的東西：雪～ ❹一種煙火：放～ ❺有圖形或顏色錯雜的：～布｜～貓 ❻視力模糊：～眼｜老～鏡 ❼用，耗費：少～錢多辦事｜～時間 ‖ 義項①②③④可兒化説成“花兒 xuar˨˩˧”

【花絲葛】xua˨˩˧꜔ sɿ˨˩˧ kə˥ 一種帶花的絲織品 ‖ 葛，單字音 kə˨˩˧，此處讀上聲

【花里胡哨的】xua˨˩˧꜖ ·li xu˦˨꜒ ·ʂɔ ·ti 形容顏色過分鮮艷繁雜：這衣裳～我可不要！

【花汽車】xua˨˩˧꜔ tɕ'i˨˩ tʂ'ə˨˩˧ 結婚時新娘所坐的小轎車，一般有大紅綢子裝飾

102 xuaɹ 花

‖新詞

【花露水兒】xuaɹꜰ luɹ ʂuerꞁ[<ʂueiꞁ] 稀酒精加香料製成的化妝品‖露，露出的露讀 louɹ，露水的露讀 luɹ

【花骨朵】xuaɹꜰ kuɹʟ ·tu 花蕾‖朵，單字音 tuəꞁ，此處音 ·tu，韵母順同化的結果

【花大姐】xuaɹ taɹ tɕiəꞁ 瓢蟲

【花茶】xuaɹ tʂ'aᐟ 用茉莉花等鮮花熏製的綠茶

【花姐】xuaɹʟ ·tɕiə 部分人稱泰山奶奶身邊的女神童

【花草】xuaɹ ts'ɔꞁ 可供觀賞的花和草

【花椒】xuaɹꜰ tɕiɔɹ 一種帶麻辣味的小球形調料，紅褐色，種子黑色

【花椒麵兒】xuaɹꜰ tɕiɔɹꜰ mierɹ [<miãɹ] 花椒粉

【花轎】xuaɹꜰ tɕiɔɹ 舊時新娘所坐的裝飾華麗的轎子

【花小豆】xuaɹ ɕiɔꞁ touɹ ＝〖硃砂（小）豆〗 tʂuɹꜰ ʂaɹꜰ （ɕiɔꞁ） touɹ 豆粒表皮有斑點的小豆

【花斑豹】xuaɹ pãɹꜰ pɔɹ 一種猛獸，像虎，比虎小，身上有很多斑點或花紋‖意在强調豹身上的花斑

【花瓣兒】xuaɹꜰ perɹ[<pãɹ] 組成花冠的瓣兒，顏色艷麗

【花旦】xuaɹꜰ tãɹ 戲曲角色，扮演性格活潑、潑辣或放蕩的年輕女子

【花鰱】xuaɹ liãᐟ 鰱魚的一種，皮色較暗且有不規則花紋

【花臉】xuaɹ liãꞁ 戲曲角色，即淨，因化裝時必須勾臉譜而得名

【花剪】xuaɹ tɕiãꞁ 專用於削頭髮的剪子，剪子的一邊有齒

【花綫兒】xuaɹꜰ ɕierɹ[<ɕiãɹ] ＝〖棒子纓〗 paŋɹꜰ ·tsɿ iŋɹ 玉米心上長出的鬚子，即雌花穗，一個粒兒是一根綫，初生時嫩綠或淺紅色，成熟後黑紫色

【花眼】xuaɹ iãꞁ 老花眼‖也説"花眼兒 xuaɹ ierꞁ"

【花卷兒】xuaɹ tɕyerꞁ[<tɕyãꞁ] 一種用發麵捲成螺旋狀並加有少量油鹽等蒸熟而成的食品

【花圈】xuaɹ tɕ'yãɹ 用鮮花或紙花紮成的圓形祭奠物品

【花心兒】xuaɹꜰ ɕierɹ[<ɕiẽɹ] ＝〖花蕊〗 xuaɹ lueiꞁ 花中央的生殖器官，包括雄蕊和雌蕊

【花糖】xuaɹ t'aŋᐟ 糖果

【花豇豆】xuaɹꜰ tɕiaŋɹʟ ·tou 豆粒兒的皮上有花色的豇豆

【花樣子】xuaɹ iaŋɹꜰ ·tsɿ 用於綉花的圖紙

【花生】xuaɹꜰ ʂəŋɹ ＝〖長果〗 tʂ'aŋᐟ kuəꞁ 落花生

【花生皮兒】xuaɹꜰ ʂəŋɹ p'ierᐟ[<p'iᐟ] 花生的外殼

【花生酥】xuaɹꜰ ʂəŋɹꜰ suɹ 一種糖果，加糖的花生粉外包一層糖衣

【花生油】xuaɹꜰ ʂəŋɹ iouᐟ 用花生米榨製的食油

【花生板】xuaɹꜰ ʂəŋɹ pãꞁ 花生加糖壓成板狀，切成長方塊的糖果

【花生仁兒】xuaɹꜰ ʂəŋɹ ʐerᐟ[<ʐẽᐟ] ⇨〖長果仁兒〗 tʂ'aŋᐟ kuəꞁ ʐerᐟ [<ʐẽᐟ]

【花生糖】xuaɹꜰ ʂəŋɹ t'aŋᐟ 帶有花生的糖塊

【花生醬】xuaɹꜰ ʂəŋɹ tɕiaŋɹ 用炒熟的

花生米磨成的醬

【花生餅】xua˨˩˧˧ ʂəŋ˨˩˧ piŋ˥ ⇨〖長果餅〗tʂʻaŋ˦˨ kuə˥˧ piŋ˥

【花瓶】xua˨˩˧˨ ·pʻiŋ 插花用的瓶子，放在室內做裝飾品

【花紅(果子)】xua˨˩˧ xuŋ˦˨ (kuə˥˨ ·tsɿ) 一種狀似蘋果而比蘋果小的水果，黃綠色帶微紅

【花哄】xua˨˩˧˨ ·xuŋ 哄(孩子)：這孩子不聽～‖連用式“花哄花哄 xuaŋ˨˩˧˨ ·xuŋ xua˨˩˧˨ ·xuŋ”：你～這孩子！

【划拉】xua˦˨˥ ·la ❶收攏：把地上的東西～到一堆！ ❷貶稱收斂財物：把她娘家的那點東西～盡嘞！ ❸隨意塗抹，潦草寫字：把這段～掉！|你看你～的這兩個字！ ‖連用式“划拉划拉 xua˦˨˥ ·la xua˦˨˥ ·la”：把這些東西～你都拿走罷！

【華不注山】xua˦˨˥ ·fu tʂu˨˩ ʂã˨˩˧ 華山的古稱‖不，單字音 pu˨˩˧，此處聲母是 f

【華達呢】xua˦˨˥ ·ta ȵi˦˨ 一種帶斜紋的毛織品或棉織品：純毛～|混紡～

【華山】xua˦˨˥ ·ʂã 濟南市東北山名，古稱華不注山‖華，聲調陽平，有別於讀去聲的西岳華山

【滑】xua˦˨ ❶物體表面光滑：～溜|～梯 ❷滑動：～倒嘞！ ❸奸滑不老實：～頭

【滑梯】xua˦˨ tʻi˨˩˧ ＝〖出溜梯〗tʂʻu˨˩˧˨ ·liou tʻi˨˩˧ 兒童體育活動器械，在高架的一面裝着梯子，另一面裝着斜的滑板，兒童從梯子上去，從斜板坐着滑下

【滑機油】xua˦˨ tɕi˨˩˧ iou˦˨ 潤滑油

【滑車】xua˦˨˥ ·tʂʻə 滑輪

【滑頭】xua˦˨ tʻou˦˨ ❶油滑不老實的人 ❷油滑，不老實：耍～！

【滑鏈兒】xua˦˨˥ lieɾ˨˩[<liã˨˩] ❶滑輪上的鐵鏈 ❷舊式門上的釕銱兒

【滑冰】xua˦˨ piŋ˨˩˧ 一種冰上運動，穿着冰鞋在冰上滑行

【鏵頭】xua˦˨ tʻou˦˨ ＝〖犁頭〗li˦˨ tʻou˦˨ 安在犁下端的尖頭進土器，鋼製

【化學】xua˨˩ ɕyə˦˨ ❶自然科學基礎學科之一 ❷舊稱一種塑料賽璐珞

【化肥】xua˨˩ fei˦˨ 化學肥料：～不趕不如咱土肥好！ ‖參見“糞肥 fẽ˨˩ fei˦˨”

【化驗】xua˨˩ iã˨˩ 用化學的或物理的方法檢驗物質的成分或性質

【化凍】xua˨˩ tuŋ˨˩ 冰融化

【化膿】xua˨˩ nuŋ˦˨ 身體的某一部分因細菌感染而生膿

【畫押】xua˨˩ ia˨˩˧ 在契約、供詞等上面於自己的名字下畫十字或其他符號表示認可：簽字～

【畫眉】xua˨˩ mei˦˨ 一種身體棕褐色而眼上有白色如塗眉的鳥，叫聲好聽

【話】xua˨˩ ❶人說出來表示一定意思的聲音：有麼～當面說！ ❷談，敘：茶～會

【話劇】xua˨˩˧ tɕy˨˩ 我國全國性的主要劇種之一，主要用對話和動作進行表演

【劃拳】xua˨˩ tɕʻyã˦˨ ＝〖豁拳〗xuə˨˩˧ tɕʻyã˦˨ 喝酒時兩人同時伸出一隻手的手指並各自說出一個數，說的數跟兩人所伸手指的總數相符的人爲贏，輸者喝酒。說的數往往組成三字結構並帶有友好吉祥的意義，如三桃園、六大順等，也可光用數字說兩啊兩、仨啊仨、四兒啊四兒、九啊九等‖劃，此處聲調去聲，北京陽平。另見 xuei˦˨

104 pəʌ – p'əɹ 波玻菠播撥脖笸薄鵓簸□坡潑婆破

ə

pə

【波勒蓋】pəʌɩ ləʌɩ kɛɹ ＝〖波拉蓋〗pəʌɩ laʌɩ kɛɹ ＝〖胳拉瓣兒〗kəʌʟ ·la perɹ[<pãɹ] 膝蓋

【玻璃】pəʌʟ ·li 一種質地硬而脆的透明薄片:～窗

【玻璃海棠】pəʌʟ ·li xɛ˥ t'aŋ˧ 一年生或兩年生草本植物,開紅色花

【玻璃翠】pəʌʟ ·li ts'ueiɹ ⇨〖玉樹〗yɹɩ ·ʂu

【菠蘿】pəʌ luə˧ 一種熱帶水果,外部鱗片狀‖本地不産

【菠菜】pəʌʟ ·ts'ɛ 一種常見蔬菜,葉子綠色,略呈三角形,根部略帶紅色

【播種】pəʌ tʂuŋ˥ 播下種子

【播種】pəʌɩ tʂuŋɹ 用播下種子的方式種植

【撥邊兒】pəʌɩ piɛrʌ[<piãʌ] 象棋術語,把車、炮平放到邊綫‖撥,另見 puʌ

【脖子】pə˧ɼ ·tsɿ 頭和軀幹相連的部分

【脖兒梗】pə˧ ər˧ k'əŋ˥ 脖子的後部

【脖臍(眼兒)】pə˧ɼ ·tɕ'i (iɛr˥[<iã˥]) 見"脖臍(眼兒) pu˧ɼ ·tɕ'i (iɛr˥[<iã˥])"

【脖兒窩】pər˧[<pə˧] vəʌ ⇨〖饞窩〗tʂ'ã˧ vəʌ

【脖螺蚰】pə̥˧ɼ ·luə iou˧ 蝸牛:△～,～,先出角,後出頭,陰天下雨鑽陰溝‖郊區的說法

【笸籮】pə˧ɼ ·luə 一種用荆條等編成的盛器:針綫～‖笸讀 pə˧,北京讀ˊp'o

【薄】pə˧ ❶厚薄的薄,指扁平物上下兩面的距離小 ❷(感情)不深,(味道)不濃,(土地)貧瘠:待他不～|酒味～|～地‖薄,北京音꜀pau,濟南是 ə 韵母

【鵓鴿】pə˧ɼ ·kə ＝〖鴿子〗kəʌʟ ·tsɿ 家鴿‖郊區有的人說"布鴿 puɹɩ ·kə"

【簸箕】pəɹɩ ·tɕ'i ❶用竹篾或柳條等編成的三面有邊、一面敞口的工具,農村多用於簸糧食或暫時盛東西 ❷清除垃圾器具,多鐵製 ❸簸箕形手紋‖箕,聲母讀 tɕ',北京讀 tɕ

【□□】·pə ·pə 呼鷄聲‖雙唇閉起後發出吸氣音,後面實際無元音

p'ə

【坡地】p'əʌɩ tiɹ 山坡上傾斜的地

【坡裏】p'əʌʟ ·ȵi(或 ·li) ＝〖野外〗iə˥ vɛɹ 郊外

【潑湯】p'əʌɩ t'aŋʌ ⇨〖送漿水〗suŋɹɩ tɕiaŋʌʟ ·ʂuei

【婆家】p'ə˧ɼ ·tɕia 丈夫的家

【婆婆】p'ə˧ɼ ·p'ə 丈夫的母親‖面稱一般隨丈夫稱"媽 maʌ"等

【破七撩爛的】p'əɹ tɕ'iʌ lio˧ lãɹɩ ·ti 破破爛爛的:他穿的～!|被褥用了多年,～嘛!

【破五】p'əɹ u˥ ⇨〖五麻日〗u˥ʟ ·ma ·ʐɿ

【破落户】p'əɹ luəɹɩ xuɹ 原先有財勢後來敗落的家庭

【破鞋】p‘əɹ ɕiɛ˧ 指亂搞男女關係的婦女

mə

【末乎了兒】məɹʟ ·xu liɔr˥[<liɔ˥] =〖末了兒〗 məɹ liɔr˥[<liɔ˥] 最後,後來:~我還是去唡! ‖ 末,另見 mə˥、məɹ

【末末丢子】məɹʟ ·mə tiouɹʟ ·tsɿ =〖末子〗 mə˥ʟ ·tsɿ =〖小末子〗 ɕiɔ˥ mə˥ʟ ·tsɿ ❶小男孩:俺家裏還有個~,離不開人 ❷小個兒:在俺班裏他是個~

【摸】məɹ ❶用手接觸或輕輕撫摩 ❷用手探取:~魚 ❸在暗中行動:~黑 ❹試探了解:~底|他家的情况俺~不清!

【摸拾】məɹʟ ·ʂɿ 緩慢不歇地幹:我在家~着幹,你别管唡! |我在家~了一天,也不知幹了些什麽事情! ‖ 重叠式"摸摸拾拾的 məɹʟ ·mə ·ʂɿ ·ʂɿ ·ti":他~,出了不少活兒! |我~麽也没幹成!

【摸瞎】məɹʟ ɕiaɹ 捉迷藏,一人蒙起眼睛,摸着去捉其他的人:咱來~的!

【摸瞎乎】məɹʟ ɕiaɹʟ xuɹ ❶處在黑暗中或在黑暗中做事:今天停電唡,咱倆都得~|這個活兒是摸着瞎乎幹的,挺粗拉! ❷不明路徑,不知要領:這個地方人生地不熟,只好自己~唡!

【摸挲】məɹʟ ·suə 用手撫摩

【摸着黑兒】məɹ ·tʂuə xerɹ[<xeiɹ] 摸黑:~走道 ‖ 一般用在走路上

【摹帖】mə˧ t‘iəɹ ⇨〖臨帖〗 liẽ˧ t‘iəɹ

【麽】mə˧ 疑問代詞,什麽:這是~啊? |你幹~? ——我不幹~! ——你不幹~幹~? ‖ "麽"是濟南方言中高頻率口語用詞。有的人作句中插入語,如同"這個"、"那個",無實在意義。表示少量或輕微事物時可兒化,如吃點麽兒、幹點麽兒等。也説"什麽 ʂə˧r ·mə"。另見 ·mə

【麽時候】mə˧ ʂɿ˧r ·xou ⇨〖多咱〗 tuə˧r ·tsã

【摩托車】mə˧ t‘uəɹʟ tʂ‘əɹ 一種裝有内燃發動機的車,有兩個輪子或三個輪子的

【磨】mə˧ ❶摩擦:~剪子搶菜刀 ❷拖延,耗時間:~蹭 ❸糾纏:軟~硬纏 ‖ 另見 məɹ

【饃饃】mə˧r ·mə 用手揉製的圓形饅頭 ‖ 參見"卷子 tɕyã˥ʟ ·tsɿ"

【蘑菇】mə˧r ·ku 食用鮮蕈

【魔術】mə˧ ʂu˧ 雜技的一種,用迅速敏捷的技巧或特殊的裝置把實在的動作掩蓋起來,使觀衆感覺到物體忽有忽無,變化莫測

【魔道】mə˧r ·tɔ ❶行爲拖拉遲緩 ❷神情不正常的樣子 ‖ 重叠式"魔魔道道的 mə˧r ·mə ·tɔ ·tɔ ·ti"

【魔方】mə˧ faŋɹ 一種智力玩具,由二十七塊小正方體組成的一個可轉動的正方體,六面是六種不同的顔色

【末子】mə˥ʟ ·tsɿ ⇨〖末末丢子〗 məɹʟ ·mə tiouɹʟ ·tsɿ ‖ 末,另見 məɹ、məɹ

【抹子】mə˥ʟ ·tsɿ 瓦工用來抹灰泥的工具 ‖ 抹,另見 maɹ

【抹唡】mə˥ʟ ·lia =〖勾唡〗 kouɹʟ ·lia =〖塗唡〗 t‘u˧r ·lia 把原有的字或其他符號等塗抹了,表示取消

106 mə˥˥ – və˥˩ 抹末茉磨麽佛□握萵窩

【抹藥膏】mə˥˥ yə˥˩˨ ·kɔ˥˩ 將藥膏搽在患處

【抹藥】mə˥˥ yə˩ ⇨〖上藥〗 ʂaŋ˩˨ yə˩

【末伏】mə˩ fu˧˩ ＝〖三伏②〗 sã˥˩ fu˧˩ 從立秋後第一個庚日開始的十天時間 ‖ 末，另見 mə˥˩、mə˥˥

【末末了】mə˩˨ ·mə liɔ˥˥ 在最後的：他考了個～|他排在～‖也說"末末了兒 mə˩˨ ·mə liɔr˥˥"

【茉莉花】mə˩˨ ·li（或 mə˩ li˧˩） xua˥˩ 一種白色有濃香的花，可以熏製茶葉：～茶

【茉莉花茶】mə˩˨ ·li xua˥˩ tʂʻa˧˩ 用茉莉花熏製的花茶

【磨】mə˩ ❶把糧食弄碎的工具，由上下兩個圓石盤構成 ❷用磨把糧食弄碎 ‖ 另見 mə˧˩

【磨齒】mə˩ tʂʻɿ˥˥ 按一定規則在磨石上鑿成的斜形凹條

【磨氣兒】mə˩ tɕʻier˩[<tɕʻi˩] 磨中心的木棍，外面包鐵圈，用於固定磨石

【磨欞兒】mə˩ par˩[<pa˩] 推磨用的欞子

【磨□子】mə˩˨ ·pʻa ·tsɿ 没有鑿好的打磨用石料，磨坯子

【磨茄】mə˩ tɕʻiə˧˩ 嫩茄子去皮後腌製的一種高級醬菜

【磨盤】mə˩ pʻã˧˩ 托着磨的圓形底盤，大出磨石的一圈用來接磨下來的糧食

【磨眼兒】mə˩ iɛr˥˥[<iã˥˥] 磨上面一扇的圓孔，用於放進要磨的糧食

【磨房】mə˩ faŋ˧˩ 放磨的房子

【磨坊】mə˩˨ ·faŋ 舊時經營加工糧食的作坊

【麽】·mə 用作動詞後綴，構成的雙音節動詞有的可連用爲 V 麽 V 麽，有的可重叠爲 VV 麽麽：尋～|瞰～到處看|撈～|摳～小氣|蓑～搗亂|尋～尋～|你尋尋～～的找麽？‖另見 mə˧˩

fə

【佛】fə˧˩ ❶佛教徒稱釋迦牟尼 ❷佛教徒稱修行圓滿的人

【佛手】fə˧˩ ʂou˥˥ 一種狀如半張開手形的果子，嫩黄色略帶綠，有芳香

【佛龕】fə˧˩ kʻã˥˥ 供奉佛像的小閣子

【佛堂】fə˧˩ tʻaŋ˧˩ 信佛的人供奉佛像、拜佛念經的屋子

【□】fə˧˩ 見"□ fɛ˧˩"

və

【握手】və˥˩ ʂou˥˥ 彼此伸手互相握住，是人與人交往的一種禮節

【萵苣】və˥˩˨ ·tɕy 一年生或多年生草本植物，莖棒狀，莖肉脆而多汁，是常見蔬菜

【窩脖兒】və˥˩ pər˧˩[<pə˧˩] ＝〖窩鷄兒〗 və˥˩˨ tɕier˥˩[<tɕi˥˩] ⇨〖燒鷄大窩脖兒〗 ʂɔ˩˨ tɕi˥˩ ta˩ və˥˩ pər˧˩[<pə˧˩]

【窩窩頭】və˥˩˨ ·və tʻou˧˩ 用玉米麵、小米麵或其他雜糧麵蒸的圓錐形食品，底下有個窩兒

【窩窩粉】və˥˩˨ ·və fẽ˥˥ 舊時一種粒狀的用水調和後使用的化妝香粉

【窩憋】və˥˩˨ ·piə ❶（身體等）不舒展，侷促：你～在這兒幹什麽？|這個地方～的慌！❷憋悶，心情不舒暢：心裏～的慌！|他説這種話讓人聽了～！

【窩囊廢】və˥˩ naŋ˧˩˨ ·fei ❶怯懦無能：這個人頂不起來啊，好～來！❷怯懦無

能的人：這個人是～，幹什麽事兒也不行！

【窩囊】və˩˥ ·naŋ ❶因受委屈或事情不順而煩悶：這個事弄的我怪～ ❷無能，怯懦：這人真～！ ❸骯髒：他家裏真～‖舊讀 ŋə˩˥ ·naŋ。重叠式"窩窩囊囊的 və˩˥ ·və ·naŋ ·naŋ ·ti"

【蝸牛】və˩ ȵiou˥˩ 一種軟體動物。近年來可養殖了供食用

【我】və˥ 代詞。❶表示自稱 ❷表示領有：～家‖舊讀 ŋə˥

【我日媽】və˥ ʐʅ˩ ma˩ ⇨〖戳你媽〗ts'ɔ˩˧ ·ȵi ma˩

【我的】və˥˩ ·ti 代詞，表示說話者之領有：～閨女｜～家｜～衣裳

【我們】və˥˩ ·mẽ ＝〖俺們〗ŋã˥˩ ·mẽ 代詞，表示複數第一人稱‖可以表示領有：～工廠

【卧鷄子兒】və˩ tɕi˩ tsər˥[<tsʅ˥] ＝〖荷包鷄子兒〗xə˥˧ ·pɔ(或 xə˥˩ pɔ˩) tɕi˩ tsər˥[<tsʅ˥] 在沸水裏煮熟的去殼整鷄蛋

【卧鋪】və˩˧ p'u˩ 火車上供旅客睡覺的鋪位：～車箱

tə

【得】tə˩ 見"得 tei˩"

【得了】tə˥˧ ·lə ❶行了：你去不就～了？｜飯做～ ❷算了，表示禁止：～罷，別說咧！‖得，另見 tə˩

【嘚】tə˩ 役使牲口的吆喝，命令牲口前行

t'ə

【特別】t'ə˥˩ piə˥˩ ❶與衆不同的：～快車 ❷非常，格外：他起的～早｜～好吃‖特，另見 tei˥˩

lə

【嘞嘞】lə˥ lə˥ 唤豬聲‖後字可拉長，常常連用

【了】·lə 見"了 ·lɔ"

tsə

【責任田】tsə˩˧ ʐẽ˩ t'iã˥˩ 承包給農民個人經營的土地，承包者要和單位訂立合同

【咂】·tsə 嘖嘖稱贊，驚嘆：～～，真好！‖舌尖抵住上顎發出吸氣音，後面實際無元音。另見 tsa˩

tʂə

【折騰】tʂə˩˥ ·təŋ[<t'əŋ˥˩] ❶反復做某件事，一般是没有什麽意義的：你瞎～麽？｜窮～！ ❷折磨：你別光想點子～我！｜這鳥讓他給～死咧！

【蜇】tʂə˩ 蜂、蝎子等以身上的刺刺人：～人

【摺子】tʂə˩˥ ·tsʅ 皺折：起～咧！

【摺尺】tʂə˩˧ tʂ'ʅ˩ 可以摺起的木尺

【摺叠椅】tʂə˩ tiə˥˩ i˥ 可以摺叠的椅子

【摺叠傘】tʂə˩ tiə˥˩ sã˥ 用尼龍綢等製成的可以摺叠的傘

【摺叠縫紉機】tʂə˩ tiə˥˩ fəŋ˥˩ ʐẽ˩ tɕi˩ 機頭可以放進機身裏面的縫紉機

【摺扇】tʂə˩˧ ʂã˩ 可以摺起便於攜帶的扇子

【這】tʂə˩ 指示代詞，指示比較近的人或事物：～人｜～地處地方｜～個事兒｜～不是天津綠一種白菜，是小白菜！‖另見 tʂəŋ˩

【這】tʂə˩ 現在：你～就走？

【這裏】tʂə˩˥ ·ȵi（或·li）這個地方‖也有人説"這兒 tʂər˩［<tʂə˩］"

【這户】tʂə˩˥ ·xu 這種，這類：～大的一塊一斤，那户小的九毛｜没見過你～的（人）！

【這户事兒】tʂə˩˥ ·xu ʂer˩［<ʂʅ˩］這類事情，這種事情：攤上～真倒霉！

【這那哉】tʂə˩ na˥ tsɛ˥ 回民出殯前的一種儀式，阿訇念經，子女跪在旁邊

【這麽】tʂə˩˥ ·mə 見"這麽 tʂəŋ˩˥ ·mə"

【這窩（裏）】tʂə˩˥ ·və（·ȵi）這兒：～没有，上别的地處看看罷！‖·ȵi 也説·li

【這個】tʂə˩˥ ·kə 這一個：～人忒摳！｜我要～不要那個！｜～事兒不大好辦！‖後面如果有名詞，則"個"字常可省略。參見"這 tʂə˩"

【這個月】tʂə˩ ·kə yə˩ 當月‖這，去聲，此處在輕聲前不變調

【這個樣兒】tʂə˩˥ ·kə iɑ̃r˩［<iaŋ˩］指示狀態，這樣，有强調義：～可不行！

【這□兒】tʂə˩˥ ·xər［<·xə］這兒：我在～你上那□兒

【這些】tʂə˩ ɕiə˧ 指示較近的兩個以上的人或事物：～孩子真皮調皮｜～亂七八糟的報紙，快賣了破爛算嘛！｜～事兒他一個人幹不了！

【這伙兒】tʂə˩ xuər˥［<xuə˥］這些（人）：～弄成堆就好鬧着玩兒！｜～年輕人能幹！

【這會兒】tʂə˩ ·xuer［<xuei˩］現在這時候：（問病人）～好點兒了罷！‖這，去聲，此處在輕聲前不變調

【這樣】tʂə˩˥ ·iaŋ 指示方式、狀態等：你～不好！｜～罷，我去和他談談！

tʂʻə

【車】tʂʻə˧ ❶陸地上有輪子的交通運輸工具：汽～｜馬～ ❷用輪軸轉動的器具，也指機器：紡～｜水～ ❸用車牀切削：～個螺絲｜～光 ❹用水車取水：～水‖另見 tɕy˧

【車子】tʂʻə˧˩ ·tsʅ ＝〖自行車〗tsʅ˩ ɕiŋ˥ tʂʻə˧ ＝〖腳踏車〗tɕyə˧˥ tʂa˧˥ tʂʻə˧ 一種兩輪的交通工具‖口語多簡説爲"車 tʂʻə˧"

【車皮】tʂʻə˧ pʻi˥ 火車的運貨車箱

【車把】tʂʻə˧ pa˥ 地排車的把手

【車外】tʂʻə˧˥ vɛ˩ ＝〖車外頭〗tʂʻə˧ vɛ˩˥ ·tʻou 車的外面

【車帶】tʂʻə˧˥ tɛ˩ 輪胎，有内胎外胎兩層

【車軸】tʂʻə˧ tʂou˥ 車輪中間承受車身重量的圓柱形零件

【車後】tʂʻə˧˥ xou˩ ＝〖車後頭〗tʂʻə˧ xou˩˥ ·tʻou 車的後面

【車盤子】tʂʻə˧ pʻɑ̃˥˥ ·tsʅ ＝〖車盤兒〗tʂʻə˧ pʻer˥［<pʻɑ̃˥］地排車上放東西的長方形的木框

【車站】tʂʻə˧˥ tʂɑ̃˩ 陸路交通運輸綫上設置的停車地點，供乘客上下或裝卸貨物，有火車站、汽車站、電車站

【車前】tʂʻə˧ tɕʻiɑ̃˥ ＝〖車前頭〗tʂʻə˧ tɕʻiɑ̃˥˥ ·tʻou 車的前面

【車前子】tʂʻə˧ tɕʻiɑ̃˥ tsʅ˥ 車前草的種子，中藥

【車前草】tʂʻə˧ tɕʻiɑ̃˥ tsʻɔ˥ 多年生草本植物，葉和種子入藥

【車上】tʂʻə˧˩ ·ʂaŋ ＝〖車裏頭〗tʂʻə˧˥ li˥˩ ·tʻou ＝〖車裏〗tʂʻə˧˩ ·li 車的

裏面

【車箱】tʂ'ə˨˩˧˧ ɕiaŋ˨˩˧ 火車或汽車用於載人、裝貨的部分

ʂə

【賖】ʂə˨˩˧ 買賣成交後先取貨物延期付款：身上没帶錢先～給我罷！——行，～給你！

【賖賬】ʂə˨˩˧˧ tʂaŋ˨˩ 把買賣的貨款記在賬上延期支付：概不～！

【什麼玩意兒】ʂə˦˨˥ ·mə vɛ˦˨ ier˨˩[<i˨˩] 駡人話，猶什麼東西‖什，另見 ʂʅ˦˨、ʂəŋ˦˨

【舌苔】ʂə˦˨ t'ɛ˨˩˧ 生於舌面的苔狀物：張開嘴，我看看～！

【舌頭】ʂə˦˨˥ ·t'ou 口腔裏辨别滋味、幫助咀嚼和發音的器官

【舌頭尖】ʂə˦˨˥ ·t'ou tɕiã˨˩˧ 舌尖

【舌頭根子】ʂə˦˨˥ ·t'ou kẽ˨˩˧˩ ·tsɿ 舌根

【蛇】ʂə˦˨ 見"蛇 ʂa˦˨"

【蛇豆】ʂə˦˨˥ ·tou 一種狀似長蛇的青白色瓜類蔬菜，即蛇瓜

ʐə

【惹和】ʐə˥˩ ·xuə 招惹，挑逗：你老～他幹什麼？|别～他！

【熱】ʐə˨˩ ❶冷熱的熱，指溫度高的、熱情的、受許多人歡迎的等：～天|～心|～門 ❷加溫使熱：飯菜要～一～再吃！

【熱炙乎辣的】ʐə˨˩˥ ·tʂʅ ·xu ·la ·ti 特意表現出的熱情親切：他越是～我越不願意答理他！

【熱炙火燎的】ʐə˨˩˥ ·tʂʅ xuə˥˦ liɔ˦˨˥ ·ti 感到燒灼般的疼痛

【熱菜】ʐə˨˩ ts'ɛ˨˩ 酒席上指當時燒製的菜，跟涼菜相對而言

【熱水】ʐə˨˩ ʂuei˥ 經過加溫的水

【熱水袋】ʐə˨˩ ʂuei˥ tɛ˨˩ 盛熱水的橡膠袋，用於熱敷或取暖

【熱鬧】ʐə˨˩˥ ·nɔ ❶人員衆多，景象繁盛活躍：千佛山趕山，好～來！ ❷使場面活躍：八月十五孩子都來家～一下‖重疊式"熱熱鬧鬧的 ʐə˨˩˥ ·ʐə ·nɔ ·nɔ ·ti"。連用式"熱鬧熱鬧 ʐə˨˩˥ ·nɔ ·ʐə ·nɔ"，熱鬧一下

【熱着㖞】ʐə˨˩˥ ·tʂɔ ·lia 中暑

kə

【圪圪巴巴的】kə˨˩˧˩ ·kə ·pa ·pa ·ti 衣服上粘有飯渣、糨糊、泥水等髒物：他不大講衛生，成天穿的～

【圪蹴】kə˨˩˧˩ ·tɕiou 蹲：他～炕沿上

【疙巴】kə˨˩˧˩ ·pa 黏稠液體乾了後留下的痕迹：泥～|飯～

【疙瘩(頭)】kə˨˩˧˩ ·ta (t'ou˦˨) ⇨〖水腌疙瘩〗 ʂuei˥˩ ·iã kə˨˩˧˩ ·ta

【疙瘩湯】kə˨˩˧˩ ·ta t'aŋ˨˩˧ =〖麵疙瘩〗 miã˨˩˥ ·kə ·ta 麵粉調成糊狀，倒進燒開的湯裏使成疙瘩狀的食品

【疙瘩瓤兒】kə˨˩˧˩ ·ta ʐãr˦˨[<ʐaŋ˦˨] ❶高粱稭裏的瓤兒 ❷郊區又稱玉米心

【疙拉】kə˨˩˧˩ ·la ⇨〖嘎拉〗 ka˨˩˧˩ ·la

【疙渣】kə˨˩˧˩ ·tʂa =〖嘎渣〗 ka˨˩˧˩ ·tʂa ❶膿汁物品凝結而成的附着物：鼻～鼻屎 ❷瘡痂：結了～㖞，快好㖞！ ❸食物緊貼鍋底焦黄的一層：乾飯～鍋巴|餅子結～㖞！

【咯嘚兒】kə˨˩˧˧ tər˨˩˧[<tə˨˩˧] 較輕的物品落地聲：鉛筆～一聲掉地上㖞！

【咯兒咯兒】kər˨˩˧˧[<kə˨˩˧] kər˨˩˧[<kə˨˩˧]

110　kə˨˩˧ – kə˦˨　咯蛇哥胳格袼割閣擱鴿胳硌擱□

❶鷄叫聲 ❷笑聲：他～笑嘞！

【咯咯嗒】kə˨˩˧˩ ·kə ta˥ 母鷄下蛋後的叫聲

【咯噔】kə˨˩˧˧ təŋ˨˩˧ 重物落地聲：凳子～一聲倒嘞！

【蛇蚤】kə˨˩˧˩ ·tsɔ 跳蚤

【哥兒倆】kər˨˩˧[<kə˨˩˧] lia˥ 兄弟兩人：你～上哪啊？

【哥哥】kə˨˩˧˩ ·kə 同父母或同輩比自己年長的男子

【哥們兒】kə˨˩˧˩ ·mer[<·mẽ] ❶關係親如兄弟的幾個男子，猶兄弟們：俺～挺講義氣！❷稱男性青年：這～夠意思！❸作形容詞，猶夠朋友、講義氣：他幾個挺～！

【哥倆好】kə˨˩˧ liaŋ˥˦˨ xɔ˥ 劃拳時說出的數，即二‖也說"兩啊兩 liaŋ˥˩ ·a liaŋ˥"。參見"劃拳 xua˨˩˧ tɕʻyã˦˨"

【胳拉瓣兒】kə˨˩˧˩ ·la per˨˩[<pã˨˩] ⇨〖波勒蓋〗pə˨˩˧˧ lə˨˩˧˧ kɛ˨˩

【胳膊】kə˨˩˧˩ ·pʻə 肩膀以下手腕以上的部分‖膊，聲母 pʻ。胳，另見 kə˦˨

【胳膊肘】kə˨˩˧˩ ·pʻə tʂou˥ 肘‖也說"胳膊肘兒 kə˨˩˧˩ ·pʻə tʂour˥[<tʂou˥]"

【胳當的】kə˨˩˧˧ taŋ˨˩˧˩ ·ti 形容詞後綴，在形容詞後表示過於的意思：鹹～|辣～|硬～|沉～

【格外】kə˨˩˧˧ vɛ˨˩ 副詞。❶很，特別：他倆關係～好！❷額外，另外：～給他做點好吃的！‖格，另見 kei˨˩˧

【格聲兒的】kə˨˩˧˧ ʂər˨˩˧˩[<ʂəŋ˨˩˧] ·ti 別則聲：大人說話小孩兒～！|～，警察來嘞（常用於嚇唬小孩兒）‖聲兒，此處實際讀 ʂər˨˩˧，同"舍兒"，屬二類兒化

【格棱眼子】kə˨˩˧˩ ·ləŋ iã˥˩ ·tsɿ ❶眼斜視 ❷斜視的人

【袼褙】kə˨˩˧˩ ·pei 用幾層碎布或舊布裱成的布殼，多用來做鞋

【割穀子】kə˨˩˧˧ ku˨˩˧˩ ·tsɿ 從地裏用鐮刀割下穀子‖參見"溜穀 ʂɔ˨˩ ku˨˩˧"

【割麥子】kə˨˩˧˧ mei˨˩˥ ·tsɿ 用鐮刀等器具收割麥子‖參見"拔麥子 pa˦˨ mei˨˩˥ ·tsɿ"

【割稻子】kə˨˩˧˧ tɔ˨˩˥ ·tsɿ 收割稻穀

【割高粱】kə˨˩˧˧ kɔ˨˩˧ liaŋ˦˨ ⇨〖殺高粱〗ʂa˨˩˧˧ kɔ˨˩˧ liaŋ˦˨

【割豆子】kə˨˩˧ tou˨˩˥ ·tsɿ 收割豆子

【閣】kə˨˩˧ 建築在風景區的樓閣：解放～|北極～在大明湖公園之内

【擱】kə˨˩˧ 放置：把書～那裏罷！‖另見 kə˦˨

【鴿子】kə˨˩˧˩ ·tsɿ ⇨〖鵓鴿〗pə˦˨˥ ·kə

【胳肢】kə˦˨˥ ·tʂʻʅ 抓撓別人腋下或腰部等處，使發癢而笑‖連用式"胳肢胳肢 kə˦˨˥ ·tʂʻʅ kə˦˨˥ ·tʂʻʅ"：～他！。胳，另見 kə˨˩˧

【胳登】kə˦˨˥ ·təŋ 一隻腳跳着走：～着|你再～兩步！

【硌】kə˦˨ 身體某部分觸着硬的東西感到不適：～的慌！|～牙‖另見 kə˨˩

【硌牙】kə˦˨ ia˦˨ 嚼到硬的東西感到牙齒不舒服：這饃饃有點兒～

【硌窩】kə˦˨˥ ·və 鷄鴨蛋破裂：～蛋|這鷄子～嘞！|鷄子兒兩塊三一斤，～的兩塊！

【硌迸豆】kə˦˨˥ ·pəŋ tou˨˩ 乾炒蠶豆

【擱】kə˦˨ 耐，能禁受：～用|莊稼不～澇|這人不～凍！‖另見 kə˨˩˧

【□擠眼】kə˦˨˥ ·tɕi iã˥ 一種眼色，一隻眼擠一下：他倆一～就都不說話嘞！

【□末】kə˥˩˥ ·mə 算計，斤斤計較：我～過來咧！｜我要的價錢夠便宜的咧，別再在秤上～我咧！

【□□】kə˥˧ kə˥˧ 呼鷄聲‖後字可拉長，常常連用"□□□□ kə˥˧ kə˥˧ kə˥˧ kə˥˧"，也呼"·pə ·pə"，p 爲雙唇吸氣塞音

【各别】kə˧˩ piə˥˩ 性格特殊，不合群：這人忒～了

【個體户】kə˧˩ t'i˥˧ xu˧˩ 個體經營農、工、商的人

【個人】kə˧˩ ʐə̃˥˩ ❶一個人：～和集體 ❷自稱，我：～認爲

【硌疑】kə˧˩˥ ·i 疑惑：這玩意兒不大新鮮，吃了真讓人～｜這個事兒老讓我覺得～‖重疊式"硌硌疑疑的 kə˧˩˥ ·kə ·i ·i ·ti"：心裏頭～！硌，另見 kə˥˩

【硌噔】kə˧˩ təŋ˧˥ 象聲詞，心裏一驚：我心裏～一下！

【硌影】kə˧˩˥ ·iŋ ❶厭惡，惡心：頭午吃了小攤上買的東西，真～的慌！❷使人惡心：你看他吐的一地，真～人！❸諷刺，挖苦：你别～人！‖重疊式"硌硌影影的 kə˧˩˥ ·kə ·iŋ ·iŋ ·ti"：看了那一堆蒼蠅，老半天～！

【過去】kə˧˩˥ ·tɕ'i ❶動詞，離開或經過説話人所在地或説話人所説的地方：你先在這兒坐一會兒，我～叫他！｜讓一讓，我～！｜他剛從你家門口～，你怎麽没看見？❷用在動詞後，表趨向：走～｜把身子轉～｜疼的他昏～咧！‖過，單字音 kuə˧˩，此處讀 kə˧˩；去，讀 tɕ'i，輕聲

【過去咧】kə˧˩˥ ·tɕ'i ·lia ❶離開或經過了説話人所在的地點：隊伍～ ❷婉稱人死了

【過午】kə˧˩ ·u ＝〖下午〗ɕia˧˩ ·u 從中午到日落的一段時間‖過，韵母讀 ə，去聲，此處在輕聲前不變調。現在有人讀 kuə˧˩

【過來】kə˧˩˥ ·lɛ ❶動詞，從另一個地點向説話人所在地來：～，媽媽抱抱！｜車來咧，快～！❷用在動詞後，表趨向：走～｜把臉轉～我看看！｜想～咧！｜總算緩醒~蘇醒~～咧！

【過來…過去的】·kə ·lɛ …·kə ·tɕ'i ·ti 表示動作反復，多含厭煩意：我聽懂咧，你别韶叨[ʂɔ˥˩˥ ·tɔ]嘮叨過來韶叨[ʂɔ˥˩˥ ·tɔ]過去的！

k'ə

【克凡】k'ə˧˥ fã˥˧ 回民用以包裹亡人的白色棉布，男三件女五件：△夠不夠，～三丈六‖量詞用"件"不用"塊"。克，另見 k'ei˧˥

【坷垃】k'ə˧˥˩ ·la 土塊：怎麽搞的你那頭上？——掉下來塊～砸的！｜△麥子不怕草，就怕～咬！

【苛捐雜税】k'ə˧˥˩ tɕyẽ˧˥ tsa˥˩˥ ʂuei˧˩ 形容捐税繁重

【咳嗽】k'ə˧˥˩ ·suə 呼吸系統常見症狀，因發炎、有異物、受刺激等原因引起，先是聲門關閉，而後肺内空氣噴出發聲，有清除異物或痰的保護作用‖嗽，韵母讀 uə。咳，另見 xɛ˧˥

【砢磣】k'ə˧˥˩ ·tʂ'ẽ 寒磣：我心裏也怪～的慌！｜你别～我咧！

【渴咧】k'ə˧˥˩ ·lia 渴了：～罷？喝口水！

【渴神】k'ə˧˥ ʂẽ˥˩ 性欲旺盛的人

【嗑】k'ə˧˥ 用上下門牙咬帶殼的東西：～

瓜子兒

【嗑巴】k'əɹʟ ·pa ⇨〖結巴〗 tɕiəɹʟ ·pa

【磕磕巴巴的】k'əɹʟ ·k'ə ·pa ·pa ·ti 説話不流暢、不熟練：這孩子説話～｜這個學生回答問題～‖參見"結巴 tɕiəɹʟ ·pa"。磕，另見 k'əɹ、k'aɹ

【磕臺兒】k'əɹʟ ·t'ɛr[＜t'ɛɣ] ❶在牆上砌成的凹進去的一個方框，可以放置神像或小件物品 ❷砌在墓壁上的這種方框，放照明燈等

【磕頭】k'əɹ t'ouɣ 舊時的跪拜禮

【磕頭打盹兒】k'əɹ t'ouɣ taʔʏ tuerʔ [＜tuẽʔ] 打瞌睡的樣子：你看他睏的～！

【可以】k'əʔʏ iʔ ❶好，不壞：這掛曆還～！❷利害：這人夠～的！‖可，另見 ·k'ə

【可能】k'əʔ nəŋɣ ❶有希望實現：提前完成任務是～的｜不～｜沒有這種～！❷也許：他～已經走嘛！

【客】k'əɹ ❶旅客，顧客：～車｜～滿 ❷從事某種活動的人：政～‖此處的 k'əɹ 是讀書音；口語音 k'eiɹ

【客氣】k'əɹʏ ·tɕ'i 在交際場合有禮貌，對人謙讓

【客車】k'əɹ tʂ'əɹ 運載旅客的火車或汽車

【客棧】k'əɹ tʂãɹ 設備比較簡陋的旅館

【客廳】k'əɹ t'iŋɹ 接待客人的房間

【靠】k'əɹ（或 k'ɔɹ） 挪動，向…靠：～裏裏｜你上那邊～～

【靠裏裏】k'əɹ（或 k'ɔɹ） liʔʟ ·li ＝〖上裏裏〗 ʂaŋɹ liʔʟ ·li 向裏面走走，公共汽車或電車上的售票員多説：上來的～，讓後面的上來！

【磕拐】k'əɹ kuɛʔ 兒童冬季游戲：兩人各用一腿跳着，另一腿用手扳住腳使膝蓋突出互相頂撞，以使對方雙腳着地爲勝‖磕，另見 k'əɹ、k'aɹ

【課桌】k'əɹ tʂuəɹ 教室裏供學生上課學習的桌子

【課外活動】k'əɹ vɛɹ xuəɣʏ tuŋɹ 學生課餘活動，多指下午課後的體育活動

【課本兒】k'əɹ perʔ[＜pẽʔ] 教科書，專門編寫的學生上課和復習用的書：背～

【課堂】k'əɹ t'aŋɣ 進行教學活動的教室：老師在～上講課｜～作業｜～討論

【課程】k'əɹ tʂ'əŋɣ 學校爲學生開設的課目：～安排｜～表

【騍馬】k'əɹʏ ·ma ＝〖母馬〗 muʔʏ maʔ 雌性馬

【可】·k'ə 助詞，用在句中或句末，多表示未來時，也可表示過去時。❶…的時候（未來）：你走～叫着我！｜等他來了～再説！❷…的時候（過去）：我小霎～棱皮很調皮！｜從前～俺家在縣東巷住 ❸…的話：你見到小明～叫他快來家回家！｜你要不要？你要～告訴我！❹…再説：快十一點嘛，俺待家去！——再玩玩～！｜下雨嘛，你給我找把傘！——吃了飯～！❺…以後：這本書我看看！——等我看完了～！｜幹完活～再走！❻等有了某種條件時：咱家也買個小鴨牌洗衣機罷！——等有了錢～！｜媽，你帶我上百花公園玩！——有了空～帶你去！❼提醒對方注意避免某種可能：别跑，看蹿着了～！｜慢點兒喝，燙着～！‖《醒世姻緣傳》第七十四回：素姐吆喝道："待怎麼呀？沒要緊的嚎喪！等他兩個砍頭的

死了可再哭，遲了甚麼！”。另見 k‘ə˥

ŋə

【惡】ŋə˨˦ ❶善惡的惡，指很壞的行爲，犯罪：罪大～極 ❷兇狠：～霸｜～毒 ❸惡劣，壞：～習｜～意 ❹利害：這要飯的要的挺～，給她一分錢她撕嗰！ ‖另見 u˩

【惡發】ŋə˨˦꜖ ·fa 傷口發炎潰膿

【惡心】ŋə˨˦꜖ ·ɕiẽ ⇨〖乾噦〗 kã˨˦꜖ ·yə

【惡影】ŋə˨˦꜖ ·iŋ 醜惡骯髒使人惡心 ‖義同“硌影①② kə˩꜒ ·iŋ”

【阿郎蛛子】ŋə˦꜒ ·laŋ tʂu˨˦꜖ ·tsɿ ＝〖阿郎蛛〗 ŋə˦꜒ ·laŋ tʂu˨˦ ＝〖蜘蛛〗 tʂɿ˨˦꜖ ·tʂu 節肢動物，肛門尖端的突起能分泌黏液成絲結網以捕食昆蟲 ‖阿，單字音、地名東～讀 ŋə˨˦。另見 a˨˦

【莪子】ŋə˦꜒ ·tsɿ 舊稱香菇，野生

【訛死賴】ŋə˦꜒ ·sɿ lɛ˩ 耍賴，多指小孩兒做游戲輸了不認賬：打～｜耍～｜這人～

【蛾子】ŋə˦꜒ ·tsɿ ❶通稱昆蟲蛾 ❷特指蠶蛾

【鵝】ŋə˦ 一種家禽，比鴨子大，羽毛白色

【鵝毛大雪】ŋə˦ mɔ˦ ta˩ ɕyə˨˦ 像紛飛鵝毛一樣的大雪

【鵝卵石】ŋə˦꜒ ·laŋ ʂɿ˦ ⇨〖河流子兒〗 xə˦꜒ ·liou tsər˥[<tsɿ˥] ‖卵，單字音 luã˥，此處韵母讀 aŋ

【鵝黃】ŋə˦ xuaŋ˦ 像小鵝絨毛的淺黃

【鵝翎扇】ŋə˦ liŋ˦ ʂã˩ 用鵝翎穿成的扇子

【額拉蓋兒】ŋə˦꜒ ·la kɛr[<kɛ˩] 見“額拉蓋 iə˦꜒ ·la kɛr˩[<kɛ˩]

【□□】ŋə˦꜒ ·mei 令人覺得骯髒，惡心：你看他吐了一地，真～的慌！｜你別～人行不行？

【餓嗰】ŋə˩꜒ ·lia ＝〖飢困嗰〗 tɕi˨˦꜖ ·k‘uẽ ·lia 感到飢餓了

xə

【喝】xə˨˦ ❶飲，吃（流質食品）：～水｜～黏粥 ❷特指喝酒：～醉嗰！｜咱倆～一盅！

【喝喜酒】xə˨˦ ɕi˥꜔ tɕiou˥ 喝結婚慶喜的酒

【喝一壺】xə˨˦꜖ ·i ·xu 比喻脾氣相投合得來：咱哥們～｜咱倆能～

【喝茶】xə˨˦ tʂ‘a˦ 喝茶葉冲泡的水

【喝藥】xə˨˦꜔ yə˩ ❶喝中、西藥治病 ❷特指喝毒藥自殺

【喝頭兒】xə˨˦꜖ ·t‘our[<t‘ou˦] ❶泛稱稀飯、飲料、水等可以喝的東西：光吃乾的没～不行！ ❷（是否）值得喝：這酒没～！

【喝酒】xə˨˦ tɕiou˥ 飲酒

【禾木旁的程】xə˦꜒ mu˩ p‘aŋ˦꜒ ·ti tʂ‘əŋ˦ 即程，通報姓氏時多用

【合】xə˦ ❶聚合：～在一起 ❷合攏，閉：～眼 ❸符合：～適｜～格 ❹扣，蓋：～上蓋 ❺反扣倒出：來，咱倆把籠裏饃饃～出來！ ‖另見 ka˨˦

【合起襠來】xə˦꜒ ·tɕ‘i taŋ˨˦꜖ ·lɛ 把開襠褲合成不開襠的褲子：都三歲嗰，還穿開襠褲，該～嗰！

【合不來】xə˦꜒ ·pu lɛ˦ 性情不相投，不能相處

【合物】xə˦꜒ ·u ❶兩種東西搭配起來合適：這螺絲和螺絲母不～！ ❷兩人配搭融洽：他兩人脾氣不～！ ‖參見“合味兒 xə˦꜒ ·ver[<vei˩]”

114 xəɿ 合和河荷核盒

【合葉】xəɿʏ ·iə =〖合扇兒〗 xəɿʏ ʂɛrɹ[<ʂãɹ] 裝在門窗或橱櫃等上面的由兩片金屬構成的鉸鏈，可使門窗等便於開閉

【合味兒】xəɿʏ ·ver[<veiɹ] ❶味道調得好：這素包子加上豆腐調餡才～呢！❷兩人配合融洽：他兩人合伙兒幹的可～呢！‖參見"合物 xəɿʏ ·u"

【合算】xəɿʏ ·suã 划算，所費人力物力較少而收效較大：不～

【合歡花】xəɿ xuãɹʏ xuaɹ ⇨〖馬纓花〗 ma꜒ iŋɹʏ xuaɹ

【合葬墳】xəɿ tsaŋɹ fẽɿ 夫妻合葬的墳

【合嗓(眼兒)】xəɿʏ ·saŋ (iɛr꜒[<iã꜒]) 通稱嗓子‖參見"食嗓 ʂʅɿʏ ·saŋ"、"氣嗓 tɕʻiɹʏ ·saŋ"

【合上嘴】xəɿʏ ·ʂaŋ tsuei꜒ ⇨〖閉嘴〗 piɹ tsuei꜒

【合上眼兒】xəɿʏ ·ʂaŋ iɛr꜒[<iã꜒] 閉起眼睛

【合同工】xəɿʏ ·tʻuŋ kuŋɹ 以簽訂合同的方法招收的工人

【和】xəɿ ❶相安，和諧：～睦｜夫妻不～ ❷平息爭端：講～ ❸下棋、賽球等不分勝負：～棋 ❹數字相加的得數 ❺連詞，跟，同：我～他都在一中教書 ❻介詞，跟，對：這個～那個一個樣兒｜別～人家打仗！‖另見 xuɿ、xuəɿ、·xuə

【和棋】xəɿ tɕʻiɿ 不分勝負的棋，下棋不分勝負：這是盤～｜～嘛！

【和尚】xəɿʏ ·tʂʻaŋ 出家修行的男佛教徒‖尚，單字音 ʂaŋɹ，此處讀 tʂʻ 聲母

【河】xəɿ 天然或人工的大水道：黃～｜小清～｜運～｜護城～

【河裏】xəɿʏ ·ŋ̍i(或 ·li) 河水之中：掉～嘛！

【河北老寨子】xəɿ peiɹ lɔ꜒ tʂɛɹʏ ·tsʅ 通稱山東境内黃河以北的村莊，多回民居住

【河水】xəɿ ʂuei꜒ 河裏的水

【河流子兒】xəɿʏ ·liou tser꜒[<tsʅ꜒] =〖鵝卵石〗 ŋəɿʏ ·laŋ ʂʅɿ 由水流作用形成的卵石

【河灘】xəɿ tʻãɹ 河邊灘地

【河南墜子】xəɿ nãɿ tʂueiɹʏ ·tsʅ 流行於河南的一種曲藝，因主要伴奏樂器是墜琴而得名

【河沿兒】xəɿ iɛrɿ[<iãɿ] =〖河邊兒〗 xəɿ pierɹ[<piãɹ] 河岸：到～上洗衣裳！

【河豚魚】xəɿ tʻuẽɿ yɿ 一種肉味鮮美而卵巢和血液、肝臟有劇毒的魚，生活在沿海或内河中

【河當中】xəɿ taŋɹʏ tʂuŋɹ =〖河裏頭〗 xəɿ li꜒ʟ ·tʻou 河中間，河裏

【荷花】xəɿʏ ·xua =〖蓮花〗 liãɿʏ ·xua 蓮的花

【荷葉】xəɿʏ ·iəɹ 蓮的葉子，濟南飲食店常用來包着食物製作熟食：～肉

【荷包鷄子兒】xəɿʏ ·pɔ(或 xəɿ pɔɹ) tɕiɹ tser꜒[<tsʅ꜒] ⇨〖卧鷄子兒〗 vəɹ tɕiɹ tser꜒[<tsʅ꜒]

【核桃】xəɿʏ ·tʻɔ 一種乾果，小球形，外果皮青色平滑，内果皮堅硬多皺‖核，另見 xuɿ

【核桃疙瘩】xəɿʏ ·tʻɔ kəɹʟ ·ta 中式紐扣的球狀紐子

【核桃仁兒】xəɿʏ ·tʻɔ ʐerɿ[<ʐẽɿ] 核桃的果仁

【盒飯】xəɿʏ fãɹ 盛在盒裏的帶菜的飯：

火車上賣～|俺食堂裏有～

【蛤蟆】xə˧˥ ·ma 青蛙：△大明湖的～乾只鼓肚不叫喚‖蛤，濟南讀 xə˧，北京讀 ꜀xa。另見 ka˧、xa˧

【蛤蟆蝌胎兒】xə˧˥ ·ma k'ə˩˧˨ ·t'ɛr [<t'ɛ˩˧] ＝〖蛤蟆蝌胎子〗xə˧˥ ·ma k'ə˩˧˨ ·t'ɛ ·tsɿ 蝌蚪

【貨郎】xə˩(或 xuə˩˦) ·laŋ 舊指賣日用雜貨的流動小販‖貨，單字音 xuə˩，此處口語讀 xə˩，在輕聲前不變調

【貨郎鼓】xə˩ ·laŋ ku˥ ❶貨郎招攬顧客的小鼓 ❷小孩玩具

iə

piə

【憋】piə˨˩˧ ❶抑制或堵住不讓出來：～住氣 ❷悶，氣不通：心裏～的慌！|哮喘病又犯嘞，～的難受！

【憋氣】piə˨˩˧꜔ tɕʻi˨˩ ❶窒息的感覺 ❷有委屈煩惱等而不能發泄：他憋着口氣兒説不出來！

【憋拉氣爐子】piə˨˩˧꜖ ·la tɕʻi˨˩ lu˦˨꜒ ·tsɿ 燒大塊煤的一種鐵鑄花盆式爐子

【憋墜】piə˨˩˧꜖ ·tʂuei 小腹脹痛的感覺：肚子～的慌！

【鱉】piə˨˩˧ =〖王八①〗vaŋ˦˨꜒ ·pa =〖老黿〗lɔ˥ yã˦˨ 水生爬行動物，形狀像龜，背甲上有軟皮：△魚找魚，蝦找蝦，王八找那～親家

【别】piə˦˨ 見"别 pɛ˦˨"

【别價】piə˦˨꜒ ·tɕia ⇨〖甭價〗pẽ˦˨꜒ ·tɕia

【别針兒】piə˦˨ tʂer˨˩˧［<tʂẽ˨˩˧］一種彎曲的針，尖端可以打開，也可以扣住，用於臨時固定服飾的部件等

【别人】piə˦˨ ʐẽ˦˨ ⇨〖旁人〗pʻaŋ˦˨ ʐẽ˦˨

【癟】piə˥ 不飽滿，凹下：乾～|車帶～嘞，拿氣筒來打打氣！

【彆古】piə˨˩˧꜔ ·ku 性格彆扭：你别那麼～‖參見"拐古 kuɛ˥꜖ ·ku"

【彆扭】piə˨˩˧꜔ ·ȵiou ❶難對付，不順：你這人脾氣老是這麼～！❷矛盾，意見不相投：鬧～‖重叠式"彆彆扭扭的 piə˨˩˧꜔ ·piə ·ȵiou ·ȵiou ·ti"：他兩個人～！

【彆棱】piə˨˩˧꜔ ·ləŋ（或 piə˦˨꜒ ·ləŋ）彆扭，不順：這竿子～着|你就别和他～嘞，噢！|他這人□［kaŋ˦˨］～來！‖重叠式"彆彆棱棱的 piə˨˩˧꜔（或 piə˦˨꜒）·piə ·ləŋ ·ləŋ ·ti"：這竿子没放好，～|這家伙～，是個半青！

pʻiə

【撇】pʻiə˨˩˧ 在液體表面淺淺地舀：～米湯|把肉鍋裏的髒東西～了去！

【撇子】pʻiə˨˩˧꜖ ·tsɿ 一種兩人在兩邊拉着繩子撇水澆地的農具，鐵製，兩邊有耳可拴繩子

【撇下】pʻiə˨˩˧꜖ ·ɕia ⇨〖閃下①〗ʂã˥꜖ ·ɕia

【撇嘴】pʻiə˨˩˧ tsuei˥ 嘴角向下，不同意的表情：你先别～，我給你解釋解釋！

【撇腔兒】pʻiə˨˩˧꜔ tɕʻiãr˨˩˧［<tɕʻiaŋ˨˩˧］=〖撇着個腔兒〗pʻiə˨˩˧꜖ ·tʂɿ ·kə tɕʻiãr˨˩˧［<tɕiaŋ˨˩˧］貶稱説不純正的普通話：他説話好～！|上了三天學，説話～，做勢裝腔作勢！

【撇腔拉調的】pʻiə˨˩˧꜔ tɕʻiaŋ˨˩˧ la˨˩˧꜔ tiɔ˨˩˧꜔ ·ti 説話做作，拿腔拿調：這小子上了大學回來～！

【苤拉】pʻiə˥꜖ ·la 球莖甘藍，一種扁圓形的蔬菜，即苤藍

miə

【咩咩】miə˨˩˧ miə˨˩˧ 羊叫聲

tiə

【爹】tiəɅ 父親

【爹公娘母】tiəɅ˫ kuŋɅ ȵiaŋ˧ mu˥ 指再嫁的婦女所帶的女兒和後夫前妻所生的兒子結婚：他家是～你知不道？

【跌打】tiəɅ˪ ·ta 折磨(生活上)：孩子跟着我受～

【跌褻】tiəɅ˪ ·ɕiə ❶面色陰沉沮喪：你這兩天有什麼事兒排解不開，老～個臉！❷用不好的臉色使人難堪：你別～給我看！|老婆婆成天～兒媳婦

【跌倒哂】tiəɅ˪ ·tɔ ·lia ⇨〖踤倒哂〗ʂuɛɅ˪ ·tɔ ·lia

【哆哆】tiəɅ˪ ·tiə 亂說：你別亂～！

【叠些】tiə˧˥ ·ɕiə 端，拿：你老不接，叫我～着！|你把這東西～出去！

【叠暴着】tiə˧˥ ·pɔ ·tʂʅ 眼珠突出或胖大的腹部下垂的樣子

【碟子】tiə˧˥ ·tsʅ 盛小菜或調味品的小瓷盤

【蝶泳】tiə˧ yŋ˥ 一種兩手擺動似蝶飛的游泳姿勢

【蹀躞】tiə˧˥ ·ɕiə ❶來回地走：你～過來～過去的幹什麼？|好好坐着，別來回的～！❷奔忙：我～了半天，累殺哂！‖蹀，廣韵帖韵徒協切："躞蹀。"躞，廣韵帖韵蘇協切："躞蹀。"集韵亦作"躞蹀"，見帖韵悉協切："躞蹀，行貌。"漢樂府《白頭吟》："蹀躞御溝上。"蒲松齡《聊齋志異》卷十九《長亭》："蹀躞之間"

t'iə

【貼着】t'iəɅ˪ ·tʂʅ ⇨〖靠着〗k'ɔ˩˥ ·tʂʅ

【貼膏藥】t'iəɅ˪ kɔɅ˪ ·yə 將膏藥貼到患處

【貼邊】t'iəɅ˫ piãɅ 衣服裉上或邊上所加的布條

【貼餅子】t'iəɅ˪ ·piŋ ·tsʅ 即餅子‖用於需要跟"煮餅子 tʂu˥˪ ·piŋ ·tsʅ"區別時

【鐵】t'iəɅ ❶一種金屬元素，質硬 ❷形容堅固、堅强、確定不移：銅牆～壁|～石心腸|～飯碗|～了心|～哥兒們

【鐵蒺藜】t'iəɅ tɕi˧˥ ·li 鐵絲製成的障礙物，有尖刺似蒺藜，常置於圍牆頂上或籬笆上以防盜賊

【鐵路】t'iəɅ˫ luɅ ＝〖鐵道〗t'iəɅ˫ tɔɅ 火車行駛的有鋼軌的道路

【鐵樹】t'iəɅ˫ ʂuɅ 常綠棕櫚狀植物，不常開花

【鐵樹開花】t'iəɅ˫ ʂuɅ k'ɛɅ˫ xuaɅ 比喻事物罕見或難以達到目的

【鐵耙】t'iəɅ p'a˧ ⇨〖釘耙〗tiŋɅ p'a˧

【鐵瓦】t'iəɅ va˥ 舊式大車釘在木輪外的鐵圈

【鐵簸箕】t'iəɅ pəɅ˥ ·tɕ'i 鐵製簸箕

【鐵鍋】t'iəɅ˫ kuəɅ 生鐵鑄造的鍋

【鐵軌】t'iəɅ˫ kueiɅ 鐵路上的鋼軌

【鐵灰】t'iəɅ˫ xueiɅ 像鐵一樣的較深的灰色

【鐵筲】t'iəɅ˫ ʂɔɅ 擔水用的鐵製水桶

【鐵面無私】t'iəɅ˫ miãɅ u˧ sʅɅ 形容清官不講情面，執法如山

【鐵鍁】t'iəɅ˫ ɕiãɅ ＝〖鐵鍬〗t'iəɅ˫ tɕ'iɔɅ 鏟沙、土等的工具，也可用於翻地

【鐵匠】t'iəɅ˪ ·tɕiaŋ ⇨〖打鐵的〗ta˥ t'iəɅ˪ ·ti

【鐵公鷄】t'iə˩ kuŋ˩˧ tɕi˩ 比喻一毛不拔、吝嗇的人：這人屬～的，可摳門啦！|這是個～

liə

【咧涎】liə˦˩ ·ɕiə ⇨〖吃拉拉〗tʂ'ʅ˩˨ ·la ·la ‖ 涎，廣韵仙韵夕連切："口液也。"此處讀 iə 韵母，疑韵母順同化的結果

【裂】liə˥ 打擊：～一家伙|～一磚頭|頭上叫～一杠子

【裂】liə˥ ❶東西的兩部分向兩旁分開：～開 ❷感情破裂：他倆～嘛！

【裂着架子】liə˥˨ ·tʂʅ tɕia˩˧ ·tsʅ ＝〖裂架子〗liə˥ tɕia˩˧ ·tsʅ ＝〖支着架子〗tʂʅ˩˨ ·tʂʅ tɕia˩˧ ·tsʅ 拉開架勢：～要走！|～打架！

【獵槍】liə˩ tɕ'iaŋ˩ 打獵用的槍

tɕiə

【接媳婦】tɕiə˩˧ ɕi˩˨ ·fu 娶親時，男方請一些年輕婦女在家等候迎接新娘，稱爲接媳婦

【接老的兒】tɕiə˩˧ lɔ˥˨ ·tier[<·ti] 舊時指年三十接近午夜時一家大小長幼有序地到門外朝祖墳磕頭、回來後把祖宗靈位放到堂屋正中供桌上的一種儀式

【接麵】tɕiə˩˨ ·miã ⇨〖麵頭〗miã˩ t'ou˦

【接電話】tɕiə˩˧ tiã˩ xua˩ 接聽電話

【接見】tɕiə˩˧ tɕiã˩ ❶特指探監：每個星期的星期二～|他給他兒～去嘛 ❷跟來的人見面：～外賓

【接生】tɕiə˩˧ ʂəŋ˩ ＝〖收生〗ʂou˩˧ ʂəŋ˩ 幫助産婦分娩

【接生員】tɕiə˩˧ ʂəŋ˩ yã˦ 爲人接生的醫務人員 ‖ 舊時多婦女，稱"老娘婆 lɔ˥˨ ·ȵiaŋ p'ə˦"，也說"接生婆 tɕiə˩˧ ʂəŋ˩ p'ə˦"，現在已都改稱"大夫 tɛ˩˧ ·fu"

【結實】tɕiə˩˨ ·ʂʅ ❶堅固耐用：這衣裳棱～！❷身體健壯：這孩子長的真～|身體～啊罷！

【結巴】tɕiə˩˨ ·pa ＝〖磕巴〗k'ə˩˨ ·pa ❶口吃：他說話～ ❷口吃的人 ‖ 重疊式"結結巴巴的 tɕiə˩˨ ·tɕiə ·pa ·pa ·ti"：他～半天才說完了

【結痂渣】tɕiə˩˧ kə˩˨(或ka˩˨) ·tʂa ＝〖釘痂渣〗tiŋ˩˧ kə˩˨ ·tʂa 傷口結痂

【結鰓】tɕiə˩˨ ·sɛ ⇨〖魚鰓〗y˦ sɛ˩

【結陰親】tɕiə˩ iẽ˩˧ tɕ'iẽ˩ 舊時指年輕的男女死後，雙方的家長爲他們結爲夫妻關係，即冥婚

【結婚】tɕiə˩˧ xuẽ˩ ⇨〖成親〗tʂ'əŋ˦ tɕ'iẽ˩

【結婚草】tɕiə˩˧ xuẽ˩ ts'ɔ˥ ⇨〖天門冬〗t'iã˩ mẽ˦ tuŋ˩

【結婚登記】tɕiə˩˧ xuẽ˩ təŋ˩˧ tɕi˩ 結婚前到政府部門進行登記並領取結婚證，是使婚姻合法的必要手續 ‖ 口語常常簡說"登記 təŋ˩˧ tɕi˩"

【結婚證】tɕiə˩˧ xuẽ˩˧ tʂəŋ˩ 政府發給的允許結婚的證明，男女各一張

【結冰】tɕiə˩˧ piŋ˩ ⇨〖上凍〗ʂaŋ˩ tuŋ˩

【節氣】tɕiə˩˧ tɕ'i˩ 我國曆法把一年分爲二十四段，每一段稱爲一個節氣。二十四節氣表明一年中不同的氣候，在農業生産上有重要意義：△不懂二

十四～，白把種子種下地

【節骨眼兒上】tɕiə˩˧꜖ ·ku iɛr˥꜖［<iã˥］·ʂaŋ 關鍵時刻：他趕上這～來嘛，可幫了大忙嘛！｜幸虧廠長在～表了態！

【節下】tɕiə˩˧꜖ ·ɕia 過節時

【截】tɕiə˦˥ ❶把長條形的東西斷開：～斷｜～成一節股一節股的 ❷量詞，段：一～一～的 ❸阻攔：～住他，別讓他跑了！ ❹截止：～至昨天，報名上自費的已經超過了一百人！ ❺特指買布料：～了五尺布

【截了】tɕiə˦˥꜒ ·liɔ ⇨〖知了〗tʂʅ˩˧꜖ ·liɔ

【截了皮】tɕiə˦˥꜒ ·liɔ p'i˦˥ 蟬由幼蟲變爲成蟲時蛻下的殼，是一種藥材，中醫用來解熱鎮靜‖用做中藥時稱爲“蟬蛻 tʂ'ã˦˥꜒ t'uei˩”

【截了猴】tɕiə˦˥꜒ ·liɔ xou˦˥ ＝〖截了鬼兒〗tɕiə˦˥꜒ ·liɔ kuer˥［<kuei˥］蟬的幼蟲‖近年來開發爲一種食品，商店多有罐頭出售

【截就】tɕiə˦˥꜒ ·tɕiou ❶假托，利用某種條件做某事：我也～着你這亮兒看會兒書 ❷湊乎，將就：布不太夠嘛，～着做罷！

【褯子】tɕiə˦˥꜔ ·tsɿ ＝〖尿布〗ȵiɔ˩ pu˩ 在嬰兒身體下部接尿的布

【姐弟倆】tɕiə˥ ti˩ lia˥ 姐弟兩人

【姐夫(哥)】tɕiə˥꜖ ·fu (kə˩˧) 姐姐的丈夫‖面稱“大哥 ta˩ kə˩˧”等

【姐姐】tɕiə˥꜖ ·tɕiə 稱同父母或同輩比自己年長的女子

【戒尺】tɕiə˩ tʂ'ʅ˩˧ 私塾老師用於體罰學生的木板‖戒，另見 tɕiɛ˩

【借字】tɕiə˩˧꜔ tsʅ˩ 舊稱借條

【借光】tɕiə˩ kuaŋ˩˧ 禮貌語，猶請問、請讓開：～，舜井街怎麼走？｜～，讓我過去！

【借光裏站】tɕiə˩ kuaŋ˩˧ li˥ tʂã˩ 舊時禮貌語，猶請讓讓

tɕ'iə

【切菜】tɕ'iə˩˧꜔ ts'ɛ˩ 用刀將菜切開

【切菜刀】tɕ'iə˩˧꜔ ts'ɛ˩ tɔ˩˧ ＝〖菜刀〗ts'ɛ˩ tɔ˩˧ 專用於切菜的刀子

【茄子】tɕ'iə˦˥꜒ ·tsʅ 一種蔬菜，有長茄、圓茄等不同品種

【茄梨】tɕ'iə˦˥ li˦˥ 一種形狀有點像茄子的梨，初夏成熟，皮綠，肉質軟，味甜略帶酸

【茄參】tɕ'iə˦˥ ʂẽ˩ 海參的一種，質較次

ȵiə

【捏豆子】ȵiə˩˧ tou˩꜔ ·tsʅ 戲稱彈琉璃球玩兒的一種樣式，用拇指蓋兒彈，不能彈遠，一般是力量小或不大會的孩子這樣彈：～嘛～嘛！（瞧不起的口氣）

【鑷子】ȵiə˩꜔ ·tsʅ 夾取毛髮或其他細小東西的用具

ɕiə

【血】ɕiə˩˧ ❶血液 ❷很：～好‖新起音是 ɕyə˩˧

【血乎】ɕiə˩˧꜖ ·xu ❶玄，出乎意料：這事兒真～！ ❷誇張渲染得不合實際：什麼事兒讓他一說就～嘛！

【血嘎拉】ɕiə˩˧꜔ ka˩˧꜖ ·la ＝〖血疙拉〗ɕiə˩˧꜔ kə˩˧꜖ ·la 血迹：他一身～

【血管】ɕiə˩˧ kuã˥ 血液在全身循環時的脈管‖也說“血管兒 ɕiə˩˧ kuɛr˥”

【血暈】ɕiə˨˩˧˨˧ ·yẽ 皮下出血

【歇歇】ɕiə˨˩˧ ·ɕiə 休息一會 ‖ 歇，陰平調，此處在輕聲前不變調

【歇業】ɕiə˨˩˧˨˧ iə˨˩ ⇨〖關門〗kuã˨˩˧ mẽ˦˨

【蝎子】ɕiə˨˩˧˨˧ ·tsɿ 節肢動物，口部兩側有一對螯，腹前部較粗，後部細長，末尾有鈎含毒汁，蜇人。中醫入藥 ‖ 山東近年來把蝎子開發爲一種食品

【蝎子屌子】ɕiə˨˩˧˨˧ ·tsɿ tu˨˩˧˨˧ ·tsɿ 蝎子尾巴

【蝎子爬】ɕiə˨˩˧˨˧ ·tsɿ p'a˦˨ 倒立行走

【蝎子草】ɕiə˨˩˧˨˧ ·tsɿ ts'ɔ˥ ⇨〖鳳尾菊〗fəŋ˨˩ vei˥ tɕy˨˩˧

【蝎虎簾子】ɕiə˨˩˧˨˧ ·xu liã˦˨˥ ·tsɿ ＝〖蝎虎子〗ɕiə˨˩˧˨˧ ·xu ·tsɿ ＝〖壁虎〗pi˨˩˧ xu˥ 一種爬行動物，能在壁上爬，吃蚊蠅等小昆蟲

【邪兒巴嚌的】ɕiə˦˨˥ ·ər ·pa tɕi˨˩˧˨˧ ·ti ＝〖斜不棱登的②〗ɕiə˦˨˥ ·pu ləŋ˨˩˥ ·təŋ ·ti 脾氣大，性格特殊：這小子～，别理他！

【邪乎】ɕiə˦˨˥ ·xu 危險，情况嚴重：血很～｜這事兒～嘞！

【邪門兒】ɕiə˦˨ mer˨˩[<mẽ˦˨] 不正常，怪：這件事～嘞，怎麼總也弄不好？｜這人真～，總跟人家過不去！

【涎綫】ɕiə˦˨˥ ·ɕiã ⇨〖吃拉拉〗tʂ'ʅ˨˩˧˨˧ ·la ·la

【斜】ɕiə˦˨ 不正，跟平面或直綫不平行也不垂直的：～坡｜～綫

【斜不拉嚌的】ɕiə˦˨˥ ·pu ·la ·tɕi ·ti 歪斜的樣子

【斜不棱登的】ɕiə˦˨˥ ·pu ləŋ˨˩˥ ·təŋ ·ti ❶不正：我看這個竿子～，你把它正一正罷！❷⇨〖邪兒巴嚌的〗ɕiə˦˨˥ ·ər ·pa tɕi˨˩˧˨˧ ·ti

【斜玉】ɕiə˦˨˥ y˨˩ ⇨〖側玉兒〗tʂei˨˩˧˥ yər˨˩[<y˨˩]

【斜拉】ɕiə˦˨˥ ·la 斜眼看人，表示不友好：我去買東西碰上他嘞，俺倆不説話，他～我一眼｜你～我幹麼？

【斜肩膀】ɕiə˦˨ tɕiã˨˩˧˨˧ ·paŋ 兩邊一高一低的肩膀

【斜眼】ɕiə˦˨ iã˥ 眼球位置異常，當一隻眼睛注視目標時，另一隻眼的視綫偏斜在目標的一邊

【斜文兒】ɕiə˦˨ ver˦˨[<vẽ˦˨] ＝〖斜文旁〗ɕiə˦˨ vẽ˦˨ p'aŋ˦˨ 漢字偏旁，如"敬"字的右邊部分

【斜紋兒】ɕiə˦˨ ver˦˨[<vẽ˦˨] 比直貢呢薄的一種棉布

【斜棱着】ɕiə˦˨˥ ·ləŋ ·tʂʅ ❶斜着 ❷側身而坐

【寫字】ɕiə˥ tsɿ˨˩ 用筆書寫文字

【寫字臺】ɕiə˥ tsɿ˨˩ t'ɛ˦˨ 供辦公、寫字等用的桌子，一般有抽屜

【寫字本兒】ɕiə˥ tsɿ˨˩ per˥[<pẽ˥] 寫字用的本子

【寫大仿】ɕiə˥ ta˨˩ faŋ˥ 用毛筆按字帖的樣子寫大字

【寫作】ɕiə˥ tsuə˨˩ 寫文章：～課｜～實習

【寫白字】ɕiə˥ pei˦˨˥ ·tsɿ 寫别字

【寫小楷】ɕiə˥ ɕiɔ˥˦ k'ɛ˥ 寫小的楷體漢字

【卸車】ɕiə˨˩ tʂ'ə˨˩˧ 把車上的物品卸下來

【卸任】ɕiə˨˩ ʐẽ˨˩ 官吏解除職務

【謝幕】ɕiə˨˩˥ mu˨˩ 演出結束觀衆鼓掌時，演員站到臺上向觀衆致意

【謝謝】ɕiə˨˩˥ ·ɕiə 應酬語，對别人的幫助、好意等表示感謝

【謝頂】ɕiəɹ tiŋ˥ ⇨〖拔頂〗 pa˧ tiŋ˥

iə

【腋毛】iəɹ mɔ˧ 人體腋部生長的毛

【噎住嘞】iəɹʟ ·tʂu ·lia 食物堵在食管

【爺兒倆兒】iər˧ʳ[<iə˧] liar˥[<lia˥] 合稱男性長輩和兒孫輩兩人,包括父子、父女、翁媳、岳父女婿、叔侄、祖父和孫子或孫女等 ‖ 兒孫輩限一人,但不拘男女。參見"爺們兒"

【爺爺】iə˧ʳ ·iə ❶祖父 ❷祖父的兄弟,前面加大、二等排行:二～

【爺們兒】iə˧ʳ ·mer[<mẽ˧] ❶合稱男性長輩和後輩。後輩人數可以一至多人而且不拘男女,如果一共只有二人則多説"爺兒倆兒" ❷兩個年齡存在一定差别的非親屬男性之間的互稱,猶大爺、大侄子:～,上哪裏去? | ～,借個火!

【爺孫倆】iə˧ suẽɹ lia˥ 祖父和孫子兩人 ‖ 説的人較少,多説"爺兒倆兒"

【也】iə˥ 副詞,表示同樣、加强語氣等:你去我～去 | 這事兒誰～知不道! | 家裏再難～得供孩子上學!

【也許】iə˥ʟ ɕy˥ =〖許是〗 ɕy˥ ʂʅɹ =〖興許〗 ɕiŋɹ ɕy˥ 副詞,表示不很肯定:他有事,～不來嘞!

【野鷄】iə˥ʟ ·tɕi 雉鷄

【野兔子】iə˥ʟ t'uɹʳ ·tsʅ =〖野兔〗 iə˥ t'uɹ 非家養的兔子

【野鴨子】iə˥ iaɹʟ ·tsʅ 野鴨,形似家鴨,能飛,又善游泳,山東微山湖多有生長

【野菠菜】iə˥ pəɹʟ ·ts'ɛ 一種葉子像菠菜的野菜

【野外】iə˥ vɛɹ ⇨〖坡裏〗 p'əɹʟ ·ɲi

【野菜】iə˥ ts'ɛɹ 可以吃的野生植物,如薺菜、苦菜等

【野茅廁】iə˥ mɔ˧ʳ ·sʅ 舊稱公共廁所

【野鵲】iə˥ʟ ·tɕ'iɔ 喜鵲 ‖ 市區的人一般不説。鵲,市區讀 tɕ'yəɹ,郊區讀 tɕ'iɔɹ

【野獸】iə˥ ʂouɹ 家畜以外的哺乳動物

【夜裏】iəɹʳ ·ɲi(或 ·li) 一天中從天黑到天明的時間

【夜壺】iəɹ xu˧ ⇨〖便壺〗 piãɹ xu˧

【夜來香】iəɹ lɛ˧ ɕiaŋɹ 一種夏秋季開放的花,黄緑色,夜間香氣濃烈

【夜來】iəɹʳ ·lɛ ⇨〖昨天〗 tsuə˧ ·t'iã (或 t'iãɹ)

【夜貓子】iəɹʳ ·mɔ ·tsʅ ❶=〖貓頭鷹〗 mɔ˧ t'ou˧ iŋɹ 一種鳥,身體淡褐色,多黑斑,眼睛大而圓,晝伏夜出,吃老鼠、麻雀等小動物:△～進宅,無事不來,也報喜也報憂 ❷喻指好熬夜的人:他是個～

【葉】iəɹ 像葉子的:百～窗

【葉兒】iərɹ[<iəɹ] =〖葉子〗 iəɹʳ ·tsʅ 植物的營養器官之一,長在莖上,大多緑色

【額拉蓋兒】iəɹʳ(或 ŋəɹʳ) ·la kɛrɹ [<kɛɹ] 額頭

uə

tuə

【多】tuəɹ 用在數詞後表示有零頭：二十～個｜一百～個｜兩千～個｜三萬～個 ‖ 另見 tuəɣ

【多】tuəɹ ❶多少的多，指數量大 ❷比一定的數目多：～了兩個人｜一個～月 ❸過分，不必要的：你別～心｜～嘴

【多一撈麽】tuəɹ˪ ·i lɔɣ˥ ·mə 猶多此一舉：這個事兒已經辦妥嘛，你別再～嘛！

【多多少少的】tuəɹ˪ ·tuə ʂɔ˥ ʂɔ˥˪ ·ti 多一點少一點的，不拘多少：～，我不計較！

【多災海】tuəɹ˫ tsɛɹ xɛ˥ 回民指地獄

【多虧】tuəɹ˫ k'ueiɹ 表示由於別人的幫助或某種有利因素使免除了困難或得到好處：～你了，給我們幫了大忙！｜～你叫我，要不就遲到嘛！

【多半】tuəɹ˫ pãɹ 大概：他～是不來嘛！

【哆嗦】tuəɹ˪ ·suə ❶發抖：凍的渾身～ ❷隨意花錢揮霍：一千塊錢三天就～光嘛！｜△金手銀胳膊——能掙能～！

【掇】tuəɹ 塑：～雪人

【多】tuəɣ ＝〖多麽〗tuəɣ˥ ·mə 副詞。❶用於疑問句：你～大了？｜這魚有～重？❷用於感嘆句，表示程度深：～好！｜這孩～乖！｜你看他有～壞！ ‖ 另見 tuəɹ

【多時截】tuəɣ˥ ·ʂʅ tɕieɣ ❶什麽時候：你～來的？❷多少時間：走了有～嘛？

【多少】tuəɣ˥ ·ʂɔ（或 ·ʂuə）❶疑問代詞，問數量：來了～人？｜～錢買的？｜你有～？❷表示不定數：有～人辦～事！｜有～話你都說出來！ ‖ 少，單字音 ʂɔ˥，此處又讀 ·ʂuə，受前字同化的結果。義項①也說“多兒 tuərɣ[<tuəɣ]”

【多少個】tuəɣ˥ ·ʂɔ（或 ·ʂuə）kəɹ 問個數：這一筐裝了～？

【多咱】tuəɣ˥ ·tsã ＝〖什麽時候〗ʂəŋ˥ ·mə ʂʅɣ˥ ·xou ＝〖麽時候〗məɣ ʂʅɣ˥ ·xou ❶問時間：你～走？❷任何時候：他～也不閑着 ‖ 義項②多說“多咱”

【躲】tuə˥ 避開，隱藏：他～着不見我！｜～開！

【剁】tuəɹ 用刀向下砍：～肉｜把秫稭～成三段

【剁菜】tuəɹ˫ ts'ɛɹ 把白菜等剁成細末，多用作餡兒等

【剁墩子】tuəɹ˫ tuẽɹ˪ ·tsʅ 剁肉或菜用的木墩子

【垛】tuəɹ ❶整齊地堆放：把麥稭～起來 ❷整齊的堆：麥～｜柴火～

【垛子】tuəɹ˥ ·tsʅ 整齊地堆成的堆：糧食～

【舵】tuəɹ 安在船尾控制行船方向的裝置

【跺腳】tuəɹ tɕyəɹ 提起腳來用力踏地

t'uə

【托兒】t'uərɹ[<t'uəɹ] 一種瓷器，多墊放在蓋碗底下，比碟子深

【托兒所】t'uəɹ ərɹ ʂuə˥ 照管嬰兒或教養幼兒的機構

【托靠】t'uəɹ k'ɔɹ 依靠：～主！‖回民語

【托門子】t'uəɹ mẽɹ ·tsɿ ＝〖走門子〗tsou˥ mẽɹ ·tsɿ 找關係走後門兒

【托人情】t'uəɹ ʐẽɹ tɕ'iŋɹ 請人代爲説情、送禮

【托上去】t'uəɹ ·ʂaŋ ·tɕ'i 用手承着東西向上

【拖把】t'uəɹ ·pa 擦地板用的工具，多用布條等綁在木棍的一頭做成

【拖拉機】t'uəɹ laɹ tɕiɹ 一種動力機器，有很大的牽引力，可用於運輸、耕地、播種、收割等等

【拖拉板兒】t'uəɹ ·la pɛr˥[<pã˥] 回民稱木屐

【拖鞋】t'uəɹ ɕiɛɹ 後半截没有鞋幫的鞋，樣式很多

【脱】t'uəɹ ❶離開：～離｜～險 ❷掉落：～毛 ❸取下，去掉：～褲子｜～襪子

【脱衣裳】t'uəɹ iɹ ·ʂaŋ 把衣服從身上取下

【脱巴】t'uəɹ ·pa 脱（衣）：把衣裳～光唎！‖連用式"脱巴脱巴 t'uəɹ ·pa t'uəɹ ·pa"

【脱髮】t'uəɹ faɹ ⇨〖掉頭髮〗tiɔɹ t'ouɹ ·fa

【脱鞋】t'uəɹ ɕiɛɹ 將穿在腳上的鞋子取下

【脱肛】t'uəɹ kaŋɹ 直腸脱垂，直腸脱出肛門的病，常見於體虚的小兒和老人

nuə

【挼】nuəɹ 把菜餡等包緊用雙手擠壓使出水：白菜剁好唎，你把水～出來！‖廣韵戈韵奴禾切："挼莎也。《説文》曰'摧也'。一曰兩手相切摩也，俗作挼"

【挪窩】nuəɹ vəɹ 移動位置：他從早晨到現在還没～呢！｜爺們兒挪個窩！｜挪個窩我坐下‖重叠式"挪挪窩 nuəɹ ·nuə vəɹ"

luə

【烙餅】luəɹ piŋ˥ 在爐鏊上烙餅，餅比較小‖烙，另見 luəɹ

【掠】luəɹ 掠奪：燒殺擄～‖廣韵藥韵離灼切，濟南 uə 韵母

【腡紋】luəɹ vẽɹ ⇨〖指紋〗tʂɿɹ vẽɹ

【羅鍋兒】luəɹ kuərɹ[<kuəɹ] ⇨〖鍋腰子〗kuəɹ iɔɹ ·tsɿ

【羅鍋腰】luəɹ ·kuə iɔɹ 駝背

【羅非魚】luəɹ feiɹ yɹ 非洲鯽魚

【羅漢牀】luəɹ xãɹ tʂ'uaŋɹ 棕板上再鋪一層藤席的牀。粗腿，有的刻有花紋

【羅漢湯】luəɹ ·xã t'aŋɹ ＝〖羅漢碗〗luəɹ ·xã vã˥ 較小的飯碗

【騾子】luəɹ ·tsɿ 驢和馬交配所産的牲畜，體力大

【騾馬店】luəɹ ma˥ tiãɹ 郊區的有安置、飼養騾馬牲口設備的旅店

【蘿貝】luəɹ ·pei 一種常見蔬菜，即蘿蔔：濰縣～崩脆！

【蘿貝乾兒】luəɹ ·pei kɛrɹ[<kãɹ] 蘿蔔乾

【蘿貝纓子】luəɹ ·pei iŋɹ ·tsɿ 蘿蔔

纓，蘿蔔長在地面上的莖葉

【籮】luə˦˨ ❶網籮，用於篩麵粉等的圓形器具 ❷用籮篩：～麵｜把棒子麵～一～

【囉囉】luə˥˨˩˧ ·luə ❶不停地講，説：你～麽？｜他～不清！❷做，處理：這事都叫他～壞啲！❸囉唆，麻煩：這事兒～啲！❹牽扯，干涉：怎麽把他也～進來啲？｜俺倆的事兒你～不着！‖囉，集韵箇韵郎可切："聲也"

【烙鐵】luə˨˩˦ ·tʻiə ❶燒熱可以燙平衣物的鐵器，一頭是一個平滑的面兒，一頭是橛兒 ❷焊接時化焊鑞的工具‖烙，另見 luə˨˩˧

【略微的】luə˨˩(或 liɔ˨˩) vei˦˨˦ ·ti 副詞，稍微：你～朝前走走！

【落】luə˨˩ ❶掉下，下降：降～｜～下 ❷遺留在後：～後兒 ❸停留：～户｜～脚 ❹歸屬：這事兒～到誰身上啲？❺得到某種結果，受到：～空｜～埋怨 ❻剩下：就～這一堆兒他收市全買下啲！❼用筆寫，記下：～筆｜～賬‖另見 la˨˩

【落士(仕)】luə˨˩ ʂʅ˨˩ 象棋術語，稱下士

【落吉】luə˨˩˦ ·tɕi ❶手頭（富裕），收入（好）：～怎麽樣？｜這批貨～挺多！｜你要～富裕的話可拿點錢給困難的！❷受到饋贈時的應答語，表示感謝：好～！好～！‖回民常用口語詞

【落雪】luə˨˩ ɕyə˨˩˧ ⇨〖下雪〗ɕia˨˩ ɕyə˨˩˧

【落埋怨】luə˨˩ mã˦˨˦ ·yã 受埋怨‖埋，單字音 mɛ˦˨，此處韵母逆同化讀爲 ã

【落枕】luə˨˩ tʂẽ˥ 因睡眠姿勢不當等原因而引起的頸部疼痛轉動不便的病症

【落象(相)】luə˨˩ ɕiaŋ˨˩ 象棋術語

【絡腮鬍】luə˨˩ sɛ˨˩˧ xu˦˨ ＝〖連鬢絡腮〗liã˦˨ piẽ˨˩ luə˨˩ sɛ˨˩˧ 連着鬢角的鬍子

【摞】luə˨˩(或 luə̀˦˨) ❶把東西重叠地往上放：把這些磚～起來 ❷量詞，用於重叠放置的東西：一～書｜一～碗

【摞起來】luə˨˩˦ ·tɕʻi ·lɛ 把東西重叠地往上放起來：把碗～！

【駱駝】luə˨˩˦ ·tʻuə 哺乳動物，身體高大，背上有駝峰，耐飢渴，是沙漠地區的主要力畜

【駱駝鞍棉鞋】luə˨˩˦ ·tʻuə ŋã˨˩˧ miã˦˨ ·ɕiɛ 舊式棉鞋，脚背上兩片鞋幫合起處有隆起的滚邊

【螺螄】luə˨˩˦ ·sʅ 一種體形較小的淡水螺：醬油～‖螺螄，口語通常説"蛤拉蚰 ka˦˨˦ ·la iou˦˨"，但醬油螺螄不説醬油蛤拉蚰。螺，此處讀去聲，但"田螺 tʻiã˦˨ luə˦˨"的螺是陽平

【螺絲母子】luə˨˩˦ ·sʅ mu˥˨˩˧ ·tsʅ ＝〖螺絲帽兒〗luə˨˩˦ ·sʅ mɔr˨˩[<mɔ˨˩] 螺母

【螺絲刀】luə˨˩˦ ·sʅ tɔ˨˩˧ 裝卸螺絲的工具

【螺絲釘兒】luə˨˩˦ ·sʅ tiə̃r˨˩˧[<tiŋ˨˩˧] 帶螺紋的釘子

【濼口】luə˨˩ kʻou˥ 濟南城北黄河渡口‖濼，廣韵鐸韵盧各切："水名，在濟南"

【濼源路】luə˨˩ yã˦˨˦ lu˨˩ 濟南市内街名

tsuə

【作】tsuə˨˩˧ 作孽：胡～｜這孩子真能～！｜你～罷，早晚要報應！‖另見 tsuə˨˩

【作孽】tsuə˨˩˧˦ iə˨˩ ❶小孩子調皮闖禍：今天又出去～了没有？❷造孽，幹壞事：吃喝嫖賭都幹，真～！｜這個人～了一輩子｜你看你作的什麽孽！

【作索】tsuəɹʟ ·suə ❶浪費,毀壞 ❷侮辱,糟蹋

【作登】tsuəɹʟ ·təŋ 折騰:他～了一陣子走嘛!|胡～|家業都～盡嘛!

【昨天】tsuə˦ ·t'iã(或 t'iãɹ) ＝〖夜來〗iə˩ɾ ·lɛ 今天的前一天 ‖ 昨,陽平,此處在輕聲前不變調

【琢磨】tsuə˦ɾ ·mə 反復考慮,思索:我～着這事兒能辦成!|這事挺犯～!‖連用式"琢磨琢磨 tsuə˦ɾ ·mə tsuə˦ɾ ·mə":你～這個事兒行啊罷?

【鑿】tsuə˦ ❶鑿子,挖槽或打孔的工具 ❷挖掘,打孔:～個眼兒

【佐料】tsuə˥ liɔ˩ ＝〖調料〗t'iɔ˦ɾ ·liɔ 烹調時用來增加滋味的油鹽醬醋和葱蒜、花椒大料等

【左】tsuə˩ ❶靠左手的一邊,跟右相對:向～轉|～撇子 ❷政治上屬於進步的:～派 ‖ 左,聲調去聲,北京話爲上聲

【左撇子】tsuə˩ p'iəɹʟ ·tsɿ ＝〖左巴拉〗tsuə˩ɾ ·pa la˥ 慣用左手的人 ‖ 拉,此處聲調上聲

【左手】tsuə˩ ʂou˥(或 tsuə˩ ·ʂou) 左邊的手 ‖ 左,讀去聲,此處在輕聲前不變調

【左右】tsuə˩ɾ iou˩ ❶左邊和右邊:大門～貼兩張春聯 ❷支配,操縱:我可～不了他!

【左右】tsuə˩ iou˩ 用在數量詞後面,表示概數:五十歲～|一點～|二十個～

【左邊兒】tsuə˩ piɛrɹ[＜piãɹ] 靠左的一邊 ‖ "邊兒"口語又説 perɹ

【作】tsuə˩ ❶寫作:～文 ❷當,做:～保|～對做對頭;使人爲難 ‖ 另見 tsuəɹ

【作主】tsuə˩ tʂu˥ 對某項事情負完全責任而做出決定 ‖ 否定式是"作不了主 tsuə˩ puɹʟ ·liɔ ·tʂu"

【作假】tsuə˩ tɕia˥ 過分客氣,不爽快:你可吃飽了,别～!

【作業本兒】tsuə˩ɾ iə˩ per˥[＜pẽ˥] ＝〖練習簿〗liã˩ ɕi˦ pu˩ 學生做功課的本子

【作客】tsuə˩ k'eiɹ 做客人接受招待

【作文兒】tsuə˩ ver˦[＜vẽ˦] 學生練習寫文章:上～課

【作文兒本兒】tsuə˩ ver˦[＜vẽ˦] per˥[＜pẽ˥] 學生練習寫作的本子

【坐】tsuə˩ ❶臀部放在坐具或其他物體上以支持身體重量 ❷乘坐:～車 ❸房屋等背對某一方向:～北向南 ❹把鍋或壺等放到爐子上:～壺 ❺定罪:連～

【坐地扇】tsuə˩ ti˩ ʂã˩ 有底座放在地上的電扇

【坐壺】tsuə˩ xu˦ 把壺放到爐子上燒:～燒水 ‖ 另見 tsuə˩ɾ ·xu

【坐壺】tsuə˩ɾ ·xu 燒水用的鐵壺、鋁壺等,區别於茶壺 ‖ 另見 tsuə˩ xu˦

【坐疤拉】tsuə˩ paɹʟ ·la 落下疤

【坐鍋】tsuə˩ kuəɹ 把鍋放到爐上:坐上鍋

【坐月子】tsuə˩ yə˩ɾ ·tsɿ 指婦女生孩子和在産後一個月裏調養身體

【坐客】tsuə˩ k'eiɹ 當地住户,對外地來客而言

【坐墊】tsuə˩ɾ tiã˩ 放在椅子等上面的墊子,一般是棉的

【坐監獄】tsuə˩ tɕiãɹɾ y˩ ＝〖坐牢〗tsuə˩ lɔ˦ ＝〖坐監〗tsuə˩ tɕiãɹ ⇨〖蹲監獄〗tuẽɹɾ tɕiãɹɾ y˩

【坐堂】tsuə˨˩ t'aŋ˦˨ 舊稱官員在公堂審問訴訟的當事人

【坐帳】tsuə˨˩˧˧ tʂaŋ˨˩ 舊俗結婚時新娘坐到牀上

【坐缸】tsuə˨˩ kaŋ˨˩˧ 舊稱和尚死

【坐紅椅子】tsuə˨˩ xuŋ˦˨ i˥˩ ·tsɿ ＝〖扛榜〗k'aŋ˨˩ paŋ˥ 考試成績最差的一名

【座鐘】tsuə˨˩ tʂuŋ˨˩˧ 放在桌子上的一種鐘，老式家庭一般安放在迎門八仙桌後的條几上

【做媒】tsuə˨˩ mei˦˨ ⇨〖説親〗ʂuə˨˩˧˧ tɕ'iẽ˨˩˧ ‖ 做，此處音 tsuə˨˩ 是文讀，白讀 tsou˨˩

【做媒的】tsuə˨˩ mei˦˨˥ ·ti ⇨〖媒人〗mei˦˨ ʐẽ˦˨

【做道場】tsuə˨˩ tɔ˨˩˧ ·tʂ'aŋ 舊時僧道念經禮拜的迷信活動

【做壽】tsuə˨˩ ʂou˨˩ 爲老年人做生日

ts'uə

【搓】ts'uə˨˩˧ ❶用手掌反復摩擦：～手｜～麻繩 ❷用拳頭没頭没臉地狠打：我～你！｜我～了他幾拳！

【搓悠】ts'uə˨˩˧˩ ·iou 用手或脚反復摩擦：～泥兒｜兩個手～｜～脚 ‖ 連用式"搓悠搓悠 ts'uə˨˩˧˩ ·iou ts'uə˨˩˧˩ ·iou"：把衣裳領子～

【搓板】ts'uə˨˩˧ pã˥ 搓洗衣服的板，舊時皆木製，今多用塑料

【撮古僱子】ts'uə˨˩˧˩ ·ku luei˦˨˥ ·tsɿ ＝〖撮古輪子〗ts'uə˨˩˧˩ ·ku luẽ˦˨˥ ·tsɿ 傀儡戲 ‖ 撮，單字音 tsuə˥，如一撮米、一小撮。又音 ts'uə˥，撮口呼

【矬】ts'uə˦˨ 身體矮：～子

【矬子】ts'uə˦˨˥ ·tsɿ 矮個子

suə

【梭子】suə˨˩˧˩ ·tsɿ ❶織布梭 ❷專指縫紉機上纏繞底綫的零件，包括梭心和梭皮

【梭皮】suə˨˩˧ p'i˦˨ 縫紉機套着梭心的零件

【梭魚】suə˨˩˧˩ ·y 一種形似梭子的魚，煮熟後魚肉蒜瓣狀

【梭膽】suə˨˩˧ tã˥ 縫紉機上安放梭子的構件

【梭心】suə˨˩˧˧ ɕiẽ˨˩˧ 縫紉機上纏底綫的零件

【蓑衣】suə˨˩˧˩ ·i 一種披在身上的防雨用具，多用棕毛製成

【蓑衣】suə˨˩˧˩ ·i ❶好做些小動作惹人討厭，頑皮：這孩子真～，盡惹的他妹妹哭！❷老是去麻煩别人：你别～我！‖ 重叠式"蓑蓑衣衣的 suə˨˩˧˩ ·suə ·i ·i ·ti"：這個人～真煩人！

【蓑衣蘿貝兒】suə˨˩˧˩ ·i luə˦˨˥ ·per [<·pei] ❶一種醬菜，用特殊刀法將整個蘿蔔切爲可以成串提起的樣子 ❷駡人話，猶調皮鬼

【蓑衣孩子】suə˨˩˧˩ ·i xɛ˦˨˥ ·tsɿ 頑皮的孩子：～，别理他！

【蓑拉】suə˨˩˧˩ ·la 衣裙等下擺寬大擺動：褲腿角子褲腿下部這麽肥，～過來～過去的！｜裙子稜長，～到地上嘛！

【蓑麽】suə˨˩˧˩ ·mə 到處亂動别人的東西，擾亂别人：你别～我！

【蓑酪(子)】suə˨˩˧˩ ·luə (·tsɿ) 鷄蛋打碎煮成的蛋花湯：鷄蛋～

【□】suə˦˨ (孩子)調皮，淘氣：這孩子稜～！

【鎖】suə˥ 安在門、箱、抽屜等上面使人不能隨便開啓的器具

【鎖骨】suə˥˩ ·ku ＝〖鎖子骨〗ʂuə˥˩ ·tsɿ ku˩ 人體前胸上部成S形的骨頭，左右各一塊

tʂuə

【桌子】tʂuə˩˩ ·tsɿ 上有平面下有支柱的家具：一張～｜剪子放在～上

【桌子上】tʂuə˩˩ ·tsɿ ·ʂaŋ 桌面上：剪子在～放着｜～空空的！

【桌布】tʂuə˩˧ pu˩ 鋪在桌面上做裝飾和保護的布或其他片狀物：塑料～

【桌頭】tʂuə˩ t'ou˧ 舊時圍在桌子迎門部位的裝飾布，結婚時可以租用：～椅披子‖參見"椅披子 i˥ p'i˩˩ ·tsɿ"

【啄木鳥】tʂuə˧˥ mu˩ ɲio˥ ⇨〖餐大木子〗ts'ã˩˩ ·ta mu˩ ·tsɿ ‖郊區也説"啄木蟲 tʂuə˧˥ mu˩ tʂ'uŋ˧"

【着】tʂuə˧ ❶穿（衣）：穿～ ❷接觸：上不～天，下不～地｜雪一～地就化唎｜～陸‖另見 tʂɔ˧、·tʂɿ

【着貨（的）來】tʂuə˧˥ ·xuə（·ti）·lɛ 形容詞後綴，表示程度深，猶着呢：好～｜這東西他家裏多～！｜這車子走起來快～！｜這孩子難調教～！

【鐲子】tʂuə˧˥ ·tsɿ 套在腕上的環形裝飾品

tʂ'uə

【啜】tʂ'uə˩ 吃（輕鬆詼諧的口氣）：咱上聚豐德～一頓‖廣韵薛韵昌悦切："茹也。"又殊雪切："説文曰嘗也，爾雅曰茹也，禮曰啜菽飲水"

【焯】tʂ'uə˩ 把生的蔬菜放進沸水裏略微煮一煮：把芹菜～一～再炒｜菠菜～了涼拌‖參見"炸② tʂa˧"

【輟學】tʂ'uə˩ ɕyə˧ 中途停止上學

【戳低幹歹】tʂ'uə˧ ti˩ kã˩ tɛ˥ 回民用語，指行爲低下幹壞事：這人一輩子～什麼壞事都幹唎！‖戳，另見 ts'ɔ˩

【戳血兒】tʂ'uə˧ ɕiər˩[<ɕiə˩] ❶（家具等）不牢穩，不可靠：這桌子搖搖晃晃的，有點～｜你幹的活兒真～！ ❷危險：這事兒辦的忒～唎！

ʂuə

【説】ʂuə˩ ❶説話，講 ❷解釋：～明 ❸責備，批評：～他兩句就哭開唎！

【説媳婦】ʂuə˩˧ ɕi˩˩ ·fu 男子説親

【説書】ʂuə˩˧ ʂu˩ ＝〖説評書〗ʂuə˩ p'iŋ˧ ʂu˩ 表演評書等‖濟南有兩種，一種用北京話説，一種用濟南話説

【説瞎話】ʂuə˩˧ ɕia˩˩ ·xua 撒謊：我不～，不騙你！

【説鬼話】ʂuə˩ kuei˥ xua˩ 一個人小聲説話，自言自語：這孩子好～｜家裏没人，他一個人説開鬼話唎！

【説親】ʂuə˩˧ tɕ'iẽ˩ ＝〖説媒〗ʂuə˩ mei˧ ＝〖做媒〗tsuə˩ mei˩ 給人介紹婚姻

【説夢話】ʂuə˩ məŋ˩˧ ·xua ＝〖説睡話〗ʂuə˩ ʂuei˩˧ ·xua ＝〖説睡語〗ʂuə˩ ʂuei˩˧ ·y 睡着時説話

【芍藥】ʂuə˧˥ ·yə 一種觀賞花卉，常和牡丹並提，花大，有紫、紅、白等顔色，草本，根可入藥

kuə

【鍋】kuə˩ 煮飯燒菜的器具

【鍋底】kuəɹ tiㄱ ❶鍋的底部 ❷借指剩在鍋底的少量食物：你還不都盛出來，留個～給誰吃？

【鍋疙渣】kuəɹ kəɹ ·tşa ❶米飯鍋巴 ❷饅頭、餅子等貼着鍋煳了的部分

【鍋貼】kuəɹ t'iəɹ 用少量的油煎了後又加水烙熟的一邊焦黃的餃子，比一般水餃略長‖參見“煎包 tɕiãɹ poɹ”

【鍋臺】kuəɹ t'ɛ 竈上面可以放東西的平面部分

【鍋蓋】kuəɹ kɛɹ ＝〖鍋蓋子〗kuəɹ kɛɹ ·tsɿ 鍋的蓋子‖也說“鍋蓋兒 kuəɹ kɛrɹ”

【鍋腰】kuəɹ ioɹ ⇨〖彎腰〗vãɹ ioɹ

【鍋腰子】kuəɹ ioɹ ·tsɿ ＝〖羅鍋兒〗luə kuərɹ[<kuəɹ] 駝背的人

【鍋頭】kuəɹ t'ou ＝〖竈火〗tsoɹ ·xuə 竈：舊社會娘們兒圍着～轉！

【鍋鏟子】kuəɹ tş'ãㄱ ·tsɿ 炊具，多用於炒菜

【鍋餅】kuəɹ piŋㄱ 一種又大又厚又硬的烙餅

【果子盆】kuəㄱ ·tsɿ p'ẽ 回民舊俗，定下結婚日期後，男家要給女家送去數十斤乃至二百多斤點心以分贈親友，因而常常戲稱女兒爲果子盆：養了個麼啊？——養了個～！

【果子餅】kuəㄱ ·tsɿ piŋㄱ ⇨〖長果餅〗tş'aŋ kuəㄱ piŋㄱ

【果樹】kuəㄱ şuɹ 果實主要供食用的樹木

【國光（蘋果）】kuəㄱ kuaŋɹ（p'iŋ ·kuə）蘋果的一個品種，味酸甜，存放到次年春季變甜

【國慶節】kuəㄱ tɕ'iŋɹ tɕiəɹ ＝〖十月一〗şɿ ·yə iɹ 中華人民共和國開國紀念日

【裹】kuəㄱ ❶包，纏 ❷用舌頭包住吸：小孩兒～奶

【裹劫】kuəㄱ ·tɕiə 下流，不幹正事（指男人）：小孩兒家你就這麼～嗎？｜你别和他在一堆兒，他□[kaŋ]～來，看見婦女就欺負！‖回民語

【裹腳布】kuəㄱ ·tɕyə ·pu 舊時婦女包小腳的長布條

【裹腿】kuəㄱ ·t'uei 纏在褲子外面小腿部分的長布條

【餜子】kuəㄱ ·tsɿ ＝〖油條〗iou t'io 一種長條形的油炸麵食，多早餐時食用

【過】kuəɹ ❶由此及彼，經過某個空間或時間：～河｜～年 ❷從甲方轉移到乙方：～賬 ❸使經過某種處理：～油 ❹超出某個範圍或限度：～半｜～期｜～分 ❺過失：～錯｜記～ ❻用在動詞後表示曾經或已經：這人我見～｜他結～兩次婚｜房子打掃～嘛！ ❼用在動詞加得或不的後面，表示能否勝過或通過：打得～｜信得～｜我說不～他！‖另見 kəɹ

【過（繼）】kuəɹ（tɕiɹ）❶沒有兒子的人認自己兄弟或其他親屬的兒子爲子 ❷把自己的兒子給兄弟或其他親屬爲子

【過七】kuəɹ tɕ'iɹ 死者去世後以七天爲期的祭祀活動，一般要到七七

【過路財神】kuəɹ ·lu ts'ɛ şẽ 有大宗錢款過手而非己有的人

【過去】kuəɹ ·tɕ'y ＝〖以往〗iㄱ vaŋㄱ 時間副詞，指現在以前的、已經過去了的時間，區別於現在和將來：他～好抽

煙，現在忌戒啊！

【過假家】kuə˩ tɕia˥꜖ ·tɕia 過家家兒，小孩兒模仿家庭生活的游戲

【過道】kuə˩ tɔ˩ 房屋裏的走道

【過年】kuə˩ ȵiã˧ 過春節，有吃年飯、守歲、拜年等慶祝活動‖另見 kuə˩ ·ȵiã

【過年】kuə˩ ·ȵiã ＝〖明年〗miŋ˧ ·ȵiã 今年的下一年‖過，去聲，此處在輕聲前不變調。年讀輕聲，有別於動賓結構的過年。另見 kuə˩ ȵiã˧

【過磅】kuə˩ paŋ˩ 用磅秤稱‖可以連用，説“過過磅 kuə˩꜒ ·kuə paŋ˩ 用磅秤稱一稱”

【過房兒】kuə˩꜒ ·faŋ ər˧ 過繼的兒子

【過堂】kuə˩ t'aŋ˧ 舊稱訴訟的當事人到公堂受審問

【過堂屋】kuə˩ t'aŋ˧ u˧˩ 正房中有後門的房子

【過晌午】kuə˩ ʂaŋ˥꜖ ·u ＝〖過午〗kə˩（或 kuə˩）u˥ 午後

【過生日】kuə˩ ʂəŋ˧˩꜖ ·ʐʅ ⇨〖做生日〗tsou˩ ʂəŋ˧˩꜖ ·ʐʅ

xuə

【霍亂】xuə˧˩꜖ ·luã ＝〖痧子〗ʂa˧˩꜖ ·tsʅ 急性腸道傳染病，中醫稱癟螺痧。症狀是上吐下瀉、四肢痙攣冰冷、休克等

【豁】xuə˧˩ ❶裂開：～個口子 ❷倒，潑：～水

【豁子】xuə˧˩꜖ ·tsʅ ＝〖豁嘴子〗xuə˧˩꜖ tsuei˥꜖ ·tsʅ ＝〖豁嘴兒〗xuə˧˩ tsuer˥［<tsuei˥］裂唇的人

【豁牙子】xuə˧˩꜖ ·ia ·tsʅ 豁牙的人

【豁撩】xuə˧˩꜖ ·liɔ 張揚，挑起（事情），使熱鬧起來：這事兒都是小張～的！｜别～！｜胡～｜他盡好瞎胡～，根本没人聽他的！

【豁撩神】xuə˧˩꜖ ·liɔ ·ʂẽ 好找事、瞎折騰的人：這是個～，哪個車間都不願意要他！

【豁拳】xuə˧˩ tɕ'yã˧ ⇨〖劃拳〗xua˩ tɕ'yã˧

【和麵】xuə˧ miã˩ 將麵粉加水攪拌搓揉使成麵團‖和，此處讀陽平，北京去聲。另見 xu˧、xə˧、·xuə

【活胡同】xuə˧꜒ ·xu ·t'uŋ 兩頭都能走通的胡同‖一般稱“巷子 ɕiaŋ˩꜒ ·tsʅ”

【活□兒】xuə˧꜒ k'uer˩［<k'uei˩］粗繩打的大活結‖有别於較小的“活扣兒 xuə˧꜒ ·k'our［<k'ou˩］”

【活扣兒】xuə˧꜒ ·k'our［<k'ou˩］活結‖較小的活結，有别於“活□兒 xuə˧꜒ k'uer˩［<k'uei˩］”

【活泛】xuə˧꜒ ·fã 靈活，有活動餘地：這人梭～｜他做買賣，手底下～有餘錢可使用

【活人妻】xuə˧ ʐẽ˧ tɕ'i˧˩ 舊稱被休棄的婦女：他娶了個～

【活窗户】xuə˧ tʂ'uaŋ˧˩꜖ ·xu ＝〖撑窗〗tʂ'əŋ˧˩꜖ ·tʂ'uaŋ 可以支起來的舊式窗户，一般安在院内牆上

【活動】xuə˧꜒ ·tuŋ ❶運動，爲達到某種目的所進行的行動：體育～ ❷活絡，不穩固：有個牙～啊！ ❸靈活，不固定：～房子

【火】xuə˥ ❶水火的火，物體燃燒時發出的光和焰 ❷發火，發脾氣：他～啊！ ❸火氣，中醫指引起發炎、紅腫等症狀的原因：上～｜去～

【火字旁】xuə˥꜖ ·tsʅ p'aŋ˧ 漢字偏旁，

如"燒"字的左邊部分

【火紙】xuə˥˦ tʂʅ˥ ❶舊俗祭祀祖先時燒的紙 ❷引火的紙，捲成了細捲兒稱爲"紙煤兒 tʂʅ˥ mer˧[<mei˧]"、"火煤子 xuə˥˦ mei˧˩ ·tsʅ"

【火石】xuə˥ ʂʅ˧ ❶舊時取火用具，用火鐮打出火星 ❷一種摩擦時能產生火花的合金，一般用於打火機中

【火車】xuə˥ tʂ'ə˩ 用機車牽引若干節車箱在鐵路上行駛的交通運輸工具

【火車站】xuə˥ tʂ'ə˩˦ tʂã˩ 爲乘客上下、貨物裝卸而設的停火車的地方

【火鍋】xuə˥ kuə˩ 一種中央可燒木炭的鍋，可保持食物熱度或在燒沸的湯裏放進食物隨煮隨吃

【火柴】xuə˥ tʂ'ɛ˧ ＝〖洋火〗iaŋ˧ xuə˥ 一種能摩擦生火的取火用品

【火筷子】xuə˥ k'uɛ˩˩ ·tsʅ 夾煤炭或通爐子的用具，有兩根鐵條，用鐵鏈子連着

【火煤子】xuə˥˦ mei˧˩ ·tsʅ ⇨〖紙煤兒〗tʂʅ˥ mer˧[<mei˧]

【火暴】xuə˥˩ ·pɔ 興旺，熱鬧：他那個廣貨鋪剛開張，人挺多，可～嘛！

【火燒火燎的】xuə˥ ʂɔ˩ xuə˥˦ liɔ˥˩ ·ti 像被火燒般的疼痛：～疼！

【火燒雲】xuə˥ ʂɔ˩ yẽ˧ 太陽升起或落下時天空出現的紅色雲霞：△晚上～，明天熱死人

【火燒】xuə˥˩ ·ʂɔ 先在鏊子上烙成半熟又在爐子裏烤熟的發麵餅：麻醬～

【火頭】xuə˥˩ ·t'ou 不規整的引火木柴：弄點兒～把爐子點着｜用～引着它！‖參見"柈子 pã˩˩ ·tsʅ"

【火鈎子】xuə˥ kou˩˩ ·tsʅ 通爐子用的鐵鈎子

【火鏟子】xuə˥˦ tʂ'ã˥˩ ·tsʅ 燒火時用於鏟煤灰、柴火等的鏟子

【火鐮】xuə˥ liã˧ 舊時取火用具，打在火石上發出火星

【火剪】xuə˥˦ tɕiã˥ ＝〖火鉗〗xuə˥ tɕ'iã˧ 用於夾煤或柴火的用具，形似剪子而無刀刃，特别長

【火盆】xuə˥˩ ·p'ẽ 舊時的一種取暖盆子，燒木炭

【火棍】xuə˥˩ ·kuẽ 茶館、飯店中用於通大火爐的長條鐵棍

【火葬】xuə˥ tsaŋ˩ 用火焚化遺體的喪葬方法

【火葬場】xuə˥ tsaŋ˩ tʂ'aŋ˥ 專門焚燒屍體的場所

【火繩】xuə˥ ʂəŋ˧ 通稱點起來熏蚊子的艾繩和栗子花繩

【火種】xuə˥˦ tʂuŋ˥ 供引火用的火

【伙食】xuə˥˩ ·ʂʅ 飯食，多用於集體單位：俺學校～不孬！

【伙計】xuə˥˩ ·tɕi ❶舊稱店員或長工 ❷合作的人

【貨】xuə˩ 多：□[kaŋ˧]～來可多啦！

【貨車】xuə˩ tʂ'ə˩ 運輸貨物的火車或汽車

【貨郎】xuə˩˩ ·laŋ 見"貨郎 xə˩˩ ·laŋ"

【和】·xuə ❶形容詞後綴，有的可重叠成AA和和的：溫～｜忙～｜軟～｜忙忙～～的｜軟軟～～的 ❷動詞後綴，連用式爲V和·V和，重叠式爲VV和和的：湊～｜對～｜湊～湊～｜對～對～｜湊湊～～的｜對對～～的 ‖也說"和兒 ·xuər"，但重叠式和連用式一般不兒化。另見 xu˧、xə˧、xuə˧

yə

tɕyə

【角】tɕyə˨˩ ❶物體兩個邊沿相接的地方:桌子四個～|糖三～ ❷形狀像牛羊角的東西:菱～ ❸數學術語:三～|直～ ❹貨幣單位,一圓的十分之一書,口語說"毛"‖另見 tɕia˨˩

【角兒】tɕyər˨˩[<tɕyə˨˩] 角色。❶戲曲中演員按所扮演人物的性别、性格等分成的類型,如旦角、生角、花臉等 ❷戲劇或電影電視中演員所扮演的劇中人物

【角尺】tɕyə˨˩˦ tʂʻʅ˨˩ =〖拐尺〗kuɛ˥ tʂʻʅ˨˩ 兩邊互成直角的尺

【腳】tɕyə˨˩ ❶人和動物腿的下端接觸地面的部分 ❷物體的最下部:高～杯

【腳指甲】tɕyə˨˩˦ tʂʅ˨˩˨ ·tɕia 腳趾尖上面的角質物

【腳指頭】tɕyə˨˩˦ tʂʅ˨˩˨ ·tʻou 腳趾,腳前端的分支

【腳底下】tɕyə˨˩˨ ti˥˨ ·ɕia 腳以下

【腳鷄眼兒】tɕyə˨˩˦ tɕi˨˩˨ ·iɛr[<iã˥] =〖鷄眼兒〗tɕi˨˩˨ ·iɛr[<iã˥] 腳掌或腳趾上增生的角質小圓硬塊,樣子像鷄的眼睛

【腳夫】tɕyə˨˩˦ fu˨˩ 舊稱搬運工人

【腳爐】tɕyə˨˩ lu˦ 銅製取暖用品,比手爐大‖參見"手爐 ʂou˥ lu˦"

【腳孤拐】tɕyə˨˩˦ ku˨˩˨ ·kuɛ 大腳趾到腳心間向外突出的部分

【腳巴掌】tɕyə˨˩˦ pa˨˩˨ ·tʂaŋ =〖腳掌〗tɕyə˨˩ tʂaŋ˥ =〖腳底板〗tɕyə˨˩ ti˥˦ pã˥ 腳接觸地面的部分

【腳踏子】tɕyə˨˩˦ tʂa˨˩˨ ·tsɿ 縫紉機的踏板

【腳踏車】tɕyə˨˩˦ tʂa˨˩˦ tʂʻə˨˩ ⇨〖車子〗tʂʻə˨˩˨ ·tsɿ

【腳丫子】tɕyə˨˩˦ ia˨˩˨ ·tsɿ 口語說腳:光～|～疼 ‖不能合成詞,如腳心不能說腳丫子心

【腳脖子】tɕyə˨˩ pə˦˥ ·tsɿ 腳腕子

【(腳)鐐】(tɕyə˨˩˦) liɔ˨˩ 套住犯人雙腳使之不能快跑的刑具:上～

【腳後跟】tɕyə˨˩ xou˨˥ ·kẽ 腳跟

【腳面】tɕyə˨˩˦ miã˨˩ 腳背

【腳心】tɕyə˨˩˦ ɕiẽ˨˩ 腳掌的中間部分

【腳印兒】tɕyə˨˩˦ ier˨˩[<iẽ˨˩] 腳踏過的痕迹

【噘嘴】tɕyə˨˩ tsuei˥ 翹起嘴,表示生氣

【撅腚】tɕyə˨˩˦ tiŋ˨˩ 撅起屁股

【钁頭】tɕyə˨˩ tʻou˦ 一種翻地用具

【倔】tɕyə˦ (性格)倔强:這人真～!

【倔户頭】tɕyə˦˥ ·xu tʻou˦ 性格倔强的人:碰上他這個～,囉囉說了半天,白搭!

【絕户】tɕyə˦˥ xu˨˩ ⇨〖老絕户〗lɔ˥˦ tɕyə˦˥ xu˨˩

【嚼頭兒】tɕyə˦˥ ·tʻour[<·tʻou] (是否)耐咀嚼:這蘿貝乾有～‖嚼,另見 tɕiɔ˦

tɕʻyə

【缺】tɕʻyə˨˩ ❶短缺,殘缺:～人手|打組

合櫃還～半方木頭 ❷該到而未到:～課|～席 ❸省稱"缺德":這人真～!

【缺德】tɕʻyə˨˩˧꜔ tə˨˩˧ 品德差:這人□[kaŋ˦˨]着差嘞,盡幹～事! ‖也可單說"缺",參見"缺③"

【缺課】tɕʻyə˨˩˧꜔ kʻə˨˩ 没有上按規定應該上的課

【缺裂】tɕʻyə˨˩˧꜖ ·liə 部分人稱月暈:出來～嘞,有口没口啊? ‖月暈圍着月亮的圈兒有的有缺口有的没有缺口,有口的話要變天。參見"風缺裂 fəŋ˨˩˧꜖ ·tɕʻyə ·liə"

【雀斑】tɕʻyə˨˩˧꜔ pã˨˩˧ ⇨〖黑星星子〗xei˨˩˧꜔ ɕiŋ˨˩˧꜖ ·ɕiŋ ·tsɿ

【搉】tɕʻyə˨˩˧ 搗:～蒜‖廣韵覺韵苦角切:"擊也"

【搉蒜】tɕʻyə˨˩˧꜔ suã˨˩ 搗蒜

【確實】tɕʻyə˨˩˧ ʂʅ˦˨ 的確,真的:他～没拿!

【瘸子】tɕʻyə˦˨꜒ ·tsɿ =〖拐子〗kuɛ˥꜖ ·tsɿ 瘸腿的人

【㩴】tɕʻyə˥ 折斷:把這根樹枝給我～下來! |～斷嘞! ‖廣韵薛韵子悦切:"㩴斷物也。"濟南及附近許多方言讀送氣,如德州 ꜀tɕʻyə、博山꜀tɕʻyə。北京作撅(撧),音 ꜀tɕye

ɕyə

【血】ɕyə˨˩˧ 見"血 ɕiə˨˩˧"

【雪】ɕyə˨˩˧ 天空中降下的白色結晶,是氣溫降到攝氏零度以下時,空氣中的水蒸氣凝結而成的

【雪梨】ɕyə˨˩˧ li˦˨ 梨的一個品種,河北產

【雪裏紅】ɕyə˨˩˧꜖ ·li xuŋ˦˨ 一年生草本植物,芥菜的變種,莖和葉子是普通蔬菜,通常腌着吃

【雪花兒】ɕyə˨˩˧꜔ xuar˨˩˧[<xua˨˩˧] 空中飄落的形狀像花的雪

【雪化嘞】ɕyə˨˩˧ xua˨˩꜔ ·lia 雪融化了

【雪花膏】ɕyə˨˩˧꜖ ·xua kɔ˨˩˧ 一種滋潤皮膚並使之發白的化妝品

【雪茄】ɕyə˨˩˧ tɕʻiə˦˨ 用煙葉捲成的煙,比一般香煙粗而長‖茄,北京讀꜀tɕia 陰平,濟南讀 tɕʻiə˦˨,音同茄子的茄

【雪桃】ɕyə˨˩˧ tʻɔ˦˨ 秋冬之交成熟的桃子,色白,甜軟,是濟南一帶特產

【雪糕】ɕyə˨˩˧꜔ kɔ˨˩˧ 一種扁形奶味冷食,無欏兒

【雪青】ɕyə˨˩˧꜔ tɕʻiŋ˨˩˧ 淺紫色

【雪松】ɕyə˨˩˧꜔ suŋ˨˩˧ 松樹的一種,塔形‖松,單字音 ɕyŋ˨˩˧,suŋ˨˩˧ 是讀書音,因尋常百姓不種雪松

【靴子】ɕyə˨˩˧꜖ ·tsɿ 鞋幫高而呈筒形的鞋

【鱈魚】ɕyə˨˩˧ y˦˨ 一種背部有小黑斑、腹部灰白色的魚

【穴寶蓋兒】ɕyə˦˨ pɔ˥ kɛr˨˩[<kɛ˨˩] 漢字偏旁,如"窩"字的上部

【茓子】ɕyə˦˨꜒ ·tsɿ 用高粱稈篾等編成的粗席,狹而長,可以圍起來囤糧食

【學】ɕyə˦˨ ❶學習:～文化 ❷模仿,復述:他怎麼說的,你～我聽聽! ❸學問:～有專長 ❹學科:數～ ❺學校:小～

【學徒】ɕyə˦˨ tʻu˦˨ =〖學徒的〗ɕyə˦˨ tʻu˦˨꜒ ·ti 在商店學做買賣或工廠、作坊等處學技術的青少年

【學雜費】ɕyə˦˨ tsa˦˨ fei˨˩ 學費和雜費的合稱

【學舌】ɕyə˦˨ ʂə˦˨ 學話,傳話(多指不該傳的話):這孩子好～!

【學費】ɕyə˦˨꜒ fei˨˩ 學校規定學生入學應

繳的費用

【學校】ɕyəɴ ɕiɔɹ ＝〖學堂〗 ɕyəɴ t'aŋɴ 專門進行教育的機構‖“學堂”是舊稱

【學問】ɕyəɴr ·və̃ ❶正確反映客觀事物的系統知識 ❷知識，常識：有～

【學生】ɕyəɴr ·ʂəŋ ❶在學校讀書的人 ❷向教師學習的人

【學生帽】ɕyəɴr ·ʂəŋ mɔɹ 近年流行的六瓣黃色有遮檐的中小學生帽子

yə

【約模】yəɹʟ ·mə 大概估計：～着三五個人就行｜這西瓜～着有十來斤兒‖約，另見 iɔɹ

【約會】yəɹʟ xueiɹ ❶預先約定的會晤 ❷特指戀愛雙方約定的會晤‖也説“約會兒 yəɹʟ xuerɹ”

【噦】yə˥ 嘔吐：乾～

【月食】yəɹ ʂʅɴ 太陽光被地球擋住不能照到月亮而使月亮出現黑影的現象

【月底】yəɹ ti˥ 一個月的最後幾天

【月季】yəɹr ·tɕi 一年中能多次開放的花，有紅、黃、白等多種顏色，莖幹有刺

【月初】yəɹ tʂ'uɹ 一個月的開頭幾天

【月月】yəɹ yəɹ 每月

【月孩兒】yəɹr ·xɛr[<xɛɴ] ＝〖月孩子〗 yəɹr ·xɛ ·tsʅ ＝〖月娃娃〗 yəɹr ·va ·va 新生兒

【月白】yəɹ peiɴ 略微有點兒藍的白色

【月黑頭】yəɹ xeiɹ t'ouɴ 没有月亮的黑夜

【月頭兒】yəɹ t'ourɴ[<t'ouɴ] ❶滿一個月的周期：十四號發工資，還没有到～來，你就把錢花光咧！❷月初

【月份牌兒】yəɹr ·fə̃ p'ɛrɴ[<p'ɛɴ] ＝〖日曆〗 ʐʅɹ liɹ 記有年月日和星期、節氣、節日等的本子，每日一頁，一年一本

【月亮】yəɹr ·liaŋ 月球，圍繞地球轉動的衛星

【月亮地兒】yəɹr ·liaŋ tierɹ[<tiɹ] 月光照着的地方

【月光光】yəɹ kuaŋɹʟ kuaŋɹ ⇨〖七點半〗 tɕ'iɹ tiã˥ pãɹ

【月餅】yəɹ piŋ˥(或 yəɹr ·piŋ) 圓形帶餡糕點，中秋節應時食品

【月經】yəɹ tɕiŋɹ ＝〖例假〗 liɹʟ tɕiaɹ 成年女子每月一次的周期性子宫出血

【月中】yəɹ tʂuŋɹ 一個月的中間幾天

【岳母】yəɹ mu˥ ⇨〖丈母娘〗 tʂaŋɹ ·mu ȵiaŋɴ

【岳父】yəɹʟ(或 yəɹ) fuɹ ⇨〖丈人〗 tʂaŋɹr ·ʐə̃

【岳王廟】yəɹ vaŋɴr ·miɔɹ 供奉岳飛的廟

【越獄】yəɹ yɹ (犯人)從監獄出逃

【藥石榴】yəɹr ·ʂʅ ·liou 盆栽觀賞石榴，果實紅色

【藥鋪】yəɹ p'uɹ 中藥店

【藥鍋子】yəɹʟ kuəɹʟ ·tsʅ ＝〖沙鍋子〗 ʂaɹʟ kuəɹʟ ·tsʅ 藥罐子

【藥水兒】yəɹ ʂuer˥[<ʂuei˥] 液態的藥

【藥膏】yəɹ kɔɹ 膏狀的外敷藥

【藥吊子】yəɹ tiɔɹr ·tsʅ ＝〖吊子〗 tiɔɹr ·tsʅ 一種吊起來熬的藥鍋

【藥簍子】yəɹ lou˥ʟ ·tsʅ 借指長期病號

【藥丸子】yəɹ vãɴr ·tsʅ 藥丸兒，通稱丸狀藥品

【藥片兒】yəɹʟ p'iɛrɹ[<p'iãɹ] 片狀成藥

134 yəɹ 藥

【藥麵兒】yəɹ miɛrɹ[<miãɹ] 粉末狀成藥

【藥引子】yəɹ iẽ˥ɹ ·tsɿ =〖引子〗iẽ˥ɹ ·tsɿ 中藥藥劑中另加的藥物，能加强藥劑效力

【藥方】yəɹ faŋɹ 醫生爲病人按病情開列的藥物名稱、劑量及服法等‖也說“藥方兒 yəɹ fãrɹ”

【藥房】yəɹ faŋ˧ 西藥房

ɛ

pɛ

【伯伯】pɛ˩˧꜖ ·pɛ =〖爸爸〗 pa˩꜔ ·pa 回民稱叔叔:二~|小~ ‖ 伯伯,另見 pei˩˧꜖ ·pei

【别】pɛ˧(或 piə˧) 不要,表示禁止或勸阻:~動! |今天就~走了罷! ‖ 口語多説 pɛ˧,音同白;piə˧ 是文讀

【擺】pɛ˥ 洗(多指用清水洗):~衣裳

【擺飾】pɛ˥ ʂʅ˩ 用於裝飾家庭的工藝品等:他家的~梭多

【擺地攤兒】pɛ˥ ti˩ tʻɛr˩˧[<tʻã˩˧] 在地上擺開貨物出售

【擺譜】pɛ˥ pʻu˥ 鋪張,擺闊氣,擺架子:别~了,錢已經不夠哂! |結婚弄那麼多汽車,你擺麼譜? ‖ 也説"擺譜兒 pɛ˥ pʻur˥"

【擺渡】pɛ˥꜖ ·tu ❶用船運載過河 ❷乘船過河 ❸⇨〖渡船〗 tu˩ tʂʻuã˧

【擺架子】pɛ˥ tɕia˩꜔ ·tsɿ 自高自大,裝腔作勢

【擺設】pɛ˥ ʂə˩ 按照審美觀點安放藝術品等:他家~的挺好!

【擺闊兒】pɛ˥ kʻuər˩[<kʻuə˩] 擺闊氣

【擺小攤的】pɛ˥꜔ ɕiɔ˥ tʻã˩˧꜖ ·ti =〖出攤子的〗 tʂʻu˩˧꜔ tʻã˩˧꜖ ·tsɿ ·ti 俗稱攤販

【擺手】pɛ˥꜔ ʂou˥ 搖手,表示阻止、否定等的動作

【擺酒席】pɛ˥꜔ tɕiou˥ ɕi˧ =〖擺席〗 pɛ˥ ɕi˧ =〖辦席〗 pã˩ ɕi˧ 設宴

【擺攤兒】pɛ˥ tʻɛr˩˧[<tʻã˩˧] 在路旁或市場上把貨物陳列在木板等鋪成的攤子上出售

【擺弄】pɛ˥꜖ ·luŋ ❶反復把玩:你~這眼鏡幹什麼! |你别把鬧鐘~壞了! ❷修理(含動作持續義):我的鋼筆壞了,他給我~好了 ‖ 義項②可用連用式"擺弄擺弄 pɛ˥꜖ ·luŋ pɛ˥꜖ ·luŋ"。參見"鼓搗 ku˥꜖ ·tɔ"、"搗鼓 tɔ˥꜖ ·ku"

【擺供】pɛ˥ kuŋ˩ ⇨〖上供①〗 ʂaŋ˩꜔ kuŋ˩

【擺供】pɛ˥ kuŋ˩ =〖擺祭〗 pɛ˥ tɕi˩ 舊俗出殯時親友擺供品祭奠死者

【□兒□兒□兒】pɛr˥[<pɛ˥] pɛr˥[<pɛ˥] pɛr˥[<pɛ˥] 喚狗聲

【拜佛】pɛ˩ fə˧ 向佛像禮拜:燒香~

【拜壽】pɛ˩ ʂou˩ 向老年人祝賀壽辰,舊時要行拜禮

【拜天地】pɛ˩ tʻiã˩˧꜔ ti˩ =〖拜(花)堂〗 pɛ˩ (xua˩˧) tʻaŋ˧ 舊式婚禮,新郎新娘一起參拜天地,然後拜父母公婆

【拜年】pɛ˩ ȵiã˧ 向人祝賀新年:拜個年|拜早年|拜個晚年

【拜訪】pɛ˩ faŋ˥ 訪問(對被訪者表示尊敬的説法)

【敗□】pɛ˩ lia˩˧ 災難:天上掉下來的~! ‖ 回民口語

【敗家子】pɛ˩ tɕia˩˧ tsɿ˥ 不務正業、揮霍家産的子弟,今也用以比喻浪費揮霍國家財物的人

【敗火】pɛ˩ xuə˥ ⇨〖去火〗 tɕʻy˩ xuə˥

【敗壞】pɛ˨˩ xuɛ˨˩ 誹謗，詆毀：他好～人！|你別～他！

【敗壞人】pɛ˨˩ xuɛ˨˩ ʐẽ˦˨ 説人壞話

【稗子】pɛ˨˩˧ ·tsʅ 稻田害草及其子實

p'ɛ

【排骨】p'ɛ˦˨˥ ·ku 附有少量肉的豬、牛、羊的肋骨、脊椎骨，供食用

【排叉】p'ɛ˦˨ tʂ'a˨˩˧ 一種兩小片麵片相扭的油炸食品，有甜、鹹兩種，有的帶芝麻

【排水】p'ɛ˦˨ ʂuei˥ 排水出地

【排水溝】p'ɛ˦˨ ʂuei˥ kou˨˩˧ 使水流出的溝

【排球】p'ɛ˦˨ tɕ'iou˦˨ ❶球類運動之一：～比賽|～運動員 ❷用於排球比賽的球：打～

【排場】p'ɛ˦˨˥ ·tʂ'aŋ ❶鋪張奢侈的形式或局面：花了這麽多的錢辦的這個事兒，就是爲了擺～|～大了咱花不起那麽多錢！ ❷鋪張而奢侈：他那婚禮挺～|這個事兒辦的忒～ ❸（人長相）體面：這個人長的挺～！

【排行】p'ɛ˦˨ xaŋ˦˨ （兄弟姐妹）依長幼排列次序：我在家～第五

【排風扇】p'ɛ˦˨ fəŋ˨˩˧˧ ʂã˨˩ 廚房中的排油煙設備

【牌位】p'ɛ˦˨˥ vei˨˩ ⇨〖靈位〗liŋ˦˨˥ ·vei

【牌照】p'ɛ˦˨˥ tʂɔ˨˩ 政府主管部門發給的准許行車或從事某種營業的憑證

【牌九】p'ɛ˦˨ tɕiou˥ 一種骨牌：推～

【牌坊】p'ɛ˦˨ faŋ˨˩˧ 形狀像牌樓的建築物，舊時用來宣揚封建忠孝節義的人物：貞潔～

【派頭兒】p'ɛ˨˩ t'our˦˨[<t'ou˦˨] 氣派：～大

mɛ

【埋伊臺】mɛ˦˨ i˨˩˧ ·t'ɛ 回民稱亡人：料理～‖埋，另見 mã˦˨

【買】mɛ˥ 拿錢換東西

【買契】mɛ˥ tɕ'i˨˩ 買地産時寫的字據

【買藥】mɛ˥ yə˨˩ 購買藥品

【買兒賣兒】mɛr˥˩[<mɛ˥] ·mɛr[<mɛ˨˩] ❶生意：做～|～人|今天～不孬！ ❷東西：這個～挺擱使耐用！

【買賣不行】mɛ˥˩ ·mɛ pu˨˩˧ ɕiŋ˦˨ ＝〖生意不好〗ʂəŋ˨˩˧˧ i˨˩ pu˨˩˧ xɔ˥ 做買賣賺錢少甚至不賺錢

【買賣好】mɛ˥˩ ·mɛ ·xɔ˥ ＝〖生意好〗ʂəŋ˨˩˧˧ i˨˩ xɔ˥ 做買賣賺錢多

【賣】mɛ˨˩ 拿東西換錢

【賣藝的】mɛ˨˩ i˨˩˧ ·ti 舊稱依靠在街頭或娛樂場所表演武術、雜技等掙錢的人：耍把戲～|打場子～|打拳～

【賣破爛】mɛ˨˩ p'ə˨˩ lã˨˩ 將廢品賣出：這些東西放在家裏占地方，～算唡！

【賣野藥的】mɛ˨˩ iə˥ iɔ˨˩˧ ·ti 没有固定場子在街頭路邊賣藥的人‖藥，通常讀 yə˨˩，此處讀 iɔ˨˩，疑爲郊區音。參見“野鵲 iə˥˩ ·tɕ'iɔ”.

【賣膏藥的】mɛ˨˩˧ kɔ˨˩˧˩ ·yə ·ti 在街頭賣膏藥等藥品的人

【賣票的】mɛ˨˩ p'iɔ˨˩˧ ·ti 對售票員不太尊重的稱呼

fɛ

【□】fɛ˦˨（或 fə˦˨）呼痛聲：～，真燙！|哎唷，～！

vɛ

【歪】vɛɹ ❶不正，偏，斜 ❷不正當的：～風邪氣

【歪嘴】vɛɹ tsuei˥ 撇嘴，一種輕蔑的不友好的表情：你照着他一～，他就急咧！|人和人之間不能～！

【歪嘴子】vɛɹ˪ ·tsuei ·tsɿ 歪嘴的人

【喂】vɛɹ ❶用於招呼同輩關係親近的人：～，哥們，一堆兒走！ ❷夫妻間用來打招呼：～，你來！ ‖ 用來招呼生人外人，被認爲是不禮貌的：你～誰？

【□(兒)□(兒)】vɛɹ(vɛrɹ˪) ·me(·mer)（或 vəɹ˪ ·mer、vɛɹ˪ ·mɛr、vɛ˧˥ ·mer）駡人話，多是男性用 ‖ 音不一致，説 vɛrɹ˪ ·mer 的較多。來歷不明，有人認爲由"我日媽"的音訛變而來

【踒】vɛ˥ 扭傷：～腳咧！

【踒泥咧】vɛ˥˪ ·ȵi ·lia ＝〖踒咧〗 vɛ˥˪ ·lia 指事情不順利，陷入困境：我那件事～|蓋房子要料没料，要人没人，踒了泥咧！

【踒老將】vɛ˥ lɔ˥ tɕiaŋɹ 象棋術語，出將

【外】vɛɹ ❶外面，跟裏或内相對：～間|門～|内～有别 ❷本地以外的地方：～省|～地人 ❸指外國：～商 ❹關係疏遠不親近的：～人|别見～！ ❺稱女兒或姐妹方面的親屬：～甥

【外地人】vɛɹ˧ ·ti ʐẽ˧ ＝〖外地來的〗 vɛɹ˧ ·ti lɛ˧˥ ·ti ＝〖外路人〗 vɛɹ˧ ·lu ʐẽ˧ 不是本地的人

【外衣】vɛɹ iɹ 穿在外面的衣服

【外路】vɛɹ˧ ·lu 外地來的：～人|～貨

【外國人】vɛɹ˧ ·kuə ʐẽ˧ 中國人以外的人

【外帶】vɛɹ˧ tɛɹ 車輪等的膠皮外胎

【外債】vɛɹ tʂɛɹ 國家向外國借的債

【外頭】vɛɹ˧ ·t'ou ＝〖外面〗 vɛɹ˧ ·miã ＝〖外邊兒〗 vɛɹ˧ ·piɛr[<piãɹ] 外邊，外面：棉襖～套了個褂子 ‖ 外面也説"外面兒 vɛɹ˧ ·miɛr"；外邊兒也可以説 vɛɹ piɛrɹ、vɛɹ˧ ·pɛr、vɛɹ pɛrɹ

【外間(屋)】vɛɹ˧ ·tɕiã (uɹ) 房子靠外面的一間

【外人】vɛɹ ʐẽ˧ 不是自己人：把我當做～咧！|這裏没～！

【外行】vɛɹ xaŋ˧ ❶對某種事情或工作不懂，没有經驗 ❷外行的人

【外甥】vɛɹ˧ ·ʂəŋ ❶女兒的兒子 ❷姊妹的兒子

【外甥閨女】vɛɹ˧ ·ʂəŋ ȵy˥ kueiɹ ·ȵy ＝〖外甥女兒〗 vɛɹ˧ ·ʂəŋ ȵyer˥[<ȵy˥] ❶女兒的女兒 ❷姊妹的女兒

【外甥孫兒】vɛɹ˧ ·ʂəŋ suerɹ[<suẽɹ] 回民稱外孫，跟外甥有别

【外甥孫女】vɛɹ˧ ·ʂəŋ suẽɹ˪ ·ȵy 回民稱外孫女，跟外甥閨女有别

tɛ

【待】tɛɹ 停留：～會兒|他在曲阜～不長 ‖ 另見 tɛ˥、tɛɹ

【獃子】tɛɹ˪ ·tsɿ ⇨〖傻瓜〗 ʂa˥˪ ·kua

【待】tɛ˥ 介詞，在：你～哪住？——俺家～杆石橋陳家胡同住！|小張呢？——～這裏！‖ 另見 tɛɹ、tɛɹ

【逮捕】tɛ˥ p'uɹ 捉拿(罪犯) ‖ 參見"捕捉 p'uɹ˧ tʂuəɹ"

【逮進去】tɛ˥˪ ·tɕiẽ ·tɕ'i ⇨〖弄進去〗

nəŋ˩꜒ ·tɕiẽ ·tɕ'i

【大夫】tɛ˩꜒ ·fu 醫生‖大,另見 ta˦˨、ta˩

【代筆】tɛ˩ pei˨˩˧ ❶代別人書寫信件、契約等 ❷代別人書寫信件、契約的人

【待】tɛ˩ ❶等待:～業 ❷招待,對待:～客|優～ ❸要,打算:你～上哪?——我～家去! ‖另見 tɛ˨˩˧、tɛ˥

【待答不理的】tɛ˩ ta˨˩˧ pu˩ li˥꜖ ·ti 不理人的樣子

【待業青年】tɛ˩꜔ iə˩ tɕ'iŋ˨˩˧ ȵiã˦˨ 等待就業的青年

【待客】tɛ˩ k'ei˨˩˧ 招待客人

【待宵草】tɛ˩꜒ ·ɕiɔ ts'ɔ˥ ⇨〖七點半〗tɕ'i˨˩˧ tiã˥ pã˩

【待涼森】tɛ˩ liaŋ˦˨꜒ ·ʂəŋ 到涼快時

【帶犢兒】tɛ˩ tur˦˨[<tu˦˨] =〖帶犢子〗tɛ˩꜒ ·tu ·tsɿ 婦女改嫁所帶走的兒女,即拖油瓶

【帶魚】tɛ˩ y˦˨ ⇨〖刀魚〗tɔ˨˩˧ y˦˨

【帶枷】tɛ˩ tɕia˨˩˧ 上枷

【帶歲錢】tɛ˩ suei˩ tɕ'iã˦˨ 回民稱壓歲錢

【帶孝】tɛ˩ ɕiɔ˩ 人死後親屬穿孝服或帶黑紗表示哀悼

【帶袖的背心】tɛ˩ ɕiou˩꜒ ·ti pei˩ ɕiẽ˨˩˧ 即圓領衫

t'ɛ

【胎盤】t'ɛ˨˩˧ p'ã˦˨ ⇨〖衣胞兒〗i˨˩˧꜖ ·pɔr [<pɔ˨˩˧]

【胎煎餅】t'ɛ˨˩˧꜖ ·tɕiã ·piŋ =〖攤煎餅〗t'ã˨˩˧꜖ ·tɕiã ·piŋ 一種較厚發軟的煎餅,攤時用推子將麵糊推平或直接用麵團滾成‖參見"煎餅 tɕiã˨˩˧꜖ ·piŋ"、"刮煎餅 kua˥꜖ ·tɕiã ·piŋ"

【抬花轎】t'ɛ˦˨ xua˨˩˧꜔ tɕiɔ˩ 兩人分別把一手握在另一手的手腕上,另一手又握在對方的手腕上形成四方形,讓另一個年齡較小的孩子叉腿坐在上面玩的一種游戲

【抬盒子】t'ɛ˦˨ xə˦˨꜒ ·tsɿ 舊時抬着送食品、嫁妝等的大木盒子,一般兩層

【抬腿就走】t'ɛ˦˨ t'uei˥ tɕiou˩ tsou˥ 提起腳就走開‖也說"抬腿兒就走 t'ɛ˦˨ t'uer˥[<t'uei˥] tɕiou˩ tsou˥"

【抬頭】t'ɛ˦˨ t'ou˦˨ 頭部抬起來

【抬頭秤】t'ɛ˦˨ t'ou˦˨ tʂ'əŋ˩ 秤高

【抬手】t'ɛ˦˨ ʂou˥ 提起手

【抬身】t'ɛ˦˨ ʂẽ˨˩˧ 借稱改嫁:這女的是哪裏的?——～才過來! 才改嫁來的|孩子可憐,他爹才死了,他媽就～走嘞!

【抬裉】t'ɛ˦˨꜒ k'ẽ˩ 便衣的腋下部分

【抬杠】t'ɛ˦˨꜒ ·kaŋ 爭辯不相讓:你跟我抬麼杠?

【抬筐】t'ɛ˦˨ k'uaŋ˨˩˧ 一種抬東西用的大筐

【臺階兒】t'ɛ˦˨ tɕier˨˩˧[<tɕiɛ˨˩˧] ❶用磚、石、混凝土等築成的一級一級供人上下的建築物,多在高大房子的門前或風景區等的坡道上:俺學校圖書館門前有七級～|登泰山到南天門光～就有七千四百多級 ❷比喻給人以機會擺脫某種局面:給他個～下算嘞!

【臺球】t'ɛ˦˨ tɕ'iou˦˨ ❶在特製的臺子上用杆兒撞球的游戲 ❷用於這種游戲的實心球

【臺扇】t'ɛ˦˨ ʂã˦˨ 放在桌子上的電扇

【臺秤】t'ɛ˦˨꜒ tʂ'əŋ˩ 一種放在桌子上的小型磅秤

【颱風】t'ɛ˦˨ fəŋ˨˩˧ 一種極猛烈的風暴

【臺菜】t'ɛ˧꜒ ·ts'ɛ 一種綠葉蔬菜，葉片邊緣凹凸相間，有的冠齒狀，根白色，有的有尖形根塊

【太師椅】t'ɛ˩ ʂʅ˧˩ i˥ 舊式的寬大椅子，有靠背、扶手，講究的在靠背上還雕有圖形

【太白金星】t'ɛ˩ pei˧ tɕiẽ˧˩꜔ ɕiŋ˧˩ ⇨〖啓明星〗tɕ'i˥꜖ ·miŋ ɕiŋ˧˩

【太陽】t'ɛ˩ iaŋ˧ ❶銀河系的恒星之一：天晴嘞，出～嘞 ❷指太陽光：曬～‖冬天的太陽口語裏多説“老爺爺兒 lɔ˥꜔ iə˧꜒ ·iər[<iə˧]”

【太陽地兒】t'ɛ˩ iaŋ˧ tier˩[<ti˩] 太陽光照着的地方：～熱，到陰涼地兒來！‖冬天的時候口語多説“老爺地兒 lɔ˥꜖·iə tier˩[<ti˩]”

【太陽花】t'ɛ˩ iaŋ˧ xua˧˩ =〖螞蚱菜花〗ma˩꜒ ·tʂa ts'ɛ˩ xua˧˩ 一年生草本植物，花有紫、紅、黄、白等多種顏色，太陽出來時開放，太陽下山時凋敗，故名太陽花‖煙臺一帶稱懶老婆花

【太陽穴】t'ɛ˩ iaŋ˧ ɕyə˧ =〖太陽窩兒〗t'ɛ˩ iaŋ˧ vər˧˩[<və˧˩] 人臉上眉梢與鬢角之間的地方

【太陽光】t'ɛ˩ iaŋ˧ kuaŋ˧˩ 太陽發出的光綫

【泰山奶奶】t'ɛ˩ ʂã˧˩꜔ nɛ˥꜖ ·nɛ 尊稱主管泰山的神

nɛ

【奶】nɛ˥ ❶乳房 ❷乳汁‖另見 nɛ˩

【奶媽子】nɛ˥ ma˧˩꜖ ·tsɿ =〖奶母〗nɛ˥꜔ mu˥ 受僱給人家奶孩子的婦女

【奶奶】nɛ˥꜖ ·nɛ ❶祖母 ❷祖母的妯娌，前面加大、二等排行：二～

【奶奶的】nɛ˥꜖ ·nɛ ·ti =〖奶屄〗nɛ˥ pi˧˩ =〖他奶奶的〗t'a˥ nɛ˥꜖ ·nɛ ·ti 駡人話，常被一些人用作口頭語

【奶頭兒】nɛ˥꜖ ·t'our[<t'ou˧] ⇨〖媽媽頭兒〗ma˧˩꜖ ·ma t'our˧[<t'ou˧]

【奶牛】nɛ˥ ȵiou˧ 乳牛，專門養來産奶的牛

【奶拌子】nɛ˥꜔ pã˩꜒ ·tsɿ 嬰兒吐出的奶塊兒

【奶粉】nɛ˥꜔ fẽ˥ 牛奶除去水分後製成的粉末

【奶糖】nɛ˥ t'aŋ˧ 含有奶汁的糖

【奶奶】nɛ˩ ·nɛ 給孩子吃一吃奶：這孩子餓嘞，光哭，快～他！‖奶，單字音 nɛ˥，此處作動詞，聲調爲去聲，在輕聲前不變調

【奶孩子】nɛ˩ xɛ˧꜒ ·tsɿ 喂孩子吃奶

lɛ

【來】lɛ˧ 來去的來‖另見 ·lɛ

【來】lɛ˧ 表示概數。❶用在十、百、千、萬等多位數的數詞後：二十～個｜一百～個｜百十～個｜五千～個｜兩萬五千～個 ❷用在一些量詞後：一里～路｜兩斤～沉｜一塊～錢‖前面必須是兩個音節的數量詞，不能説十來個、百來個、塊來錢。參見“拉 ·la”、“數 ·ʂu”

【來̥】lɛ˧ =〖麻̥〗ma˧ 回民商販暗語，數詞五

【來的】lɛ˧꜒ ·ti 用在百、千、萬的後面表示超過這個數：二百～｜三千～｜五萬～｜兩萬五千～

【來家嘞】lɛ˧ tɕia˧˩꜖ ·lia =〖回家嘞〗xuei˧ tɕia˧˩꜖ ·lia 回家了

【來客嘛】lɛ˦ k'ei˩˥˩ ·lia 有客人來了

【來往】lɛ˦ vaŋ˥ 交際往來：他倆不～嘛！

【萊蕪大白菜】lɛ˦˥ ·u ta˩ pei˦˥ ts'ɛ˩ 一種棵圓根粗的大白菜，大的每棵可達二三十斤，多產於萊蕪一帶

【萊陽梨】lɛ˦ iaŋ˦ li˦ 梨的一個品種，表皮青綠色帶小黑點，落了花的一端有不規則的凹進，這部分暗黃色，肉質脆甜多汁，是山東萊陽特產

【賴】lɛ˩ ❶依賴 ❷無賴：要～ ❸留在某處不肯走開：這孩子一到姥娘家就～着不走！❹抵賴：～人的錢|～賬 ❺誣賴，責怪：這事兒不能～他！❻壞，不好：好～ ‖ 賴讀去聲，但"不賴"的賴讀陰平

【賴皮】lɛ˩ p'i˦ ❶無賴：這個～！❷無賴的作風和行爲：要～

【癩蛤蟆】lɛ˩˥ ·xə ·ma ⇨〖疥蛤蟆〗tɕiɛ˩˥ ·xə ·ma

【來】·lɛ 助詞，用在句末，表示肯定、贊嘆、疑問等語氣，認定曾經發生的事情或某一種情況：頭午我找他～|今天□[kaŋ˦]冷～！|這人□[kaŋ˦]賽～！|夜來你去看他～？‖ 另見 lɛ˦

tsɛ

【再來】tsɛ˩ lɛ˦ 送客時的應酬話 ‖ 再，另見 tsɛ˩

【栽樹】tsɛ˩˥ ʂu˩ 把樹苗栽到土裏，如種白楊樹等 ‖ 參見"種樹 tʂuŋ˩ ʂu˩"

【宰】tsɛ˥ 殺：屠～ ‖ 回民稱宰殺牛羊鷄鴨等不能説殺

【宰豬】tsɛ˥ tʂu˩ ⇨〖殺豬〗ʂa˩˥ tʂu˩

【宰豬的】tsɛ˥ tʂu˩˥ ·ti ⇨〖殺豬的〗ʂa˩˥ tʂu˩˥ ·ti

【宰牛的】tsɛ˥˥ ȵiou˦˥ ·ti 專職殺牛的人

【宰羊的】tsɛ˥˥ iaŋ˦˥ ·ti 專職殺羊的人

【再不的】tsɛ˩˥ ·pu ·ti 副詞。要不，不然：你來，～我去！‖ 再，另見 tsɛ˩

【在】tsɛ˩ ❶存在：你上門口看看，賣豆腐的還～不～！❷決定於：這事全～你自己！❸正在：一家人都～吃飯 ❹介詞：～黑板上寫字|放～兜裏

【在譜兒】tsɛ˩ p'ur˥[<p'u˥] 正規，達到一定標準，合乎情理：我炒的菜都是～的|你這話説的～

【在押】tsɛ˩ ia˩ 犯人在關押中：～犯

【在逃】tsɛ˩ t'ɔ˦ 犯人逃跑尚未抓回：～犯

【在早先】tsɛ˩ tsɔ˥˩ ·ɕiã ⇨〖早先〗tsɔ˥˩ ·ɕiã

【在本兒的】tsɛ˩ per˥˩[<pẽ˥] ·ti 見諸書面、可以查到的：我炒的菜都是～|我這話是～，不信可以去查！

【在行】tsɛ˩ xaŋ˦ ＝〖懂行〗tuŋ˥ xaŋ˦ 對某種業務有知識有經驗

ts'ɛ

【猜謎兒】ts'ɛ˩˥ mer˩[<mei˩] 猜謎語

【才】ts'ɛ˦ ❶才能：有～ ❷人才

【才】ts'ɛ˦ 副詞。❶表示以前不久：你怎麼～來？|你～知道？❷僅僅，只：～那麼一點兒！❸表示强調所説的事，句末多加呢：你～傻呢！

【材料】ts'ɛ˦˥ liɔ˩ ❶可以直接造成成品的東西：建築～ ❷寫作素材 ❸可供參考的事實：檔案～|～不充分 ❹比喻可以從事某項工作的人才：他是塊～！❺

作料的舊稱

【財迷】ts'ɛ˧ mi˧ 貪財的人

【財神】ts'ɛ˧ ʂẽ˧ 迷信認爲可以使人發財致富的神仙

【裁衣裳】ts'ɛ˧ i˩˩˪ ·ʂaŋ ⇨〖鉸衣裳〗tɕiɔ˥ i˩˩˪ ·ʂaŋ

【裁剪】ts'ɛ˧ tɕiã˥ 裁衣服的剪子，兩個套手指的欄中有一個是直的

【裁縫】ts'ɛ˧˥ ·faŋ(或 ·fəŋ) 以縫製衣服爲業的人‖縫，單字音 fəŋ˧，此處讀 ·faŋ，今又讀 ·fəŋ。濟南人有的寫"坊"

【裁縫鋪】ts'ɛ˧˥ ·faŋ(或 ·fəŋ) p'u˩ 成衣鋪：到～去做衣裳

【殘壞】ts'ɛ˧˥ ·xuɛ 殘廢：受了傷，成了～啦！｜手～啦‖殘，單字音 ts'ã˧，此處受後音節同化韵母爲 ɛ

【采】ts'ɛ˥ ⇨〖摘〗tʂei˩

【彩禮】ts'ɛ˥˦ li˥ 舊俗訂婚時男家送給女家的禮物

【彩旦】ts'ɛ˥ tã˩ 戲曲角色，扮演女性的丑角

【菜】ts'ɛ˩ ❶蔬菜 ❷通稱下飯的菜：葷～｜做什麼～待客？

【菜籽兒】ts'ɛ˩ tser˥[<tsɿ˥] 菜的籽實

【菜籽油】ts'ɛ˩ tsɿ˥ iou˧ 油菜籽榨的油

【菜市場】ts'ɛ˩ ʂɿ˩ tʂ'aŋ˥ 集中經營魚肉蔬菜調料等的市場：萬紫巷～濟南菜市場名

【菜地】ts'ɛ˩ ti˩ 專門種植蔬菜的地

【菜□溜】ts'ɛ˩ tɕ'i˧˥ ·liou 用野菜、菜葉子等拌雜糧麵蒸成的團子

【菜櫥子】ts'ɛ˩ tʂ'u˧˥ ·tsɿ 用於盛放餐具、菜肴等的櫥子

【菜把拉】ts'ɛ˩ pa˩˥ ·la =〖把拉子〗pa˩˥ ·la ·tsɿ 用野菜、菜葉子等拌雜糧麵放鹽蒸熟的食品，舊時農村多吃

【菜花兒】ts'ɛ˩ xuar˩[<xua˩] 花椰菜的花

【菜合】ts'ɛ˩ xə˧ 裏面包着韭菜、鷄蛋或肉等的圓形油炸食品：牛肉～｜素～

【菜刀】ts'ɛ˩ tɔ˩ ⇨〖切菜刀〗tɕ'iə˩˪ ts'ɛ˩ tɔ˩

【菜板子】ts'ɛ˩ pã˥˪ ·tsɿ 切菜用的板子

【菜園子】ts'ɛ˩ yã˧˥ ·tsɿ 專門種植蔬菜的園地

【菜餅】ts'ɛ˩ piŋ˥ =〖韭菜餅〗tɕiou˥ ts'ɛ˩ piŋ˥ 薄餅合成半圈，中間放韭菜、鷄蛋、蝦皮等烙成的餅

sɛ

【腮】sɛ˩ =〖腮幫子〗sɛ˩˪ paŋ˩˪ ·tsɿ =〖腮幫兒〗sɛ˩˪ pãr˩[<paŋ˩] 兩頰的下半部

【鰓】sɛ˩ ⇨〖魚鰓〗y˧ sɛ˩

【賽】sɛ˩ ❶好，有趣：這衣裳真～！｜這人真～！ ❷指人難纏不講理，做事違反常情：那人真～，怎麼跟他説也説不清！

【賽】sɛ˩ ❶比賽 ❷用在動詞玩的前面，猶好玩：真～玩｜棱～玩‖義項②青少年口語用得很多，賽玩前必須加真或棱。又，賽在動詞前限於跟玩連用，不説真賽吃、棱賽看等

【賽跑】sɛ˩ p'ɔ˥ =〖跑賽〗p'ɔ˥˪ sɛ˩ 比賽跑步速度的運動

【賽球】sɛ˩ tɕ'iou˧ 進行球類比賽

tʂɛ

【齋月】tʂɛ˩˪ ·yə 伊斯蘭教曆九月，這個月教徒要齋戒以磨煉意志‖參見"封

齊 fəŋ˦˩ tʂɛ˨”

【債務】tʂɛ˨ u˨ 債户所負還債的義務，有時也指所欠的債

【擿】tʂɛ˨ ❶用釘子或針將附加的物件固定上：～扣子｜牆上再～個釘子｜～馬掌 ❷用卯榫組合起來：他自己～了個小板凳

【擿子】tʂɛ˨˩ ·tsɿ ＝〖擿兒〗 tʂɛr˨ [<tʂɛ˨] 小木楔：楔進個～去就牢穩咧！

【擿馬掌】tʂɛ˨ ma˥˩ tʂaŋ˥ 把馬掌釘到馬蹄上

tʂʻɛ

【柴火】tʂʻɛ˦˥ ·xuə 柴草

【踩地】tʂʻɛ˥ ti˨ 播種後用腳把土踩實

【踩鷄】tʂʻɛ˥ tɕi˦ 鷄交配

【踩軟□的】tʂʻɛ˥ luã˥˩ ·ʂɔ ·ti 舊稱踩鋼絲賣藝的人

ʂɛ

【篩子】ʂɛ˦˩ ·tsɿ 用竹條、鐵絲等編成的有許多小孔的器具，用於篩糧食、沙子等

【曬衣裳】ʂɛ˨ i˦˩ ·ʂaŋ 將衣服拿到陽光下晾曬

【曬大糞】ʂɛ˨ ta˨˩ ·fẽ 曬人糞肥

【曬太陽】ʂɛ˨ tʻɛ˨ iaŋ˦ 在陽光下吸收光和熱

kɛ

【該】kɛ˦ ❶應該：他家裏～有的都有咧！❷應該是，應當（由誰做）：這事兒～他負責！｜～你咧，快出牌！｜～着我倒霉！❸理應如此：～！～！誰叫你不聽說！｜活～！❹指示詞，用於書面語，指上文説到的人或事物：～同志學習刻苦，工作認真｜～廠經濟效益高，職工的福利事業辦的也好！

【該】kɛ˦ 欠：～賬｜～債｜～你五百塊！‖也說欠，參見“欠① tɕʻiã˨”

【該着】kɛ˦˩ ·tʂɿ ❶該當：～我倒霉！❷欠着：我還～你十塊錢呢，給你罷！

【該賬】kɛ˦˩ tʂaŋ˨ ＝〖欠賬〗 tɕʻiã˨ tʂaŋ˨ 負債

【改嫁】kɛ˥ tɕia˨ 寡婦再嫁

【改嘴】kɛ˥˩ tsuei˥ 改口：你怎麼～了呢？你早就許下答應我的！

【改水】kɛ˥˩ ʂuei˥ 澆水時改變水流的通道

【蓋屋】kɛ˨ u˦ ＝〖蓋房子〗 kɛ˨ faŋ˦˥ ·tsɿ 建造房屋

【蓋澆麵】kɛ˨ tɕiɔ˦˩ miã˨ 打鹵麵

【蓋碗】kɛ˨˩ ·vã 上口大、底座小、有蓋的小碗，下面有托兒，一般置於正房的條几上

【蓋墊】kɛ˨˩ ·tiã 用高粱稈串成的一面橫一面竪的圓墊，用於放置做好待蒸的包子、饅頭或待下鍋的餃子等，也可用作拉風箱燒火的大鐵鍋的鍋蓋：◇他是屬～的，翻過來掉過去都是理！

【蓋棺】kɛ˨ kuã˦ 蓋上棺材蓋

【蓋章】kɛ˨ tʂaŋ˦ 在文件上蓋上印章

kʻɛ

【開支】kʻɛ˦˩ tʂɿ˦ ❶開銷 ❷發工資

【開齒兒】kʻɛ˦ tʂʻer˥ [<tʂʻɿ˥] 在磨石上鑿齒

【開戲咧】kʻɛ˦ ɕi˨˩ ·lia 戲曲演出開始了

【開鋪子】k‘ɛɅ p‘u˩˥ ·tsɿ 開店

【開壺嘞】k‘ɛɅ xu˧˥ ·lia 壺裏的水開了

【開車的】k‘ɛɅ˧ tʂ‘ə˩˨ ·ti ＝〖司機〗sɿɅ˧ tɕi˩ ＝〖駕駛員〗tɕia˩ ʂɿ˥ yã˧ 操縱汽車、電車、火車等使行駛的人員

【開夜車】k‘ɛɅ iə˩ tʂ‘əɅ 比喻夜間加班學習或工作

【開拖拉機的】k‘ɛɅ˧ t‘uə˩ laɅ˧ tɕiɅ˨ ·ti 拖拉機手

【開學】k‘ɛɅ ɕyə˧ 學期開始

【開外】k‘ɛɅ˧ vɛ˩ 用在數量詞後，表示超過某數：七十～的人嘞還不服老！｜這東西買起來得一萬元～！

【開齋節】k‘ɛɅ˧ tsɛɅ˧ tɕiə˩ 伊斯蘭教教曆十月一日，是結束封齋的節日，有隆重的慶祝儀式‖參見“封齋 fəŋɅ˧ tsɛɅ”

【開懷】k‘ɛɅ xuɛ˧ 指婦女生第一胎

【開水】k‘ɛɅ ʂuei˥ 煮沸的水

【開水壺】k‘ɛɅ ʂuei˥ xu˧ ⇨〖水壺〗ʂuei˥ xu˧

【開刀】k‘ɛɅ˧ tɔɅ 醫生給病人做手術

【開吊】k‘ɛɅ˧ tiɔ˩ 人死後出殯前的吊唁儀式，一般要兩三天：～期間

【開銷】k‘ɛɅ˧ ɕiɔɅ 付出錢款：他～挺大

【開飯】k‘ɛɅ˧ fã˩ 把飯菜擺出來準備吃‖多用於集體伙食單位

【開綻】k‘ɛɅ˧ tʂã˩ 縫綫的地方裂開：褲子～嘞！｜開了綻嘞！

【開店】k‘ɛɅ˧ tiã˩ 舊時稱開旅館

【開春】k‘ɛɅ˧ tʂ‘uẽɅ 春天開始

【開方】k‘ɛɅ˧ faŋɅ ＝〖開方子〗k‘ɛɅ˧ faŋɅ˨ ·tsɿ 開藥方‖也說“開方兒 k‘ɛɅ˧ fãrɅ”

【開襠褲】k‘ɛɅ˧ taŋɅ˧ k‘u˩ 幼兒穿的襠裏開口的褲子

【開張】k‘ɛɅ˧ tʂaŋɅ ＝〖開市〗k‘ɛɅ˧ ʂɿ˩ ＝〖開業〗k‘ɛɅ˧ iə˩ 商店等開始營業

【開行】k‘ɛɅ xaŋ˧ 舊時的批發行，主要經常農副產品

【開燈】k‘ɛɅ˧ təŋɅ 開電燈

【開庭】k‘ɛɅ t‘iŋ˧ 審判人員開始在法庭上對案件的有關人員進行審訊

ŋɛ

【哀杖】ŋɛɅ˧ tʂaŋ˩ ⇨〖哭喪棒〗k‘uɅ˧ saŋɅ˧ paŋ˩

【挨】ŋɛ˧ 見“挨 iɛ˧”

【挨罵】ŋɛ˧˥ ma˩ 見“挨罵 iɛ˧˥ ma˩”

【癌症】ŋɛ˧ tʂəŋ˩ 惡性腫瘤病

【矮組合】ŋɛ˥ tsu˥˨ ·xə 一種低於一般桌子又略高於凳子的組合櫥，九十年代初開始流行‖矮，另見 iɛ˥

【艾】ŋɛ˩ 多年生草本植物，葉子有清香，可入藥，燃燒的煙能熏蚊蠅，民間習慣於端午節插在門上，認爲可以驅邪

【艾繩】ŋɛ˩ ʂəŋ˧ 用艾編成的粗繩，舊時用來熏蚊子

【愛惜】ŋɛ˩˥ ·ɕi 因重視而不糟蹋：～身體｜～東西

xɛ

【咳喲】xɛɅ˨ ·iɔ 呻吟：疼的他直～！‖咳，另見 k‘əɅ

【咳喲呼喲的】xɛɅ˨ ·iɔ xuɅ˨ ·iɔ ·ti 因疼痛等引起的呼叫聲：疼的他～！

【孩子】xɛ˧˥ ·tsɿ ⇨〖小孩兒〗ɕiɔ˥ xɛr˧［＜xɛ˧］

【海】xɛ˥ 靠近大陸比洋小的水域

【海米】xɛ˥˧ mi˥ 曬乾去殼的海蝦

【海鯽魚】xɛ˥ tɕi˩˧ ·y 生長在海裏的鯽魚

【海蝦米】xɛ˥ ɕia˩˧ ·mi 舊稱海米

【海蜇】xɛ˥˨ ·tʂə 一種生活在海中的腔腸動物，青藍色。身體半球形，上面有傘狀部分，下面有八條口腕，口腕下端有絲狀的觸手

【海蜇皮兒】xɛ˥˨ ·tʂə piɚ˧[<pʻi˧] 海蜇的傘形部分

【海蜇頭】xɛ˥˨ ·tʂə tʻou˧ 海蜇的口腕部分：涼拌～

【海螺】xɛ˥ luə˧ =〖海蛤蜊〗 xɛ˥˨ ·ka ·la 產在海中的螺，個兒較大

【海帶】xɛ˥ tɛ˩ 一種形狀像帶子的海菜，含碘很多

【海草】xɛ˥˧ tsʻɔ˥ 一種細毛狀海產品，煮後凝成膠狀

【海鰻魚】xɛ˥ mã˧ y˧ 海生鰻魚

【海碗】xɛ˥˧ vã˥ =〖大海碗〗 ta˩ xɛ˥˧ vã˥ 特別大的瓷碗

【海綿】xɛ˥ miã˧ 一種橡膠或塑料製品，有彈力，多用於洗澡、刷碗等

【海參】xɛ˥ ʂẽ˩(或 xɛ˥˨ ·ʂẽ) 一種棘皮動物，生活在海底，是珍貴食品：～席

【海螃蟹】xɛ˥ pʻaŋ˧˥ ·ɕie 海生螃蟹

【海棠】xɛ˥˨ ·tʻaŋ 落葉喬木，開白色或淡粉紅色花，結球形果，有多種

【海星】xɛ˥ ɕiŋ˩ 一種棘皮動物，生活在淺海石縫中，身體扁平像五角星

【亥】xɛ˩ 地支的第十二位

【亥豬】xɛ˩ tʂu˩ 十二生肖之一，亥年生的人屬豬

【害怕】xɛ˩ pʻa˩ 因遇到危險或困難等而不安、發慌：别～！

【害臊】xɛ˩ sɔ˩ 害羞：真不～！

ɛ

【哎喲】ɛ˩˧ iou˩ 嘆詞，表示驚訝、痛苦

【欸】ɛ˥ ⇨〖嗯〗 ŋ̍˥

【欸】ɛ˩ ⇨〖嗯〗 ŋ̍˩

iɛ

tɕiɛ

【街痞】tɕiɛ˩˥ ·p'i ＝〖地痞〗 ti˩ p'i˥ 小痞子：他是個～，别囉囉他别理他！

【街道】tɕiɛ˩˧ tɔ˩ ❶城鎮裏旁邊有住房的比較寬闊的道路 ❷管理街巷居民的機構：～幹部｜在～上工作

【街坊】tɕiɛ˩˥ ·faŋ 鄰居：都是～好説好商量！

【街坊家】tɕiɛ˩˥ ·faŋ ·tɕia 即鄰居家

【街上】tɕiɛ˩˥ ·ʂaŋ（或 tɕiɛ˩˧ ʂaŋ˩）街道上面

【稭】tɕiɛ˩ 某些糧食作物脱粒後留下的莖：麥～｜秫～

【解】tɕiɛ˥ ❶把束縛着或繫着的東西分開：～扣子 ❷消除：～渴｜～除 ❸分析明白：～釋｜講～ ❹懂，明白：了～ ❺解手：～小手兒｜～大手兒 ‖ 另見 tɕiɛ˩

【解大手】tɕiɛ˥ ta˩ ʂou˥ ⇨〖拉屎〗 la˩ ʂʅ˥

【解小手】tɕiɛ˥ ɕiɔ˥˧ ʂou˥ ⇨〖尿尿〗 ȵiɔ˩ suei˩

【解扣子】tɕiɛ˥˧ k'ou˩˧ ·tsʅ 把扣上的扣子解開

【解放帽】tɕiɛ˥ faŋ˩ mɔ˩ 解放初期流行的一種棉帽，兩邊護耳帶布條，平時繫在帽頂，需禦寒時取下可將布條繫在頜下

【介紹】tɕiɛ˩ ʂɔ˩ 特指説媒

【介紹人】tɕiɛ˩ ʂɔ˩ ʐə̃˨ 新説媒人

【戒指】tɕiɛ˩˧ ·tʂʅ ＝〖戒鎦子〗 tɕiɛ˩ liou˩˥ ·tsʅ 套在手指上的環形飾物 ‖ 戒，另見 tɕiə˩

【芥末】tɕiɛ˩˧ ·mə 芥菜種子研成的粉末狀調味品，味辣

【芥菜】tɕiɛ˩˧ ·ts'ɛ 蕪菁的根塊

【疥】tɕiɛ˩ 疥瘡

【疥蛤蟆】tɕiɛ˩˧ ·xə ·ma ＝〖癩蛤蟆〗 lɛ˩˧ ·xə ·ma 蟾蜍

【解】tɕiɛ˩ 押送（罪犯）‖ 另見 tɕiɛ˥

ɕiɛ

【鞋】ɕiɛ˨ 穿在腳上行走着地的東西

【鞋底子】ɕiɛ˨ ti˥˩ ·tsʅ ＝〖鞋底〗 ɕiɛ˨ ti˥ 鞋子着地的部分

【鞋拔子】ɕiɛ˨ pa˨˧ ·tsʅ ＝〖鞋橘子〗 ɕiɛ˨ pa˩˧ ·tsʅ 穿鞋用具，鞋子較緊時放在鞋後跟往上提

【鞋耷拉襪耷拉的】ɕiɛ˨˧ ·ta ·la va˩˧ ·ta ·la ·ti 穿着不整齊，拖拉：這個人不利索，一天到晚～

【鞋殼拉】ɕiɛ˨˧ ·k'ə ·la（或 ·laŋ）鞋子裏：我～裏有沙子，磕打磕打！

【鞋别子】ɕiɛ˨ piə˨˧ ·tsʅ ＝〖鞋卡子〗 ɕiɛ˨ tɕ'ia˩˥ ·tsʅ 女用鞋扣

【鞋坐跟】ɕiɛ˨ tsuə˩˧ ·kẽ 因鞋不合腳形或走路姿勢不好而使鞋後跟變形不挺直

【鞋帶兒】ɕiɛ˨ tɛr˩［<tɛ˩］ 繫住使鞋不掉落的帶子

【鞋楦】ɕiɛ˨ ɕyã˩ 做鞋時用的木頭模型，可使鞋子挺括美觀

【鞋幫子】ɕiɛ˦˨ paŋ˨˩˧˪ ·tsɿ ＝〖鞋幫〗ɕiɛ˦˨ paŋ˨˩˧ 鞋的鞋底以外部分

【懈拉咣噹的】ɕiɛ˨˩˥ ·la kuaŋ˨˩˧˧ taŋ˨˩˧˪ ·ti 寬大鬆垮的樣子：這褂子穿他身上嫌大，～！

【蟹子】ɕiɛ˨˩˥ ·tsɿ 郊區稱海蟹

【蟹爪蘭】ɕiɛ˨˩ tʂɔ˨˩˧ lã˨˩ 一種葉片連接如蟹爪的花卉，花紅色

【蟹黄】ɕiɛ˨˩ xuaŋ˦˨ 螃蟹體内的卵巢和消化腺，橘黄色，味鮮美

【蟹青】ɕiɛ˨˩ tɕʻiŋ˨˩˧ 像蟹殼灰而發青的顔色

iɛ

【挨】iɛ˨˩˧ ❶順次，依次：～號｜～上了排隊能夠買到｜～不上排隊買不到 ❷靠近：～着我！ ‖另見 iɛ˦˨

【挨號】iɛ˨˩˧˧ xɔ˨˩ 排隊，一個接一個順次序進行：～打油｜～上車｜你先挨着號，我過會兒再來！

【唉】iɛ˨˩˧ 招呼聲：～，你來嗬！ ‖另見 iɛ˦˨（或 ŋɛ˦˨）

【挨】iɛ˦˨（或 ŋɛ˦˨） 遭受，忍受：～吵罵｜～打｜～餓‖另見 iɛ˨˩˧

【挨罵】iɛ˦˨˥（或 ŋɛ˦˨˥） ma˨˩ 遭到責罵

【挨説】iɛ˦˨ ʂuə˨˩˧ 受到責備

【矮】iɛ˥ 身材短，低：小～個兒｜～牆 ‖另見 ŋɛ˥

【矮桌】iɛ˥˪ ·tʂuə 夏天放到院子裏吃飯的長方形的小矮桌：把～放到當院裏！

uɛ

tʂuɛ

【拽】tʂuɛ˧ 扔：皮球～河唡！｜把這些破爛～了罷！ ‖ 另見 tʂuɛ˨

【拽唡】tʂuɛ˧˩ ·lia ❶扔了 ❷指小孩兒死了

【跩】tʂuɛ˥ 走路搖擺：他走起來一～一～的，和鴨子一樣！

【拽】tʂuɛ˨ 拉：～住他別叫他走！ ‖ 另見 tʂuɛ˧

【拽疙瘩】tʂuɛ˨˦ ·kə ·ta 麵粉調好後用手拉成疙瘩下入帶菜的湯中煮成的食物

【拽文】tʂuɛ˨ vẽ˦ 咬文嚼字（貶義）

tʂʻuɛ

【搋】tʂʻuɛ˧ 用手使勁兒壓揉：～麵｜麵和好了不使勁～～不行！ ‖ 廣韵皆韵丑皆切："以拳加物"

【搋鹼】tʂʻuɛ˧ tɕiã˥ 發麵時加鹼壓揉：用老麵頭和麵得～！

【揣摩】tʂʻuɛ˥˩ ·mə 反復思考推求，猜測

【㖢】tʂʻuɛ˨ ❶給豬加料催肥：～豬 ❷填塞使脹飽：這胖小子是拿肉～起來的！❸詈稱吃得特別快特別多

【踹】tʂʻuɛ˨ 用腳底踢：～他一腳

ʂuɛ

【踤軲輪兒】ʂuɛ˧˦ ku˧˩ ·luer［<·luẽ］不小心踤倒在地：踤了個軲輪兒

【踤了個不着地兒】ʂuɛ˧˩ ·lə ·kə pu˧ tʂɔ˦ tier˨［<ti˨］懸空踤下

【踤了個腚呱子】ʂuɛ˧˩ ·lə ·kə tiŋ˨ kua˦˥ ·tsɿ ＝〖蹾腚呱子〗tuẽ˧˦ tiŋ˨ kua˦˥ ·tsɿ 臀部着地踤倒

【踤角】ʂuɛ˧˦ tɕyə˧ 踤跤

【踤倒唡】ʂuɛ˧˩ ·tɔ ·lia ＝〖跌倒唡〗tiə˧˩ ·tɔ ·lia 身體失去平衡倒下了

【踤傷】ʂuɛ˧˦ ʂaŋ˧ 踤倒受傷

【甩】ʂuɛ˥ 揮動，扔：～胳膊｜～掉唡！

【甩子】ʂuɛ˥˩ ·tsɿ 用布條紮成的拂塵：蒼蠅～

【甩襠褲】ʂuɛ˥ taŋ˧˦ kʻu˨ 褲襠比較大的褲子：打把式賣藝的、幹活出力的常穿～

【摔子】ʂuɛ˥˩ ·tsɿ 瓦工用來挖泥灰的一種工具 ‖ 摔，另見 ʂuei˧

【帥】ʂuɛ˨ 象棋的一個棋子，紅色

【帥】ʂuɛ˨ 説青年男子英俊，瀟灑，漂亮：這小伙子真～！ ‖ 新起詞

kuɛ

【乖】kuɛ˧ 小孩兒聽話，不調皮：這孩子真～！ ‖ 另見 kuɛ˥

【乖乖】kuɛ˧˩ ·kuɛ 對小孩兒的愛稱

【蟈子】kuɛ˧˩ ·tsɿ 蟈蟈兒

【蟈蟈籠子】kuɛ˧˩ ·kuɛ luŋ˦˥ ·tsɿ 飼養蟈蟈兒的籠子，有三角形或扁圓形的，用高粱稭編成

【乖乖】kuɛ˥˩ ·kuɛ ❶嘆詞，表驚嘆：哎唷，～，嚇的我不輕！｜～，我的媽呀！

❷事情出乎常理令人驚訝：這事真～！‖另見 kuɛ˩

【拐子】kuɛ˥˨ ·tsɿ ⇨〖瘸子〗 tɕʻyə˧˥ ·tsɿ

【拐子腿】kuɛ˥˨ ·tsɿ tʻuei˥ 瘸腿

【拐尺】kuɛ˥ tʂʻʅ˩ ⇨〖角尺〗 tɕyə˩˥ tʂʻʅ˩

【拐古】kuɛ˥˨ ·ku ❶彆扭難纏，心眼多，不合常情：你怎麼那麼多～心眼兒？｜你這人忒～嘛！ ❷奇怪，耐人尋思：這事有點兒～！ ‖ 義項①參見"彆古 piə˩˥ ·ku"

【拐拉】kuɛ˥˨ ·la 瘸：這腿～嘛‖連用式"拐拉拐拉的 kuɛ˥˨ ·la kuɛ˥˨ ·la ·ti"，一瘸一拐走路的樣子：他～走嘛！

【拐彎】kuɛ˥ vã˩ 用在十、百、千、萬等數詞後，表示略有超過：我都五十～的人嘛！｜一千～‖前面必須是兩個音節的數詞，但不用於一十後，不能說一十拐彎

【拐棍兒】kuɛ˥˨ kuer˩[<kuẽ˩] 走路時拄的棍子‖拐，此處在去聲前變調爲˥˨

【怪】kuɛ˩ ❶奇異的，不正常的：奇～｜這事兒真～｜～話 ❷妖怪：妖魔鬼～ ❸埋怨，責備：你别～他！｜這事兒～我！‖另見 kʻuɛ˩

【怪不當的】kuɛ˩˥ ·pu taŋ˩˥ ·ti 難怪，怪不得：～他没來呢，弄半天他病了住院嘛！

kʻuɛ

【擓】kʻuɛ˥ 用指甲抓，搔：～癢癢｜這兒棱刺撓，你給我～～！

【擓癢癢】kʻuɛ˥ iaŋ˥˨ ·iaŋ 撓癢

【快】kʻuɛ˩ ❶快慢的快，指速度高的：～車 ❷趕緊，從速：你～過來！ ❸頭腦靈敏，刀剪等鋒利：他腦子～！｜這刀不～，使這把罷！ ❹愉快，爽快：大～人心｜心直口～ ❺將要，就要：～好嘛，别急！｜他走了～一年嘛！

【快快（快）】kʻuɛ˩ kʻuɛ˩ （kʻuɛ˩） 劃拳時説出的數，表示九‖也説"九啊九 tɕiou˥˨ ·a tɕiou˥"。參見"劃拳 xua˩ tɕʻyã˧"

【快信】kʻuɛ˩ ɕiẽ˩ 郵局特别迅速投遞的信件

【怪】kʻuɛ˩（或 kuɛ˩） 用在某些詞語前表示程度深：～好｜～甜｜～熱｜～不好意思｜～害臊‖在單音節形容詞前合成的雙音節詞可連用：～好～好的、～甜～甜的、～熱～熱的，有强調義，表示程度更深。怪，此處讀音多爲 kʻuɛ˩，音同快

【塊子骨】kʻuɛ˩˥ ·tsɿ ku˩ ⇨〖踝骨〗 xuɛ˧˥ ·ku

【會計】kʻuɛ˩˥ ·tɕi ❶監督和管理財務的工作：～制度 ❷從事會計工作的人‖會，另見 xuei˩

【筷子】kʻuɛ˩˥ ·tsɿ 夾飯菜等用的兩根細長棍兒：一雙～｜使～不使小勺兒

【筷子籠子】kʻuɛ˩˥ ·tsɿ luŋ˧˥ ·tsɿ 插筷子的筒狀物，底下和周圍有孔‖山東莒南一帶稱箸籠子

xuɛ

【槐米】xuɛ˧ mi˥ 本地槐（白槐）帶開帶不開的花，曬乾後入藥

【槐樹】xuɛ˧˥ ·ʂu 落葉喬木，羽狀複葉，花淡黄色，結莢果：洋～

【槐花】xuɛ˧ xua˩ 洋槐樹的花，白色，可食用

【槐花蜜】xuɛ˧ xua˩˦ mi˩ 蜜蜂采槐花蜜釀成的蜂蜜

【槐蓮豆】xuɛ˧˥ ·liã tou˩ 本地槐結的種子，四至五粒連成串，黑色，仁兒可煮鹹菜

【踝骨】xuɛ˧˥ ·ku ＝〖塊子骨〗k'uɛ˩˥ ·tsɿ ku˩ 腳腕兩旁凸起的骨頭

【懷裏】xuɛ˧˥ ·ɲi（或 ·li）胸前部分：把小孩兒摟在～

【懷疑】xuɛ˧ i˧ ❶疑惑，不很相信 ❷猜測：這事兒我～是他幹的！

【懷孕啢】xuɛ˧ yẽ˩˥ ·lia ⇨〖有喜啢〗iou˥˦ ɕi˥˨ ·lia

【壞】xuɛ˩ ❶好壞的壞，指缺點多的，使人不滿意的：～人～事 ❷變成不好的：這孩子都叫你慣～啢！｜破～ ❸品質惡劣，壞主意：一肚子～水！ ❹表示某種感覺程度深：餓～啢！｜可把他氣～啢！

【壞事兒】xuɛ˩ ʂer˩［＜ʂʅ˩］不好，糟糕：～啢，這錶叫我砸啢！｜你這樣幹要～的！

【壞醋】xuɛ˩ ts'u˩ 壞事兒，壞了：叫這幫人辦事兒，非～不可！｜他不知怎麼搗鼓的，～啢！

【壞處】xuɛ˩˥ ·tʂ'u 對人或事物有害的因素：去解說一下只有好處沒有～！

ei

pei

【白果】peiɅ kuə˥ 銀杏的果實‖白,單字音 peiˋ,此處讀陰平

【北】peiɅ 方向,早晨面對太陽左手的一方,跟南相對:～屋|～關|～風

【北屋】peiɅ˪ ·u 四合院中坐北向南的房子,一般是上房

【北斗星】peiɅ tou˥ ɕiŋɅ 分布成勺形的七顆明亮的星

【北頭】peiɅ t'ouˋ 靠北方的一端

【北邊兒】peiɅ˫ pieɾɅ[<piãɅ] 靠北方的一邊兒‖又音 peiɅ˫ peɾɅ[<piãɅ]

【北京爐】peiɅ˫ tɕiŋɅ luˋ 一種爐面四方、以蜂窩煤爲燃料的爐子

【百】peiɅ ❶基數詞,十個十 ❷比喻很多,全:～貨大樓|千方～計|～家飯

【百子糕】peiɅ tsɿ˥ kɔɅ 一種用糖稀黏結豆粒狀麵果的食品,上面撒有白糖、青紅絲等,切成方形或長方形

【百十個】peiɅ ʂʅˋ˥ ·kə =〖百十來個〗peiɅ˪ ·ʂʅ lɛˋ˥ ·kə =〖百把十個〗peiɅ˪ ·pa ʂʅˋ˥ ·kə 一百多個

【百日紅】peiɅ˪ ·ʐʅ xuŋˋ ⇨〖紫薇〗tsɿ˥˩ ·vei

【百依百順】peiɅ˫ iɅ peiɅ˫ ʂuẽɅ 形容對一切事情都很順從

【百家鎖】peiɅ˫ tɕiaɅ suə˥ 舊俗爲祝嬰兒長壽而向許多親友討錢購買的鎖形飾品

【百貨店】peiɅ˫ xuəɅ˫ tiãɅ 經營衣着、器皿等日用百貨的商店

【百歲】peiɅ˫ sueiɅ 孩子生下滿一百天,親友們要送禮慶賀‖郊區也說"百日 peiɅ˫ ʐʅɅ":照～相

【百靈(鳥)】peiɅ liŋˋ (ȵiɔ˥) 一種比麻雀稍大、羽毛茶褐色、有白色斑點的鳥,能叫出多種聲音

【伯伯】peiɅ˪ ·pei 稱呼跟父親輩分相同而年紀較大的男子‖另見 pɛɅ˪ ·pɛ

【杯子】peiɅ˪ ·tsɿ 通稱盛飲料或其他液體的器具

【柏樹】peiɅ˪ ·ʂu 常綠喬木,葉鱗片狀,結球果,木質堅硬

【悲】peiɅ 在單音節形容詞前表示程度深:～苦‖連用式如:"悲苦悲苦的 peiɅ k'u˥ peiɅ˪ ·k'u ·ti",有强調義,表示程度更深

【筆記】peiɅ˫ tɕiɅ ❶聽課或讀書時所做的筆錄:課堂～|讀書～ ❷一種以隨筆記錄爲主的文體

【筆記本兒】peiɅ˫ tɕiɅ peɾ˥[<pẽ˥] 做筆記的本子

【筆架】peiɅ˫ tɕiaɅ 主要用於擱毛筆的小架兒,長條齒輪狀,用竹、木、金屬等製成

【筆畫兒】peiɅ˫ xuaɾɅ[<xuaɅ] 組成漢字的點、横、竪、撇、捺等

【筆帽兒】peiɅ˫ mɔɾɅ[<mɔɅ] ❶毛筆上的套,舊時多銅製,今用塑料 ❷鋼筆的套

【筆桿兒】peiɅ˫ kɛɾ˥[<kã˥] 毛筆、鋼

筆等手拿的部分

【筆桿子】pei˨˩˧ kã˥˨ ·tsɿ 比喻會寫文章的人

【筆尖兒】pei˨˩˧˧ tɕiɛr˨˩˧[<tɕiã˨˩˧] 筆用於寫字的尖端部分

【筆順】pei˨˩˧˧ ʂuẽ˨˩ 漢字筆畫的書寫順序

【筆筒】pei˨˩˧ t'uŋ˥ 插筆的筒兒，用竹、木或陶瓷等製成

【掰棒子】pei˨˩˧ paŋ˨˩˥ ·tsɿ 掰玉米

【碑】pei˨˩˧ ＝〖石碑〗 ʂɿ˦˨ pei˨˩˧ 刻有文字、圖畫，豎立起來作爲紀念物或標記的石頭：廟裏的大～棱大！

【白】pei˦˨ ❶像雪的顏色 ❷清楚：明～ ❸没有加上什麽東西的：～開水｜空～ ❹没有效果的，徒然：～跑一趟｜～花那麽多錢！｜不拿～不拿！ ❺無代價、無報償的：～吃｜～看 ‖ 另見 pei˨˩˧

【白子兒】pei˦˨ tser˥[<tsɿ˥] 圍棋的白棋子

【白芷】pei˦˨ tʂɿ˥ 一種藥材，也可作調料

【白事兒】pei˦˨˥ ʂer˨˩[<ʂɿ˨˩] ⇨〖喪事兒〗 saŋ˨˩˧˧ ʂer˨˩[<ʂɿ˨˩]

【白皮松】pei˦˨ p'i˦˨ suŋ˨˩˧ ＝〖虎皮松〗 xu˥ p'i˦˨ suŋ˨˩˧ 松樹的一種，因樹皮老時呈乳白色而得名

【白蜜食】pei˦˨ mi˨˩ ʂɿ˦˨ ＝〖扳指〗 pã˨˩˧˨ ·tʂɿ 白色圓圈形的油炸甜食

【白露】pei˦˨˥ lu˨˩ 二十四節氣之一

【白穀】pei˦˨ ku˨˩ 一種子實比較大的穀

【白鮕】pei˦˨˥ ·ku 一種體形像黃魚的魚，色灰白

【白玉蘭】pei˦˨ y˨˩ lã˦˨ 落葉喬木，葉子倒卵形，大白花有濃香

【白搭】pei˦˨ ta˨˩˧ ＝〖白搭工〗 pei˦˨ ta˨˩˧˧ kuŋ˨˩˧ 没有效果，白費工夫：你忙了半天，～！

【白拉】pei˦˨˥ ·la 用白眼珠看人

【白蠟條】pei˦˨˥ ·la t'iɔ˦˨ 白蠟樹的枝條，可以編筐、籃子等，色白

【白蠟桿兒】pei˦˨˥ ·la kɛr˥[<kã˥] 白蠟樹的樹幹，比較軟，有韌性

【白渣】pei˦˨˥ ·tʂa ＝〖蒼蠅子〗 ts'aŋ˨˩˧˨ ·iŋ tsɿ˥ 蒼蠅的卵

【白砂糖】pei˦˨ ʂa˨˩˧ t'aŋ˦˨ 砂粒狀的白糖

【白夜】pei˦˨˥ ·ia 即白天，跟黑夜相對而言 ‖ 夜，單字音 iə˨˩，此處輕聲，韵母讀 ia

【白菜】pei˦˨˥ ·ts'ɛ 通稱各種白菜：小～｜大～｜洋～

【白(開)水】pei˦˨ (k'ɛ˨˩˧) ʂuei˥ 不加茶或其他飲料的開水

【白槐】pei˦˨ xuɛ˦˨ 本地槐的一種，生長期慢，木質白而細密，是上等木材 ‖ 參見“硃砂槐 tʂu˨˩˧˨ ·ʂa xuɛ˦˨”

【白條兒】pei˦˨ t'iɔr˦˨[<t'iɔ˦˨] 不是統一印製的非正式單據：～不能報銷！

【白小豆】pei˦˨ ɕiɔ˥ tou˨˩ 豆粒表皮白色的小豆

【白酒】pei˦˨ tɕiou˥ ＝〖白乾(兒)〗 pei˦˨ kã˨˩˧ (kar˨˩˧[<kã˨˩˧]) ＝〖燒酒〗 ʂɔ˨˩˧ tɕiou˥ 一種用高粱、白薯等糧食爲原料製成的含酒精量較高的白色酒

【白麵】pei˦˨˥ miã˨˩ 小麥麵，跟小米麵等雜糧麵相對而言：細米～

【白麵糖】pei˦˨ miã˨˩ t'aŋ˦˨ 粉末狀白糖，跟白砂糖相對而言

【白天】pei˦˨ t'iã˨˩˧ 從天亮到天黑的一段時間

【白鰱】pei˦˨ liã˦˨ 鰱魚的一種，魚腹部白

色

【白眼珠】pei˥˧ iã˥˩ tʂu˨˩˧ 眼白，眼球上的白色部分

【白鱗魚】pei˥˧ liẽ˥˧ y˥˧ 一種海魚，身體側扁，銀白色，即鰳

【白棒子】pei˥˧ paŋ˨˩˧˦ ·tsɿ 玉米的一個品種，子實白色

【白糖】pei˥˧ t'aŋ˥˧ 用甘蔗或甜菜汁熬製的粉末狀或細粒狀的白色糖

【白糖罐兒】pei˥˧ t'aŋ˥˧˦ kuɛr˨˩[<kuã˨˩] 甜瓜的一種品種，皮薄易碎，極甜

【白豇豆】pei˥˧˦ tɕiaŋ˨˩˧˨ ·tou 豆皮白色的豇豆

【白楊】pei˥˧ iaŋ˥˧ 落葉喬木，幼樹樹皮光滑，青白色，老樹樹皮有裂溝。木材白色，可用於建築等

【白睖】pei˥˧˦ ·ləŋ 用白眼珠看人：你～我幹麼？|～他一眼走唡！

【背着手】pei˨˩˦ ·tʂɿ ʂou˥˩ ＝〖倒背手〗 tɔ˨˩ pei˨˩ ʂou˥˩ 雙手放在背後的姿勢

【背地裏】pei˨˩ ti˨˩˦ ·ȵi(或·li) ＝〖背地後裏〗 pei˨˩ ti˨˩ xou˨˩˦ ·ȵi(或·li) ＝〖背後裏〗 pei˨˩ xou˨˩˦ ·ȵi(或·li) 不當面，也指避開別人：都是他在～搗鬼！|你在～說說他！

【背書】pei˨˩ ʂu˨˩˧ 背誦讀過的書文

【背黑鍋】pei˨˩ xei˨˩˧˨ kuə˨˩˧ 比喻代人受過，受冤枉

【背後】pei˨˩ xou˨˩ ❶後面：山～ ❷不當面：有話當面說，不要～嘀咕！

【背後頭】pei˨˩ xou˨˩˦ ·t'ou ＝〖腚後頭〗 tiŋ˨˩ xou˨˩˦ ·t'ou 背後

【背人】pei˨˩ ʐẽ˥˧ 避開人：～的話|△好話不～，～没好活！

【背心】pei˨˩ ɕiẽ˨˩˧ 夏季穿的不帶袖子的針織上衣‖也說"背心兒 pei˨˩ ɕier˨˩˧"

【背陰】pei˨˩ iẽ˨˩˧ 陽光照不到的地方

【背生女】pei˨˩˦ ·ʂəŋ(或 pei˨˩ ʂəŋ˨˩˧) ȵy˥˩ 遺腹女

【背生子】pei˨˩˦ ·ʂəŋ(或 pei˨˩ ʂəŋ˨˩˧) tsɿ˥˩ 遺腹子

【背靜】pei˨˩˦ ·tɕiŋ 偏僻清靜：這地處挺～，没車來人往的！‖也說"背 pei˨˩"

【倍】pei˨˩ 表示倍數，某數的幾倍就是用幾乘某數：兩～|十～|一百～|加～

【被裏】pei˨˩ li˥˩ 被子裏面的一層布，一般是白色棉布

【被窩】pei˨˩ və˨˩˧ 叠成長筒形的被子

【被窩】pei˨˩˦ ·və ＝〖被子〗 pei˨˩˦ ·tsɿ 蓋在身上的卧具

【被擱子】pei˨˩ kə˨˩˧˨ ·tsɿ 舊式放置被褥的木頭擱子，與桌子一般大小，有腿有枱面，被褥叠置於上，無蓋

【被套】pei˨˩˦ t'ɔ˨˩ 棉被的胎，用棉花、絲棉等做成

【被罩】pei˨˩˦ tʂɔ˨˩ 套在被子外面便於換洗的套子

【被告】pei˨˩ kɔ˨˩ 在民事或刑事案件中被控告的人或單位

【被面兒】pei˨˩ miɛr˨˩[<miã˨˩] 被子外面的一層，多用彩色綢緞或棉布等縫製

【焙】pei˨˩ 加熱烘乾研成粉末：花椒麵兒得買當年的鮮花椒皮兒自家～！

【輩兒】per˨˩[<pei˨˩] 輩分

【鐾刀布】pei˨˩ tɔ˨˩˦ pu˨˩ ＝〖擋刀布〗 taŋ˥˩˨ ·tɔ pu˨˩ 舊時理髮師用以磨刀的布

【唄】·pei 用在句末，表示理應如此或無可奈何的語氣：不會就好好學～！|你非要去就去～！

p'ei

【拍】p'ei˨˩ ❶用手掌輕輕地打：你來～～這孩子，讓他睡！ ❷拍子：羽毛球～｜蒼蠅～ ❸音樂單位：二分之一～ ❹用攝影機攝影：～電影 ❺發（電報） ❻拍馬屁：溜鬚～馬 ❼用塊狀物擊倒：～他那裏！｜小伙子急了眼，一下把他～趴下嗬！

【拍巴掌】p'ei˨˩˦ pa˨˩˨ ·tʂaŋ 鼓掌

【坯】p'ei˨˩ ⇨〖土坯〗 t'u˥˩ p'ei˨˩

【披枷帶鎖】p'ei˨˩˦ tɕia˨˩ tɛ˨˩ suə˥˩ 罪犯帶着枷鎖‖披，另見 p'i˨˩

【披肩】p'ei˨˩˦ tɕiã˨˩ 披在肩上的一種服飾

【陪客】p'ei˧˩ k'ei˨˩ 陪同客人談話、飲酒等

【陪客】p'ei˧˥ ·k'ei ❶主人邀來陪同客人飲酒、吃飯的人 ❷專指回門時男家陪同新婚夫婦到女家的兩名年輕親友

【陪房】p'ei˧˩ faŋ˧˩ 回民稱四合院中東西兩側的房子：東～｜西～

【陪靈】p'ei˧˩ liŋ˧˩ 郊區說守靈

【賠嗬】p'ei˧˥ ·lia 生意虧損了

【賠本兒】p'ei˧˩ pər˥˩[<pẽ˥˩] ＝〖賠錢〗p'ei˧˩ tɕ'iã˧˩ 本錢、資金虧損

【配角】p'ei˨˥ ·tɕyə 戲劇、電影等藝術劇目中的次要人物及其扮演者：當～

【配菜】p'ei˨˩ ts'ɛ˨˩ 回民請客喝酒時搭配各種菜肴：你～配的好，你配！

【配種】p'ei˨˩ tʂuŋ˥˩ 使牛羊豬狗等交配

mei

【没戲嗬】mei˨˩ ɕi˨˥˩ ·lia 完了：這人～‖没，另見 mei˧˩、mu˨˩、mu˧˩

【没價】mei˨˩˨（或 mu˨˩˨） ·tɕia ❶没有，表示對已然的否定，後面都有謂詞：我～去｜～走｜～說 ❷表示對存在的否定：～有｜～在家 ❸用在"誰"的前面，表示没有誰，誰都不：～誰願意！｜這東西～誰要 ❹不如：他～你考的好｜你～他高‖一般不說没價有錢，而說没有錢。參見"没價 mei˧˥（或 mu˧˥） ·tɕia"

【没槽道】mei˨˩ ts'ɔ˧˥ ·tɔ 没準頭，行爲不合常規：這人辦事～！

【没門兒】mei˨˩ mər˧˩[<mẽ˧˩] ❶没有可能 ❷表示不同意

【没勁】mei˨˩˦ tɕiẽ˨˩ 不振作，没意思：這日子過的真～！｜幹這個活兒～｜你這個人真～！｜這個節目～！

【没勁兒】mei˨˩˦ tɕiər˨˩[<tɕiẽ˨˩] 没有力氣：我～，搬不動！

【没準兒】mei˨˩ tʂuər˥˩[<tʂuẽ˥˩] ❶說不定，可能：～他能來 ❷不可靠：這人辦事兒～.噢！ ❸心中無數，没有把握：這事兒我可真～！

【没良心】mei˨˩ liaŋ˧˥ ·ɕiẽ 没有良心

【没的】mei˧˥ ·ti 莫不是：好幾天没來，～他病啦？‖没，另見 mei˨˩、mu˨˩、mu˧˩

【没譜】mei˧˩ p'u˥˩ 心中無數，事情尚無頭緒：我心裏～，不知怎麼辦好！｜你別～，你幹的事兒你自己還知不道！｜這事兒還～，你忙什麼？‖也說"没譜兒 mei˧˩ p'ur˥˩"

【没嗬】mei˧˥ ·lia 見"没嗬 mu˧˥ ·lia"

【没價】mei˧˥（或 mu˧˥） ·tɕia 没有，表示對已然或存在的否定。常常單獨用於答話：你夜來昨天上學校來没有？——～！｜你家有音響啊罷？——

～！‖單用時“没”讀陽平。參見“没價 mei˩˪(或 mu˩˪)·tɕia

【没(有)】mei˨(或 mu˨)(iou˥)表示對領有、具有的否定：我～錢！｜俺家～麼没有什麼東西！

【玫瑰紫】mei˨˥ kuei˩ tsɿ˥ 像紫紅玫瑰花一樣的顔色

【玫瑰飴】mei˨˥ kuei˩ i˨ 一種飴糖，近玫瑰色，是山東特産

【玫瑰】mei˨˥ ·kuei 落葉灌木，莖幹多刺，花白色或紫紅色，可用做香料。山東平陰縣有大面積種植

【玫瑰醬】mei˨˥ ·kuei tɕiaŋ˩ 用玫瑰花加糖製成的果子醬。山東特産

【眉】mei˨ ＝〖眉毛〗mei˨ mɔ˨ ＝〖眼眉〗iã˥˪ ·mei 生在眼眶上緣的毛

【梅花】mei˨˥ ·xua 梅樹的花

【媒人】mei˨ ʐẽ˨ ＝〖做媒的〗tsuə˩ mei˨˥ ·ti 男女婚事的撮合者‖如是女性，也説“媒婆 mei˨ p'ə˨”

【煤】mei˨ ⇨〖炭〗t'ã˩

【煤塊兒】mei˨ k'uɛr˩[＜k'uɛ˩] 比碳子小一點的塊煤‖參見“碳子 kuŋ˥˪ ·tsɿ”

【煤票】mei˨˥ p'iɔ˩ ＝〖炭票〗t'ã˩ p'iɔ˩ 居民的燒煤供應憑證，以季度爲單位，四季度的煤票合爲一册稱爲“煤本兒”

【煤球】mei˨ tɕ'iou˨ 煤末加黄土和水製成的燃料，小球形

【煤店】mei˨ tiã˩ ⇨〖炭鋪〗t'ã˩ p'u˩

【煤本兒】mei˨ per˥[＜pẽ˥] 以户爲單位的燒煤供應憑證，每年發放一册

【煤廠】mei˨ tʂ'aŋ˥ 把煤加工成蜂窩煤、煤球等的工廠

【每遭】mei˥˪ ·tsɔ 過去經常，每次：～可來的都挺早，就是今天來晚咧！

【每天晚上】mei˥ t'iã˩ vã˥˪ ·ʂaŋ ＝〖每天後晌〗mei˥ t'iã˩ xou˩˥ ·ʂaŋ 每一天的晚間

【每年】mei˥ ȵiã˨ ＝〖年年〗ȵiã˨ ·ȵiã 每一年

【美】mei˥ ❶好看 ❷令人滿意的：價廉物～ ❸得意：考了一百分，看把他～的！

【美人蕉】mei˥ ʐẽ˨ tɕiɔ˩ 多年生草本植物，葉片大，花紅色或黄色，花瓣也大。供觀賞

【美人肩】mei˥ ʐẽ˨ tɕiã˩ 調侃的説法，多指男人兩肩下垂

【□兒□兒】mer˥[＜mei˥] mer˥[＜mei˥] 汽車或火車開動的聲音，也可借稱汽車，用於哄幼兒時：～，火車(或汽車)開來咧｜～(指汽車)來咧‖前字不變調，後字可拉長

【妹夫】mei˩˥ ·fu 妹妹的丈夫‖面稱一般叫名字

【妹妹】mei˩˥ ·mei 同父母或同輩比自己年小的女子，不包括嫂嫂或弟婦

【昧】mei˩ ❶隱藏，隱瞞：～下錢咧！｜～着人 ❷違背：～良心

【脈】mei˩ 脈搏

【麥子】mei˩˥ ·tsɿ ❶小麥 ❷通稱各類麥子

【麥臍兒】mei˩ tɕ'ier˨[＜tɕ'i˨] 麥粒上凹進的部分

【麥裏天】mei˩˥ ·ȵi(或·li) t'iã˩ 麥季，麥子成熟收割的季節

【麥乳精】mei˩ lu˥ tɕiŋ˩ 一種用開水冲飲的含有奶、糖等成分的飲料

【麥茬】mei˩ tʂʻa˦ 前一茬種植麥子的地：～地｜～地瓜在麥茬地上種植的白薯 ‖ 參見"茬 tʂʻa˦"

【麥茬兒】mei˩ tʂʻar˦[<tʂʻa˦] ＝〖麥茬子〗mei˩ tʂʻa˦˥ ·tsɿ 麥子割下後留在地裏的根莖

【麥茬地】mei˩˥ ·tʂʻa ti˩ 麥子收割以後的地

【麥茬地瓜】mei˩˥ ·tʂʻa ti˩ kua˩ 在割了麥子以後的地裏種的白薯

【麥芽糖】mei˩ ia˦ tʻaŋ˦ 一種用麥子、高粱等製成的飴糖 ‖ 參見"辭竈糖 tsʻɿ˦ tsɔ˩ tʻaŋ˦"

【麥稭】mei˩ tɕiɛ˩ 麥子割下脱粒後的莖

【麥稭梃扇】mei˩ tɕiɛ˩ tʻiŋ˥ ʂã˩ 用麥稭梃兒穿成的扇子

【麥稭梃】mei˩˥ ·tɕiɛ tʻiŋ˥ 麥穗的梗子，麥稭頂上結麥粒的部分 ‖ 也說"麥稭梃兒 mei˩˥ ·tɕiɛ tʻiər˥"。梃兒，此處屬二類兒化

【麥穗兒】mei˩˥ suer˩[<suei˩] 麥莖上部結着子實的穗子

【麥蒿】mei˩˥ ·xɔ 春季長在麥地裏的一種野菜，種子黑色，可入藥

【麥腰子】mei˩˥ iɔ˩˩ ·tsɿ 用於把剛割下的麥子綑成綑使之便於搬運的稻草，以前麥收時有成綑出售，一綑五百條

【麥蘭】mei˩ lã˦ ＝〖小麥蘭〗ɕiɔ˥ mei˩ lã˦ 一年生草本植物，種麥時下種，葉子長條形，春節前後開花，花形似蘭花，淺黄色有清香

【麥芒兒】mei˩ mãr˦[<maŋ˦] 麥粒外殼上長的針狀物

【麥瓤】mei˩ ʐaŋ˦ 打過麥子後的碎麥稭或切斷的麥稭：使～裝豆枕枕頭、泥牆

【麥糠】mei˩ kʻaŋ˩ 麥子脱粒後的外皮 ‖ 參見"麩子 fu˩˩ ·tsɿ"

【麥黄鳥】mei˩˥ ·xuaŋ ȵiɔ˥ ＝〖麥溜（子）〗mei˩ ·liou（·tsɿ）一種小鳥，麥熟時多見

【密】mei˩ 見"密 mi˩"

【墨】mei˩ 寫字、繪畫用的黑色塊狀顔料：磨～｜一錠～ ‖ 墨，曾攝開口一等入聲字，濟南 ei 韵母，又如默 mei˩

【墨汁兒】mei˩ tʂer˩[<tʂɿ˩] 用墨加水研成的汁

【墨綠】mei˩˥ ly˩ 深得有些發黑的綠色

【墨盒兒】mei˩ xər˦[<xə˦] ＝〖墨盒子〗mei˩ xə˦˥ ·tsɿ 一種便於毛筆書寫的文具，爲方形或圓形的小盒，内放含有墨汁的絲綿

【墨水兒】mei˩ ʂuer˥[<ʂuei˥] ❶通稱墨汁或鋼筆書寫用的各種顔色的水 ❷比喻學問或讀書識字的能力

【墨斗】mei˩ tou˥ 木工用來打直綫的工具，可拉出墨綫

【墨綫】mei˩˥ ɕiã˩ 裝在墨斗上用來打直綫的工具

【謎兒】mer˩[<mei˩] 謎語：剖～｜猜～ ‖ 謎兒，讀 ei 韵母去聲；燈謎的謎讀 mi˦

【默讀】mei˩ tu˦ 無聲地讀

fei

【非】fei˩ ❶錯誤，不對：是～不分｜痛改前～ ❷不是，不合於：～賣品｜～法 ❸跟"不"呼應作副詞，表示必須：～去不可 ❹副詞，表示必須，偏偏：～去｜～拿

【非…不】fei˨˩˧…pu˨˩˧ 表示必須：非去不可｜非你不行（可）

【非…才】fei˨˩˧…ts‘ɛ˦˨ 表示必須：非到九點才開會

【非得】fei˨˩˧˧ tei˨˩˧ 表示一定要，必須：～要走｜～吃好的｜～把東西都拿走

【非常】fei˨˩˧ tʂ‘aŋ˦˨ 表示程度極高：～高興｜～好

【飛】fei˨˩˧ 在空中活動：家雀兒～走咻！｜～行

【飛】fei˨˩˧ 在單音節形容詞前表示程度深：～快｜～細｜～碎｜～脆‖連用式“飛A飛A的”等有强調義，表示程度更深：飛快飛快的

【飛機】fei˨˩˧˧ tɕi˨˩˧ 一種飛行工具

【飛象（相）】fei˨˩˧˧ ɕiaŋ˨˩ ＝〖上象（相）〗ʂaŋ˨˩ ɕiaŋ˨˩ 象棋術語，稱出象（相）

【翡翠】fei˨˩˧˧ ts‘uei˨˩ 一種礦物，綠色有光澤，可做首飾或其他裝飾品‖翡讀陰平，北京上聲

【翡翠飴】fei˨˩˧˧ ts‘uei˨˩ i˦˨ 一種飴糖，帶綠色，是山東特産

【肥】fei˦˨ ❶肥瘦的肥，指含脂肪多的：～肉 ❷肥料：糞～ ❸肥沃 ❹衣服等寬大：這衣裳我穿忒～咻，給你罷！‖義項①通常用於形容動物，但“減肥tɕiã˥ fei˦˨”是指人

【肥桃】fei˦˨ t‘ɔ˦˨ 一種個大水多汁甜的桃子，玉白色。山東肥城特産

【肥皂】fei˦˨˦ ·tsɔ˨˩ 洗滌去污用的條塊狀化學製品

【肥皂盒】fei˦˨˦ ·tsɔ xə˦˨ 盛肥皂的盒子

【榧子】fei˥˨˩ ·tsɿ 指榧子樹的種子，果仁可吃，當地不産，但果品店有售

【肺】fei˨˩ 肺臟，五臟之一

【肺結核兒】fei˨˩ tɕiə˨˩˧ xɛr˦˨［＜xɛ˦˨］＝〖癆病〗lɔ˦˨˦ piŋ˨˩ 結核桿菌侵入肺部的傳染病

【肺炎】fei˨˩ iã˦˨ 肺部發炎的病症

【痱子】fei˨˩˦ ·tsɿ 夏天皮膚上生的小疹

【痱子粉】fei˨˩˦ ·tsɿ fẽ˥ 防治痱子的藥粉

【廢品】fei˨˩ p‘iẽ˥ ❶工業上指不合出廠規格的産品 ❷平常指破舊物品：收購～｜有～賣罷？

【廢品站】fei˨˩ p‘iẽ˥ tʂã˨˩ 即廢品收購站，固定的收購廢品的場所

vei

【偎苗】vei˨˩˧ miɔ˨˩˧ 作物剜苗後將留下的苗用土培上，以防倒伏‖參見“剜苗vã˨˩˧ miɔ˦˨”

【喂兒哇】ver˨˩˧˧［＜vei˨˩˧］va˨˩˧ 形容蛤蟆的叫聲

【桅杆】vei˦˨˦ ·kã 帆船上掛帆的杆子；機動船上用於裝設吊貨杆、無綫電天綫、航行燈等的高杆

【圍子河】vei˦˨˦ ·tsɿ xə˦˨ 護着圍子牆的河‖圍，另見y˨˩˧

【圍子樓】vei˦˨˦ ·tsɿ lou˦˨ 建造在圍子牆上的樓

【圍子門】vei˦˨˦ ·tsɿ mẽ˦˨ 建在圍子牆上的門，濟南的圍子牆共建有七所圍子門：關了～咻，出不去音tɕ‘i了

【圍子（牆）】vei˦˨˦ ·tsɿ （tɕ‘iaŋ˦˨） 城牆外面的防禦建築‖據嚴薇青《濟南掌故·圍子牆和圍子門》：濟南1867年建成的石頭圍子牆全長三千六百七十丈，高一丈二尺，基厚一丈五尺，頂厚一丈。共有垛口三千三百多個，炮臺十四座

【圍棋】vei˧ tɕʻi˧ 一種棋類運動

【圍脖】vei˧ pə˧ ＝〖圍脖子〗 vei˧ pə˧r ·tsɿ 圍巾 ‖ 也說“圍脖兒 vei˧ pər˧”

【圍嘴子】vei˧ tsuei˥˩ ·tsɿ ＝〖圍嘴〗 vei˧ tsuei˥ 小孩兒戴在脖子下面的兜兒,比兜兜短 ‖ 參見“兜兜② tou˩˨ ·tou”

【圍巾】vei˧ tɕiẽ˩(或 tɕiẽ˥) 圍在脖子上保暖或做裝飾等用的長條形織品 ‖ 巾,單字調上聲

【圍裙】vei˧r ·tɕʻyẽ 多指家務勞動時圍在身前保護衣服的東西

【圍牆】vei˧ tɕʻiaŋ˧ 圍繞房屋、園林等所建的起攔擋防範作用的牆

【爲麼】vei˧ mə˧ 爲什麼:～不去?｜～遲到?｜～生氣?

【爲難】vei˧ nã˧ 感到難以應付:這個事兒我真～!

【濰縣蘿貝】vei˧r ·ɕiã luə˧r ·pei 一種比通常蘿蔔略長稍細的蘿蔔,肉青色,含水分多,可作水果食用,是濰縣特產

【葦子】vei˥˩ ·tsɿ 蘆葦

【葦箔】vei˥˩ ·pə 葦子編成的席片,蓋房子用

【葦毛】vei˥˩ ·mɔ 蘆葦的穗編成的苫子,上面有白色絨毛,每張寬約三十厘米,長一米多,用於蓋在一些農作物上使不受凍

【緯綫】vei˥ ɕiã˩ ❶與赤道平行的綫 ❷織布機上由梭子帶動的綫

【未】vei˩ ❶地支的第八位 ❷没有,不曾:～婚｜～來

【未羊】vei˩ iaŋ˧ 十二生肖之一,未年生的人屬羊

【味兒】ver˩[<vei˩] ❶滋味:你嘗嘗這菜麼～! ❷氣味:這屋有個～真難聞 ❸意味,趣味:這電影没～!｜這人真没～!

【味兒啊】ver˩˦[<vei˩] ·lia 發酸變味了,臭了:乾糧都～｜這人都～,家裏没人,死了都知不道!

【胃】vei˩ 内臟之一,消化器官的一部分

【胃病】vei˩ piŋ˩ 通稱胃部病症

【衛生紙】vei˩ ʂəŋ˩ tʂɿ˥ ⇨〖擦腚紙〗 tsʻa˩˦ tiŋ˩ tʂɿ˥

【衛生衣】vei˩ ʂəŋ˩˦ i˩ ⇨〖絨衣〗 luŋ˧ i˩

【衛生褲】vei˩ ʂəŋ˩˦ kʻu˩ ⇨〖絨褲〗 luŋ˧r kʻu˩

【衛生油】vei˩ ʂəŋ˩ iou˧ 一種混合油,比較稠,常用於炸油條

【衛生香】vei˩ ʂəŋ˩˦ ɕiaŋ˩ 通稱燃燒起來使屋裏有香味的各種香

tei

【得】tei˩ ❶需要,須得:我～買三斤｜幹這活兒～五個人｜這事你～管!｜今天我～走! ❷得到了某種滿足,高興得意:今回兒這次你可～嘞!｜你看他坐在那裏真～!｜我那個小子吃羊肉串兒算是吃～嘞!

【得】tei˩ ❶得到:掙了錢咱倆分,你能～三成 ❷用在别的動詞前表示許可,一般用於否定式、書面語:教育經費不～挪用! ‖ 新音 tə˩

【得濟】tei˩˦ tɕi˩ 得到好處,多指得到親屬晚輩的孝敬:他認了這個乾兒可～嘞!

【得意】tei˩˦ i˩ 稱心如意:他挺～｜你～

麼啊？

【得法】tei˨˩˦ fa˨˩ 辦事的方法正確，找到竅門：管理～|工作不～

【得咧】tei˨˩˨ ·liə 高興：你弄了那麼多，可～！|～個你高興得你！

【得勁兒】tei˨˩˦ tɕier˨˩[<tɕiẽ˨˩] 舒服合適：他這兩天～|這板子使起來～

【特爲的】tei˦˥ ·vei ·ti =〖特爲意兒的〗 tei˦˥ ·vei ier˨˩˦[<i˨˩] ·ti 特意地，故意地：他～來看你|他是～氣我！|～搗亂！‖特，單字音 t'ə˦，此處讀 tei˦。另見 t'ə˦

nei

【内侄】nei˨˩ tʂʅ˦ 妻侄

【内侄女兒】nei˨˩ tʂʅ˦˥ ·ɳyer[<ɳy˥] 妻子的侄女

【内弟】nei˨˩ ti˨˩ ⇨〖小舅子〗 ɕiɔ˥˦ tɕiou˨˩˦ ·tsʅ(或 ɕiɔ˥˨ ·tɕiou ·tsʅ)

【内衣】nei˨˩ i˨˩ 貼身穿的衣服

【内帶】nei˨˩˦ tɛ˨˩ 車輪等的膠皮内胎

【内行】nei˨˩ xaŋ˦ ❶對某種事情或工作有豐富的知識和經驗 ❷内行的人

【内兄】nei˨˩ ɕyŋ˨˩ ⇨〖大舅子〗 ta˨˩ tɕiou˨˩˦ ·tsʅ(或 ta˨˩˦ ·tɕiou ·tsʅ)

【内兄弟】nei˨˩ ɕyŋ˨˩˦ ti˨˩ 合稱内兄和内弟

lei

【肋排】lei˨˩ p'ɛ˨˩ 排骨中的肋條骨‖肋，另見 luei˨˩

【勒子】lei˨˩˨ ·tsʅ 舊時老年婦女常戴的一種無頂帽子，用兩片帶裏子的黑絨做成，前面可以縫上珍珠、翡翠等裝飾品‖勒，次濁入聲讀陰平

tsei

【賊布袋子】tsei˦˥ ·pu ·tɛ ·tsʅ 特别大的衣兜：你看你這個～！

【賊胖】tsei˦˥ ·p'aŋ˨˩ 雖然長得很胖但外表卻不太明顯‖連用式"賊胖賊胖的 tsei˦˥ p'aŋ˨˩ tsei˦˥ ·p'aŋ˨˩ ·ti"

【賊星】tsei˦ ɕiŋ˨˩ 流星

tʂei

【窄】tʂei˨˩ ❶寬窄的窄，指横的距離小：～巴 ❷心胸不開闊，氣量小：你這人心忒～，什麼都想不開！‖窄，北京讀 ˊtʂai，濟南讀 ei 韵母，屬梗攝開口二等入聲字

【窄巴】tʂei˨˩˨ ·pa ❶狹窄不寬敞：他家房子棱～|這夾户道兩牆間的窄道～ ❷生活不寬裕‖重叠式"窄窄巴巴的 tʂei˨˩˨ ·tʂei ·pa ·pa ·ti"：房子～，也就糊弄着湊付過唄！

【側玉兒】tʂei˨˩˦ yer˨˩[<y˨˩] =〖斜玉〗 ɕiə˦˥ y˨˩ 漢字偏旁，如"珠"的左邊部分‖側，廣韵職韵阻力切："傍側。"濟南職韵莊組字讀 tʂei、tʂ'ei、ʂei

【側歪身子睡】tʂei˨˩˦ vɛ˨˩ ʂẽ˨˩˨ ·tsʅ ʂuei˨˩ 側身睡

【側歪】tʂei˨˩˨ ·vɛ 身體傾斜：～着身子

【側棱】tʂei˨˩˨ ·ləŋ 向一邊斜：他在牀上～着

【摘】tʂei˨˩ =〖采〗 ts'ɛ˥ 摘取花、葉子、果子等

【摘棉花】tʂei˨˩ miã˦˥ ·xua ⇨〖拾棉花〗 ʂʅ˦ miã˦˥ ·xua

【宅】tʂei˦ 住所，房子：陳～喜事|～基地

【宅子】tʂei˦˥ ·tsʅ 住宅：這～是個四合

房四合院

【宅基地】tʂei˥ tɕi˨˦ ti˨ =〖房基地〗faŋ˥ tɕi˨˦ ti˨ 房屋的地基

【擇鷄】tʂei˥ tɕi˨ 閹鷄

【擇豬】tʂei˥ tʂu˨ 閹割母豬取出卵巢‖參見"騸豬 ʂã˨ tʂu˨"

【擇菜】tʂei˥ tsʻɛ˨ 選擇、清理蔬菜

tʂʻei

【拆字兒】tʂʻei˨˦ tser˨[<tsɿ˨] 測字,把漢字的偏旁筆畫折開或合併,作出解説,以此來占卜吉凶(迷信)

【拆字兒的】tʂʻei˨˦ tser˨˦[<tsɿ˨] ·ti 以測字爲業的人

【拆洗被窩】tʂʻei˨˩ ·ɕi pei˨˦ ·və 拆洗被子

ʂei

【色兒】ʂer˨[<ʂei˨] =〖顔色兒〗iã˥˦ ·ʂer[<ʂei˨] 人的視覺對物體發射或反射的的光所産生的印象

【色子】ʂei˨˩ ·tsɿ 一種游戲或賭博用品,立體形小方塊,六面分别刻一至六個凹點,用骨頭等製成

【澀】ʂei˨ 使舌頭感到乾燥麻木的味道:~柿子不好吃

【誰】ʂei˥ ❶疑問代詞,問人:~來嘛?|今天你倆~有空? ❷虚指,表示無須説出或説不出的什麼人:鉛筆~拿去用就用罷,不要緊!|今頭午今天上午没有~來過 ❸任何人,後面帶"也"或"都":這事兒除他自家自己~也知不道!|你上姥娘外祖母家見~都要有禮貌! ❹用於反問,没有任何人:這事兒~知道?|這菜那麼多蟲~買?

kei

【格子】kei˨˩ ·tsɿ 大仿本裏的方格:照着~寫!‖格,另見 kə˨

【給】kei˥(或 tɕi˥) ❶給予,使得到:~他那本兒書|你到了北京可~我寫封信! ❷替,爲:~我倒杯水! ❸向,對,和:~他要!|我~你打聽個事兒!|你~我説説|他~我棱好! ❹被:行李~雨淋嘛! ❺助詞,用在動詞前:把門~關上!‖給,口語多讀 kei˥,今也讀 tɕi˥,後者原是讀書音,另見 tɕi˨。此字廣韵緝韵居立切,濟南兩音皆陽平,跟大多數古清入字濟南讀陰平的情况不符

【給我】kei˥˦(或 tɕi˥˦) ·və 用於命令句,加强語氣:你~走!|把這碗飯~吃上可走!|你~拿走!

kʻei

【克鞋底】kʻei˨ ɕiɛ˥ ti˥ 將袼褙按鞋底的樣子剪下‖參見"袼褙 kə˨˩ ·pei"。克,另見 kʻə˨

【克鞋幫】kʻei˨ ɕiɛ˥ paŋ˨ 將襯按鞋面的大小剪下‖參見"打襯 ta˥ tʂʻẽ˨"

【客】kʻei˨ ❶客人,外面來的受接待的人:來~嘛!|旅~|顧~ ❷指從事某種活動的人:政~‖單字音 kʻei˨,客人、客車等客字讀 kʻə˨

【剋】kʻei˥ 申斥,責備:把他~了一頓!

xei

【黑】xei˨ ❶像墨的顔色 ❷暗:~天嘛! ❸隱蔽,不公開的:~市 ❹壞,狠毒:心~

【黑子兒】xei˨ tser˥[<tsɿ˥] 圍棋的黑

棋子

【黑胰子】xeiɹ iɹr ·tsɿ 濟南特有的一種黑色肥皂，冬天有保護皮膚的作用

【黑律師】xeiɹ lyɹ ·ʂɿ 不掛牌子的律師‖律，此處在輕聲前不變調

【黑魚】xeiɹ ·y 烏鱧

【黑大米】xeiɹ taɹ miɹ 一種黑色大米

【黑紗】xeiɹ ʂaɹ 通稱人死後親友套在袖子上的黑色布圈、在遺像或骨灰盒上裝飾的黑色織物

【黑瞎子】xeiɹ ɕiaɹ ·tsɿ ⇨〖熊〗ɕyŋɹ

【黑夜】xeiɹ ·iə 夜晚：今～我去找你！

【黑貓子】xeiɹ ·mɔ ·tsɿ ＝〖黑牲口〗xeiɹ ʂəŋɹ ·k'ou 回民諱稱豬：△～進院，人死財散！

【黑老鴰】xeiɹ lɔɹ ·kua ⇨〖老鴰〗lɔɹ ·kua

【黑棗】xeiɹ tsɔɹ 經熏製的黑色乾棗

【黑豆】xeiɹ ·tou 一種黑皮豆子，多用作飼料

【黑頭】xeiɹ t'ouɹ 戲曲角色花臉的一種，因勾黑臉譜而得名，扮演包公等人物

【黑牛子】xeiɹ iouɹr ·tsɿ ⇨〖牛子〗iouɹr ·tsɿ

【黑斑】xeiɹ pãɹ 白薯表面黑褐色的病斑：這地瓜白薯有～，吃了不好

【黑板】xeiɹ pãɹ 一種可以在上面用粉筆書寫的黑色平板

【黑板擦】xeiɹ pãɹ ts'aɹ 將黑板上粉筆字擦去的短毛刷‖也說“黑板擦兒 xeiɹ pãɹ ts'arɹ”

【黑天】xeiɹ t'iãɹ ❶天由明變黑：～啊！❷黑了的天

【黑眼珠】xeiɹ iãɹ tʂuɹ 眼球上黑色的部分

【黑心】xeiɹ ɕiẽɹ 回民稱小氣，吝嗇

【黑雲彩】xeiɹ yẽɹr ·ts'ɛ 黑雲

【黑燈瞎火的】xeiɹ təŋɹ ɕiaɹ ·xuə ·ti 黑暗無燈光：～出去幹什麼？

【黑燈野兒裏】xeiɹ təŋɹ iərɹ［<iəɹ］·ȵi（或 ·li）暗處：～看不清楚｜～竄出個狗來，嚇的我不輕！

【黑星星子】xeiɹ ɕiŋɹ ·ɕiŋ ·tsɿ ＝〖雀斑〗tɕ'yəɹ pãɹ ＝〖黃雀子〗xuaŋɹr ·tɕ'yə ·tsɿ 面部皮膚上長的黑褐色或黃褐色小斑點

uei

tuei

【對】tueiɹ ❶不錯，正確：你説的～！ ❷投合：俺倆棱～心眼兒！ ❸對待，對付：～事不～人 ❹互相，二者相對：～流｜～調 ❺對面的，敵對的：～門｜作～ ❻比照着檢查：～賬｜～筆記 ❼平分，對半：～開 ❽攙和：忒濃哂，～上點兒水！ ❾成雙的：～聯 ❿量詞，雙：一～鴛鴦 ⓫介詞，跟，向，對待等：你～他好，他就給你好！｜～他笑笑｜～他不滿意

【對子】tueiɹr ·tsɿ 對偶的詞句，對聯：對～｜寫～

【對質】tueiɹ tʂɿɹ 訴訟的關係人在法庭上面對面地互相質問，也泛指和問題有關連的人各方面對證

【對着】tueiɹr ·tʂɿ ⇨〖衝着〗tʂ‘uŋɹr ·tʂɿ

【對蝦】tueiɹ ɕiaɹ（或 tueiɹr ·ɕia）⇨〖大蝦〗taɹ ɕiaɹ

【對花槍】tueiɹ xuaɹr tɕ‘iaŋɹ 比試花槍技藝‖花槍，舊式兵器

【對和】tueiɹr ·xuə ❶設法得來，尋討：～幾個鷄蛋來吃｜～鋼材 ❷將就，湊合：先～一下｜～着過唄！

【對涯】tueiɹr ·iɛ 回民稱人世，社會：～上｜～是暫時的，後世是永久的！｜别生氣哂，～上的事就是這樣！‖參見"後世 xouɹ ʂɿɹ"

【對刀】tueiɹ tɔɹ 比試刀術

【對頭】tueiɹr ·t‘ou 矛盾的對方，仇人：死～｜冤家～

【對襟兒】tueiɹr ·tɕier［<tɕiẽɹ］中式上衣的一種式樣，兩襟相對，紐扣在中間

【對象】tueiɹ ɕiaŋɹ ❶戀愛的對方：談～｜他～還没到年齡，明年才能結婚 ❷年輕夫妻的一方：俺～帶着孩子回娘家哂！｜他～要和他離婚‖對象原指戀愛的對方，後來也許因爲剛結婚來不及改口，或者嫌男人、老婆的説法土氣，因而對象沿用爲婚後的指稱。現在將夫妻一方稱對象的，年齡層次已經大爲擴大

t‘uei

【忒】t‘ueiɹ 副詞，太：褲子做的～肥，再改改！｜～不像話！

【推子】t‘ueiɹʟ ·tsɿ 理髮工具

【推他一把】t‘ueiɹʟ ·t‘a iɹ paɿ ⇨〖擁他一下〗yŋɹʟ ·t‘a iɹr ɕiaɹ

【腿】t‘ueiɿ ❶人和動物用來支持身體和行走的部分 ❷器物下部的支柱部分：桌子～

【腿肚子】t‘ueiɿʟ tuɹr ·tsɿ 小腿後面隆起的部分

【退學】t‘ueiɹ ɕyəɹ 學生因故不能繼續上學，或違反紀律不許繼續上學：他身體不好～哂｜勒令～

【退堂】t‘ueiɹ t‘aŋɹ 舊稱官員結束案件審問退出大堂

【蜕皮】t‘ueiɹ p‘iɹ 脱皮

【煺】t‘ueiɹ 將已經殺死的豬、鷄等用滚

水燙過後去毛：～毛

【褪下褲來】t'ueiɹr ·ɕia k'uɹr ·lɛ 脱下褲子‖脱衣裳、鞋襪等不用褪；褲子一般也用脱，"褪下褲來"只在晚上睡覺時説

luei

【雷】lueiɥ 有電的雲互觸時發出的響聲

【雷劈嘛】lueiɥ p'iɹʟ ·lia ＝〖呱拉劈嘛〗kuaɹʟ ·la p'iɹʟ ·lia 遭雷擊

【雷陣雨】lueiɥ tʂẽɹ y˥ 伴有雷電的陣雨

【擂鼓】lueiɥ ku˥ 舊時告狀到衙門擊鼓

【壘池子】luei˥ᵣ tʂ'ʅɥr ·tsʅ 修墳時在刨好的墳坑裏壘磚

【肋叉子】lueiɹr ·tʂ'a ·tsʅ 前後肋骨相交的地方：～疼！‖肋，另見 leiɹ

【肋條（骨）】lueiɹr ·t'iɔ (kuɹ) 肋骨

【淚】lueiɹ ⇨〖眼淚〗iã˥ lueiɹ

tsuei

【嘴】tsuei˥ ❶人或動物的口：張開～ ❷指説話：多～｜插～

【嘴子】tsuei˥ʟ ·tsʅ 特指花言巧語要嘴皮子的人：這家伙是個～，光説不幹！

【嘴皮子】tsuei˥ᵣ p'iɥr ·tsʅ 嘴唇，口才，花言巧語（多含貶義）：要～｜～真溜！

【嘴裏】tsuei˥ʟ ·ȵi（或 ·li）口腔内：～吃的麼？｜他心裏有話～不説！

【嘴裏没滋味】tsuei˥ʟ ·ȵi（或 ·li）meiɹʟr tsʅɹʟ ·vei 味覺不靈没有食欲

【嘴巴子】tsuei˥ʟ ·pa ·tsʅ ＝〖耳光〗ər˥ kuaŋɹ 打嘴部、耳部的地方：摀一～

【嘴角】tsuei˥ tɕyəɹ 上下唇兩邊相連的部分：我～上長了個瘡，梭疼！

【嘴臭】tsuei˥ʟ ·tʂ'ou ⇨〖口臭〗k'ou˥ tʂ'ouɹ

【嘴饞】tsuei˥ tʂ'ãɥ 饞：他～，老想吃好的！

【嘴唇】tsuei˥ tʂ'uẽɥ 嘴周圍的肌肉組織‖也説"嘴唇兒 tsuei˥ tʂ'uerɥ"，用於小兒時都要兒化

【最…不過】tsueiɹ…puɹʟr kuəɹ 中間是形容詞，表示程度最深，没有能比的了：最好不過｜最毒不過蝎子、長蟲｜最香不過玫瑰花兒

【罪孽】tsueiɹr ·iə 罪過

ts'uei

【脆】ts'ueiɹ ❶較硬的食物易於咬碎，物品容易折斷破裂：～蘿貝｜餅乾不～嘛，放鍋裏烙一烙！｜這紙忒～，包書不行 ❷聲音清亮：聲音挺～！

【脆瓜】ts'ueiɹr ·kua 一種肉質發脆的甜瓜‖參見"麵瓜 miãɹr ·kua"

【脆蘿貝】ts'ueiɹr ·luə ·pei 濟南最常見的蘿蔔，圓筒形，上青下白‖通常稱蘿貝，强調脆時才説脆蘿貝

【脆和】ts'ueiɹr ·xuə 乾脆，爽快：這人辦事真～｜行就行，不行就不行，别那麼不～｜你這麼不～幹麼？

【脆棗】ts'ueiɹ tsɔ˥ 肉質脆甜的一種棗

【脆生】ts'ueiɹr ·ʂəŋ 食物脆：這棗梭～！

【脆生生的】ts'ueiɹr ·ʂəŋ ʂəŋɹʟ ·ti 脆脆的：這黄瓜～，好吃！

【翠菊】ts'ueiɹ tɕ'yɹ 一年生草本植物，葉子卵形或長橢圓形，開紅、紫、粉、白等色花，頭狀花序，花瓣比小麗花窄

suei

【尿】sueiɹ 小便,從尿道排泄出來的液體‖用作動詞時讀 ȵioɹ,如"尿尿 ȵioɹ sueiɹ"

【隨】sueiɹ ❶跟隨 ❷隨便,隨手 ❸任憑 ❹相像:他長的～他媽

【隨葫蘆打湯湯】sueiɹ xuɹr ·lu taɹ t'aŋɹ ·t'aŋ 没有主見,隨大流

【隨和】sueiɹ xəɹ 和氣而不固執己見

【隨份子】sueiɹ fẽɹr ·tsɿ ⇨〖攤份子〗t'ãɹ fẽɹr ·tsɿ

【隨人情】sueiɹ ʐẽɹ tɕ'iŋɹ ⇨〖送人情〗suŋɹ ʐẽɹ tɕ'iŋɹ

【隨心】sueiɹ ɕiẽɹ ❶順心 ❷隨着自己的意思

【碎】sueiɹ ❶完整的東西破成零片零塊:粉～|碗打～咧! ❷零碎,不完整:～布 ❸絮叨:嘴～

【歲數】sueiɹr ·ʂu 人的年齡:多大～咧?|上了～咧,不要累着!

【穗兒】suerɹ[<sueiɹ] ❶稻麥及花草等聚生在頂端的花或果實:麥～|花～ ❷用絲綫、布條、紙條等做成的成串或成片下垂的裝飾品

tʂuei

【追悼會】tʂueiɹ tɔɹ xueiɹ 悼念死者的會

【錐兒】tʂuerɹ[<tʂueiɹ] ⇨〖瓶子纂兒〗p'iŋɹr ·tsɿ tʂurɹ[<tʂuɹ]

【錐子】tʂueiɹL ·tsɿ 一頭尖鋭用來鑽孔的工具

【墜子】tʂueiɹr ·tsɿ 耳墜

【墜軲輪兒】tʂueiɹr ·ku ·luer[<luẽɹ] 撑桿兒上的石頭墜子‖參見"撑桿兒 tʂ'əŋɹL ·kɛr[<kãɹ]"

tʂ'uei

【吹剎燈】tʂ'ueiɹL ·ʂa təŋɹ =〖吹燈〗tʂ'ueiɹr təŋɹ 用呼出的氣流將油燈吹滅

【吹咧】tʂ'ueiɹL ·lia 事情、戀愛關係等告吹:這個事兒～

【吹風】tʂ'ueiɹr fəŋɹ ❶被風吹 ❷洗髮後用吹風機將頭髮吹乾並使美觀 ❸有意識地從旁透露意見或內容使人知道以製造輿論:他早～説要走!|這事兒你先給他吹吹風!

【炊事員】tʂ'ueiɹr ʂɿɹ yãɹ 擔任炊事工作的人

【炊箒】tʂ'ueiɹL ·tʂu 一種用高粱苗紮成的刷鍋用品

【捶背】tʂ'ueiɹr peiɹ 用拳頭輕敲背部

【捶牛】tʂ'ueiɹ ȵiouɹ 閹牛,用木槌砸碎公牛的睾丸

【捶蛋子】tʂ'ueiɹ tãɹr ·tsɿ 砸碎公牛的睾丸

【槌子】tʂ'ueiɹr ·tsɿ =〖木槌〗muɹ tʂ'ueiɹ 敲打用的木棒

【錘子】tʂ'ueiɹr ·tsɿ 敲打東西的工具,有一個鐵製的頭和一個與頭垂直的柄

ʂuei

【摔打】ʂueiɹL ·ta(或 ʂuɛɹL ·ta) ❶用手抓住磕打:兩口子打仗～家什 ❷舉止重,發脾氣:你～誰?|别～我! ❸比喻磨練,鍛煉:讓他上部隊～幾年‖重疊式"摔摔打打的 ʂueiɹL ·ʂuei ·ta ·ta ·ti":你一天到晚盡～,衝着誰啊? 連用

式“摔打摔打 ʂuei˩˦˨ ·ta ʂuei˩˦˨ ·ta”：這菜泥多，～再上秤稱。摔，另見 ʂuɛ˥

【水】ʂuei˥ ❶水火的水：開～｜井～ ❷汁液：藥～｜汽～｜紅墨～兒 ❸指江河湖海：～産 ❹洗濯的次數：洗一～

【水】ʂuei˥ 黑話，指錢

【水池子】ʂuei˥ tʂʻʅ˨˦˥ ·tsʅ ⇨〖池子〗tʂʻʅ˨˦˥ ·tsʅ

【水泥】ʂuei˥ ȵi˨ ⇨〖洋灰〗iaŋ˨ xuei˦

【水庫】ʂuei˥ kʻu˩ 攔洪蓄水調節水流的水利建築

【水壺】ʂuei˥ xu˨ ＝〖開水壺〗kʻɛ˦ ʂuei˥ xu˨ 燒開水用的壺

【水綠】ʂuei˥ ly˩ 淺綠色

【水渠】ʂuei˥ tɕʻy˦ 在河湖或水庫周圍開挖的水道‖渠，聲調陰平

【水曲柳】ʂuei˥˨ ·tɕʻy liou˥ 落葉喬木，木材細密帶花紋

【水車】ʂuei˥ tʂʻə˦ 汲水裝置，今也稱運送水的車

【水蛇腰】ʂuei˥˨ ·ʂə iɔ˦ ＝〖水擔杖腰〗ʂuei˥˨ ·tã ·tʂaŋ iɔ˦ 細長而腰部略彎的身材

【水蘿貝】ʂuei˥˦ luə˨˥ ·pei ❶鹽水腌的蘿蔔 ❷一種大的白蘿蔔

【水果】ʂuei˥˦ kuə˥ 泛稱可以生吃的水分多的植物果實

【水果糖】ʂuei˥˦ kuə˥ tʻaŋ˨ 含有果汁的糖塊

【水牌】ʂuei˥ pʻɛ˨ 舊時放在商店裏用於臨時記賬的黑板

【水泡眼】ʂuei˥˨ ·pʻɔ iã˥ 眼泡兒鼓起的眼

【水餃】ʂuei˥˦ tɕiɔ˥ ⇨〖餃子〗tɕiɔ˥˨ ·tsʅ

【水舀子】ʂuei˥ iɔ˥˨ ·tsʅ ＝〖舀子〗iɔ˥˨ ·tsʅ 舀水的用具：你快使～舀一點兒水來

【水溝】ʂuei˥ kou˦ 天然或人工的小水道

【水牛】ʂuei˥ ȵiou˨ 牛的一種，適於水田耕作，本地没有這種牛

【水擔杖】ʂuei˥˦ tã˩˥ ·tʂaŋ 即擔杖，强調挑水用的‖參見“擔杖 tã˩˥ ·tʂaŋ”

【水田】ʂuei˥ tʻiã˨ 土地表面能蓄水的耕地，可種植稻子等

【水仙(花)】ʂuei˥˨ ·ɕiã (xua˦) 多年生草本植物，地下鱗莖卵圓形，葉子條形，傘形花序，花白色，花心黄色，有清香

【水煙袋】ʂuei˥ iã˦˦ tɛ˩ 一種用銅、竹等製成的吸煙用具，煙經水過濾而吸出，吸時有咕嚕嚕的聲音

【水腌疙瘩】ʂuei˥˨ ·iã kə˦˨ ·ta ＝〖疙瘩(頭)〗kə˦ ·ta (tʻou˨) 鹽水腌的蕪菁根塊

【水銀】ʂuei˥ iẽ˨ 一種液態金屬元素，即汞，有毒，可用來製溫度計、藥品等

【水缸】ʂuei˥ kaŋ˦ 盛水用的器物

【水井】ʂuei˥˦ tɕiŋ˥ 井，從地面往下鑿成的能取得地下水的深洞

【水桶】ʂuei˥˦ tʻuŋ˥ ⇨〖筲〗ʂɔ˦

【税契】ʂuei˩˥ tɕʻi˩ 交税後生效的契約

【税單子】ʂuei˩ tã˦˨ ·tsʅ 税據

【税款】ʂuei˩ kʻuã˥ 國家向征税對象征收的貨幣

【睡不着(覺)】ʂuei˩˥ ·pu ·tʂɔ (tɕiɔ˩) 不能入睡

【睡着嘞】ʂuei˩ tʂɔ˨˥ ·lia 進入睡眠狀態

【睡覺】ʂueiɹɹ tɕiɔɹ 躺下閉眼，大腦皮質處於休息狀態

【睡蓮】ʂueiɹ liãɥ ＝〖子午蓮〗tsɿ˥ɹ u˥ liãɥ 多年生草本植物，生長在淺水中，葉片馬蹄形，浮於水面，花白色或粉紅色，白天開放

【睡晌覺】ʂueiɹ ʂaŋ˥ɹ ·tɕiɔ 午睡

kuei

【閨女】kueiɹɹ ·ɳy 見"閨女 kuẽɹɹ ·ɳy"

【閨女女婿】kueiɹɹ ·ɳy ɳy˥ɹ ·ɕy ⇨〖女婿〗ɳy˥ɹ ·ɕy

【歸主】kueiɹ tʂu˥ ＝〖歸真〗kueiɹɹ tʂẽɹ 回民指人死，伊斯蘭教認爲，人死了就是回到主那兒去了

【歸攏】kueiɹɹ ·luŋ 把分散的東西集中到一起：把這些東西～到一堆兒！‖連用式"歸攏歸攏 kueiɹɹ ·luŋ kueiɹɹ ·luŋ"：～牀上那些衣裳！

【龜背竹】kueiɹɹ peiɹ tʂuɹ 多年生草本植物，冬夏常綠，葉片龜甲形

【鬼】kuei˥ ❶迷信的人指人死後的靈魂 ❷不光明，見不得人的事：搗～ ❸心眼多：這人棱～！

【鬼子】kuei˥ɹ ·tsɿ 對侵略者的憎稱

【鬼打牆】kuei˥ɹ ta˥ tɕ'iaŋɥ 黑夜走路時突然眼發黑看不清路，迷信的人認爲是鬼魂打牆

【鬼吹燈】kuei˥ tʂ'ueiɹɹ təŋɹ 鬼把戲

【鬼門關】kuei˥ mẽɥ kuãɹ 迷信傳說中陰陽交界的關口，常用於比喻凶險的地方

【癸】kuei˥ 天干的第十位

【桂皮】kueiɹ p'iɥ 一種調料，桂皮樹的樹皮

【桂花】kueiɹ xuaɹ 木樨，常綠喬木，葉子橢圓形，小花淺黄或菊黄色，有清香‖本地桂花一般盆栽

【桂圓】kueiɹ yãɥ 一種乾果，小球形，外皮黄褐色，果肉黑褐色，味甜‖本地不產，没有鮮桂圓

【桂圓肉】kueiɹ yãɥɾ ·ʐouɹ 去皮去核的乾桂圓

【貴】kueiɹ ❶價錢高：△不當家不知柴米～！❷地位高：～賓 ❸評價高：可～ ❹敬辭：～姓？|～校

【貴賤】kueiɹ tɕiãɹ 高低，無論如何：他～不依！

【櫃子】kueiɹɾ ·tsɿ 舊式放置被褥等的長方形大木箱，底下有木架

【櫃臺】kueiɹ t'ɛɥ 營業用的器具，像櫃子而比較長，舊時多木製，今多裝有玻璃：站～

【櫃上】kueiɹɾ ·ʂaŋ 商店裏，小鋪裏：你家掌櫃的呢？——上～去咧！|拿～賣了罷！

【鱖魚】kueiɹ yɥ 一種淡水魚，身體側扁，有黑色斑點，鱗細

k'uei

【虧】k'ueiɹ ❶虧折：吃～ ❷虧負，對不起：～心|～不了你！❸譏諷人不怕難爲情：這話～你說得出口！

【虧了】k'ueiɹɹ ·lɔ(或 ·lə) ＝〖虧的〗k'ueiɹɹ ·ti 幸虧，虧得：～你告訴我，要不我還知不道

【葵花子兒】k'ueiɥ xuaɹ tser˥[<tsɿ˥] 向日葵的子實‖也說"瓜子兒 kuaɹ tser˥[<tsɿ˥]"

【□】k'ueiꜜ 綑，結，摺疊：～起來

【□兒】k'uerꜜ[＜k'ueiꜜ] 綑兒，結兒：結個～

xuei

【灰】xueiꜜ ❶物體燃燒後剩下的粉末：草木～｜爐～ ❷塵土：撣撣桌上那～！❸消沉，失望：～心 ❹像草木灰的顏色，介於黑白之間

【灰白】xueiꜜ pei˥ 淺灰色

【灰兜子】xueiꜜ tou ·tsɿ 四角有繩子的布，泥瓦匠用於放置泥、灰等建築材料，便於吊向高空

【灰斗子】xueiꜜ tou ·tsɿ 泥瓦匠用於盛灰、泥等的鐵製四方器具

【回家咧】xuei˥ tɕia ·lia ⇨〖來家咧〗lɛ˥ tɕia ·lia

【回過臉去】xuei ·kə liã ·tɕ'i 轉過臉去

【回拜】xuei pɛꜜ 回訪

【回回燒餅】xuei ·xuei ʂɔ ·piŋ 有的漢民稱馬蹄燒餅‖參見"馬蹄燒餅 ma ·t'i ʂɔ ·piŋ"

【回頭】xuei˥ t'ou˥ ❶把頭轉向後方 ❷悔悟，改邪歸正：敗子～｜～是岸！❸稍過一會兒：～再拉談

【回門】xuei˥ mẽ˥ 結婚第三天，新婚夫婦一起到女家拜見長輩和親友，當天回男家

【茴香】xuei ·ɕiaŋ 見"茴香 xuẽ ·ɕiaŋ"

【茴香苗】xuei ·ɕiaŋ miɔ 茴香的嫩枝葉，濟南人常用於作包子、餃子的餡兒

【蛔蟲】xuei˥ tʂ'uŋ˥ 寄生在人或牲畜腸壁上的形似蚯蚓的害蟲

【劃兒劃的】xuer˥[＜xuei˥] xua ·ti 表面或皮膚有一道一道的污迹或傷痕：這玻璃擦的～，不乾淨！｜這孩子哭的臉上～！｜你看你身上～，疼不疼？‖劃，單字音 xuaꜜ。此處第一個劃兒讀 xuer˥ 是 xuei˥ 的兒化。劃讀 xuei˥，見廣韵麥韵胡麥切："錐刀刻。"梗攝開口二等入聲字濟南讀 ei 韵母，老派口語多保留，如客 k'ei；合口字讀 uei 韵母，如獲、劃音 xuei˥，但只保留在個别詞或某些老派讀音中

【毁】xuei˥ 打（孩子）：～他兩鞋底！

【賄賂】xueiꜜ ·lu ❶用財物買通别人 ❷用以買通别人的財物

【會咧】xueiꜜ ·lia 懂得怎樣做或有能力做了：學～‖會，另見 k'uɛꜜ

【匯】xueiꜜ ❶通過郵局或銀行將款項由甲地寄到乙地：～款 ❷聚集，聚合：～報

【匯票】xueiꜜ p'iɔꜜ 郵局承辦匯款時由匯款人填寫郵送給收款人作爲領取款項的票據

【燴】xueiꜜ 將乾糧放到菜裏加水煮的烹調方法：～餅

ɔ

pɔ

【包】pɔ˨˩˦ 用紙、布或其他薄片把東西裹起來：～包子｜～粽子

【包子】pɔ˨˩˦ ·tsɿ ❶水餃 ❷蒸包‖濟南平常説包包子一般是指包餃子。有必要區别時餃子稱下包子、小包子，包子稱蒸包兒、大包子

【包子鋪】pɔ˨˩˦ ·tsɿ p'u˨˩ 專營包子的鋪子

【包瓜】pɔ˨˩˦ kua˨˩˦ 一種在去瓤的瓜裹填滿鹹菜丁、花生米、核桃仁、瓜子仁及薑絲等多種作料的醬菜

【包扁食】pɔ˨˩˦ piã˥˨ ·ʂɿ ❶包餃子 ❷舊俗特指結婚時女家請年輕的婦女包好餃子，由新娘帶到男家給新郎吃

【包圓兒】pɔ˨˩˦ yɛr˦˨[<yã˦˨] 把貨物全部買下：你這筐梨我～嘛‖參見"收市ʂou˨˩˦ ʂɿ˨˩"

【保】pɔ˥ ❶維護，使不受損害：～護｜～衛｜～健 ❷保證，擔保做到：～質～量｜旱澇～收 ❸擔保，保人：～釋｜作～ ❹舊時的户籍單位：～長

【保釋】pɔ˥ ʂɿ˨˩˦ 犯人取保釋放：～要有醫院的證明

【保姆】pɔ˥ mu˥ 受僱爲人照看兒童、老人或做家務的婦女

【保育員】pɔ˥˨ ·y yã˦˨ 在幼兒園、托兒所照管兒童生活的人員

【保本兒】pɔ˥ pɛr˥[<pẽ˥] 保住本錢或資金而不虧折

【保溫杯】pɔ˥ vẽ˨˩˦ pei˨˩˦ 一種裝有保溫膽的杯子

【保溫瓶】pɔ˥ vẽ˨˩˦ p'iŋ˦˨ 一種裝有保溫膽的帶有提手的大瓶，可以盛放食物以保溫或存放冷凍食品以防融化

【保親】pɔ˥ tɕ'iẽ˨˩˦ ⇨〖許口〗ɕy˥ k'ou˥

【寶蓋兒】pɔ˥ kɛr˨˩[<kɛ˨˩] 漢字偏旁，如"寶"字的上部

【寶寶】pɔ˥˨ ·pɔ 對小孩兒的愛稱

【寶錢】pɔ˥ tɕ'iã˦˨ ＝〖寶啊寶〗pɔ˥˨ ·a pɔ˥ 劃拳時説出的數，表示零‖參見"劃拳 xua˨˩ tɕ'yã˦˨"

【鉋子】pɔ˨˩ ·tsɿ 刮平木料的工具

【鉋花】pɔ˨˩ xua˨˩˦ ❶鉋木料時鉋下來的薄片，多呈捲狀 ❷舊時婦女專用於梳頭的薄木片，用水泡出黏液，以定髮形‖也説"鉋花兒 pɔ˨˩ xuar˨˩˦"

【抱着膀兒】pɔ˨˩ ·tʂɿ pãr˥[<paŋ˥] 雙手交叉在胸前

【抱怨】pɔ˨˩ ·yã 心中不滿，埋怨人：你光～他有麼用？｜别盡～别人！

【豹】pɔ˨˩ ＝〖豹子〗pɔ˨˩ ·tsɿ 一種猛獸，像虎而比虎小，身上有大小似錢幣的斑點

【趵突泉】pɔ˨˩ ·tu tɕ'yã˦˨ 濟南七十二名泉之首，位於濟南舊城西南隅。因有三股泉水跳躍而出得名‖其名始見於北宋曾鞏《齊州二堂記》："有泉涌出，高或至數尺，其旁之人名之曰趵突之泉"

【菢窩】pɔ˩ və˩˨ 母鷄孵蛋

【菢窩鷄】pɔ˩ və˩˨˨˩ tɕi˩˨ 孵蛋的母鷄

【菢小鷄兒】pɔ˩ ɕiɔ˥ tɕiər˩˨[<tɕi˩˨] 孵小鷄

【報税】pɔ˩ ʂuei˩ 向税務部門申報納税

【報考】pɔ˩ k'ɔ˥ 報名投考(學校等)

【報喪】pɔ˩ saŋ˩˨ 把死訊告知死者的親友

【報名】pɔ˩ miŋ˧˦ 把姓名報告給有關單位，表示願意參加某種學習、活動或組織：～上小學｜～參加運動會｜～費

【暴】pɔ˩ 特指塵土飛揚

【暴雨】pɔ˩ y˥ 來勢猛烈的大雨

【暴發户】pɔ˩ fa˩˨˨˩ xu˩ 突然發財得勢的人或人家

【爆米花兒】pɔ˩ mi˥ xuar˩˨[<xua˩˨] 大米經加熱膨脹爆裂而成的食物

【爆仗】pɔ˩˨˩ ·tʂaŋ 爆竹

p'ɔ

【拋錨】p'ɔ˩˨ mɔ˧˦ ❶把錨投入水中使船停穩 ❷汽車等因機器發生故障停車 ❸比喻進行中的事情因故中止

【剖謎兒】p'ɔ˩˨ mer˩[<mei˩] 出謎語讓别人猜：我～給你猜｜他是～的，我是猜謎兒的！‖剖，濟南讀 p'ɔ˩˨，北京讀 ˓p'ou

【跑】p'ɔ˥ ❶速行：慢慢走，别～！ ❷逃走：逃～ ❸漏：～電 ❹爲某種事務而奔走：～材料

【跑步】p'ɔ˥ pu˩ 按照規定姿勢往前跑

【跑馬賣解】p'ɔ˥˨˩ ma˥ mɛ˥ ɕiɛ˩ 走江湖表演武術馬戲等：～走江湖｜你看你穿的衣裳像～的是似的！‖解，此處讀 ɕiɛ˩ 不讀 tɕiɛ˥

【跑賽】p'ɔ˥˩˨ sɛ˩ ⇨〖賽跑〗sɛ˩ p'ɔ˥

【跑腿兒】p'ɔ˥˨˩ t'uer˥[<t'uei˥] 爲人奔走做雜事

【跑茅子】p'ɔ˥˨˩ mɔ˧˦˨˩ ·tsɿ ＝〖拉肚子〗la˩˨ tu˩˨˩ ·tsɿ 腹瀉

【跑單幫】p'ɔ˥ tã˩˨˨˩ paŋ˩˨ ＝〖跑買兒賣兒〗p'ɔ˥ mɛr˥˩˨[<mɛ˥] ·mɛr[<mɛ˥] 往來各地販賣貨物牟取利潤

【跑旱船】p'ɔ˥ xã˩ tʂ'uã˧˦ ＝〖玩旱船〗vã˧˦ xã˩ tʂ'uã˧˦ 一種民間舞蹈。用竹、木或高粱秸紮架，飾以彩色綢布，做成船形繫在表演者身上。表演者做行船狀，邊走邊舞

【跑堂的】p'ɔ˥ t'aŋ˧˦˨˩ ·ti 舊稱酒館、飯店的服務員

【跑龍套的】p'ɔ˥ luŋ˧˦ t'ɔ˩˨˩ ·ti ❶戲曲演出中扮演隨從或兵卒的人 ❷比喻在人手下做無關緊要的工作的人

【泡茶】p'ɔ˩ tʂ'a˧˦ ⇨〖沏茶〗tɕ'i˩˨ tʂ'a˧˦

【泡菜墰子】p'ɔ˩ ts'ɛ˩ t'ã˧˦˨˩ ·tsɿ 專用於腌鹹菜的一種墰子，有蓋子扣在口上能密封

【泡桐】p'ɔ˩ t'uŋ˧˦ 桐樹的一種，木材質地疏鬆

【炮】p'ɔ˩ ❶一種重武器：槍～ ❷爆竹

【炮】p'ɔ˩ 象棋棋子名，紅色和藍色的各兩個：～打一溜煙！

【炮張咧】p'ɔ˩ tʂaŋ˩˨˩˨ ·lia 象棋術語，被炮吃了

mɔ

【冒】mɔ˩˨ ❶脱落，鬆開：一～手，打了個碗！ ❷超出，越過：化～了錢｜坐車坐～了站 ‖ 另見 mɔ˩

【毛栗子】mɔ˧˦˨˩ ·li ·tsɿ 一種皮上有細絨

毛的栗子

【毛呢混紡】mɔ˧˩ n̠i˧˩ xuẽ˨˩ faŋ˥ 一種混紡織品

【毛衣】mɔ˧˩ i˨˩ 毛綫衣

【毛褲】mɔ˧˩˥ k'u˨˩ 毛綫褲

【毛綠豆】mɔ˧˩˥ ·ly ·tou 綠豆的一種，粒兒比一般綠豆稍大，表皮似有絨毛

【毛哥兒】mɔ˧˩ kər˨˩[<kə˨˩] 不懂事，不內行：你這個人太～不懂這回事兒！‖新詞

【毛筆】mɔ˧˩ pei˨˩ 用羊毛等製成的筆

【毛賊】mɔ˧˩ tsei˧˩ ＝〖毛賊子〗mɔ˧˩ tsei˧˩˥ ·tsɿ 小偷

【毛毛雨】mɔ˧˩˥ ·mɔ y˥ ⇨〖牛毛(細)雨〗n̠iou˧˩˥ ·mɔ (ɕi˨˩) y˥

【毛毛蟲】mɔ˧˩˥ ·mɔ tʂ'uŋ˧˩ 毛蟲

【毛豆】mɔ˧˩˥ ·tou 大豆的嫩莢，表皮有細毛

【毛毯】mɔ˧˩ t'ã˥ 以獸毛爲原料織成的毯子

【毛綫帽】mɔ˧˩ ɕiã˨˩ mɔ˨˩ 毛綫織成的帽子

【毛巾】mɔ˧˩ tɕiẽ˥(或 tɕiẽ˨˩) 一種經紗拳曲露在表面的針織品，用來擦臉和身體等：～布｜～被 ‖ 巾，聲調上聲，又讀陰平

【毛孔】mɔ˧˩ k'uŋ˥ 汗孔，汗腺在皮膚表面的開口

【茅子】mɔ˧˩˥ ·tsɿ 回民又稱廁所

【茅廁】mɔ˧˩˥ ·sɿ ＝〖茅房〗mɔ˧˩ faŋ˧˩ 廁所 ‖ 廁，聲韵母爲 sɿ，讀書音 tʂ'ə˨˩，新起讀音 ts'ə˨˩

【貓】mɔ˧˩ 一種家畜，能捕鼠

【貓着腰】mɔ˧˩˥ ·tʂɿ iɔ˨˩ 身體向前傾斜：～跑！

【貓頭鷹】mɔ˧˩ t'ou˧˩ iŋ˨˩ ⇨〖夜貓子①〗iə˨˩˥ ·mɔ ·tsɿ

【錨】mɔ˧˩ 鐵製停船設備：拋～

【卯】mɔ˥ 榫眼，木器構件用凹凸方式相接的凹進部分：鑿～ ‖ 也說“卯兒 mər˥”

【卯】mɔ˥ 地支的第四位

【卯裏榫兒裏】mɔ˥˨ ·n̠i(或 ·li) suer˥˨ [<suẽ˨˩] ·n̠i(或 ·li) ❶榫頭和榫眼正合適 ❷比喻嚴絲合縫：～挺合適！ ‖ 榫，讀 suer˥[<suẽ˥]，跟“榫頭”中讀 ɕyẽ˥ 不同

【卯兔】mɔ˥ t'u˨˩ 十二生肖之一，卯年生的人屬兔

【□】mɔ˥ ＝〖□洗〗mɔ˥˨ ·ɕi 把生肉放進沸水中短時間地煮，然後將水倒去以除異味：把肉先～了再燉 ‖ 連用式“□洗□洗 mɔ˥˨ ·ɕi mɔ˥˨ ·ɕi”：快把肉～！

【□昧過來】mɔ˥˨ ·mei ·kə ·lɛ 理解：這事兒我還没有～！

【茂腔】mɔ˨˩ tɕ'iaŋ˨˩ 山東地方戲曲劇種之一，屬肘鼓子的一個流派，流行於高密、膠州、諸城及青島等地

【冒傻氣】mɔ˨˩ ʂa˥ tɕ'i˨˩ ⇨〖犯傻〗fã˨˩ ʂa˥ ‖ 冒，另見 mɔ˨˩

【帽子】mɔ˨˩˥ ·tsɿ ❶戴在頭上保暖、防雨、遮陽或做裝飾的用品 ❷比喻罪名或壞名聲

【帽舌頭】mɔ˨˩ ʂə˧˩˥ ·t'ou 帽子前面的檐

【帽帶子】mɔ˨˩ tɛ˨˩˥ ·tsɿ 帽上的帶子

【帽墊兒】mɔ˨˩ tier˨˩[<tiã˨˩] ＝〖帽墊子〗mɔ˨˩ tiã˨˩˥ ·tsɿ ❶舊式瓜皮小帽：你的頭推的和～是似的！❷戲稱理髮後和頭皮截然分明的頭髮：～頭

【帽檐兒】mɔʅ iɛrɣ[<iãɣ] 帽子前面或四周突出的部分

【帽筒】mɔʅ t'uŋ˥ 筒狀瓷製器皿，用於放鷄毛撣子等

tɔ

【刀魚】tɔʅ yɣ ＝〖帶魚〗tɛʅ yɣ 一種海魚，身體側扁形似帶子，銀白色，無鱗

【刀馬旦】tɔʅ ma˥ tãʅ 戲曲角色，扮演有武藝的女子，着重唱和做工

【刀菜】tɔʅ ts'ɛʅ ⇨〖鼓菜〗tɕiʅ ts'ɛʅ

【刀筆先生】tɔʅ peiʅ ɕiãʅ ·ʂəŋ 舊稱代人寫狀子的人

【刀螂】tɔʅ ·laŋ 螳螂

【叨叨】tɔʅ ·tɔ 叨嘮：～起來没個完！｜你胡～麼？

【叨嘮】tɔʅ ·lɔ 嘮叨‖重疊式“叨叨嘮嘮的 tɔʅ ·tɔ ·lɔ ·lɔ ·ti”

【倒閉】tɔ˥ piʅ 企業或商店因虧本而停業‖倒，另見 tɔʅ

【倒地】tɔ˥ tiʅ 收割完地裏的莊稼，爲下一季農作物種植騰出地來：賣了鮮棒子，倒出地來種脆蘿貝、白菜都不晚

【倒出去】tɔ˥ ·tʂ'u ·tɕ'i 將工廠、商店等轉讓給别人

【倒霉】tɔ˥ meiɣ 遇事不利，遭遇不好

【倒頭飯】tɔ˥ t'ouɣ fãʅ 人死後親人在他腳頭上放的一碗飯，飯上直插一雙筷子

【倒氈】tɔ˥ tʂãʅ 舊俗結婚時，新娘下轎腳不着地，要用兩塊紅氈倒替着讓她走進新房，坐到牀上

【倒換】tɔ˥ ·xuã ❶掉換，交換：咱倆～一下｜你～的麼什麼？❷輪流：～着幹！

【倒登】tɔ˥ ·təŋ ❶騰挪：把那屋裏東西～出來，重新布置布置！❷倒賣：～鋼材｜～牛仔服 ❸折騰：他胡～，～到局子公安局裏去啦！

【島】tɔ˥ 海洋裏被水環繞，面積比大陸小的陸地：長～｜黄～｜劉公～

【悼】tɔ˥ 悲傷：追～｜～詞‖悼，濟南讀上聲，北京去聲

【悼詞】tɔ˥ ts'ʅɣ 對死者表示哀悼的話或文章

【搗鼓】tɔ˥ ·ku 反復地做（多是背着人的，貶義）：胡～！｜他這幾天又不知在～什麼了？｜這個錶叫他～壞了‖連用式“搗鼓搗鼓 tɔ˥ ·ku tɔ˥ ·ku”，無貶義：我這屋裏的電棍日光燈管壞了，你給我～！重疊式“搗搗古古的 tɔ˥ ·tɔ ·ku ·ku ·ti”，貶義：這人盡在背後～，拿不到桌面上來！

【導游】tɔ˥ ·iou ❶引導游人游覽山水名勝 ❷引導游人游覽山水名勝的人

【到】tɔʅ ❶到達，來到：～濟南啦！｜春節就要～啦！❷往：～城裏買點兒東西 ❸表示動作結果：信收～啦！｜回～家裏‖義項②多説“上 ʂaŋʅ”

【到】tɔʅ 回民商販暗語，數詞二

【到底】tɔʅ ti˥ 副詞，表示進一步追究：這事兒～怎麼辦？｜你～想幹麼？‖也説“到底兒 tɔʅ tier˥”

【到處】tɔʅ tʂ'uʅ 各處，處處：～是人！

【到了兒】tɔʅ lior˥[<lio˥] 最後：～我都不明白｜～這事兒總得解決

【到明兒】tɔʅ miõrɣ[<miŋɣ] 明天：～開學

【倒】tɔʅ ❶上下或前後翻轉：這本書放～啦！｜～數第一 ❷倒出：～水｜～垃

圾 ❸掉過頭，向後走：～過頭去｜～車 ❹相反：～找錢 ❺卻，反而 ‖ 另見 tɔ˥

【倒差筆畫兒】tɔ˨˩ tʂʻa˨˩˧ pei˨˩˧ xuer˦˨[<xuei˨˩] 不符合筆順寫字 ‖ 畫，此處是舊音

【倒茶】tɔ˨˩ tʂʻa˦˨ 冲茶

【倒栽葱】tɔ˨˩ tsɛ˨˩˧ ts'uŋ˨˩˧ 頭先着地跌倒

【倒背手】tɔ˨˩ pei˨˩ ʂou˥ ⇨〖背着手〗pei˨˩˧ ·tʂʅ ʂou˥

【倒褪】tɔ˨˩˧ ·tʻuẽ 倒退

【道】tɔ˨˩ ❶說：能說會～ ❷用語言表達心意：～歉 ❸以爲：我～是誰來嘛，還是你啊！

【道】tɔ˨˩ ＝〖路〗lu˨˩ 地面上爲人或車馬等通行的部分 ‖ 另見 ·tɔ

【道士】tɔ˨˩˧ ·ʂʅ 男性道教徒：嶗山～

【道理】tɔ˨˩˧ ·li 事物的規律，理由：這～明擺着｜要講～

【道西】tɔ˨˩ ɕi˨˩˧ ⇨〖路西〗lu˨˩ ɕi˨˩˧

【道姑】tɔ˨˩ ku˨˩˧ 女道士

【道業】tɔ˨˩˧ iə˨˩ ❶(高深的)功底，造詣：這人～可高了｜没有十年的～辦不了這個事兒！ ❷變幻作祟的能力：一個黄鼬，一個貔子，年歲多了就有了～ 迷信的人認爲黄鼠狼和狐狸會修煉成精

【道北】tɔ˨˩ pei˨˩˧ ⇨〖路北〗lu˨˩ pei˨˩˧

【道德】tɔ˨˩ tei˨˩˧ 人類相處的行爲準則和規範

【道南】tɔ˨˩ nã˦˨ ⇨〖路南〗lu˨˩ nã˦˨

【道門】tɔ˨˩˧ ·mẽ 舊時的某些封建迷信組織

【道上】tɔ˨˩˧ ·ʂaŋ ＝〖路上〗lu˨˩˧ ·ʂaŋ ❶道路上面 ❷在路途中

【道東】tɔ˨˩ tuŋ˨˩˧ ⇨〖路東〗lu˨˩ tuŋ˨˩˧

【稻子】tɔ˨˩˧ ·tsʅ 糧食作物，子實去殼後就是大米

【稻皮兒】tɔ˨˩ pʻier˦˨[<pʻi˦˨] 泛稱稻米的糠

【稻穗兒】tɔ˨˩ suer˨˩[<suei˨˩] 稻稈上端子實聚生的部分

【稻草】tɔ˨˩˧ ·tsʻɔ 稻子割下脱粒後的莖

【稻田】tɔ˨˩ tʻiã˦˨ 種水稻的田

【道】·tɔ 形容詞後綴，構成的雙音節形容詞形容人的性格脾氣：霸～｜神～｜魔～ ‖ 另見 tɔ˨˩

tʻɔ

【掏耳朵】tʻɔ˨˩˧ ər˥˩ ·tɔ 用耳挖子等掏耳垢 ‖ 此處“朵”新起音讀 ·tuə

【逃學】tʻɔ˦˨ ɕyə˦˨ 學生無故不上學

【逃跑】tʻɔ˦˨ pʻɔ˦˨ 爲躲避而離開

【桃兒】tʻɔr˦˨[<tʻɔ˦˨] 桃子，一種普通水果，種類很多

【桃酥】tʻɔ˦˨ su˨˩˧ 一種平面桃形或圓形的油酥點心

【桃花】tʻɔ˦˨ xua˨˩˧ 桃樹的花

【桃紅】tʻɔ˦˨ xuŋ˦˨ 像桃花的紅色，比粉紅稍深

【討】tʻɔ˦˨ ❶索取：～飯｜～債 ❷惹：～人嫌｜～厭 ‖ 討，濟南讀陽平

【討價】tʻɔ˦˨˧ tɕia˨˩ 賣方要價

【討價還價】tʻɔ˦˨˧ tɕia˨˩ xuã˦˨˧ tɕia˨˩ ＝〖要價還價〗iɔ˨˩ tɕia˨˩ xuã˦˨˧ tɕia˨˩ 賣方出價，買方還價，現多比喻在接受任務或談判時，互相向對方提出種種條件，斤斤計較

【討拜】tʻɔ˦˨˧ ·pɛ 回民用語。❶懲罰：打～ ❷人臨死時男的請阿訇、女的請師娘念經，求主的寬恕，叫討拜

【討好】t'ɔ˦˨ xɔ˥ ❶迎合别人以求得到好感 ❷得到好的效果：吃力不～！

【討簽】t'ɔ˦˨ tɕ'iã˨˩˧ ⇨〖求簽〗tɕ'iou˦˨ tɕ'iã˨˩˧

【討厭】t'ɔ˦˨꜒ iã˨˩ ❶惹人厭煩：你别～！❷事情難辦令人心煩：這種病棱～！❸厭惡，不喜歡：我～好撒謊的人！

【討換】t'ɔ˦˨꜒ xuã˨˩ 設法得來：這東西没處～！

【淘米】t'ɔ˦˨ mi˥ 用一個器物（瓢等）盛米加水攪動倒出上浮的麩糠，並輕輕搖動器物使沙粒下沉，把米逐漸隨水倒進另一器物後倒掉下沉的沙粒，有時要來回倒幾次才能除盡沙子

【套車】t'ɔ˨˩ tʂ'ə˨˩˧ 把車上的套套到牲口身上

【套被窩】t'ɔ˨˩ pei˨˩꜒ ·və ⇨〖做被窩〗tsou˨˩ pei˨˩꜒ ·və

【套袖】t'ɔ˨˩ ɕiou˨˩ 套在衣袖外面的單層袖子，便於隨時取下清洗

【套繩】t'ɔ˨˩ ʂəŋ˦˨ 套牲口的繩子，多用麻繩，也用苘繩或草繩，一般不用綫繩

nɔ

【孬】nɔ˨˩˧ 不好，壞：這人真～！|～種！

【孬種】nɔ˨˩˧ tʂuŋ˥ ❶猶壞蛋：那家伙是個～，别和他嘶咬爭執吵鬧 ❷没種，没有膽量勇氣：明天咱倆一塊兒去找他，你可别～！❸壞，没種，可用好、可等修飾：這人好～來！

【蟯蟲】nɔ˦˨ tʂ'uŋ˦˨ 寄生在人體小腸的形似綫頭的白色害蟲

【腦溢血】nɔ˥ i˨˩ ɕiə˨˩˧ 腦部出血的病症

【腦骨癤】nɔ˥꜖ ·ku tɕiə˨˩˧ 回民稱頭上長的癤子

【腦膜炎】nɔ˥꜖ ·mə iã˦˨ 流行性腦脊髓膜炎的通稱

【腦袋】nɔ˥ tɛ˨˩ ＝〖腦袋瓜子〗nɔ˥꜖ ·tɛ kua˨˩˧꜖ ·tsɿ ＝〖腦瓜子〗nɔ˥ kua˨˩˧꜖ ·tsɿ ＝〖腦瓜兒〗nɔ˥ kuar˨˩˧[<kua˨˩˧] ❶頭 ❷腦筋：他～好使！

【鬧着玩兒】nɔ˨˩꜒ ·tʂɿ vɛr˦˨[<vã˦˨] 開玩笑：我給你～的，你可别生氣！|這事兒可不是～的！‖也可省説成"鬧玩兒 nɔ˨˩ vɛr˦˨"

【鬧痢疾】nɔ˨˩ li˨˩꜒ ·tɕi 拉痢

【鬧房】nɔ˨˩ faŋ˦˨ 新婚的晚上，親友到新房跟新婚夫婦説笑取鬧

【鬧騰】nɔ˨˩꜒ ·t'əŋ ❶吵鬧，擾亂：孩子們盡～，我什麼事也幹不下去！❷説笑着玩：咱這姊妹們在一堆兒就好～！‖重疊式"鬧鬧騰騰的 nɔ˨˩꜒ ·nɔ ·t'əŋ ·t'əŋ ·ti"：家裏～，煩死了！連用式"鬧騰鬧騰 nɔ˨˩꜒ ·t'əŋ nɔ˨˩꜒ ·t'əŋ"：過年大家在一堆兒～

【鬧症候】nɔ˨˩ tʂəŋ˨˩꜒ ·xou ❶鬧病：他這兩天没來，在家～ ❷鬧矛盾：娶了個媳婦，三天兩頭的～

lɔ

【嘮叨】lɔ˨˩˧꜖（或 lɔ˦˨꜒）·tɔ 没完没了地説：～起來没個完！|～了半天！|行了，别～啢！‖重疊式"嘮嘮叨叨的 lɔ˨˩˧꜖ ·lɔ ·tɔ ·tɔ ·ti"。嘮，另見 lɔ˥

【牢固】lɔ˦˨꜒ ·ku 結實，堅固

【牢靠】lɔ˦˨꜒ ·k'ɔ 牢固，可靠：這個桌子不～啢！|這人不～！

【勞改】lɔ˦˨ kɛ˥ 勞動改造：～局|～犯

【勞動節】lɔ˦˨꜒ ·tuŋ tɕiə˨˩˧ ⇨〖五一節〗u˥ i˨˩˧꜔ tɕiə˨˩˧

【捞麽】lɔ˧˨˦ ·mə 捞取(财物等),占便宜:他光想～點麽! ｜他又～了五塊錢! ｜這兒挺舒服,我在這兒多～一會兒! ‖ 連用式"捞麽捞麽 lɔ˧˨˦ ·mə lɔ˥ ·mə":什麽事他都想～!

【痨病】lɔ˧˨˦ piŋ˩ ⇨〖肺結核兒〗 fei˩ tɕiə˨ xɛr˧˨[<xɛ˧˨]

【老】lɔ˥ ❶年歲大、時間長的:～年人｜～牌 ❷經歷長、有經驗的:～練｜～把式 ❸原來的:～家｜～地方｜～朋友 ❹過時的,陳舊的:～式｜～腦袋 ❺不鮮嫩的:這菜忒～唡! ❻副詞。經常:～遲到 ❼作前綴:～三｜～張

【老】lɔ˥ 在單音節形容詞前表示程度深:～大｜～長｜～深｜～高｜～寬 ‖ 連用式"老大老大的、老長老長的、老深老深的、老高老高的、老寬老寬的"有强調義,表示程度更深;不用於上述形容詞的反義詞小、短、淺、低、矮、窄等

【老姊妹兒們兒】lɔ˥ tsɿ˥˩ ·mer[<mei˩] ·mer[<·mẽ] 稱年長的姊妹:你～多年不見唡,這回兒好好拉拉談談!

【老師】lɔ˥ ʂɿ˨ ❶稱教師:張～來家訪唡! ❷尊稱有文化、有技術的人

【老師兒】lɔ˥ ʂer˨[<ʂɿ˨] 稱工匠

【老時截】lɔ˥ ·ʂɿ tɕiə˧˨ 很長一段時間:他～没來唡!

【老二】lɔ˥ ər˩ ⇨〖二的〗 ər˧˨˦ ·ti

【老的兒】lɔ˥˩ ·tier[<·ti] 泛指直系長輩:當～｜我是～,你得聽我的! ‖ 參見"小的兒 ɕiɔ˥˩ ·tier[<·ti]"

【老即子】lɔ˥˦ tɕi˧˨˦ ·tsɿ 回民商販暗語,數詞十

【老鸨子】lɔ˥ pu˥˩ ·tsɿ 通稱戲曲舞臺上的媒婆和鸨母 ‖ 鸨,此處讀 pu˥

【老母豬】lɔ˥˦ mu˥ tʂu˨ 未經過閹割用於繁殖的母豬

【老鼠】lɔ˥˩ ·ʂu =〖耗子〗 xɔ˧˨˦ ·tsɿ 一種哺乳動物,體小尾長,門齒發達

【老姑娘】lɔ˥˩ ·ku ·ȵiaŋ 大齡未婚女子

【老虎】lɔ˥˦ xu˥ 一種猛獸,毛黄色,有黑色的斑紋。骨、血可製藥

【老虎鉗】lɔ˥˩ ·xu tɕʻiã˧˨ 用來起釘子或夾斷鐵絲等的工具,鉗口有刃

【老八】lɔ˥ pa˨ 特稱結拜的兄弟 ‖ 參見"八兄弟 pa˨ ɕyŋ˨˦ ti˩"

【老媽子】lɔ˥ ma˨˩ ·tsɿ 舊稱女僕

【老媽媽嘴】lɔ˥ ma˨ ·ma tsuei˥ 地包天,下牙包在上牙外的嘴

【老嬷嬷】lɔ˥ ma˨ ·ma 稱老年女子(略帶貶意) ‖ 嬷嬷,前字陰平在輕聲前不變調,有别於稱母親時叫"媽媽 ma˨˩ ·ma"

【老大】lɔ˥ ta˩ 稱排行第一的:俺家弟兄倆,我是～! ‖ 以下稱老二、老三、老小排行最末的

【老大一截】lɔ˥ ta˩ i˨ tɕiə˧˨ 好大一會兒,好大一陣子:他去了有～唡!

【老大不小的】lɔ˥ ta˩ pu˩ ɕiɔ˥˩ ·ti 指年齡已不小:～個人唡,還麽也不會幹!

【老唡】lɔ˥˩ ·lia =〖不在唡〗 pu˨˦ tsɛ˨˦ ·lia 諱稱年長的人死了

【老家】lɔ˥ tɕia˨ ❶原籍:俺～是榮成 ❷故鄉的家庭:他～還有老的兒老人

【老丫頭】lɔ˥˩ ·ia ·tʻou 回民稱老姑娘

【老鴰】lɔ˥˩ ·kua =〖黑老鴰〗 xei˨˦ lɔ˥˩ ·kua 烏鴉

【老鴰窩】lɔ˥˩ ·kua və˨ 烏鴉巢

【老婆兒梨】lɔ˥ pʻər˧˨[<pʻə˧˨] li˧˨ ⇨〖洋

174 lɔ˥ 老

梨〗iaŋ˦˨ li˦˨

【老婆】lɔ˥˨˧ ·p'ə ＝〖家裏(的)〗tɕia˨˩˧ ·ȵi(或·li)(·ti) 妻

【老末兒】lɔ˥ mər˩［<mə˩］＝〖老小〗lɔ˥˦ ɕiɔ˥ 排行最小的一個

【老麼實兒的】lɔ˥˨˧ ·mə ʂer˨˩˧［<ʂʅ˦˨］·ti 老老實實的(多用於對晚輩小孩)：～，别搗亂！|你～呆着，别出去！|～，别插嘴！‖實，單字音 ʂʅ˦˨，此處陰平

【老些】lɔ˥ ɕiə˩ 許多：街上～人！

【老爺爺兒】lɔ˥˦ iə˦˨˥ ·iər［<iə˦˨］口語裏指冬天的太陽

【老爺爺】lɔ˥ iə˦˨˥ ·iə 曾祖父

【老爺地兒】lɔ˥˨˧ ·iə tier˩［<ti˩］口語裏指冬天的時候太陽能照到的地方

【老絶户】lɔ˥˦ tɕyə˦˨˥ xu˩ ＝〖絶户〗tɕyə˦˨˥ xu˩ 没有兒子的家庭

【老外】lɔ˥ vɛ˩ 外國人‖新詞

【老太太】lɔ˥˦ t'ɛ˩˥ ·t'ɛ 尊稱老年女子

【老奶奶】lɔ˥ nɛ˥˨˧ ·nɛ 曾祖母

【老來少】lɔ˥ lɛ˦˨ ʂɔ˩ 特指菜豆的一個品種，豆莢肉厚色發白，豆粒較大，燒煮後發麵

【老街坊】lɔ˥ tɕiɛ˨˩˧ ·faŋ 老鄰居

【老伯】lɔ˥ pei˨˩˧ 回民稱比父親大的非親屬長輩，猶大爺、伯父

【老眉科查眼】lɔ˥˨˧ ·mei k'ə˨˩˧ ·tʂ'a iã˥ 年齡大，長相老：我都～嘛，穿這個可不行！

【老毛子】lɔ˥˦ mɔ˦˨˥ ·tsʅ 舊稱俄國人

【老道】lɔ˥ tɔ˩ 老道士

【老雕】lɔ˥ tiɔ˨˩˧ 雕，一種兇猛的大鳥，嘴鈎狀

【老頭兒】lɔ˥ t'our˦˨［<t'ou˦˨］老年男子(含親熱意)

【老頭子】lɔ˥˦ t'ou˦˨˥ ·tsʅ ❶老年男子(略帶貶意) ❷下象棋時稱將和帥

【老壽星】lɔ˥˦ ʂou˩˥ ·ɕiŋ ⇨〖壽星〗ʂou˩˥ ·ɕiŋ

【老牛】lɔ˥ ȵiou˦˨ ＝〖天牛〗t'iã˨˩˧ ȵiou˦˨ 一種昆蟲，對農作物有害

【老牛筋】lɔ˥ ȵiou˦˨ tɕiŋ˨˩˧ 香蒲地下根塊上長的根鬚，可以吃

【老牛拽】lɔ˥˨˧ ·ȵiou tʂue˩ ⇨〖趴古蹲〗p'a˨˩˧ ·ku tuẽ˨˩˧

【老板】lɔ˥˦ pã˥ ❶私營工商業的財産所有者 ❷對戲曲名演員或組織戲班的演員的尊稱

【老板魚】lɔ˥˦ pã˥ y˦˨ 一種海魚，身體扁形，黑褐色

【老板娘】lɔ˥˦ pã˥ ȵiaŋ˦˨ 老板的妻子

【老伴兒】lɔ˥ per˩［<pã˩］老年人稱配偶

【老旦】lɔ˥ tã˩ 戲曲角色，扮演老年婦女

【老桿】lɔ˥˦ kã˥ ⇨〖鄉下老桿〗ɕiaŋ˨˩˧ ·ɕia lɔ˥˦ kã˥‖也説"老桿兒 lɔ˥˦ ker˥"

【老便】lɔ˥ piã˩ 指身着便衣執行任務的軍人、警察等‖這是某些人説的一種黑話

【老麵頭】lɔ˥ miã˩ t'ou˦˨ 在發麵中留出的一小塊，作爲下次發麵的引子

【老電】lɔ˥ tiã˩ ＝〖電光(頭)〗tiã˩ kuaŋ˨˩˧ (t'ou˦˨) 光頭或秃頭：他剃了個～|從那邊兒來個～，頭秃的一根也没有嘛

【老天爺】lɔ˥ t'iã˨˩˧ iə˦˨ ＝〖天爺爺〗t'iã˨˩˧ iə˦˨˥ ·iə 迷信的人稱天上主宰一切的那個神，現常用來表示驚嘆

【老年得子】lɔ˥ ȵiã˧ tei˨˩ tsʅ˥ 年紀大了以後才生孩子

【老先生】lɔ˥ ɕiã˨˩˦ ·ʂəŋ 尊稱有文化的老年人

【老蒜】lɔ˥ suã˨˩ 指抽了蒜薹十八天以後刨出的蒜，蒜頭散開：△打了蒜薹十八天放～！

【老鼋】lɔ˥ yã˧ ⇨〖鱉〗 piə˨˩

【老人節】lɔ˥ ʐẽ˧ tɕiə˨˩ 濟南定農曆九月九日重陽爲老人節，屆時慰問老人或組織老人進行登千佛山的活動

【老人】lɔ˥˦ ·ʐẽ（或 lɔ˥ ʐẽ˧）❶老年人 ❷稱上了年紀的父母或祖父母

【老林】lɔ˥ liẽ˧ 祖墳和祖墳所在地

【老丈人】lɔ˥ tʂaŋ˨˩˦ ·ʐẽ ⇨〖丈人〗 tʂaŋ˨˩˦ ·ʐẽ

【老兩口兒】lɔ˥˦ liaŋ˥˦ k'our˥ [<k'ou˥] 老年夫妻

【老薑】lɔ˥ tɕiaŋ˨˩ ＝〖薑母子〗 tɕiaŋ˨˩˦ mu˥˦ ·tsʅ 在上面長出新薑的薑塊

【老將】lɔ˥ tɕiaŋ˨˩ 象棋的一個棋子，藍色

【老將舔唡】lɔ˥ tɕiaŋ˨˩ t'iã˥˦ ·lia 象棋術語，被將吃了

【老娘婆】lɔ˥˦ ·ȵiaŋ p'ə˧ 舊稱爲人接生的婦女

【老生】lɔ˥˦ ·ʂəŋ 戲曲角色，扮演中年以上男子

【老生子】lɔ˥˦ ·ʂəŋ ·tsʅ 舊稱小兒子

【老生閨女】lɔ˥˦ ·ʂəŋ kuei˨˩˦ ·ȵy 舊稱小女兒

【老鷹】lɔ˥ iŋ˨˩ 鳶，身體黑褐色，翼大善飛，腳强健有力，有鋭利的爪：～抓小鷄

【老總】lɔ˥˦ tsuŋ˥ ❶舊社會對軍人、警察的尊稱 ❷尊稱中國人民解放軍的高級將領，多和姓連用：朱～|陳～

【老公】lɔ˥˦ ·kuŋ 舊稱太監

【老公嘴】lɔ˥˦ ·kuŋ tsuei˥ 指男性成人不生鬍的

【老兄弟們】lɔ˥ ɕyŋ˨˩˦ ·ti ·mẽ ＝〖老弟兄們〗 lɔ˥ ti˨˩˦ ·ɕyŋ ·mẽ 稱年長的兄弟們：俺～幾十年唡，一直挺投脾氣脾氣相投！|～喝一盅！‖比較"老姊妹兒們兒"，本條不兒化

【姥爺】lɔ˥˦ ·iə 外祖父

【姥娘】lɔ˥˦ ·ȵiaŋ 外祖母

【姥娘家】lɔ˥˦ ·ȵiaŋ ·tɕia 外祖母家

【嘮嘮嘮嘮嘮】lɔ˥ lɔ˥ lɔ˥ lɔ˥ lɔ˥ 喚豬聲‖另見 lɔ˨˩

【澇唡】lɔ˨˩˦ ·lia 雨水過多而使莊稼受澇

【樂陵小棗】lɔ˨˩ liŋ˧ ɕiɔ˥˦ tsɔ˥ 産於樂陵市的小棗，個小味甘甜‖參見"金絲小棗 tɕiẽ˨˩˦ sʅ˨˩ ɕiɔ˥˦ tsɔ˥"。樂，此處在山東地名中音 lɔ˨˩，另音 yə˨˩ 音～、luə˨˩ 快～

【耮】lɔ˨˩ ❶平地用的農具，使用時人踩在上面起調節作用 ❷用耮平地

【耮條】lɔ˨˩˦ ·t'iɔ 耮上的條子，使用時條子着地行進

【了】·lɔ（或 ·lə）助詞，用在動詞或形容詞後表示動作或變化已經完成，也可用於預期或假設的動作。如果動詞有賓語，賓語在"了"之後：我吃～飯唡，你吃～没有？|我喝～茶還渴！|去～一回兒|照～一張相|短～一寸|瘦～不少|他走～一會兒你就來唡！|你吃～飯再走！|把這碗飯吃～！‖"了"作表動作完成的助詞或作句末語氣詞在

北京話裏同音，都讀 ·lə。濟南讀音不同：前者老派讀 ·lɔ，新派讀 ·lə，目前新派讀音比較普遍，有人寫作嘮；後者讀 ·lia。參見"唡 ·lia"。另見 liɔ˥

tsɔ

【糟蹋】tsɔ˦˥ ·t'ã ❶浪費，損壞：別～糧食！｜好好的一樣東西，都讓你給～唡！❷詆毀，编派：你別～我！｜你別用這種話～人！‖蹋，廣韵盍韵徒盍切，在本條中讀送氣聲母而且是鼻化韵母

【糟爛】tsɔ˦˥ ·lã ❶破舊：這衣裳稜～ ❷腐爛，不結實：這木頭受了潮，都～唡！❸低劣：你這種幹活法真～！

【早】tsɔ˥ ❶早晨：～操 ❷比一定時間靠前：還～來，你急什麼？❸時間在前的：～先

【早霞】tsɔ˥ ɕia˨ 朝霞

【早退】tsɔ˥ t'uei˩ 工作、學習或參加會議未到規定時間提前離開

【早稻】tsɔ˥ tɔ˩ 插秧期比較早的稻子

【早秋】tsɔ˥ tɕ'iou˦ 初秋收穫的（農作物），如穀雨前後種的玉米、白薯等：～莊稼

【早飯】tsɔ˥ fã˩ ＝〖早晨飯〗tsɔ˥˩ ·tɕ'iẽ（或 ·tʂ'ẽ）fã˩ ＝〖早點〗tsɔ˥˦ t'iã˥ 早晨吃的一頓飯

【早晚】tsɔ˥˦ vã˥ ❶副詞，遲早：～我得買個冰箱｜～我要拾掇收拾，處置他一次 ❷或早或晚：～都成！‖重叠式"早早晚晚 tsɔ˥˦ tsɔ˥ vã˥˦ vã˥"：～我得打他一頓｜△賣棗的碰上賣碗的——～（棗棗碗碗諧音）！

【早先】tsɔ˥˩ ·ɕiã ＝〖在早先〗tsɛ˩ tsɔ˥˩ ·ɕiã 原先，從前

【早晨（起來）】tsɔ˥˩ ·tɕ'iẽ（或 ·tʂ'ẽ）（tɕ'i˥˩ ·lɛ）從天將亮到八九點鐘的一段時間 ‖ 晨，單字音 tʂ'ẽ˨，此處讀 ·tɕ'iẽ，是齊齒呼

【棗】tsɔ˥ 通稱各種乾鮮棗

【棗花蜜】tsɔ˥ xua˦˩ mi˩ 蜜蜂采棗花蜜釀成的蜂蜜

【澡堂子】tsɔ˥ t'aŋ˨˥ ·tsɿ ＝〖澡堂〗tsɔ˥ t'aŋ˨ ＝〖堂子〗t'aŋ˨˥ ·tsɿ ＝〖洗澡堂〗ɕi˥˦ tsɔ˥ t'aŋ˨ ＝〖浴室〗y˩ ʂɿ˦ 供人洗澡的營業場所

【皂角樹】tsɔ˩ tɕyə˦˩ ʂu˩ 皂莢，落葉喬木，枝上有刺，羽狀複葉，花淡黃色，結莢果

【皂角】tsɔ˩˥ ·tɕyə 皂莢樹的莢果，扁平褐色，可洗衣物

【造】tsɔ˩ ❶製作，建造：～紙｜～船 ❷捏造：～謠 ❸折騰，磨耗：抗～｜這車子騎了三年了，～的不輕唡！

【燥熱】tsɔ˩˥ ·ʐə ❶天氣乾熱 ❷人的性格不穩當：你老實點兒，別～！

【竈突】tsɔ˩ tu˨ 建造在鍋臺、炕上連接煙道的出煙口

【竈火】tsɔ˩˥ ·xuə ⇨〖鍋頭〗kuə˦ t'ou˨

【竈王爺】tsɔ˩ vaŋ˨ iə˨ 竈神：△臘月二十三，～上天；上天言好事，下界保平安

ts'ɔ

【操心】ts'ɔ˦˥ ɕiẽ˦ 費心考慮和安排：他太～唡！｜你操的什麼心？

【槽兒】ts'ɔr˨[<ts'ɔ˨] ＝〖槽子〗ts'ɔ˨˥ ·tsɿ 喂牲畜放飼料的長條形器具，多用石料鑿成，有的用厚木板製成

【槽牙】ts'ɔ˦˥ ·ia 臼齒

【草字頭兒】ts'ɔ˥˨ ·tsɿ t'our˦[<t'ou˦] 漢字偏旁，如“花”字的上部

【草紙】ts'ɔ˥˧ tʂɿ˥ 舊稱手紙

【草鷄】ts'ɔ˥ tɕi˩ ❶母鷄 ❷比喻懦弱畏縮

【草鷄兒】ts'ɔ˥˨ ·tɕier[<tɕi˩] =〖草鷄子〗ts'ɔ˥˨ ·tɕi ·tsɿ 本地鷄

【草褥子】ts'ɔ˥˧ lu˩˥ ·tsɿ 一種在布套裹裝着草的褥子

【草綠】ts'ɔ˥ ly˩ 像青草一樣綠而帶黄的顔色

【草驢】ts'ɔ˥˨ ·ly 母驢

【草魚子】ts'ɔ˥ y˦˥ ·tsɿ 草魚

【草果】ts'ɔ˥˧ kuə˥ 一種直徑一厘米左右的帶黑色的球形調料

【草藥】ts'ɔ˥˨ ·yə 中草藥，以植物爲主要藥材的中藥

【草鞋】ts'ɔ˥ ɕiɛ˦ 一種白色形似氈鞋的用葦子等編成的鞋，裏面鋪草可以禦寒‖濟南没有南方那種用稻草等編製的草鞋

【草鞋底】ts'ɔ˥ ɕiɛ˦ ti˥ 一種有許多對脚的節肢動物，即馬陸

【草莓】ts'ɔ˥ mei˦ 多年生草本植物，花托肉質，紅色多汁，味酸甜，供食用

【草葦】ts'ɔ˥˧ vei˥ 小的蘆葦

【草帽】ts'ɔ˥ mɔ˩ 用稻草等編成的遮陽或作裝飾用的帽子

【草帽子】ts'ɔ˥˧ mɔ˩˥ ·tsɿ 一種用高粱稭或葦子編成的比較粗的防雨帽

【草稿】ts'ɔ˥˧ kɔ˦ 初步寫出的文稿、畫出的畫稿：打～

【草苫子】ts'ɔ˥ tʂã˩˨ ·tsɿ 用草和繩子編製的用於鋪墊或蓋東西的物品

【草房】ts'ɔ˥ faŋ˦ =〖草屋〗ts'ɔ˥ u˩ 屋頂用穀草、麥稈等覆蓋的房子

【草筐】ts'ɔ˥ k'uaŋ˩ 盛草用的筐，比抬筐高，兩邊有兩個用作提手的圈

【草繩】ts'ɔ˥˨ ·ʂəŋ ❶用草搓起來的繩子 ❷專指一種油草繩，可作套繩用‖義項②參見“油草 iou˦˥ ·ts'ɔ”

【戳】ts'ɔ˩ 交合‖當地也寫做“肏”。另見 tʂ'uə˦

【戳你媽】ts'ɔ˩˥ ·ɳi ma˩ =〖我日媽〗və˥ ʐʅ˩ ma˩ 罵人話

【戳他的】ts'ɔ˩˥ ·t'a ·ti 罵人話

【戳弄】ts'ɔ˩˥ ·luŋ 捉弄，欺騙：這事没辦成，讓他～啊！|他～你！

sɔ

【臊】sɔ˩ 像尿或狐狸的氣味：～氣|尿～‖另見 sɔ˩

【掃墓】sɔ˥ mu˩ ⇨〖上墳〗ʂaŋ˩ fẽ˦‖掃，另見 sɔ˩

【掃角子】sɔ˥˨ ·tɕia ·tsɿ =〖巴角〗pa˩˧ tɕia˩ 一種長有青黄色毛的蟲，多長在核桃樹、蓖麻等植物上，毛掃到人的皮膚很疼：叫～掃的到處竄着疼！

【嫂子】sɔ˥˨ ·tsɿ ❶哥哥的妻子 ❷稱比自己年長的同輩已婚女子

【埽帚】sɔ˩˥ ·tʂu 竹枝紮成的用於掃場院、打掃環境等的工具，比笤帚小‖掃，另見 sɔ˥

【埽帚菜】sɔ˩˥ ·tʂu ts'ɛ˩ 地膚，一年生草本植物，葉子條形，可食用，因莖葉可做埽帚而得名

【埽帚星】sɔ˩˥ ·tʂu ɕiŋ˩ ❶彗星 ❷=〖喪門星〗saŋ˩˨ ·mẽ ɕiŋ˩ 辱罵被認爲會給家庭帶來災禍的婦女：這個娘

們是個～！｜屬～的

【臊】sɔ˩ 羞：害～｜～的慌！‖另見 sɔ˩

【臊子】sɔ˩˥ ·tsɿ 加在别的食物上的炒好的肉末或肉丁：～麵

【臊子麵】sɔ˩˥ ·tsɿ miã˩ 先炒羊肉，再加鷄蛋和作料炒好後澆在煮好撈出的麵條上，這種麵叫臊子麵。回民習慣於生小孩三天時以此款待客人

tʂɔ

【招】tʂɔ˩ ＝〖招認〗tʂɔ˩˥ zẽ˩ 罪犯承認罪狀

【招子】tʂɔ˩˥ ·tsɿ 特指綁在死囚背後的斬條

【招着】tʂɔ˩˥ ·tʂɿ ⇨〖扶着〗fu˧˥ ·tʂɿ

【招不開】tʂɔ˩ pu˩˥ k'ɛ˩ 放不下，容納不了：這缸放米～｜他家人多，住那裏～｜～媳婦嘛！

【招呼】tʂɔ˩˥ ·xu ❶用語言、動作等表示問候：這孩子没禮貌，見人從不打～！❷叫，唤：到時候可，你～我！❸照顧：孩子在你這裏住着，你多～着他！❹招架：三拳他就～不住嘛！

【招牌】tʂɔ˩ p'ɛ˧ 掛在商店門前寫明商店名稱或經售貨物的牌子

【招待】tʂɔ˩˥ tɛ˩ 對賓客或顧客給以應有的待遇

【招手】tʂɔ˩ ʂou˥ 舉手上下摇動，跟人打招呼或叫人靠向自己的動作

【招魂幡】tʂɔ˩ xuẽ˧ fã˩ 舊俗出殯時打在棺材前的窄長旗子

【招生】tʂɔ˩˥ ʂəŋ˩ 學校招收新生

【着】tʂɔ˧ ❶接觸，挨上：～邊 ❷感受，受到：～急｜～涼 ❸燃燒：～火｜點～嘛 ❹在動詞後表示達到目的、有了結果或有可能：睡～嘛｜猜～嘛｜抓～嘛｜還没找～呢！❺在"能＋動詞"後，作可能補語：能猜～猜得着｜能夠～夠得着‖義項④中的"猜着嘛"等有兩個意思：一是已經猜着了，其否定式爲"没猜着"；二是能夠猜着，猜得着，其否定式爲"猜不着"。另見 tʂuə˧、·tʂɿ

【着急】tʂɔ˧ tɕi˧ 發急，不安：有話好好說，别～！｜這事兒真叫人～！

【着家】tʂɔ˧ tɕia˩ 在家裏，到家裏：他成天不～！

【找】tʂɔ˥ ❶尋：～誰？｜～不着他！❷把超過應收的部分退還：～錢｜～零頭

【找主兒】tʂɔ˥˦ tʂur˥［<tʂu˥］舊指女子找婆家：找個主兒｜找了個主兒

【找碴兒】tʂɔ˥ tʂ'ar˧［<tʂ'a˧］找彆扭：我什麽事兒得罪你嘛，你天天～？｜你别找我的碴兒好不好

【找乜臺的】tʂɔ˥ n̥iə˩˥ ·t'ɛ ·ti 回民稱要飯的

【找着嘛】tʂɔ˥˩ ·tʂuə ·lia 找到了

【找對象】tʂɔ˥ tuei˩˥ ɕiaŋ˩ 新稱擇偶，可用於男女雙方

【笊籬】tʂɔ˩˥ ·li 用鐵絲或竹篾等編成的能漏下水的器具，有長柄，用於從滚水中撈取水餃等

【照】tʂɔ˩ ❶照射：～鏡子 ❷攝影：～相 ❸憑證：牌～｜護～ ❹看顧：～顧 ❺查對：對～ ❻依照，按照：～常上班

【照着】tʂɔ˩˥ ·tʂɿ ＝〖按着〗ŋã˩˥ ·tʂɿ 依照：～圖紙做

【照壁】tʂɔ˩˥ ·pei 舊式房子走進二門迎面而建的屏障：四合房都有～‖壁，單字音 pi˩，此處韵母讀 ei

【照片】tʂɔ˩˥ p'iã˩ ⇨〖相片〗ɕiaŋ˩˥

pʻiãɹ

【照望】tʂɔɹ˧ ·vaŋ 關照:請你～一下

【照相館兒】tʂɔɹ ɕiaŋɹ kuar˥[<kuã˥] 經營照相業的商店

【照明燈】tʂɔɹ miŋ˦ təŋɹ 舊俗喪葬時點起來放到墳裏的燈

【罩】tʂɔɹ 回民特指出喪時罩在塔布上的木罩子,上面有刻花 ‖ 參見"塔布 tʻaɹ˧ puɹ"

【罩衣】tʂɔɹ iɹ ❶罩在棉衣外的單褂 ❷專指小孩穿的後面開口的單層外衣

tʂʻɔ

【抄着手】tʂʻɔɹ˪ ·tʂʅ ʂou˥ 雙手交叉伸進袖筒

【抄手口袋】tʂʻɔɹ ʂou˥ kʻou˥˪ ·tɛ 中式上衣左右衣縫上開的可以插手的口袋

【鈔票】tʂʻɔɹ˧ pʻiɔɹ ⇨〖票子〗 pʻiɔɹ˧ ·tsɿ

【朝】tʂʻɔ˦ ❶面對着,向:～南 ❷朝代,朝廷

【朝着】tʂʻɔ˦˥ ·tʂʅ ⇨〖衝着〗 tʂʻuŋɹ˥ ·tʂʅ

【朝裏走】tʂʻɔ˦ li˥˧ tsou˥ ⇨〖往裏走〗 vaŋɹ li˥˧ tsou˥

【朝西走】tʂʻɔ˦ ɕiɹ tsou˥ ⇨〖往西走〗 vaŋɹ ɕiɹ tsou˥

【朝外走】tʂʻɔ˦ vɛɹ tsou˥ ⇨〖往外走〗 vaŋɹ˧ vɛɹ tsou˥

【朝北走】tʂʻɔ˦ peiɹ tsou˥ ⇨〖往北走〗 vaŋɹ peiɹ tsou˥

【朝回走】tʂʻɔ˦ xuei˦ tsou˥ ⇨〖往回走〗 vaŋɹ xuei˦ tsou˥

【朝南走】tʂʻɔ˦ nã˦ tsou˥ ⇨〖往南走〗 vaŋɹ nã˦ tsou˥

【朝前走】tʂʻɔ˦ tɕʻiã˦ tsou˥ ⇨〖往前走〗 vaŋɹ tɕʻiã˦ tsou˥

【朝陽】tʂʻɔ˦ iaŋ˦ =〖向陽〗 ɕiaŋɹ iaŋ˦ 向着太陽:這屋子～|～花向日葵|～街 ‖ 注意"朝陽花、朝陽街",不説"向陽花、向陽街"

【朝陽花】tʂʻɔ˦˥(或 tʂʻaŋ˦˥) ·iaŋ xuaɹ ❶向日葵 ❷舊稱葵花子:買～吃! ‖ 朝,此處又音 tʂʻaŋ˦,疑爲後字陽的韵母同化

【朝陽花稈兒】tʂʻɔ˦˥(或 tʂʻaŋ˦˥) ·iaŋ xuaɹ kɛr˥[<kã˥] 向日葵稈

【朝東走】tʂʻɔ˦ tuŋɹ tsou˥ ⇨〖往東走〗 vaŋɹ tuŋɹ tsou˥

【吵】tʂʻɔ˥ ❶聲音雜亂擾人 ❷爭吵:你兩人别～咧! ❸訓斥(多指長輩對晚輩):你快别～他,他心裏也不好受!

【吵架】tʂʻɔ˥ tɕiaɹ =〖吵嘴〗 tʂʻɔ˥˧ tsuei˥ 爭吵 ‖ 口語多説"打仗 ta˥ tʂaŋɹ"

【炒鷄子兒】tʂʻɔ˥ tɕiɹ tsɛr˥[<tsɿ˥] =〖炒鷄蛋〗 tʂʻɔ˥ tɕiɹ˧ tãɹ 把鷄蛋去殼攪碎用油炒熟的菜肴:大葱～

【炒菜】tʂʻɔ˥ tsʻɛɹ 將菜加油炒,一般不放水。也指加油炒好的菜

【炒勺】tʂʻɔ˥ ʂɔ˦ =〖炒瓢〗 tʂʻɔ˥ pʻiɔ˦ 炒菜用的鐵鍋,形似勺子

【炒麵】tʂʻɔ˥ miãɹ 煮熟後再加油和作料炒過的麵條 ‖ 另見 tʂʻɔ˥˪ ·miã

【炒麵】tʂʻɔ˥˪ ·miã 麵粉乾炒成黄色加糖,用開水沏成麵糊食用。民間於六月六日出太陽之前炒好,用於治療孩子、大人拉肚子 ‖ 另見 tʂʻɔ˥ miãɹ

180 ʂɔ˨˩˧ 捎梢稍筲燒

ʂɔ

【捎帶着】ʂɔ˨˩˧˪ ·tɛ ·tʂʅ 順便，附帶：上城裏看個朋友，～買點兒東西！

【捎信兒】ʂɔ˨˩˧˫ ɕier˩[<ɕiẽ˩] 帶信

【梢瓜】ʂɔ˨˩˧˪ ·kua 菜瓜，多用於腌製鹹菜

【稍】ʂɔ˨˩˧ 稍微：這衣裳我穿～大點兒

【稍錢兒】ʂɔ˨˩˧˪ tɕ'iɛr[<tɕ'iã˧] ⇨〖知了〗tʂʅ˨˩˧˪ ·lɔ

【稍雀兒】ʂɔ˨˩˧˪ ·tɕ'yər[<tɕ'yə˨˩˧] =〖稍綫兒〗ʂɔ˨˩˧˪ ·ɕiɛr[<ɕiã˩] 郊區稱蟬

【稍微】ʂɔ˨˩˧ vei˧ 副詞，表示數量不多或程度不深：這瓜～有點兒苦！

【稍綫皮兒】ʂɔ˨˩˧˪ ·ɕiã p'ier˧[<p'i˧] 郊區稱蟬蜕

【稍綫狗】ʂɔ˨˩˧˪ ·ɕiã kou˥ 郊區稱蟬幼蟲

【筲】ʂɔ˨˩˧ =〖水桶〗ʂuei˥˫ t'uŋ˥ 盛水器具，用鐵皮等製成：使用～挑水｜一～水

【筲底】ʂɔ˨˩˧ ti˥ 桶底

【燒】ʂɔ˨˩˧ ❶着火：木頭～起來唡 ❷加熱使物體發生變化：把水～開了｜～磚 ❸烹調方法：紅～｜～鷄 ❹發燒：退～｜這孩子夜來～到 40℃，嚇的我不輕！❺頭腦發熱忘乎所以：剛當了廠長，～的那個樣！｜錢多了～的你！‖義項⑤參見"燒包 ʂɔ˨˩˧˫ pɔ˨˩˧"

【燒紙】ʂɔ˨˩˧ tʂʅ˥ 迷信的人給鬼神燒紙錢

【燒鷄】ʂɔ˨˩˧˫ tɕi˨˩˧ 紅燒的整鷄

【燒鷄大窩脖兒】ʂɔ˨˩˧˫ tɕi˨˩˧ ta˩ və˨˩˧ pər˧[<pə˧] =〖窩脖兒〗və˨˩˧ pər˧[<pə˧] 比喻碰釘子：吃了個～！｜我給他囉囉說半天，他給了我個～！‖濟南的燒鷄，都是使鷄脖子彎起把鷄頭塞進腹腔裏的

【燒土】ʂɔ˨˩˧ t'u˥ 一種發紅的用來和煤作燃料的土

【燒螞角】ʂɔ˨˩˧˪ ·ma tɕia˨˩˧ 一種青綠色、翅膀很長的蝗蟲

【燒火】ʂɔ˨˩˧ xuə˥ 使柴草等燃燒（多指炊事）：～做飯

【燒火紙】ʂɔ˨˩˧ xuə˥˫ tʂʅ˥ 點燃火紙祭祀祖先 ‖ 參見"發黄表紙 fa˨˩˧ xuaŋ˧ piɔ˥˫ tʂʅ˥"

【燒火棍】ʂɔ˨˩˧ xuə˥ kuẽ˩ 用來通火的棍子

【燒麥】ʂɔ˨˩˧˫ mei˩ 燒賣，一種用薄的燙麵皮包餡兒的食品，蒸熟後食用

【燒水】ʂɔ˨˩˧ ʂuei˥ 加熱使容器中的水變熱或沸騰

【燒包】ʂɔ˨˩˧˫ pɔ˨˩˧ 因某種原因得意，賣弄：你别～噢！｜你看～的個他！｜你忒～唡！‖一般在用作動詞時"包"不讀輕聲，如第一例句；用作形容詞時讀輕聲，如第二、三兩例句。參見"燒⑤"。也説"燒包兒 ʂɔ˨˩˧˪ pɔr˨˩˧"

【燒酒】ʂɔ˨˩˧ tɕiou˥ ⇨〖白酒〗pei˧ tɕiou˥

【燒香】ʂɔ˨˩˧˫ ɕiaŋ˨˩˧ 把香點着放在香爐中：～拜佛

【燒餅鋪】ʂɔ˨˩˧ piŋ˥ p'u˩ 專門製作燒餅出售的店

【燒餅】ʂɔ˨˩˧˪ ·piŋ ❶烤熟的發麵餅 ❷回民特製的一種發麵加芝麻等反貼在鏊子上烙成的餅。常於辦喪事時送給親友，或用三十個於人臨死時摸一下後散給街上小孩或乞丐 ‖ 漢民燒餅、火燒基本混同；回民不同，參見"火燒 xuə˥˪ ·ʂɔ"

【勺子】ʂɔ˧˦˥ ·tsɿ 一種有柄的可以舀東西的用具

【韶叨】ʂɔ˧˦˥ ·tɔ ❶傻里傻氣：這孩子有點兒～，什麼也不懂！❷囉唆：我聽懂嘛，别～過來～過去的！

【少】ʂɔ˥˥ ❶多少的少，指數量少 ❷缺少，不夠：～來了兩個人 ❸丢失：你不鎖門家裏～了東西可！❹短時間：你～等一會兒！‖另見 ʂɔ˨˩

【少調失教】ʂɔ˥˥ t'iɔ˧˦ ʂɿ˨˩˦ tɕiɔ˨˩ 缺乏教養：這人真～啊！

【少】ʂɔ˨˩ 年紀輕的：青～年｜～先隊‖另見 ʂɔ˥˥

【少白頭】ʂɔ˨˩ pei˧˦ t'ou˧˦ 年紀不大而有了白髮。也指少年白了頭髮的人

【潲】ʂɔ˨˩ ❶雨斜着下：～雨 ❷某些魚蟲或昆蟲産卵：蛐蛐～子兒嘛！

【潲穀】ʂɔ˨˩ ku˨˩˦ ＝〖掐穀穗〗 tɕ'ia˨˩˦ ku˨˩˦ suei˨˩ 穀子從地裏割下後，先垛成垛子，等乾了以後再在倒置的鐮刀上切下穗子，叫潲穀‖參見“割穀子 kə˨˩˦ ku˨˩˨ ·tsɿ”

kɔ

【高】kɔ˨˩˦ ❶高低的高，指從上到下距離大的、離地面遠的、等級在上的、價錢大的等 ❷高度：身～一米六五

【高低】kɔ˨˩˦ ti˨˩˦ 副詞，無論如何，怎麼也（多用於否定）：他～不來｜～不幹！

【高低櫥】kɔ˨˩˦ ti˨˩˦ tʂ'u˧˦ 一頭高一頭低的櫥子

【高麗棒子】kɔ˨˩˨ ·li paŋ˨˩˥ ·tsɿ 舊時對朝鮮人的蔑稱

【高裏下】kɔ˨˩˨ ·ɲi ·ɕia 從高處説：～多麼高？｜～有三丈來的！

【高組合】kɔ˨˩˦ tsu˥˥˨ ·xə 成套的組合高櫥，上面一層是箱子

【高壓鍋】kɔ˨˩˦ ia˨˩ kuə˨˩˦ 一種用膠圈密封使食物快速熟爛的合金鍋

【高血壓】kɔ˨˩˦ ɕiə˨˩˦ ia˨˩˦ 成年人的動脈血壓超過正常的病症

【高腳杯】kɔ˨˩˦ tɕyə˨˩˦ pei˨˩˦ 一種盛酒用的玻璃杯，杯下有較高的腳，腳下有一圓片爲底

【高蹺】kɔ˨˩˦ tɕ'iɔ˨˩˦ 一種民間舞蹈用具，是裝有踏板的兩根木棍，表演者踩在上面邊走邊表演：踩～

【高粱】kɔ˨˩˦ liaŋ˧˦ ＝〖秫秫〗 ʂu˧˦˥ ·ʂu 一種糧食作物，子實紅褐色：～米

【高粱飴】kɔ˨˩˦ liaŋ˧˦ i˧˦ 一種以高粱爲原料製成的飴糖，是山東特産

【高凳】kɔ˨˩˦ təŋ˨˩ 一種很高的凳子，一般三條腿，常用於登高粉刷房子等

【膏】kɔ˨˩˦ ❶用於書面語，指油脂：民脂民～ ❷糊狀物：牙～｜藥～‖另見 kɔ˨˩

【膏藥】kɔ˨˩˨ ·yə 一種在布、紙或皮的一面塗有膠狀藥物的外用中藥

【搞對象】kɔ˥˥ tuei˨˩ ɕiaŋ˨˩ ⇨〖談對象〗 t'ã˧˦ tuei˨˩ ɕiaŋ˨˩

【稿子】kɔ˥˥˨ ·tsɿ 寫成的文稿：他那～發表嘛！｜這～內容不錯！

【稿紙】kɔ˥˥˦ tʂɿ˥˥ 供寫稿用的印有小方格、行與行之間留有空隙的紙

【篙】kɔ˥˥ 撑船的竹竿或木桿‖篙，濟南上聲，北京陰平

【鎬】kɔ˥˥ 刨土用具

【告示】kɔ˨˩˥ ·ʂɿ ❶布告：安民～ ❷用布告的形式普遍通告

【告假】kɔ˨˩ tɕia˨˩ ⇨〖請假〗 tɕ'iŋ˥˥ tɕia˨˩

【告（狀）】kɔ˨˩ （tʂuaŋ˨˩） ❶當事人請求

司法機關審理某一案件 ❷向某人的上級或長輩訴説這個人的不是

【告頌】kɔ˨˩˥ ·suŋ 告訴：～奶奶，你得了幾個小紅花！｜我～你個事兒！

【膏】kɔ˨˩ 向車軸等經常轉動的機器上加潤滑油：～油 ‖ 另見 kɔ˨˩

【膏筆】kɔ˨˩ pei˨˩˧ 掭筆

k'ɔ

【考試】k'ɔ˥ ʂʅ˨˩ 檢查知識技能的一種方式，有筆試、口試、現場作業等方式：期末～

【考糊啢】k'ɔ˥ xu˥˧˥ ·lia 考糊，跟烤煳同音，指考試失敗

【考慮】k'ɔ˥ ly˨˩ 思索 ‖ 連用式“考慮考慮 k'ɔ˥ ly˨˩ k'ɔ˥ ly˨˩”：這事兒你再～

【考卷兒】k'ɔ˥ tɕyɛr˨˩［<tɕyã˨˩］ ⇨〖卷子〗 tɕyã˨˩˥ ·tsʅ

【考場】k'ɔ˥˦ tʂ'aŋ˥ 考試的場所

【拷打】k'ɔ˥˨ ·ta 打（指用刑）

【烤地瓜】k'ɔ˥ ti˨˩ kua˨˩˧ 烤白薯

【烤火】k'ɔ˥˦ xuə˥ 靠近火取暖

【烤煙】k'ɔ˥ iã˨˩˧ 經過烤製的煙，可切成煙絲做香煙，也可弄碎抽旱煙

【犒勞】k'ɔ˨˩˥ ·lɔ 用酒食慰勞 ‖ 連用式“犒勞犒勞 k'ɔ˨˩˥ ·lɔ k'ɔ˨˩˥ ·lɔ”

【銬起來】k'ɔ˨˩˥ ·tɕ'i ·lɛ 給犯人戴上手銬：把他～！

【靠】k'ɔ˨˩ ❶倚靠：～背｜～在牆上 ❷挨近：～攏｜～岸 ❸依靠：～工資過日子｜這事兒全～你啢！ ❹信賴：可～｜這人～不住

【靠】k'ɔ˨˩ 見“靠 k'ə˨˩”

【靠着】k'ɔ˨˩˥ ·tʂʅ ＝〖貼着〗 t'iə˨˩˦ ·tʂʅ 緊挨着：～馬路邊兒走

【靠的傷】k'ɔ˨˩˥ ·ti ·ʂaŋ ＝〖靠的慌〗 k'ɔ˨˩˥ ·ti ·xuaŋ（或 ·xaŋ） 長期缺乏油水想吃葷腥食品：在學校～，回家特别饞！ ‖ 口語多説“靠的傷”

【靠裏裏】k'ɔ˨˩ li˥˨ ·li 見“靠裏裏 k'ə˨˩ li˥˨ ·li”

【靠背】k'ɔ˨˩˨ pei˨˩ 椅子、沙發等供人的背部倚靠的地方

【靠勺】k'ɔ˨˩ ʂɔ˦ 可靠，多用於否定：你這句話太不～！｜他辦事不～！｜～不～還得再看看！

【靠藍】k'ɔ˨˩ lã˦ ⇨〖鋼靠藍〗 kaŋ˨˩˦ k'ɔ˨˩ lã˦

【靠邊兒】k'ɔ˨˩ piɛr˨˩［<piã˨˩］ 靠到邊上：～站站！｜～站 比喻失去權力

【靠邊兒站站】k'ɔ˨˩ piɛr˨˩［<piã˨˩］ tʂã˨˩˥ ·tʂã 請靠邊站

ŋɔ

【嗷嗷】ŋɔ˨˩˦ ŋɔ˨˩ ❶叫喊聲：你别這麼～的叫！ ❷大聲哭：～的哭

【嗷嗷的叫】ŋɔ˨˩˦ ŋɔ˨˩˨ ·ti tɕiɔ˨˩ 大聲地叫

【嗷嚎】ŋɔ˨˩˨ ·xɔ 叫喚，吵鬧：人家都睡覺啢，你～麼？

【熬】ŋɔ˨˩ 把糧食或菜放在水裏煮的烹飪方法：～白菜｜～稀飯 ‖ 另見 ŋɔ˦

【熬夜】ŋɔ˦ iə˨˩ 通宵或深夜不睡覺 ‖ 熬，另見 ŋɔ˨˩

【熬藥】ŋɔ˦ yə˨˩ ＝〖煎藥〗 tɕiã˨˩˦ yə˨˩ 把配好的中藥加水放在藥鍋裏久煮

【襖】ŋɔ˥ 有裏子的上衣：棉～

【鏊子】ŋɔ˨˩˥ ·tsʅ 用於烙製麵餅等的炊具，平面圓形，中間稍凸，使用時一般支在磚頭上，下面燒草、鉋花等 ‖ 用鏊

子做餅,動詞用"擀 kã˥"

xɔ

【薅】xɔ˧˩ 用手拔草、毛等

【薅巴】xɔ˧˩˨ ·pa 用手拔草或毛:把毛給~光唡‖連用式"薅巴薅巴 xɔ˧˩˨ ·pa xɔ˧˩˨ ·pa":~地上那草!

【薅草】xɔ˧˩ ts'ɔ˥ =〖拔草〗pa˥˧ ts'ɔ˥ 拔除地裏的雜草

【薅苗】xɔ˧˩ miɔ˥˧ =〖拔苗〗pa˥˧ miɔ˥˧ =〖間苗〗tɕiã˨˩ miɔ˥˧ 拔去多餘的禾苗

【毫繫】xɔ˥˧˦ ·ɕi ⇨〖秤毫〗tʂ'əŋ˨˩ xɔ˥˧

【壕】xɔ˥˧ 壕溝:城外邊兒有一道~

【嚎】xɔ˥˧ 大聲哭

【好】xɔ˥ ❶好壞的好,指優點多的,使人滿意的:~人~事 ❷完成:衣裳做~唡! ❸友好,和睦:他倆挺~! ❹身體健康,病痊愈:你挺~的罷!|病~唡! ❺表示贊許、應允、結束等語氣:~,我同意唡!|~,散會! ❻很,表示驚訝的語氣:~大個魚!

【好日子】xɔ˥˦ ʐʅ˨˩˦ ·tsʅ 擇定的結婚的日子‖回民認爲星期五是吉祥的日子,婚期一般定在這一天

【好比】xɔ˥˦ pi˥ 如同,譬如:~說他罷,個子不小,没力氣!

【好利索唡】xɔ˥ li˨˩˦ ·suə ·lia (病)徹底好了

【好幾】xɔ˥˦ tɕi˥ ❶用在數量詞或時間詞前面表示多:~十|~萬|~倍|~個人|~千塊錢|~百斤炭|~天 ❷用在整數後面表示有較多的零數:十~個

【好意】xɔ˥ i˨˩ 出於好心:他~來看你,你還不點理睬他!

【好一些】xɔ˥˨ ·i ·ɕiə 好一點兒

【好處】xɔ˥˨ ·tʂ'u ❶對人或事物有利的因素:抽煙對身體一點~也没有! ❷(得到)實惠:這事兒我得了什麼~唡?

【好些個】xɔ˥ ɕiə˧˩˨ kə˨˩ =〖好多個〗xɔ˥ tuə˧˩˨ kə˨˩ 許多個

【好歹】xɔ˥˦ tɛ˥ 危險(多指危及生命的):你要有個~,這一家人靠着誰呢?

【好歹的】xɔ˥˦ tɛ˥˨ ·ti 副詞。❶終於,總算:~把這個事兒辦成唡! ❷不論怎樣:~吃兩口!‖重叠式"好好歹歹的 xɔ˥˦ xɔ˥ tɛ˥ tɛ˥˨ ·ti":你~把這個事兒幹完了算完!

【好受】xɔ˥ ʂou˨˩ 感到愉快,舒服

【好看】xɔ˥ k'ã˨˩ 美觀‖泛稱,可以指人、動植物等各種看着舒服的東西

【好點兒唡】xɔ˥˦ tier˥˨[<tiã˥˨] ·lia ⇨〖見輕〗tɕiã˨˩ tɕ'iŋ˧˩

【好天】xɔ˥ t'iã˧˩ ⇨〖晴天〗tɕ'iŋ˥˧ t'iã˧˩

【好生】xɔ˥˨ ·ʂẽ(或 ·ʂəŋ) 副詞,好好兒地:~着‖生,單字音 ʂəŋ˧˩,此處口語習慣讀 ẽ 韵母

【耗子】xɔ˨˩˦ ·tsʅ ⇨〖老鼠〗lɔ˥˨ ·ʂu

【耗子藥】xɔ˨˩˦ ·tsʅ yə˨˩ 滅鼠藥

【號】xɔ˨˩ ❶名稱:外~ ❷標志,信號:記~|暗~ ❸表示等級:頭~|大~|小~ ❹軍隊、樂隊用的西式喇叭或用以吹出的有一定含義的聲音:軍~|起牀~ ❺用在數字後表示排定的次序或公曆一個月裏的日子:山大路 27~|二月十~

【號脈】xɔ˨˩ mei˨˩ 診脈

iɔ

piɔ

【標信紙】piɔ˨˩ ɕiẽ˨˩ tʂʅ˥˥ 一種薄而軟的近似黄表紙的紙，但並不作祭祀天地用，可用於寫字等，打錫壺時用作襯紙

【表姊妹（們兒）】piɔ˥˥˦ tsʅ˥˥˨ ·mei（·mer[<·mẽ]）通稱姑表姊妹和姨表姊妹

【表弟】piɔ˥˥ ti˨˩ ＝〖表弟弟〗piɔ˥˥˦ ti˨˩˦ ·ti 稱中表關係中年齡小於自己的同輩男子

【表弟媳】piɔ˥˥ ti˨˩ ɕi˨˩ 表弟的妻子

【表哥】piɔ˥˥ kə˨˩ ＝〖表哥哥〗piɔ˥˥ kə˨˩˨ ·kə 稱中表關係中年齡大於自己的同輩男子

【表姐】piɔ˥˥˦ tɕiə˥˥ ＝〖表姐姐〗piɔ˥˥ tɕiə˥˥˨ ·tɕiə 稱中表關係中年齡大於自己的同輩女子

【表姐夫】piɔ˥˥ tɕiə˥˥˨ ·fu 表姐的丈夫

【表妹】piɔ˥˥ mei˨˩ ＝〖表妹妹〗piɔ˥˥˦ mei˨˩˦ ·mei 稱中表關係中年齡小於自己的同輩女子

【表妹夫】piɔ˥˥˦ mei˨˩˨ ·fu 表妹的丈夫

【表嫂】piɔ˥˥˦ sɔ˥˥ 表哥的妻子

【表兄弟】piɔ˥˥ ɕyŋ˨˩˦ ti˨˩ 通稱姑表兄弟和姨表兄弟 ‖ 也説"表兄弟兒 piɔ˥˥ ɕyŋ˨˩˦ tiər˨˩"

【裱糊鋪】piɔ˥˥˨ ·xu p'u˨˩ 裱糊字畫的鋪子

【錶袋兒】piɔ˥˥ tɛr˨˩[<tɛ˨˩] 西式褲子腰部放錶的口袋

p'iɔ

【漂白】p'iɔ˨˩ pei˥˧ ❶用水加藥品使帶顔色的物體變白：～粉 ❷經過漂白的白色：～布 ‖ 漂，此處濟南讀陰平，北京是上聲 ˓p'iɑu。另見 p'iɔ˨˩

【漂白布】p'iɔ˨˩ pei˥˧ pu˨˩ 經過漂白的機織白色布

【瓢】p'iɔ˥˧ 用匏瓜對半剖開而成的用於舀水、挖取麵粉等的器具

【瓢偏】p'iɔ˥˧˦ ·p'iã ⇨〖翹偏〗tɕ'iɔ˥˧˦ ·p'iã

【票子】p'iɔ˨˩˦ ·tsʅ ＝〖鈔票〗tʂ'ɔ˨˩˦ p'iɔ˨˩ 紙幣

【漂亮】p'iɔ˨˩˦ ·liaŋ ❶好看，美觀 ❷出色：這字寫的真～！ ‖ 重叠式"漂漂亮亮的 p'iɔ˨˩˦ ·p'iɔ ·liaŋ ·liaŋ ·ti"。漂，另見 p'iɔ˨˩

miɔ

【喵】miɔ˨˩（或 miɔ˥˥）貓叫聲：小貓～～的叫

【苗細】miɔ˥˧˦ ·ɕi 細，瘦弱：這凳子腿忒～，不撑勁兒！｜你買的鏟子忒～，不擱使！｜這閨女長的忒～！ ‖ 重叠式"苗苗細細的 miɔ˥˧˦ ·miɔ ·ɕi ·ɕi ·ti"：這妮兒～挺俊！

【苗圃】miɔ˥˧ p'u˥˥ 培育樹木幼株或某些農作物幼苗的園地

【苗頭兒】miɔ˥˧˦ ·t'our[<t'ou˥˧] 比喻剛開始露出的事情發展的趨勢或情況：

這個～不對! |這事兒剛有點兒～

【描紅】miɔ˧ xuŋ˧ 紅模子

【廟】miɔ˩ ❶舊時供祖宗神位的房子：家～ ❷供神佛或歷史上有名人物的建築：城隍～|岳王～

【廟會】miɔ˩꜔ xuei˩ 設在寺廟裏面或周圍的集市：趕～

tiɔ

【屌】tiɔ˥ 男陰，常用於駡人

【屌毛】tiɔ˥ mɔ˧ 男子陰毛

【吊子】tiɔ˩꜔ ·tsɿ ⇨〖藥吊子〗 yə˩ tiɔ˩꜔ ·tsɿ

【吊死鬼兒】tiɔ˩꜔ ·sɿ kuer˥[<kuei˥] 尺蠖，一種小蟲，行動時身體向上彎成弧狀

【吊皮襖】tiɔ˩ p‘i˧ ŋɔ˥ 縫製毛皮衣服

【吊起來打】tiɔ˩꜔ ·tɕ‘i ·lɛ ta˥ 一種刑罰

【吊邪風】tiɔ˩ ɕiə˧ fəŋ˨˦ 面部半癱，嘴眼歪斜的病：得了～盡着總是治不好!

【吊蘭】tiɔ˩ lã˧ 多年生草本常綠觀賞花卉，莖倒垂，末端長細條形綠葉

【吊扇】tiɔ˩ ʂã˩ 吊在屋子天花板上的電扇

【吊問】tiɔ˩꜔ ·vẽ 人死後，親友到死者家中慰問親屬、哀悼死者

【吊窗】tiɔ˩꜔ ·tʂ‘uaŋ ⇨〖死窗户〗 sɿ˥ tʂ‘uaŋ˨˦꜖ ·xu

【掉字兒】tiɔ˩ tser˩[<tsɿ˩] ⇨〖落字兒〗 la˩ tser˩[<tsɿ˩]

【掉嘛】tiɔ˩꜔ ·lia ❶掉落，遺失了：拿好，别～! |手套～ ❷指流產

【掉下□來嘛】tiɔ˩꜔ ·ɕia t‘uẽ˩꜔ ·lɛ ·lia 回民稱子宫脱垂

【掉了地下嘛】tiɔ˩꜔ ·lə ti˩꜔ ·ɕia ·lia ＝〖掉地下嘛〗 tiɔ˩ ti˩꜔ ·ɕia ·lia ＝〖掉了地上嘛〗 tiɔ˩꜔ ·lə ti˩꜒ ·ʂaŋ ·lia ＝〖掉地上嘛〗 tiɔ˩ ti˩꜔ ·ʂaŋ ·lia 掉在地上了

【掉叠肚】tiɔ˩ tiə˧꜒ ·tu 脱肛 ‖ 患者多小兒

【掉頭髮】tiɔ˩ t‘ou˧꜒ ·fa ＝〖脱髮〗 t‘uə˨˦꜔ fa˨˦ 頭髮從頭上脱落

【掉點兒嘛】tiɔ˩ tiɛr˥꜖[<tiã˥] ·lia 開始有雨點落下

【掉(眼)淚】tiɔ˩ (iã˥) luei˩ ⇨〖流(眼)淚〗 liou˩ (iã˥) luei˩

【掉向】tiɔ˩ ɕiaŋ˩ 迷失方向

【釣魚】tiɔ˩ y˧ 用餌誘魚上鈎

【釣魚竿兒】tiɔ˩ y˧ kɛr˨˦[<kã˨˦] 釣魚用的竿子

【窵遠】tiɔ˩ yã˥ 偏遠：你住的地方太～嘛，輕易去不了! ‖ 窵，廣韵嘯韵多嘯切："窵窅深也"

t‘iɔ

【挑】t‘iɔ˨˦ ❶挑選：你要哪個？自己～! ❷挑剔：～毛病 ❸用肩擔：～水 ‖ 另見 t‘iɔ˥

【挑刺兒】t‘iɔ˨˦꜔ ts‘er˩[<ts‘ɿ˩] ＝〖挑眼兒〗 t‘iɔ˨˦ iɛr˥[<iã˥] 挑剔：小姑子好～|算嘛，别～嘛!

【挑夫】t‘iɔ˨˦꜔ fu˨˦ 以肩挑貨物、行李等搞運輸爲生的人：泰山～

【挑八根繫兒的】t‘iɔ˨˦ pa˨˦꜔ kẽ˨˦꜔ ɕier˩꜔[<ɕi˩] ·ti ＝〖挑繫兒的〗 t‘iɔ˨˦ ɕier˩꜔[<ɕi˩] ·ti 挑着擔子走動出售貨物的人 ‖ 參見"八根繫兒 pa˨˦꜔ kẽ˨˦꜔ ɕier˩[<ɕi˩]"

【挑水】t‘iɔ˨˦ ʂuei˥ ＝〖擔水〗 tã˨˦ ʂuei˥

用扁擔肩挑水桶運水

【挑挑子】t'iɔ˨˩˧˧ t'iɔ˨˩˧˩ ·tsɿ ＝〖擔擔子〗tã˨˩˧ tã˨˩˥ ·tsɿ 挑擔子

【挑了賣了】t'iɔ˨˩˧ liɔ˥ mɛ˨˩ liɔ˥ 商品由顧客自己挑選直到賣完爲止

【條几】t'iɔ˦˨ tɕi˨˩˧ 一種高出八仙桌的窄長條案，用於擱置座鐘、帽筒、瓷墁子等雜物，放在正房北牆前，前面有八仙桌和太師椅 ‖ 也說"條几兒 t'iɔ˦˨ tɕier˨˩˧"

【條桌】t'iɔ˦˨˥ ·tʂuə 長條形的桌子，放在靠山牆的地方

【條钁】t'iɔ˦˨ tɕyə˨˩˧ 一種較窄的钁，用於挖土收獲白薯、蒜、胡蘿蔔等作物 ‖ 參見"板钁 pã˥ tɕyə˨˩˧"

【笤帚】t'iɔ˦˨˥ ·tʂu 用去粒的高粱穗等綁成的清掃垃圾的用具

【調皮】t'iɔ˦˨ p'i˦˨ 頑皮：～搗蛋

【調畦】t'iɔ˦˨ ɕi˦˨ 一種平整畦子的勞作

【調唆】t'iɔ˦˨˥ ·suə 教唆：你別～小孩兒說瞎話謊言

【調解】t'iɔ˦˨ tɕiɛ˥ 勸說雙方消除糾紛

【調料】t'iɔ˦˨˥ ·liɔ ⇨〖佐料〗tsuə˥ liɔ˨˩

【調教】t'iɔ˦˨˥ tɕiɔ˨˩ 調理教育：這孩子難～着話來

【調餡兒】t'iɔ˦˨ ɕiɛr˨˩[<ɕiã˨˩] 把剁好的肉、菜等加作料攪拌，用作包子或餃子的餡兒

【調羹】t'iɔ˦˨ kəŋ˥ ＝〖小勺兒〗ɕiɔ˥ ʂɔr˦˨[<ʂɔ˦˨] 羹匙 ‖ 羹，聲調上聲

【調埂子】t'iɔ˦˨ kəŋ˥˩ ·tsɿ ＝〖調溝子〗t'iɔ˦˨ kou˨˩˧˩ ·tsɿ 挖溝並培土成埂的勞作

【挑撥離間】t'iɔ˥ pə˨˩˧ li˦˨ tɕiã˨˩˧ 挑撥使人不和 ‖ 挑，此處讀上聲。另見 t'iɔ˨˩˧

【跳舞】t'iɔ˨˩ u˥ ❶舞蹈 ❷跳交際舞

【跳馬】t'iɔ˨˩ ma˥ ⇨〖走馬〗tsou˥˩ ma˥

【跳大神兒】t'iɔ˨˩˥ ·ta ʂer˦˨[<ʂẽ˦˨] ＝〖下神〗ɕia˨˩ ʂẽ˦˨ 女巫或巫師裝出鬼神附體的樣子亂跳亂舞，迷信的人以爲這能驅鬼治病

【跳河】t'iɔ˨˩ xə˦˨ ＝〖投河〗t'ou˦˨ xə˦˨ 指跳到河裏自盡

【跳水】t'iɔ˨˩ ʂuei˥ 一種水上體育運動

【跳高】t'iɔ˨˩ kɔ˨˩˧ 田徑運動的一種

【跳（猴）皮筋兒】t'iɔ˨˩ （xou˦˨） p'i˦˨ tɕier˨˩˧[<tɕiẽ˨˩˧] 一種女童游戲，將有鬆緊的長條橡皮筋等兩頭固定並使高出地面若干，人在中間跳出各種花樣，邊跳邊唱

【跳遠】t'iɔ˨˩ yã˥ 田徑運動的一種

【跳房兒】t'iɔ˨˩ fãr˦˨[<faŋ˦˨] ＝〖跳房子〗t'iɔ˨˩ faŋ˦˨˥ ·tsɿ 兒童游戲，在地上劃綫，單腿跳着踢一瓦片、石塊或内裝沙子的方形小布袋

【跳繩兒】t'iɔ˨˩ ʂẽr˦˨[<ʂəŋ˦˨] 一種體育活動或兒童游戲，有單人跳、帶人跳、跳長繩等多種跳法

【跳井】t'iɔ˨˩ tɕiŋ˥ 指跳到井裏自盡

【跳膿】t'iɔ˨˩ nuŋ˦˨ 潰膿 ‖ 潰膿時有鼓跳的疼痛感

liɔ

【聊天兒】liɔ˦˨ t'iɛr˨˩˧[<t'iã˨˩˧] 談天

【燎泡】liɔ˦˨˥ ·p'ɔ 皮膚燙傷或燒傷起的水泡

【繚】liɔ˦˨ 一種縫紉方法，斜着縫，針脚是明的 ‖ 參見"簽 tɕ'iã˨˩˧"

【了】liɔ˥ ❶完畢，結束：這事兒已經～

咧！|～了這樁心事兒！❷表示可能：這事兒我辦不～，他辦～辦得了咧！|他今天來不～！|你騙不～他！‖另見 ·lɔ

【了不的】liɔ˥˩ ·pu ·ti 用在形容詞或某些動詞後，表示程度深，前面加"的"，有的在"的"後再加代詞"我、他"等：多的～|忙的～|後悔的～|氣的他～|恣兒得意，舒適的我～

【了不的】liɔ˥˩ ·pu ·ti 了不得，不得了，表示情況嚴重：可～咧，孩子從涼臺掉下去咧！

【尥蹶子】liɔ˩˧ ·tɕyə ·tsɿ ❶騾馬等的後腿向後踢 ❷比喻人發脾氣：没説上兩句話，他就～咧！

【料】liɔ˩ ❶預料，估計：～他不敢！❷料理：照～ ❸材料，原料：木～|～子 ❹飼料

【料子】liɔ˩˧ ·tsɿ 通稱絲、毛織品等高級衣料

【料理】liɔ˩˧ ·li 回民指把屍體洗洗後用白布包起來：～埋伊臺亡人

【料到】liɔ˩˧ ·tɔ 預先想到：誰能～會出這樣的問題！

【料酒】liɔ˩ tɕiou˥ 做菜時用作調料的酒

【料準】liɔ˩ tʂuẽ˥ ⇨〖看準〗k'ã˩ tʂuẽ˥

【略微的】liɔ˩ vei˦˧ ·ti 見"略微的 luə˩ vei˦˧ ·ti"

【鐐】liɔ˩ 見"(腳)鐐(tɕyə˩˧) liɔ˩"

tɕiɔ

【交代】tɕiɔ˩˧ tɛ˩ ❶把經手的事情移交給接替的人：～工作 ❷囑咐，説明：這事兒我已經～他去辦咧！|～政策 ❸坦白錯誤或罪行：～問題|老實～！

【交杯酒】tɕiɔ˩˧ pei˩ tɕiou˥ 舊俗舉行婚禮時新婚夫婦交換着喝的兩杯酒

【交税】tɕiɔ˩˧ ʂuei˩ =〖納税〗na˩ ʂuei˩ 交納税款

【交卷子】tɕiɔ˩ tɕyã˩˧ ·tsɿ 把答卷交給監考人

【狡猾】tɕiɔ˩ xua˦ 詭詐不可信任

【茭白】tɕiɔ˩ pei˦ 一種水生蔬菜

【焦】tɕiɔ˩ 在單音節形容詞前表示程度深：～酸|～黄黄而乾枯|～乾|～瘦又黄又瘦‖連用式"焦酸焦酸的、焦黄焦黄的、焦乾焦乾的、焦瘦焦瘦的"有强調義，表示程度更深

【膠】tɕiɔ˩ ❶某些具有黏性的物質：～水|萬能～|阿～ ❷指橡膠：～鞋

【膠皮】tɕiɔ˩ p'i˦ ⇨〖橡膠〗ɕiaŋ˩ tɕiɔ˩

【膠皮車】tɕiɔ˩ p'i˦ tʂ'ə˩ 用膠皮爲輪胎的大車

【膠布】tɕiɔ˩˧ pu˩ ❶塗有黏性橡膠的布 ❷橡皮膏，一種一面塗有膠質的白布，西醫用於固定帶有敷料的紗布

【膠鞋】tɕiɔ˩ ɕiɛ˦ 一種用橡膠製成的雨鞋

【膠水】tɕiɔ˩ ʂuei˥ 黏東西的液體膠‖也説"膠水兒 tɕiɔ˩ ʂuer˥"

【澆花】tɕiɔ˩˧ xua˩ 給種植的花卉澆水等

【澆水】tɕiɔ˩ ʂuei˥ 給種植物補充水分

【嬌】tɕiɔ˩ ❶嬌嫩可愛 ❷寵愛，溺愛：～生慣養 ❸嬌氣

【嬌生慣養】tɕiɔ˩˧ ʂəŋ˩˧ kuã˩ iaŋ˥ 從小被寵愛縱容

【嚼不動】tɕiɔ˦˧ ·pu tuŋ˩ ⇨〖咬不動〗iɔ˥˩ ·pu tuŋ˩‖嚼，另見 tɕyə˦

【嚼沫】tɕiɔ˦˧ ·mə 牛羊兔子等倒嚼

【絞絲兒】tɕiɔ˥ ser˨˩˧[<sɿ˨˩˧] =〖亂絲兒〗luã˨˩ ser˨˩˧[<sɿ˨˩˧] 漢字偏旁，如“紗”字的左邊部分

【絞腸痧】tɕiɔ˥ tʂ'aŋ˦˨ ʂa˨˩˧ ⇨〖盲腸炎〗maŋ˥ tʂ'aŋ˦˨ iã˦˨

【鉸】tɕiɔ˥ 剪：這衣裳忒大長，你給我～短一點兒｜～指甲

【鉸指甲】tɕiɔ˥ tʂɿ˨˩˧˨˩ ·tɕia =〖剪指甲〗tɕiã˥ tʂɿ˨˩˧˨˩ ·tɕia 修剪手指甲

【鉸衣裳】tɕiɔ˥ i˨˩˧˨˩ ·ʂaŋ =〖裁衣裳〗ts'ɛ˦˨ i˨˩˧˨˩ ·ʂaŋ 裁剪衣服

【餃子】tɕiɔ˥˨˩ ·tsɿ =〖水餃〗ʂuei˥˦ tɕiɔ˥ 用水煮的帶餡麵食‖參見“包子 pɔ˨˩˧˨˩ ·tsɿ”，餃子、水餃都是新詞

【繳裹兒】tɕiɔ˥˨˩ ·kuər[<kuə˥] 開銷：一身衣裳就～了三百元！

【叫】tɕiɔ˨˩ ❶呼喊，發出聲音：大～一聲｜鷄～ ❷呼喚：誰在樓下～你？ ❸稱呼：你～麼名兒唻？ ❹使，讓，允許：～他走罷！｜他不～走！ ❺被：～瘋狗咬嘞！ ❻照：～我看，你這麼說不對！

【叫驢】tɕiɔ˨˩˦ ·ly 公驢

【叫花子】tɕiɔ˨˩ xua˨˩˧˨˩ ·tsɿ ⇨〖要飯的〗iɔ˨˩ fã˨˩˦ ·ti

【叫貓】tɕiɔ˨˩ mɔ˦˨ 貓發情：～嘞！

【叫貓子】tɕiɔ˨˩ mɔ˦˨˦ ·tsɿ 發情的貓

【叫嚷】tɕiɔ˨˩ ʐaŋ˥ ⇨〖嚷嚷〗ʐaŋ˨˩˧˨˩ ·ʐaŋ

【教室】tɕiɔ˨˩ ʂɿ˨˩˧ 學校裏教師給學生上課的房間

【教唆】tɕiɔ˨˩˦ ·suə 慫恿、指使別人做壞事：～犯

【教材】tɕiɔ˨˩ ts'ɛ˦˨ 有關教學內容的材料，包括課本、講義、圖片等等：編～

【教鞭兒】tɕiɔ˨˩ piɛr˨˩˧[<piã˨˩˧] =〖教竿兒〗tɕiɔ˨˩ kɛr˨˩˧[<kã˨˩˧] 老師講課時指示板書、圖片等的棍兒

【教門】tɕiɔ˨˩˦ ·mẽ 宗教：信～

【教堂】tɕiɔ˨˩ t'aŋ˦˨ 基督教徒舉行儀式的處所

【教養所】tɕiɔ˨˩ iaŋ˥˦ ʂuə˥ 勞動教養的機構

【酵子】tɕiɔ˨˩˦ ·tsɿ 含有酵母的麵團‖酵，另見 ɕiɔ˨˩

【轎夫】tɕiɔ˨˩ fu˨˩˧ 舊稱抬轎子的人

【轎車】tɕiɔ˨˩ tʂ'ə˨˩˧ ❶舊時載人的有篷子、帷子的畜力車 ❷載人的有固定車頂和座位的汽車：大～｜小～

tɕ'iɔ

【俏没聲兒的】tɕ'iɔ˨˩˧˨˩ ·mu ʂə̃r˨˩˧˨˩[<ʂəŋ˨˩˧˨˩] ·ti 悄然：～過來嘞，嚇我一跳！

【劁豬】tɕ'iɔ˨˩˧˦ tʂu˨˩˧ ⇨〖騸豬〗ʂã˨˩ tʂu˨˩˧

【繰邊兒】tɕ'iɔ˨˩˧˦ piɛr˨˩˧[<piã˨˩˧] 縫紉方法，將毛邊捲起再藏着針腳縫住‖繰，另見 tɕ'iɔ˨˩

【繰縫】tɕ'iɔ˨˩˧˦ fəŋ˨˩ 把兩塊縫合的布邊分別向兩邊繰起來

【蹺蹊】tɕ'iɔ˨˩˧˨˩ ·tɕ'i 蹊蹺，奇怪，可疑：這事兒真～！

【喬】tɕ'iɔ˦˨ 副詞，很（含不滿、厭惡的語氣）：～冷｜～難聞

【喬拉】tɕ'iɔ˦˨˦ ·la 好爲小事而生氣：～妮兒｜這小妮兒忒～嘞！

【喬公嚴婆】tɕ'iɔ˦˨ kuŋ˨˩˧ iã˦˨ p'ə˦˨ 脾氣乖戾的公公和嚴厲的婆婆：△能攤～，別攤破房漏屋

【蕎麥】tɕ'iɔ˦˨˦ mei˨˩ 一年生草本植物，花白色或淡粉紅色，瘦果三角形有棱，

子實磨成粉供食用：△懶娘們兒願種地瓜白薯，懶爺們願種～(蕎麥施種後不大用管理)

【蕎麥皮兒】tɕ'iɔ˧˥ ·mei p'ier˧[<p'i˧] 蕎麥的皮，民間常用於塞枕頭

【橋□】tɕ'iɔ˧˥ ·k'ə 日光燈啓動器

【瞧貓兒】tɕ'iɔ˧ mɔr˨˩[<mɔ˨˩] 逗引幼兒的動作，用手遮住臉突然放開或把臉藏在近處突然露出以使幼兒發笑 ‖ 貓，單字音 mɔ˧，陽平，此處陰平

【翹偏】tɕ'iɔ˧˥ ·p'iã =〖瓢偏〗 p'iɔ˧˥ ·p'iã 木板等受潮變形，不平正：這家具做工不好，～着｜這塊板子有點兒～｜你賣給我的鍋蓋是～的，没法用！ ‖ 翹，廣韵笑韵巨要切又巨堯切："尾起也。"濟南有陽平、去聲二讀

【巧】tɕ'iɔ˥ ❶靈巧：手～ ❷恰巧：來～嘛！ ❸虛浮不實的(話)：花言～語

【翹腿】tɕ'iɔ˨ t'uei˥ 蹺腿，抬起腿 ‖ 翹，另見 tɕ'iɔ˧

【繰】tɕ'iɔ˨ 下擺等的邊向裏翻起的部分：布不夠長，上上個～ ‖ 另見 tɕ'iɔ˨˩

ȵiɔ

【鳥】ȵiɔ˥ 脊椎動物的一類，溫血卵生，全身有羽毛，前肢變成翼，後肢能行走 ‖ 也說"鳥兒 ȵiɔr˥"

【鳥窩】ȵiɔ˥ və˨˩ 鳥巢

【鳥毛】ȵiɔ˥ mɔ˧ 鳥類身上長的羽毛

【鳥槍】ȵiɔ˥ tɕ'iaŋ˨˩ 專用於打鳥的槍

【蔦蘿】ȵiɔ˥ luə˧ 草本植物，纏繞莖，葉絲狀，紅色花形似五星

【尿布】ȵiɔ˨ pu˨ ⇨〖褯子〗 tɕiə˧˥ ·tsɿ ‖ 尿，另見 suei˨˩

【尿素】ȵiɔ˨˥ ·su 化肥的通稱

【尿褲】ȵiɔ˨ k'u˨ 遺尿在褲子上

【尿嘎拉】ȵiɔ˨˥ ·ka ·la =〖尿疙拉〗 ȵiɔ˨˥ ·kə ·la 衣物上的尿迹

【尿憋子】ȵiɔ˨ piə˨˩˨ ·tsɿ 一種尿壺，扁形

【尿憋虎】ȵiɔ˨˥ ·piə ·xu 戲稱好尿牀、尿褲子的孩子

【尿尿】ȵiɔ˨ suei˨˩ =〖解小手〗 tɕiɛ˥ ɕiɔ˥˦ ʂou˥ =〖小便〗 ɕiɔ˥ piã˨ 排尿

【尿罐子】ȵiɔ˨ kuã˨˥ ·tsɿ 接尿用的罐子，比較大

【尿盆兒】ȵiɔ˨ p'er˧[<p'ẽ˧] 接尿用的盆子

【尿牀】ȵiɔ˨ tʂ'uaŋ˧ 遺尿在牀 ‖ 有的人說"尿炕 ȵiɔ˨ k'aŋ˨"

ɕiɔ

【枵】ɕiɔ˨˩ =〖枵拉〗 ɕiɔ˨˩˨ ·la 織物稀疏不厚密，棉絮薄：這布棱～！｜棉襖忒～嘛！ ‖ 枵，廣韵宵韵許嬌切："玄枵虛危之次"

【消化食兒】ɕiɔ˨˩˦ xua˨ ʂer˧[<ʂɿ˧] =〖消食兒〗 ɕiɔ˨˩ ʂer˧[<ʂɿ˧] 飯後活動使食物消化：吃多嘛，出去消化消化食兒

【小】ɕiɔ˥ ❶大小的小，指占空間少的、數量小的、力量弱的、程度淺的、聲音低的等 ❷年幼，排行最末的：～兒子

【小兒】ɕiɔr˥[<ɕiɔ˥] ❶男孩兒 ❷兒子，常跟妮兒對稱：生個～還是妮兒女兒？ ❸妾

【小子兒】ɕiɔ˥˦ tser˥[<tsɿ˥] 小銅元，幣值相當於半個銅元

【小子】ɕiɔ˥˩ ·tsɿ ❶男孩子，兒子，常跟閨女對稱：閨女～ ❷對男人的蔑稱，猶

190 ɕiɔ˥ 小

家伙：這～不仗義！｜你～不能不講理！

【小梔子】ɕiɔ˥˩ ·tʂʅ ·tsʅ 梔子花的一種，株、葉、花都比大梔子小，葉片略帶尖形

【小兒】ɕiɔ˥ ər˧ ＝〖小兒子〗ɕiɔ˥˦ ər˧˦ ·tsʅ 最小的兒子

【小耳朵】ɕiɔ˥ ər˥˩ ·tɔ ⇨〖單耳朵〗tã˩˦ ər˥˩ ·tɔ

【小米】ɕiɔ˥˦ mi˥ 脱殼後的粟的子實‖也説"小米兒 ɕiɔ˥˦ mier˥"

【小地瓜花】ɕiɔ˥˦ ti˩˦ ·kua xua˩ ＝〖小麗花〗ɕiɔ˥˩ ·li xua˩ 大麗菊的一種，花較小，單瓣，有紅、紫、黃、白等多種顔色

【小的兒】ɕiɔ˥˩ ·tier[＜·ti] 泛稱直系晚輩：當～應該孝順老的兒！‖參見"老的兒 lɔ˥˩ ·tier[＜·ti]"

【小鷄兒】ɕiɔ˥ tɕier˩[＜tɕi˩] ❶未長成的鷄 ❷幼兒男陰‖義項②也説"小鷄鷄 ɕiɔ˥ tɕi˩˩ ·tɕi"

【小氣】ɕiɔ˥˩ ·tɕʻi 吝嗇，不大方‖重叠式"小小氣氣的 ɕiɔ˥˩ ·ɕiɔ ·tɕʻi ·tɕʻi ·ti"

【小氣鬼】ɕiɔ˥˩ ·tɕʻi kuei˥ 蔑稱吝嗇的人

【小姨子】ɕiɔ˥˦ i˧˦ ·tsʅ（或 ɕiɔ˥˩ ·i ·tsʅ）妻妹‖面稱一般隨妻子

【小拇指】ɕiɔ˥˩ ·mu tʂʅ˩ ＝〖小門(手)指頭〗ɕiɔ˥˩ ·mẽ（ʂou˥）tʂʅ˩˩ ·tʻou 小指

【小肚子】ɕiɔ˥ tu˩˦ ·tsʅ 小腹

【小卒兒】ɕiɔ˥ tsur˧[＜tsu˧] 象棋的五個棋子，藍色：～一去不回還象棋規則卒子(兵)過河後不能往回走‖紅色的五個叫"兵 piŋ˩"

【小豬】ɕiɔ˥ tʂu˩ 没有長大的豬‖也説"小豬兒 ɕiɔ˥ tʂur˩"

【小叔子】ɕiɔ˥ ʂu˩˩ ·tsʅ 丈夫的弟弟‖面稱兄弟或名字

【小暑】ɕiɔ˥˦ ʂu˥ 二十四節氣之一

【小姑子】ɕiɔ˥˩ ·ku ·tsʅ 丈夫的妹妹‖面稱一般叫名字

【小雨】ɕiɔ˥˦ y˥ 雨量不大的雨：△～不提防[ti˩˩ ·faŋ]，淋濕了衣裳

【小瓦】ɕiɔ˥˦ va˥ 一種常見的較薄較小的拱形瓦，通常青灰色

【小霎兒】ɕiɔ˥˩ ·ʂar[＜ʂa˩] 小時候：我～可，棱皮！

【小鴨】ɕiɔ˥ ia˩ 没有長大的鴨

【小褂兒】ɕiɔ˥ kuar˩[＜kua˩] 中式單上衣

【小末子】ɕiɔ˥˦ mə˥˩ ·tsʅ ⇨〖末末丟子〗mə˩˩ ·mə tiou˩˩ ·tsʅ ‖也説"小末兒 ɕiɔ˥˦ mər˥"。末，此處讀上聲

【小舌頭】ɕiɔ˥˩ ʂə˧˦ ·tʻou 小舌

【小蛾蛾】ɕiɔ˥˦ ŋə˧˦ ·ŋə 通稱各種小蛾子

【小鵝】ɕiɔ˥ ŋə˧ 没有長大的鵝

【小托】ɕiɔ˥ tʻuə˩ 回民喪葬時安放屍體的木盤

【小國光】ɕiɔ˥ kuə˩˦ kuaŋ˩ 國光蘋果的一種‖參見"大國光 ta˩ kuə˩˦ kuaŋ˩"

【小鍋】ɕiɔ˥ kuə˩ 容量小的鍋

【小伙子】ɕiɔ˥ xuə˥˩ ·tsʅ 青年男子

【小钁子】ɕiɔ˥˩ ·tɕyə ·tsʅ 一種短欄小钁

【小雪】ɕiɔ˥ ɕyə˩ 二十四節氣之一

【小學】ɕiɔ˥ ɕyə˧ 進行初等基礎教育的學校

【小菜】ɕiɔ˥ ts'ɛ˩ 用小碟兒盛的菜肴

【小菜兒】ɕiɔ˥ ts'ɛr˩[<ts'ɛ˩] 比喻容易辦到、不足掛齒的小事：這事兒讓我辦，～一碟！

【小楷】ɕiɔ˥꜔ k'ɛ˥ 手寫的小的楷體漢字

【小孩兒】ɕiɔ˥ xɛr˦[<xɛ˦] ＝〖孩子〗xɛ˦꜒ ·tsʅ ❶兒童 ❷兒女：他家三個～，兩男一女

【小白菜】ɕiɔ˥꜔ pei˦꜒ ts'ɛ˩ 白露時播下種子後長出來的，未經移栽的白菜苗‖參見"大白菜 ta˩ pei˩꜒ ts'ɛ˩"

【小麥】ɕiɔ˥ mei˩ 一種糧食作物，當地的主要食糧

【小麥蘭】ɕiɔ˥ mei˩ lã˦ ⇨〖麥蘭〗mei˩ lã˦

【小腿】ɕiɔ˥꜖ ·t'uei 下肢從膝蓋以下到踝子骨的一段‖也說"小腿兒 ɕiɔ˥꜖ ·t'uer"

【小水溝】ɕiɔ˥꜔ ʂuei˥ kou˨˩˧ 小的流水溝

【小鬼兒】ɕiɔ˥꜔ kuer˥[<kuei˥] ❶迷信的人稱鬼神的差役 ❷對精明的年輕人的昵稱

【小包子】ɕiɔ˥ pɔ˨˩˧꜖ ·tsʅ 餃子‖參見"包子 pɔ˨˩˧꜖ ·tsʅ"

【小保姆】ɕiɔ˥ pɔ˥꜔ mu˥ 年輕保姆‖新詞

【小道】ɕiɔ˥ tɔ˩ ＝〖小路〗ɕiɔ˥ lu˩ 路面比較窄的路

【小老婆】ɕiɔ˥꜔ lɔ˥꜖ ·p'ə 妾

【小竈】ɕiɔ˥ tsɔ˩ 單獨做的比大伙兒吃的好的飯食：吃～‖新詞

【小勺兒】ɕiɔ˥ ʂɔr˦[<ʂɔ˦] ⇨〖調羹〗t'iɔ˦ kəŋ˥

【小轎車】ɕiɔ˥ tɕiɔ˩꜒ ·tʂ'ə 一種有固定車頂的軟座小型汽車

【小小兒】ɕiɔ˥꜔ ɕiɔr˥[<ɕiɔ˥] 小男孩兒

【小豆】ɕiɔ˥꜖ ·tou 通稱煮了以後發麵的豆子，子實比大豆稍小：紅～|白～|花～

【小偷】ɕiɔ˥ t'ou˨˩˧ 偷東西的人

【小做活兒的】ɕiɔ˥ tsou˩ xuər˦꜒[<xuə˦] ·ti 給人幫工的男孩

【小丑】ɕiɔ˥꜔ tʂ'ou˥ ❶戲曲角色，扮演滑稽人物，鼻梁上常抹白粉 ❷雜技中做滑稽表演的人，多戴尖頂小帽 ❸指品行卑劣的小人

【小手巾兒】ɕiɔ˥꜔ ʂou˥꜖ ·tɕier[<tɕiẽ˨˩˧] 手絹‖參見"手巾 ʂou˥꜖ ·tɕiẽ"

【小狗】ɕiɔ˥꜔ kou˥ 未長大或身體小的狗

【小摳】ɕiɔ˥ k'ou˨˩˧ 吝嗇的人：他是個～，你甭想從他那兒借到錢！‖可以活用爲形容詞：這人挺～|你這人真～，我又不用你的！

【小舅子】ɕiɔ˥꜔ tɕiou˩꜒ ·tsʅ（或 ɕiɔ˥꜖ ·tɕiou ·tsʅ）＝〖内弟〗nei˩ ti˩ 妻子的弟弟‖面稱一般隨妻子

【小板指頭】ɕiɔ˥꜔ pã˥ tʂʅ˨˩˧꜖ ·t'ou ＝〖小門指頭〗ɕiɔ˥꜖ ·mẽ tʂʅ˨˩˧꜖ ·t'ou（伸出小拇指）表示對某人的蔑視：屬～的！

【小滿】ɕiɔ˥꜔ mã˥ 二十四節氣之一

【小販兒】ɕiɔ˥ fɛr˩[<fã˩] 小本經營的行商

【小旦】ɕiɔ˥ tã˩ 通稱青衣花旦

【小欄】ɕiɔ˥꜖ ·lã 小的豬欄，一次出五六方土(肥)‖參見"大欄 ta˩꜒ ·lã"

【小産】ɕiɔ˥꜔ tʂ'ã˥ ＝〖流産〗liou˦ tʂ'ã˥ 婦女懷孕後不到期而生産‖舊時也說"小月 ɕiɔ˥꜖ ·yə"

【小寒】ɕiɔ˥ xã˧ 二十四節氣之一

【小便】ɕiɔ˥ piã˨ ⇨〖尿尿〗ȵiɔ˨ suei˩

【小人人】ɕiɔ˥ ʐẽ˧˥ ·ʐẽ ❶乖巧伶俐的小孩兒：～好聰明來！ ❷借稱心眼多、很精明的小個子年輕人

【小根(大)白菜】ɕiɔ˥˪ ·kẽ (ta˨) pei˧˥ ts'ɛ˨ 一種根比較小的本地白菜

【小盡】ɕiɔ˥˪ ·tɕiẽ 小建，農曆只有二十九天的小月份

【小心】ɕiɔ˥˪ ·ɕiẽ ＝〖留神〗liou˧ ʂẽ˧ 注意，謹慎

【小茴香】ɕiɔ˥ xuẽ˧˥（或 xuei˧˥）·ɕiaŋ 一種形似帶殼麥粒的調料‖茴，此處讀 xuẽ˧、xuei˧ 二音，前者受後字韵尾同化

【小腸】ɕiɔ˥˪ ·tʂ'aŋ 腸子上接胃部比大腸細而長的部分

【小兩口兒】ɕiɔ˥˫ liaŋ˥˫ k'our˥［<k'ou˥］年輕夫妻

【小巷子】ɕiɔ˥˪ ɕiaŋ˨˥ ·tsɿ 窄巷

【小黄花】ɕiɔ˥ xuaŋ˧ xua˩ 小的黄花魚

【小風】ɕiɔ˥ fəŋ˩ 風力不大的風

【小生】ɕiɔ˥˪ ·ʂəŋ 戲曲角色，扮演青年男子

【小病兒】ɕiɔ˥ piə̃r˧［<piŋ˨］不嚴重的病

【小淨】ɕiɔ˥ tɕiŋ˨ 用淨水洗部分肢體和某些器官。伊斯蘭教法經規定，穆斯林在做禮拜或爲功修而誦讀《古蘭經》前必須小淨

【小青年兒】ɕiɔ˥ tɕ'iŋ˩ ȵiɛr˧［<ȵiã˧］青年人

【小葱】ɕiɔ˥ ts'uŋ˩ 春天出苗後拔出來的葱，可以連葉子吃‖參見"大葱 ta˨ ts'uŋ˩"

【小公務(汽車)】ɕiɔ˥ kuŋ˩˫ u˨ (tɕ'i˨ tʂ'ə˩) 杆石橋一帶回民區的人又稱小公共汽車：～隨叫隨停

【小公共(汽車)】ɕiɔ˥ kuŋ˩˫ kuŋ˨ (tɕ'i˨ tʂ'ə˩) 小型公共汽車

【小工】ɕiɔ˥˪ ·kuŋ 無技術的瓦工，幹遞泥瓦之類的工作

【小紅蘿貝】ɕiɔ˥ xuŋ˧ luə˧˥ ·pei 一種小球形蘿蔔，紅色

【孝子】ɕiɔ˨ tsɿ˥ ❶對父母十分孝順的人 ❷父母死後居喪的人

【孝衣】ɕiɔ˨ i˩ 舊俗死了尊長後帶孝期間穿的白色衣裳

【孝袍子】ɕiɔ˨ p'ɔ˧˥ ·tsɿ 舊俗人死後孝子穿的白色袍子

【孝帽子】ɕiɔ˨ mɔ˨˥ ·tsɿ 男子帶孝時戴的白布帽子

【孝孫】ɕiɔ˨ suẽ˩ 祖父母死後居喪的人

【孝順】ɕiɔ˨˥ ·tʂ'uẽ 盡心奉養父母，遵順父母意志‖順，單字音 ʂuẽ˨，此處聲母讀 tʂ'

【笑】ɕiɔ˨ 露出愉快的表情，發出歡喜的聲音

【笑話】ɕiɔ˨˥ ·xua ❶能引人發笑的談話或故事：講個～你聽 ❷譏笑：你别～人！|你看你不聽話，别人～嘛！

【酵母】ɕiɔ˨ mu˥ 目前通用的商店出售的發麵酵子‖酵，另見 tɕiɔ˨

iɔ

【吆喝】iɔ˩˪ ·xə ❶叫喊：你～麼？别～嘛！ ❷喚，邀約：晌午你去～我，咱一遭兒走|樓下誰在～你？ ❸叫賣

【吆喝皇天的】iɔ˩˪ ·xə xuaŋ˧ t'iã˩˪ ·ti 大聲喊叫，呼痛：大晌午下～不讓人

睡覺！｜他這個病，痛的他～！

【約】iɔ˞ 用秤稱：你～～這魚有多重！｜我～來，整一斤！‖另見 yɔ˞

【約約】iɔ˞˪ ·iɔ ＝〖稱稱〗tʂʻəŋ˞˪ ·tʂʻəŋ 稱一稱

【腰】iɔ˞ ❶肋骨跟胯骨間的軟處，在身體中部 ❷事物的中間部分：山～

【腰子】iɔ˞˪ ·tsɿ 口語稱腎

【腰裏】iɔ˞˪ ·ȵi(或 ·li) ❶腰部繫腰帶的地方：～別着一支槍 ❷借指裝錢的地方：他～有錢！

【腰帶】iɔ˞˫ tɛ˩ ⇨〖紮腰帶子〗tsa˞˫ iɔ˞ tɛ˩˫ ·tsɿ

【爻巧】iɔ˥˫ ·tɕʻiɔ 奇巧：這東西挺～！

【堯家莊】iɔ˥˫ tʂuaŋ˞ 地名‖"家"字音節省去，但堯字按輕聲前的音變調，而且讀音稍長

【遙處】iɔ˥˫ tʂʻu˩ 到處，後面常加"裏·ȵi(或·li)"：你上哪兒瘋去嘞？我～裏找！｜～攉(癢)

【窰姐】iɔ˥ tɕiə˥ 妓女

【咬】iɔ˥ ❶上下牙齒用力對着 ❷鉗子等夾住，齒輪嚙合 ❸狗叫：雞叫狗～ ❹審訊時供出別人，誣陷人：～出他來｜反～一口 ❺油漆等使皮膚過敏 ❻正確讀出字音，過分推敲文字：～字不準｜～文嚼字

【咬不動】iɔ˥˪ ·pu tuŋ˩ ＝〖嚼不動〗tɕiɔ˥˫ ·pu tuŋ˩ 不能咬下或嚼碎

【咬牙】iɔ˥ ia˥ 咬緊牙齒‖重叠式"咬咬牙 iɔ˥˪ ·iɔ ia˥"，可表示下決心：你還是～去罷！

【咬癟嘴】iɔ˥˪ ·piə tsuei˥ 拗口，發音不順嘴：這個字～，真難念！｜繞口令念起來～

【舀】iɔ˥ 用瓢、勺等取東西(多指液體)：～水｜～湯

【舀子】iɔ˥˪ ·tsɿ ⇨〖水舀子〗ʂuei˥ iɔ˥˪ ·tsɿ

【舀湯】iɔ˥ tʻaŋ˞ 盛湯

【要價】iɔ˩ tɕia˩ 討價：～太貴嘞！

【要價還價】iɔ˩ tɕia˩ xuã˥˫ tɕia˩ ⇨〖討價還價〗tʻɔ˥˫ tɕia˩ xuã˥˫ tɕia˩

【要飯的】iɔ˩ fã˩˫ ·ti ＝〖叫花子〗tɕiɔ˩ xua˞˪ ·tsɿ 乞丐

【要緊】iɔ˩ tɕiẽ˥ 重要，嚴重：這事兒挺～，你得抓緊辦！｜蹭破了一點兒皮，不～！

【要賬】iɔ˩ tʂaŋ˩ 討賬

【要謊】iɔ˩ xuaŋ˥ 不按實際價錢要價：俺不～，就是兩塊五一斤！‖集市上出售貨物的人多說，前面一般加"不"字

【要命】iɔ˩ miŋ˩ 表示程度達到極點，前面加"的"，大多用在表生理、心理感覺的詞後面：熱的～｜凍的～｜嚇的～‖一般不說要死

【鞠兒】iɔr˩[<iɔ˩] 靴筒：高～皮鞋

【鑰匙】iɔ˩˫ ·ʂɿ 開鎖用的東西

ou

mou

【哞兒哞兒】mourᴊ［<mouᴊ］ mourᴊ［<mouᴊ］牛叫聲

tou

【哆嗦腿】touᴊᴌ ·sou t'ueiㄱ 抖腿‖哆，單字音 tuəᴊ，此處韵母變 ou

【兜兒】tourᴊ［<touᴊ］❶通稱提包：上街拿個～｜你那～好看 ❷衣褲上的口袋：褲～

【兜兜】touᴊᴌ ·tou ❶兜肚，貼身穿在胸前的菱形布兜 ❷小孩兒穿在外面的兜兒，比"圍嘴子"長‖參見"圍嘴子 veiᴎ tsueiㄱᴌ ·tsɿ"

【斗】touㄱ ❶容量單位，十升爲一斗 ❷量糧食的木器，方形，頭小底大 ❸形狀像斗的東西：煙～ ❹圓形的指紋

【斗篷】touㄱᴌ ·p'əŋ 一種帶帽無袖大衣，帽頂多尖形：披着～‖通常人家幼兒多用

【豆子】touᴊᴦ ·tsɿ ❶豆類作物 ❷豆類作物的子實 ❸大豆

【豆汁兒】touᴊ tʂerᴊ［<tʂʅᴊ］＝〖豆漿〗touᴊ tɕiaŋᴊ 黄豆泡透磨成漿後加水去渣煮開而成的食品

【豆豉】touᴊᴦ ·tʂ'ʅ 一種用煮熟的豆子腌製發酵而成的鹹菜

【豆皮兒】touᴊ p'ierᴎ［<p'iᴎ］豆粒的皮

【豆腐】touᴊᴦ ·fu 豆漿煮開後加鹽鹵或石膏凝結而成的食品：鹵水～叫賣語！

【豆腐皮】touᴊᴦ ·fu p'iᴎ 結在熟豆漿表層的薄皮，揭下可製成腐竹等供食用‖也説"豆腐皮兒 touᴊᴦ ·fu p'ierᴎ"

【豆腐乳】touᴊᴦ ·fu luㄱ ＝〖豆乳〗touᴊ luㄱ 小塊豆腐經發酵、腌製而成的食品，一般紅色

【豆腐腦兒】touᴊᴦ ·fu nɔrㄱ［<nɔㄱ］豆漿煮開後加凝固劑製成的半固體食品，吃時舀出加作料

【豆腐乾兒】touᴊᴦ ·fu kɛrᴊ［<kãᴊ］用布包豆腐蒸製而成的食品

【豆莢兒】touᴊ tɕiarᴊ［<tɕiaᴊ］豆類植物的果實

【豆角】touᴊ tɕyəᴊ 豇豆的嫩莢，是一種家常蔬菜

【豆奶】touᴊ nɛㄱ 一種塑料袋包裝的豆製奶味飲料

【豆稭】touᴊᴦ ·tɕiɛ 豆子割下脱粒後的莖

【豆蔻】touᴊᴦ k'ouᴊ 一種藥材，種子皮白色，也可作調料

【豆油】touᴊ iouᴎ 大豆榨的食油

【豆瓣兒醬】touᴊ pɛrᴊᴦ［<pãᴊ］tɕiaŋᴊ 黄豆煮熟發酵製成的醬，裏面有部分豆瓣

【豆枕】touᴊᴦ ·tʂẽ ＝〖枕頭〗tʂẽᴊᴦ ·t'ou 墊在頭下的卧具‖有人解釋前字爲"豆"是因舊時本地多用綠豆皮爲枕心

【豆醬】touᴊᴦ ·tɕiaŋ 豆子磨成麵做成的醬，今已不多

【豆餅】tou˩ piŋ˥ ⇨〖麻繩〗ma˧˥ ·ʂəŋ

【豆青】tou˩˥ ·tɕ'iŋ 豆綠,像青豆一樣的顏色

【豆蟲】tou˩˥ ·tʂ'uŋ 長在豆地裏的一種青色蟲,大小似蠶

【鬥蛐蛐】tou˩ tɕ'y˩˦ ·tɕ'y 引逗兩隻蟋蟀相鬥的游戲

【鬥毆】tou˩ ŋou˩ 爭鬥毆打

【鬥眼兒】tou˩˥ ·iɛr[<iã˥] 鬥雞眼兒

t'ou

【投脾氣】t'ou˧ p'i˧˥ ·tɕ'i 脾氣相投,合得來:他倆挺~

【投衣裳】t'ou˧ i˩˦ ·ʂaŋ 用清水漂洗衣服

【投河】t'ou˧ xə˧ ⇨〖跳河〗t'iɔ˩ xə˧

【投投】t'ou˧˥ ·tou 清洗清洗(衣物)

【頭】t'ou˧ ❶腦袋 ❷頭髮或髮型:剃~|分~|平~ ❸物的頂點或兩端:山~|一~高一~低 ❹物品殘餘部分:布~ ❺第一,次序在前的:~名|~等|~班車|~三名 ❻用在數詞加"天"等之前,表示時間在前的:~一天他就走嘞|~三天你告訴我! ❼量詞:一~牛|一~蒜 ‖ 另見 ·t'ou

【頭兒】t'our˧[<t'ou˧] ❶事情的起點或終點:你先開個~!|這樣下去,還有個~嗎? ❷領頭人:這一伙兒人他是個~!

【頭兒】·t'our[<t'ou˧] 後綴。❶在動詞和形容詞後使之轉爲名詞,多表示比較籠統或抽象的事物:吃~|喝~|奔~|念~|盼~|拉la˧~|稀~|甜~|苦~ ❷在動詞後,表示值得做該動作,前面一般加"有、没"等:没吃~|没喝~|有奔~|没聽~|没幹~|有嚼~|有玩兒~|没看~

【頭裏】t'ou˧˥ ·ɲi(或 ·li) 前面,先:你~走,我隨後就去!

【頭一個】t'ou˧˥ ·i kə˩ ⇨〖第一個〗ti˩ i˩˦ kə˩

【頭一名】t'ou˧˥ ·i miŋ˧ =〖頭名〗t'ou˧ miŋ˧ =〖第一(名)〗ti˩ i˩ (miŋ˧) 名次排在最前的一名

【頭伏】t'ou˧ fu˧ 初伏,夏至後第三個庚日到第四個庚日前一天的十天時間:△~蘿貝二伏菜,三伏種蕎麥 ‖ 參見"三伏 sã˩ fu˧"

【頭牯】t'ou˧˥ ·ku ⇨〖牲口〗ʂəŋ˩˦ ·k'ou

【頭午】t'ou˧˥ ·u =〖上午〗ʂaŋ˩ u˥ 指早飯後到午飯前的一段時間

【頭髮】t'ou˧˥ ·fa 人頭上長的毛

【頭髮茬子】t'ou˧˥ ·fa tʂ'a˧˥ ·tsɿ 理髮時剪下來的碎頭髮

【頭半年】t'ou˧˥ ·pã ·ɲiã ⇨〖上半年〗ʂaŋ˩˥ ·pã ·ɲiã

【頭巾】t'ou˧ tɕiẽ˩ 婦女裹頭的紡織品,多正方形

【頭囟子】t'ou˧ ɕiẽ˩˥ ·tsɿ =〖頭囟兒〗t'ou˧ ɕier˩[<ɕiẽ˩] =〖囟門兒〗ɕiẽ˩ mer˧[<mẽ˧] 嬰兒頭頂骨未合縫的地方

【頭暈】t'ou˧˥ ·yẽ(或 t'ou˧ yẽ˩) 頭部眩暈的感覺

【頭晌午】t'ou˧ ʂaŋ˥˩ ·u 午前

【頭疼腦熱的】t'ou˧ t'əŋ˧ nɔ˥ ʐə˩˥ ·ti 泛稱小小的病痛:誰没個~?

【頭疼】t'ou˧˥ ·t'əŋ(或 t'ou˧ t'əŋ˧) 頭部疼痛

【頭生】t'ou˨ ʂəŋ˩ ＝〖頭胎〗t'ou˨ t'ɛ˩ 第一胎生的‖"頭生"另見 t'ou˨˥ ·ʂəŋ

【頭生】t'ou˨˥ ·ʂəŋ 第一胎生的孩子：～是個小兒子啊！‖另見 t'ou˨ ʂəŋ˩

【頭頂】t'ou˨ tiŋ˥ 頭的頂部

【敨漏】t'ou˥˩ ·lou 織物鬆散脱綫：毛衣～啊！

【頭】·t'ou 後綴。❶作某些名詞的後綴：木～｜石～｜舌～｜磚～｜饅～｜罐～ ❷置於方位詞後，表示方位：前～｜後～｜上～｜下～｜裏～｜外～‖另見 t'ou˨

lou

【樓】lou˨ ❶樓房：大～｜教學～ ❷樓房的一層：三～ ❸房屋或其他建築物上加蓋的一層房子：城～｜園子～ ❹用於某些店鋪的名稱：匯泉～今稱匯泉飯店｜藥膳～ ❺建築在風景區供人游覽的樓閣：匯波～在大明湖公園之內

【樓底下】lou˨ ti˥˩ ·ɕia ＝〖樓下〗lou˨˥ ·ɕia 靠近樓房的地面，也包括樓房中處於某一樓層之下的：～誰叫你？｜咱～二樓的那家姓張，一樓的姓李

【樓梯】lou˨ t'i˩ 樓房兩層之間供人上下的梯子，狀似臺階，多有扶手

【樓門兒】lou˨ mẽr˨[<mẽ˨] 樓房的大門

【樓房】lou˨ faŋ˨ 兩層或兩層以上的房子，跟平房相對而言

【樓上】lou˨˥ ·ʂaŋ 樓房中某層之上的樓層，如身處一樓稱二樓等

【耬】lou˨ ＝〖耩子〗tɕiaŋ˥˩ ·tsɿ 一種同時完成開溝和下種的農具，前面牲畜拉，後面人扶着推進，有獨腿耬和雙腿耬兩種

【耬地】lou˨ ti˩ 平整土地的農活

【耬蒜鈎子】lou˨˥ suã˩ kou˩˩ ·tsɿ ⇨〖蒜鈎〗suã˩ kou˩

【螻蛄蝦】lou˨˥ ·ku ɕia˩ ⇨〖爬蛄蝦〗p'a˨˥ ·ku ɕia˩‖蛄，此處讀 ·ku，參見"螻蛄 lou˨˥ ·kou"

【螻蛄】lou˨˥ ·kou[<ku˥] 一種昆蟲，背部茶褐色，腹面灰黄色，前腳鏟狀能掘土，生活在泥土中，咬食農作物的根莖‖蛄，此處讀 ·kou，是受前一音節韵母同化的結果，跟濟南同樣讀法的還有博山、萊蕪、利津、壽光等地，而膠東的煙臺、長島、文登及濰坊、諸城等讀 ꜀lu ·ku，則是前字韵母受後字同化的結果。蒲松齡《雜著·日用俗字·昆蟲章第三十一》寫作"螻蚼"

【摟】lou˥ 摟抱：～着孩子睡啊！

【摟摟抱抱的】lou˥˩ ·lou pa˩˥ ·pa ·ti 手挽手、肩靠肩、攬腰相抱等親昵樣子：你看他倆～｜在這個地方～不好！‖抱，單字音 pɔ˩，此處讀 pa˩

【漏字兒】lou˩ tser˩[<tsɿ˩] ⇨〖落字兒〗la˩ tser˩[<tsɿ˩]

【漏毛】lou˩˥ ·mɔ 指得到便宜的機會，漏洞：拾～｜他倆搶了半天没搶着，我拾了個～！｜這事兒再不小心也可能有～！

【漏勺】lou˩ ʂɔ˨ 鋁製笊籬‖參見"笊籬 tʂɔ˩˥ ·li"

【露臉兒】lou˩ liɛr˥[<liã˥] 體面：這事兒辦的真～！‖露，另見 lu˩

tsou

【走】tsou˥ ❶行走 ❷離開，去：你多咱什麼時候～？❸（親友之間）來往：～娘家

❹漏出，泄漏：説～了嘴｜～漏風聲 ❺改變或失去原來的樣子：～形

【走字兒】tsou˥ tser˩[＜tsʅ˩] ❶＝〖走運〗tsou˥ yẽ˩ 交好運：他真～！❷專指電表、水表上指針在走動，表示水電消耗的數字：一開燈就～‖義項②爲新義

【走之兒】tsou˥ tʂer˩˧[＜tʂʅ˩˧] 漢字偏旁，如“進”字的左邊部分

【走馬】tsou˥˪ ma˥ ＝〖跳馬〗t'iɔ˩ ma˥ 象棋術語，指移動馬在棋盤上的位置

【走背字兒】tsou˥ pei˩ tser˩[＜tsʅ˩] 倒運

【走道】tsou˥ tɔ˩ ＝〖走路〗tsou˥ lu˩ 在道路上行走

【走走】tsou˥ ·tsou ⇨〖溜達溜達〗liou˩˧˪ ·ta liou˩˧˪ ·ta ‖走，上聲，此處在輕聲前不變調

【走門子】tsou˥ mẽ˧˫ ·tsʅ ⇨〖托門子〗t'uə˩˧ mẽ˧˫ ·tsʅ

【走墳】tsou˥ fẽ˧ 回民在人埋葬後滿七天、四十天、一百天、一年時，都要到墳地去修整墳墓，並請阿訇念經，稱爲走墳

【走親親】tsou˥ tɕ'iẽ˩˧˪ ·tɕ'iẽ ＝〖走親戚〗tsou˥ tɕ'iẽ˩˧˪ ·tɕ'i 到親戚家作客

【走訪】tsou˥˪ faŋ˥(或 tsou˥ ·faŋ) 拜訪，訪問‖運用式“走訪走訪 tsou˥ ·faŋ tsou˥ ·faŋ”。此處走字在輕聲前不變調

【走廊】tsou˥ laŋ˧ 有頂的過道

【走江湖的】tsou˥ tɕiaŋ˩˧ xu˧˫ ·ti 舊時指四方奔走，靠武藝雜技或醫卜星相等謀生的人

【走風】tsou˥ fəŋ˩˧ 回民特指放屁

【做勢】tsou˩˫ ·ʂʅ ❶裝腔作勢，逞能：你～麼？｜你别～啊！｜這小子多～！❷常單獨使用以訓斥人‖做，韵母讀 ou，此條無讀書音。重疊式“做做勢勢的 tsou˩˫ ·tsou ·ʂʅ ·ʂʅ ·ti”：這人～，没正事！

【做衣裳】tsou˩˫ ·i ·ʂaŋ 縫製衣服‖做，口語音 tsou˩，讀書音 tsuə˩，以下各條同

【做作】tsou˩˫ ·tsuə 言談舉止故作姿態，不真實：這人真～！

【做活兒的】tsou˩ xuər˧˫[＜xuə˧] ·ti 幹活的人

【做買兒賣兒】tsou˩ mɛr˥˪[＜mɛ˥] ·mɛr[＜mɛ˩] ＝〖幹買兒賣兒〗kã˩ mɛr˥˪[＜mɛ˥] ·mɛr[＜mɛ˩] 做生意

【做買兒賣兒的】tsou˩ mɛr˥˪[＜mɛ˥] ·mɛ[＜mɛ˩] ·ti ＝〖幹買兒賣兒的〗kã˩ mɛr˥˪[＜mɛ˥] ·mɛr[＜mɛ˩] ·ti 生意人

【做菜】tsou˩ ts'ɛ˩ 燒製下飯的菜肴

【做被窩】tsou˩ pei˩˫ ·və ＝〖套被窩〗t'ɔ˩ pei˩˫ ·və 做棉被

【做好啊】tsou˩ xɔ˥˪ ·lia ＝〖做中啊〗tsou˩ tʂuŋ˩˧˪ ·lia 飯、衣服等做成了：飯～｜衣裳～，穿上試試！

【做小買兒賣兒的】tsou˩ ɕiɔ˥ mɛr˥˪[＜mɛ˥] ·mɛr[＜mɛ˩] ·ti 小本買賣經營者

【做飯】tsou˩ fã˩ 通稱燒飯做菜

【做繭】tsou˩ tɕiã˥ 蠶吐絲作繭

【做夢】tsou˩ məŋ˩ ❶睡眠中出現的幻象 ❷比喻幻想

【做生日】tsou˩ ʂəŋ˩˧˪ ·zʅ ＝〖過生日〗

kuə˩ ʂəŋ˩˩ ·zʅ 慶祝生日：夜來俺大掌櫃的～，親戚朋友都花個錢，他個人備酒席｜給你～

【揍】tsou˩ 打：小心他～你！｜～扁嘞！

ts'ou

【湊付】ts'ou˩˥ ·fu ❶將就，勉强適應：掙錢不多，～着過唄！｜兩人不般配，～着過｜～事兒｜這桌子還缺一把鎖没裝上，先～着用罷！❷勉强可以，基本滿意：他幹的活還～‖重叠式"湊湊付付的 ts'ou˩˥ ·ts'ou ·fu ·fu ·ti"；連用式"湊付湊付 ts'ou˩˥ ·fu ts'ou˩˥ ·fu"

【湊麽】ts'ou˩˥ ·mə ＝〖湊和〗 tʂ'ou˩˥ ·xuə 向近處靠：～過來嘞｜我們商量事，你～麽？

【湊合】ts'ou˩˥ ·xə 勉强相合：他倆怎麽～一塊去嘞？‖重叠式"湊湊合合的 ts'ou˩˥ ·ts'ou ·xə ·xə ·ti"：這車子怎麽前叉子後架子～（不是同一品種同一型號的）。連用式"湊合湊合 ts'ou˩˥ ·xə ts'ou˩˥ ·xə"：～坐下來。參見"湊付 ts'ou˩˥ ·fu"

【湊巧】ts'ou˩ tɕ'iɔ˥ ⇨〖碰巧〗 p'əŋ˩ tɕ'iɔ˥

tʂou

【周吳鄭王】tʂou˩ u˩ tʂə̃˩ vaŋ˩ 一副正人君子的樣子：你别這麽～嘞！

【周年】tʂou˩ ȵiã˩ 人死滿一周年

【洲】tʂou˩ 一塊大陸和周圍島嶼的總稱：亞～｜歐～

【掫】tʂou˩ 從一端掀起：一把～了他的被窩！

【粥】tʂou˩ ⇨〖黏粥〗 ȵiã˩˥ ·tʂou

【妯娌】tʂou˩˥ ·li 哥哥的妻子和弟弟的妻子的合稱：你～倆上哪？‖妯，另見 tʂu˩

【肘子】tʂou˥˩ ·tsʅ 作爲食物的豬腿的最上部：紅燒～

【肘鼓子戲】tʂou˥˩ ·ku ·tsʅ ɕi˩ 山東地方戲曲劇種之一，因肘懸小鼓拍擊節奏而得名。流行於魯中、魯東和魯南的廣大地區，在各地有不同流派，主要分東、西、北三路

【皺眉頭】tʂou˩ mei˩˥ ·t'ou ＝〖聳眉頭〗 tɕyŋ˥˥（或 suŋ˥˥）mei˩˥ ·t'ou 鎖眉

tʂ'ou

【抽血】tʂ'ou˩˥ ɕie˩ 用針管抽取血液

【抽水】tʂ'ou˩ ʂuei˥ 用抽水機打水

【抽水機】tʂ'ou˩ ʂuei˥ tɕi˩ 吸水和排水的機器

【抽水馬桶】tʂ'ou˩ ʂuei˥ ma˥˥ t'uŋ˥ ＝〖馬桶②〗 ma˥˥ t'uŋ˥ 有冲水裝置的瓷質馬桶

【抽老牛】tʂ'ou˩ lɔ˥ ȵiou˩ ＝〖抽懶老婆〗 tʂ'ou˩˥ lã˥˩ ·lɔ ·p'ə 抽打陀螺使之在地上旋轉的游戲

【抽斗】tʂ'ou˩˩ ·t'ou（或 ·tou）抽屜‖斗，多數人讀 ·t'ou，聲母送氣，少數新派也説"抽屜 tʂ'ou˩˩ ·t'i"

【抽煙】tʂ'ou˩˥ iã˩ 吸煙

【抽筋】tʂ'ou˩˥ tɕiə̃˩ ＝〖轉筋〗 tʂuã˩ tɕiə̃˩ 肢體上的筋痙攣：腿肚子～｜胳膊～‖也説"抽筋兒 tʂ'ou˩ tɕier˩"

【抽筋兒嘞】tʂ'ou˩˥ tɕier˩˩［<tɕiə̃˩］·lia 抽筋了

【抽風】tʂ'ou˩˥ fəŋ˩ 手腳痙攣、嘴眼歪斜的症狀

【仇家】tʂʻou˧˥ ·tɕia 仇人
【稠】tʂʻou˧ 稀稠的稠，指液體中含某種固體成分多的，稠密的：黏粥忒～嘛，再長加上點水兒！
【稠乎乎的】tʂʻou˧ xu˩˥ xu˩˧ ·ti 稠稠的
【綢子】tʂʻou˧˥ ·tsɿ 薄而軟的絲織品
【綢布店】tʂʻou˧˥ ·pu tiã˩ 經營綢布買賣的商店
【丑】tʂʻou˥ 地支的第二位
【丑牛】tʂʻou˥ ȵiou˧ 十二生肖之一，丑年生的人屬牛
【瞅】tʂʻou˥ 盯眼看：～他一眼！
【醜】tʂʻou˥ 人的相貌不好看：唷，這人真～！
【臭】tʂʻou˩ ❶氣味難聞：～水溝 ❷使人厭惡的：～架子
【臭大姐】tʂʻou˩ ta˩ tɕiə˥ 臭椿象，一種帶有臭氣的昆蟲
【臭墨】tʂʻou˩ mei˩ 帶臭味的劣質墨
【臭豆腐】tʂʻou˩ tou˩˥ ·fu 臭豆腐乳 ‖ 乳白色，有別於紅色的豆腐乳。濟南没有江南那種油炸的蘸辣椒醬吃的臭豆腐
【臭球】tʂʻou˩ tɕʻiou˧ 樟腦丸
【臭蚊子】tʂʻou˩ vẽ˧˥ ·tsɿ ＝〖毒蚊子〗tu˧ vẽ˧˥ ·tsɿ 一種大蚊子，身體發黑，白天也咬人
【臭椿(樹)】tʂʻou˩˥ ·tʂʻuẽ (ʂu˩) 嫩葉没有香味不能食用的椿樹
【臭蟲】tʂʻou˩˥ ·tʂʻuŋ 一種吸人血的昆蟲，體内有臭腺
【臭烘烘的】tʂʻou˩ xuŋ˩˥ xuŋ˩˧ ·ti 形容臭氣難聞
【售貨員】tʂʻou˩˥ xuə˩ yã˧ 商店裏出售貨物的人員 ‖ 售，聲母讀 tʂʻ，非擦音
【售票員】tʂʻou˩˥ pʻiɔ˩ yã˧ 出售車、船、飛機等票據的人員

ʂou

【收】ʂou˩ ❶收進，收集，收到 ❷藏，收放：把這些東西～起來！｜你把我的身份證～哪裏嘛？❸收割，收獲：麥～ ❹結束：～工
【收市】ʂou˩˥ ʂɿ˩ 把剩下的貨物全部買下：這蕓豆都不好了，便宜點，我～嘛！‖ 參見"包圓兒 pɔ˩ yer˧[<yã˧]"
【收拾】ʂou˩˧ ·ʂɿ ⇨〖拾掇〗ʂɿ˧˥ ·tɔ
【收據】ʂou˩˥ tɕy˩ ＝〖收條〗ʂou˩ tʻiɔ˧ 收到錢物後寫給付方的字據
【收破爛的】ʂou˩˥ pʻə˩ lã˩˥ ·ti ＝〖收購廢品的〗ʂou˩˥ kou˩ fei˩ pʻiẽ˥˧ ·ti ＝〖換洋火的〗xuã˩ iaŋ˧ xuə˥˧ ·ti 收購廢品的人員
【收購廢品】ʂou˩˥ kou˩ fei˩ pʻiẽ˥ 收買破舊物品
【收襠褲】ʂou˩˥ taŋ˩˥ kʻu˩ 合襠褲，褲襠不再開口的童褲，相對於開襠褲而言
【收賬】ʂou˩˥ tʂaŋ˩ ❶記收入的賬 ❷要回欠款
【收生】ʂou˩˥ ʂəŋ˩ ⇨〖接生〗tɕiə˩˥ ʂəŋ˩
【手】ʂou˥ ❶人體上肢能拿東西的部分 ❷做某事或擅長某種技能的人：選～｜多面～ ❸量詞，用於技能、本領等：有一～
【手指】ʂou˥ tʂɿ˩ ＝〖手指頭〗ʂou˥ tʂɿ˩˧ ·tʻou 人手前端的五個分支
【(手)指甲】(ʂou˥) tʂɿ˩˧ ·tɕia ⇨〖指甲蓋兒〗tʂɿ˩˥ tɕia˩˥ ker˩[<kɛ˩]

【手紙】ʂou˥˦ tʂʅ˥ ⇨〖擦腚紙〗ts'a˩˦ tiŋ˩ tʂʅ˥

【手提箱】ʂou˥ t'i˨ ɕiaŋ˩ 一種有提梁的輕便箱子

【手裏】ʂou˥˩ ·ȵi（或 ·li）手掌之内：你～拿的麼？

【手藝人】ʂou˥ i˩ ʐẽ˨ ＝〖要手藝的〗ʂua˥ ʂou˥˦ i˩˦ ·ti 手工業工人的舊稱

【手不穩】ʂou˥ pu˩ vẽ˥ 有偷摸的習慣

【手爐】ʂou˥ lu˨ 舊式銅製取暖用品，裏面放木炭和灰

【手巴掌】ʂou˥ pa˩˥ ·tʂaŋ 手掌

【手背】ʂou˥ pei˩ ＝〖手面〗ʂou˥ miã˩ 手掌的反面

【手套】ʂou˥ t'ɔ˩ 套在手上防凍或作裝飾用的物品：棉～｜皮～｜毛綫～

【手銬】ʂou˥ k'ɔ˩ 銬住犯人雙手的刑具：上～

【手錶】ʂou˥˦ piɔ˥ 戴在手腕上的錶

【手腕兒】ʂou˥ vɛr˩［＜vã˩］❶待人處世所用的不正當的手段：要～ ❷有策略技巧：這人有～！

【手腕子】ʂou˥˦ vã˩˦ ·tsʅ（或 ʂou˥˩ ·vã ·tsʅ）手和臂的連接部分

【手電】ʂou˥ tiã˩ ⇨〖電棒子〗tiã˩ paŋ˩˦ ·tsʅ

【手鏈兒】ʂou˥ liɛr˨［＜liã˨］套在手腕上的環鏈形首飾

【手絹】ʂou˥ tɕyã˩ 手帕‖也說"手絹兒 ʂou˥ tɕyɛr˩"

【手穩嘴穩】ʂou˥˦ vẽ˥ tsuei˥˦ vẽ˥ 不偷摸、不說不該說的話：到人家家去，一個手穩一個嘴穩，手穩是别拿人家東西，嘴穩是别傳話

【手巾】ʂou˥˩ ·tɕiẽ ❶手絹 ❷洗臉毛巾‖兩者需要區别時，手絹稱"小手巾兒 ɕiɔ˥˦ ʂou˥˩ ·tɕier［＜tɕiẽ˥］"，毛巾稱"擦臉手巾 ts'a˩ liã˥ ʂou˥˩ ·tɕiẽ"、"洗臉手巾 ɕi˥˦ liã˥ ʂou˥˩ ·tɕiẽ"

【手心】ʂou˥ ɕiẽ˩ 手掌的中心部分

【手印兒】ʂou˥ ier˩［＜iẽ˩］❶手留下的痕迹 ❷特指按在契約、證件等上面的指紋

【手杖】ʂou˥ tʂaŋ˩ 西式拐棍

【守歲】ʂou˥ suei˩ 農曆除夕晚上不睡，直到天明

【守靈】ʂou˥ liŋ˨ 人死後死者的親屬守在靈牀或靈柩邊

【首飾】ʂou˥˩ ·ʂʅ 泛指耳環、項鏈、戒指、手鐲等飾物

【受屈】ʂou˩ tɕ'y˩ 受到委屈

【受夾板子氣】ʂou˩ tɕia˩˦ pã˥˩ ·tsʅ tɕ'i˩ 兩頭受氣

【受戒】ʂou˩˦ tɕiɛ˩ 居士或出家的僧尼接受戒律

【受賄】ʂou˩˦ xuei˩ 接受賄賂

【受涼】ʂou˩ liaŋ˨ ⇨〖傷風〗ʂaŋ˩˦ fəŋ˩

【受驚】ʂou˩ tɕiŋ˩ 受了驚嚇：小孩兒發燒，～唡！

【壽衣】ʂou˩ i˩ 裝殮死人的衣服

【壽衣店】ʂou˩ i˩˦ tiã˩ 出售裝殮死人衣物的商店

【壽材】ʂou˩ ts'ɛ˨ 生前預備的棺材

【壽墳】ʂou˩ fẽ˨ 人未死時修好的墳

【壽星】ʂou˩˦ ·ɕiŋ ＝〖老壽星〗lɔ˥˦ ʂou˩˦ ·ɕiŋ ❶老人星，畫像或塑像中額部突起有長鬚的老人 ❷稱長壽的老人或受祝賀壽辰的年長的人

【瘦】ʂou˩ ❶指含脂肪少、肌肉不豐滿

的:這人～的皮包骨|～肉 ❷衣裳等窄小:這衣裳你穿忒～!

ʐou

【□】ʐouɹ ❶抓住長繩的一端摔着旋轉,掄:拿了繩子～了好幾圈 ❷擺,蕩:鞦韆～的棱高

【□一圈兒】ʐouɹʟ ·i tɕ'yɛrɹ[<tɕ'yãɹ] 轉一圈:你吃了嗎?咱倆～去!|抽袋煙的功夫,他先□[ʐouɹʟ]了一圈回來嘛!

【揉】ʐou˧ 用手搓摩:～一把|疼,你給我～～!

【揉巴】ʐou˧r ·pa 用手來回搓摩:這東西叫他～的起了褶子皺褶嘛! ‖ 連用式"揉巴揉巴 ʐou˧r ·pa ʐou˧r ·pa":你給我～這腰!

【揉麵】ʐou˧ miãɹ 把和好的麵團再用手反復地揉

【揉麵劑子】ʐou˧ miãɹ tɕiɹr ·tsɿ 用手揉和好的麵團

【肉】ʐouɹ ❶人或動物接着表皮的組織:磕破了皮,～都露出來了,真瘆人! ❷可以吃的動物肉,有時專指豬肉:牛～|兔子～|買～ ❸某些瓜果蔬菜可吃的部分:桂圓～|這冬瓜～厚|柿子椒～厚 ❹參見"肉頭 ʐouɹr ·t'ou"

【肉絲】ʐouɹ sɿɹ 食用肉切成的細條 ‖ 也說"肉絲兒 ʐouɹ serɹ"

【肉皮】ʐouɹ p'i˧ 通常指豬肉的皮:～凍

【肉不爛】ʐouɹ puɹr lãɹ 肉沒燒爛

【肉鋪】ʐouɹr p'uɹ =〖肉店〗ʐouɹr tiãɹ 經營食用肉的商店

【肉末兒】ʐouɹr mərɹ[<məɹ] 斬碎的肉

【肉塊兒】ʐouɹr k'uɛrɹ[<k'uɛɹ] 食用肉切成的塊兒

【肉包兒】ʐouɹ pɔrɹ[<pɔɹ] =〖肉包子〗ʐouɹr ·pɔ ·tsɿ 肉餡蒸包

【肉頭】ʐouɹr ·t'ou ❶圓滾滾實敦敦的樣子:這小孩胖敦敦的挺～ ❷嚼起來有韌性:這西瓜吃起來有點兒～ ❸呆滯不爽快:這人辦事真～! ‖ 義項②也可以單說"肉"。"肉頭"的重疊式"肉肉頭頭的 ʐouɹr ·ʐou ·tou ·tou ·ti":這小孩長的～|這甜瓜吃起來～

【肉案子】ʐouɹ ŋãɹr ·tsɿ 供出售豬肉等用的狹長桌子,或當桌子用的長木板

【肉片兒】ʐouɹr p'iɛrɹ[<p'iãɹ] 食用肉切成的片兒

【肉瓤】ʐouɹ ʐaŋ˧ 肉質不發沙的(西瓜等) ‖ 參見"沙瓤 ʂaɹ ʐaŋ˧"

【肉丁】ʐouɹ tiŋɹ 切成小方塊兒的食用肉 ‖ 也說"肉丁兒 ʐouɹ tiə̃rɹ"

【肉鬆】ʐouɹ suŋɹ 瘦豬肉製成的絨狀或碎末狀食品

kou

【勾嘛】kouɹʟ ·lia ⇨〖抹嘛〗mə˥ʟ ·lia

【勾芡】kouɹr tɕ'iãɹ 把芡粉用水調好後倒進菜肴中使湯汁變稠

【鉤擔】kouɹʟ ·tã ⇨〖擔杖〗tãɹr ·tʂaŋ

【鉤秤】kouɹr tʂ'əŋɹ 有秤鉤的秤,區別於臺秤和磅秤

【溝裏】kouɹʟ ·ȵi(或 ·li) 水溝裏面

【狗】kou˥ 一種家畜,聽覺和嗅覺都很靈敏,能看守門户或幫助打獵等

【狗皮膏藥】kou˥ʟ ·p'i kɔɹʟ ·yə ❶把藥塗在狗皮上的膏藥,走江湖的人常

假造這種膏藥騙取錢財，因而常用以比喻蒙騙人的貨色：賣～的！❷比喻糾纏起來没有完：别跟人太熱乎了噢，他這人是一貼～！

【狗趴式】kou˥ p'a˨˩˧˧ ʂʅ˨˩ 一種像狗趴的游泳姿勢

【狗拉秧子】kou˥˨ ·la iaŋ˨˩˧˩ ·tsʅ 狗發情

【狗窩】kou˥ və˨˩˧ 狗住的窩：△～裏放不住熱乾糧比喻存不住東西

【狗鱉子】kou˥ piə˨˩˧˩ ·tsʅ ＝〖狗豆子〗kou˥ tou˨˩˥ ·tsʅ 狗蝨子

【狗改不了吃屎】kou˥ kɛ˥˨ ·pu ·liɔ tʂ'ʅ˨˩˧ ʂʅ˥ 比喻惡習難改

【狗寶】kou˥˧ pɔ˥ 病狗膽囊、腎、膀胱裏長的結石，是稀有的中藥材

【狗槽兒】kou˥ ts'ɔr˦˨[<ts'ɔ˦˨] 喂狗時放狗食的槽兒‖用盆子時稱“狗食盆兒kou˥˨ ·ʂʅ p'er˦˨[<p'ẽ˦˨]”

【狗掉草子】kou˥ tiɔ˨˩ ts'ɔ˥˨ ·tsʅ 狗交配

【狗尿不臊的】kou˥ ȵiɔ˨˩ pu˨˩˧˧ sɔ˨˩˧˩ ·ti 幹事不徹底，不地道：看你洗的這衣裳～！

【狗咬刺猬兩下裏怕】kou˥˧ iɔ˥ ts'ʅ˨˩˥ ·vei liaŋ˥˨ ·ɕia ·li p'a˨˩ 比喻互相防範

【狗咬尿脬一場空】kou˥˧ iɔ˥ suei˨˩˧˩ ·p'ɔ i˨˩˧ tʂ'aŋ˦˨ k'uŋ˨˩˧ 比喻白忙碌

【狗熊】kou˥ ɕyŋ˦˨ ⇨〖熊〗ɕyŋ˦˨

【枸杞】kou˥˧ tɕ'i˥ 落葉小灌木，夏季開淡紫色花，漿果叫枸杞子

【枸杞子】kou˥ tɕ'i˥˧ tsʅ˥ 枸杞的果實，卵圓形，紅色，中醫入藥，有滋補作用

【夠】kou˨˩ ❶數量可以滿足需要：足～｜不～ ❷達到某一點或某種程度：～本兒｜不～格！❸(用手等)伸向不易達到的地方去接觸或拿來：～不着｜把這東西給我～下來！

【夠意思】kou˨˩ i˨˩˥ ·sʅ ❶夠朋友：這人～ ❷不錯：這事兒辦的～！

【夠本兒】kou˨˩ per˥[<pẽ˥] ❶買賣中賣出貨物的錢夠了本金數目：開飯館的頭一個月賠，第二個月～，到第三個月就賺嘛！｜這批貨能賣出一半就～嘛！❷比喻得失相當

【夠勁兒】kou˨˩ tɕier˨˩[<tɕiẽ˨˩] ❶事物到了相當高的程度：夜來的演出真～！｜這酒～，下回咱們還喝這種｜這事兒～，咱幹不了！❷説人不夠地道、辦事不夠妥當：這家伙真～！｜你真～，辦這樣的事兒！(含有親昵的責備義) ❸夠受的：累的～

【夠嗆】kou˨˩ tɕ'iaŋ˨˩ ＝〖夠受的〗kou˨˩ ʂou˨˩˥ ·ti 十分利害，達到人所能忍受的最大限度：累的～｜這水忒深，下去夠他嗆的！

k'ou

【摳】k'ou˨˩˧ ❶從縫裏或小孔裏把東西挖出來：把米粒從桌子縫裏～出來｜别～鼻子！❷不必要的深究，向狹窄的方面探求：～字眼｜死～書本｜～起來没完！

【摳】k'ou˨˩˧ 吝嗇，小氣：這人忒～！

【摳鼻疙渣】k'ou˨˩˧ pi˦˨˥ ·ka ·tʂa 用手指從鼻孔中挖出鼻屎

【摳麽】k'ou˨˩˧˩ ·mə 小氣，好占便宜：你别盡～人家！

【摳門兒】k'ou˨˩˧ mer˦˨[<mẽ˦˨] 吝嗇：這人可～啦，屬鐵公鷄的！

【瞘瞜】k'ou˨˩˧˩ ·lou 眼窩下陷：他病的眼

都～下去嘛！

【□】k'ou˦ 利害：～妮兒｜這閨女棱～！‖多用於形容女孩

【口袋】k'ou˥ tɛ˩ ⇨〖布袋〗 pu˩ tɛ˩

【口袋兒】k'ou˥˩ tɛr˩[<tɛ˩] ⇨〖布袋兒〗 pu˩ tɛr˩[<tɛ˩]

【口條】k'ou˥˩ ·t'iɔ 用作食品的豬舌頭

【口臭】k'ou˥ tʂ'ou˩ ＝〖嘴臭〗 tsuei˥˩ ·tʂ'ou 嘴裏有臭味

【口口】k'ou˥˩ ·k'ou 回民對幼兒稱乳汁：吃～｜來，～～吃奶吃奶

【口輕】k'ou˥ tɕ'iŋ˧ ❶淡 ❷口味淡：他～，不大吃鹹

【口重】k'ou˥ tʂuŋ˩ ❶鹹 ❷口味鹹：俺家的人都好吃鹹，～啊！

【口供】k'ou˥˩ kuŋ˩ 口頭供詞‖口，此處在去聲前變爲[˥˩]

【口紅】k'ou˥ xuŋ˦ 唇膏

【扣】k'ou˩ ❶用圈、環等套住：～扣子｜～殺死門 ❷把器物口朝下放或覆蓋東西：把碗～在碗櫃裏｜使個盆把這些東西～上！ ❸扣留：叫派出所～起來嘛！ ❹從中減除：～除

【扣子】k'ou˩˥ ·tsɿ ❶條狀物打成的疙瘩：繫個～｜你鞋子～散嘛！ ❷紐扣

【扣鼻兒】k'ou˩ pier˦[<pi˦] 中式紐扣的紐襻

【扣起來】k'ou˩˥ ·tɕ'i ·lɛ 扣押，扣留(人或財物)

【扣扣子】k'ou˩ k'ou˩˥ ·tsɿ 扣起扣子

【扣眼兒】k'ou˩ iɛr˥[<iã˥] 服裝上用於套住扣子的眼兒

ŋou

【偶爾】ŋou˧ ər˥ 間或，有時候‖偶，北京上聲，濟南讀陰平

【慪】ŋou˥ 氣流不暢通：滿屋子的煙～的慌！｜濕柴光～煙‖另見 ŋou˩

【慪】ŋou˥ ❶心裏彆扭，生悶氣：真～的慌！ ❷使人慪氣不愉快：這事兒～人！｜別～的我上了火！

【慪作】ŋou˥˩ ·tsuə 鬱悶：這兩天心裏～的慌！

【慪熏】ŋou˥˩ ·ɕyẽ 心裏憋悶：這事兒讓我～的慌！

【藕】ŋou˥ 蓮的地下莖

【藕合】ŋou˥ xə˦ 切成薄片的藕夾肉末等蘸麵糊炸成的食品

【藕荷色】ŋou˥ xə˦ ʂei˧ 淺紫而微紅的顏色

【藕粉】ŋou˥˦ fẽ˥ 蓮藕製成的粉

【漚】ŋou˩ 長時間地浸泡：～糞｜～麻

【漚糞】ŋou˩˥ fẽ˩ 漚糞肥

【慪氣】ŋou˩˥ tɕ'i˩ 鬧彆扭，生悶氣：好幾天在屋裏～｜～嘛，不吃飯嘛！‖也說"慪氣兒 ŋou˩˥ tɕ'ier˩[<tɕ'i˩]"。另見 ŋou˥

【□子】ŋou˩˥ ·tsɿ 舊時用於增白皮膚的一種黏汁化妝品，有香味

xou

【齁】xou˧ 食物過鹹或過甜使喉嚨受到刺激：放的糖忒多，～着我嘛！

【齁】xou˧ 用在鹹的前面表示程度深：～鹹‖連用式"齁鹹齁鹹的"有强調義，表示程度更深

【喉結】xou˦ tɕiə˧ 男子頸部由甲狀軟骨構成的隆起物

【猴子】xou˦˥ ·tsɿ ＝〖猴兒〗 xour˧[<xou˦] 哺乳動物，形狀略像人，身上有

毛,種類很多

【猴勢】xou˥˧ ·ʂʅ 像猴子一樣蹲着

【猴頭】xou˥ t'ou˥ 蕈的一種,因形狀似猴子的頭而得名‖近年山東有人工培育的品種

【猴三兒】xou˥˧ ·sɛr[<sã˧˩] 少數人又稱猴子

【瘊子】xou˥˧ ·tsʅ 疣,多長在頭部、手上,肉色

【厚】xou˩ ❶厚薄的厚,指扁平物上下兩面的距離大 ❷厚度:長三尺~一寸 ❸深,重,濃:交情~|~禮|酒味~ ❹(土地)肥沃:上大糞地越上越~

【厚道】xou˩˧ ·tɔ 待人誠懇寬厚

【後】xou˩ ❶前後、先後的後,指在背面的,時間較晚的,未來的等:~門|先來~到|~天 ❷後代的人

【後世】xou˩ ʂʅ˩ 回民指人死之後:對涯上見不了分曉,~裏還有個見面的時候來!‖參見"對涯 tuei˩˧ ·iɛ"

【後媽】xou˩ ma˧˩ =〖後娘〗 xou˩ ȵiaŋ˥ 繼母‖面稱"媽 ma˧˩"等

【後爹】xou˩ tiə˧˩ 繼父‖面稱"爸爸 pa˩˧ ·pa"等

【後座兒】xou˩ tsuər˩[<tsuə˩] ❶車輛上後面的座位 ❷特指供食用的牲畜的臀部肉

【後袋兒】xou˩ tɛr˩[<tɛ˩] 西式褲子後腰下的口袋

【後臺】xou˩ t'ɛ˥ ❶劇場中處於舞臺後面的部分 ❷比喻在背後支持、操縱的人或集團

【後來】xou˩ ·lɛ 指過去某一時間以後的時間:他先說來,~又說不來!|他前年還來過一次濟南,~就一直不照面啊!‖後,此處在輕聲前不變調

【後街】xou˩ tɕiɛ˧˩ 位於自己家北面的街‖參見"前街 tɕ'iã˥ tɕiɛ˧˩"

【後背】xou˩˧ pei˩ 西服從領到背的部分

【後腦勺兒】xou˩ nɔ˥ ʂɔr˥˧[<ʂɔ˥] 腦袋後部

【後槽牙】xou˩ ts'ɔ˥˧ ·ia 後面的牙,包括盡頭牙

【後頭】xou˩˧ ·t'ou =〖後邊兒〗 xou˩ piɛr˧˩[<piã˧˩] 後面‖"後邊兒"口語也說 xou˧˩ pɛr˧˩

【後天】xou˩ ·t'iã(或 t'iã˧˩) =〖後兒〗 xour˩[<xou˩] 明天的明天‖後,此處在輕聲前不變調

【後年】xou˩ ·ȵiã(或 ȵiã˥) 明年的明年‖後,此處在輕聲前不變調

【後門】xou˩ mẽ˥ 房子、院子等後面的門:他從大門進來,又從~走啊!

【後門兒】xou˩ mer˥[<mẽ˥] 比喻不正之風的舞弊途徑:走~買的!

【後身縫】xou˩ ʂẽ˧˩ fəŋ˩ 舊式上衣後面兩塊布合攏的縫

【後身】xou˩˧ ·ʂẽ 上衣的後面部分

【後婚】xou˩˧ ·xuẽ ⇨〖二婚頭〗 ər˩ xuẽ˧˩ t'ou˥

【後梆子】xou˩˧ ·paŋ ·tsʅ 後腦突出的部分

【後晌】xou˩˧ ·ʂaŋ =〖晚上〗 vã˥˩ ·ʂaŋ 夜裏‖"後晌"也有人讀 xuŋ˩˧ ·xaŋ,但被認爲不是城裏的音

【後牆】xou˩ tɕ'iaŋ˥ 房子背面的牆

【後掌】xou˩ ·tʂ'əŋ 桌子、椅子、板凳等撐住後面兩條腿的木條

iou

tiou

【丢㗫】tiou˨˩˧ ·lia 掉了，失去了

【丢手絹】tiou˧ ʂou˥ tɕyã˩ 一種兒童集體游戲，邊玩邊唱：△～，～，輕輕地放在小朋友的後邊，大家不要告訴他，快點快點抓住他！

【丢三落四的】tiou˨˩˧ sã˧ la˨˩˧ sɿ˨˧ ·ti 粗心，顧了這個忘了那個：你看我這人就這樣，成天～

【丢人】tiou˧ ʐẽ˥ 丢臉

【丢人現眼】tiou˧ ʐẽ˥ ɕiã˩ iã˥ 丢臉，出醜

liou

【溜】liou˧ 在單音節形容詞前表示程度深：～光｜～平 ‖ 連用式"溜A溜A的"，表示程度更深：～光～光的。另見 liou˩

【溜鬚】liou˨˩˧ ɕy˧ ＝〖溜鬚舔腚〗liou˨˩˧ ɕy˧ t'iã˥ tiŋ˩ ⇨〖舔腚〗t'iã˥ tiŋ˩

【溜達】liou˨˩˧ ·ta 散步：出去～一會兒

【溜達溜達】liou˨˩˧ ·ta liou˨˩˧ ·ta ＝〖走走〗tsou˥ ·tsou ＝〖散散步〗sã˩˧ ·sã pu˩ 輕鬆隨便地走一走

【溜達神兒】liou˨˩˧ ·ta ʂer˥[<ʂẽ˥] 散步煥發精神：他常在這條街上～！‖ 連用式"溜達溜達神兒 liou˨˩˧ ·ta liou˨˩˧ ·ta ʂer˥[<ʂẽ˥]"：别在家裏憋着，上馬路上～！

【溜肩膀】liou˨˩˧ tɕiã˨˩˧ ·paŋ ＝〖耷拉肩〗ta˨˩˧ ·la tɕiã˧ 兩邊下垂的肩膀

【留級】liou˥ tɕi˧ 考試不合升級要求而留在原來的年級重新學習

【留步】liou˥˧ pu˩ 主人送客時常至門口，客人請主人不要送就説留步，多疊用：～～！

【留神】liou˥ ʂẽ˥ ⇨〖小心〗ɕiɔ˥˩ ·ɕiẽ

【留心】liou˥ ɕiẽ˧ 小心，注意

【流囚】liou˥˧ ·tɕ'iou ❶有流氓習氣的人：這小子是個～ ❷用作形容詞或動詞：這個～孩子！｜他可～啦！｜你别～噢！‖ 重疊式"流流囚囚的 liou˥˧ ·liou ·tɕ'iou ·tɕ'iou ·ti"

【流産】liou˥ ts'ã˥ ⇨〖小産〗ɕiɔ˥˧ tʂ'ã˥

【流(眼)淚】liou˥ (iã˥) luei˩ ＝〖掉(眼)淚〗tiɔ˩ (iã˥) luei˩ 落淚

【流氓】liou˥˧ ·maŋ(或 liou˥ maŋ˥) ❶不務正業、爲非作歹的人 ❷流氓行爲：耍～

【琉琉彈兒】liou˥˧ ·liou tɛr˩[<tã˩] ＝〖琉琉球兒〗liou˥˧ ·liou tɕ'iour˥[<tɕ'iou˥] ＝〖彈兒〗tɛr˩[<tã˩] ＝〖球兒〗tɕ'iour˥[<tɕ'iou˥] 琉璃球，一種玩具，球形，直徑半寸左右，用彩色琉璃製成 ‖ 琉琉，疑由琉璃變來

【硫磺】liou˥ xuaŋ˥ 一種非金屬元素，淺黄色結晶體

【劉海兒】liou˥ xɛr˥[<xɛ˥] 女子垂在前額的整齊的短髮

【柳子】liou˥˩ ·tsɿ 柳子戲，山東地方戲曲劇種之一，流行於山東、河南、河北、江蘇、安徽交界處的三十多個縣市：～劇團

【柳枝兒】liou˥ tʂer˨˩［<tʂʅ˨˩］柳樹的枝兒

【柳樹】liou˥˩ ·ʂu 落葉喬木或灌木，枝細長柔韌，葉狹長，種類很多，有垂柳、旱柳等

【柳絮】liou˥˩ ·ɕy 柳樹的種子，上面有白色絨毛

【柳條兒】liou˥ t'iɔr˦［<t'iɔ˦］柳樹枝條，可以編製筐等器物‖口語裏又音 liou˥˩ ·t'iɔr［<t'iɔ˦］

【柳腔】liou˥˩ ·tɕ'iaŋ 山東地方戲曲劇種之一，流行於即墨、平度、掖縣一帶

【六】liou˨ ❶基數詞 ❷濟南地名用字：～里山｜～順街

【六指】liou˨˧ ·tʂʅ 一隻手上長有六個手指頭的人‖也說"六指兒 liou˨˧ ·tʂer"

【六十】liou˨ ʂʅ˦ 數詞

【六十一】liou˨˧ ·ʂʅ i˨˩ 數詞‖數數時也說"六一 liou˨ i˨˩"

【六大順】liou˨ ta˨˧ ʂuẽ˨ ＝〖六順〗liou˨˧ ʂuẽ˨ 劃拳時説出的數，即六‖參見"劃拳 xua˨ tɕ'yã˦"

【六個】liou˨˧ ·kə ＝〖六啊〗liou˨˧ ·ua 數量詞‖啊在此處讀 ·ua

【六月雪】liou˨˧ yə˨ ɕyə˨˩ 常綠小灌木，葉卵形，六月開小白花

【六六大順】liou˨ liou˨ ta˨˧ ʂuẽ˨ 吉祥語，萬事順利如意

【六六六】liou˨ liou˨ liou˨ 一種殺蟲劑，土黄色粉末

【溜】liou˨ 能幹，辦事漂亮：挺～‖新詞。另見 liou˨˩

【溜透】liou˨˧ ·t'ou 辦事熟練、利落：這人辦事挺～

【餾】liou˨ 將涼了的熟食蒸熱：～乾糧｜把饃饃～～！

tɕiou

【究竟】tɕiou˨˩˧ tɕiŋ˨ 副詞，表示進一步追究，有强調的語氣：你～幹了没有？你倒是説呀！‖新詞

【揪】tɕiou˨˩ 緊緊地抓：～住他‖另見 tɕiou˦

【揪】tɕiou˦ 掐：把這朵花～來！‖另見 tɕiou˨˩

【九】tɕiou˥ ❶基數詞 ❷從冬至開始數，到第九天是一個九，一直數到九個九爲止：數～｜一～二～不出手｜冷在三～ ❸濟南地名用字：～里山｜～曲莊

【九十】tɕiou˥ ʂʅ˦ 數詞

【九十一】tɕiou˥˩ ·ʂʅ i˨˩ 數詞‖數數時也説"九一 tɕiou˥ i˨˩"

【九個】tɕiou˥ kə˨ ＝〖九啊〗tɕiou˥˩ ·ua 數量詞‖啊在此處讀 ·ua

【九月九】tɕiou˥˩ ·yə tɕiou˥ ＝〖重陽節〗tʂ'uŋ˦ iaŋ˦ tɕiə˨ 我國傳統節日，農曆的九月九日，有登山的風俗。濟南定這一天爲老人節‖參見"老人節 lɔ˥ ʐẽ˦ tɕiə˨˩"

【韭花】tɕiou˥ xua˨˩ ＝〖韭菜花兒〗tɕiou˥˩ ·ts'ɛ xuar˨˩［<xua˨˩］韭菜的花，白色，可製鹹菜等

【韭菜】tɕiou˥˩ ·ts'ɛ 一種常見蔬菜，葉子細長而扁

【韭菜餅】tɕiou˥ ts'ɛ˨ piŋ˥ ⇨〖菜餅〗ts'ɛ˨ piŋ˥

【韭黄】tɕiou˥ xuaŋ˧ 在特殊條件下培育的嫩黄色韭菜

【酒壺】tɕiou˥ xu˧ 盛酒的壺

【酒窩】tɕiou˥ və˩ 笑的時候頰上現出的小窩兒

【酒杯】tɕiou˥ pei˩ 盛酒用的杯子，有瓷的、玻璃的等

【酒櫃】tɕiou˥ kuei˩ 放置酒具及酒類物品的櫃子

【酒糟鼻子】tɕiou˥ tsɔ˩ pi˧˥ ·tsɿ 酒渣鼻

【酒墰子】tɕiou˥ tʻã˧˥ ·tsɿ 盛酒的墰子

【酒瓶子】tɕiou˥ pʻiŋ˧˥ ·tsɿ 裝酒的瓶子

【酒盅】tɕiou˥ tʂuŋ˩ 小於酒杯的盛酒器皿，常用於喝白酒

【就地】tɕiou˩˥ ti˩ ❶就在當地：～取材 ❷在地面上：你别～坐！ ‖ 義項②也説"就地下 tɕiou˩ ti˩˥ ·ɕia"

【就(了)筋】tɕiou˩ (·lə) tɕiẽ˩ ❶抽筋 ❷比喻事成定局無可挽回：這事算是就了筋了，没法辦嘞！

【就業】tɕiou˩ iə˩ 有了職業，參加工作

【舅母】tɕiou˩˥ ·mu ⇨〖妗子〗 tɕiẽ˩˥ ·tsɿ

【舅爺爺】tɕiou˩ iə˧˥ ·iə 父親的舅舅

【舅奶奶】tɕiou˩ nɛ˥˩ ·nɛ 父親的舅母

【舅姥爺】tɕiou˩ lɔ˥˩ ·iə 母親的舅舅

【舅姥娘】tɕiou˩ lɔ˥˩ ·ȵiaŋ 母親的舅母

【舅舅】tɕiou˩˥ ·tɕiou 母親的兄弟

【舅舅屎】tɕiou˩˥ ·tɕiou ʂɿ˥ 嬰兒頭頂上結的一層胎垢

【舊】tɕiou˩ 新舊的舊，指過去的、原有的、過時的等：～社會｜～衣裳｜～腦筋

【舊曆】tɕiou˩ li˩ ⇨〖陰曆〗 iẽ˩˥ li˩

tɕʻiou

【秋起】tɕʻiou˩ tɕʻi˥ 多少：你～拿一點錢來就夠嘞！

【秋桃】tɕʻiou˩ tʻɔ˧ 秋天成熟的一種桃子，個兒小，水分少，味甜，比較脆

【秋收】tɕʻiou˩˥ ʂou˩ 秋季收獲農作物

【秋天】tɕʻiou˩˥ tʻiã˩ 秋季

【秋分】tɕʻiou˩˥ fẽ˩ 二十四節氣之一：△白露早，寒露遲，～種麥正當時

【囚車】tɕʻiou˧ tʂʻə˩ 押送犯人用的車

【求雨】tɕʻiou˧ y˥ 迷信的人在天旱時向傳説中的龍王或其他神靈祈求降雨

【求籤】tɕʻiou˧ tɕʻiã˩ ＝〖討籤〗 tʻɔ˧ tɕʻiã˩ 迷信的人在神佛前抽籤以卜吉凶

【球兒】tɕʻiour˧[<tɕʻiou˧] ⇨〖琉琉彈兒〗 liou˧˥ ·liou tɛr˩[<tã˩]

【球衣】tɕʻiou˧ i˩ 棉毛衫

【球褲】tɕʻiou˧˥ kʻu˩ 棉毛褲

【球鞋】tɕʻiou˧ ɕiɛ˧ 一種帆布幫、橡膠底的鞋

【球蛋】tɕʻiou˧˥ ·tã 睾丸

【□糕】tɕʻiou˧ kʻɔ˩ 回民在生小孩或有喜事時做來送人的粥類食品，用糯米或黄米和栗子、花生米、核桃仁等熬成

【糗】tɕʻiou˥ ❶飯或麵食成塊狀或糊狀：剩麵條～嘞！ ❷做乾飯或黏稠的飯：～乾飯｜讓它大～一會兒 ❸在一個地方停留：～了半天也該走嘞！ ‖ 糗，廣韵有韵去久切："乾飯屑也。孟子曰，舜飯糗茹草。"集韵又作"饃"字，有韵去久切："食物爛也"

ȵiou

【牛】ȵiou˨ 一種力畜,體大,能耕地、拉車等‖另見 iou˨

【牛□脾】ȵiou˨˦ ·tsʻɿ ·pʻi 牛脾臟

【牛食槽】ȵiou˨˦ ·ʂʅ tsʻɔ˨ 喂牛時盛飼料的長條形器具

【牛鼻錢】ȵiou˨ pi˨˦ ·tɕʻiã(或 ȵiou˨ pi˨ tɕʻiã˨)穿在牛鼻子上的鐵圈,即牛鼻桊兒

【牛蹄子】ȵiou˨ tʻi˨˦ ·tsɿ 牛有角質保護物的腳

【牛犢】ȵiou˨ tu˨ =〖牛犢子〗ȵiou˨˦ ·tu ·tsɿ 小牛‖也說"牛犢兒 ȵiou˨ tur˨"

【牛肚子】ȵiou˨ tu˥˩ ·tsɿ 用做食物的牛胃

【牛把式】ȵiou˨ pa˥˩ ·ʂʅ 使喚牛的人

【牛角】ȵiou˨ tɕyə˩(或 tɕia˩)牛頭上長的兩個硬角

【牛奶】ȵiou˨ nɛ˥ 牛的乳汁

【牛仔服】ȵiou˨ tsɛ˥ fu˨ =〖牛仔裝〗ȵiou˨ tsɛ˥ tʂuaŋ˩ 一種由斜紋勞動布製成的服裝,有牛仔褲、牛仔裙、牛仔衣等,近年來在青年人中很流行

【牛百葉兒】ȵiou˨ pei˩˦ iər˩[<iə˩]牛胃的一部分,內壁有書頁狀的褶,學名重瓣胃‖參見"牛肚子 ȵiou˨ tu˥˩ ·tsɿ"

【牛毛(細)雨】ȵiou˨˦ ·mɔ(ɕi˩)y˥ =〖毛毛雨〗mɔ˨˦ ·mɔ y˥ 細如牛毛的雨:△先下牛毛無大雨,後下牛毛難晴天

【牛肉】ȵiou˨˦ ʐou˩ 牛的肉,供食用

【牛肉丸子】ȵiou˨˦ ʐou˩ vã˨˦ ·tsɿ 牛肉加澱粉等製成的丸子

【牛肉乾】ȵiou˨˦ ʐou˩ kã˩ 特别烤製的乾牛肉

【牛肉鬆】ȵiou˨˦ ʐou˩ suŋ˩ 瘦牛肉製成的絨狀或碎末狀食品

【牛轂索】ȵiou˨ kou˩˦ ·suə =〖牛軛〗ȵiou˨˦ ŋə˩ 套在牛脖子上的彎形器具,木製

【牛口條】ȵiou˨ kʻou˥˩ ·tʻiɔ =〖牛舌頭〗ȵiou˨ ʂə˨˦ ·tʻou 指供食用的牛舌頭

【牛油】ȵiou˨ iou˨ 牛體內的脂肪

【牛板筋】ȵiou˨ pã˥˩ ·tɕiẽ 牛筋

【牛鞭子】ȵiou˨ piã˩˩ ·tsɿ 公牛生殖器

【牛腱子】ȵiou˨ tɕiã˩˦ ·tsɿ 牛腿上肌肉發達的部分

【牛郎(星)】ȵiou˨ laŋ˨(ɕiŋ˩)牽牛星

【牛黄】ȵiou˨ xuaŋ˨ 病牛膽囊裏長的黄色結石,是珍貴的中藥材

【牛黄狗寶】ȵiou˨ xuaŋ˨ kou˥˦ pɔ˥ 合稱牛黄、狗寶兩種珍貴藥材

【牛棚】ȵiou˨ pʻəŋ˨ 牛圈

【牛虻】ȵiou˨ məŋ˥ 一種昆蟲,雄的吸食植物汁液或花蜜,雌的吸牛、馬等家畜血液‖虻,讀上聲

【扭了腰】ȵiou˥˩ ·lə iɔ˩ 腰扭傷:腰疼,~嘞!

【扭彆】ȵiou˥˩ ·piə 不順當:合扇兒合葉~着,門都關不上|你怎麼使用筷子手~着?|~着腿,坐着不舒服‖重疊式"扭扭彆彆的 ȵiou˥˩ ·ȵiou ·piə ·piə ·ti"

【扭秧歌】ȵiou˥ iaŋ˩˩ ·kə 跳秧歌舞‖秧歌是流行於北方廣大農村的一種舞蹈

【紐扣兒】ȵiou˥ k'our˩[<k'ou˩] 可以把衣服等扣起來的小型球狀物或片狀物

【拗】ȵiou˩ 固執,不隨和:~脾氣

ɕiou

【休息】ɕiou˨˩˪ ·ɕi ❶暫時停止工作或學習:~一會再幹! ❷睡覺:~了,别説話㗅! ‖重叠式"休息休息 ɕiou˨˩˪ ·ɕi ɕiou˨˩˪ ·ɕi",休息一會,歇歇:快坐下~!

【休學】ɕiou˨ ɕyə˦ 學生因故暫停學習,學校保留學籍:因病~|~兩年

【修樹】ɕiou˨˩˫ ʂu˩ =〖□樹〗 ɕyẽ˨˩˫ ʂu˩ 把樹上雜亂的枝兒剪去,使樹幹粗壯直長

【修脚的】ɕiou˨˩˫ tɕyə˨˩˪ ·ti 爲人修剪趾甲或削去脚上趼子的人

【修墳】ɕiou˨ fẽ˦ 人未死時就造墳

【袖子】ɕiou˩˥ ·tsɿ 上衣穿在胳膊上的部分

【袖□】ɕiou˩ ʐou˥ 袖子與上衣相連接的一圈

【袖山】ɕiou˩ ʂã˨ 袖子抬裉以上的部分

【綉花】ɕiou˩ xua˨ 用彩色綫在布帛上綉出圖像‖綉花是在用綳子撑着的布帛上綉,有别於不用綳子的插花。參見"插花① tʂ'a˨˩˫ xua˨"

【綉花綫】ɕiou˩ xua˨˩˫ ɕiã˩ 綉花用的各種彩色綫

【綉球】ɕiou˩ tɕ'iou˦ 用彩綢結成的球形裝飾品

【綉球(花)】ɕiou˩ tɕ'iou˦ (xua˨) 多年生草本植物,開藍白色花,小花組成綉球形

【綉墩】ɕiou˩ tuẽ˨ 舊時的一種瓷質坐具,面蒙綉花絲織品

iou

【牛子】iou˦˥ ·tsɿ =〖黑牛子〗 xei˨ iou˦˥ ·tsɿ 米象‖牛,單字音 ȵiou˦,此處讀 iou˦。郝懿行《爾雅義疏·釋蟲》:"蛄蟹强蛘:…此蟲大如黍米,赤黑色,呼爲牛子,音如甌子,登萊人語也。"牛子,今山東文登、乳山、招遠等地讀꜀ou ·tsɿ;即墨、臨朐、青州、萊蕪、臨清等大片地區讀꜁iou ·tsɿ。姓牛的牛,即墨等地也讀꜁iou,濟南也讀 ȵiou˦

【由不的事兒】iou˦˥ ·pu ·ti ʂer˩[<ʂɿ˩] 心胸不寬闊,遇到一點小事就擔憂:這人真~! |他~,這事兒别告訴他!

【油】iou˦ ❶動植物體内所含的脂肪或礦産的碳氫化合物的混合液體:棉籽~|豬~|汽~ ❷用油漆等塗抹:~門窗 ❸油滑:這人太~了,我信不過! ❹辦事熟練:他這事辦得真~!

【油脂麻花的】iou˦˥ ·tʂɿ ·ma ·xua ·ti 油膩膩的:他吃的嘴上~

【油漆】iou˦ tɕ'i˨ ❶泛指油類和漆類塗料 ❷指用油漆塗抹:這寫字臺還没~!

【油漆匠】iou˦ tɕ'i˥ tɕiaŋ˩ 油漆工‖漆,單字調陰平,此處讀上聲

【油葫蘆】iou˦˥ ·xu ·lu 一種體形跟蟋蟀相同而大於蟋蟀的昆蟲,黑褐色,油亮

【油螞蚱】iou˦˥ ·ma ·tʂa =〖蹬倒山〗 təŋ˨˩˪ ·tɔ ʂã˨ 一種蝗蟲,綠色,大個,可以吃

【油炸鷄蛋】iou˦˥ tʂa˩ tɕi˨˩˫ tã˩ 去蛋殼後用油煎熟的整鷄蛋‖部分人稱

"鷄蛋角兒 tɕi˨˩˧꜒ tã˨˩ tɕyər˥[<tɕyə˥]"

【油茶】iou˦˨ tʂʻa˦˨ ❶食品店裏出售的油炒麵 ❷回民健身食品，冬至那天用油加大葱、薑、碎核桃仁、鹽等炒麵粉，有老人的再加牛骨髓，冲水喝一個冬天

【油菜】iou˦˨꜒ ·tsʻɛ 一種常見蔬菜，葉子濃綠色

【油菜薹兒】iou˦˨꜒ ·tsʻɛ tʻɛr˦˨[<tʻɛ˦˨] 油菜的花軸

【油草】iou˦˨꜒ ·tsʻɔ 包豆餅的草

【油票】iou˦˨꜒ pʻiɔ˨˩ 食油定量供應時期居民領取的購買食油的票證

【油條】iou˦˨ tʻiɔ˦˨ ⇨〖餜子〗kuə˥꜖ ·tsɿ

【油鹽店】iou˦˨ iã˦˨꜒ tiã˨˩ 經營油鹽及調料的商店

【油旋】iou˦˨꜒ ·ɕyã 由多層麵捲油鹽等烙熟的餅類食品

【油粉】iou˦˨꜒ ·fẽ 舊時一種略帶酸味的稀粥，用做粉條、粉皮時剩下的綠豆水加麵粉、香菜、豆腐、粉條等煮成

【油坊】iou˦˨꜒ ·faŋ 榨植物油的作坊

【油香】iou˦˨꜒ ·ɕiaŋ 回民食品，過去用香油現在用花生油炸的發麵油餅，節日裏清真寺用以款待賓客，老百姓辦紅白大事的日子也要做來待客或分送給鄰里親友

【油燈】iou˦˨ təŋ˨˩˧ 舊時以菜籽油爲燃料的燈

【油餅】iou˦˨ piŋ˥ 一種加葱、油烙成的軟餅，濟南街頭、糧店多有銷售

【油桐】iou˦˨꜒ ·tʻuŋ 落葉喬木，果實球形，可榨油

【郵遞員】iou˦˨꜒ ti˨˩ yã˦˨ ＝〖郵差〗iou˦˨ tʂʻɛ˨˩˧ 郵電局的投遞人員

【郵局】iou˦˨ tɕy˦˨ 辦理郵政業務的機構

【郵包兒】iou˦˨ pɔr˨˩˧[<pɔ˨˩˧] 由郵局寄遞的包裹

【郵票】iou˦˨꜒ pʻiɔ˨˩ 由郵局發賣的、用來貼在郵件上表明已付郵資的憑證

【郵件兒】iou˦˨꜒ tɕiɛr˨˩[<tɕiã˨˩] 統稱由郵局接收並傳遞的信件、包裹等

【蚰蜒】iou˦˨꜒ ·iã 一種節肢動物，像蜈蚣而略小，黄褐色。生活在陰濕的地方

【猶豫】iou˦˨꜒ ·y 拿不定主意‖口語多説"二乎 ər˨˩꜒ ·xu"

【游艇】iou˦˨ tʻiŋ˥ 專供游覽的船

【游泳】iou˦˨ yŋ˥ ❶人或動物在水裏游動 ❷一種體育運動：～池｜～比賽

【魷魚】iou˦˨ y˦˨ 槍烏賊

【有食兒】iou˥ ʂer˦˨[<ʂʅ˦˨] ❶小孩兒積食：這孩子鬧，～嗰，給他點兒消積丸兒吃 ❷肚子飽：肚子裏～，再好的東西也吃不下嗰！

【有時候】iou˥꜖ ·ʂʅ ·xou 有的時候

【有的是】iou˥꜖ ·ti ʂʅ˨˩ 有很多，多的是

【有氣】iou˥ tɕʻi˨˩ ❶有氣體，能呼吸 ❷生氣：他對你～

【有喜嗰】iou˥˨˩˧ ɕi˥꜖ ·lia ＝〖有嗰〗iou˥꜖ ·lia ＝〖懷孕嗰〗xuɛ˦˨ yẽ˨˩꜒ ·lia 婦女有了身孕

【有數的】iou˥ ʂu˨˩꜒ ·ti 不多，有限的

【有點兒】iou˥˨˩˧ tier˥[<tiã˥] ❶表示數量不大或程度不深：這個演員還～名氣！❷副詞，略微，稍稍：今天這個天兒～冷｜他～不高興

【有前科】iou˥ tɕʻiã˦˨ kʻə˨˩ 罪犯原先有過作案受罰的歷史

【有影無影六指領】iou˥˨˩˧ iŋ˥ u˦˨ iŋ˥ liou˨˩ tʂʅ˥˨˩˧ liŋ˥ 裁衣要訣，開衣領按六指的長度剪就能穿起來合身

【酉】iou˥ 地支的第十位

【酉鷄】iou˥ tɕi˩˧ 十二生肖之一，酉年生的人屬鷄

【又】iou˩ 副詞。❶表示重複或繼續：看了～看｜昨天來了兩次，今天～來嘛！❷表示並列：～説～笑｜～快～好 ❸表示更進一層：本來身體就不好，這幾天～感冒嘛，還能撑的住？｜這孩子聰明，～用功，學習成績一直很好！

【右】iou˩ ❶靠右手的一邊，跟左相對：向～轉 ❷政治上屬於保守的：～派｜～傾

【右手】iou˩ ʂou˥（或 ·ʂou）右邊的手‖右在輕聲前不變調

【右邊兒】iou˩ piɛr˩˧ [<piã˩˧]（或 iou˩ pɛr˩˧ [<piã˩˧]）靠右的一邊

【幼】iou˩ ❶年紀小的，初生的：～兒｜～苗 ❷小孩兒：扶老攜～

【幼兒園】iou˩ ər˦˨ yã˦˨ 實施幼兒教育的機構

【柚子】iou˩˦ ·tsɿ 一種南方水果，跟橘子同一大類，比橘子大得多，球形或扁圓形，果皮淡黃。本地不産，市場上出售的都從外地運來：沙田～

【悠】·iou ❶形容詞後綴，重疊式AA悠悠的、A悠悠的：光～｜慢～｜光光～～的｜慢慢～～的｜光～～的｜慢～～的 ❷動詞後綴，連用式V悠V悠，有的可重疊爲VV悠悠的，成爲形容詞：逛～｜轉～｜搓～｜搏～｜捤～｜蔫～｜逛～逛～｜轉～轉～｜搓～搓～｜捤～捤～｜轉轉～～的｜蔫蔫～～的

ã

pã

【扳子】pã˨˩˦ ·tʂʅ 擰緊或鬆開螺絲的工具：活～|死～

【扳指】pã˨˩˦ ·tʂʅ ❶戴在男人拇指上的一種玉飾 ❷⇨〖白蜜食〗 pei˦ mi˨ ʂʅ˦

【斑鳩】pã˨˩˦ ·tɕiou 鳥，身體灰褐色，頸後有白色或黃褐色斑點，嘴短，腳淡紅色

【搬運工】pã˨˩˦ yẽ˨ kuŋ˨˩ 以搬運爲業的工人

【搬弄是非】pã˨˩˦ nuŋ˨ ʂʅ˨ fei˨˩ 把別人背後說的話傳來傳去，蓄意挑撥，或在人背後亂加議論，引起糾紛

【板子】pã˥˩ ·tʂʅ 即戒尺：打～ ‖ 打板子不能說打戒尺

【板栗】pã˥ li˨ 部分人又稱栗子

【板杌】pã˥˩ ·u ＝〖板杌子〗 pã˥ u˨˦ ·tsʅ 長方形小矮凳

【板钁】pã˥ tɕyə˨˩ 一種較寬的钁，多用於翻地 ‖ 參見"條钁 t'iɔ˦ tɕyə˨˩"

【板凳】pã˥˩ təŋ˨ 長條形凳子，做工上有粗、細兩種。粗的用於支牀；細的比較寬，做工細，有大漆，講究的在兩頭刻有雲字頭的圖案 ‖ 板，此處在去聲前變調爲[˥˩]

【半】pã˨ ❶二分之一：一～|～斤 ❷不完全的：～新|～勞力 ❸比喻少：他沒有～點私心！

【半世地兒裏】pã˨ ·ʂʅ tier˨˦ [<ti˨] ·ȵi (或 ·li) 突然間：～打了個呱啦劈雷，嚇了我一跳！|你～說了這麼一句，可得罪了人嘞！ ‖ 半，此處在輕聲前不變調，下條同

【半拉】pã˨ ·la(或 la˨˩) ＝〖半個〗 pã˨ ·kə 數量詞，一個的二分之一

【半拉月】pã˨˦ ·la ·yə 半個來月

【半截腰兒裏】pã˨ ·tɕiə iɔr˦˥ [<iɔ˨˩] ·ȵi(或 ·li) 中間，中途：走到～停下嘞！|幹到～不幹嘞！ ‖ 腰，單字音 iɔ˨˩，此處讀陽平，音同窰。半，此處在輕聲前不變調

【半夜三更】pã˨ iə˨ sã˨˩˦ tɕiŋ˨˩(或 kəŋ˨˩) ⇨〖三更半夜〗 sã˨˩˦ tɕiŋ˨˩(或 kəŋ˨˩) pã˨ iə˨

【半島】pã˨ tɔ˥ 三面臨海一面連接大陸的陸地：山東～

【半吊子】pã˨ tiɔ˨˦ ·tsʅ ＝〖二半吊子〗 ər˨˦ ·pã tiɔ˨˦ ·tsʅ 不通事理、言行不沉着不穩重的人：這人是個～，別理他！ ‖ 只作名詞，不重疊用。參見"半吊 pã˨˦ ·tiɔ"、"半青 pã˨˦ ·tɕ'iŋ"

【半吊】pã˨˦ ·tiɔ 不通事理、言行不沉着不穩重，只用於重疊式或動詞"要"後：半半吊吊的|要～ ‖ 參見"半吊子 pã˨ tiɔ˨˦ ·tsʅ"、"半青 pã˨˦ ·tɕ'iŋ"

【半頭磚】pã˨˦ ·t'ou tʂuã˨˩ 不整的次等磚：到窰廠拉～去，那個賤啊！

【半山腰】pã˨ ʂã˨˩˦ iɔ˨˩ ⇨〖山腰〗 ʂã˨˩˦ iɔ˨˩

【半邊拉塊的】pã˨˦ ·piã(或 ·piə) la˨˩˦

kuɛ˩˥ ·ti 不完整的：饃饃叫小孩兒啃的～嘛！｜都～，我不要！

【半天】pã˩ t‘iã˩ 白天的一半。也指不短的一段時間：這活兒有～時間就幹完嘛！｜叫了你～你才聽見！

【半懸空裏】pã˩ ɕyã˧ k‘uŋ˩˪ ·li 懸在空間：～停住嘛，上不來下不去！

【半身不遂】pã˩ ʂẽ˩ pu˩˥ suei˧ 偏癱

【半生不熟】pã˩ ʂəŋ˩ pu˩ ʂu˧ 食物没有熟透

【半瓶子醋】pã˩ p‘iŋ˧˥ ·tsɿ ts‘u˩ ＝〖二把刀〗 ər˩˥ ·pa tɔ˩ 不熟悉業務而又不自量力的人：他這人是～！

【半青】pã˩˥ ·tɕ‘iŋ ❶不通事理、説話隨便、辦事不仔細、不穩重的人：這家伙可～啦，別理他！ ❷也指這樣的人：他是個～，你怎麽相信他？ ‖ 重叠式“半半青青的 pã˩˥ ·pã ·tɕ‘iŋ ·tɕ‘iŋ ·ti”。參見“半吊子 pã˩ tiɔ˩˥ ·tsɿ”、“半吊 pã˩˥ ·tiɔ”

【扮戲】pã˩ ɕi˩ 文藝演出單位的人稱演員穿上演出服裝

【拌嘴】pã˩ tsuei˥ 吵嘴：兩口子成天～！

【柈子】pã˩˥ ·tsɿ 劈得比較規整的大約一尺來長的木柴 ‖ 參見“火頭 xuə˥˪ ·t‘ou”

【辦事兒】pã˩ ʂer˩[＜ʂɿ˩] ❶結婚，辦喜事兒的省説：不是訂婚了嗎，什麽日子～啊？ ❷性行爲：兩口子～

【辦席】pã˩ ɕi˧ ⇨〖擺酒席〗 pɛ˥˪ tɕiou˥ ɕi˧

【辦法】pã˩˥ ·fa 處理事情或解決問題的方法

【辦砸嘛】pã˩ tsa˧˥ ·lia 辦壞了，失敗了：這事叫我～！

【辦公桌】pã˩ kuŋ˩˪ tʂuə˩ 機關辦公室裏辦公用的桌子

p‘ã

【盤子】p‘ã˧˥ ·tsɿ 盛放物品的扁而淺的器具，圓形，比碟子大

【盤腿】p‘ã˧ t‘uei˥ 坐着把兩腿盤起：～坐在炕上

【盤纏】p‘ã˧˥ ·tʂ‘ã ＝〖路費〗 lu˩ fei˩ 旅程中的費用

【盤點】p‘ã˧ t‘iã˥ ＝〖盤貨〗 p‘ã˧˥ ·xuə˩ 清點存貨

【盤炕】p‘ã˧˥ ·k‘aŋ 砌炕

【盤秤】p‘ã˧˥ tʂ‘əŋ˩ 用盤子盛着東西稱輕重的秤

【判】p‘ã˩ 判決：～了兩年

【判決】p‘ã˩ tɕyə˩ 法院對審理的案件作出決定

【判官】p‘ã˩ kuã˩ 見“判官 p‘aŋ˩ kuã˩”

【判刑】p‘ã˩ ɕiŋ˧ 對犯人判處刑罰

【盼頭兒】p‘ã˩˥ ·t‘our[＜t‘ou˧] 對美好未來的盼望：俺家的日子有～嘛！｜没～！

【盼(望)】p‘ã˩ (vaŋ˩) 期望，企盼：我早就～着你來嘛，你怎麽没來呢？

【襻】p‘ã˩ ❶繫裙、鞋等的帶子 ❷車韁繩

mã

【埋怨】mã˧˥ ·yã 因爲事情不如意而出怨言責怪人：這事兒也不能全怪他，你就別～他嘛！ ‖ 埋，單字音 mɛ˧，此處韵母讀 ã

【蔓菁】mã˧˥ ·tɕiŋ 蕪菁。腌成的鹹菜

稱水腌疙瘩或疙瘩頭

【饅頭】mã˦˨˥ ·t'ou 用發酵的麵粉蒸成的主食‖口語多説"饃饃 mə˦˨˥ ·mə"

【鰻魚】mã˦˨ y˦˨ 鰻鱺

【蠻豆】mã˦˨˥ tou˨˩ 一種粒兒長、煮了後發麵而且往往中部斷開的豆子，多產於泰安等地

【滿意】mã˥ i˨˩ 滿足意願

【滿咧】mã˥˨˩ ·lia ⇨〖十全〗 ʂʅ˦˨ tɕ'yã˦˨

【滿月】mã˥ yə˨˩˧ 小孩兒生下滿一個月。家裏要宴請賓客，親友們要送禮，通常產婦要帶嬰兒到娘家去住一段時間

【滿街玩兒】mã˥ tɕiɛ˨˩˧ vɛr˦˨[＜vã˥] 在街上到處玩

【滿分】mã˥ fẽ˨˩˧ 考試全對，得了規定的最高分數

【滿上】mã˥ ·ʂaŋ 酒席用語，把酒倒滿杯子

【慢】mã˨˩ ❶指速度低的：～車｜△不怕～，就怕站！ ❷態度冷淡：～待

【慢慢兒走】mã˨˩ mɛr˨˩[＜mã˨˩] tsou˥ 慢點兒走，送客時多説

【慢騰騰的】mã˨˩ t'əŋ˨˩˧˧ t'əŋ˨˩˧˨˩ ·ti （速度）緩慢的

fã

【帆】fã˨˩˧ 掛在船桅上憑借風力使船行進的布篷

【帆船】fã˨˩˧ tʂ'uã˦˨ 張帆利用風力行駛的船

【翻地】fã˨˩˧˧ ti˨˩ ⇨〖抓地〗 tʂua˨˩˧˧ ti˨˩

【翻過來掉過去】fã˨˩˧˨˩ ·kə ·lɛ tiɔ˨˩˥ ·kə ·tɕ'i 翻來覆去

【翻槽】fã˨˩˧ ts'ɔ˦˨ ＝〖翻毛繩〗 fã˨˩˧ mɔ˦˨ ʂəŋ˦˨ 一種兩人相對用雙手翻弄綫圈玩的游戲

【翻槽】fã˨˩˧ ts'ɔ˦˨ 豬發情‖驢發情也可説翻槽。參見"翻群兒 fã˨˩˧ tɕ'yer˦˨[＜tɕ'yẽ˦˨]"

【翻案】fã˨˩˧˧ ŋã˨˩ 推翻原定的判決，泛指推翻原來的處分、評價等

【翻臉】fã˨˩˧ liã˥ ＝〖翻眼〗 fã˨˩˧ iã˥ 對人的態度突然變壞了：别和他鬧，他好～｜～咧！｜他倆從來没翻過臉！

【翻身】fã˨˩˧˧ ʂẽ˨˩˧ ❶躺着時轉動身體 ❷特指從受壓迫、受剥削的境况下得到解放 ❸比喻改變落後或不利的處境：一年打了～仗！

【翻跟頭兒】fã˨˩˧˧ kẽ˨˩˧˨˩ ·t'our[＜t'ou˦˨] ⇨〖張跟頭兒〗 tʂaŋ˨˩˧˧ kẽ˨˩˧˨˩ ·t'our[＜t'ou˦˨]

【翻群兒】fã˨˩˧ tɕ'yer˦˨[＜tɕ'yẽ˦˨] 馬驢等發情

【翻餅】fã˨˩˧ piŋ˥ 在大鏊上烙餅

【煩】fã˦˨ ❶煩悶：心～ ❷厭煩：你叨叨叨叨没個完，～不～？ ❸煩勞

【煩氣】fã˦˨˥ ·tɕ'i ❶煩，使人煩：真～！｜～人！ ❷討厭：～你！

【煩人】fã˦˨ ʐẽ˦˨ 令人厭煩

【反倒】fã˥˨˩ ·tɔ 反而：對這事兒忒認真了，～不好｜我好心好意，～落埋怨咧！

【反綁】fã˥˧ paŋ˥ 反背着手綁起來

【反緔】fã˥˨˩ ʂaŋ˨˩ 反過鞋面來和鞋底縫合的一種緔鞋方式‖參見"明緔 miŋ˦˨˥ ʂaŋ˨˩"

【反正】fã˥˨˩ ·tʂəŋ 副詞，横竪，無論如何：叫他們再玩一會兒，～時間還早｜不管你去不去，～我是一定要去的

【犯事兒咧】fã˨˩ ʂer˨˩˥[＜ʂʅ˨˩] ·lia ＝〖犯了事兒咧〗 fã˨˩˥ ·lə ʂer˨˩˥[＜ʂʅ˨˩]

·lia 出事了，犯法了：他家二小子～，抓起來嘛！

【犯惡】fã˩ u˩ 惹人厭煩，討嫌：這人真讓人～！｜我就～你這個做法！

【犯法】fã˩ fa˨˦ 違反國家法律、法令：俺犯毒的不吃，～的不幹！

【犯傻】fã˩ ʂa˥ ＝〖冒傻氣〗 mɔ˩ ʂa˥ tɕʻi˩ 發傻：你別～！

【犯罪】fã˩ tsuei˩ 做出犯法的、應受處罰的事

【犯人】fã˩ ʐẽ˥˧ 犯罪的人，特指在押犯

【泛外】fã˩˧ ·vɛ 食物被水浸泡後膨脹變形：你看你把饃饃泡的～嘛，我也不吃了多用於責備小孩兒‖參見“泛飽 fã˩˧ ·pɔ”

【泛飽】fã˩˧ ·pɔ 日常生活裏多指食物被水浸泡後變得白而大：乾糧掉水裏，泡～嘛‖參見“泛外 fã˩˧ ·vɛ”

【販】fã˩ ❶買貨出賣：～運｜～貨 ❷販子：攤～｜小～

【販子】fã˩˧ ·tsɿ 往來各地買貨出賣的人

【飯】fã˩ 每天定時吃的食物：晌午～

【飯食】fã˩˧ ·ʂʅ 泛稱伙食

【飯不拉子】fã˩˧ ·pu la˥˧˧ ·tsɿ 雪珠子

【飯鋪】fã˩ pʻu˩ 大衆化的比較小的飯店

【飯屋】fã˩˧ ·u ⇨〖廚房〗 tʂʻu˥˧ faŋ˥˧

【飯疙渣】fã˩ kə˨˦˩ ·tʂa 鍋巴

【飯疙巴】fã˩˧ ·kə ·pa 衣物上的飯迹

【飯桌】fã˩ tʂuə˨˦ 吃飯時用的桌子，一般用矮桌、八仙桌等

【飯好嘛】fã˩ xɔ˥˩ ·lia 飯熟了，飯做好了

【飯票】fã˩˧ pʻiɔ˩ 換取飯菜的憑證

【飯碗】fã˩ vã˥ 盛飯用的瓷碗

【飯單】fã˩ tã˨˦ 即圍裙‖只少數人說

【飯店】fã˩˧ tiã˩ ❶旅館：珍珠泉～｜東郊～ ❷飯館

【飯館】fã˩ kuã˥ 設有座席出售飯菜供人食用的店鋪‖也說“飯館兒 fã˩ kuɛr˥”

【飯湯】fã˩ tʻaŋ˨˦ ⇨〖米湯〗 mi˥ tʻaŋ˨˦

【飯莊】fã˩ tʂuaŋ˨˦ 舊稱飯店

【飯桶】fã˩ tʻuŋ˥ ❶盛飯用的木桶，多用於食堂 ❷罵人不中用

【𪍿蛋】fã˩ tã˩ ＝〖下蛋〗 ɕia˩ tã˩ 鷄鴨等產卵：母鷄～

vã

【剜苗】vã˨˦ miɔ˥˧ ＝〖定棵〗 tiŋ˩ kʻə˨˦ 穀苗長出以後，要按一定距離選留苗壯的苗株，並把多餘的苗株剔除掉，俗稱剜苗，又叫定棵。穀子一般一墒三五棵：△七寸八寸墒兒，三棵五棵留，剜苗就是定棵‖其他需要定棵的作物有玉米、高粱，是一棵一棵的留。豆子不要定棵

【剜眼】vã˨˦˩ ·iã 彆扭：這人挺～！

【剜鑽】vã˨˦˩ ·tsuã ❶往深處推究：～了半天我才算出一道題來！❷刁鑽：這人心眼怎麼這麼～！｜老師出的題真～！

【豌豆】vã˨˦˩ ·tou 一種豆類作物，豆子小球形

【彎】vã˨˦ ❶曲折不直：這木頭是～的！❷彎子：拐～

【彎腰】vã˨˦˧ iɔ˨˦ ＝〖弓腰〗 kuŋ˨˦˧ iɔ˨˦ ＝〖鍋腰〗 kuə˨˦˧ iɔ˨˦ 身體從腰部彎下

【彎弓】vã˨˦˧ kuŋ˨˦ 漢字偏旁，如“張”字的左邊部分

【灣】vã˨˦ ＝〖灣子〗 vã˨˦˩ ·tsɿ 天然水

池，水塘

【灣坑】vã˩˩˥ ·k'əŋ 水坑：上～裏洗澡去！

【丸藥】vã˧˥ ·yə 製成丸劑的中成藥，與湯藥對稱：你吃～是還是吃湯藥？

【完蛋哂】vã˧ tã˩˥ ·lia ＝〖完錢哂〗vã˧ tɕ'iã˧˥ ·lia ＝〖完活哂〗vã˧ xuə˧˥ ·lia ❶人死了 ❷事情辦不成了

【玩兒】vɛr˧[＜vã˧] 玩要：家來～！|～去！

【玩獅子】vã˧˥ ʂʅ˩˥ ·tsʅ ＝〖舞獅子〗u˥ ʂʅ˩˥ ·tsʅ ＝〖要獅子〗ʂua˥ ʂʅ˩˥ ·tsʅ 跳獅子舞，一種民間舞蹈

【玩兒去】vɛr˧˥[＜vã˧] ·tɕ'i 上一邊兒去，滾：上一邊～！|去去去，～！

【玩意兒】vã˧˥ ·ier[＜i˩] ❶小孩兒玩具：給他買個～拿着玩 ❷東西：這是什麼～？

【玩老牛】vã˧ lɔ˥ ȵiou˧ 要空竹的游戲

【玩旱船】vã˧ xã˩ tʂ'uã˧ ＝〖玩彩船〗vã˧ ts'ɛ˥ tʂ'uã˧ ⇨〖跑旱船〗p'ɔ˥ xã˩ tʂ'uã˧

【玩船的】vã˧ tʂ'uã˧˥ ·ti ⇨〖撑船的〗tʂ'əŋ˩ tʂ'uã˧˥ ·ti

【玩龍燈】vã˧ luŋ˧ təŋ˩ 一種民間舞蹈。龍用竹、木分節紮架，外面糊布或紙，每節下面有一棍子。表演者手持棍子相互配合使龍舞出各種姿態

【挽髻】vã˥˦ tsuã˥ ＝〖梳髻〗ʂu˩ tsuã˥ 婦女將頭髮梳在後面使成髮髻

【晚】vã˥ ❶晚上：～會 ❷比規定時間靠後，遲：我來～哂！❸時間靠後的，後來的：～秋作物

【晚霞】vã˥ ɕia˧ 日落時出現的霞

【晚輩】vã˥ pei˩ 輩分低的人‖也說"晚輩兒 vã˥ per˩"

【晚稻】vã˥ tɔ˩ 收了麥子後種的稻子。郊區農村有俗諺："起了收了麥子栽稻子，起了稻子耩麥子"

【晚秋】vã˥ tɕ'iou˩ 深秋收穫的（農作物，如在小麥等收獲後種下的玉米、高粱、芝麻、白薯等）：～作物

【晚飯】vã˥ fã˩ ＝〖晚上飯〗vã˥˩ ·ʂaŋ fã˩ 晚上吃的一頓飯

【晚上】vã˥˩ ·ʂaŋ ⇨〖後晌〗xou˩˥ ·ʂaŋ

【晚香玉】vã˥ ɕiaŋ˩˦ y˩ 一種晚間開的白色花，有濃香，草本

【碗】vã˥ 盛食物的器具

【碗底兒】vã˥˦ tier˥[＜ti˥] ❶碗的底部 ❷借指剩在碗底的少量食物：這孩子吃飯好[xɔ˩]剩個～！

【碗櫥】vã˥ tʂ'u˧ 放置食具、酒、茶等的櫥子

【萬】vã˩ ❶基數詞，十個千 ❷比喻很多：～事 ❸很，極，絶：～幸|～不得已 ❹濟南地名用字：～紫巷|～盛街|～竹園

【萬數塊錢】vã˩ ·ʂu k'uɛ˩ tɕ'iã˧ 一萬來元錢

【萬年青】vã˩ ȵiã˧ tɕ'iŋ˩ 多年生草本植物，無地上莖，葉片寬帶形，冬夏常綠，花淡綠色，果實橘紅色或黃色，根入藥

【萬圓户】vã˩ yã˧ xu˩ 財産達到萬元的家庭‖八十年代初期新詞，九十年代又有"萬圓户，貧困户，十萬圓户剛起步"等説法

tã

【單】tã˨˩˧ ❶單雙的單，即奇 ꜀tɕi 數的：～數 ❷單純不複雜的，單獨的，衣服只有一層的，薄弱的：簡～｜～身｜～門獨户｜～衣｜～薄 ❸副詞，光，只：這是～爲你準備的！

【單耳朵】tã˨˩˧˦ ər˥˩˨ ·tɔ ＝〖小耳朵〗ɕiɔ˥ ər˥˩˨ ·tɔ 漢字偏旁，如"印"字的右邊部分

【單立人兒】tã˨˩˧˦ li˩ ʐer˥˩[<ʐə̃˥˩] 漢字偏旁，如"仁"字的左邊部分

【單衣裳】tã˨˩˧˨ ·i ·ʂaŋ 通稱各種單衣，相對棉衣、夾衣而言

【單褲】tã˨˩˧˦ k‘u˩ 單層的褲子

【單據】tã˨˩˧˦ tɕy˩ 統稱收付錢款、貨物等的憑據，如發票、收據等等

【單鞋】tã˨˩˧ ɕiɛ˥˩ 没有襯上棉、毛、氈等的鞋子，跟棉鞋相對而言

【單刀對花槍】tã˨˩˧˦ tɔ˨˩˧ tuei˩ xua˨˩˧˦ tɕ‘iaŋ˨˩˧ 一種武術表演項目

【單仙桌】tã˨˩˧˦ ɕiã˨˩˧ tʂuə˨˩˧ 一種長方形帶抽屜的桌子 ‖ 有人稱"兩抽桌 liaŋ˥ tʂ‘ou˨˩˧˦ tʂuə˨˩˧"

【單眼皮】tã˨˩˧ iã˥ p‘i˥˩ 上眼皮下緣没有褶兒的眼皮 ‖ 也說"單眼皮兒 tã˨˩˧ iã˥ p‘ier˥˩"

【單崩】tã˨˩˧˦ pəŋ˨˩˧ 成套的物品或成群的人只有一個：這餐具成套賣，～的不賣 ‖ 也說"單崩兒 tã˨˩˧˦ pə̃r˨˩˧"

【單餅】tã˨˩˧ piŋ˥ 一種乾烙的薄餅

【單敬你】tã˨˩˧˦ tɕiŋ˩ ɲi˥ ＝〖一個點兒〗i˨˩˧˦ kə˩ tiɛr˥[<tiã˥] 劃拳時說出的數，即一 ‖ 參見"劃拳 xua˩ tɕ‘yã˥˩"

【擔待】tã˨˩˧˦ tɛ˩ ❶原諒 ❷承當：你這麼說我可～不起！‖ 擔，另見 tã˩

【擔水】tã˨˩˧ ʂuei˥ ⇨〖挑水〗t‘iɔ˨˩˧ ʂuei˥

【擔擔子】tã˨˩˧ tã˩˦ ·tsɿ ⇨〖挑挑子〗t‘iɔ˨˩˧˦ t‘iɔ˨˩˧˨ ·tsɿ

【膽】tã˥ ❶膽囊，五臟之一 ❷膽量：他～大 ❸裝在器物内部，可以容納水、空氣等的東西：瓶～｜球～

【旦角】tã˩˦ ·tɕyə 戲曲中扮演女子的角色，有青衣、花旦、老旦、武旦等

【石】tã˩ 容量單位，十斗爲一石 ‖ 另見 ʂɿ˥˩

【淡】tã˩ ❶稀薄，顔色淺，味道不濃：他喜歡～顔色的衣裳｜鹹～ ❷不熱心：冷～ ❸營業不旺盛：～季

【蛋糕】tã˩ kɔ˨˩˧ ⇨〖鷄蛋糕〗tɕi˨˩˧ tã˩ kɔ˨˩˧

【蛋卷】tã˩ tɕyã˥ 用麵粉和鷄蛋加糖烙成薄餅後趁熱捲起涼後酥脆的食品 ‖ 也說"蛋卷兒 tã˩ tɕyer˥"

【彈兒】tɛr˩[<tã˩] ⇨〖琉琉彈兒〗liou˥˩˦ ·liou tɛr˩[<tã˩] ‖ 彈，另見 t‘ã˥˩

【擔子】tã˩˦ ·tsɿ ⇨〖扁擔〗piã˥˨ ·tã

【擔杖】tã˩˦ ·tʂaŋ ＝〖鈎擔〗kou˨˩˧˨ ·tã 有鐵鈎懸在兩端的扁擔 ‖ 參見"扁擔 piã˥˨ ·tã"。擔，另見 tã˨˩˧

【擔杖鈎】tã˩˦ ·tʂaŋ kou˨˩˧ 用鐵環懸吊在扁擔兩端的鐵鈎

t‘ã

【貪污】t‘ã˨˩˧˦ u˨˩˧ 利用職務之便非法地取得財物

【攤】t‘ã˨˩˧ ❶擺開，鋪平：把這些豆子～開曬曬｜～牌 ❷攤兒，設在路旁、廣場

等地的售貨處：攞～ ❸量詞，用於攤開的糊狀物：一～血｜一～鷄屎 ❹烹飪方法：～煎餅 ❺分派：分～｜你～了多少？❻落到，攤上：～上了這樣的事兒誰也没辦法！｜△能～喬公嚴婆難侍候的公婆，不攤破房漏屋！

【攤販】t'ã˩˫ fã˩ 擺攤經營的商販

【攤煎餅】t'ã˩˫ tɕiã˩˪ ·piŋ 烙製煎餅‖參見"煎餅 tɕiã˩˪ ·piŋ"

【攤煎餅】t'ã˩˪ ·tɕiã ·piŋ ⇨〖胎煎餅〗t'ɛ˩˪ ·tɕiã ·piŋ

【攤份子】t'ã˩ fẽ˩˫ ·tsɿ ＝〖隨份子〗suei˧ fẽ˩˫ ·tsɿ 參加集體送禮分攤禮金

【灘地】t'ã˩˫ ti˩ 河、海、湖邊水深時淹没、水淺時露出的地

【癱巴】t'ã˩˪ ·pa 癱瘓的人

【癱瘓】t'ã˩˫ xuã˩ ❶身體的一部分完全或不完全地喪失運動能力 ❷比喻機構涣散，不能正常進行工作

【痰筒】t'ã˧ t'uŋ˥ ＝〖痰盂子〗t'ã˧ y˧˫ ·tsɿ ＝〖痰盂〗t'ã˧ y˧ 盛痰的器皿

【彈指頭】t'ã˧ tʂʅ˩˪ ·t'ou 把食指或中指等先用大拇指壓着，然後突然彈出‖彈，另見 tã˩

【彈彈兒】t'ã˧˫ tɛr˩［＜tã˩］＝〖彈球兒〗t'ã˧ tɕ'iour˧［＜tɕ'iou˧］＝〖彈琉琉球兒〗t'ã˧ liou˧˫ ·liou tɕ'iour˧［＜tɕ'iou˧］＝〖彈琉琉彈兒〗t'ã˧ liou˧˫ ·liou tɛr˩［＜tã˩］小孩兒用手指將琉璃球彈出的游戲，玩時在泥地上挖幾個（一般六個）小坑兒，誰先把球依次彈入全部小坑兒者爲勝

【彈棉花的弓】t'ã˧ miã˧˫ ·xua ·ti kuŋ˩ 彈棉花的器具，形狀像弓

【彈簧秤】t'ã˧ xuaŋ˧ tʂ'əŋ˩ 有彈簧裝置的一種小秤，外表金屬筒有刻度表示重量，下端有鈎

【潭】t'ã˧ 深水池：五龍～

【談對象】t'ã˧ tuei˩ ɕiaŋ˩ ＝〖搞對象〗kɔ˥ tuei˩ ɕiaŋ˩ 談戀愛

【談頭兒】t'ã˧˫ ·t'our［＜t'ou˧］（是否）談得來，值得談判：他倆没～｜這買兒賣兒有～！

【談戀愛】t'ã˧ liã˩ ŋɛ˩ 男女在一起談情説愛

【曇花】t'ã˧ xua˩ 多年生草本，莖葉肉質，夜間開花，花白色，從葉上長出，花期極短

【檀香扇】t'ã˧ ɕiaŋ˩˫ ʂã˩ 用檀香木爲骨架的扇子

【罎子】t'ã˧˫ ·tsɿ 口小腹大的陶器，多用來盛酒、醋、醬油等，家庭中常用來腌鹹菜等

【毯】t'ã˥ 毯子：綫～｜毛～｜地～

【毯子】t'ã˥˪ ·tsɿ 鋪在牀上、地上或掛在牆上的毛、棉等織品

【炭】t'ã˩ ＝〖煤〗mei˧ 黑色固體礦物，用作燃料‖口語習慣説炭，説煤少

【炭鋪】t'ã˩ p'u˩ ＝〖炭店〗t'ã˩˫ tiã˩ ＝〖煤店〗mei˧ tiã˩ 經營煤炭的商店

【炭末子】t'ã˩ mə˩˫ ·tsɿ 煤末兒

【炭票】t'ã˩ p'iɔ˩ ⇨〖煤票〗mei˧˫ p'iɔ˩

【探監】t'ã˩ tɕiã˩ 到監獄看望被囚禁的人

nã

【男家】nã˧˫ ·tɕia 婚姻關係中男方的家

【男客】nã˧ k'ei˨˩ 男性客人

【男貓】nã˧˥ ·mɔ ＝〖公貓〗 kuŋ˨˩˦ ·mɔ 雄性貓

【男老的兒】nã˧ lɔ˥˩ ·tier[<·ti] 特指父親

【男孝子】nã˧ ɕiɔ˩ tsɿ˥ 通稱居喪的男子,包括兒子、孫子

【男人】nã˧ ʐẽ˧(或 nã˧˥ ·ʐẽ) ＝〖男的〗 nã˧˥ ·ti ❶男子,男性成年人:這個～棱精! ❷丈夫:她～姓王! |她～當老師!

【男儐相】nã˧ piẽ˨˩˦ ɕiaŋ˩ 伴郎,舉行婚禮時陪伴新郎的男子

【男親家】nã˧˥ ·tɕ'iŋ ·tɕia 親家公

【南】nã˧ 方向,早晨面對太陽右手的一方,跟北相對:坐北向～|～門濟南地名 ‖另見 naŋ˧

【南屋】nã˧˥ ·u 四合院中坐南向北對着正房的屋子,一般作客廳

【南瓜】nã˧˥ ·kua 見"南瓜 naŋ˧˥ ·kua"

【南頭】nã˧ t'ou˧ 靠南方的一端

【南邊兒】nã˧ piɛr˨˩[<piã˨˩] 靠南方的一邊兒‖又音"nã˧ pɛr˨˩[<piã˨˩]"

【難過】nã˧˥ kuə˩ ❶度日艱難 ❷難受

【難爲】nã˧˥ ·vei ❶爲難:真～人! |這個事兒我真～的慌! ❷使人爲難:你别～我咧!

【難做】nã˧ tsou˩ ❶裝腔作勢,做作得令人厭惡:剛當上了兩天官,你看這個派頭兒,真～! |你看他打扮的那個樣兒,真～! ❷(人)難辦:這人真～! |什麽事兒都跟他商量不好,真～! |這個飯～比喻與某人有關的某件事情難辦! ‖義項①所表示的厭惡的程度超過裝蒜,參見"裝蒜 tʂuaŋ˨˩˦ suã˩"

【難受】nã˧˥ ʂou˩ ＝〖不好受〗 pu˨˩ xɔ˥ ʂou˩ 身體不舒服:疼的～|心裏～

【難纏】nã˧ tʂ'ã˧ 難以應付:△三條腿的蛤蟆,～! "纏"與"蟾"同音相諧

【難看】nã˧˥ k'ã˩ 不好看:你怎麽的,臉色這麽～! |這顔色棱～!

【暖鷄】nã˥ tɕi˨˩ 養鷄場利用合適的溫度孵小鷄 ‖暖,此處讀 nã˥。另見 nuã˥、naŋ˥

【暖鷄房】nã˥ tɕi˨˩ faŋ˧ 養鷄場孵小鷄的屋子

lã

【藍】lã˧ 像晴天時天空的顔色

【藍墨水兒】lã˧ mei˩ ʂuer˥[<ʂuei˥] 書寫用的藍色墨水

【籃子】lã˧˥ ·tsɿ 用柳條、荆條等編成的容器,上面有提梁‖今天有塑料製成的籃子;竹製品比較少,一般是外地來的。參見"筐 k'uaŋ˨˩"

【籃球】lã˧ tɕ'iou˧ ❶球類運動之一:～運動員 ❷用於籃球運動的球:打～

【蘭花豆】lã˧˥ ·xua tou˩ 油炸蠶豆,炸前要有切口以使炸後開裂

【蘭草】lã˧ ts'ɔ˥ 蘭花,多年生草本植物,葉子條形,叢生,花淡緑色,芳香

【欄杆兒】lã˧˥ ·kɛr[<kã˨˩] 橋兩側或陽臺、看臺等邊上的欄擋物

【欄坑】lã˧ k'əŋ˨˩ 豬欄裏的坑,也可指豬欄

【漤】lã˥ 除去柿子的澀味:～柿子|△腚溝裏夾柿子,没見過這麽～諧"懶"的音的!

【漤柿子】lã˥˦ ʂɿ˩˥ ·tsɿ ❶給柿子除去

澀味 ❷漤過的柿子

【漤水】lã˥˩ ·ʂuei ⇨〖苦水〗k'u˥˩ ·ʂuei

【懶的】lã˥˩ ·ti 懶得，厭煩，不願意：這些事兒我～管！

【懶攤腰】lã˥˩ ·t'ã iɔ˩ 略微彎背的人

【懶漢鞋】lã˥˩ ·xã ɕiɛ˧ 一種鞋幫兩側有鬆緊帶的布鞋

【攬】lã˥ ❶用胳膊圍住並使靠近自己：你～住他！❷把持：大權獨～ ❸用繩子把鬆散的東西聚攏：把秫稭使繩子～起來！

【攬乎】lã˥˩ ·xu 收攬，把事情拉到自己身上：不干你的事兒，你～麼？｜什麼事兒都～下來嘛！

【攬鍋麵】lã˥˩ ·kuə miã˩ 帶湯水煮的麵條，可以放些葱、菜等

【爛】lã˩ ❶因水分多或過熟而變得稀軟：～泥｜雞燉～了罷？❷腐爛，破爛：這個桃～嘛！｜這孩子把書撕～嘛！❸頭緒亂：～攤子

【爛泥】lã˩ ɲi˧ 稀爛的泥

【爛乎乎的】lã˩˥ ·xu ·xu ·ti 爛爛的：肉燉的～，好吃！｜這菜都～嘛，扔了罷！

【爛賬】lã˩ tʂaŋ˩ 收不來的賬

tsã

【簪子】tsã˩˥ ·tsɿ 別住髮髻的條狀首飾

【咱】tsã˥ ❶我們，我們的，包括對方在內：～一堆兒走罷！｜～家 ❷我，表示與對方疏遠或嬌嗔的口氣：～哪能和你比！｜～不行！‖義項①也說"咱們"

【咱倆】tsã˥˦ lia˥ ＝〖咱們倆〗tsã˥˩ ·mẽ lia˥ 我們兩人：～一堆兒一塊兒走，叫他在家看門‖兩人是指說話者和對方

【咱這伙】tsã˥ tʂə˩ xuə˥ 咱，咱們‖比較咱(們)，咱這伙本身不能表示領有，如"咱(們)家"不能說"咱這伙家"

【攢】tsã˥ 積聚：～錢

ts'ã

【參考書】ts'ã˩ k'ɔ˥ ʂu˩ 學習某門課程或研究某項專題時用來參考的書籍

【參軍】ts'ã˩˥ tɕyẽ˩ 從軍

【餐大木子】ts'ã˩˥ ·ta mu˩ ·tsɿ ＝〖啄木鳥〗tʂuə˧˥ mu˩ ɲiɔ˥ 一種益鳥，趾有利爪，善攀緣樹木，嘴尖直而硬，舌尖有鈎，常在樹上啄木取蟲爲食‖木，此處在輕聲前不變調

【蠶】ts'ã˧ 昆蟲，能吐絲做繭，蠶絲是重要的紡織原料

【蠶子兒】ts'ã˧ tser˥[<tsɿ˥] 蠶蛾產的卵

【蠶屎】ts'ã˧ ʂɿ˥ 蠶沙，蠶的糞便

【蠶蛾】ts'ã˧ ŋə˧ ＝〖蠶蛾子〗ts'ã˧ ŋə˧˥ ·tsɿ 蠶蛹化成的蛾，交配後產蠶子

【蠶豆】ts'ã˧˥ ·tou 一種扁形豆子，個大，皮青色或黃褐色

【蠶眠嘛】ts'ã˧ miã˧˥ ·lia 蠶進入蛻皮前，頭向上不食不動的狀態

【(蠶)蛹子】(ts'ã˧) luŋ˥˩ ·tsɿ 蠶吐絲做繭以後變成的蛹

sã

【三】sã˩ ❶基數詞 ❷表示多次：再～｜～番五次 ❸濟南地名用字：～合街｜～

不胡同|～里莊

【三齒鈎】sã˨˩˧˨˩ ·tʂʻʅ kou˨˩˧ 三個齒的鈎，用於刨地、刨糞等

【三十】sã˨˩˧ ʂʅ˦˨ 數詞

【三十兒】sã˨˩˧ ʂer˦˨[<ʂʅ˦˨] ⇨〖年三十兒〗 niã˦˨ sã˨˩˧ ʂer˦˨[<ʂʅ˦˨]

【三十一】sã˨˩˧˨˩ ·ʂʅ i˨˩˧ 數詞‖數數時也說"三一 sã˨˩˧˦ i˨˩˧"

【三伏】sã˨˩˧ fu˦˨ ❶初伏、中伏、末伏的統稱。夏至後第三個庚日是初伏第一天，第四個庚日是中伏第一天，立秋後第一個庚日是末伏第一天。初伏和末伏各十天，中伏十天或二十天，是我國一年中最熱的時間 ❷⇨〖末伏〗 mə˨˩˧ fu˦˨

【三伏天】sã˨˩˧ fu˦˨ tʻiã˨˩˧ 即伏天，也用於强調天氣熱：～到處跑麼？

【三服】sã˨˩˧ fu˦˨ 同一祖父的本家：俺和他家在～上！

【三五個】sã˨˩˧ u˥ kə˨˩ 約數，三個或五個之間‖用相近的兩個數詞組合起來表示大約的數目，濟南不多，除三五個以外，還有三萬五萬的、十萬八萬的等。濟南不說三五十個、五七個等。參見"一兩個 i˨˩˧ liaŋ˥ kə˨˩"

【三八節】sã˨˩˧ pa˨˩˧˦ tɕiə˨˩˧ ⇨〖婦女節〗 fu˨˩ ȵy˥ tɕiə˨˩˧

【三杈五杈的】sã˨˩˧˦ pa˨˩˧ u˥˦ tʂʻa˨˩˥ ·ti 作物等枝葉叢雜長得不規整：這樹～，快修修它！

【三個】sã˨˩˧˦ kə˨˩ 數量詞

【三合麵兒】sã˨˩˧ xə˦˨˥ miɛr˨˩[<miã˨˩] 玉米、小米、黄豆三種糧食混合的麵粉，多用於蒸窩窩頭

【三角尺】sã˨˩˧˦ tɕyə˨˩˧˦ tʂʻʅ˨˩˧ 用木頭或塑料製成的三角形繪圖用薄片‖角，牛角的角讀 tɕia˨˩˧

【三角子八棱的】sã˨˩˧˨˩ ·tɕyə(或 ·tɕia) ·tsʅ pa˨˩˧˦ ləŋ˨˩˥ ·ti ＝〖三角八棱的〗 sã˨˩˧˨˩ ·tɕyə(或 ·tɕia) pa˨˩˧˦ ləŋ˨˩˥ ·ti 物體形狀不規整：這塊木頭～，幹什麼也不夠材料！|這石頭～墊哪兒也墊不平！

【三袋葫蘆】sã˨˩˧˦ tɛ˨˩ xu˦˨˥ ·lu 回民稱牛胃的第一部分，學名瘤胃

【三白(西)瓜】sã˨˩˧ pei˦˨ (ɕi˨˩˧˦) kua˨˩˧ 白皮、白瓤、白子兒的西瓜

【三百一(十)】sã˨˩˧˨˩ ·pei i˨˩˧ (ʂʅ˦˨) 數詞

【三百八(十)】sã˨˩˧˨˩ ·pei pa˨˩˧ (ʂʅ˦˨) 數詞

【三百六十】sã˨˩˧˨˩ ·pei liou˨˩ ʂʅ˦˨ ＝〖三百六〗 sã˨˩˧˨˩ pei˨˩˧˦ liou˨˩ 數詞‖此處三百六的"三"按陰平在輕聲前的規律變，"百"不讀輕聲而按在去聲前的規律變爲[˦]

【三百三(十)】sã˨˩˧˨˩ ·pei sã˨˩˧ (ʂʅ˦˨) 數詞

【三色堇】sã˨˩˧˦ ʂei˨˩˧ tɕiẽ˥ 多年生草本植物，開紫、黄、白三色花，比蝴蝶花稍小

【三鉚兩的】sã˨˩˧ mɔ˥˦ liaŋ˥˨ ·ti 趕快：～幹罷，快黑天嘞！|我～幹，一會兒就幹完！

【三桃園】sã˨˩˧ tʻɔ˦˨ yã˦˨ ＝〖三啊三〗 sã˨˩˧ ·a sã˨˩˧ 劃拳時說出的數，即三‖參見"劃拳 xua˨˩ tɕʻya˦˨"

【三抽桌】sã˨˩˧˦ tʂʻou˨˩˧ tʂuə˨˩˧ 三個抽屜的桌子，一般安放在靠山牆的地方

【三九天】sã˨˩˧ tɕiou˥ tʻiã˨˩˧ 從冬至開始數的第三個九天，是一年中最冷的日

子

【三番兩次】sã˨˩˧ fã˦˨ liaŋ˥ ts'ʅ˨˩ ＝〖三番五次〗sã˨˩˧ fã˦˨ u˥ ts'ʅ˨˩ 屢次，多次‖番，單字音 fã˨˩˧，陰平調，此處讀陽平

【三萬五（千）】sã˨˩˧˧ vã˨˩ u˥ （tɕ'iã˨˩˧）數詞

【三萬五千個】sã˨˩˧˧ vã˨˩ u˥ tɕ'iã˨˩˧˧ kə˨˩ 數量詞

【三三見九】sã˨˩˧˧ sã˨˩˧ tɕiã˨˩ tɕiou˥ 乘法口訣

【三三兩兩】sã˨˩˧˧ sã˨˩˧ liaŋ˥˧ liaŋ˥ 三個一群兩個一伙（多指人）

【三點兒水兒】sã˨˩˧ tiɛr˥˧[<tiã˥] ʂuer˥[<ʂuei˥] 漢字偏旁，如"江"字的左邊部分

【三天無大小】sã˨˩˧˧ t'iã˨˩˧ u˦˨˥ ta˨˩ ɕiɔ˥ 指結婚鬧新房時不分長幼：～，叔公公一樣鬧！

【三天兩夜】sã˨˩˧˧ t'iã˨˩˧ liaŋ˥ iə˨˩ 三個白天兩個夜晚的一段時間

【三天兩頭】sã˨˩˧˧ t'iã˨˩˧ liaŋ˥ t'ou˦˨ 經常：他～的跑來幹麽？

【三聯單】sã˨˩˧ liã˦˨ tã˨˩˧ 新式單據，三張相聯，一張給顧客，一張存根，一張上報主管部門

【三千】sã˨˩˧˧ tɕ'iã˨˩˧ 數詞

【三年五載】sã˨˩˧ ȵiã˦˨ u˥˧ tsɛ˥ 三五年

【三年兩年】sã˨˩˧ ȵiã˦˨ liaŋ˥ ȵiã˦˨ ＝〖三年二年〗sã˨˩˧ ȵiã˦˨ ər˨˩ ȵiã˦˨ 兩三年

【三言兩語】sã˨˩˧ iã˦˨ liaŋ˥˧ y˥ 很少的幾句話

【三心二意】sã˨˩˧˧ ɕiẽ˨˩˧ ər˨˩˧ i˨˩ 猶豫不決或意志不堅定‖不説"三心兩意"

【三輪車】sã˨˩˧ luẽ˦˨ tʂ'ə˨˩˧ ＝〖三輪兒〗sã˨˩˧ luer˦˨[<luẽ˦˨] 三個輪子的脚踏車

【三長兩短】sã˨˩˧ tʂ'aŋ˦˨ liaŋ˥˧ tuã˥ 指意外的災禍、事故，特指人的死亡

【三兩個】sã˨˩˧ liaŋ˥ kə˨˩ 兩三個‖用相鄰的兩個數詞組合起來表示大約的數目，一般數小的在前，數大的在後，本條數大的在數小的之前較特殊，有的人不説。參見"一兩個 i˨˩˧ liaŋ˥ kə˨˩"

【三更半夜】sã˨˩˧˧ tɕiŋ˨˩˧（或 kəŋ˨˩˧） pã˨˩ iə˨˩ ＝〖半夜三更〗pã˨˩ iə˨˩ sã˨˩˧˧ tɕiŋ˨˩˧（或 kəŋ˨˩˧） 深夜，一夜五更，三更居中

【傘】sã˥ 雨傘、旱傘等的通稱

【散】sã˥ ❶没有約束，鬆開：鞋帶～嘛，快繫上！❷零碎的：～裝‖另見 sã˨˩

【散架】sã˥ tɕia˨˩ ❶家具等卯榫脱開，結構鬆動：這牀都～嘛，還不快叫木匠拾掇拾掇 ❷身體極度疲勞的感覺：感冒了，渾身疼，像～了似的！|真把我累～嘛！

【饊子】sã˥˨ ·tsʅ 一種麵食，把麵搓成細條，扭成花樣，油炸製成

【散】sã˨˩ ❶分開，由聚集到分離：～會|～伙 ❷排除：～心‖另見 sã˥

【散伙】sã˨˩ xuə˥ ❶結束，拉倒：今天先～罷，明天再接着幹|我看～算了，别想這個事兒嘛！|～罷，别哭嘛！❷特指離婚：他倆～嘛！

【散散步】sã˨˩˧ ·sã pu˨˩ ⇨〖溜達溜達〗liou˨˩˧˨ ·ta liou˨˩˧˨ ·ta

tʂã

【沾】tʂã˨˩˧ 稍微：這件衣裳～大了點兒|～多了點兒|～低了點兒

【沾麽】tʂã˨˩˧˧ ·mə 從中得到好處，占便

宜：你放心，俺不～你的！‖連用式"沾麼沾麼 tʂã˨˩˦ ·mə tʂã˨˩˦ ·mə"：怎麼這個事兒你也想～撈一把？

【沾邊兒】tʂã˨˩˦ piɛr˨˩˦[<piã˨˩˦] ❶靠近，略有接觸：他的事兒俺不～|傳染病家屬也不能～！❷接近事實：你説的話忒不～！‖多用於否定式，肯定式的説法常帶限制詞：沾點邊兒|有點兒～|多少的沾點邊兒

【粘米】tʂã˨˩˦ ·mi 一種黄色有毒的螞蟻

【粘鞋底】tʂã˨˩˦ ɕiɛ˦˨ ti˥ 在每層按鞋底大小樣子剪好的袼褙周圍粘上一圈白色斜布條，最底下的一面加整片白布

【粘鞋幫】tʂã˨˩˦ ɕiɛ˦˨ paŋ˨˩˦ 將鞋面粘在剪好的襯上‖參見"克鞋幫 k'ei˨˩˦ ɕiɛ˦˨ paŋ˨˩˦"

【氈】tʂã˨˩˦ 一種用羊毛等壓成的厚於呢子和毯子的用品，一般鋪在褥子底下：褥子底下是～

【氈窩】tʂã˨˩˦ və˨˩˦ =〖氈窩子〗tʂã˨˩˦ və˨˩˦ ·tsɿ 氈鞋

【斬首】tʂã˥ ʂou˥ =〖殺頭〗ʂa˨˩˦ t'ou˦˨ 砍頭的刑罰

【搌布】tʂã˥ ·pu ⇨〖抹布〗ma˨˩˦ pu˨˩˦

【嶄】tʂã˥ 在單音節形容詞前表示程度深：～新|～齊|～平‖連用式"嶄新嶄新的"、"嶄齊嶄齊的"、"嶄平嶄平的"有强調義，表示程度更深

【占乎】tʂã˨˩˦ ·xu ❶獨占：三間房你都～着！❷公用的東西被弄得别人不願意再用了：這筷子他～過唡，别人誰也不願用！

【站】tʂã˨˩˦ ❶立 ❷行進中停下，停：～住|△不怕慢，就怕～！❸車站：火車～|濟南～ ❹爲某種業務設立的機構：防疫～

【站成堆】tʂã˨˩˦ tʂ'əŋ˦˨ tsuei˨˩˦ 站在一起：你倆～比比看誰高！‖堆，聲母讀 ts

【蘸水(鋼)筆】tʂã˨˩˦ ʂuei˥ (kaŋ˨˩˦) pei˨˩˦ 蘸墨水寫的筆

tʂ'ã

【攙着】tʂ'ã˨˩˦ ·tʂɿ ⇨〖扶着〗fu˦˨ ·tʂɿ

【攙和】tʂ'ã˨˩˦ ·xuə ❶把一種東西混合到另一種東西裏去 ❷介入，參與：胡～！|俺倆的事兒，你别來～！

【巉鞋】tʂ'ã˨˩˦ ɕiɛ˦˨ 舊時山地農民穿的一種布鞋，前面彎起似鷹嘴，十分結實耐穿‖巉，廣韵銜韵鋤銜切："險也。"又廣韵檻韵仕檻切："峻巉貌。"濟南少量全濁平聲讀陰平。濟南市以東淄博市博山方言也有巉鞋，巉讀上聲，博山方言三個聲調，古濁平與上聲合爲一類

【蟬蜕】tʂ'ã˦˨ t'uei˨˩˦ 中醫稱蟬幼蟲變成蟲時蜕下的殼兒

【纏歪】tʂ'ã˦˨ ·vɛ 纏(人)：這孩子～人！

【饞窩】tʂ'ã˦˨ və˨˩˦ =〖脖兒窩〗pər˦˨[<pə˦˨] və˨˩˦ 脖子後部凹進的部分

【鏟子】tʂ'ã˥ ·tsɿ 鐵製用具，形似淺簸箕或平板：煤～

ʂã

【山】ʂã˨˩˦ 地面上由土石等構成的高聳的部分

【山地】ʂã˨˩˦ ti˨˩˦ ❶多山地帶 ❷山上的耕地

【山西頭】ʂã˨˩˦ ɕi˨˩˦ t'ou˦˨ 山的西部

【山西邊兒】ʂã˨˩˦ ɕi˨˩˦ piɛr˨˩˦[<piã˨˩˦] 山以西

【山谷】ʂã˨˩˦ ku˨˩˦ 兩山之間低凹而狹窄

的地方，中間多有溪流

【山區】ʂã˨˩˧꜔ tɕ'y˨˩˧ 多山地區：北～|南～

【山查】ʂã˨˩˧꜔ tʂa˦˨ ⇨〖酸查〗suã˨˩˧꜔ tʂa˦˨

【山旮旯(子)】ʂã˨˩˧꜔ ka˨˩˧꜖ ·la (·tsɿ) 山角落，偏僻山區：俺媽姥娘家姓張，住在～

【山坡】ʂã˨˩˧꜔ p'ə˨˩˧ 山與平地間的傾斜面

【山坡地】ʂã˨˩˧꜔ p'ə˨˩˧꜔ ti˨˩ 山坡上的耕地

【山窩】ʂã˨˩˧꜔ və˨˩˧ 偏僻山區

【山貨】ʂã˨˩˧꜔ xuə˨˩ 通稱山林產物，包括栗子、棗、山查、柿子、蘋果、梨、桃等

【山貨店】ʂã˨˩˧꜔ xuə˨˩꜔ tiã˨˩ 經銷山貨的商店

【山藥】ʂã˨˩˧꜔ yə˨˩(或 ʂã˨˩˧꜖ ·yə) ❶薯蕷 ❷薯蕷的根塊，圓柱形，上面有黑點突出並有毛鬚

【山藥豆兒】ʂã˨˩˧꜔ yə˨˩꜔ tour˨˩[<tou˨˩] 山藥莖上結的豆形果實，可食用

【山北】ʂã˨˩˧꜔ pei˨˩˧ 山以北

【山水】ʂã˨˩˧꜖ ·ʂuei ⇨〖大水〗ta˨˩ ʂuei˥

【山會】ʂã˨˩˧꜔ xuei˨˩ 千佛山一年一度的物資交流活動，游覽者可以一面登山一面選購山貨‖舊時多是朝拜山上神佛

【山腰】ʂã˨˩˧꜔ iɔ˨˩˧ =〖山半截腰兒〗ʂã˨˩˧ pã˨˩꜒ ·tɕiə iɔr˨˩˧[<iɔ˨˩˧] =〖半山腰〗pã˨˩ ʂã˨˩˧꜔ iɔ˨˩˧ 山底和山頂之間約一半的地方

【山溝】ʂã˨˩˧꜔ kou˨˩˧ ❶山間的流水溝 ❷山谷 ❸偏僻山區

【山後】ʂã˨˩˧꜔ xou˨˩ =〖山後頭〗ʂã˨˩˧ xou˨˩꜒ ·t'ou 山的背面

【山南】ʂã˨˩˧ nã˦˨ 山以南

【山澗】ʂã˨˩˧꜔ tɕiã˨˩ =〖澗〗tɕiã˨˩ 山間水溝

【山前】ʂã˨˩˧ tɕ'iã˦˨ =〖山前頭〗ʂã˨˩˧ tɕ'iã˦˨꜒ ·t'ou 山的前面

【山根兒(底下)】ʂã˨˩˧꜔ ker˨˩˧[<kẽ˨˩˧] (ti˥꜖ ·ɕia) 山腳

【山上】ʂã˨˩˧꜖ ·ʂaŋ(或 ʂã˨˩˧꜔ ʂaŋ˨˩) 山在平地以上的地方

【山牆】ʂã˨˩˧꜖ ·tɕ'iaŋ 人字結構房子兩側的牆

【山羊】ʂã˨˩˧꜖ ·iaŋ 羊的一種，角尖向後，毛不彎曲，公羊有鬚

【山頂兒】ʂã˨˩˧ tiɤr˥[<tiŋ˥] 山尖兒

【山東快書】ʂã˨˩˧꜔ tuŋ˨˩˧ k'uɛ˨˩ ʂu˨˩˧ 山東具有代表性的地方曲藝，表演者一面敘說，一面擊銅板伴奏

【山東頭】ʂã˨˩˧꜔ tuŋ˨˩˧ t'ou˦˨ 山的東部

【山東邊兒】ʂã˨˩˧꜔ tuŋ˨˩˧꜔ piɛr˨˩˧[<piã˨˩˧] 山以東

【山東琴書】ʂã˨˩˧꜔ tuŋ˨˩˧ tɕ'iẽ˦˨ ʂu˨˩˧ 山東地方曲藝的一種，用揚琴伴奏

【山東梆子】ʂã˨˩˧꜔ tuŋ˨˩˧ paŋ˨˩˧꜖ ·tsɿ 山東地方戲曲劇種之一，流行於魯西南的菏澤、濟寧、泰安等地區，在不同地區又稱爲曹州梆子、汶上梆子等

【山洞】ʂã˨˩˧꜔ tuŋ˨˩ 山上的洞穴

【杉樹】ʂã˨˩˧꜔ ʂu˨˩ 常綠喬木，樹幹高直，葉子長披針形，果實球形

【舢板】ʂã˨˩˧ pã˥ 用槳划行的小船

【搧】ʂã˨˩˧ 用手掌打臉：我～你臉！‖參見"㧾 xu˨˩˧"

【搧洋畫】ʂã˨˩˧ iaŋ˦˨꜒ ·xua 兒童游戲，用包香煙或其他較硬的紙叠成方形，摔到地下，摔得能把對方的翻過來就算贏

【羶】ʂã˨˩˧ 像羊肉的氣味：～氣

【閃下】ʂã˥˩ ·ɕia ＝〖撇下〗p'iə˧˩ ·ɕia ❶遺留下：他娘～倆孩子一蹬腿走嘛死了！❷剩下，落下：都走嘛，就～我嘛！

【閃花緞】ʂã˥ xua˧˦ tuã˩ 帶花的緞子

【閃車】ʂã˥ tʂ'ə˧ 揚場用的風車

【疝氣】ʂã˩ ·tɕ'i 通常指陰囊脹大的病，即小腸氣‖疝，此處在輕聲前不變調

【扇】ʂã˩ ❶扇子：芭蕉～｜電風～ ❷量詞：一～門

【扇子】ʂã˩˦ ·tsɿ 搖動生風的用具

【扇貝】ʂã˩ pei˩ 一種軟體動物，殼似扇形，表面有很多縱溝，有多種顔色，是珍貴的海産食品

【善】ʂã˩ ❶指善良的、善行、友善等：～意｜行～ ❷擅長：～畫 ❸辦好，弄好：～始～終｜～後工作 ❹容易：～忘

【善(良)】ʂã˩ (liaŋ˨) 心地純潔，與人爲善

【騸豬】ʂã˩ tʂu˧ ＝〖劁豬〗tɕ'iɔ˧˦ tʂu˧ 閹割公豬取出睾丸‖參見"摘豬 tʂei˨ tʂu˧"

【鱔絲】ʂã˩ sɿ˧ 鱔魚絲

【鱔魚】ʂã˩˦ ·y ⇨〖黄鱔〗xuaŋ˨˦ ·ʂã

ʐã

【染坊】ʐã˥˩ ·faŋ 舊時染綢、布、衣服等織物的作坊

kã

【甘蔗】kã˧˩ ·tʂə 多年生草本植物，莖長有節，含糖質，主要用來製糖，也可作水果‖舊音 kã˧˩ ·tʂɿ

【肝】kã˧ 肝臟，五臟之一

【肝炎】kã˧ iã˨ 肝臟發炎的病

【泔水】kã˧˩ ·ʂuei 淘米、涮鍋碗等用過的水

【柑子】kã˧˩ ·tsɿ 一種比橘子大的水果，皮黄色‖本地不産

【乾】kã˧ ❶乾濕的乾，指没有水分或水分少的：衣裳晾～嘛！❷不用水的：～洗 ❸乾的食品：餅～ ❹徒然，白白地：～着急 ❺指拜認的親屬關係：結～親｜～娘

【乾姊妹兒】kã˧ tsɿ˥ mer˩[<mei˩] ❶結拜的姊妹 ❷乾女兒和親生女兒之間的姊妹關係

【乾兒】kã˧ ər˨ 拜認的兒子

【乾兒媳婦】kã˧ ər˨ ɕi˧˩ ·fu 乾兒之妻

【乾女婿】kã˧ ȵy˥˩ ·ɕy 乾女兒的丈夫

【乾爸爸】kã˧ pa˩˦ ·pa ＝〖乾爹〗kã˧˦ tiə˧ 拜認的父親

【乾媽】kã˧˦ ma˧ ＝〖乾娘〗kã˧ ȵiaŋ˨ 拜認的母親

【乾咂】kã˧ tsa˧ 没有稀的光吃乾糧：這頓飯没稀頭，～！

【乾果】kã˧ kuə˥ ❶有硬殼而水分少的果實，如栗子、核桃等 ❷曬乾了的水果，如紅棗、柿餅等

【乾噦】kã˧˩ ·yə ＝〖惡心〗ŋə˧˩ ·ɕiẽ ❶有要嘔吐的感覺又吐不出來 ❷比喻令人作嘔：你别讓人～嘛！｜你看他那模樣，讓人～！

【乾杯】kã˧˦ pei˧ 喝乾杯裏的酒

【乾貝】kã˧˦ pei˩ 用扇貝的肉柱乾製成的食品

【乾閨女】kã˧˦ kuei˧˩ ·ȵy 拜認的女兒

【乾飯】kã˧˩ ·fã 米飯：大米～｜小米～

【乾麵條兒】kã˧˦ miã˩ t'iɔr˨[<t'iɔ˨] 晾乾的麵條

【乾親】kã˩˥˦ tɕʻiẽ˩˥ 没有血緣或婚姻關係而結成的親戚

【乾薑】kã˩˥˦ tɕiaŋ˩˥ 乾了的薑，易存放

【乾淨】kã˩˥˨ ·tɕiŋ 不骯髒：洗～嘛‖重疊式"乾乾淨淨的 kã˩˥˨ ·kã ·tɕiŋ ·tɕiŋ ·ti"

【乾兄弟】kã˩˥ ɕyŋ˩˥˦ ti˩ ❶結拜的兄弟 ❷乾兒和親生兒子之間的兄弟關係

【稈草】kã˥˦ tsʻɔ˥ ＝〖穀草〗ku˩˥ tsʻɔ˥ 穀子割下脱粒後的莖

【敢自】kã˥˨ ·tsɿ ＝〖敢着〗kã˥˨ ·tʂɩ 當然，敢情：那～好！｜你～無所謂，俺可不行！｜這麼兒東西，玩意兒好～是好，可咱買不起！｜你～的得到好處嘛呢！

【感激】kã˥ tɕi˩˥ 從内心感謝别人的關心幫助：困難的時候他幫我一把，我一直挺～他！

【感謝】kã˥ ɕiə˩ 對别人的幫助或饋贈用言語、行動表示謝意：～你的幫助！｜爲了～他，我什麼都願意幹！

【感冒】kã˥ mɔ˩ ⇨〖傷風〗ʂaŋ˩˥˦ fəŋ˩˥

【趕】kã˥ ❶追：～上他嘛！❷加快行動，使不耽誤：～路｜吃飯以前～回來！❸駕御，驅逐：～馬車｜～蒼蠅 ❹遇到某種情況：～巧｜正～上下雨 ❺介詞，用在時間詞的前面表示等到某個時候：～明兒可！

【趕集】kã˥ tɕi˦ 到集市上去買賣貨物：走罷，～去！

【趕出去】kã˥˨ ·tʂʻu ·tɕʻi ⇨〖攆出去〗ȵiã˥˨ ·tʂʻu ·tɕʻi

【趕麼】kã˥˨ ·mə 正在加速進行：我～説着，你還～着急！｜他～走着，你就别催他嘛！｜他～去買，很快就湊齊了

【趕車的】kã˥ tʂʻə˩˥˨ ·ti 駕御牲口拉車的人

【趕烙】kã˥˨ ·luə 事情緊急需要馬上處理：忙倒是不忙，～的慌！｜事兒不多麼大，～人！‖參見"急火 tɕi˩˥˨ ·xuə"

【趕脚的】kã˥ tɕyə˩˥˨ ·ti 以趕牲口搞運輸爲業的人

【趕早兒】kã˥˦ tsɔr˥[＜tsɔ˥] 在時間上抓緊或提前‖參見"趁早① tʂʻẽ˩ tsɔ˥"

【趕廟會】kã˥ miɔ˩˥˦ xuei˩ 參加廟會

【趕山】kã˥ ʂã˩˥ 參加山會‖參見"山會 ʂã˩˥˦ xuei˩"

【趕緊的】kã˥˦ tɕiẽ˥˨ ·ti 趕快：～跑過去｜你～，别叫他等！｜～辦！

【趕明天】kã˥ miŋ˦ tʻiã˩˥ 到明天

【擀】kã˥ 用棍棒來回碾，使物品變薄或變細：～麵條｜把花生米炒熟～細

【擀麵劑兒】kã˥ miã˩ tɕier˩[＜tɕi˩] 把揉好的麵劑擀成薄片：～包包子！

【擀麵條】kã˥ miã˩ tʻiɔ˦ 用擀麵杖做麵條

【擀麵軸子】kã˥ miã˩ tʂou˦˥(或 tʂu˦˥) ·tsɿ 擀麵杖

【擀餅】kã˥˦ piŋ˥ 擀烙麵餅

【幹活兒】kã˩ xuər˦[＜xuə˦] 做活路

【幹活去】kã˩ xuə˦˥ ·tɕʻi 泛稱去做各種活路‖去，此處韵母讀 i

【幹買兒賣兒】kã˩ mɛr˥˨[＜mɛ˥] ·mɛr[＜mɛ˩] ⇨〖做買兒賣兒〗tsou˩ mɛr˥˨[＜mɛ˥] ·mɛr[＜mɛ˩]

【幹買兒賣兒的】kã˩ mɛr˥˨[＜mɛ˥] ·mɛr[＜mɛ˩] ·ti ⇨〖做買兒賣兒的〗tsou˩ mɛr˥˨[＜mɛ˥] ·mɛr[＜mɛ˩] ·ti

【幹頭兒】kã˩˥ ·tʻour[＜tʻou˦]（是否）值得幹：這活兒没～！

【幹完活哂】kã˩ vã˧ xuə˧˥ ·lia 完成規定要做的活兒了

k'ã

【坎子】k'ã˥˩ ·tsɿ 歇後語

【坎肩】k'ã˥˩ ·tɕiã ❶老年男子穿的前後衣襟用横布條相連的舊式背心 ❷穿在外面的棉的、夾的或毛綫織的背心

【砍樹】k'ã˥ ʂu˩ 砍小樹 ‖ 參見"殺樹 ʂa˩˧ ʂu˩"

【砍刀】k'ã˥˩ ·tɔ 砍樹、木頭、柴火、肉等的刀，比較厚重

【看】k'ã˩ ❶使視綫接觸人或物 ❷觀察，診治：～透｜～病 ❸拜望，慰問：～朋友｜～病人 ❹想，認爲：你～這事兒怎麼辦？ ❺用在動詞後表示試一試：等等～｜試試～｜寫寫～

【看的起】k'ã˩˧ ·ti tɕ'i˥ 看得起

【看不起】k'ã˩˧ ·pu tɕ'i˥ 輕視，瞧不起

【看書】k'ã˩ ʂu˧ 無聲地讀書

【看麻衣相】k'ã˩ ma˧˥ ·i ɕiaŋ˩ 看相：△看了麻衣相，便把人來量

【看瓜】k'ã˩˧ ·kua 一種觀賞瓜，扁圓形，上部綠色稍小，下部橘紅色略大

【看財奴】k'ã˩ ts'ɛ˧ nu˧ 守財奴

【看頭兒】k'ã˩˧ ·t'our[<t'ou˧]（是否）值得看：這電影没～！

【看手相】k'ã˩ ʂou˥ ɕiaŋ˩ 以看人的手紋推測吉凶的相術

【看卷子】k'ã˩ tɕyã˩˧ ·tsɿ 閱卷

【看人】k'ã˩ ʐẽ˧ 探望親友或病人

【看準】k'ã˩ tʂuẽ˥ =〖料準〗liɔ˩ tʂuẽ˥ 事前就準確地預料到事情的結果

【看望】k'ã˩ vaŋ˩ 到長輩或親友家去問候起居情況：你去～誰啊？

【看風水】k'ã˩˧ fəŋ˩˨ ·ʂuei 測看房基地或墓地的風水 ‖ 參見"風水 fəŋ˧ ʂuei˥"

【看病】k'ã˩ piŋ˩ ❶（醫生）給人治病 ❷病人請醫生治病，就診

ŋã

【安息香】ŋã˩˧ ɕi˩˧ ɕiaŋ˧ 細竹條上粘有香料，燃燒時能發出香味的香

【安爐子】ŋã˩ lu˧˥ ·tsɿ 安裝爐子

【安家】ŋã˩˧ tɕia˧ ❶安置家庭：安了家 ❷組成家庭，結婚：他父親喂鳥賣鳥，等他弟兄們長起來都没安上個家

【鵪鶉】ŋã˩˨ ·tʂ'uẽ 一種褐色鳥，不善飛，肉和卵供食用

【鵪鶉蛋兒】ŋã˩˨ ·tʂ'uẽ tɛr˩[<tã˩] 鵪鶉蛋

【俺】ŋã˥ 代詞。❶我：這是～的，那是你的 ❷我們：你先去罷，～倆過幾天再說 ❸我的：～對象配偶，戀人姓王 ❹我們的：～家四口人｜今天～廠裏歇班 ‖ 義項②和④也說"俺們 ŋã˥˩ ·mẽ"

【俺的】ŋã˥˩ ·ti 代詞，表示説話者或説話者一方之領有：～閨女｜這是～，你把它弄家裏去！ ‖ 複數也說"俺們的 ŋã˥˩ ·mẽ ·ti"

【俺那（一）口子】ŋã˥ na˩ （i˩˨）k'ou˥˩ ·tsɿ 男女對外人互稱配偶的一方 ‖ 也可借用兒女的小名互稱

【俺倆】ŋã˥˧ lia˥ =〖俺們倆〗ŋã˥˩ ·mẽ lia˥ 我們兩人：～走哂，你在家看門！

【俺這伙】ŋã˥ tʂə˩ xuə˥ 代詞，我們 ‖

比較我們、俺(們),俺這伙本身不能表示領有,如我們學校(或俺學校、俺們學校)不能説俺這伙學校

【俺們】ŋã˥˩ ·mẽ ⇨〖我們〗 və˥˩ ·mẽ

【唵】ŋã˥ ❶將粉末狀食物或藥品一下按進嘴裏 ❷大口吃飯 ‖ 廣韵感韵烏感切:"手進食也"

【埯兒】ŋɛr˥[<ŋã˥] ❶穀子剜苗後選留的三五棵一窩的苗子 ❷量詞,用於穀苗 ‖ 參見"剜苗 vã˩ miɔ˧"

【按着】ŋã˩˥ ·tʂʅ ⇨〖照着〗 tʂɔ˩˥ ·tʂʅ

【案子】ŋã˩˥ ·tsʅ 案件

【案板】ŋã˩˥ ·pã 揉麵用的木板

【暗】ŋã˩ ❶光綫不亮:～室|這屋光綫忒～ ❷不公開的,隱蔽的:～號|～娼|～中搗鬼

xã

【含羞草】xã˧ ɕiou˩ tsʻɔ˥ 一年生草本植物,複葉有長柄,小葉長圓形,密生。被觸動時小葉合攏,葉柄下垂 ‖ 含,另見 xẽ˧

【寒食】xã˧˥ ·ʂʅ 節名,清明前一天

【寒露】xã˧˥ lu˩ 二十四節氣之一

【寒假】xã˧˥ tɕia˩ 學校冬季的假期

【寒暄】xã˧˥ ·ɕyã 見面時談天氣冷暖之類的應酬話

【還】xã˧ 副詞。❶仍舊:她～在千佛山醫院工作 ❷再,又,更:～有什麼事|他比你～高不少呢! ❸表示勉强過得去:幹的～可以|身體～不錯! ❹尚且:我～拿不動呢,你能拿動嘛? ❺表示贊嘆、反問等:他～真行|～不快進來!|你～有個完嗎? ‖ 還,北京讀 ꜀xai,濟南是 ã 韵母。另見 xuã˧

【還是】xã˧˥ ʂʅ˩ 副詞。❶仍舊:你～老樣子!|這孩子有點發燒,～要去上學! ❷表示經過考慮而有所選擇:我看你～别去嘛!|他～想上中專!

【還許】xã˧ ɕy˥ 也許:他～能來!

【喊】xã˥ 大聲叫,喚:你等等,我去～他!

【汗毛】xã˩ mɔ˧ 寒毛

【汗斑】xã˩ pã˩ ❶皮膚上長的斑,多白色 ❷衣裳上的汗鹹

【汗衫兒】xã˩ ʂɛr˩[<ʂã˩] ⇨〖圓領衫〗 yã˧ liŋ˥ ʂã˩

【旱地】xã˩˥ ti˩ 土地表面不蓄水的地

【旱稻子】xã˩ tɔ˩˥ ·tsʅ 稻子的一個品種,需要經常澆水

【旱傘】xã˩ sã˥ 舊稱陽傘

【旱煙】xã˩˥ ·iã 裝在旱煙袋鍋裏吸的弄碎的煙葉或煙絲

【旱金蓮】xã˩ tɕiẽ˩ liã˧ 草本植物,小葉形似蓮葉,開金黄色花

【焊洋鐵壺的】xã˩ iaŋ˧ tʻiə˩ xu˧˥ ·ti 專門焊接家用器皿的工匠

iã

piã

【煸】piã⅃ 油下鍋燒熱後加葱薑炒出香味再放菜炒的烹飪方法

【鞭】piã⅃ 成串的小爆竹，濟南習慣於婚禮等喜慶時燃放：一掛～

【鞭子抽】piã⅃˻ ·tsɿ tʂ'ou⅃ 用鞭子抽打

【邊兒上】piɛr⅃˻[＜piã⅃] ·ʂaŋ 旁邊

【扁】piã˥ 物體的厚度比長度、寬度小：～平｜把它壓～了！

【扁食】piã˥˻ ·ʂɿ 回民稱水餃

【扁豆】piã˥˻ ·tou 一種莢果長橢圓形、扁平微彎的蔬菜，有青色或紫紅色兩種，種子白色或紫黑色

【扁擔】piã˥˻ ·tã ＝〖擔子〗 tã˩˹ ·tsɿ 指不帶鈎的扁擔，抬東西用‖參見“擔仗 tã˩˹ ·tʂaŋ”

【扁鏟】piã˥˫ tʂ'ã˥ 一種刃寬而較薄的鑿子

【便衣】piã˩ i⅃ ❶家常穿的衣服，區別於制服、西裝等 ❷着便衣執行任務的軍人、警察等

【便宜】piã˩˹ ·i 方便‖另見 p'iã˦˹ ·i

【便褲】piã˩ k'u˩ 中式褲子

【便壺】piã˩ xu˦ ＝〖夜壺〗 iə˩ xu˦ 尿壺

【便鞋】piã˩ ɕiɛ˦ 通稱各種單布鞋

【便襖】piã˩ ŋɔ˥ 中式上衣

【便飯】piã˩ fã˩ 家常飯：到明兒明天上俺家吃～！

【辮子】piã˩˹ ·tsɿ 把頭髮分股交叉編成的條條兒

【辯護】piã˩˹ ·xu ❶申辯 ❷特指法院審判案件時被告爲自己申辯或辯護人爲被告申辯

【變戲法】piã˩ ɕi˩ fa⅃ 舊稱表演魔術

【變戲法的】piã˩ ɕi˩˹ fa⅃˻ ·ti 舊稱表演魔術的人

【變味兒】piã˩ ver˩[＜vei˩] 食物變質

【變色鏡】piã˩ ʂei⅃ tɕiŋ˩ 鏡片能隨光綫强弱而變色的眼鏡，有保護眼睛的作用

【變蛋】piã˩ tã˩ ⇨〖松花〗 ɕyŋ⅃˫（或 suŋ⅃˫） xua⅃

p'iã

【偏】p'iã⅃ ❶傾斜，不正：這鐘掛～嘛！｜太陽～西嘛！ ❷注重一方，不全面，不公正：～愛｜～聽～信 ❸偏偏：我～不！

【偏口魚】p'iã⅃˻ ·k'ou y˦ 比目魚

【偏心】p'iã⅃˫ ɕiẽ⅃ 偏向一方面，不公正：父母有～

【偏旁】p'iã⅃ p'aŋ˦ 漢字形體中比較定型的組成部分‖也說“偏旁兒 p'iã⅃ p'ãr˦”

【偏方】p'iã⅃˫ faŋ⅃ 民間流傳的不見於醫藥經典著作的藥方‖也說“偏方兒 p'iã⅃˫ fãr⅃”

【偏房】p'iã⅃ faŋ˦ ⇨〖廂房〗 ɕiaŋ⅃ faŋ˦

【偏向】p'iã⅃˫ ɕiaŋ˩ 傾向或袒護一方：老師～女學生｜父母有～兒的，也有～

閨女的

【便宜】p'iã˦˥ ·i ❶價錢低 ❷不應得的利益：占～ ❸使得到便宜：～他唡！‖另見 piã˩˥ ·i

【諞】p'iã˥ 自我誇耀：～能｜你書還没寫完就～！‖參見"諞拉 p'iã˥˩ ·la"

【諞拉】p'iã˥˩ ·la 自我顯示，誇耀：～過來～過去没有完！‖連用式"諞拉諞拉 p'iã˥˩ ·la p'iã˥˩ ·la"：買身新衣裳穿出去～，買了輛小木蘭濟南産輕騎又趕快騎出去～！

【片子】p'iã˩˥ ·tsɿ ❶舊稱名片 ❷今指電影：這個～好看！

【騙】p'iã˩ ❶用謊言使人上當，欺騙：～人｜上當受～ ❷用欺騙的手段取得：～錢

【騙子（手）】p'iã˩˥ ·tsɿ（ʂou˥）專門以欺騙手段謀取財物的人

miã

【棉衣裳】miã˦˥ ·i ·ʂaŋ 通稱各種棉的衣服

【棉布】miã˦ pu˩ 用棉紗織成的布

【棉褲】miã˦˥ k'u˩ 絮了棉花的褲子

【棉靰鞡】miã˦ u˩˥ ·la 一種膠底棉鞋，深筒，黑色，帆布面，白布裏子

【棉襪子】miã˦ va˩˥ ·tsɿ 舊時絮有棉花的白布襪子

【棉花】miã˦˥ ·xua ❶草棉：種～ ❷棉桃中的纖維，用來紡紗、絮衣被等‖舊音 ȵiaŋ˦˥ ·xua，德州郊區也讀 ꜀ȵiaŋ ·xua。棉讀 ȵiaŋ 是音變結果，首先受花的聲母同化，韵母變爲 ŋ 尾，因爲聲母 m 不拼 iaŋ，就變爲 ȵ。

【棉鞋】miã˦ ɕiɛ˦（或 ·ɕiɛ）襯有棉、毛、氈等的鞋子‖棉，此處在輕聲前不變調

【棉袍子】miã˦ p'ɔ˦˥ ·tsɿ 絮有棉花的長袍

【棉桃兒】miã˦ t'ɔr˦[<t'ɔ˦] ＝〖棉花桃兒〗miã˦˥ ·xua t'ɔr˦[<t'ɔ˦] 棉花的果實，成熟後開裂露出棉絮

【棉襖】miã˦ ŋɔ˥ 絮了棉花的上衣

【棉綢】miã˦ tʂ'ou˦ 用柞蠶絲紡成的綢子，比較粗厚

【棉油】miã˦˥ ·iou 棉花籽榨的油

【棉綫】miã˦˥ ɕiã˩ 成綹的手工縫紉用綫

【棉囤子】miã˦ tuẽ˩˥ ·tsɿ 保暖的舊式茶壺，外面有棉套

【綿羊】miã˦˥ ·iaŋ 羊的一種。公羊有螺旋狀大角，母羊角細或無角。毛白色，長而捲曲，是紡織品的重要原料

【免職】miã˥ tʂʅ˩ 免去職務

【免費】miã˥ fei˩ 免收費用：獨生子女～人托進托兒所｜～供應

【娩】miã˥ 將衣物過於寬大的部分叠起：太肥唡，～起一塊｜～腰褲

【娩腰】miã˥˩ ·iɔ ❶中式褲襠：～褲 ❷借指中式褲

【娩腰褲】miã˥˩ ·iɔ k'u˩ 舊式褲子，穿時要將肥大的褲腰在前面叠起一塊再用帶子繫上

【腼腆】miã˥˩ ·p'iã 害羞而不自然的樣子‖腆，北京音 ·t'ian，濟南聲母爲 p'，疑是受前字聲母的同化

【麵】miã˩ ❶磨成粉的糧食，有時專指小麥磨成的粉：細米白～｜小米～｜豆～ ❷粉末：藥～｜五香～ ❸麵條：掛～

|肉絲～ ❹食物柔軟，纖維少：～瓜

【麪子】miã˩˧ ·tsʅ 通稱雜糧麪，跟白麪相對而言

【麪石榴】miã˩˧ ·ʂʅ ·liou 未嫁接的山楂，比一般山楂小

【麪劑子】miã˩ tɕi˩˧ ·tsʅ 和好的麪團分成的小塊，用於包餃子、包子或揉製饅頭等

【麪醭】miã˩ pu˦ 揉製麪食時用的乾麪粉 ‖ 醭，此處不單用，單用時指食物上長的白色霉

【麪瓜】miã˩˧ ·kua 一種肉質發麪的甜瓜 ‖ 參見"脆瓜 ts'uei˩˧ ·kua"

【麪舌頭】miã˩˧ ·ʂə ·t'ou 説話口齒不清，大舌頭

【麪疙瘩】miã˩˧ ·kə ·ta ⇨〖疙瘩湯〗kə˨˩ ·ta t'aŋ˨

【麪疙瘩】miã˩˧ ·kə ·ta 香蒲的地下根莖，含澱粉

【麪葉兒】miã˩ iər˩[<iə˩] 麪片兒

【麪包】miã˩ pɔ˨ 麪粉加水發酵後烤製而成的食品，品種很多

【麪包服】miã˩ pɔ˨ fu˦ 通稱膨脹狀的服裝，包括羽絨服等

【麪包車】miã˩ pɔ˨˧ tʂ'ə˨ 一種長方形的旅行汽車

【麪(條兒)】miã˩ (t'iɔr˦[<t'iɔ˦]) 用麪粉做成的細條狀食品：擀～|下～

【麪條魚】miã˩ t'iɔ˦ y˦ 一種白色條形小魚

【麪兜兜兒的】miã˩ tou˨˧ tour˨˩[<tou˨˩] ·ti ❶食物吃起來很鬆軟：這東西～棱很好吃！ ❷(性格)平和，不急不怒：俺那兒媳婦成天～很好處

【麪頭】miã˩ t'ou˦ ＝〖接麪〗tɕiə˨˩ ·miã 從前次發麪中留下爲後次發麪作酵母的麪肥

【麪館】miã˩ kuã˥ 專營麪條的館子

【麪筋】miã˩˧ ·tɕiẽ 一種食品，麪粉加水拌和後洗去澱粉留下的部分

【麪湯】miã˩ t'aŋ˨ 湯麪

【麪缸】miã˩ kaŋ˨ 存放麪粉之類物品的器物

tiã

【掂對】tiã˨˩ ·tuei 掂量，斟酌：這事兒你～着辦罷！

【顛三倒四】tiã˨˧ sã˨ tɔ˥ sʅ˩ ＝〖顛七倒八〗tiã˨˧ tɕ'i˨ tɔ˥ pa˨ 言行錯亂，没有條理

【顛掀】tiã˨˩ ·ɕiã 過分熱心地討好於人：你别窮～咧，用不着你獻殷勤！

【典】tiã˥ 借錢時將房産等押給别人使用，不付利息，定期還款收回抵押物

【典房子】tiã˥ faŋ˦˥ ·tsʅ ＝〖當房子〗taŋ˩ faŋ˦˥ ·tsʅ 典當房子

【典當】tiã˥ taŋ˩ 通稱典和當：家裏的東西都～盡咧！

【踮】tiã˥ ＝〖踮打〗tiã˥˩ ·ta 走路一腿高一腿低：他走道有點～ ‖ 比瘸程度輕。另見 tiã˩

【踮拉】tiã˥˩ ·la 跛足走路的樣子 ‖ 連用式"踮拉踮拉的 tiã˥˩ ·la tiã˥˩ ·la ·ti"：他～過來咧！

【點】tiã˥ 理睬：别～他！|我～你嗎？

【點兒】tiɛr˥[<tiã˥] 漢字筆畫中的點：這個字少個～

【點劃】tiã˥˩ ·xua 耍弄，唆使，欺騙：～着玩|你别光～俺！|都是你～的他！|～人家好幾千塊錢去！

【點頭】tiã˥ t'ou˦ 頭略微向下一動

【點心】tiã˥˪ ·ɕiẽ ❶糕點:我給他稱買上幾斤～ ❷指早餐:(早晨見人問)吃了～了没有?

【點心鋪】tiã˥˪ ·ɕiẽ p'u˩ 出售糕點的商店

【點心點心】tiã˥˪ ·ɕiẽ tiã˥˪ ·ɕiẽ 不在正餐時隨意少吃一點東西:飯還没有做中做好,你隨便吃點麼～罷! ‖參見"墊補 tiã˩˫ ·pu"

【點燈】tiã˥ təŋ˩ 點着油燈

【點名册兒】tiã˥ miŋ˦ tʂ'er˩[<tʂ'ei˩]查點人員是否來到的名册

【店】tiã˩ 舊稱旅店:馬家～

【店小二】tiã˩ ɕio˥ ər˩ 舊時對飯館、旅館中接待顧客的服務員的稱呼

【店員】tiã˩ yã˦ 商店職工 ‖ 舊稱"伙計 xuə˥˪ ·tɕi",今多稱"營業員 iŋ˦˫ iə˩ yã˦"

【惦記】tiã˩˫ ·tɕi 掛念

【電池】tiã˩ tʂ'ʅ˦ 將化學能或光能變成電能的裝置,通常指手電筒或某些小家電用的乾電池:買兩節五號～

【電木】tiã˩˫ mu˩ 一種表面光亮的不透明硬塑料,多用作絶緣體

【電爐子】tiã˩ lu˦˫ ·tsʅ 以電爲熱源的爐子

【電驢子】tiã˩ ly˦˫ ·tsʅ 郊區舊稱摩托車

【電話】tiã˩ xua˩ ❶利用電流使兩地的人通話的裝置 ❷利用這種裝置通的話

【電磨】tiã˩ mə˩ 使用電力的磨

【電車】tiã˩ tʂ'ə˩ 用電爲動力的公共交通工具

【電報】tiã˩ pɔ˩ ❶利用電信號傳遞的通信方式 ❷利用這種方式傳遞的文字等信號

【電飯鍋】tiã˩ fã˩ kuə˩ 以電爲熱源的鍋

【電門】tiã˩ mẽ˦ 電器裝置上接通和截斷電路的開關

【電棍】tiã˩ kuẽ˩ ⇨〖燈棍兒〗 təŋ˩˫ kuer˩[<kuẽ˩]

【電熨斗】tiã˩ yẽ˩˫ ·t'ou 以電爲熱源的熨斗 ‖ 斗,此處聲母送氣

【電棒子】tiã˩ paŋ˩˫ ·tsʅ ＝〖手電〗ʂou˥ tiã˩ 手電筒

【電光(頭)】tiã˩ kuaŋ˩ (t'ou˦) ⇨〖老電〗 lɔ˥ tiã˩

【電扇】tiã˩˫ ʂã˩ ＝〖電風扇〗 tiã˩ fəŋ˩˫ ʂã˩ 一種利用電動機帶動葉片旋轉使空氣流動的裝置

【電燈】tiã˩ təŋ˩ 利用電能發光的燈

【電影院】tiã˩ iŋ˥ yã˩ 專門放映電影的場所:大觀園～

【墊補】tiã˩˫ ·pu 在正餐以外吃東西 ‖ 連用式"墊補墊補 tiã˩˫ ·pu tiã˩˫ ·pu",即"點心點心 tiã˥˪ ·ɕiẽ tiã˥˪ ·ɕiẽ"

【踮起腳跟】tiã˩˫ ·tɕ'i tɕyə˩˫ kẽ˩ ＝〖踮腳〗 tiã˩ tɕyə˩ 提起腳跟,用腳尖着地 ‖ 踮,另見 tiã˥

【澱粉】tiã˩ fẽ˥ 團粉 ‖ 舊稱"粉團 fẽ˥ t'ã˦"

t'iã

【天氣】t'iã˩˫ tɕ'i˩ ＝〖天兒〗 t'iɛr˩[<t'iã˩] 氣象變化情況:今天～好!

【天不好】t'iã˩˪ ·pu xɔ˥ 天氣不好

【天花】tʻiã˨˩˧˨˧ xua˨˩˧ ❶豬腦子 ❷痘：出～

【天花板】tʻiã˨˩˧˨˧ xua˨˩˧ pã˥ 樓房的天棚

【天熱】tʻiã˨˩˧˨˧ ʐə˨˩ 氣溫高，使人感到熱

【天課】tʻiã˨˩˧˨˧ kʻə˨˩ 伊斯蘭教徒每年按規定在開齋節那天交的錢款

【天鵝】tʻiã˨˩˧ ŋə˦˨ 形狀像鵝而體形較大的鳥，全身白色，腳黑色，善飛，生活在海濱或湖邊

【天鵝絨】tʻiã˨˩˧ ŋə˦˨ luŋ˦˨ 一種蔓生小草，園林多用以裝飾地面

【天爺爺】tʻiã˨˩˧ iə˦˨˥ ·iə ⇨〖老天爺〗lɔ˥ tʻiã˨˩˧ iə˦˨

【天河】tʻiã˨˩˧ xuə˦˨ 銀河

【天牛】tʻiã˨˩˧ ȵiou˦˨ ⇨〖老牛〗lɔ˥ ȵiou˦˨

【天藍】tʻiã˨˩˧ lã˦˨ 像晴天時天空的顏色

【天旱】tʻiã˨˩˧˨˧ xã˨˩ 天不下雨使土地乾旱

【天天】tʻiã˨˩˧˨˧ tʻiã˨˩˧（或 tʻiã˨˩˧˨˩ ·tʻiã）＝〖見天〗tɕiã˨˩ tʻiã˨˩˧ 每天

【天門】tʻiã˨˩˧ mẽ˦˨ 郊區又稱額頭

【天門冬】tʻiã˨˩˧ mẽ˦˨ tuŋ˨˩˧ ＝〖結婚草〗tɕiə˨˩˧˨˧ xuẽ˨˩˧ tsʻɔ˥ 多年生草本植物，莖細長，葉似鱗片狀，小花白色，結紅色醬果，塊根入藥。有些濟南人結婚時用這種草點綴房子，以象徵吉祥，故又俗稱結婚草

【天津綠（白菜）】tʻiã˨˩˧ tɕyẽ˨˩˧˨˧ ly˨˩（pei˦˨˥ ·tsʻɛ）一種長筒形白菜

【天上】tʻiã˨˩˧˨˩ ·ʂaŋ（或 tʻiã˨˩˧˨˧ ʂaŋ˨˩）天空中

【天冷】tʻiã˨˩˧ ləŋ˥ 氣溫低，使人感到冷

【天平】tʻiã˨˩˧ pʻiŋ˦˨ 一種精密的衡器，杠桿兩頭的小盤一頭放砝碼、一頭放被稱的物體

【天井】tʻiã˨˩˧˨˩ ·tɕiŋ ⇨〖院子〗yã˨˩˥ ·tsɿ

【田雞】tʻiã˦˨ tɕi˨˩˧ 作爲食物的去皮青蛙

【田螺】tʻiã˦˨ luə˦˨ 一種體形較螺螄大的淡水螺‖螺，在螺螄、螺絲等詞中讀去聲 luə˨˩

【甜】tʻiã˦˨ ❶像糖和蜜的味道 ❷淡，跟鹹對舉：鹹了加水～了加鹽｜你嘗嘗～鹹

【甜石榴】tʻiã˦˨˥ ·ʂɿ ·liou 石榴的一個品種，皮色較淡，味甜‖參見"酸石榴 suã˨˩˧˨˩ ·ʂɿ ·liou"

【甜希希的】tʻiã˦˨ ɕi˨˩˧˨˧ ɕi˨˩˧˨˩ ·ti 形容甜的味道（含厭惡意）：胡蘿貝炒菜～，我吃不上來！

【甜瓜】tʻiã˦˨˥ ·kua ＝〖香瓜〗ɕiaŋ˨˩˧˨˧ kua˨˩˧ 一種橢圓形的瓜，香甜多汁

【甜沫】tʻiã˦˨˥ ·mə 濟南等地傳統的大眾粥類食品，用小米麵或玉米麵加菠菜、海帶、粉條等作料熬成：五香～

【甜麼索的】tʻiã˦˨˥ ·mə suə˨˩˧˨˩ ·ti ❶甜的滋味不好：～不好吃！❷形容人做出討好的樣子：你看這人整天臉上～！

【甜水】tʻiã˦˨˥ ·ʂuei 可以飲用的好水：濼源大街原青龍街以前家家有井，往東街東都是～，往西是苦水‖參見"苦水 kʻu˥˩ ·ʂuei"

【甜頭兒】tʻiã˦˨˥ ·tʻour［<tʻou˦˨］❶略甜的味道：這黃瓜帶點兒～ ❷比喻好處、利益：這事兒叫他嘗到～嘛！

【甜淡】tʻiã˦˨˥ tã˨˩ 猶鹹淡：你嘗嘗～

【甜甘蔗】tʻiã˦˨˥ ·kã ·tʂɿ 甘蔗的舊稱

【甜醬】tʻiã˦˨˥ ·tɕiaŋ ＝〖甜麵醬〗tʻiã˦˨˥ ·miã tɕiaŋ˨˩ 帶有甜味的麵醬

【甜靜】t'iã˧˥ ·tɕiŋ 指面容好看，順眼：這閨女長的真～！

【填還】t'iã˧˥ ·xuã ❶還報：這鷄一天一個蛋，挺～人的 ❷白白地給了人：我攢了點兒錢，都～給了你嘛！

【填房】t'iã˧ faŋ˧ 嫁給喪妻的男子爲妻 ‖ 另見 t'iã˧˥ ·faŋ

【填房】t'iã˧˥ ·faŋ 妻子死後續娶的妻 ‖ 也説"填房兒 t'iã˧˥ ·fãr"。另見 t'iã˧ faŋ˧

【舔】t'iã˥ 用舌頭接觸東西或取東西

【舔腚】t'iã˥ tiŋ˩ ＝〖溜鬚〗 liou˩˦ ɕy˩ 拍馬屁

【舔腚官】t'iã˥ tiŋ˩ kuã˩ 馬屁精

liã

【連衣裙兒】liã˧ i˩ tɕ'yer˧［<tɕ'yẽ˧］帶上衣的裙子

【連褲襪】liã˧˥ k'u˩ ·va˩ 近年引進的連着褲子的襪子

【連把腿】liã˧˥ ·pa t'uei˥ 羅圈腿

【連襪褲】liã˧˥ ·va k'u˩ 幼兒穿的連腳褲

【連坐】liã˧ tsuə˩ 一人犯法，有關的人連帶受處罰

【連鬢絡腮】liã˧ piẽ˩ luə˩ sɛ˩ ⇨〖絡腮鬍〗 luə˩ sɛ˩ xu˧

【連襟】liã˧˥ ·tɕiẽ（或 liã˧ tɕiẽ˩）⇨〖兩喬〗 liaŋ˥ tɕ'iɔ˧

【連陰】liã˧˥ ·iẽ 接連多日陰雨的天氣：～天｜△有錢難買五月旱，六月～吃飽飯

【連陰雨】liã˧˥ ·iẽ y˥ 連綿的陰雨

【連陰天】liã˧˥ ·iẽ t'iã˩ 連續多日的陰雨天氣

【蓮子】liã˧ tsɿ˥ ＝〖蓮蓬子兒〗 liã˧˥ ·p'əŋ tser˥［<tsɿ˥］蓮的種子

【蓮花】liã˧˥ ·xua ⇨〖荷花〗 xə˧˥ ·xua

【蓮心】liã˧ ɕiẽ˩ 蓮子中間的心，綠色，有的褐色

【蓮蓬（頭）】liã˧˥ ·p'əŋ（t'ou˧）蓮花謝落後繼續長大的花托，圓錐形，内結蓮子

【奩儀】liã˧ i˧ 結婚時親友送給女家的禮金

【鐮把】liã˧ pa˥ 鐮刀用手拿的木橛

【鐮（刀）】liã˧（tɔ˩）收割莊稼或割草的農具

【鰱魚】liã˧˥ ·y ＝〖鰱子魚〗 liã˧˥ ·tsɿ y˧ ＝〖胖頭魚〗 p'aŋ˩ t'ou˧ y˧ ＝〖大頭魚〗 ta˩ t'ou˧ y˧ 一種淡水魚，身體側扁，鱗細，腹部白色。濟南市場上有花鰱、白鰱兩種，花鰱頭胖大

【斂路糞的】liã˥˦ lu˩˥ ·fẽ ·ti 拾糞的

【斂合】liã˥˩ ·xə 收起：你把晾的衣裳～進來！‖ 連用式"斂合斂合 liã˥˩ ·xə liã˥˩ ·xə"：你把那點兒東西～都捎着！

【臉】liã˥ ❶面部，頭的前面部分 ❷面子：丢～｜不要～！❸某些物體的前部：門～

【臉蛋子】liã˥ tã˩˥ ·tsɿ ＝〖臉蛋兒〗 liã˥ tɛr˩［<tã˩］臉的兩旁部分。也指臉

【臉盆】liã˥ p'ẽ˧ 盛水洗臉的盆子 ‖ 也説"臉盆兒 liã˥ p'er˧"

【臉盆架】liã˥ p'ẽ˧ tɕia˩ 安放臉盆的架子

【練習簿】liã˩ ɕi˧ pu˩ ⇨〖作業本兒〗

tsuə˩˧ iə˩ per˥[<pẽ˥]

【戀愛】liã˩ ŋɛ˩ 男女互相愛慕依戀

tɕiã

【尖】tɕiã˨˩ ❶末端逐漸細小的：削～|～領 ❷末端細小的部分：筆～兒 ❸聲音高而細的：～嗓子 ❹耳目鼻等感覺靈敏：耳朵～|眼睛～|鼻子～

【尖臍】tɕiã˨˩ tɕʻi˦ ❶公螃蟹的臍，尖形 ❷指公螃蟹

【尖頭鞋】tɕiã˨˩˩ ·tʻou ɕiɛ˦ ❶舊時裹腳女人穿的鞋 ❷現在流行的尖頭鞋，多皮革製成

【尖口鞋】tɕiã˨˩ kʻou˥ ɕiɛ˦ 尖形鞋口的女式布鞋

【奸】tɕiã˨˩ ❶對國家不忠的人：漢～|～臣 ❷奸詐：～商 ❸吝嗇，小氣：把你的筆給我使使！——不給！——真～！

【奸饞】tɕiã˨˩ tʂʻã˦ 總想吃好的，挑食，饞：～吃不下飯去|這孩子忒～嘛，這麼瘦！|△別奸別饞，有麼吃麼！

【奸饞實懶】tɕiã˨˩ tʂʻã˦ ʂʅ˦ lã˥ 好吃懶做

【肩胛骨】tɕiã˨˩˩ ·tɕia ku˨˩ 人體後背上部的略成三角形的骨頭，左右各一塊

【肩窩】tɕiã˨˩˧ və˨˩ 肩膀上凹下的地方

【肩寬】tɕiã˨˩˧ kʻuã˨˩ 上衣從脖子到衣袖的長度

【肩膀】tɕiã˨˩˩ ·paŋ(或 tɕiã˨˩ paŋ˥) 胳膊上端脖子兩旁的部分

【姦】tɕiã˨˩ 姦淫：强～|捉～

【堅固耐用】tɕiã˨˩˧ ku˩ nɛ˩ yŋ˩ 物品結實，牢固經用

【犍子】tɕiã˨˩˩ ·tsɿ 閹過的公牛

【煎藥】tɕiã˨˩˧ yə˩ ⇨〖熬藥〗ŋɔ˦ yə˩

【煎包】tɕiã˨˩˧ pɔ˨˩ 用少量的油略煎後又加水烙熟的一邊焦黃的發麵包子，形似餃子，比水餃個兒大‖參見“鍋貼 kuə˨˩˧ tʻiə˨˩”

【煎餅湯】tɕiã˨˩ piŋ˥ tʻaŋ˨˩ 開水泡的煎餅

【煎餅】tɕiã˨˩˩ ·piŋ 一種乾糧，用小米、玉米等加水磨成糊狀在鏊子上攤薄烙成‖舊時百姓多以此爲主食，有“攤煎餅 tʻã˨˩˩ ·tɕiã ·piŋ”、“刮煎餅 kua˨˩˧ tɕiã˨˩˩ ·piŋ”等多種，也可按糧食品種不同稱爲小米煎餅、麥子煎餅、地瓜白薯煎餅等

【煎餅鏊子】tɕiã˨˩˩ ·piŋ ŋɔ˩˥ ·tsɿ 一種專用於攤煎餅的鏊子

【監獄】tɕiã˨˩˧ y˩ ＝〖監牢獄〗tɕiã˨˩ lɔ˦ y˩ 監禁犯人的處所

【監禁起來】tɕiã˨˩˧ tɕiẽ˩ ·tɕʻi ·lɛ 把犯人押起來，限制他的自由

【剪子】tɕiã˥˩ ·tsɿ 剪刀，鉸東西的用具

【剪指甲】tɕiã˥ tʂʅ˨˩˩ ·tɕia ⇨〖鉸指甲〗tɕiɔ˥ tʂʅ˨˩˩ ·tɕia

【剪頭】tɕiã˥ tʻou˦ ＝〖剪頭髮〗tɕiã˥ tʻou˦˥ ·fa 修剪頭髮

【碱嘎拉】tɕiã˥˩ ·ka ·la ＝〖碱疙拉〗tɕiã˥˩ ·kə ·la 皮膚或衣物上留下的汗迹

【碱麵兒】tɕiã˥ miɛr˩[<miã˩] 食用碱粉

【碱杠】tɕiã˥˩ ·kaŋ 出汗後衣裳上面留下的汗迹

【撿起來】tɕiã˥˩ ·tɕʻi ·lɛ ⇨〖拾起來〗ʂʅ˦˥ ·tɕʻi ·lɛ

【簡直】tɕiã˥ tʂʅ˦ 副詞，强調差不多達到某種程度：這塑料蘋果～像是真的|

你～要把我氣死！

【見面兒】tɕiã˩ miɛr˩［<miã˩］❶彼此對面相見：老姊妹兒三十多年不～嘞！❷特指經媒人介紹的男女雙方首次相見

【見天】tɕiã˩ t'iã˩ ⇨〖天天〗t'iã˩˩ t'iã˩（或 t'iã˩˩ ·t'iã）

【見輕】tɕiã˩ tɕ'iŋ˩ ＝〖好點兒嘞〗xɔ˥ tiɛr˥˩［<tiã˥］·lia 病情減輕

【間苗】tɕiã˩ miɔ˦ ⇨〖薅苗〗xɔ˩ miɔ˦

【毽子】tɕiã˩˩ ·tsɿ 游戲用品，舊時一般用布包着銅錢縫成，中間釘有鷄或鴨的毛管，上面插鷄毛

【賤】tɕiã˩ ❶價錢低，便宜 ❷地位低下：貧～ ❸下賤：～脾氣｜發～

【澗】tɕiã˩ ⇨〖山澗〗ʂã˩˩ tɕiã˩

【薦頭】tɕiã˩˩ ·t'ou 舊時以介紹傭工爲業的人

tɕ'iã

【千】tɕ'iã˩ ❶基數詞 ❷比喻很多：～方百計 ❸濟南地名用字：～佛山｜～祥街

【千里眼】tɕ'iã˩˩ ·li iã˥ 舊稱望遠鏡

【千數個】tɕ'iã˩˩ ·ʂu kə˩ 一千多一點的個數

【千數人】tɕ'iã˩˩ ·ʂu ʐẽ˦ 一千來人

【千家萬户】tɕ'iã˩˩ tɕia˩ vã˩ xu˩ 衆多人家

【千佛山】tɕ'iã˩ fə˦ ʂã˩ 歷山的今稱

【千變萬化】tɕ'iã˩˩ piã˩ vã˩ xua˩ 變化無窮

【千言萬語】tɕ'iã˩ iã˦ vã˩ y˥ 形容説的話極多

【千真萬確】tɕ'iã˩˩ tʂẽ˩ vã˩ tɕ'yə˩ 形容非常真實確切

【千辛萬苦】tɕ'iã˩˩ ɕiẽ˩ vã˩ k'u˥ 各種各様的艱難困苦

【千軍萬馬】tɕ'iã˩˩ tɕyẽ˩ vã˩ ma˥ ＝〖千人萬馬〗tɕ'iã˩ ʐẽ˦ vã˩ ma˥ 形容兵馬多或聲勢浩大

【千方百計】tɕ'iã˩˩ faŋ˩ pei˩˩ tɕi˩ 形容想盡或用盡各種辦法

【鉛筆】tɕ'iã˩˩ pei˩ 用石墨或加顏料的黏土做筆心的筆

【鉛筆盒】tɕ'iã˩˩ pei˩ xə˦ ＝〖文具盒兒〗vẽ˦˥ tɕy˩ xər˦［<xə˦］用於裝鉛筆及其他小文具的長方形盒子，用金屬或塑料製成‖也説"鉛筆盒兒 tɕ'iã˩˩ pei˩ xər˦"

【鉛筆刀】tɕ'iã˩˩ pei˩˩ tɔ˩ 削鉛筆用的刀

【遷就】tɕ'iã˩˩ tɕiou˩ 將就别人：你怎麼盡～他？

【遷墳】tɕ'iã˩ fẽ˦ ⇨〖起墳〗tɕ'i˥ fẽ˦

【簽】tɕ'iã˩ ❶親筆寫上姓名或畫上符號：～名 ❷作標志用的小條：標～｜書～ ❸竹木等削成的細棍或小片：牙～｜竹～

【簽】tɕ'iã˩ 一種針法，斜着縫，針脚不明‖參見"繚 liɔ˦"

【籤】tɕ'iã˩ 特指占卜用的竹籤：求～

【簽字】tɕ'iã˩˩ tsɿ˩ 在文件上寫下自己名字，表示負責

【前】tɕ'iã˦ ❶位置在正面的，次序在前面的，跟後相對：～頭｜～三名 ❷以往的：～些天｜～人 ❸未來的：～途

【前幾天】tɕ'iã˦ ·tɕi ·t'iã 今天以前的幾天‖前，此處在輕聲前不變調

【前幾年】tɕ'iã˦ ·tɕi ȵiã˦ 今年以前的

幾年‖前，此處在輕聲前不變調

【前臺】tɕʻiã˧ tʻɛ˧ 舞臺面對觀衆的部分：～演出，後臺化妝

【前街】tɕʻiã˧ tɕiɛ˨˦ 位於自己家南面的街‖參見"後街 xou˩ tɕiɛ˨˦"

【前頭】tɕʻiã˧˦ ·tʻou ＝〖前邊兒〗tɕʻiã˧ piɛr˨˦[＜piɛ˨˦]（或 pɛr˨˦[＜pɛ]）前面

【前後】tɕʻiã˧˦ xou˩ ❶從某一時間稍前到稍後的一段時間：五一～ ❷從開始到結束的時間：他～念了七年書！❸前面和後面的地方：廠房～栽了棱多楊樹‖義項②③重疊式"前前後後 tɕʻiã˧ tɕʻiã˧ xou˩˧ xou˩"：～在農村呆了五年｜～都找遍嘛，就是找不着！

【前天】tɕʻiã˧ ·tʻiã（或 tʻiã˨˦）＝〖前兒〗tɕʻiɛr˧[＜tɕʻiã˧] 昨天的前一天‖前，此處在輕聲前不變調

【前臉子】tɕʻiã˧ liã˥˨ ·tsɿ 物體的正面：兩個汽車一撞，正好都撞壞了～！

【前肩】tɕʻiã˧ tɕiã˨˦ 西服前面從肩到胸的部分

【前年】tɕʻiã˧˦ ·ȵiã 去年的前一年‖前，此處在輕聲前不變調

【前奔拉後梆子】tɕʻiã˧ pẽ˩˦ ·la xou˩ paŋ˨˦˨ ·tsɿ 前額和後腦勺都突出的頭

【前門】tɕʻiã˧ mẽ˧ 大門，相對後門而言

【前門牙】tɕʻiã˧ mẽ˧ ia˧ ⇨〖門牙〗mẽ˧ iã˧

【前門臉】tɕʻiã˧ mẽ˧ liã˥ 房屋正房正面的一面牆‖也說"前門臉兒 tɕʻiã˧ mẽ˧ liɛr˥"

【前身縫】tɕʻiã˧ ʂẽ˨˦˧ fəŋ˩ 舊式上衣前面兩塊布合攏的縫

【前身】tɕʻiã˧˦ ·ʂẽ 對襟上衣前面的兩塊

【前襟】tɕʻiã˧ tɕiẽ˨˦ 中式上衣前面的部分，即衣襟，相對"後身"而言

【前牆】tɕʻiã˧ tɕʻiaŋ˧ 房子正面的牆

【前撑】tɕʻiã˧˦ ·tʂʻəŋ 桌子、椅子、板凳撑住前面兩條腿的木條

【鉗子】tɕʻiã˧˦ ·tsɿ 用來夾住或夾斷東西的工具

【潛水】tɕʻiã˧ ʂuei˥ 進入水面以下活動

【錢】tɕʻiã˧ ❶貨幣：銅～｜一元～ ❷款子：這筆～是工會的活動費！❸重量單位，十錢爲一兩

【錢包】tɕʻiã˧ pɔ˨˦ 帶在身邊裝錢的各種小包

【錢板子】tɕʻiã˧ pã˥˨ ·tsɿ 舊時用於放置硬幣的木盤，約算盤那麼大小

【錢串子】tɕʻiã˧ tʂʻuã˩˦ ·tsɿ 一種節肢動物，即錢龍

【淺】tɕʻiã˥ ❶深淺的淺，指從上到下或從外到裏的距離小 ❷淺顯，淺薄：内容～ ❸顏色淡：～紅

【淺子】tɕʻiã˥˨ ·tsɿ ❶淘米、洗菜用的器物，過去多竹編，今多塑料製品 ❷比較平的小碟子：醋～

【淺綠】tɕʻiã˥ ly˩ 比較淺的綠色

【淺灰】tɕʻiã˥ xuei˨˦ 比較淺的灰色

【淺藍】tɕʻiã˥ lã˧ 比較淺的藍色

【淺黄】tɕʻiã˥ xuaŋ˧ 比較淺的黄色

【淺紅】tɕʻiã˥ xuŋ˧ 比較淺的紅色

【欠】tɕʻiã˩ ❶指借别人的錢物没有還或該給别人做的事没有做等：～債｜我還～着他的情 ❷不夠，缺乏：説話～考慮

【欠賬】tɕʻiã˩ tʂaŋ˩ ⇨〖該賬〗kɛ˨˦˧ tʂaŋ˩

【芡】tɕʻiã˩ 做菜時用芡粉加水調成的汁：勾～

238　tɕʻiã˨˩ – ɲiã˨˩　茨絳鳶年鮎黏撵念

【茨粉】tɕʻiã˨˩ fē˥ 澱粉的一種,用鷄頭米做成,供烹調用

【絳】tɕʻiã˨˩ 拉船行進的繩子:拉～

ɲiã

【鳶】ɲiã˨˩˧ 行動遲鈍,性格不爽快:這個人真～! ‖另見 iã˨˩˧

【鳶兒鳶兒的】ɲiɛr˨˩˧[<ɲiã˨˩˧] ɲiɛr˨˩˧ᒪ[<ɲiã˨˩˧] ·ti 慢吞吞不言不語的樣子:你看他整天～,心眼兒不少!

【年時】ɲiã˦˨ʳ ·ʂʅ ⇨〖去年〗tɕʻy˨˩˧ʳ ·ɲiã(或 ɲiã˦˨)

【年底】ɲiã˦˨ ti˥ =〖年根兒〗ɲiã˦˨ kər˨˩˧[<kē˨˩˧] 歲末

【年紀】ɲiã˦˨ʳ ·tɕi 人的年齡,多對老年人而言:多麼大～了還幹活!|你老人家多大～嘞?

【年初】ɲiã˦˨ tʂʻu˨˩˧ 一年開始的幾天

【年下】ɲiã˦˨ ɕia˨˩ 過年時:到～可我給你買!

【年糕】ɲiã˦˨ kɔ˨˩˧ ❶用糯米粉蒸成的糕 ❷近年從南方引進的粳米做的板條形糕

【年頭兒】ɲiã˦˨ tʻour˦˨[<tʻou˦˨] ❶年數(兩頭未必是足年):她娶了出嫁有三個～嘞! ❷多年的時間,常用在"有"的後面:我到山東有～嘞! ❸時代:趕上這～生活都好嘞!

【年三十兒】ɲiã˦˨ sã˨˩˧ ʂər˦˨[<ʂʅ˦˨] =〖大年三十兒〗ta˨˩ ɲiã˦˨ sã˨˩˧ ʂər˦˨[<ʂʅ˦˨] =〖三十兒〗sã˨˩˧ ʂər˦˨[<ʂʅ˦˨] 除夕

【年年】ɲiã˦˨ ·ɲiã ⇨〖每年〗mei˥ ɲiã˦˨ ‖年,此處在輕聲前不變調

【年關】ɲiã˦˨ʳ ·kuã 舊例農曆年底結賬,對欠租負債的人是一道難關:到～得還債

【年成】ɲiã˦˨ʳ ·tʂʻəŋ 一年的收成

【年齡】ɲiã˦˨ ·liŋ 人或動物已經生存的年數 ‖年,此處在輕聲前不變調

【年景】ɲiã˦˨ tɕiŋ˥ 年成:今年～好!

【年中】ɲiã˦˨ tʂuŋ˨˩˧ 一年裏中間的時間

【鮎魚】ɲiã˦˨ʳ ·y 一種頭扁口闊、身體表面多黏液的無鱗魚

【黏乎】ɲiã˦˨ʳ ·xu ❶東西發黏:小米稀飯熬的棱～! ❷人的行動遲緩 ‖重疊式"黏黏乎乎的 ɲiã˦˨ʳ ·ɲiã ·xu ·xu ·ti"、"黏乎乎的 ɲiã˦˨ʳ ·xu ·xu ·ti"

【黏高粱】ɲiã˦˨ kɔ˨˩˧ liaŋ˦˨ 一種有黏性的高粱

【黏粥】ɲiã˦˨ʳ ·tʂou =〖粥〗tʂou˨˩˧ 用玉米麵或小米麵等做成的稀飯 ‖參見"糊塗② xu˦˨ʳ ·tu"

【黏纏】ɲiã˦˨ʳ ·tʂʻã ❶纏着别人不放,黏糊:别這麼～!|他這人挺會～!|這人説話～ ❷事情棘手不好辦:這事兒挺～,不好辦!

【黏年糕】ɲiã˦˨ʳ ·ɲiã kɔ˨˩˧ ⇨〖黄麵(糕)〗xuaŋ˦˨ʳ ·miã (kɔ˨˩˧)

【撵出去】ɲiã˥ᒪ ·tʂʻu ·tɕʻi =〖轟出去〗xuŋ˨˩˧ᒪ ·tʂʻu ·tɕʻi =〖趕出去〗kã˥ᒪ ·tʂʻu ·tɕʻi 驅逐到外面去:撵了出去|撵他出去

【念叔伯字】ɲiã˨˩ ʂu˨˩˧ᒪ ·pei ·tsʅ 念白字

【念書】ɲiã˨˩ ʂu˨˩˧ ⇨〖讀書〗tu˦˨ ʂu˨˩˧

【念書的】ɲiã˨˩ ʂu˨˩˧ᒪ ·ti =〖讀書人〗tu˦˨ ʂu˨˩˧ ʐē˦˨ 知識分子

【念佛】ɲiã˨˩ fə˦˨ 信佛的人念阿彌陀佛、南無阿彌陀佛

【念頭兒】ɲiã˨˩ʳ ·tʻour[<tʻou˦˨] 在頭腦

裏的想法、打算：不知道他轉的什麼～！

【念經】ȵiã˨˩ tɕiŋ˨˩˧ 信仰宗教的人朗讀或背誦經文

【碾】ȵiã˨˩ ❶軋碎穀物或去掉穀物皮的石製工具 ❷用這種工具碾糧食 ‖ 廣韵線韵女箭切，北京讀上聲

【碾砣】ȵiã˨˩ t'uə˦˨ 碾上壓糧食等的圓柱形石頭，即碾磙子

【碾裏子】ȵiã˨˩ kuə˥˩ ·tsɿ 套在碾砣上的木製四方形框子

【碾盤】ȵiã˨˩ p'ã˦˨ 承受碾砣的石頭底盤

【碾管心】ȵiã˨˩ kuã˥ ɕiẽ˨˩˧ 碾盤中心的鐵管子，舊式的用木頭製成

【碾房】ȵiã˨˩˥ ·faŋ 放碾碾糧的房子

ɕiã

【仙客來】ɕiã˨˩˧˧ k'ə˨˩˧ lɛ˦˨ 多年生草本植物，葉子略呈心臟形，表面有白斑，背面帶紫色，花紅色

【仙鶴】ɕiã˨˩˧˩ ·xə 白鶴，羽毛白色，頭頂紅色，翅膀末端黑色，翅膀大，能高飛，頸、腿細長

【仙人球】ɕiã˨˩˧ ʐẽ˦˨ tɕ'iou˦˨ 多年生草本植物，莖球形或圓柱形，肉質，有縱行的棱，有刺，花紅色或白色，形如喇叭

【仙人掌】ɕiã˨˩˧ ʐẽ˦˨ tʂaŋ˥ 多年生草本植物，莖手掌形，肉質有刺

【先】ɕiã˨˩˧ ❶先後的先，指時間或次序在前的：你～走｜～進 ❷尊稱死去的人：～父

【先前】ɕiã˨˩˧ tɕ'iã˦˨ ❶從前：～俺在一塊兒住過｜這東西是～買下的！ ❷起先：這個事兒我～不知道！

【先生】ɕiã˨˩˧˩ ·ʂəŋ ❶老師 ❷舊稱中醫 ❸舊稱以管賬、算命、看風水等爲職業的人：賬房～｜算命～

【鮮果】ɕiã˨˩˧ kuə˥ 新鮮水果

【鮮貝】ɕiã˨˩˧˧ pei˨˩ 未經乾製的扇貝肉柱，是一種比較珍貴的海鮮

【鮮蓮子】ɕiã˨˩˧ liã˦˨ tsɿ˥ 蓮的鮮果，皮外層青色，裏層白色 ‖ 老的蓮子外皮黑色，裏層皮紅色

【鮮蒜】ɕiã˨˩˧˧ suã˨˩ 抽了蒜苔後七八天刨出的蒜，生吃或腌都可以 ‖ 參見"老蒜 lɔ˥ suã˨˩"

【鮮棒子】ɕiã˨˩˧ paŋ˨˩˥ ·tsɿ 未熟透的玉米，外皮綠色尚未變黃：賣了～，倒出地來種脆蘿貝、白菜都不晚！

【鮮薑】ɕiã˨˩˧˧ tɕiaŋ˨˩˧ ＝〖黄薑〗 xuaŋ˦˨ tɕiaŋ˨˩˧ 即生薑，淺黄色

【嫌】ɕiã˦˨ ❶嫌疑：避～ ❷厭惡，不滿意：討人～｜～少

【嫌乎】ɕiã˦˨˥ ·xu 不喜歡，不滿意：別～！｜～少

【嫌□】ɕiã˦˨ ʂuẽ˦˨ 舊稱害羞，腼腆：幹這樣的事兒不～嗎？

【鹹】ɕiã˦˨ 像鹽的味道：～淡｜～菜

【鹹汁兒】ɕiã˦˨˥ ·tʂer[<tʂʅ˨˩˧] 鹹：這個菜夠～的｜還不大～，再□[tʂaŋ˦˨]加上點兒鹽！

【鹹鷄子兒】ɕiã˦˨ tɕi˨˩˧ tser˥[<tsɿ˥] ＝〖鹹鷄蛋〗 ɕiã˦˨ tɕi˨˩˧˧ tã˨˩ 鹽腌的鷄蛋

【鹹鮁魚】ɕiã˦˨ pa˨˩˥ ·y 經過腌製的鮁魚

【鹹鴨子兒】ɕiã˦˨ ia˨˩˧ tser˥[<tsɿ˥] ＝〖鹹鴨蛋〗 ɕiã˦˨ ia˨˩˧˧ tã˨˩ 腌鹹的鴨蛋

【鹹格當的】ɕiã˦˨ kə˨˩˧˧ taŋ˨˩˧˩ ·ti 鹹的滋味不好：這點心～不好吃

【鹹菜】ɕiã˦˨˥ ts'ɛ˨˩ 通稱經過腌製的蔬

菜

【鹹白鱗】ɕiã˅ pei˅ liẽ˅ 經過腌製的白鱗魚

【鹹水罐子】ɕiã˅ ʂuei˥ kuã˩˧ ·tsɿ 舊俗喪葬時放到墳裏的瓷罐子，裏面裝鹹水和倒頭飯‖參見“倒頭飯 tɔ˥ t'ou˅ fã˩”

【鹹鹽】ɕiã˅ iã˅ =〖鹽〗 iã˅ 專指食鹽

【鹹長果】ɕiã˅ tʂ'aŋ˅ kuə˥ 鹽水煮的花生

【顯眼】ɕiã˥˦ iã˥ 明顯，突出：這人穿的棱～！

【莧菜】ɕiã˩˧ ·ts'ɛ 一種蔬菜，莖細長，葉子橢圓形，紅綠兩色相間，也有純紅或純綠色的‖郊區也説“瞥生菜 iŋ˅˧ ·ʂəŋ ts'ɛ˩”

【現大洋】ɕiã˩ ta˩ iaŋ˅ ⇨〖銀圓〗 iẽ˅ yã˅‖現，另見 ɕyã˩

【現在】ɕiã˩˧ tsɛ˩ 指説話的這個時候或時期，區別於過去和將來：～是七點四十，你已經遲到了十分鐘！｜他家～生活好啦，過去挺困難的！

【現眼】ɕiã˩ iã˥ 出醜，丢人

【羨慕】ɕiã˩ mu˩ 看見別人好的事物等希望自己也有

【綫綈】ɕiã˩˧ ti˩ 綫麻混紡的織品，比綢子稍厚：～被面棱結實

【綫呢】ɕiã˩ ȵi˅ 一種比較厚實的棉織品，外表有點像毛呢但比毛呢薄

【綫襪】ɕiã˩ va˩ 棉綫織成的襪子

【綫架】ɕiã˩˧ tɕia˩ 縫紉機頭上固定明綫的裝置

【綫軸兒】ɕiã˩ tʂour˅[<tʂou˅] 纏着綫的軸兒。也指纏綫用的軸兒

【綫毯】ɕiã˩ t'ã˥ 一種用棉綫織成的毯子，有的周圈有穗頭

【餡子】ɕiã˩˧ ·tsɿ =〖餡兒〗 ɕier˩ [<ɕiã˩] 包子、餃子等麵食及點心裏包的細碎的肉、菜、糖、豆沙等：剁～｜包子～

【餡子饃饃】ɕiã˩˧ ·tsɿ mə˅˧ ·mə 回民對包子的又稱

【餡兒餅】ɕier˩[<ɕiã˩] piŋ˥ 一種帶餡兒的烙餅

【憲】ɕiã˩ 回民商販暗語，數詞七

iã

【煙】iã˩ ❶物質燃燒時産生的一種氣體 ❷像這種氣體的東西：～霧 ❸眼睛被煙刺激睜不開或流淚：～了眼啦！❹煙草：～葉｜烤～ ❺香煙：抽支～

【煙子】iã˩˥ ·tsɿ 鍋煙子，鍋底的黑色附着物

【煙絲】iã˩˧ sɿ˩ 煙葉加工後切成的絲

【煙末兒】iã˩˧ mər˩[<mə˩] =〖煙末子〗 iã˩ mə˩˧ ·tsɿ 煙葉的碎末兒

【煙盒兒】iã˩ xər˅[<xə˅] 裝香煙的盒子

【煙葉兒】iã˩˧ iər˩[<iə˩] =〖煙葉子〗 iã˩ iə˩˧ ·tsɿ 煙草的葉子

【煙火】iã˩ xuə˥ ❶熟食 ❷焰火：放～

【煙袋】iã˩˧ tɛ˩ 吸煙用具，即旱煙袋

【煙袋窩子】iã˩˧ tɛ˩ və˩˥ ·tsɿ =〖煙袋鍋子〗 iã˩˧ tɛ˩ kuə˩˥ ·tsɿ 旱煙袋一端裝煙葉的金屬碗狀銅斗，即煙袋鍋

【煙袋荷包】iã˩˧ tɛ˩ xə˅˧ ·pɔ =〖煙袋布袋兒〗 iã˩˧ tɛ˩ pu˩˧ tɛr˩[<tɛ˩] 用於裝旱煙的布口袋

【煙袋嘴子】iã˩˧ tɛ˩ tsuei˥˨ ·tsɿ 煙袋

桿兒放進嘴裏吸的一端，用翡翠、玉石等製成

【煙袋油子】iã˩˧ tɛ˩ iou˧˥ ·tsɿ ＝〖煙油子〗 iã˩ iou˧˥ ·tsɿ 旱煙袋裏的煙油

【煙袋桿兒】iã˩˧ tɛ˩ kɛr˥[<kã˥] 旱煙袋上的細竹管，一端是煙袋鍋兒，另一端安玉石、翡翠等製成的嘴兒

【煙嘴兒】iã˩ tsuer˥[<tsuei˥] 用於吸紙煙的管子

【煙灰】iã˩˧ xuei˩ 煙吸完後剩下的灰

【煙灰缸】iã˩˧ xuei˩˧ kaŋ˩ 盛煙灰的器皿

【煙斗】iã˩ tou˥ 一種用硬木製成的吸煙用具，一頭裝煙葉，一頭銜在嘴裏

【煙卷兒】iã˩ tɕyɛr˥[<tɕyã˥] 香煙

【煙熏】iã˩˪ ·ɕyẽ 事情辦不好，令人厭惡：哎，你辦的這個事兒真～！

【煙筒】iã˩˪ ·t'uŋ 安在爐子上出煙的鐵筒

【胭脂】iã˩˪ ·tʂɿ 一種紅色化妝品

【淹殺鬼兒】iã˩˪ ·ʂa kuer˥[<kuei˥] ＝〖淹死鬼〗 iã˩˪ ·sɿ kuei˥ 迷信的人稱淹死的鬼魂

【淹嘛】iã˩˪ ·lia 土地、房屋等被水淹没

【蔫悠】iã˩˪ ·iou ❶草木等因失去水分而萎縮：天旱，樹葉都～嘛｜這黄瓜～嘛，誰買啊？ ❷人瘦弱無精神，情緒不好，没精打采：這人病了一年了，眼看着～下去嘛！ ‖重叠式"蔫蔫悠悠的 iã˩˪ ·iã ·iou ·iou ·ti"，也説"蔫悠不拉（或搭）的 iã˩˪ ·iou ·pu ·la（或 ·ta）·ti"。蔫，另見 ȵiã˩

【言午許】iã˧ u˥ ɕy˥ 指"許"字，通報姓氏的習用語

【芫荽】iã˧˥ ·suei ＝〖香菜〗 ɕiaŋ˩˧ ts'ɛ˩ 一種蔬菜，有特殊香味‖芫，此處讀齊齒呼，跟北京相同

【沿着】iã˧˥ ·tʂɿ ⇨〖順着〗 ʂuẽ˩˥ ·tʂɿ

【沿鞋口】iã˧ ɕiɛ˧ k'ou˥ 粘好鞋幫的裏和面以後，鞋子口上縫上一圈斜的布條

【研墨】iã˧˥ ·mei 磨墨

【緣故】iã˧˥ ·ku 原因‖緣，文讀 yã˧，口語讀 iã˧

【緣房】iã˧˥ ·faŋ 舊稱嫁妝‖緣，讀齊齒呼

【閻王（爺）】iã˧˥ ·vaŋ （iə˧） 閻羅王，佛教稱地獄中掌管人的生死的鬼王

【檐憋蝠子】iã˧˥ ·piə xu˩˪（或 fu˩˪）·tsɿ 蝙蝠‖蝠，此處主要讀 xu˩，聲母是 x。郊區又説"檐憋虎 iã˧˥ ·piə xu˥"

【顏色兒】iã˧˥ ·ʂer[<ʂei˩] ⇨〖色兒〗 ʂer˩[<ʂei˩]

【鹽】iã˧ ⇨〖鹹鹽〗 ɕiã˧ iã˧

【鹽鹹地】iã˧ tɕiã˥ ti˩ 土壤中含有較多鹽分的地：改良～

【眼】iã˥ ❶眼睛 ❷小洞，窟窿：鑽個～兒｜泉～兒‖義項②可兒化爲 iɛr˥

【眼兒】iɛr˥[<iã˥] 圍棋術語，一方的棋子在棋盤上圍成的使對方不能進入的空格：做～

【眼眵】iã˥ tʂ'ʅ˩ ⇨〖眵目糊〗 tʂ'ʅ˩˪ ·ma（或 ·mu） xu˩

【眼皮兒】iã˥ p'ier˧[<p'i˧] 眼瞼，眼睛周圍能開閉的皮

【眼裏没人兒】iã˥˩ ·li mei˩ ʐer˧[<ʐẽ˧] 自大，目空一切：他～，咱這個小廟容不下他！

【眼珠子】iã˥ tʂu˧˩˪ ·tsɿ ＝〖眼珠兒〗iã˥ tʂur˧˩[<tʂu˧˩] 眼球

【眼熟】iã˥ ʂu˦ 面熟

【眼眨毛】iã˥˪ ·tʂa(或·tʂɿ) mɔ˦ 眼毛

【眼角】iã˥ tɕyə˧˩ 眼眦,上下眼皮的連接處‖也説"眼角兒 iã˥ tɕyər˧˩"

【眼眉】iã˥˪ ·mei ⇨〖眉〗mei˦

【眼淚】iã˥ luei˩ ＝〖淚〗luei˩ 眼内淚腺分泌的液體

【眼熱】iã˥ ʐə˩ ＝〖眼饞〗iã˥ tʂ'ã˦ 見到别人有的事物自己喜愛也想得到

【眼饞肚子飽】iã˥ tʂ'ã˦ tu˩˫ ·tsɿ pɔ˥ 看到好吃的東西很想吃而肚子飽了吃不下:你就是～!

【眼看】iã˥ k'ã˩ ❶指眼前發生的情况:～他長大嘞!|～人瘦下去 ❷很快,馬上:～就開學嘞,我還没備課呢!

【眼見】iã˥ tɕiã˩ ❶親眼看到:△耳聽是虚,～爲實 ❷馬上,漸漸:～這人不行嘞!

【眼前】iã˥ ·tɕ'iã ＝〖眼下〗iã˥ ɕia˩ 目前‖眼,此處在輕聲前不變調

【眼圈兒】iã˥ tɕ'yɛr˧˩[<tɕ'yã˧˩] 眼眶

【眼眶子】iã˥ k'uaŋ˩˫ ·tsɿ 眼皮的邊緣所構成的框兒

【眼生】iã˥˪ ·ʂəŋ ❶陌生:這人兒有點～ ❷小孩兒認生:這小孩兒～

【(眼)鏡子】(iã˥˪) tɕiŋ˩˫ ·tsɿ 眼鏡,戴在眼上矯正視力或起保護、裝飾作用的透鏡

【眼鏡盒兒】iã˥˪ tɕiŋ˩ xər˦[<xə˦] 裝眼鏡的盒子

【眼鏡腿兒】iã˥˪ tɕiŋ˩ t'uer˥[<t'uei˥] 眼鏡兩邊連接鏡框架到耳朵上的部分

【眼鏡框】iã˥˪ tɕiŋ˩ k'uaŋ˧˩ 眼鏡鏡片的邊框

【眼紅】iã˥ xuŋ˦ ❶眼熱 ❷極其憤怒的樣子:他氣的眼都紅嘞!

【演員】iã˥˫ yã˦ 從事戲劇、電影、電視、舞蹈、曲藝、雜技等表演的人員

【□□】iã˥˪ ·mə 錢:你一個月拿多少～?|拿～來‖原是回民用語,漢民有時也説

【咽氣兒】iã˩ tɕ'ier˩[<tɕ'i˩] 指人死斷氣

【硯臺】iã˩˫ ·t'ɛ 研墨的文具

【雁】iã˩ ⇨〖大雁〗ta˩˫ iã˩

【雁齒耙】iã˩ tʂ'ʅ˥ pa˩ 一種釘齒耙

【燕子】iã˩˫ ·tsɿ 候鳥,尾巴像張開的剪刀,常在房上築巢

【驗屍】iã˩ ʂʅ˧˩ (司法人員)檢驗屍體,追究死因

uã

tuã

【端一端】tuã˨˩˪ ·i tuã˨ 酒席用語,端起杯來喝一下

【端午】tuã˨ u˥ ⇨〖五月端午〗u˥˩˪ ·yə tuã˨(或 tã˨) u˥

【端飯】tuã˨˩˧ fã˩ 端盛有飯菜的器皿

【短】tuã˥ ❶長短的短,指兩端之間的距離小 ❷欠,短少:~你三元|還~十元不能買! ❸短處:護~

【短褲】tuã˥ k'u˩ 指短的外褲‖有別於"褲衩子 k'u˩ tʂ'a˥˩˪ ·tsɿ"

【短襪】tuã˥ va˩ 短的襪子

【短大衣】tuã˥ ta˩ i˨ 長度不過膝蓋的大衣

【短道】tuã˥ tɔ˩ =〖路截〗lu˩ tɕiə˧ 攔路搶劫

【短錢】tuã˥ tɕ'iã˧ 現款少於賬面的數字‖參見"長錢 tʂ'aŋ˧ tɕ'iã˧"

【短工】tuã˥ kuŋ˨ 臨時的僱工

【緞子】tuã˩˥ ·tsɿ 質地較厚、一面平滑有光彩的絲織品

【緞被縐】tuã˩ pei˩ tʂou˩ 一種織有花紋、反面發亮的麻織品

【斷氣兒】tuã˩ tɕ'ier˩[<tɕ'i˩] 停止呼吸,死亡

【斷了根啢】tuã˩˥ ·lə kẽ˨˩˪ ·lia 借指家族絕了後代

【斷腸草】tuã˩ tʂ'aŋ˧ ts'ɔ˥ 蜈蚣‖郊區的說法

t'uã

【團臍】t'uã˧ tɕ'i˧ ❶母螃蟹的臍,圓形 ❷指母螃蟹

【團魚】t'uã˧˥ ·y ⇨〖甲魚〗tɕia˨˩˪ ·y

【團員】t'uã˧ yã˧ ❶代表團、參觀團、訪問團等團體的成員 ❷特指中國共産主義青年團團員

【團養子媳婦】t'uã˧˥ ·iaŋ ·tsɿ ɕi˨˩˪ ·fu 童養媳

【搏悠】t'uã˧˥ ·iou 使成球形‖連用式"搏悠搏悠 t'uã˧˥ ·iou t'uã˧˥ ·iou":~拽出去!

nuã

【暖壺】nuã˥˩˪ ·xu ❶熱水瓶 ❷有人也指舊式保暖用錫壺,外面有棉套‖暖,另見 nã˥、naŋ˥

【暖和】nuã˥˩˪ ·xuə 見"暖和 naŋ˥˩˪ ·xuə"

【暖水瓶】nuã˥˧ ʂuei˥ p'iŋ˧ =〖暖瓶〗nuã˥˩˪ ·p'iŋ 熱水瓶

【暖房】nuã˥ faŋ˧ 舊俗結婚的前一天親友到新房賀喜

luã

【□】luã˧ 復收(白薯、玉米等莊稼):~地瓜|~棒子玉米‖復收麥子、豆子等稱"拾 ʂɿ˧"

【軟】luã˥ ❶指柔軟 ❷軟弱:欺~怕硬 ❸容易被感動或輕易相信:心~|耳朵

～ ❶不用强硬手段進行：～磨硬纏

【軟尺】luã˥ tʂʻʅ˩ 用塑料等爲原料的捲尺

【軟而各嘰的】luã˥˩ ·ər kə˩˥ ·tɕi ·ti ＝〖軟扭答哈的〗luã˥˩ ·ȵiou ta˩˦ xa˩˥ ·ti ＝〖軟兒巴嘰的〗luã˥˩ ·ər pa˩˥ ·tɕi ·ti 軟（程度稍深）：這西瓜～，不好吃！

【軟和】luã˥˩ ·xuə 柔軟：羽絨衣棱～！‖重叠式"軟軟和和的 luã˥˩ ·luã ·xuə ·xuə ·ti"

【軟棗】luã˥˩ ·tsɔ 一種黑色乾果，圓粒狀‖《孟子·盡心下》："曾晳嗜羊棗，而曾子不忍食羊棗。"清何焯《義門讀書記》："羊棗非棗也，乃柿之小者。初生色黃，熟則黑，似羊矢。其樹再接即成柿矣。余乙亥客授臨沂，始覩之。沂近魯地，可據也。今俗呼牛奶柿，一名軟棗。而臨沂人亦呼羊棗曰軟棗"

【軟扭呱嘰的】luã˥˩ ·ȵiou kua˩˥ ·tɕi ·ti ❶物品軟：這油條炸出來半天啦，～不好吃 ❷人性格懦弱：他這人～，辦不了事兒！

【亂】luã˩ ❶没有秩序，没有條理：屋裏這麽～，還不快拾掇拾掇！｜稿子寫的忒～！ ❷任意，隨便：别～説！

【亂絲兒】luã˩ ser˩[＜sʅ˩] ⇨〖絞絲兒〗tɕiɔ˥ ser˩[＜sʅ˩]

【亂七八糟（的）】luã˩˦ ·tɕʻi pa˩˥ ·tsɔ（·ti）不整齊、無秩序的樣子

tsuã

【鑽天猴】tsuã˩˦ tʻiã˩ xou˧ 一種爆竹

【鬢】tsuã˥ 已婚婦女梳在腦後的髮髻

【攥】tsuã˩ 握緊

【攥起拳頭】tsuã˩˦ ·tɕʻi tɕʻyã˧˦ ·tʻou ＝〖攥起拳〗tsuã˩˦ ·tɕʻi tɕʻyã˧ 捏起拳頭

tsʻuã

【汆】tsʻuã˩ 把食物放到滚水裏煮的烹飪方法：～丸子

【躥薹兒咧】tsʻuã˩ tʻɛr˧˦[＜tʻɛ˧] ·lia（油菜、薹菜等）長出薹兒來了，指菜老了

【躥趟子】tsʻuã˩ tʻaŋ˩˦ ·tsʅ 逃跑：出了事兒就～！｜躥了趟子咧！

suã

【酸】suã˩ ❶像醋的味道和氣味：～棗 ❷身體微痛無力的感覺：腰～ ❸譏諷文人迂腐：窮～

【酸石榴】suã˩˥ ·ʂʅ ·liou 石榴的一個品種，皮多紅色，味酸‖參見"甜石榴 tʻiã˧˦ ·ʂʅ ·liou"

【酸不嘰兒的】suã˩˥ ·pu tɕier˩˥[＜tɕi˩] ·ti 酸（程度輕）

【酸楂】suã˩˦ tʂa˩ ＝〖山楂〗ʂã˩˦ tʂa˩ 一種球形小酸果，紅色皮有小斑點

【酸梅湯】suã˩ mei˧ tʻaŋ˩ 一種飲料，黑褐色，味酸甜

【酸棗】suã˩ tsɔ˥ 棘的果實，肉薄味酸

【酸棗子樹】suã˩ tsɔ˥˩ ·tsʅ ʂu˩ 比較大的酸棗樹‖參見"枳荆 tʂʅ˩˥ ·tɕiŋ"

【酸溜溜的】suã˩ liou˩˦ liou˩˥ ·ti ❶形容酸的滋味或氣味 ❷形容身上發酸的感覺 ❸形容難過、嫉妒的心理 ❹形容人言談舉止好做斯文的樣子

【酸（牛）奶】suã˩（ȵiou˧）nɛ˥ 牛奶經

人工發酵的半固體食品，帶酸味，易於消化吸收
【酸蘸兒】suã⅃⅂⊦ tʂɛr⅃[<tʂã⅃] 糖葫蘆，穿成串兒的糖山楂
【蒜】suã⅃ =〖大蒜〗ta⅃ suã⅃ 多年生草本植物，地下莖分瓣，味辣並有刺激性氣味，可作調料，有殺菌作用
【蒜泥】suã⅃ ȵi˧ 蒜瓣去皮後搗成泥狀
【蒜薹】suã⅃ tʻɛ˧ 大蒜的花軸，嫩時可吃
【蒜槌子】suã⅃ tʂʻuei˧Γ ·tsɿ 搗蒜泥的槌子，多木製
【蒜苗】suã⅃ miɔ˧ =〖青蒜〗tɕʻiŋ⅃⊦ suã⅃ 蒜的嫩苗
【蒜(頭)】suã⅃ (tʻou˧) 大蒜的鱗莖，由許多蒜瓣圍一小圓柱構成，球形
【蒜鈎】suã⅃ kou⅃ =〖樓蒜鈎子〗lou˧Γ suã⅃ kou⅃L ·tsɿ 一種單齒鈎，用於挖蒜或撒種時挖溝
【蒜臼子】suã⅃ tɕiou⅃Γ ·tsɿ 搗蒜泥的用具，用石頭或木頭製成，中部凹下
【蒜瓣兒】suã⅃⊦ pɛr⅃[<pã⅃] 構成蒜頭的瓣兒
【蒜黃】suã⅃ xuaŋ˧ 在特殊條件下培育的嫩黃色蒜苗
【算計】suã⅃Γ ·tɕi ❶計劃，打算：△吃不窮，喝不窮，～不到就受窮！ ❷暗中謀劃損害別人：你別成天～人！
【算嘞】suã⅃Γ ·lia 算了，作罷：～！ ～！別說嘞！
【算卦】suã⅃⊦ kua⅃ 迷信的人用卦象來推算吉凶
【算盤】suã⅃ pʻã˧ 一種計算數目的用具，長方形框内裝有一根横梁，竪的小棍穿有算盤子兒
【算盤珠】suã⅃ pʻã˧ tʂu⅃ 算盤子兒
【算命】suã⅃⊦ miŋ⅃ 迷信的人根據人的生辰八字推斷命運
【算命的】suã⅃ miŋ⅃Γ ·ti 替人算命的人，多是盲人

tʂuã

【專業户】tʂuã⅃⊦ iə⅃ xu⅃ 專門從事某種農副業的家庭或個人：養豬～
【專業課】tʂuã⅃⊦ iə⅃ kʻə⅃ 高等學校中不同科系所開設的使學生獲得該學科專門知識和技能的課程
【磚】tʂuã⅃ 用土坯燒成的建築材料
【磚坯】tʂuã⅃⊦ pʻei⅃ 未經燒製的磚
【磚頭】tʂuã⅃L ·tʻou 碎磚
【賺嘞】tʂuã⅃Γ ·lia 獲得了利潤
【賺錢】tʂuã⅃ tɕʻiã˧ 掙錢
【轉腿肚子】tʂuã⅃ tʻuei˥ tu⅃Γ ·tsɿ 腿肚子抽筋
【轉刀】tʂuã⅃ tɔ⅃ 鉛筆刀的一種，即轉筆刀
【轉悠】tʂuã⅃Γ ·iou ❶轉動 ❷散步，閑逛：～到哪兒去嘞？ ‖ 連用式"轉悠轉悠 tʂuã⅃Γ ·iou ·tʂuã ·iou"：上校園～
【轉眼珠】tʂuã⅃ iã˥ tʂu⅃ 轉動眼珠
【轉筋】tʂuã⅃ tɕiẽ⅃ ⇨〖抽筋〗tʂʻou⅃⊦ tɕiẽ⅃ ‖ 也說"轉筋兒 tʂuã⅃ tɕier⅃"

tʂʻuã

【穿】tʂʻuã⅃ ❶通過：～過巷子就到嘞！ ❷破(成洞)：鞋底都磨～嘞！ ❸通透，揭開：說～|戳～ ❹着(衣服鞋襪)：～褲子|～鞋
【穿衣裳】tʂʻuã⅃⊦ i⅃L ·ʂaŋ 着衣服
【穿戴】tʂʻuã⅃⊦ tɛ⅃ 統稱服飾
【穿孝】tʂʻuã⅃⊦ ɕiɔ⅃ 人死後親屬中的晚

輩或平輩穿孝服表示哀悼

【穿針】tʂ‘uã˩˦ tʂẽ˩ 將綫穿過針眼

【穿棕鋪藤】tʂ‘uã˩˦ tsuŋ˩ p‘u˩ t‘əŋ˧ 羅漢牀的結構，正反兩面，一面是棕棚，一面是藤席：他家的牀是個羅漢牀，～

【船】tʂ‘uã˧ 水上交通工具

【椽子】tʂ‘uã˧˥ ·tsɿ 安在檁條上架着屋頂和瓦的木條

【傳票】tʂ‘uã˧˥ p‘iɔ˩ 法院或檢察機關簽發的傳喚與案件有關人員到案的憑證

【傳盤】tʂ‘uã˧˥ ·p‘ã 木製盤子，正方或長方形，用於端菜上桌

【傳柬】tʂ‘uã˧ tɕiã˥ ＝〖換柬〗xuã˩ tɕiã˥ 舊時訂婚的形式，男女雙方互換紅帖

【喘】tʂ‘uã˥ 氣喘

【串門兒】tʂ‘uã˩ mer˧[<mẽ˧] ＝〖串門子〗tʂ‘uã˩ mẽ˧˥ ·tsɿ 到別人的家裏去坐坐、聊聊

kuã

【官粉】kuã˩ fẽ˥ 化妝粉的舊稱

【官廳】kuã˩˨ ·t‘iŋ 舊時設在圍子樓上的官方辦事機構，管理該地區的民事：杆石橋圍子樓上那個～

【棺材】kuã˩˨ ·ts‘ɛ 裝殮屍體的東西

【棺材帽兒】kuã˩˨ ·ts‘ɛ mɔr˩[<mɔ˩] ＝〖棺材蓋〗kuã˩˨ ·ts‘ɛ kɛ˩ 棺材的蓋子

【棺罩】kuã˩˦ tʂɔ˩ ＝〖大罩〗ta˩˦ tʂɔ˩ 棺材外面的罩子，一般是租賃的

【關帝廟】kuã˩˦ ti˩ miɔ˩ ＝〖關爺廟〗kuã˩ iə˧˥ miɔ˩ 供奉關公的廟

【關起來】kuã˩˨ ·tɕ‘i ·lɛ 禁閉起來

【關係】kuã˩˨ ·ɕi ❶人和人、人和事物、事物和事物之間的聯係 ❷對有關事物的影響或重要性：没～！❸泛指原因、條件等：時間～，就談到這兒 ❹表明有某種組織關係的證件：團的～轉來唡！|糧食～

【關老爺】kuã˩˦ lɔ˥˨ ·iə ＝〖關公〗kuã˩˦ kuŋ˩ 對關雲長的尊稱，迷信認爲關雲長死後成神

【關押】kuã˩˦ ia˩ 把犯罪的人關起來

【關門】kuã˩ mẽ˧ ＝〖歇業〗ɕiə˩˦ iə˩ ＝〖停業〗t‘iŋ˧˥ iə˩ 特指(商店等)停止經營

【關餉】kuã˩ ɕiaŋ˥ 舊稱發薪：～領錢！

【關燈】kuã˩˦ təŋ˩ 關滅電燈

【觀音(菩薩)】kuã˩˨ ·iẽ (p‘u˧˥ ·sa) 觀世音，佛教的菩薩之一，是救苦救難之神

【□殼螂】kuã˩˨ ·k‘ə laŋ˧ 一種體大的蜣螂

【管家】kuã˥˨ ·tɕia ❶舊稱爲大地主、官僚等管理家産和處理日常事務的人 ❷今稱爲集體管理財物或日常生活的人

【館子】kuã˥˨ ·tsɿ 賣酒菜飯食供人食用的店鋪：下～去！

【慣】kuã˩ ❶習以爲常、積久成性的：習～|這種事兒見～唡！❷縱容，放任：把孩子～的不像樣兒！|～的他没點兒規矩！

【灌水】kuã˩ ʂuei˥ 使水流進地裏：來了山水唡，快～去！

【罐子】kuã˩˥ ·tsɿ 盛東西用的大口器皿

k‘uã

【寬】k‘uã˨˦ ❶寬窄的寬,指横向的距離大 ❷寬度:這馬路有十五米～罷? ❸放寬,寬大:～心|坦白從～ ❹寬裕:孩子一工作,日子稍爲～一點嘛!

【寬裏下】k‘uã˨˦˨˩ ·ȵi(或 ·li) ·ɕia 從寬裏説:～多麼寬? |～有六丈

【寬畦】k‘uã˨˦ ɕi˦˨ 比較寬的畦子,約一米五左右(一般的一米零五左右),二十五畦爲一畝地:麥子也在～上種

【寬快】k‘uã˨˦˨˩ ·k‘uɛ 寬敞:他家住的棱～!

【款】k‘uã˥˧ ❶法令或規章條文中的項目:第一條第二～第五項 ❷經費,錢:公～|匯～ ❸誠懇招待:～待 ❹字畫、信件上的題名:落～|上～

【款子】k‘uã˥˧˨˩ ·tsɿ 經費,錢

xuã

【獾】xuã˨˦ 即狗獾,哺乳動物,穴居

【獾油】xuã˨˦ iou˦˨ 獾的脂肪煉成的油,可用於治療燙傷

【獾洞】xuã˨˦˨˩ tuŋ˨ 獾居住的洞穴

【還價】xuã˦˨˥ tɕia˨ 買方因嫌賣方要價高而説出願付的價格‖還,另見 xã˦˨

【還願】xuã˦˨˥ yã˨ 有求於神的人實踐對神許下的酬謝

【環城公園】xuã˦˨ tʂ‘əŋ˦˨ kuŋ˨˦ yã˦˨ 濟南市内由護城河改修的公園

【緩醒】xuã˥˧˨˩ ·ɕiŋ 從昏迷狀態醒來,即蘇醒:昏迷了三天,總算～過來嘛!‖從睡眠狀態醒來不説"緩醒"

【換替身】xuã˨ t‘i˨˥ ·ʂẽ 舊時迷信以爲得病的某個孩子原是某位神仙(如泰山奶奶)的男童或女侍私逃投胎,惹怒了神仙要抓他回去,就通過一定的儀式焚燒紙紮的人作爲替身前去服役

【換氣扇】xuã˨ tɕ‘i˨ ʂã˨ 排除室内污濁氣體的電風扇

【換柬】xuã˨ tɕiã˥˧ ⇨〖傳柬〗tʂ‘uã˦˨ tɕiã˥˧

【換洋火】xuã˨ iaŋ˦˨ xuə˥˧ 舊稱收購廢品:～!廢品回收人員走街串巷的吆喝‖洋火是火柴的舊稱。過去民間可用廢舊物品向廢品回收人員換取火柴等日雜用品

【換洋火的】xuã˨ iaŋ˦˨ xuə˥˧˨˩ ·ti ⇨〖收破爛的〗ʂou˨˦˨ p‘ə˨ lã˨˥ ·ti

248 tɕyã˩ – ɕyã˩ 捐捲卷絹圈全泉拳蜷顴犬勸宣旋懸癬現

yã

tɕyã

【捐稅】tɕyã˩˧˦ ʂuei˩ 各種捐和稅的總稱

【捲】tɕyã˥ 痛罵

【捲尺】tɕyã˥ tʂʻʅ˩ =〖曲尺〗tɕʻy˩˧˦ tʂʻʅ˩ 可以捲起來的尺

【捲煙】tɕyã˥ iã˩ 通稱用紙捲成條狀的煙

【捲心菜】tɕyã˥ ɕiẽ˩˧˦ tsʻɛ˩ =〖洋白菜〗iaŋ˧ pei˧˥ tsʻɛ˩ =〖圓白菜〗yã˧ pei˧˥ tsʻɛ˩ 即結球甘藍，一種常見蔬菜，球形

【卷子】tɕyã˥˨ ·tsʅ 刀切的長方形饅頭‖參見"饃饃 mə˧˥ ·mə"。另見 tɕyã˩˥ ·tsʅ

【卷餅子】tɕyã˥˨ ·piŋ ·tsʅ 回民吃的一種菜卷子，筒形

【卷子】tɕyã˩˥ ·tsʅ =〖考卷兒〗kʻɔ˥ tɕyɛr˩[<tɕyã˩] 考試寫答案的紙或薄本子‖另見 tɕyã˥˨ ·tsʅ

【絹扇】tɕyã˩˥ ·ʂã 用絹作扇面的扇子

tɕʻyã

【圈椅】tɕʻyã˩ i˥ 靠背圈成圈形的椅子

【全家福】tɕʻyã˧ tɕia˩˧˦ fu˩ ⇨〖十全〗ʂʅ˧ tɕʻyã˧

【全還】tɕʻyã˧˥ ·xuã 齊全：他又有兒又有女～啯｜冰箱、彩電，什麼都～啯

【全還人】tɕʻyã˧˥ ·xuã ʐẽ˧ 家庭人口齊全的人

【泉】tɕʻyã˧ 從地下流出的水：～城｜黑虎～｜七十二名～

【泉子】tɕʻyã˧˥ ·tsʅ 地下水自然流淌出來的地方

【泉水】tɕʻyã˧˥ ·ʂuei 從地下流出的水

【泉眼】tɕʻyã˧˥ ·iã 流出泉水的窟窿

【拳】tɕʻyã˧ =〖拳頭〗tɕʻyã˧˥ ·tʻou 手指向內彎曲合攏的手

【蜷腿】tɕʻyã˧ tʻuei˥ 把腿彎曲起來

【蜷悠】tɕʻyã˧˥ ·iou 蜷曲，弄折：别把紙弄～了！

【顴骨】tɕʻyã˧˥ ·ku(或 tɕʻyã˧ ku˥) 眼睛下面兩腮上面突出的顏面骨‖骨，單字音陰平，此處又讀上聲

【犬猶】tɕʻyã˥˨ ·iou 漢字偏旁，如"猛"字的左邊部分

【勸酒】tɕʻyã˩ tɕiou˥ 勸人飲酒

ɕyã

【宣判】ɕyã˩˧˦ pʻã˩ 法院對當事人宣布案件的判決

【旋兒】ɕyɛr˧[<ɕyã˧] 頭頂上頭髮長成旋渦狀的地方

【旋風】ɕyã˧˥ ·fəŋ 旋轉的風

【懸鈴木】ɕyã˧ liŋ˧˥ mu˩ 法國梧桐的學名

【癬】ɕyã˥ 皮膚病，患處常發癢，有白癬、黃癬等

【現】ɕyã˩ 副詞，臨時（做）：～做的｜～買～吃｜～販～賣‖現，單字音及現在的現讀 ɕiã˩

yã

【冤假錯案】yã˨˩ tɕia˥ ts'uə˨˩˦ ŋã˨˩ 統稱冤案、假案、錯案

【冤家】yã˨˩˥ ·tɕia 仇人:～對頭|～路窄|△朋友千個少,～一個多

【冤家對頭】yã˨˩˥ ·tɕia tuei˨˩˦ ·t'ou 仇人,敵對的人

【冤案】yã˨˩˦ ŋã˨˩ 冤枉人的案子

【冤枉】yã˨˩˥ ·vaŋ ❶被加上事實上不存在的罪名 ❷不值得,吃虧:花了不少～錢!

【鴛鴦】yã˨˩˥ ·iaŋ 像野鴨而身體較小、善於游水的鳥,雌雄成對生活在水邊

【元宵】yã˧˩ ɕiɔ˨˩ 用糯米粉做成的球形帶餡食品

【元宵節】yã˧˩ ɕiɔ˨˩˦ tɕiə˨˩ ⇨〖正月十五〗tʂəŋ˨˩˥ ·yə ʂɿ˧˩˦ ·u

【元旦】yã˧˩˦ tã˨˩ ⇨〖陽曆年〗iaŋ˧˩ li˨˩ ȵiã˧˩

【原籍】yã˧˩ tɕi˧˩ 原先的籍貫:我～浙江嵊縣

【原白】yã˧˩ pei˧˩ =〖本色白〗pẽ˥˩˥ ·ʂei pei˧˩ 未經漂白的白色:～布

【原白布】yã˧˩ pei˧˩˦ pu˨˩ 不經漂白的機織白色棉布

【原煤】yã˧˩ mei˧˩ 從礦井裏挖出的尚未加工的煤

【原告】yã˧˩ kɔ˨˩ 向法院提出訴訟的人或單位

【原先】yã˧˩ ɕiã˨˩ 起初,從前:他～不大同意|這事兒～你們怎麼商量的?|他～是小學老師

【圓】yã˧˩ ❶方圓的圓,指圓周包圍的平面或像球的形體:～桌|涕溜～ ❷完備:～滿 ❸貨幣單位‖義項③多寫作元,口語一般説"塊 k'uɛ˨˩"

【圓珠筆】yã˧˩ tʂu˨˩˦ pei˨˩ 一種筆尖是小鋼珠、筆心裏裝有油墨的筆

【圓珠筆心】yã˧˩ tʂu˨˩ pei˨˩˦ ɕiẽ˨˩ 圓珠筆裏裝有油墨的小塑料管,一端是書寫用的小鋼珠

【圓鼓輪墩的】yã˧˩˦ ·ku ·luẽ tuẽ˨˩˥ ·ti 圓圓的樣子:你看這孩子～!|吃的肚子～|小樹林有幾個～石凳

【圓杌子】yã˧˩ u˨˩˦ ·tsɿ =〖圓凳〗yã˧˩ təŋ˨˩ 座面圓形的凳子

【圓桌】yã˧˩ tʂuə˨˩ 圓形桌子

【圓白菜】yã˧˩ pei˧˩˦ ts'ɛ˨˩ ⇨〖捲心菜〗tɕyã˥ ɕiẽ˨˩˦ ts'ɛ˨˩

【圓規】yã˧˩ kuei˨˩ 畫圓和弧的兩腳規

【圓頭】yã˧˩ t'ou˧˩ 集中長在老薑上的薑掰開後,掰過的口子比較大,要放到地窖裏兩個月左右,口子收緊如人的傷口結疤,稱爲圓頭:圓起頭來嘛!

【圓口鞋】yã˧˩ k'ou˥ ɕiɛ˧˩ 圓形鞋口的布鞋

【圓墳】yã˧˩ fẽ˧˩ 舊俗發喪後三天到墳頭去燒紙加土

【圓成】yã˧˩˦ ·tʂ'əŋ 説合,成全:你去把這事給～～|我已經給他～嘛!

【圓鈴棗】yã˧˩ liŋ˧˩ tsɔ˥ 紅棗的一個品種,個大肉厚味甘,略呈圓形

【圓領衫】yã˧˩ liŋ˥ ʂã˨˩ =〖汗衫兒〗xã˨˩ ʂɛr˨˩[<ʂã˨˩] 一種無領圓口針織短袖上衣,多白色

【轅】yã˧˩ 車前駕牲畜的兩根直木

【轅馬】yã˧˩ ma˥ 駕轅的馬‖駕轅的如果是騾,就叫"轅騾 yã˧˩ luə˧˩"

【黿魚】yã˧˩˦ ·y ⇨〖甲魚〗tɕia˨˩˥ ·y

250 yã˥－yã˩ 遠怨院

【遠】yã˥ ❶遠近的遠，指空間和時間距離大的：路忒～，不去啊！｜長～ ❷關係遠的：～親｜敬而～之 ❸差距大：差的～來！

【遠視眼】yã˥˨ ·ʂʅ iã˥ 能看清遠處而看不清近處的眼，是一種視力缺陷

【怨】yã˩ ❶怨恨 ❷埋怨：都～我！

【院子】yã˩˥ ·tsʅ ＝〖天井〗 tʻiã˩˨ ·tɕiŋ 一個單元的住宅中房子和房子或房子和圍牆、柵欄等圍成的露天空地：他家～裏有棵大石榴樹

【院牆】yã˩ tɕʻiaŋ˧ 宅院的牆

ẽ

pẽ

【奔喪】pẽ˨˩˧ saŋ˨˩ 從外地急急趕回料理長輩親屬的喪事

【錛】pẽ˨˩ ❶錛子，用於削平木頭的長欘木工用具 ❷用錛子削平木頭：～木頭

【甭】pẽ˦(或 pəŋ˦、piŋ˦) 不用：～說嘛！|你～管！|～謝！‖“不用”合音，但濟南可讀 ẽ、əŋ、iŋ 三種韵母

【甭價】pẽ˦˥(或 pəŋ˦˥) ·tɕia ＝〖別價〗piə˦˥ ·tɕia 不要，不用：你～來這一套！|你～來了|晌午在我家吃飯——～！～！‖多用於應答中

【本】pẽ˥ ❶草木根莖：木～|草～ ❷事物根本：忘～ ❸主要的，中心的：校～部 ❹本來：～想 ❺自己方面的：～校|～人 ❻現今的：～月

【本兒】per˥[<pẽ˥] ❶本錢：～短少|賠～買賣|～大利長，～小利短 ❷本子：書～ ❸量詞，用於書册、戲曲等：三～書|五～賬|一～戲

【本地槐】pẽ˥ ti˨ xuɛ˦ 槐樹的通稱‖參見“白槐 pei˦ xuɛ˦”和“硃砂槐 tʂu˨˩˨ ·ʂa xuɛ˦”

【本地人】pẽ˥˨ ·ti ʐẽ˦ 當地人

【本家】pẽ˥ tɕia˨˩ 同宗族的人

【本色白】pẽ˥˨ ·ʂei pei˦ ⇨〖原白〗yã˦ pei˦ ‖也說“本白 pẽ˥ pei˦”

【本錢】pẽ˥˨ ·tɕʻiã ❶用來做生意營利、放債生息或賭博等的錢財 ❷比喻可以憑借的資歷、能力等

【奔兒拉頭】per˨˩˧[<pẽ˨˩] ·la tʻou˦ 前額生得向前突出的頭

【奔頭兒】pẽ˨˩˧ ·tʻour[<tʻou˦] 希望，好的前途：這下好嘛，有～嘛！|煩嘛，活夠嘛，没～嘛！

【笨】pẽ˨ ❶不聰明、不靈巧的：～蛋！|～手～腳的 ❷笨重

pʻẽ

【噴霧器】pʻẽ˨˩ u˨˩˧ tɕʻi˨ 一種用於將藥水或其他液體均匀地噴射到一定地方的器具‖噴，另見 pʻẽ˨

【盆】pʻẽ˦ 盛東西或洗東西的用具：瓷～|臉～‖也說“盆兒 pʻer˦”

【盆架】pʻẽ˦ tɕia˨ 擱盆兒的架子

【噴】pʻẽ˨ 在單音節形容詞前面表示程度深：～香‖另見 pʻẽ˨˩

mẽ

【燜飯】mẽ˨˩˧ fã˨ 煮乾飯

【□兒□兒的】mer˨˩˧ [<mẽ˨˩] mer˨˩˨ [<mẽ˨˩] ·ti 氣呼呼的樣子：氣的他～！

【門兒】mer˦ [<mẽ˦] 門徑，可能：這事兒有～嘛！|你想得他的濟啊，没～！|這個事連～也没有！

【門插關兒】mẽ˦ tʂʻa˨˩˧ kuɛr˨˩[<kuã˨˩] 門栓

【門牙】mẽ˦ ia˦ ＝〖前門牙〗tɕʻiã˦ mẽ˦ ia˦ 門齒

【門外】mẽ˦ vɛ˨ ＝〖門外頭〗mẽ˦ vɛ˨˧ ·tʻou 門的外面

【門帶】mẽ˦ tɛ˨ 門後安置門栓的兩塊木頭

【門頭】mẽ˦ t'ou˦ 經營商業的門面：我老丈人解放前有個小～，賣布｜有兩間的～，還有一間的小～‖也說“門頭兒 mẽ˦ t'our˦”。今也說“門面 mẽ˦˥ ·miã”

【門樓】mẽ˦ lou˦ 大門上面的裝飾建築

【門樓(頭)】mẽ˦ lou˦ (t'ou˦) 突出的前額，大腦門：你這孩子有個～

【門口】mẽ˦ k'ou˥ 大門前：來到家～嘛！｜你掃掃～那地！

【門後】mẽ˦ xou˨ ＝〖門後頭〗mẽ˦ xou˨˥ ·t'ou 門後面：笤帚在～

【門邊兒】mẽ˦ piɛr˨［<piã˨］門的邊沿，借指家門：我多咱不踩你家～！

【門簾】mẽ˦ liã˦ 掛在門上的簾子

【門簾吊】mẽ˦ liã˦˥ tiɔ˨ 門簾掛鈎

【門前屋後】mẽ˦ tɕ'iã˦ u˨˦ xou˨ ⇨〖家沿前後〗tɕia˨ iã˦ tɕ'iã˦ xou˨

【門檻子】mẽ˦ tɕ'iã˨˥ ·tsɿ ＝〖門檻兒〗mẽ˦˥ tɕ'iɛr˨［<tɕ'iã˨］門框下橫置於地面的木段或石條‖檻，廣韵檻韵胡黤切：“闌也。”此字各地方言多讀送氣塞音 k'，濟南讀送氣塞擦音 tɕ'，因韵母二等見系字有 i 介音

【門鎮石】mẽ˦ tʂẽ˨ ʂɿ˦ 門下基石

【門上】mẽ˦˥ ·ʂaŋ 門的表面：這～安了兩把鎖！

【門框】mẽ˦˥ k'uaŋ˨ 門扇四周固定在牆上的框子

【悶兒】mer˨［<mẽ˨］硬輔幣有國徽等圖像而沒有面值數字的一面

【悶罐車】mẽ˨˦ kuã˨ tʂ'ə˨ 四周是鐵皮，兩邊沒有窗子的車箱

【悶宮】mẽ˨ kuŋ˨ 象棋術語，使對方將(帥)無法移動而失敗的一種戰術

fẽ

【分̥】fẽ˨ 回民商販暗語，數詞八

【吩咐】fẽ˨˦ ·fu 口頭指派或命令

【墳】fẽ˦ 埋葬死人的墓穴和上面築起的土堆

【墳地】fẽ˦˥ ti˨ ⇨〖林地〗liẽ˦˥ ti˨

【墳苗】fẽ˦ miɔ˦ ＝〖墳頭〗fẽ˦ t'ou˦ 墳墓高出地面的土堆：這墳都沒嘛～嘛！

【粉】fẽ˥ ❶粉末：藕～ ❷指化妝用的粉末 ❸用澱粉製成的食品：涼～ ❹變成粉末：這藥片放的時間長了，都～嘛！❺帶着白粉的：～蝶 ❻粉紅：～色

【粉刺】fẽ˥ ts'ɿ˨ 痤瘡

【粉絲】fẽ˥ sɿ˨ 一種比較細的透明粉條，用綠豆製成：龍口～山東名產‖參見“粉條”

【粉皮】fẽ˥ p'i˦ 用白薯、綠豆等的澱粉製成的片狀食品

【粉筆】fẽ˥ pei˨ 專用於在黑板上寫字的筆，白色，條狀

【粉條】fẽ˥ t'iɔ˦ 一種比較粗的用澱粉製的條狀食品，用白薯乾爲原料‖參見“粉絲”

【粉團】fẽ˥ t'ã˦ 團粉的舊稱‖今稱“澱粉 tiã˨ fẽ˥”。團，單字音 t'uã˦，此處韵母讀 ã

【粉坊】fẽ˥˨ ·faŋ 做粉條、粉皮等食品的作坊

【粉蒸肉】fẽ˥ tʂəŋ˨˦ ʐou˨ 用碎糯米及其他作料拌豬肉蒸熟的菜肴

【粉紅】fẽ˥ xuŋ˦ 紅色和白色合成的顏

色

【份子】fẽ˩˥ ·tsɿ 集體送禮時每人分攤的一份

【糞杈子】fẽ˩ tʂ'a˨˩ ·tsɿ 用於叉糞的農具，一端是長欛，另一端有三股或五股彎的鐵齒

【糞肥】fẽ˩ fei˦ =〖土肥〗 t'u˥ fei˦ 人或家禽的糞便等漚成的肥料 ‖ 今常跟"化肥 xua˩ fei˦"對稱

【糞包】fẽ˩ pɔ˨ 回民稱畜類包着糞的器官，如牛羊的皺胃

【糞門】fẽ˩ mẽ˦ 回民稱肛門

【糞筐】fẽ˩ k'uaŋ˨ 用於拾糞的筐

【糞坑】fẽ˩ k'əŋ˨ 積糞便的坑

【…分之…】….·fẽ tʂɿ˨… 用在兩個數詞之間，表示前面的數是分母，後面的數是分子：三～二｜五～四

vẽ

【溫習】vẽ˨ ɕi˦ ⇨〖復習〗 fu˩ ɕi˦

【溫習功課】vẽ˨ ɕi˦ kuŋ˨˩ k'ə˩ 把學過的功課再學習，使鞏固

【溫鍋】vẽ˨˩ kuə˨ 舊時喪葬儀式。棺材進入墓穴之前，孝子到墳裏燒紙，另外的人將鹹水罐子和照明燈放到裏面 ‖ 參見"鹹水罐子 ɕiã˦ ʂuei˥ kuã˩˥ ·tsɿ"、"照明燈 tʂɔ˩ miŋ˦ təŋ˨"

【溫水】vẽ˨ ʂuei˥ =〖溫和水〗 vẽ˨˩ ·xuə ʂuei˥ 不熱不涼的水

【文竹】vẽ˦ tʂu˨ 多年生草本觀賞植物，細莖白花，葉鱗片狀

【文書】vẽ˦˥ ·ʂu ❶通稱房地契等，是舊時作爲買賣正式成交的憑據：寫～ ❷機關中從事文字工作的人員

【文物店】vẽ˦˥ ·u tiã˩ 經營文物的商店

【文具盒兒】vẽ˦˥ tɕy˩ xər˦[<xə˦] ⇨〖鉛筆盒〗 tɕ'iã˨˩ pei˨ xə˦

【文具店】vẽ˦ tɕy˩˥ tiã˩ 經營文具的商店

【文盲】vẽ˦ maŋ˥ 不識字的成年人

【文憑】vẽ˦ p'iŋ˦ ⇨〖畢業證書〗 pi˩˥ iə˩ tʂəŋ˩ ʂu˨

【文明戲】vẽ˦ miŋ˦˥ ɕi˩ 話劇的舊稱

【文明棍兒】vẽ˦ miŋ˦ kuer˩[<kuẽ˩] 舊稱西式手杖

【蚊子】vẽ˦˥ ·tsɿ 一種昆蟲，雄的吸植物汁液，雌的吸人畜的血，能傳播疾病

【蚊帳】vẽ˦˥ ·tʂaŋ 懸掛在牀上以阻擋蚊子的帳子，有長方形或傘形兩種

【紋絲兒不動】vẽ˦ ser˨[<sɿ˨] pu˨˥ tuŋ˩ 一點兒也不動

【聞】vẽ˦ 嗅

【問】vẽ˩ ❶詢問：～路｜～事處 ❷慰問：～好 ❸審訊，追究：審～｜脅從者不～ ❹管，干預：家裏的事兒他什麼都不～！ ❺介詞，向：～他借本兒書｜憑麼～我要？

tʂẽ

【珍珠】tʂẽ˨˥ tʂu˨ 蚌等軟體動物的貝殼内生出的圓形顆粒，乳白色或略帶黃色，有光澤，多用來做裝飾品

【珍珠鷄】tʂẽ˨˥ tʂu˨˥ tɕi˨ 一種羽毛黑灰色間有白色圓點的觀賞鷄

【珍珠飴】tʂẽ˨˥ tʂu˨ i˦ 一種飴糖，奶油色

【真】tʂẽ˨ ❶真假的真，指真實的：△～金不怕火煉，松柏不怕嚴寒｜～心 ❷的確，實在：～好！ ‖ 另見 tʂəŋ˩

【真主慈憫】tʂẽ˨˩˧ tʂu˥ tsʻɿ˦˨ miẽ˥ 伊斯蘭教信徒的口頭語，猶佛教徒言菩薩保佑

【真賽玩】tʂẽ˨˩˧˦ sɛ˨ vã˦ 真好玩兒‖也說"真賽玩兒 tʂẽ˨˩˧˦ sɛ˨ vɛr˦"

【真行】tʂẽ˨˩˧ ɕiŋ˦ 贊嘆語，真成，真可以：這些小青年～

【砧子】tʂẽ˨˩˧˨ ·tsɿ 打鐵時墊在下面的厚鐵塊

【針】tʂẽ˨˩˧ ❶縫衣物時用以引綫的工具 ❷細長像針的東西：時～｜指南～ ❸通稱注射器，針劑：拿～來打！｜預防～ ❹中醫針灸用的金屬針 ❺量詞：縫一～｜打十～一個療程

【針鼻兒】tʂẽ˨˩˧ pier˦[<pi˦] 針上穿綫的孔

【針蘑】tʂẽ˨˩˧ mə˦ 食用鮮蕈的一種，頂上銅錢大小，根部針形，是近年來蘑菇培植的新品種

【針腳】tʂẽ˨˩˧˨ ·tɕyə ❶衣物上的針綫痕迹 ❷縫紉時前後兩針之間的距離：～小｜大～縫

【針頭】tʂẽ˨˩˧ tʻou˦ 安在針管上的針狀金屬導管，使針劑進入體內

【針灸】tʂẽ˨˩˧˦ tɕiou˨˩˧ ⇨〖扎針〗tʂã˨˩˧˦ tʂẽ˨˩˧

【針尖兒】tʂẽ˨˩˧˦ tɕier˨˩˧[<tɕiã˨˩˧] 針上尖銳的一頭

【針綫】tʂẽ˨˩˧˦ ɕiã˨ 指縫紉、刺綉等工作：～活兒｜好～！

【針綫笸籮】tʂẽ˨˩˧˦ ɕiã˨ pə˦˥ ·luə 盛放針綫用品的小筐，用荆條等編成

【針管兒】tʂẽ˨˩˧ kuɛr˥[<kuã˥] 注射器裝藥劑的部分，筒狀，頂端裝針頭

【斟酒】tʂẽ˨˩˧ tɕiou˥ 往杯子裏倒酒

【榛子】tʂẽ˨˩˧˨ ·tsɿ 一種堅果‖本地不産

【疹子】tʂẽ˥˨ ·tsɿ ＝〖麻疹〗ma˦ tʂẽ˥ 一種兒童易得的急性傳染病，初期高燒，後期全身起紅色丘疹

【枕木】tʂẽ˨ mu˨ 鋪在鐵路上承受鐵軌的横木，也有用鋼筋混凝土製成的‖枕，聲調去聲，北京上聲

【枕頭】tʂẽ˨˥ ·tʻou ⇨〖豆枕〗tou˨˥ ·tʂẽ

【枕頭套兒】tʂẽ˨˥ ·tʻou tʻɔr˨[<tʻɔ˨] 枕頭心外面的套子

【枕頭心子】tʂẽ˨˥ ·tʻou ɕiẽ˨˩˧˨ ·tsɿ 枕頭套裏的心子，用長方形布袋裝着木棉、蒲絨等鬆軟的物品，濟南百姓過去多用糠、綠豆皮、麥稭等填塞

【枕巾】tʂẽ˨ tɕiẽ˥ 鋪在枕頭上的毛巾‖巾，聲調上聲

【鎮尺】tʂẽ˨ tʂʻʅ˨˩˧ 鎮紙，寫字畫畫時用於壓紙的文具，用銅或玉石等製成，長條形

【鎮裏】tʂẽ˨˥ ·ȵi（或 ·li）鎮政府所在的地區裏

tʂʻẽ

【伸】tʂʻẽ˨˩˧（或 ʂẽ˨˩˧）引長展開‖伸，口語多說 tʂʻẽ˨˩˧，新音 ʂẽ˨˩˧

【伸指頭】tʂʻẽ˨˩˧˦（或 ʂẽ˨˩˧˦）tʂʅ˨˩˧˨ ·tʻou 伸出手指

【伸舌頭】tʂʻẽ˨˩˧（或 ʂẽ˨˩˧）ʂə˦˥ ·tʻou 張開嘴舌頭向外一伸，含有羞澀、吃驚等意思的表情

【伸手】tʂʻẽ˨˩˧（或 ʂẽ˨˩˧）ʂou˥ 伸出手，多比喻向别人或組織要（東西、名位等）

【抻被子】tʂʻẽ˨˩˧ pei˨˥ ·tsɿ 把叠起的被子拉開成被窩兒

【抻麵條】tʂ'ẽ˩˧ miã˩ t'iɔ˦ 用手把麵塊拉長成麵條兒

【深】tʂ'ẽ˩(或 ʂẽ˩) ❶深淺的深，指從上到下或從外到裏的距離大 ❷深度：這河裏的水有多～？ ❸深奧，深刻 ❹濃，厚，程度高：～紅｜感情～｜～仇大恨‖新音 ʂẽ˩

【深裏下】tʂ'ẽ˩˪(或 ʂẽ˩) ·ȵi(或 ·li) ·ɕia 從深裏說：～多麼深？｜～有五尺

【深灰】tʂ'ẽ˩(或 ʂẽ˩) xuei˩ 比較深的灰色

【深藍】tʂ'ẽ˩(或 ʂẽ˩) lã˦ 比較深的藍色

【深黃】tʂ'ẽ˩(或 ʂẽ˩) xuaŋ˦ 比較深的黃色

【深紅】tʂ'ẽ˩(或 ʂẽ˩) xuŋ˦ 比較濃的紅色

【嗔】tʂ'ẽ˩ 責怪‖用得少

【辰】tʂ'ẽ˦ ❶地支的第五位 ❷時，日：時～｜誕～

【辰龍】tʂ'ẽ˦ luŋ˦ 十二生肖之一，辰年生的人屬龍

【沉】tʂ'ẽ˦ ❶沉浮的沉，指没入水中：～到水裏唡！ ❷重：小鴨洗衣機梭～！｜這孩子真～，我都抱不動他！ ❸重量：這箱梨有多～？

【沉底】tʂ'ẽ˦ ti˥ 象棋術語，把車或炮放到對方的底綫

【趁】tʂ'ẽ˩ ❶利用(時間、機會) ❷賺取：～錢｜～了不少！

【趁早兒】tʂ'ẽ˩ tsɔr˥[<tsɔ˥] 副詞。❶在時間上抓緊或提前：～去罷！ ❷及時拉倒：這事兒辦不成唡，～罷！｜他不會來唡，～，别等他唡！

【稱心】tʂ'ẽ˩ ɕiẽ˩ 符合心願：～如意‖稱，tʂ'əŋ˩

【稱心如意的】tʂ'ẽ˩ ɕiẽ˩ lu˦ i˩˥ ·ti ＝〖順心如意的〗 ʂuẽ˩ ɕiẽ˩ lu˦ i˩˥ ·ti 符合心願，滿意

【櫬子】tʂ'ẽ˩˥ ·tsɿ 舊時唱戲的女角用來墊高鞋底的木頭

【櫬衣】tʂ'ẽ˩ i˩ ＝〖櫬衫兒〗 tʂ'ẽ˩ ʂɛr˩[<ʂã˩] 穿在裏面的單上衣‖也説"櫬衣兒 tʂ'ẽ˩ ier˩"

【櫬褲】tʂ'ẽ˩ k'u˩ 穿在裏面的單褲

【櫬單】tʂ'ẽ˩˥ ·tã ⇨〖牀單兒〗 tʂ'uaŋ˦ tɛr˩[<tã˩]

【櫬裙】tʂ'ẽ˩ tɕ'yẽ˦ 專門穿在裙子裏面的一種起遮蓋、保護等作用的裙子：這紗裙子太薄，要有條～！

ʂẽ

【申】ʂẽ˩ ❶地支的第九位 ❷陳述，説明：～請｜～明

【申猴】ʂẽ˩ xou˦ 十二生肖之一，申年生的人屬猴

【生爐子】ʂẽ˩ lu˦˥ ·tsɿ 引燃爐火‖生，另見 ʂəŋ˩、·ʂəŋ

【生火】ʂẽ˩ xuə˥ 把柴、煤等燃料點燃：～做飯

【伸】ʂẽ˩ 見"伸 tʂ'e˩"

【身子】ʂẽ˩˪ ·tsɿ 身體‖身體好不説身子好

【身體】ʂẽ˩ t'i˥ ❶人的軀體 ❷指體格：～健康‖義項①口語多説"身子"

【身材】ʂẽ˩ ts'ɛ˦ 人身體的高矮胖瘦：她～長的棱好！

【身上來唡】ʂẽ˩˪ ·ʂaŋ lɛ˦˥ ·lia 諱稱婦女來月經

【身縫】ʂẽ˩˥ fəŋ˩ 褃下連接衣服前後身

的縫

【深】ʂẽ˩ 見“深 tʂ‘ẽ˩”

【神主】ʂẽ˧ tʂu˥ ⇨〖靈位〗 liŋ˧˥ vei˩

【神媽媽】ʂẽ˧˥ ·ma ·ma ＝〖神婆〗 ʂẽ˧ p‘ə˧ 巫婆

【神道】ʂẽ˧˥ ·tɔ ❶忌諱多，好講究：你真～！ ❷神情不正常的樣子 ‖ 重叠式“神神道道的 ʂẽ˧˥ ·ʂẽ ·tɔ ·tɔ ·ti”

【神碗】ʂẽ˧ vã˥ 舊時盛供品的碗

【神仙】ʂẽ˧˥ ·ɕiã ❶神話傳説中修行得道、超脱塵世的人 ❷比喻逍遙自在、無牽無掛的人

【神像】ʂẽ˧˥ ɕiaŋ˩ 神的圖像或塑像

【瘆】ʂẽ˧ 使人害怕：真～人！

【審案子】ʂẽ˥ ŋã˩˥ ·tsɿ 審訊案件

【審訊】ʂẽ˥ ɕyẽ˩ 執法機關的人員向案件當事人查問有關事實

【嬸子】ʂẽ˥˪ ·tsɿ 父親的弟媳

【腎】ʂẽ˩ 腎臟，五臟之一 ‖ 俗稱“腰子 iɔ˩˪ ·tsɿ”

【腎炎】ʂẽ˩ iã˧ 腎臟發炎的病

【椹子】ʂẽ˩˥ ·tsɿ ⇨〖桑椹〗 saŋ˩˥ ʂẽ˩

ʐẽ

【人】ʐẽ˧ ❶能製造工具並使用工具進行勞動的高等動物 ❷每人，別人：～均一百元｜助～爲樂 ❸指人的品質、性格等：他～很好

【人】ʐẽ˧ 用在某些表示心理感覺的詞後表示令人産生某些感覺：這孩子成天哭，真煩～！｜他説的話太氣～咧！｜這動靜真嚇～！｜急～｜恨～

【人力車】ʐẽ˧ li˩ tʂ‘ə˩ ⇨〖洋車〗 iaŋ˧ tʂ‘ə˩

【人七日】ʐẽ˧ tɕ‘i˩˫ ʂɿ˩ 即人日，舊時稱農曆正月初七

【人家】ʐẽ˧˥ ·tɕia 代詞。❶別人：別拿～東西！ ❷特指某人或某些人：快去罷，別叫～老等！ ❸我：叫你快點來，你到五點還没影兒，叫～老等！

【人販子】ʐẽ˧ fã˩˥ ·tsɿ 販賣人口的人

【人們】ʐẽ˧˥ ·mẽ 泛稱許多人

【人亡家敗】ʐẽ˧˥ ·vaŋ tɕia˩˫ pɛ˩ 家破人亡

【人證】ʐẽ˧˥ tʂəŋ˩ 由證人提供的證據

【人情】ʐẽ˧ tɕ‘iŋ˧ ❶人之常情：不近～！ ❷情面、恩惠等：托～｜做～ ❸禮物：送～

【人行莱】ʐẽ˧ ɕiŋ˧˥ ·ts‘ɛ 野生莧菜

【人行道】ʐẽ˧ ɕiŋ˧ tɔ˩ 馬路兩邊供人步行的道路

【人中】ʐẽ˧ tʂuŋ˩ 人的上唇和鼻子間正中凹下的部分

【人工流産】ʐẽ˧ kuŋ˩ liou˧ tʂ‘ã˥ 用藥物或手術使孕婦流産

【壬】ʐẽ˧ 天干的第九位

【仁丹鬍】ʐẽ˧ tã˩ xu˧ 修理整齊兩邊向上的鬍子

【認】ʐẽ˩ ❶識別，分辨：～字兒｜～生 ❷承認，同意：否～｜～錯 ❸認吃虧：我～咧！ ❹跟本無關係的人建立某種關係：～親

【認字兒的】ʐẽ˩ tser˩˥［<tsɿ˩］ ·ti ＝〖識字兒的〗 ʂɿ˩˫ tser˩˥［<tsɿ˩］ ·ti 有文化的人

【認的】ʐẽ˩˥ ·ti 認得：我～他！

【認生】ʐẽ˩ ʂəŋ˩ 小孩兒怕見生人

kẽ

【根底兒】kẽ˩ tier˥［<ti˥］ 基礎，内在的

實力：他有～|他文化～深 tʂ'ẽ˩˧!

【根本】kẽ˩˧ pẽ˥ ❶事物的根源或最重要的部分：～原因 ❷徹底：問題已經～解決 ❸從來，完全：這個事兒～他就不知道|你這麼幹我～就不同意!

【跟】kẽ˩˧ ❶腳或鞋襪的後部：腳後～|鞋～兒 ❷隨着，緊接着：～我來！|快走，～上他！ ❸介詞，和，同：我～他不一樣！|他有事兒也不～我商量!

【跟頭項】kẽ˩˧ t'ou˦˩˨ ·ɕiaŋ 舊稱婦女在人家幫工：男人死了以後，她就上別人家～去嘛!

【跟頭蟲】kẽ˩˧˨ ·t'ou tʂ'uŋ˦˩ =〖跟頭蟲子〗kẽ˩˧˨ ·t'ou tʂ'uŋ˦˩˨ ·tsɿ 孑孓，蚊子的幼蟲

【跟前兒】kẽ˩˧˨ ·tɕ'iɛr[<tɕ'iã˦˩] ❶身邊，附近：走到～看看 ❷臨近的時間：年～ ❸身旁(多指有無兒女)：他～没孩子!

【哏兒】ker˦˩[<kẽ˦˩] 滑稽有趣：真～|逗～

k'ẽ

【裉】k'ẽ˨˩ 衣服靠腋下的接縫部分

ŋẽ

【摁手印兒】ŋẽ˨˩ ʂou˥ ier˨˩[<iẽ˨˩] 在契約、證明、供詞等文件上按手印留下指紋

xẽ

【含着】xẽ˦˩˨ ·tʂɿ 東西在嘴裏不咽不吐也不咬：嘴裏～糖 ‖ 含，單字音 xã˦˩，此處讀 ẽ 韵母

【含着眼淚】xẽ˦˩˨ ·tʂɿ iã˥ luei˨˩ 噙着淚

【恨】xẽ˨˩ 怨恨，仇視：～鐵不成鋼|～人!

iẽ

piẽ

【賓館】piẽ˨˩˧ kuã˥ 設備優越的旅館

【鬢角兒】piẽ˨˩˧˦ ·tɕyər[<tɕyə˨˩˧] 耳朵前與太陽穴之間長頭髮的部位‖角兒，杆石橋回民讀·tɕiɔr[<tɕiɔ˨˩˧]

p'iẽ

【貧】p'iẽ˦˨ ❶窮 ❷絮叨可厭：□[kaŋ˦˨]很，可～來！|～嘴！

【貧而格嘰】p'iẽ˦˨˦ ·ər ·kə tɕi˨˩˧ 説話、行爲不大方

【貧氣】p'iẽ˦˨˦ ·tɕ'i 説話鄙俗，行爲不大方：這人真～‖重疊式"貧貧氣氣 p'iẽ˦˨˦ ·p'iẽ ·tɕ'i ·tɕ'i"：你别在這兒～，大方點兒好不好？

【蘋果】p'iẽ˦˨˦ ·kuə 見"蘋果 p'iŋ˦˨˦ ·kuə"

【品行】p'iẽ˥ ɕiŋ˦˨ 有關道德的行爲：～好

【姘頭】p'iẽ˨˩˧˦ ·t'ou 非夫妻關係而發生性行爲的男女或其中的一方

miẽ

【民事】miẽ˦˨˦ ·ʂʅ 有關民法的：～案件

【民警】miẽ˦˨ tɕiŋ˥ 人民警察

liẽ

【林地】liẽ˦˨˦ ti˨˩ ＝〖墳地〗 fẽ˦˨˦ ti˨˩ 墳墓所在的地方

【淋】liẽ˦˨ 見"淋 luẽ˦˨"

【鄰舍家】liẽ˦˨˦ ·ʂẽ ·tɕia 鄰居‖舍，單字音 ʂə˨˩，此處韵母受前字同化爲 ẽ

【磷肥】liẽ˦˨ fei˦˨ 含有磷質的肥料

【臨時工】liẽ˦˨˦ ·ʂʅ kuŋ˨˩˧ 短期僱傭的、非正式的工人

【臨帖】liẽ˦˨ t'iə˨˩˧ ＝〖摹帖〗 mə˦˨ t'iə˨˩˧ 照着帖子摹仿着寫

【臨産】liẽ˦˨ tʂ'ã˥ 孕婦將要分娩

【鱗】liẽ˦˨ ⇨〖魚鱗〗 y˦˨ liẽ˦˨

【檩】liẽ˥ ＝〖檩條〗 liẽ˥˦ ·t'iɔ 架在梁上用以支持椽子的長條木

【賃房子】liẽ˨˩ faŋ˦˨˦ ·tsʅ ＝〖租房子〗 tsu˨˩˧ faŋ˦˨˦ ·tsʅ 按期限付租金暫用别人的房子

tɕiẽ

【今回兒】tɕiẽ˨˩˧ xuer˦˨[<xuei˦˨] 這次：～你跑不了嘛！|～可辦成嘛！‖今，另見 tɕi˨˩˧

【今天】tɕiẽ˨˩˧˦ t'iã˨˩˧ ❶説話時的這一天 ❷現在，目前：没想到還有～！

【今年】tɕiẽ˨˩˧ ȵiã˦˨ 説話時的這一年

【金】tɕiẽ˨˩˧ ❶金子，黄金：真～ ❷統稱金屬：五～|合～ ❸錢：現～|資～ ❹像金子的顏色：～絲綫|～色

【金絲小棗】tɕiẽ˨˩˧˦ sʅ˨˩˧ ɕiɔ˥˦ tsɔ˥ 紅棗的一個品種，個小核小，有的無核，掰開可見糖絲，是山東名産‖産於樂陵市，因此也稱"樂陵小棗 lɔ˨˩ liŋ˦˨ ɕiɔ˥˦ tsɔ˥"

【金魚】tɕiẽ˨˩˧ y˦˨ 一種觀賞魚，有紅白黄

等多種顔色

【金帥】tɕiẽ˨˦˧ ʂuɛ˩˩ =〖黄香蕉〗 xuaŋ˦˨ ɕiaŋ˨˦˧ tɕiɔ˨˦ 蘋果的一個品種，黄色

【金棗】tɕiẽ˨˦ tsɔ˥˥ =〖金橘〗 tɕiẽ˨˦˧ tɕy˨˦ 一種水果，大小像棗，皮金黄色，味酸甜 ‖ 本地不産

【金鐲子】tɕiẽ˨˦˧ liou˨˦˩ ·tsɿ =〖金戒指〗 tɕiẽ˨˦ tɕiɛ˨˩˧ ·tʂʅ =〖金□子〗 tɕiẽ˨˦ ka˦˧ ·tsɿ 金質戒指

【金針】tɕiẽ˨˦˧ tʂẽ˨˦ 多年生草本植物，花黄色長筒形，可做蔬菜

【金針】tɕiẽ˨˦˧ tʂẽ˨˦ =〖金針菜〗 tɕiẽ˨˦˧ tʂẽ˨˦˧ ts'ɛ˩˩ 用做菜肴的乾金針花：～木耳 ‖ 鮮的叫"黄花菜 xuaŋ˦˨ xua˨˦˧ ts'ɛ˩˩"

【筋】tɕiẽ˨˦ ❶骨頭或肌腱的韌帶 ❷可以看見的皮下静脈：青～ ❸像筋的東西：橡皮～

【筋道】tɕiẽ˨˦˩ ·tɔ 食物有韌性、有嚼頭

【緊巴】tɕiẽ˥˩ ·pa =〖緊幫〗 tɕiẽ˥˩ ·paŋ ❶不寬鬆：衣裳小，穿在身上～的慌！ ❷經濟拮据：人口多，日子過的挺～ ‖ 重叠式"緊緊巴巴的 tɕiẽ˥˩ ·tɕiẽ ·pa ·pa ·ti"。參見"擠巴 tɕi˥˩ ·pa"。緊，另見 tɕiŋ˥

【緊要】tɕiẽ˥ iɔ˩ 緊急重要：事關～

【盡着】tɕiẽ˥˩ ·tʂʅ ❶已經：他～有病，你還讓他着急！ ❷總也，老是：～治也治不好！ |他～不來唎！

【近】tɕiẽ˩ ❶遠近的近，指空間和時間距離小的：俺倆家住的棱～ | 最～你上哪兒唎，怎麼没見你？ ❷關係密切的：親～ ❸接近，差不多的：～三十 | 相～

【近視眼】tɕiẽ˩˧ ·ʂʅ iã˥ 能看清近處而看不清遠處的眼，是一種視力缺陷

【近處】tɕiẽ˩˧ ·tʂ'u =〖附近〗 fu˩ tɕiẽ˩ 就近的地方

【妗子】tɕiẽ˩˧ ·tsɿ =〖舅母〗 tɕiou˩˧ ·mu 舅舅的妻子

【進考場】tɕiẽ˩ k'ɔ˥ tʂ'aŋ˦ 走進考試的場所，應考

【進深】tɕiẽ˩ ʂẽ˨˦ 房子從前牆到後牆的距離

【進香】tɕiẽ˩ ɕiaŋ˨˦ 佛教徒或道教徒到名山的廟宇去燒香朝拜

tɕ'iẽ

【親事】tɕ'iẽ˨˦˧ ʂʅ˩ =〖喜事〗 ɕi˥ ʂʅ˩ =〖紅事兒〗 xuŋ˦˧ ʂer˩[<ʂʅ˩] 婚事 ‖ 親，另見 tɕ'iŋ˩

【親親】tɕ'iẽ˨˦˩ ·tɕ'iẽ =〖親戚〗 tɕ'iẽ˨˦˩ ·tɕ'i 相互有婚姻關係或血統關係的家庭或成員

【芹菜】tɕ'iẽ˦˧ ·ts'ɛ 一種普通蔬菜

ɕiẽ

【心】ɕiẽ˨˦ ❶心臟，五臟之一 ❷通常指思想的器官和思想等：～想 | ～算 | ～細 | 好～ ❸中心：白菜～

【心思】ɕiẽ˨˦˩ ·sɿ ❶念頭，想法 ❷用腦筋：挖空～ ❸想做某件事情：没～下棋

【心裏】ɕiẽ˨˦˩ ·ȵi(或 ·li) =〖心裏頭〗 ɕiẽ˨˦ li˥˩ ·t'ou 頭腦裏，思想裏：有話就説出來，别憋在～ | ～痛快

【心裏都有】ɕiẽ˨˦˩ ·ȵi(或 ·li) tou˨˦ iou˥ 心裏明白：你别看他不吱聲、不言語的，～啊！

【心裏翻登】ɕiẽ˨˦˩ ·ȵi fã˨˦˩ ·təŋ ⇨〖往上翻〗 vaŋ˩ ʂaŋ˩ fã˨˦

【心緒】ɕiẽ˨˦˧ ɕy˩ 心情

260　ɕiẽ⅃ – iẽ⅃　心辛新薪尋囟信陰蔭

【心梅】ɕiẽ⅃˪ ·mei 植物的心：花～

【心口】ɕiẽ⅃ k'ou˥ ＝〖心口窩兒〗ɕiẽ⅃ k'ou˥ vər⅃［＜və⅃］胸口‖也說“心口兒 ɕiẽ⅃ k'our˥”

【心口疼】ɕiẽ⅃ k'ou˥ t'əŋ˦ 胃疼

【心臟病】ɕiẽ⅃˫ tsaŋ˩˫ piŋ˩ 心臟的疾病

【心腸】ɕiẽ⅃ tʂ'aŋ˦ 心地：他～好！

【心想】ɕiẽ⅃ ɕiaŋ˥ 想

【心疼】ɕiẽ⅃ t'əŋ˦ 疼愛，捨不得：這孩子磕破頭嘞，大人～啊罷！｜剛做了件衣裳，叫釘子刮破嘞，怪～的慌！

【辛】ɕiẽ⅃ ❶辛苦 ❷天干的第八位

【新】ɕiẽ⅃ ❶剛出現的或剛經驗到的，跟舊或老相對：～人～事｜～鞋｜～產品｜～社會 ❷結婚或剛結婚的：～媳婦 ❸新近：～分來三個大學生

【新媳婦】ɕiẽ⅃˫ ɕi⅃˪ ·fu ＝〖新娘〗ɕiẽ⅃ ȵiaŋ˦ ＝〖新娘子〗ɕiẽ⅃ ȵiaŋ˦˹ ·tsɿ 結婚時的女子

【新女婿】ɕiẽ⅃ ȵy˥˪ ·ɕy 結婚時的男子‖可用於婚後較長一段時間

【新房】ɕiẽ⅃ faŋ˦ ＝〖洞房〗tuŋ˩ faŋ˦ 新婚夫婦的卧室

【新郎】ɕiẽ⅃ laŋ˦ 結婚時的男子‖只用於結婚期間

【薪水】ɕiẽ⅃˪ ·ʂuei ⇨〖工資〗kuŋ⅃˫ tsɿ⅃

【尋思】ɕiẽ˦˹ ·sɿ ❶考慮，思索：我～着這個事兒不行呢！❷以爲：我～你不來了呢，怎麼又來嘞？‖尋，韵母 iẽ，單用時爲 yẽ，另見 ɕyẽ˦。連用式“尋思尋思 ɕiẽ˦˹ ·sɿ ɕiẽ˦˹ ·sɿ”：你～明天再找我談！

【囟門兒】ɕiẽ˩ mer˦［＜mẽ˦］⇨〖頭囟子〗t'ou˦ ɕiẽ˩˹ ·tsɿ

【信】ɕiẽ˩ ❶信用：失～ ❷相信：～不～由你！❸信奉（宗教）：～教 ❹書信：寄～ ❺信息：通風報～

【信皮兒】ɕiẽ˩ p'ier˦［＜p'i˦］＝〖信封〗ɕiẽ˩ fəŋ⅃ 裝書信的封套

【信的過】ɕiẽ˩˹ ·ti kuə˩ 可以相信，信得過：我～你！

【信不過】ɕiẽ˩˹ ·pu kuə˩ 不能相信：你還～我？

【信教】ɕiẽ˩˹ tɕiɔ˩ ＝〖信教門〗ɕiẽ˩ tɕiɔ˩˹ ·mẽ 信仰宗教

【信教的】ɕiẽ˩ tɕiɔ˩˹ ·ti ＝〖信教門的〗ɕiẽ˩ tɕiɔ˩˹ ·mẽ ·ti 教徒

iẽ

【陰曆】iẽ⅃˫ li˩ ＝〖農曆〗nu˦˹ ·li ＝〖舊曆〗tɕiou˩ li˩ 我國的傳統曆法，是陰陽曆的一種

【陰宅】iẽ⅃ tʂei˦ 看風水的稱墳墓爲陰宅：看～‖參見“陽宅 iaŋ˦ tʂei˦”

【陰毛】iẽ⅃ mɔ˦ 人陰部的毛

【陰溝】iẽ⅃˫ kou⅃ ＝〖陽溝〗iaŋ˦ kou⅃ 舊稱下水道

【陰天】iẽ⅃˫ t'iã⅃ 雲層密布的天氣

【陰涼】iẽ⅃˪ ·liaŋ ❶陽光照不到而涼爽的：小樹林裏真～ ❷⇨〖陰涼地兒〗iẽ⅃˪ ·liaŋ tier˩［＜ti˩］‖參見“涼快 liaŋ˦˹ ·k'uɛ”、“涼森 liaŋ˦˹ ·ʂẽ”

【陰涼地兒】iẽ⅃˪ ·liaŋ tier˩［＜ti˩］＝〖陰涼②〗iẽ⅃˪ ·liaŋ 陽光照射不到的涼爽的地方：這裏有～｜快上～歇歇！

【蔭路】iẽ⅃˫ lu˩ 院子裏或公園裏用石頭鋪成的路：當院裏院子裏石頭鋪的～

【寅】iẽ˨ 地支的第三位

【寅虎】iẽ˨ xu˥ 十二生肖之一，寅年生的人屬虎

【銀】iẽ˨ ❶銀子，白銀 ❷貨幣或跟貨幣有關的：～幣｜～圓｜～行 ❸像銀子的顏色：～白｜～絲綫

【銀子錢】iẽ˨˦ ·tsɿ tɕʻiã˨ 銀錢：～的事兒俺不管！

【銀耳】iẽ˨ ər˥ 白木耳

【銀角兒】iẽ˨ kər˩˧[<kə˩˧] 金屬輔幣‖北京稱"鋼鏰兒"。角，單字讀 tɕyə˩˧、tɕia˩˧ 等

【銀戒指】iẽ˨ tɕiɛ˩˦ ·tʂɿ ＝〖銀□子〗iẽ˨ ka˨˦ ·tsɿ 銀質戒指

【銀灰】iẽ˨ xuei˩˧ 淺灰而略帶銀光的顏色

【銀圓】iẽ˨ yã˨ ＝〖現大洋〗ɕiã˩ ta˩ iaŋ˨ ＝〖大洋〗ta˩ iaŋ˨ 舊時使用的銀質硬幣，圓形

【銀行】iẽ˨ xaŋ˨ 經營存款、貸款、匯兑、儲蓄等業務的金融機構

【引子】iẽ˥˩ ·tsɿ ⇨〖藥引子〗yə˩ iẽ˥˩ ·tsɿ

【引酵】iẽ˥˩ ·tɕiɔ 黄米麵做的一種酵子

【飲食】iẽ˥˩ ·ʂɿ ❶吃喝：～起居 ❷通稱吃的和喝的：～業｜注意～衛生

【緼】iẽ˥ 絎，大針腳縫的針法：～被窩｜～棉襖

【印】iẽ˩ ❶公章：鋼～｜大～ ❷痕迹：腳～兒 ❸印刷：～書｜油～

【印泥】iẽ˩ ȵi˨ 硃砂加油和艾絨等製成的蓋印用的顏料

【印度紅】iẽ˩˦ ·tu xuŋ˨ 略帶黄色的粉紅

【印欛子】iẽ˩ pa˩˦ ·tsɿ ❶行政機關印信的欛兒 ❷比喻掌權：手上有～

【印花】iẽ˩ xua˩˧ 舊時由政府出售、納税人購買的一種印花税票，貼在契約、憑證上

【印帖】iẽ˩ tʻiə˩˧ 舉辦婚喪大事時印的帖子，婚事是紅紙紅封，喪事是白紙白封

【印臺】iẽ˩ tʻɛ˨ 蓋印用的裝有印泥或其他顏料的盒子

【印油】iẽ˩ iou˨ 蓋印用的油料

uẽ

tuẽ

【敦實】tuẽ˩˥˩ ·ʂʅ (人或物)矮而粗壯:這人五短身材,長的挺~|這杌子挺~‖重叠式"敦敦實實的 tuẽ˩˥˩ ·tuẽ ·ʂʅ ·ʂʅ ·ti"

【墩子】tuẽ˩˥˩ ·tsʅ ❶厚而粗大的一整塊石頭或木頭:石頭~|肉~ ❷柱下石 ❸整石打成的鼓形坐具

【蹲】tuẽ˩ ⇨〖跍堆〗ku˩˥˩ ·tuei

【蹲監獄】tuẽ˩˥ tɕiã˩˥ y˩ =〖蹲班房〗tuẽ˩˥ pã˩ faŋ˧ =〖坐監獄〗tsuə˩ tɕiã˩˥ y˩ 坐牢

【蹾】tuẽ˩ ❶重物猛然落地:把箱子往地上一~就走嘞!|一腚~那裏嘞! ❷顛:腳後跟~了一家伙一下子!|~的慌!|走路一~一~的!

【蹾腚呱子】tuẽ˩˥ tiŋ˩ kua˧˥ ·tsʅ =〖蹾腚呱兒〗kuẽ˩˥ tiŋ˩ kuar˧[<kua˧] =〖踤了個腚呱子〗ʂuɛ˩˥˩ ·lə ·kə tiŋ˩ kua˧˥ ·tsʅ 屁股着地跌倒

【懂的】tuẽ˥˩ ·ti 懂得:不~‖懂,市區讀 tuŋ˥,tuẽ˥ 是郊區音

【囤】tuẽ˩ 農家用於裝糧食的器物,用荆條或白蠟條編成:入~嘞!

【砘】tuẽ˩ 播種後用石砘子把鬆土壓實

【砘子】tuẽ˩˥ ·tsʅ 播種後用於壓實鬆土的石磙

【頓魂】tuẽ˩˥ ·xuẽ 清醒,醒悟:他早晨醒了還得再~一會兒|~過來嘞!

【燉】tuẽ˩ 食物加水用文火久煮使爛的烹調方法:~肉|~鷄|~豆腐

t'uẽ

【臀尖】t'uẽ˧ tɕiã˩ 豬肉臀部上的那塊瘦肉

【□】t'uẽ˧ 回民稱脱垂的子宫:掉下~來嘞!

【□】t'uẽ˥ =〖□哧〗t'uẽ˥˩ ·tʂ'ʅ 挺(腹):~着個大肚子‖連用式"□哧□哧的 t'uẽ˥˩ ·tʂ'ʅ t'uẽ˥˩ ·tʂ'ʅ ·ti":他~出來進去!

luẽ

【淋】luẽ˧(或 liẽ˧) 淋雨:~着嘞!|别~着!

【淪褪】luẽ˧˥ ·t'uẽ 褲子等垂落累叠:褲腰帶斷嘞,褲子都~下來嘞!|褲子~着

【輪渡】luẽ˧ tu˩ 用輪船渡河

【輪船】luẽ˧ tʂ'uã˧ 用機器爲動力的船

【論堆】luẽ˩ tsuei˩ ❶處理貨物不按個數斤兩而分堆出售:便宜嘞,便宜嘞,~嘞 ❷不顧後果,耍賴:死活~(也説死活一堆)|他犟不過人家,~嘞!|這人好~,不好辦!|什麽都不在乎嘞,論了堆嘞!‖堆,聲母讀 ts

ts'uẽ

【存錢】ts'uẽ˧ tɕ'iã˧ ❶把錢存到銀行 ❷存在家裏或銀行裏的錢款

【存款】ts'uẽ˧ k'uã˥ ❶存在銀行的款

項:他家～不少 ❷把錢存到銀行:我到銀行去～ ‖ 參見"存錢 ts'uẽ˧ tɕ'iã˧"

【存心】ts'uẽ˧ ɕiẽ˨ 有意,故意:～不良|～幹壞事|～搗亂

suẽ

【孫子】suẽ˨˩ ·tsɿ 兒子的兒子 ‖ 也說"孫子兒 suẽ˨˩ ·tser"

【孫子媳婦】suẽ˨˩ ·tsɿ ɕi˨˩ ·fu 孫子的妻子

【孫子女婿】suẽ˨˩ ·tsɿ ȵy˥˩ ·ɕy =〖孫女女婿〗 suẽ˨˩ ·ȵy ȵy˥˩ ·ɕy 孫女的丈夫

【孫女兒】suẽ˨˩ ·ȵyer[<ȵy˥] 兒子的女兒

tʂuẽ

【準頭兒】tʂuẽ˥˩ ·t'our[<t'ou˧] 確定不移的主張、方式、規律等:他這人可没～!

tʂ'uẽ

【春地瓜】tʂ'uẽ˨˦ ti˩ kua˨ 春季種的白薯 ‖ 參見"麥茬地瓜 mei˩˦ ·tʂ'a ti˩ kua˨"

【春播】tʂ'uẽ˨˦ pə˨ 春季播種

【春節】tʂ'uẽ˨˦ tɕiə˨ 指農曆過年:過～|～放幾天假?

【春天】tʂ'uẽ˨˦ t'iã˨ 春季

【春聯】tʂ'uẽ˨ liã˧ 春節時門上貼的對聯

【春分】tʂ'uẽ˨˦ fẽ˨ 二十四節氣之一:△～秋分,晝夜平分

【春棒子】tʂ'uẽ˨˦ paŋ˩˦ ·tsɿ 穀雨前後種的玉米,屬於早秋莊稼

【春耕】tʂ'uẽ˨˦ kəŋ˨(或 tɕiŋ˨) 春季耕地鬆土

【椿樹】tʂ'uẽ˨˩ ·ʂu 一種落葉喬木,通稱香椿和臭椿

【純】tʂ'uẽ˧ ❶純淨不含雜質的:～金 ❷全,都

ʂuẽ

【□】ʂuẽ˧ 羞:～的她臉都紅嘞! ‖ 舊詞

【順着】ʂuẽ˩˦ ·tʂɿ =〖沿着〗 iã˧˦ ·tʂɿ =〖旅着〗 ly˥˩ ·tʂɿ 依着路或物體的邊(移動):～這條大道一直走

【順毛驢】ʂuẽ˩ mɔ˧ ly˧ 比喻脾氣不好愛聽好話的人(多指孩子):這孩子是個～啊!

【順道】ʂuẽ˩ tɔ˩ 順路

【順手】ʂuẽ˩ ʂou˥ ❶事情做得順利無阻礙:這事他幹的挺～! ❷隨便一伸手,隨手:～給了他一個蘋果 ❸順便,捎帶着:你～也洗洗這件衣裳! |～捎着這個小包兒! ‖ 也說"順手兒 ʂuẽ˩ ʂour˥"

【順便】ʂuẽ˩ piã˩ 趁做某事的方便做另一件事:你上街～買包洗衣粉回來!

【順心】ʂuẽ˩ ɕiẽ˨ 合乎心意:他什麼事兒都挺～!

【順心如意的】ʂuẽ˩ ɕiẽ˨ lu˧ i˩˦ ·ti ⇨〖稱心如意的〗 tʂ'ẽ˩ ɕiẽ˨ lu˧ i˩˦ ·ti

【順風】ʂuẽ˩ fəŋ˨ ❶車、船等行進方向跟風向相同 ❷比喻順行無阻:一路～

【舜耕山】ʂuẽ˩ kəŋ˨˦ ʂã˨ 傳説舜耕於歷山腳下,故歷山又名舜耕山,今稱千佛山 ‖ 耕,不讀 tɕiŋ˨

kuẽ

【閨女】kuẽ˩˩˥(或 kuei˩˩˥) ·ny ❶女兒：兒子～｜俺～棱疼我 ❷女孩兒，未婚女子：這～棱俊！｜大～小媳婦‖閨，單字音 kuei˩，此處口語多讀 kuẽ˩

【滾̥】kuẽ˥ 回民商販暗語，數詞六

【滾綉球】kuẽ˥ ɕiou˩ tɕʻiou˧ 獅子舞中滾動綉球以逗引獅子

kʻuẽ

【坤角兒】kʻuẽ˩ tɕyər˩[＜tɕyə˩] 扮演女子的角色

【綑】kʻuẽ˥ 見“綑 tɕʻyẽ˥”

【困難】kʻuẽ˩ nã˧ 人的長相醜：這人長的忒～哂！‖新詞，疑因長相醜而造成擇偶困難而來。另見 kʻuẽ˩˥ ·nã

【困難】kʻuẽ˩˥ ·nã ❶辦事情的難處、阻礙：有～｜遇到～不要緊，大伙兒幫你解決！｜克服～｜解決住房～ ❷難，生活窮困不好過：這事兒辦起來忒～哂！｜他家生活很～｜～補助‖另見 kʻuẽ˩ nã˧

【困難臉】kʻuẽ˩˥ ·nã liã˥ ❶長相醜：你看他長的那個樣，～！❷表情尷尬，作出爲難的樣子：跟他商量個事，他就擺出個～，没法兒再説哂！‖後起的説法，有蔑視口氣

【睏哂】kʻuẽ˩˥ ·lia 睏了，疲倦想睡

xuẽ

【婚期】xuẽ˩˥ tɕʻi˩ 結婚的日期‖期，讀陰平

【葷菜】xuẽ˩˥ tsʻɛ˩ 用鷄鴨魚肉等做成的菜

【葷油】xuẽ˩ iou˧ 食用動物油，一般指豬油，跟素油相對而言

【葷腥】xuẽ˩˩ ·ɕiŋ 指有魚、肉等油水大的食品，多指菜肴：好久没吃着～了，挺饞的慌！

【渾】xuẽ˧ ❶濁，水不清 ❷糊塗，不明事理：這人真～！❸全，滿：～身疼！

【渾水】xuẽ˧ ʂuei˥ 渾濁的水

【渾球】xuẽ˧ tɕʻiou˧ 猶渾蛋：這家伙是個～！｜這個人真～！

【渾身】xuẽ˧ ʂẽ˩ 全身：～是汗｜～是勁兒

【渾身疼】xuẽ˧˥ ·ʂẽ tʻəŋ˧ 由感冒、發燒等引起的全身酸痛等不適的感覺：我感冒哂，～！

【餛飩】xuẽ˧˥ ·tuẽ 一種薄麵皮包餡兒的食品，通常是煮熟後帶湯吃‖飩，單字不用，此處聲母不送氣

【茴香】xuẽ˧˥(或 xuei˧˥) ·ɕiaŋ ⇨〖大料〗ta˩ lio˩

【混子】xuẽ˩˥ ·tsɿ ❶什麼事都要攙和的濫竽充數的人：這個人是個～，辦事不靠勺可靠！❷指麻將牌裏的百搭

【混事兒】xuẽ˩ ʂer˩[＜ʂɿ˩] 做事，俗稱從事某種職業(無貶義)：你在哪裏～？

【混紡】xuẽ˩ faŋ˥ ❶用兩種或幾種不同纖維合在一起紡織 ❷用這種方法紡出的織物：棉毛～｜～華達呢

【混帳】xuẽ˩˥ tʂaŋ˩ 可惡：這家伙辦事兒～｜這人兒可～啦！

yẽ

tɕyẽ

【君子蘭】tɕyẽ˨˩˧ tsɿ˥ lã˦˨ 多年生草本植物,根肉質,葉片深綠,寬帶形,花紅黃色,傘形花序,供觀賞

【俊】tɕyẽ˨˩ =〖俊巴〗tɕyẽ˨˩꜔ ·pa 相貌清秀美麗:這閨女長的真～! ‖重疊式"俊俊巴巴的 tɕyẽ˨˩꜔ ·tɕyẽ ·pa ·pa ·ti":你是不是說長的～那個人?

tɕʻyẽ

【皴】tɕʻyẽ˨˩˧ 皮膚因風吹或受凍而開裂:別洗了,看把小手都凍～了‖廣韻諄韻七倫切,濟南今讀撮口呼,北京讀 ꜀tsʻuən˥

【裙子】tɕʻyẽ˦˨꜔ ·tsɿ 一種圍在腰部以下的服裝

【裙帶菜】tɕʻyẽ˦˨ tɛ˨˩꜔ tsʻɛ˨˩ 一種海生褐色帶狀植物,可食用

【綑】tɕʻyẽ˥(或 kʻuẽ˥) 綑綁:把這柴火～成堆! |把他～起來!

【綑兒】tɕʻyer˥[<tɕʻyẽ˥] 量詞,用於成綑的東西:一～報紙|一～秫稭‖又音 kʻuer˥[<kʻuẽ˥]

ɕyẽ

【醺】ɕyẽ˨˩˧ 壞,窩囊:這個人真～!

【□樹】ɕyẽ˨˩˧꜔ ʂu˨˩ ⇨〖修樹〗ɕiou˨˩˧꜔ ʂu˨˩

【巡警】ɕyẽ˦˨ tɕiŋ˥ 舊稱警察

【循環針】ɕyẽ˦˨ xuã˦˨ tʂẽ˨˩˧ 織毛衣的環形針

【尋死】ɕyẽ˦˨ sɿ˥ =〖(自)尋短見〗(tsɿ˨˩) ɕyẽ˦˨ tuã˥꜖ ·tɕiã 自殺‖尋,另見 ɕiẽ˦˨

【尋麼】ɕyẽ˦˨꜔ ·mə 尋找:我～個家伙修修車‖連用式"尋麼尋麼 ɕyẽ˦˨꜔ ·mə ɕyẽ˦˨꜔ ·mə";重疊式"尋尋麼麼的 ɕyẽ˦˨꜔ ·ɕyẽ ·mə ·mə ·ti"

【笋皮兒】ɕyẽ˥ pʻier˦˨[<pʻi˦˨] 笋殼

【損話】ɕyẽ˥ xua˨˩ 損人的話:別說～!

【榫頭】ɕyẽ˥꜖ ·tʻou =〖榫兒〗ɕyer˥[<ɕyẽ˥] 木器構件用凹凸方式相接的凸出部分

yẽ

【暈車】yẽ˨˩˧꜔ tʂʻə˨˩˧ 坐車時頭暈、惡心,甚至嘔吐的現象

【暈船】yẽ˨˩ tʂʻuã˦˨ 坐船時頭暈、惡心,甚至嘔吐的現象

【雲】yẽ˦˨ =〖雲彩〗yẽ˦˨꜔ ·tsʻɛ 由水滴、冰晶聚集形成的懸浮在空中的物體:△～往東一陣風,～往南雨漣漣,～往北一陣黑,～往西披蓑衣

【雲杉】yẽ˦˨ ʂã˨˩˧ 常綠喬木,葉針形,略彎曲

【蕓豆】yẽ˦˨꜔ tou˨˩ 菜豆‖北京稱爲"扁豆"

【孕婦】yẽ˨˩ fu˨˩ 懷孕的婦女

【閏月】yẽ˨˩ yə˨˩ 農曆三年一閏,五年兩閏,十九年七閏,每逢閏年所加的一個月叫閏月

【運動】yẽ˩ tuŋ˩ ❶物體不斷變化的現象 ❷體育活動：～會｜～員 ❸政治、文化、生産等大規模、有目的的群衆性活動：群衆～｜青年～

【熨衣裳】yẽ˩ i˩˧ ·ʂaŋ 用熨斗燙平衣物‖熨，另見 y˥

【熨壺】yẽ˩˧ ·xu =〖燙壺〗t'aŋ˩ xu˧ 放在被窩裏取暖的用品，裏面灌熱水，用錫、瓷或塑料等製成

【熨斗】yẽ˩˧ ·t'ou 用來燙平衣物的器具：用～熨熨｜電～‖斗，聲母送氣，有人又讀不送氣的

aŋ

paŋ

【梆】paŋ˦ 在單音節形容詞前表示程度深：～硬

【梆子頭】paŋ˦˪ ·tsɿ t'ou˨ 後腦勺外突的頭

【梆硬】paŋ˦˫ iŋ˩ 很硬 ‖ 連用式"梆硬梆硬的 paŋ˦˫ iŋ˩ paŋ˦˫ iŋ˩˫ ·ti"，表示程度更深

【幫】paŋ˦ 幫助：～忙｜大伙～他一把｜你～我辦個事兒！

【幫兒】pãr˦[<paŋ˦] ❶物體旁邊的部分：鞋～ ❷量詞，用於人：這～小伙子棱能幹！

【綁起來】paŋ˥˪ ·tɕ'i ·lɛ 把人或物細綁起來

【棒】paŋ˩ ❶棍子 ❷强，好：他身體棱～！｜唱的真～！

【棒子】paŋ˩˫ ·tsɿ ＝〖玉米〗y˩ mi˥ 一種糧食作物，子實黃色或白色，比黃豆稍大，排列有序地長在玉米心上，形似小的棒槌

【棒子皮兒】paŋ˩˫ ·tsɿ p'ier˨[<p'i˨] ❶包在整個玉米苞上的皮兒，即苞葉，可用於編製籃子、坐墊、席子等 ❷玉米粒的表皮

【棒子臍兒】paŋ˩˫ ·tsɿ tɕ'ier˨[<tɕ'i˨] 玉米粒上和玉米心相連的部分

【棒子核兒】paŋ˩˫ ·tsɿ xur˨[<xu˨] 玉米心 ‖ 郊區又稱"疙瘩瓤兒 kə˦˪ ·ta ʐãr˨[<ʐaŋ˨]"

【棒子花兒】paŋ˩˫ ·tsɿ xuar˦[<xua˦] 爆玉米花，玉米經加熱膨脹爆裂而成的食物

【棒子棵兒】paŋ˩˫ ·tsɿ k'ər˦[<k'ə˦] 玉米植株：～上長棒子 ‖ 通常只說棒子，加棵兒時强調是植株

【棒子稭】paŋ˩˫ ·tsɿ ·tɕiɛ 玉米稭

【棒子穗兒】paŋ˩˫ ·tsɿ suer˩[<suei˩] 玉米稈頂上長的穗兒

【棒子苗兒】paŋ˩˫ ·tsɿ miɔr˨[<miɔ˨] 玉米幼株

【棒子麵兒】paŋ˩˫ ·tsɿ miɛr˩[<miã˩] 玉米麵

【棒子纓】paŋ˩˫ ·tsɿ iŋ˦ ⇨〖花綫兒〗xua˦˫ ɕiɛr˩[<ɕiã˩]

【棒槌(子)】paŋ˩˫ ·tʂ'uei (·tsɿ) 洗衣時捶打衣物的木棒

【傍黑兒天】paŋ˩ xer˦˫[<xei˦] t'iã˦ 傍晚

【傍明(天兒)】paŋ˩ miŋ˨ (t'iɛr˦[<t'iã˦]) 天快亮時，黎明：～賣豆腐的敲着梆子吆喝開咧！

【磅】paŋ˩ 即磅秤：過～ ‖ 過磅不說過磅秤

【磅秤】paŋ˩˫ tʂ'əŋ˩ 臺秤，一種放在地上、底座有金屬板可以承重的秤：放在～上稱一稱

p'aŋ

【旁邊兒】p'aŋ˨ piɛr˦[<piã˦] 左右兩邊，靠近的地方

【旁人】p'aŋ˦˨ ʐẽ˦˨ ＝〖别人〗 piə˦˨ ʐẽ˦˨ 其他的人，另外的人：屋裏没～，有話你説罷！|我自家的事兒～甭管！

【螃蟹】p'aŋ˦˨꜒ ·ɕiɛ 水生節肢動物，背有硬殼，前面有兩個鉗螯，八條腿，横着爬，種類很多

【螃蟹殼兒】p'aŋ˦˨꜒ ·ɕiɛ k'ər˨˩˧[<k'ə˨˩˧] 螃蟹的甲殼

【榜草】p'aŋ˥꜖ ts'ɔ˥ ⇨〖鋤草〗 tʂ'u˦˨ ts'ɔ˥

【判官】p'aŋ˨˩（或 p'ã˨˩） kuã˨˩˧ 迷信傳説中閻王手下掌管生死簿的官‖判，單字音 p'ã˨˩，此處口語多讀 p'aŋ˨˩

【胖】p'aŋ˨˩ 指人體脂肪多，肉多：這人真～！

【胖】p'aŋ˨˩ 用在揍的前面，表示狠：我把他～揍了一頓！

【胖乎乎的】p'aŋ˨˩ xu˨˩˧꜔ xu˨˩˧꜖ ·ti 胖胖的

【胖頭魚】p'aŋ˨˩ t'ou˦˨ y˦˨ ⇨〖鰱魚〗 liã˦˨꜒ ·y

maŋ

【牤牛】maŋ˨˩˧꜖ ·ȵiou ＝〖公牛〗 kuŋ˨˩˧ ȵiou˦˨ 雄牛

【芒果】maŋ˦˨ kuə˥ 一種熱帶水果‖本地不産

【芒種】maŋ˦˨꜒ ·tʂuŋ 二十四節氣之一：△四月～麥上場，五月～麥青黄

【忙不住】maŋ˦˨꜒ ·pu tʂu˨˩ 忙個不停：孩子得侍弄，大人得侍弄，一天到晚～！

【忙和】maŋ˦˨꜒ ·xuə 忙碌，忙着做某事：這事兒～了一天也没幹完！|你在家～麼？|窮～！‖連用式"忙和忙和 maŋ˦˨꜒ ·xuə maŋ˦˨꜒ ·xuə"：你～給我修修這個錶！重叠式"忙忙和和的 maŋ˦˨꜒ ·maŋ ·xuə ·xuə ·ti"：你～幹麼去？

【忙年】maŋ˦˨ ȵiã˦˨ 過年前忙於置辦年貨、清掃房屋等事務：你～忙完了没有？

【盲腸】maŋ˥ tʂ'aŋ˦˨ 大腸的一段‖盲，新音 maŋ˦˨，陽平

【盲腸炎】maŋ˥ tʂ'aŋ˦˨ iã˦˨ ＝〖絞腸痧〗 tɕiɔ˥ tʂ'aŋ˦˨ ʂa˨˩˧ 闌尾炎

faŋ

【方】faŋ˨˩˧ ❶方圓的方，指四周邊相等的四邊形平面或立方體：～格本兒|這木頭是～的 ❷方向，方面：北～|雙～ ❸方法：千～百計

【方兒】fãr˨˩˧[<faŋ˨˩˧] 藥方：偏～

【方桌】faŋ˨˩˧꜔ tʂuə˨˩˧ 方形桌子

【方便麵】faŋ˨˩˧꜔ piã˨˩ miã˨˩ 用麵條加工而成的快餐食品，可用開水冲泡後食用

【方溫熱】faŋ˨˩˧ vẽ˨˩˧꜔ ʐə˨˩ 正熱乎：饃饃、黏粥都還～，快來吃罷！|這孩子發燒，我摸他額拉蓋兒額頭～很熱！

【方糖】faŋ˨˩˧ t'aŋ˦˨ 一種加工成正方形的成盒出售的白糖

【方丈】faŋ˨˩˧꜔ tʂaŋ˨˩ ❶寺院中的住持 ❷佛寺或道觀中住持住的房間

【方凳】faŋ˨˩˧꜔ təŋ˨˩ ⇨〖杌子〗 u˨˩꜔ ·tsɿ

【防寒服】faŋ˦˨ xã˦˨ fu˦˨ 一種時行的禦寒服裝

【房子】faŋ˦˨꜒ ·tsɿ 泛稱有牆、頂、門、窗等供人居住或作他用的建築物：學校裏～蓋了不少，還是不夠用的|他想結婚没～！|俺住的～棱擠巴擠！

【房基地】faŋ˧ tɕi˩˦ ti˩ ⇨〖宅基地〗tʂei˧ tɕi˩˦ ti˩

【房契】faŋ˧ tɕʻi˩ 買賣房子的契約

【房裏】faŋ˧˥ ·ȵi(或 ·li) 房子裏

【房後】faŋ˧ xou˩ =〖房後頭〗faŋ˧ xou˩˦ ·tʻou 房子的後面

【房檐】faŋ˧ iã˧ =〖屋檐〗u˩ iã˧ 房頂伸出牆外的部分

【房頂】faŋ˧ tiŋ˥ =〖屋頂〗u˩ tiŋ˥ 房子最上面的部分

【仿圈】faŋ˥ tɕʻyã˩ 寫大仿時用於壓紙的長方形銅片 ‖ 現多用“鎮尺 tʂẽ˩ tʂʻʅ˩”

【妨】faŋ˥ 迷信的人認爲命凶的人(多指婦女)會給別人帶來災禍:這人命裏～爹|～人|～她男人

【紡車】faŋ˥˩ ·tʂʻə 紡紗或紡綫的工具

【紡綢】faŋ˥˩ tʂʻou˧ 一種較薄的平紋絲織品

【放】faŋ˩ ❶解除限制,使自由:開～ ❷放牧:～牛 ❸散:～學 ❹不受約束,任意:～肆 ❺放射 ❻擴展:～大 ❼擱置:～在桌上

【放樹】faŋ˩ ʂu˩ 把樹放倒,即砍樹

【放大鏡】faŋ˩ ta˩ tɕiŋ˩ 凸透鏡的通稱

【放假】faŋ˩ tɕia˩ 在規定時間停止學習或工作

【放花】faŋ˩ xua˩ =〖滋花〗tsʻʅ˩˦ xua˩ 燃放煙火

【放血】faŋ˩ ɕiə˩ ❶中醫療法,用針刺破靜脈放出血液以治中暑等病 ❷一種刑事犯罪手段,用刀子殺傷人:動不動就要給人～ ‖ 重疊式“放放血 faŋ˩ faŋ˩ ɕiə˩”:今天給你～!

【放學】faŋ˩ ɕyə˧ 學校半天或一天的學習完畢,學生回家。也指學校放假

【放爆仗】faŋ˩ pɔ˩˦ ·tʂaŋ 燃放爆竹

【放高利貸】faŋ˩ kɔ˩˦ li˩ tɛ˩ =〖放錢〗faŋ˩ tɕʻiã˧ 借錢給人索取高額利息

【放牛的】faŋ˩ ȵiou˧˥ ·ti 看管牛到草地吃草的人

【放蠶】faŋ˩ tsʻã˧ 到山上放養蠶

【放心】faŋ˩ ɕiẽ˩ 安下心,沒有憂慮,不牽掛:這事我一定辦好,你～!

【放聲】faŋ˩ ʂəŋ˩ 放開嗓門發出大的聲音:～大哭|～笑

vaŋ

【汪汪】vaŋ˩˦ vaŋ˩ 狗叫聲

【亡八嘞】vaŋ˧˥ ·pa ·lia 死了,是對死者不尊重的説法

【王八】vaŋ˧˥ ·pa ❶⇨〖鱉〗piə˩ ❷罵人話 ❸部分人也指烏龜(烏龜和鱉不分)

【王花大拉氣】vaŋ˧ xua˩ ta˩ la˩˦ tɕʻi˩ 多變,不定性:這人～,一會這樣,一會那樣! ‖ 也簡説“王花”,語氣稍輕:這人真～!

【往日】vaŋ˥˩ ·ʐʅ =〖往時〗vaŋ˥˩ ·ʂʅ 以前的日子,過去:～可,俺在杆石橋那裏住 ‖ 往,另見 vaŋ˩

【往年】vaŋ˥ ȵiã˧ 以往的年頭。也指從前

【網笸籮】vaŋ˥˩ ·pʻə ·luə 牆角、屋縫的蜘蛛網或蜘蛛絲

【網兜】vaŋ˥˩ ·tou 用綫繩或尼龍絲等編成的用於裝東西的網狀兜兒

【忘嘞】vaŋ˩˦ ·lia 忘記了

【往】vaŋ˩ 向:～裏靠靠! |～東|回頭～

西‖另見 vaŋ˥

【往裹走】vaŋ˩ li˥˦ tsou˥ =〖朝裹走〗tʂʻɔ˧ li˥˦ tsou˥ 向裹走

【往西走】vaŋ˩ ɕi˨ tsou˥ =〖朝西走〗tʂʻɔ˧ ɕi˨ tsou˥ 向西走

【往外】vaŋ˩ vɛ˩ =〖上外〗ʂaŋ˩ vɛ˩ 向外:他有錢也不~拿!

【往外外】vaŋ˩ vɛ˩˥ ·vɛ 向外去一去:外面空,裹面的同志~!

【往外走】vaŋ˩˦ vɛ˩ tsou˥ =〖朝外走〗tʂʻɔ˧ vɛ˩ tsou˥ 向外走

【往北走】vaŋ˩ pei˨ tsou˥ =〖朝北走〗tʂʻɔ˧ pei˨ tsou˥ 向北走

【往回走】vaŋ˩ xuei˧ tsou˥ =〖朝回走〗tʂʻɔ˧ xuei˧ tsou˥ 走向返程

【往後】vaŋ˩˦ xou˩ ❶後今以後:~我再也不去嘛! ❷向後面:~挪挪!

【往南走】vaŋ˩ nã˧ tsou˥ =〖朝南走〗tʂʻɔ˧ nã˧ tsou˥ 向南走

【往邊兒靠靠】vaŋ˩ piɛr˨[<piã˨] kʻɔ˩˥ ·kʻɔ 請别人向邊上站或行

【往前走】vaŋ˩ tɕʻiã˧ tsou˥ =〖朝前走〗tʂʻɔ˧ tɕʻiã˧ tsou˥ 向前走

【往上翻】vaŋ˩ ʂaŋ˩ fã˨ =〖心裹翻登〗ɕiẽ˨˩ ·ȵi fã˨˩ ·təŋ 反胃,惡心:吃的油膩忒多嘛,光~!

【往東走】vaŋ˩ tuŋ˨ tsou˥ =〖朝東走〗tʂʻɔ˧ tuŋ˨ tsou˥ 向東走

【望遠鏡】vaŋ˩ yã˥ tɕiŋ˩ 觀看遠距離物體的儀器

【望鄉臺】vaŋ˩ ɕiaŋ˨ tʻɛ˧ 迷信傳説中稱新死的鬼魂登上後可望見家鄉的臺子

taŋ

【當家子】taŋ˨˦ tɕia˨˩ ·tsɿ 同姓的人(不同宗)‖當,另見 taŋ˩

【當街】taŋ˨˦ tɕiɛ˨ 稱自己住宅所在的街上:上~嘛|~來了賣菜的|~有賣什麼東西的?

【當頭炮】taŋ˨ tʻou˧˥ pʻɔ˩ 象棋術語,置炮於中直接威脅對方的將(帥)

【當悠】taŋ˨˩ ·iou 見"當朗① taŋ˨˩ ·laŋ"

【當面】taŋ˨˦ miã˩ 在面前,面對面:有話~説!|~點清‖也説"當面兒 taŋ˨˦ miɛr˩"

【當面】taŋ˨˦ miã˩ =〖屋當面〗u˨˦ taŋ˨˦ miã˩ 屋子裹的地面:鉛筆掉~嘛!|别出去,在~上玩!

【當院裹】taŋ˩ yã˩˥ ·ȵi(或·li)=〖當天井〗taŋ˨˦ tʻiã˨˩ ·tɕiŋ 院子裹:俺家~有棵石榴

【當朗】taŋ˨˩ ·laŋ ❶物體懸垂:褲腰帶~着|繩子頭兒~下來嘛! ❷拉長(臉):~個臉幹什麼?

【當央兒裹】taŋ˨ iãr˧˥[<iaŋ˨] ·ȵi(或·li)四方之中的地方,正中‖央,單字音 iaŋ˨,此處讀陽平

【當兵的】taŋ˨˦ piŋ˨˩ ·ti 軍人

【當中間兒】taŋ˨ tʂuŋ˨˦ tɕiɛr˩[<tɕiã˨] =〖中間兒〗tʂuŋ˨˦ tɕiɛr˩[<tɕiã˨] 兩端中間的位置‖間,此處讀去聲

【襠】taŋ˨ 胯下

【擋刀布】taŋ˥˩ ·tɔ pu˩ ⇨〖鐾刀布〗pei˩ tɔ˨˦ pu˩‖擋,另見 taŋ˩

【檔】taŋ˥ 特指算盤中間隔開代表一和五的算盤子兒的横條

【當】taŋ˩ ❶合適:適～ ❷抵得上 ❸當做 ❹以爲:你～我不知道? ❺表示在同一時間:～時 ❻用實物作抵押向當鋪借錢,到期不還本息,實物歸當鋪所有 ‖ 另見 taŋ˩

【當契】taŋ˩ tɕ'i˩ 當票

【當鋪】taŋ˩ p'u˩ 專門收取實物爲抵押品放高利貸的店鋪

【當房子】taŋ˩ faŋ˧˥ ·tsɿ ⇨〖典房子〗tiã˥ faŋ˧˥ ·tsɿ

【擋不着】taŋ˩˥ ·pu ·tʂuə 說不定:肚子疼,～着涼嘛! |他這兩天没來上班,～家裏有事兒嘛! ‖ 擋,另見 taŋ˥

【擋耙】taŋ˩˥ ·p'a 一種在下種之後把地弄平的耙子

t'aŋ

【湯藥】t'aŋ˩˩ ·yə 用水熬成的中藥

【湯盤】t'aŋ˩ p'ã˧ 比較深的可以盛湯菜的盤子

【湯碗子】t'aŋ˩˩ ·vã ·tsɿ 小于飯碗大于茶碗的碗,無欛:使～喝

【堂】t'aŋ˧ ❶正房:～屋 ❷專用於某種活動的房屋:禮～|食～|教～ ❸舊時官府中舉行儀式、審訊案件的地方:大～ ❹商店牌號:燕喜～濟南的一家飯店|宏濟～濟南的一家藥店 ❺堂房:～兄弟兒 ❻量詞:一～課|審一～

【堂姊妹】t'aŋ˧ tsɿ˥˩ ·mei ⇨〖叔伯姊妹(們兒)〗ʂu˩˩ ·pei tsɿ˥˩ ·mei (·mer[<·mẽ])

【堂子】t'aŋ˧˥ ·tsɿ ⇨〖澡堂子〗tsɔ˥˦ t'aŋ˧˥ ·tsɿ

【堂屋】t'aŋ˧ u˩ ⇨〖上房(屋)〗ʂaŋ˩ faŋ˧ (u˩)

【堂兄弟兒】t'aŋ˧ ɕyŋ˩˦ tier˩[<ti˩] ⇨〖叔伯兄弟兒〗ʂu˩˩ ·pei ɕyŋ˩˦ tier˩[<ti˩]

【搪瓷鍋】t'aŋ˧ ts'ɿ˧ kuə˩ 表面塗有一層搪瓷的鐵鍋

【溏心】t'aŋ˧˥ ·ɕiẽ 煮鷄蛋時蛋黄没有完全凝固的。也指松花蛋中蛋黄没有完全凝固的:～鷄蛋|這鷄蛋～!

【糖】t'aŋ˧ 通稱各類食糖:白～|冰～|牛奶～|水果～|芝麻～

【糖稀】t'aŋ˧ ɕi˩ 未凝固的膠狀麥芽糖,淡黄色

【糖酥煎餅】t'aŋ˧ su˩˦ tɕiã˩˩ ·piŋ 一種點心,用精粉、鷄蛋、白糖等調成糊狀後烙成的酥脆薄餅,是濟南名特産 ‖ 參見"煎餅 tɕiã˩˩ ·piŋ"

【糖瓜】t'aŋ˧ kua˩ 做成圓形(瓜狀)的麥芽糖,舊俗臘月二十三日用以供竈神

【糖票】t'aŋ˧˥ p'iɔ˩ 食糖計劃供應時期居民領取的購買食糖的票證

【淌血】t'aŋ˥ ɕiə˩ 流血

【淌淚】t'aŋ˥ luei˩ ═〖淌眼淚〗t'aŋ˥˦ iã˥ luei˩ 眼有病流淚:迎風～

【躺着】t'aŋ˥˩ ·tʂɿ 卧着:～看書

【躺椅】t'aŋ˥˦ i˥ 靠背特别長而且向後傾斜可供人斜躺的椅子:竹子～

【躺下】t'aŋ˥˩ ·ɕia 卧下:剛～,没睡着

【燙壺】t'aŋ˩ xu˧ ⇨〖熨壺〗yẽ˩˥ ·xu

【燙髮】t'aŋ˩ fa˩ ❶燙頭髮 ❷燙過的頭髮

【燙頭】t'aŋ˩ t'ou˧ 燙頭髮

【燙麵餃兒】t'aŋ˩˥ ·miã tɕiɔr˩[<tɕiɔ˩] 用很燙的水和的麵所包的餃子,蒸熟後食用

naŋ

【南瓜】naŋ˦˥[<nã˦˥] ·kua 一種常見蔬菜，個大，嫩時青綠色，成熟時黄色。果肉厚，味甜發麵，子實亦可吃‖南，單字音 nã˦，此處韵母讀 aŋ，受後字 k 聲母的同化。新派讀 nã˦

【暖和】naŋ˥˩(或 nuã˥˩) ·xuə ❶溫暖，不冷也不熱：天～嘛！❷使暖和，一般連用：快進屋～～！‖暖，另見 nuã˥、nã˥，此處受後字聲母發音部位影響讀 naŋ˥

【饟喪】naŋ˥˩ ·saŋ 很快往嘴裏填塞食物（貶義）：使勁～罷！

【㶞】naŋ˩ 人多，擁擠：集上人忒～，過不去！‖㶞，廣韵董韵奴動切。《方言·卷十》："多也"

【齉鼻子】naŋ˩˥ ·pi ·tsɿ 鼻子不通氣，説話鼻音重

laŋ

【郎賢】laŋ˦ ɕiã˦ ❶名詞後綴，等等，之類（含厭惡義）：一天到晚買菜做飯～的，膩外人！｜買報紙雜志～ ❷囉唆：説話作報告，胡吹八拉，～二百五！

【郎當】laŋ˦˥ ·taŋ 用於整十的歲數後，表示概數：二十～歲｜七十～歲‖不用於單個的十後

【狼】laŋ˦ 坑（人）：這布百貨大樓賣兩塊錢一尺，他要四塊，真～人！｜他好～人，別聽他説！｜叫他～了我一下！

【狼】laŋ˦ =〖媽虎〗ma˩˩ ·xu 一種野獸，形狀像狗，晝伏夜出，性兇殘貪婪：～心狗肺

【浪】laŋ˩ ❶波浪 ❷没有約束，放任 ❸放蕩不羈（一般用於説年輕女性，偶而也用於男性）：～妮兒｜這女的穿那麼短，～的個她！｜～小兒 ❹交媾時興奮起來：～上來

【浪張】laŋ˩˥ ·tʂaŋ 亂跑，胡鬧：你上哪裏～來？‖永長街回民區一帶的人説

tsaŋ

【贓官】tsaŋ˩˥ kuã˩ 貪贓的官

【髒】tsaŋ˩ ❶不乾淨 ❷説人壞話，諷刺挖苦人：他好～個人｜你別～我｜你這是～人！

【髒器】tsaŋ˩˩ ·tɕ'i 垃圾：倒～

【髒水】tsaŋ˩ ʂuei˥ 不乾淨的水：～溝‖參見"污水 u˩ ʂuei˥"

【髒水桶】tsaŋ˩ ʂuei˥ t'uŋ˥ =〖髒水筲〗tsaŋ˩ ʂuei˥ ʂɔ˩ 倒髒水的桶

【葬情緒】tsaŋ˩ tɕ'iŋ˦˥ ·ɕy 興趣、好情緒受到了破壞：明天要是下雨，看不了日出，可就～嘛！｜當着面批評他，挺葬他的情緒‖新詞

【藏青】tsaŋ˩ tɕ'iŋ˩ 藍中帶黑的顏色‖藏，另見 ts'aŋ˦

ts'aŋ

【蒼子】ts'aŋ˩˩ ·tsɿ 蒼耳，一年生草本植物，種子入藥

【蒼白】ts'aŋ˩ pei˦ 白而略微發青，形容臉没有血色

【蒼羊】ts'aŋ˩˩ ·iaŋ 蒼蠅的又稱‖《方言·卷十一》："蠅，東齊謂之羊"

【蒼蠅甩子】ts'aŋ˩ iŋ˦ ʂuɛ˥˩ ·tsɿ ⇨〖蠅甩子〗iŋ˦˥ ·ʂuɛ ·tsɿ

【蒼蠅】ts'aŋ˩˩ ·iŋ ⇨〖蠅子〗iŋ˦˥ ·tsɿ

【蒼蠅子】ts'aŋ˩˩ ·iŋ tsɿ˥ ⇨〖白渣〗

pei˧꜒ ·tʂa

【藏】ts'aŋ˧ ❶收存，儲藏 ❷躲藏：～着玩兒‖另見 tsaŋ˩

【藏貓乎】ts'aŋ˧ mɔ˧ xu˩ ❶捉迷藏：咱～來！❷躲閃，打掩護：你別跟我～嘛，告訴我罷！

【□】ts'aŋ˩ ❶擦過 ❷因擦過而沾上

【□癢癢】ts'aŋ˩ iaŋ˥꜖ ·iaŋ ❶靠着一個地方摩擦身上的某一部位解癢：小豬在牆上～ ❷比喻爲遮掩自己感到難爲情的事情所作出的言行：算了吧，你這是～|快別在這兒～！

saŋ

【桑皮紙】saŋ˩ p'i˧ tʂʅ˥ 以桑樹皮爲原料做成的紙

【桑樹】saŋ˩꜖ ·ʂu 落葉喬木，葉片卵形，可喂蠶，皮可造紙，果穗成熟後紫色或灰白色，可以吃

【桑葉】saŋ˩꜖ ·iə 桑樹的葉子，是家蠶的飼料

【桑椹】saŋ˩꜔ ʂẽ˩ =〖桑椹子〗saŋ˩꜔ ʂẽ˩꜒ ·tsʅ =〖椹子〗ʂẽ˩꜒ ·tsʅ 桑樹的果實

【喪】saŋ˩ 跟死了人有關的事情：婚～|～事|～家‖另見 saŋ˩

【喪事兒】saŋ˩꜔ ʂer˩[<ʂʅ˩] =〖白事兒〗pei˧꜒ ʂer˩[<ʂʅ˩] 人死後辦理喪葬等事情

【喪主】saŋ˩꜖ ·tʂu 喪家

【喪門】saŋ˩꜖ ·mẽ 說一些使對方感到不吉利的話：你這是～人！|你別～他了噢，他夠勁兒嘛！

【喪門星】saŋ˩꜖ ·mẽ ɕiŋ˩ ⇨〖掃帚星②〗sɔ˩꜒ ·tʂu ɕiŋ˩

【嗓子】saŋ˥꜖ ·tsʅ ❶喉嚨：～疼！❷嗓音：他～好！

【嗓子眼兒】saŋ˥꜖ ·tsʅ iɛr˥[<iã˥] 喉嚨口

【嗓門兒】saŋ˥ mer˧[<mẽ˧] 嗓音：～大|扯着大～叫

【喪】saŋ˩ ❶喪失：人不能～良心！❷態度生硬，不和藹：這人說話真～！‖另見 saŋ˩

【喪良心】saŋ˩ liaŋ˧꜒ ·ɕiẽ 没了良心

tʂaŋ

【章程】tʂaŋ˩꜖ ·tʂ'əŋ 辦事的規則

【張】tʂaŋ˩ ❶開：～嘴 ❷擴大，誇大：誇～ ❸把熱水在兩個容器中來回倒，使水涼：你等一等，我～一～再喝，省的燙嘴！❹姓氏

【張軲輪兒】tʂaŋ˩꜔ ku˩꜖ ·luer[<luẽ˧] 連續翻跟頭的體操動作

【張嘴】tʂaŋ˩ tsuei˥ =〖張口〗tʂaŋ˩ k'ou˥ ❶張開嘴：～就吃|有什麼話～就說 ❷開口，指向別人借貸或有所請求：有麼事你盡管～！

【張道】tʂaŋ˩꜖ ·tɔ 好張羅攬事：他家裏那一位可～啦，盡找事兒！|没你的事兒，你～麼啊？

【張道神】tʂaŋ˩꜖ ·tɔ ʂẽ˧ 好張羅攬事的人：他是個～，啥都要管！

【張手】tʂaŋ˩ ʂou˥ 伸手：△衣來～，飯來張口！

【張跟頭兒】tʂaŋ˩꜖ kẽ˩꜖ ·t'our[<t'ou˧] =〖翻跟頭兒〗fã˩꜔ kẽ˩꜖ ·t'our[<t'ou˧] 一種身體向下翻轉而後恢復原狀的體操動作

【張榜】tʂaŋ˩ paŋ˥ ⇨〖發榜〗fa˩ paŋ˥

【樟樹】tʂaŋ˨˩˪ ·ʂu 常綠喬木，木材細密，全株有香氣，可防蛀蟲

【蟑螂】tʂaŋ˨˩˪ ·laŋ 一種害蟲，身體扁平，黑褐色‖濟南極少見

【□】tʂaŋ˦ 添加，用：這湯得再～上點兒鹽|這個菜～油炒不～醬油

【長】tʂaŋ˥ ❶生長：這地裏不～草|頭上～了個癤子|這妮兒～的真俊！|你種的花怎麼不見～啊？❷脹大，頭腦發熱忘乎所以：～臉|～腔子|～的個他‖參見“長臉 tʂaŋ˥˪ liã˥”、“長腔子 tʂaŋ˥ tɕʻiaŋ˨˩˪ ·tsɿ”。另見 tʂʻaŋ˦

【長】tʂaŋ˥ ❶指年紀大、排行最大、輩分大：年～|～子|～輩 ❷某些機構團體中的最高領導人：部～|村～|組～

【長癤子】tʂaŋ˥ tɕiə˨˩˪ ·tsɿ 皮膚上長起由紅腫到化膿的硬塊

【長輩】tʂaŋ˥ pei˩ 輩分高的人‖也說“長輩兒 tʂaŋ˥ per˩”

【長毛】tʂaŋ˥ mɔ˦ 食物等日久變質，表層有毛狀物：～嘞！

【長臉】tʂaŋ˥˪ liã˥ ❶得寸進尺不知收斂：誇你兩句，你就～嘞！|在生人面前，你可別～噢！|你～麼？|這小子多～！|你長麼臉？❷得意：這人最近挺～！‖義項②常用作獨詞句以訓斥人（多訴斥孩子）。參見“做勢 tsou˩˥ ·ʂɿ”、“長腔子 tʂaŋ˥ tɕʻiaŋ˨˩˪ ·tsɿ”

【長腔子】tʂaŋ˥ tɕʻiaŋ˨˩˪ ·tsɿ 嗓門兒粗起來了，得意忘形：他最近～長的了不的！|最近掙了兩個錢，長起腔子來嘞|你長麼腔子？‖參見“長臉 tʂaŋ˥˪ liã˥”

【長相】tʂaŋ˥ ɕiaŋ˩ 人的樣子，相貌

【長瘡】tʂaŋ˥ tʂʻuaŋ˨˩ 生瘡

【長病】tʂaŋ˥ piŋ˩ 生病

【長病嘞】tʂaŋ˥˪ piŋ˩˥ ·lia =〖病嘞〗piŋ˩˥ ·lia =〖不好嘞〗pu˨˩˪ ·xɔ ·lia 生病了

【長疔】tʂaŋ˥ tiŋ˨˩ 生疔瘡

【掌櫃的】tʂaŋ˥ kuei˩˥ ·ti ❶商店老板 ❷管理商店的負責人 ❸舊指丈夫

【掌紋】tʂaŋ˥ vẽ˦ 手掌上的紋路

【漲錢】tʂaŋ˥ tɕʻiã˦ =〖漲價〗tʂaŋ˥ tɕia˩ 商品價格提高：趕快去買，～嘞！

【丈母娘】tʂaŋ˩ ·mu ȵiaŋ˦ =〖岳母〗yə˩ mu˥ 妻子的母親‖用於表示親屬關係或背稱，面稱一般隨妻子稱“媽 ma˨˩”或“娘 ȵiaŋ˦”等。丈，此處在輕聲前不變調

【丈夫】tʂaŋ˩˥ ·fu 夫妻中的男方：△～腳下討天堂！回民熟語

【丈人】tʂaŋ˩˥ ·ʐẽ =〖老丈人〗lɔ˥˪ tʂaŋ˩˥ ·ʐẽ =〖岳父〗yə˩（或 yə˩˥）fu˩ 妻子的父親‖丈人、老丈人、岳父都只表示親屬關係，如：“他的老丈人來嘞！”作爲稱謂，則只用於背稱，如：“我岳父在二中教書！”面稱一般隨妻子稱“爸爸 pa˩˥ ·pa”、“爹 tiə˨˩”、“大大 ta˦˥ ·ta”等。過去女婿稱小於自己父親的岳父爲“叔叔 ʂu˨˩˪ ·ʂu”

【丈人家】tʂaŋ˩˥ ·ʐẽ ·tɕia 岳父家

【仗義】tʂaŋ˩ i˩ 講義氣，夠朋友：這人挺～！

【帳】tʂaŋ˩ 用紗、布、綢、尼龍等製成的遮蔽物：蚊～|～篷

【帳鉤】tʂaŋ˩ kou˨˩ =〖帳鉤子〗tʂaŋ˩ kou˨˩˪ ·tsɿ 掛蚊帳的鉤子

【帳沿子】tʂaŋ˩ iã˦˥ ·tsɿ 帳沿兒

【脹飽】tʂaŋ˩˥ ·pɔ ❶吃得飽脹：這頓飯

吃的怪～，得出去走走！❷驕傲自得、大手大腳的樣子：别～！｜我看你也忒～，别不知自己吃幾碗乾飯！｜拿這麼大的魚喂貓，窮～！

【賬】tʂaŋ˨˩ ❶關於錢款、貨物等出入的記載：記～｜～本 ❷賬簿：一本～ ❸債：欠～

【賬目】tʂaŋ˨˩ mu˨˩ 賬上記載的項目：～不清｜公布～

【賬單】tʂaŋ˨˩ tã˨˩˧ 記載錢款、貨物出入的單子

【賬房】tʂaŋ˨˩ faŋ˦˨ 舊時在企業單位中或有錢人家裏管理銀錢貨物等出入的處所

【賬房先生】tʂaŋ˨˩ faŋ˦˨ ɕiã˨˩˧꜖ ·ʂəŋ 在賬房裏管理銀錢貨物出入的人

tʂʻaŋ

【鯧魚】tʂʻaŋ˨˩˧ y˦˨ 一種海魚，身體短而側扁，没有腹鰭

【長】tʂʻaŋ˦˨ ❶指兩端之間的距離大 ❷長度：這繩子有多～？❸結賬時現金比賬面的數字多：一結賬還～出十塊錢！❹長處：一技之～ ‖ 另見 tʂaŋ˥

【長裏下】tʂʻaŋ˦˨꜒ ·ȵi（或·li）·ɕia 從長裏看：～多麼長？｜～有八尺

【長襪】tʂʻaŋ˦˨ va˨˩ 長到膝蓋下面的襪子

【長果】tʂʻaŋ˦˨ kuə˥ ⇨〖花生〗xua˨˩˧꜔ ʂəŋ˨˩˧

【長果油】tʂʻaŋ˦˨ kuə˥ iou˦˨ 舊稱花生油

【長果仁兒】tʂʻaŋ˦˨ kuə˥ ʐer˦˨［＜ʐẽ˦˨］＝〖花生仁兒〗xua˨˩˧꜔ ʂəŋ˨˩˧ ʐer˦˨［＜ʐẽ˦˨］花生米，花生去殼後的仁兒

【長果餅】tʂʻaŋ˦˨ kuə˥꜔ piŋ˥ ＝〖長果麻繩〗tʂʻaŋ˦˨ kuə˥꜔ ma˦˨꜒ ·ʂəŋ ＝〖花生餅〗xua˨˩˧꜔ ʂəŋ˨˩˧ piŋ˥ ＝〖果子餅〗kuə˥꜖ ·tsɿ piŋ˥ 花生榨油後壓成的餅形渣子

【長套】tʂʻaŋ˦˨꜒ ·tʻɔ 拉套子的馬 ‖ 參見“拉套子的 la˨˩˧ tʻɔ˨˩꜔ ·tsɿ ·ti”

【長壽糕】tʂʻaŋ˦˨꜒ ʂou˨˩ kɔ˨˩˧ 一種長條形、兩頭圓、中間略微凹起的片狀點心，用麵條加鷄蛋等烙成

【長錢】tʂʻaŋ˦˨ tɕʻiã˦˨ 現款多於賬面的數字 ‖ 參見“短錢 tuã˥ tɕʻiã˦˨”

【長仙】tʂʻaŋ˦˨ ɕiã˨˩˧ 長蟲仙，傳説中修行得道的蛇

【長庚星】tʂʻaŋ˦˨ kəŋ˨˩˧꜔ ɕiŋ˨˩˧ 指晚上出現在天空西方的金星 ‖ 參見“啓明星 tɕʻi˥꜖ ·miŋ ɕiŋ˨˩˧”

【長明燈】tʂʻaŋ˦˨ miŋ˦˨ təŋ˨˩˧ 供在神像前晝夜不滅的燈，一般是油燈

【長統襪】tʂʻaŋ˦˨ tʻuŋ˥ va˨˩ 長過膝蓋的襪子

【長蟲】tʂʻaŋ˦˨꜒ ·tʂʻuŋ ＝〖蛇〗ʂa˦˨ 爬行動物，身體圓而細長，有鱗，無四肢，種類很多，有的有毒

【長工】tʂʻaŋ˦˨ kuŋ˨˩˧ 舊社會長年扛活的農民

【場院】tʂʻaŋ˦˨꜒ ·yã 翻曬糧食、打穀物的平坦而且堅實的空地 ‖ 場，另見 tʂʻaŋ˥

【腸】tʂʻaŋ˦˨ ＝〖腸子〗tʂʻaŋ˦˨꜒ ·tsɿ 内臟之一，消化器官的一部分

【償命】tʂʻaŋ˦˨꜒ miŋ˨˩（殺人者）用生命抵償：△氣死人不～！

【場面兒】tʂʻaŋ˥꜖ ·miɛr［＜miã˨˩］事情處理得當：他辦事兒～！‖ 場，另見 tʂʻaŋ˦˨

【唱唱兒】tʂʻaŋ˨˩꜔ tʂʻãr˨˩［＜tʂʻaŋ˨˩］演唱小曲兒、民謠等：你唱個唱兒我聽聽！｜他會～！

ʂaŋ

【商埠】ʂaŋ˧˩ p'u˥ 特指濟南市内西部阜里門以外二大馬路一帶地方‖埠p'u˥,不讀pu˨˩

【商號】ʂaŋ˧˩˧ xɔ˨˩ ＝〖字號〗tsɿ˨˩ xɔ˨˩ 舊稱商店

【商店】ʂaŋ˧˩˧ tiã˨˩ 在室内出售商品的場所,範圍比鋪子大:百貨～

【商人】ʂaŋ˧˩ ʐẽ˦˨ 經商的人

【商場】ʂaŋ˧˩ tʂ'aŋ˥ ❶各種商店聚集在一個範圍内的市場:大觀園～濟南商場名 ❷面積較大、商品齊全的大型綜合商店:人民～濟南商場名

【傷寒】ʂaŋ˧˩ xã˦˨ 由傷寒桿菌引起的一種急性腸道傳染病

【傷風】ʂaŋ˧˩˧ fəŋ˧˩ ＝〖涼着(咧)〗liaŋ˦˥ ·tʂɔ (·lia) ＝〖感冒〗kã˥ mɔ˨˩ ＝〖受涼〗ʂou˨˩ liaŋ˦˨ 因着涼等引起的病症,症狀是打噴嚏、咳嗽、流鼻涕、咽喉發炎、發燒等

【晌午】ʂaŋ˥˩ ·u ＝〖中午〗tʂuŋ˧˩ u˥ 白天十二點左右的時間

【晌午頭】ʂaŋ˥˩ ·u t'ou˦˨ 正午:～都睡着覺咧,快悄没聲兒的!

【晌午飯】ʂaŋ˥˩ ·u fã˨˩ ＝〖午飯〗u˥ fã˨˩ ＝〖中午飯〗tʂuŋ˧˩ u˥ fã˨˩ 中飯

【上】ʂaŋ˨˩ ❶位置或等級高的,次序或時間在前的:～頭|～級|～次|～半年 ❷從低處到高處:～山|～樓|～升|～進 ❸表示某些動作:～課|～油|～貨|～弦 ❹用在動詞後,表示動作結果:看～他咧!|鎖～門|考～大學咧! ❺用在名詞後,表示物體表面、中間或事物的某一方面:臉～|桌子～|領導～ ❻到,往:～哪兒去? ❼達到一定數量或程度:～百|～千|成千～萬|～年紀咧!

【上地】ʂaŋ˨˩ ti˨˩ 到地裏做農活

【上裏裏】ʂaŋ˨˩ li˥˩ ·li ⇨〖靠裏裏〗k'ɔ˨˩(或k'ɔ˨˩) li˥˩ ·li

【上砌兒】ʂaŋ˨˩ tɕ'ier˨˩[<tɕ'i˨˩] 石磨的上面一扇

【上一邊兒去】ʂaŋ˨˩ i˧˩˧ piɛr˧˩˩[<piã˧˩] ·tɕ'i ⇨〖一邊兒去〗i˧˩˧ piɛr˧˩˩[<piã˧˩] ·tɕ'i

【上訴】ʂaŋ˨˩ su˨˩ 不服第一審的判決或裁定按法律程序向上級法院提出申訴並要求改判

【上午】ʂaŋ˨˩ u˥ ⇨〖頭午〗t'ou˦˥ ·u

【上夾棍】ʂaŋ˨˩ tɕia˧˩˩ ·kuẽ 一種用棍夾手指頭的刑罰

【上下】ʂaŋ˨˩˧ ɕia˨˩ ❶上面和下面:渾身～淋透咧!|～文 ❷上級和下級,上輩和下輩:～級|～三代 ❸從高處到低處和從低處到高處:他腿上有傷,住高樓～不方便!‖重疊式"上上下下 ʂaŋ˨˩ ʂaŋ˨˩ ɕia˨˩ ɕia˨˩":一家人～都挺高興!|泰山修了索道,～就方便咧!

【上下】ʂaŋ˨˩ ·ɕia 用在數量詞的後面,表示比該數稍多或稍少:五十歲～|五千～|一萬斤～‖上,此處在輕聲前不變調

【上坡做墳】ʂaŋ˨˩ p'ə˧˩ tsou˨˩ fẽ˦˨ 回民稱掃墓

【上個月】ʂaŋ˨˩ ·kə yə˨˩ 本月的前面一個月‖上,此處在輕聲前不變調

【上課】ʂaŋ˨˩ k'ə˨˩ 教師講課或學生聽課

【上落】ʂaŋ˨˩˥ ·luə 因某事而找人交涉,多用於鄰里之間發生如孩子打架等小糾紛時:咱別礙着别人的事兒,别讓人

家～咱!

【上座】ʂaŋɹ tsuəɹ =〖上首〗ʂaŋɹ ʂou˥ 座位中最尊的位置。在舊式房子中,八仙桌一般靠着條几安放,上座即面對八仙桌右邊的座位

【上貨】ʂaŋɹr ·xuə 回民稱供食用的牛羊的心臟、肝臟

【上火】ʂaŋɹ xuə˥ ❶中醫稱大便乾燥、口舌生瘡、眼膜發炎等症狀 ❷生氣,發怒

【上學】ʂaŋɹ ɕyə˧ 在學校就讀:在濟南～‖舊稱"上學堂 ʂaŋɹ ɕyə˧ t'aŋ˧"

【上學校】ʂaŋɹ ɕyə˧r ɕiɔɹ 到學校去‖舊稱"上書房 ʂaŋɹ ʂuɹL ·faŋ"

【上藥】ʂaŋɹr yəɹ =〖抹藥〗mə˥ yəɹ 敷藥

【上外】ʂaŋɹ vɛɹ ⇨〖往外〗vaŋɹ vɛɹ

【上菜】ʂaŋɹ ts'ɛɹ 端菜上桌

【上膘】ʂaŋɹ piɔɹ ❶(牲畜)長肉 ❷謔稱人發胖

【上吊】ʂaŋɹ t'iɔɹ 投繯

【上頭】ʂaŋɹ t'ou˧ 指童養媳結婚‖另見 ʂaŋɹr ·t'ou

【上頭】ʂaŋɹr ·t'ou =〖上邊兒〗ʂaŋɹ piɛrɹ[<piãɹ] ❶上面,位置較高的地方 ❷上級‖"上頭"另見 ʂaŋɹ t'ou˧

【上首】ʂaŋɹ ʂou˥ ❶三間正房的東間 ❷座位中面對桌子右邊的一個座

【上首椅子】ʂaŋɹ ʂou˥ i˥L ·tsɿ 安放於最尊座次上的椅子:你上人家家去,可別坐～家長囑咐孩子的話!

【上秋】ʂaŋɹ tɕ'iouɹ 到秋天:這事兒～再辦罷!

【上班兒】ʂaŋɹ pɛrɹ[<pãɹ] 職工在規定的時間到工作場所工作

【上半宿】ʂaŋɹr ·pã ɕyɹ 上半夜

【上半月】ʂaŋɹr ·pã yəɹ 前半月

【上半年】ʂaŋɹr ·pã ·ȵiã =〖頭半年〗t'ou˧r ·pã ·ȵiã 前半年

【上欄】ʂaŋɹr ·lã 豬欄有頂棚的部分‖參見"豬欄 tʂuɹ lã˧"

【上前】ʂaŋɹ tɕ'iã˧ 參與,介入:他氣不忿兒,也～打起來咧!

【上弦】ʂaŋɹ ɕiã˧ 上發條:錶停咧,忘了～!

【上算】ʂaŋɹ suãɹ 合算

【上墳】ʂaŋɹ fẽ˧ =〖掃墓〗sɔ˥ muɹ 在墓地祭奠、培土、打掃

【上糞】ʂaŋɹr fẽɹ 施糞肥

【上任】ʂaŋɹr ʐẽɹ ❶官吏就職 ❷前一任官吏

【上勁兒】ʂaŋɹ tɕierɹ[<tɕiẽɹ] ❶來了精神,有了勁頭 ❷到了一定程度,開始吃勁兒:擰螺絲一～就別再擰咧!

【上旬】ʂaŋɹ ɕyẽ˧ 一個月中前面的十天

【上房(屋)】ʂaŋɹ faŋ˧ (uɹ) =〖堂屋〗t'aŋ˧ uɹ 四合院中位置在正面的房子,一般是北房,也有東上房、西上房,比較高大寬綽,多由家中主要人物居住

【上訪】ʂaŋɹ faŋ˥ 向上級機關反映問題請求解決

【上象(相)】ʂaŋɹ ɕiaŋɹ ⇨〖飛象(相)〗feiɹr ɕiaŋɹ

【上刑】ʂaŋɹ ɕiŋ˧ =〖上刑罰〗ʂaŋɹ ɕiŋ˧r ·fa =〖動刑〗tuŋɹ ɕiŋ˧ 對受審人使用刑具

【上冬】ʂaŋɹ tuŋɹ 到冬天:～就娶!

【上凍】ʂaŋɹ tuŋɹ =〖結冰〗tɕiəɹr piŋɹ 水在攝氏零度以下凝結成冰

【上供】ʂaŋɹr kuŋɹ ❶=〖擺供〗pɛ˥

kuŋ˩ 把祭品擺到供桌上 ❷今多用於諱稱爲向别人求助而送禮

【尚謊】ʂaŋ˩˥ ·xuaŋ 欺騙，捉弄：你别～我！|我又讓他～嘛！

【緔鞋】ʂaŋ˩ ɕiɛ˨ 將鞋幫和鞋面縫到一起

ʐaŋ

【嚷嚷】ʐaŋ˨˩˪ ·ʐaŋ ＝〖叫嚷〗 tɕiɔ˩ ʐaŋ˥ 喊叫‖嚷，單字音 ʐaŋ˥，"嚷嚷"的前字讀陰平

【瓤】ʐaŋ˨ ❶瓜果皮裹包着種子的肉或瓣兒：瓜～ ❷泛指某些皮或殻裹包着的東西：疙瘩～兒秫秸瓤兒 ❸物品不結實，身體弱

【瓤子燒餅】ʐaŋ˨˥ ·tsɿ ʂɔ˨˪ ·piŋ ＝〖瓤子火燒〗 ʐaŋ˨˥ ·tsɿ xuə˥˪ ·ʂɔ 一種比較厚、裹面比較軟的燒餅

【讓】ʐaŋ˩ ❶退讓，不爭：～他點兒算嘛！|～路 ❷請别人接受招待：把客人～進屋去|～菜 ❸轉讓：二百元他把電視機～給我嘛！❹表示指使，允許：誰～你來的？❺介詞，被：茶杯～他打嘛！

【讓菜】ʐaŋ˩ ts‘ɛ˩ 請客人吃菜

【讓客】ʐaŋ˩ k‘ei˨ 請客人接受招待

kaŋ

【缸底】kaŋ˨ ti˥ ❶缸的底部 ❷借指剩在缸底的少量糧食等：米食兒小米麵就剩點兒～嘛！

【剛】kaŋ˨ 見"剛 tɕiaŋ˨"

【剛好】kaŋ˨ xɔ˥ 見"剛好 tɕiaŋ˨ xɔ˥"

【鋼】kaŋ˨ 鐵和碳的合金

【鋼絲牀】kaŋ˨˥ sɿ˨ tʂ‘uaŋ˨ ❶一種四周有鐵架，四條腿用鋼管焊成的舊式木牀 ❷新式的用鋼絲編成的牀

【鋼筆】kaŋ˨˥ pei˨ ＝〖自來水筆〗 tsɿ˩ lɛ˨ ʂuei˥ pei˨ 筆頭用金屬製成的筆，有貯存墨水的裝置‖筆，今讀 pi˨

【鋼靠藍】kaŋ˨˥ k‘ɔ˩ lã˨ ＝〖靠藍〗 k‘ɔ˩ lã˨ 一種淺藍色

【鋼鏰】kaŋ˨˥ pəŋ˩ 現行金屬輔幣‖部分人説

【鋼精鍋】kaŋ˨˥ tɕiŋ˨ kuə˨ ＝〖鋁鍋〗 ly˥ kuə˨ 鋁鑄的鍋

【鋼種】kaŋ˨ tʂuŋ˥ ＝〖鋼精〗 kaŋ˨˥ tɕiŋ˨ 製造器皿的鋁

【繮繩】kaŋ˨（或 tɕiaŋ˨） ʂəŋ˨ 拴牲口的繩子，一般是綫繩‖繮，城裏 kaŋ˨、tɕiaŋ˨ 兩讀，東郊只讀 kaŋ˨。參見"套繩 t‘ɔ˩ ʂəŋ˨"

【□】kaŋ˨ ＝〖□着〗 kaŋ˨˥ ·tʂɿ 挺，很，含感嘆語氣：～好|～賽來！|這人～疵毛

【□□着】kaŋ˨˥ ·kaŋ ·tʂɿ 見"□□着 tɕiaŋ˨˥ ·tɕiaŋ ·tʂɿ"

【崗子】kaŋ˥˪ ·tsɿ 不高的山

【膙子】kaŋ˥˪（或 tɕiaŋ˥˪） ·tsɿ 趼子，手腳上磨起的硬皮

【杠老將】kaŋ˩ lɔ˥˪ ·tɕiaŋ 兒童游戲，兩人雙手各持有韌性的楊樹葉莖的兩端，交叉用力以拉斷對方者爲勝

k‘aŋ

【糠】k‘aŋ˨ ❶麥子等子實碾壓下來的外皮：麥～ ❷＝〖糠嘛〗k‘aŋ˨˪ ·lia 蘿蔔等失去水分而中空：～心|～蘿貝

【扛大個兒的】k‘aŋ˩˥ ta˩ kər˩˥［<kə˩］·ti 搬運工

【扛枷】k‘aŋ˩ tɕia˩˧ 罪犯帶着枷

【扛榜】k‘aŋ˩ paŋ˥ ⇨〖坐紅椅子〗tsuə˩ xuŋ˧ i˥˩ ·tsɿ

【抗】k‘aŋ˩ ❶抵抗：～災 ❷抗拒：～租 ❸禁得起，抵得住：～揍|～造

【抗造】k‘aŋ˩ tsɔ˩ 耐磨經用：他買的車椄～|這種折叠椅不～

【炕】k‘aŋ˩ 用土坯或磚砌成的睡覺的臺，一般跟鍋臺相通，裏面有通道接煙囱，可以燒火取暖

【炕席】k‘aŋ˩ ɕi˧ 用高粱稭的皮編成的大席，一般鋪在炕上

【炕桌】k‘aŋ˩ tʂuə˩ 放在炕上吃飯或擱置雜物的小矮桌，一般長方形

【炕沿兒】k‘aŋ˩ iɛr˧[<iã˧] 炕的前沿兒：坐～上歇歇！

ŋaŋ

【□】ŋaŋ˥ ❶燃燒出煙：你別在這兒～煙嘛！❷燒：一把火～嘛！

xaŋ

【行二】xaŋ˧˥ ər˩ 排行第二‖行，另見 ɕiŋ˧

【行大】xaŋ˧˥ ta˩ 排行第一：我～他行二

【行家】xaŋ˧˥ ·tɕia 内行的人

【行行(子)】xaŋ˧˥ ·xaŋ (·tsɿ) ＝〖行子〗xaŋ˧˥ ·tsɿ ❶駡人話，猶家伙：這～不是東西！|這～好胡弄人！❷東西：你買了什麼～？|這～不值錢！|這～不好使！

【航空信】xaŋ˧ k‘uŋ˩˧ ɕiẽ˩ 由飛機運送的信件

【絎針】xaŋ˧˥ ·tʂẽ 用於縫被子、棉衣等的長針

【巷道】xaŋ˩ tɔ˩ 礦井下的坑道‖巷，另見 ɕiaŋ˩

iaŋ

liaŋ

【涼席】liaŋ˧˩ ɕi˧˩ 席子的通稱：燈草～｜蒲子～

【涼臺】liaŋ˧˩ tʻɛ˧˩ ＝〖陽臺〗 iaŋ˧˩ tʻɛ˧˩ 樓房中建造的供人曬太陽、乘涼等的平臺

【涼菜】liaŋ˧˩˥ tsʻɛ˨˩ 涼着吃的菜，包括生拌了吃的菜

【涼開水】liaŋ˧˩ kʻɛ˨˩˧ ʂuei˥ 燒開後又涼了的水

【涼鞋】liaŋ˧˩ ɕiɛ˧˩ 夏天穿的鞋面通風的鞋

【涼快】liaŋ˧˩˥ ·kʻuɛ ❶涼爽：今天～唡！｜這裏真～！ ❷使身體涼爽：坐下來～一會兒 ‖ 重叠式"涼涼快快的 liaŋ˧˩˥ ·liaŋ ·kʻuɛ ·kʻuɛ ·ti"。連用式"涼快涼快 liaŋ˧˩˥ ·kʻuɛ liaŋ˧˩˥ ·kʻuɛ"，作動詞：上電風扇底下～！

【涼水】liaŋ˧˩ ʂuei˥ 溫度低的水。也指生水

【涼着（唡）】liaŋ˧˩˥ ·tʂɔ（·lia）⇨〖傷風〗 ʂaŋ˨˩˧ fəŋ˨˩˧

【涼粉】liaŋ˧˩˥ ·fẽ 一種用綠豆粉等爲原料製成的半透明狀食品

【涼森】liaŋ˧˩˥ ·ʂẽ 涼，有寒意：天～唡，多穿件衣裳！｜這水真～！ ‖ 也說"涼森兒 liaŋ˧˩˥ ·ʂer"，兒化時涼的程度輕。重叠式爲"涼森森兒的 liaŋ˧˩ ʂẽ˨˩˧ ʂẽr˨˩˧ ·ti"

【梁】liaŋ˧˩ ＝〖屋梁〗 u˨˩˧ liaŋ˧˩ ❶架在房子前後牆上的粗長木 ❷物體中間隆起成條形的部分：脊～｜鼻～

【量】liaŋ˧˩ 用尺、容器或其他作爲標準的東西來確定事物的長短、大小、多少或其他性質：～尺寸｜～血壓

【糧食】liaŋ˧˩˥ ·ʂʅ 統稱食用的穀類、豆類、薯類等

【糧票】liaŋ˧˩˥ pʻiɔ˨˩ 糧食計劃供應時期居民領取的購買糧食及某些食物的票證：山東～｜全國～

【糧店】liaŋ˧˩ tiã˨˩ ＝〖糧食鋪〗 liaŋ˧˩˥ ·ʂʅ pʻu˨˩ 經營糧食的店鋪

【糧本兒】liaŋ˧˩ per˥［<pẽ˥］糧食定量供應時期政府以户爲單位發給居民的口糧供應憑證

【糧倉】liaŋ˧˩ tsʻaŋ˨˩˧ 糧食倉庫 ‖ 國家的、集體的是糧倉，農民存放糧食用"囤 tuẽ˨˩"

【糧行】liaŋ˧˩ xaŋ˧˩ 舊時經營糧食批發的商店

【兩】liaŋ˥ ❶基數詞。兩跟二都表示同一個數，但用法有同有不同。在傳統的度量衡單位前二和兩都可用，如二斤、兩斤，二丈二、兩丈二（但二兩不說兩兩、一兩二錢不說一兩兩錢，兩擔不說二擔、兩升不說二升、兩合不說二合）；在百、千、萬、億前二和兩都可用，如二百、兩百（以用二爲多），二千、兩千、二萬、兩萬、二億、兩億。在讀數目字時只用二，如一二三四五；在多位數中的個位數用二，如十二、一千三百四

十二；在十之前用二，如二十五；序數、小數和分數也都只用二，如第二、一點二、五分之二。在一般量詞前用兩，如兩個、兩條、兩次；新的度量衡單位一般也用兩，如兩公里、兩噸 ❷重量單位，舊制十六兩等於一斤，現用的新制十兩等於一市斤 ❸雙方：～可｜～相情願 ❹表示不定的數目，猶幾：過～天再去買！

【兩尺】liaŋ˥ tʂʻʅ˧˩ ⇨〖二尺〗ər˩ tʂʻʅ˧˩

【兩尺二】liaŋ˥ tʂʻʅ˧˩˫ ər˩ ⇨〖二尺二〗ər˩ tʂʻʅ˧˩˫ ər˩

【兩厘】liaŋ˥ li˨ ⇨〖二厘〗ər˩ li˨

【兩里】liaŋ˥˦ li˥ ⇨〖二里〗ər˩ li˥

【兩畝】liaŋ˥˦ mu˥ ⇨〖二畝〗ər˩ mu˥

【兩合】liaŋ˥ kə˧˩ 數量詞

【兩個】liaŋ˥ kə˩ 數量詞

【兩個兒個兒】liaŋ˥˦ kər˩˫[<kə˩] ·kər[<kə˩] ⇨〖幾個兒個兒〗tɕi˥˪ ·kər[<kə˩] ·kər[<kə˩]

【兩撇鬍】liaŋ˥ pʻiə˧˩ xu˨ ⇨〖八字鬍〗pa˧˩˪ ·tsɿ xu˨

【兩喬】liaŋ˥ tɕʻiɔ˨ =〖連襟〗liã˨˥ ·tɕiẽ(或 liã˨ tɕiẽ˧˩) 姐妹的丈夫們之間的親戚關係：他是他的～｜他仨三人是～！

【兩斗】liaŋ˥˦ tou˥ =〖二斗〗ər˩ tou˥ 數量詞

【兩抽桌】liaŋ˥ tʂʻou˧˩˫ tʂuə˧˩ 兩個抽屜的桌子，一般放在靠山牆的地方

【兩口兒】liaŋ˥˦ kʻour˥[<kʻou˥] =〖兩口子〗liaŋ˥˦ kʻou˥˪ ·tsɿ 合稱夫妻二人：他～都棱能幹！‖小兩口兒不說小兩口子

【兩半兒】liaŋ˥ pɛr˩[<pã˩] 一分爲二，兩個都是二分之一：分成～，我要一半兒，你要一半兒！

【兩萬二（千）】liaŋ˥ vã˩ ər˩ (tɕʻiã˧˩) =〖二萬二（千）〗ər˩ vã˩ ər˩ (tɕʻiã˧˩) 數詞

【兩萬二千二百】liaŋ˥ vã˩ ər˩ tɕʻiã˧˩ ər˩˫ ·pei =〖兩萬二千二〗liaŋ˥ vã˩ ər˩ tɕʻiã˧˩˫ ər˩ =〖兩萬兩千二百〗liaŋ˥ vã˩ liaŋ˥ tɕʻiã˧˩ ər˩˫ ·pei =〖兩萬兩千二〗liaŋ˥ vã˩ liaŋ˥ tɕʻiã˧˩˫ ər˩ 數詞

【兩擔】liaŋ˥ tã˩ 數量詞

【兩點兒】liaŋ˥˦ tiɛr˥[<tiã˥] 漢字偏旁，如"冰"字的左邊部分

【兩千二百個】liaŋ˥ tɕʻiã˧˩ ər˩ pei˧˩˫ kə˩ 數量詞

【兩千二百】liaŋ˥ tɕʻiã˧˩ ər˩˫ ·pei =〖兩千二〗liaŋ˥ tɕʻiã˧˩˫ ər˩ 數詞

【兩千二百二（十）】liaŋ˥ tɕʻiã˧˩ ər˩˫ ·pei ər˩ (ʂʅ˨) 數詞

【兩錢】liaŋ˥ tɕʻiã˨ ⇨〖二錢〗ər˩ tɕʻiã˨

【兩分】liaŋ˥ fẽ˧˩ ⇨〖二分〗ər˩ fẽ˧˩

【兩寸】liaŋ˥ tsʻuẽ˩ ⇨〖二寸〗ər˩ tsʻuẽ˩

【兩寸二】liaŋ˥ tsʻuẽ˩ ər˩ ⇨〖二寸二〗ər˩ tsʻuẽ˩ ər˩

【兩丈】liaŋ˥ tʂaŋ˩ =〖二丈〗ər˩ tʂaŋ˩ 數量詞

【兩丈二】liaŋ˥ tʂaŋ˩˫ ər˩ =〖二丈二〗ər˩ tʂaŋ˩ ər˩ 數量詞

【兩項】liaŋ˥ ɕiaŋ˩ 數量詞

【兩升】liaŋ˥ ʂəŋ˧˩ 數量詞

【兩斤】liaŋ˥˪ ·tɕiŋ(或 liaŋ˥ tɕiŋ˧˩) ⇨〖二斤〗ər˩˫ ·tɕiŋ(或 ər˩ tɕiŋ˧˩)

【亮】liaŋ˨˩ ❶明，發光，光綫强：天～咧！|這種節能燈棱～！ ❷聲音響：響～ ❸心胸開朗：心裏～堂 ❹明擺出來：～相|把你那底兒～出來！

【亮工咧】liaŋ˨˩˧ ·kuŋ ·lia 不聲不響地走了：老張呢？——剛才還在這裏的！——～這不是？‖回民隱語

【晾】liaŋ˨˩ ❶陰乾 ❷曬 ❸把熱的東西放一會兒使降溫

【晾衣裳】liaŋ˨˩ i˨˩˧˩ ·ʂaŋ 晾曬衣服

tɕiaŋ

【江】tɕiaŋ˨˩˧ 大河的通稱

【江米】tɕiaŋ˨˩˧ mi˥ 糯米：～粽子！

【江米條兒】tɕiaŋ˨˩˧˩ ·mi t'iɔr˦˨[<t'iɔ˦˨] 一種土黄色條形小糕點

【江米粽子】tɕiaŋ˨˩˧˩ ·mi tɕyŋ˨˩˧ ·tsɿ 即粽子‖濟南賣粽子的叫賣語，含有强調是江米製品的意味。一般人或在家庭裏説粽子都不加江米二字

【薑】tɕiaŋ˨˩˧ 多年生草本植物，根莖有辣味，是常用的調味品，也可入藥

【薑母子】tɕiaŋ˨˩˧ mu˥˩ ·tsɿ ⇨〖老薑〗lɔ˥ tɕiaŋ˨˩˧

【薑苗】tɕiaŋ˨˩˧ miɔ˦˨ 生薑的嫩芽

【薑黄】tɕiaŋ˨˩˧ xuaŋ˦˨ 像生薑色的淺黄

【剛】tɕiaŋ˨˩˧（或 kaŋ˨˩˧）副詞。❶表示情况或行動發生在很短時間之前：飯～做上，還不熟！ ❷恰好，正達到某種程度：～合適|～及格

【剛才】tɕiaŋ˨˩˧ ts'ɛ˦˨ =〖剛剛的〗tɕiaŋ˨˩˧ tɕiaŋ˨˩˧˩ ·ti 指剛剛過去的時間：他～還在，怎麼一下就不見咧？

【剛好】tɕiaŋ˨˩˧（或 kaŋ˨˩˧）xɔ˥ 正好

【豇豆】tɕiaŋ˨˩˧˩ ·tou 一種豆莢長條形、種子腎臟形的豆子，嫩莢稱爲“豆角 tou˨˩ tɕyə˨˩˧”‖濟南人習慣以豇豆嫩莢爲菜，過去也常用豇豆粒兒煮稀飯等

【將】tɕiaŋ˨˩˧ 牲畜繁殖：～了六個狗‖另見 tɕiaŋ˨˩

【將來】tɕiaŋ˨˩˧ lɛ˦˨ 指現在以後的、未來的時間，區别於過去和現在：這孩子現在就這麼懂事，～準有出息！

【將就】tɕiaŋ˨˩˧˩ ·tɕiou 勉强適應：這衣裳買小咧，先～着穿罷！|你盡～他！‖連用式“將就將就 tɕiaŋ˨˩˧˩ ·tɕiou tɕiaŋ˨˩˧˩ ·tɕiou”：你就先～罷！

【將軍】tɕiaŋ˨˩˧ tɕyẽ˨˩˧ 象棋術語，用於攻擊對方將（帥）時發出的明告：～！‖可以單用“將”，單用時後面可以加“死咧”、“不死”等，説“將死咧”、“將不死”，但“將軍”後不能加“死咧”等

【槳】tɕiaŋ˨˩˧ 划船用具，木製，上半像棍，下半扁平像板

【繮繩】tɕiaŋ˨˩˧ ʂəŋ˦˨ 見“繮繩 kaŋ˨˩˧ ʂəŋ˦˨”

【□□着】tɕiaŋ˦˨˧ ·tɕiaŋ ·tʂɿ（或 kaŋ˦˨˧ ·kaŋ ·tʂɿ）小孩騎在大人肩上：你～孩子上哪裏去？|叫你哥～你！

【膙子】tɕiaŋ˥˩ ·tsɿ 見“膙子 kaŋ˥˩ ·tsɿ”

【耩子】tɕiaŋ˥˩ ·tsɿ ⇨〖耬〗lou˦˨

【耩地】tɕiaŋ˥ ti˨˩ 用耬種地

【耩麥子】tɕiaŋ˥˩ mei˨˩˧ ·tsɿ 用耬播種麥子

【耩高粱】tɕiaŋ˥ kɔ˨˩˧ liaŋ˦˨ 用耬播種高粱：清明前後～

【講義】tɕiaŋ˥ i˨˩ 爲教學而編寫並印發給學生的教材：編～|～費

【講臺】tɕiaŋ˥ t'ɛ˦˨ 教室裏教師講課的臺子

【□】tɕiaŋ˥ 遭蟲子咬：衣裳叫蟲～嘞！｜～個眼嘞！

【降班】tɕiaŋ˩ pã˩ ❶留級 ❷由高年級降入較低的年級學習

【降班猴兒】tɕiaŋ˩ pã˩ xour˧[<xou˧] 蔑稱留級的學生

【虹】tɕiaŋ˩ 雨後天空出現的彩色圓弧，是小水珠經日光照射發生折射和反射作用而形成的：△東～轆轤西～雨，南～出來摸鮎魚，北～出來賣兒女

【將軍寶】tɕiaŋ˩ tɕyẽ˩ pɔ˥ 一種常用於決定先後順序的游戲，兩人分别出三種手形以定勝負：伸食指和中指作剪子形、攤開手掌作包袱形、捏成拳頭作錘子形。剪子勝包袱、包袱勝錘子、錘子勝剪子 ‖ 將，另見 tɕiaŋ˩

【犟】tɕiaŋ˩ ❶(性格)倔强：這人梭～ ❷言語頂撞：你再～我揍你！

【犟橛子】tɕiaŋ˩˥ ·tɕyə ·tsɿ 脾氣執拗的人：他是個～，他認準的事兒，八頭牛也拉不回頭

【犟嘴】tɕiaŋ˩ tsuei˥ 言語頂撞，强辯：這孩子盡好～！

【犟眼子】tɕiaŋ˩ iã˥˩ ·tsɿ 性格倔强的人

【醬紫】tɕiaŋ˩ tsɿ˥ 絳紫，暗紫略帶紅的顏色

【醬菜鋪】tɕiaŋ˩ tsʻɛ˩ pʻu˩ 出售油鹽醬醋及醬菜等的商店

【醬油】tɕiaŋ˩ iou˧ 用豆、麥和鹽釀製成的鹹的液體調味品

【醬園】tɕiaŋ˩ yã˧ 製造和出售醬、醬油、醬菜等的商店

【醬黄瓜】tɕiaŋ˩ xuaŋ˧˥ ·kua 用醬腌製的黄瓜

【糨子】tɕiaŋ˩˥ ·tsɿ 用麵粉等自製的糨糊

【糨衣裳】tɕiaŋ˩ i˩˩ ·ʂaŋ 漿洗衣服

【糨糊】tɕiaŋ˩˥ ·xu 商店裏出售的成瓶糨子

tɕʻiaŋ

【嗆】tɕʻiaŋ˩ ❶水或食物進入氣管引起咳嗽又突然噴出：吃～嘞！｜慢點喝，别～着！ ❷指説話刺激人：你這話太～人嘞！｜這人是順毛驢兒，别～着他！ ‖ 另見 tɕʻiaŋ˩

【嗆…岔】tɕʻiaŋ˩ …tʂʻa˩ 不按常理辦事：這事兒辦嗆了岔兒嘞｜你嗆着岔兒幹怎麼能幹好呢？ ‖ 也説“嗆…岔兒 tɕʻiaŋ˩… tʂʻar˩”

【槍斃嘞】tɕʻiaŋ˩˩ pi˩˥ ·lia ＝〖斃嘞〗 pi˩˥ ·lia ＝〖崩嘞〗 pəŋ˩˩ ·lia 用槍打死(多用於執行死刑)

【强】tɕʻiaŋ˧ ❶强弱的强，指力量大：～盛｜～大 ❷好：△人窮幫一口，～似有了幫一斗！ ❸感情或意志所要求達到的程度高：你忒要～！ ❹在小數或分數後表示略爲超過：五分之一～

【强盗】tɕʻiaŋ˧˥ ·tɔ ⇨〖土匪〗 tʻu˥˩ fei˥

【薔薇】tɕʻiaŋ˧ vei˥ 落葉灌木，莖蔓生，有刺，花白色或淡紅，有芳香

【牆】tɕʻiaŋ˧ 用磚、石等築成的分隔内外的建築物

【牆克樓】tɕʻiaŋ˧˥ kʻə˩˩ ·lou 建在牆上的凹進去可以放置物品的小閣

【牆外】tɕʻiaŋ˧˥ vɛ˩ ＝〖牆外頭〗 tɕʻiaŋ˧ vɛ˩˥ ·tʻou 牆的外面

【牆圍子】tɕʻiaŋ˧ vei˧˥ ·tsɿ 在牀挨着牆

的部位所懸掛的布

【牆上】tɕʻiaŋ˅˥ ·ʂaŋ 牆面上：你這～的畫真好看｜～最好不要釘釘子！

【搶】tɕʻiaŋ˥ ❶用强力奪取 ❷趕緊，爭先：～收～種｜～先報名 ❸刮掉或擦掉表面的一層：磨剪子～菜刀！

【嗆】tɕʻiaŋ˩ 因有刺激性的氣體刺激氣管而感到難受或引起咳嗽：油煙～人！｜叫煤氣～着唡！ ‖ 另見 tɕʻiaŋ˩

【熗】tɕʻiaŋ˩ ❶一種把菜在滚水中略煮後取出再用作料拌的烹飪方法 ❷先加葱花炒，然後加水煮的烹飪方法

【熗面饃饃】tɕʻiaŋ˩˥ ·miã mə˅˥ ·mə 麵粉發酵後再添生麵粉做的一種硬饅頭

ȵiaŋ

【娘】ȵiaŋ˅ 稱母親 ‖ 回民專稱繼母，有别於稱親生母親的"媽 ma˩"

【娘兒倆兒】ȵiãr˅［<ȵiaŋ˅］ liar˥［<lia˥］合稱女性長輩和兒孫輩兩人，包括母女、母子、婆媳、岳母女婿、姑侄、祖母和孫子孫女等 ‖ 兒孫輩限一人，但不拘男女

【娘家】ȵiaŋ˅˥ ·tɕia 已婚女子父母的家：走～｜～奶奶

【娘們兒】ȵiaŋ˅˥ ·mer［<mẽ˅］合稱女性長輩和後輩：你～在屋裏幹麼？ ‖ 後輩人數可以一到多人而且不拘男女。如果一共只有二人則多説"娘兒倆兒"

【娘娘廟】ȵiaŋ˅˥ ·ȵiaŋ miɔ˩ 舊時供奉女神的廟

ɕiaŋ

【相】ɕiaŋ˩ 親自觀看衡量是否合心意：～親｜閨女找婆婆家，娘家媽去～去！｜這衣裳她～不中！ ‖ 另見 ɕiaŋ˩

【相好的】ɕiaŋ˩ xɔ˥˪ ·ti 情人，多指婚外戀的一方

【相親】ɕiaŋ˩˫ tɕʻiẽ˩ 定親前家長或本人到對方家相看

【相信】ɕiaŋ˩˫ ɕiẽ˩ 認爲正確或確實而不懷疑

【香】ɕiaŋ˩ 用木屑加香料製成的細條，燃燒時發出香味，舊時祭祀必用

【香】ɕiaŋ˩ ❶氣味好聞：～水 ❷吃東西胃口好：吃的棱～ ❸睡得沉：睡的～

【香爐】ɕiaŋ˩ lu˅ ＝〖香爐子〗 ɕiaŋ˩ lu˅˥ ·tsɿ 插香的器具，金屬或陶瓷製品，多圓形，中空，底下有三足

【香菇】ɕiaŋ˩˫ ku˩ ❶食用乾蕈 ❷人工培植食用鮮蕈的一種，比蘑菇體小，莖短質優

【香大米】ɕiaŋ˩˫ ta˩ mi˥ 一種煮起來帶濃烈香味的大米，産於山東曲阜

【香瓜】ɕiaŋ˩˫ kua˩ ⇨〖甜瓜〗 tʻiã˅˥ ·kua

【香菜】ɕiaŋ˩˫ tsʻɛ˩ ⇨〖芫荽〗 iã˅˥ ·suei

【香墨】ɕiaŋ˩˫ mei˩ 含有醇香味的優質墨

【香水梨】ɕiaŋ˩ ʂuei˥ li˅ 梨的一個品種，多汁帶香味

【香皂】ɕiaŋ˩˫ tsɔ˩ 加入香料製成的肥皂

【香油】ɕiaŋ˩ iou˅ 芝麻油

【香油燜葱花】ɕiaŋ˩ iou˅ mẽ˩˫ tsʻuŋ˩˪ ·xua 生的葱花加香油和鹽在碗裏燜好，倒入開鍋後的麵條中，用這種方法做的麵條稱香油燜葱花 ‖ 回民多吃

【香案】ɕiaŋ˨˩˧ ŋã˨˩ 放置香爐的長條形桌子

【香噴噴的】ɕiaŋ˨˩˧ p'ẽ˨˩˧ ·p'ẽ ·ti 形容香氣撲鼻

【香椿(樹)】ɕiaŋ˨˩˧(或 ɕiaŋ˨˩˧) ·tʂ'uẽ (tʂ'uẽ˨˩˧) (ʂu˨˩) 嫩葉有香味的可作菜肴的椿樹

【香椿(芽)】ɕiaŋ˨˩˧ ·tʂ'uẽ(或 ɕiaŋ˨˩˧ tʂ'uẽ˨˩˧) (ia˦) 香椿樹上春天發出的嫩芽,是濟南人普遍喜歡的一種菜,可以腌成鹹菜,也可炸或炒着吃

【香腸】ɕiaŋ˨˩˧ tʂ'aŋ˦ 用豬的小腸等爲外皮,裏面裝上碎肉和作料製成的食品

【鄉裏】ɕiaŋ˨˩˧ ·ȵi(或 ·li) 鄉下,農村:他三十歲了還没價找到對象戀人,配偶——上～找去罷!

【鄉下人】ɕiaŋ˨˩˧ ɕia˨˩ ʐẽ˦ =〖鄉裏的〗ɕiaŋ˨˩˧ ·ȵi(或 ·li) ·ti 農村裏的人

【鄉下老杆】ɕiaŋ˨˩˧ ·ɕia lɔ˥˧ kã˥ =〖老杆〗lɔ˥˧ kã˥ 土包子,蔑稱鄉下人

【鄉老】ɕiaŋ˨˩˧ lɔ˥ 回民稱對宗教特别虔誠、常到清真寺參加禮拜的伊斯蘭教信徒

【廂房】ɕiaŋ˨˩˧ faŋ˦ =〖偏房〗p'iã˨˩˧ faŋ˦ 正房前面兩旁的房子

【箱子】ɕiaŋ˨˩˧ ·tsɿ 收藏衣物的長方形器具,大多木製

【箱板兒】ɕiaŋ˨˩˧ per˥[<pã˥] 車盤子兩邊的木板

【祥字號】ɕiaŋ˦˧ ·tsɿ xɔ˨˩ 舊時濟南市民泛稱大的布店,這是因爲濟南過去的大布店名都帶"祥"字,如隆祥、瑞蚨祥等

【想】ɕiaŋ˥ ❶動腦筋,思索:～辦法解決 ❷推測,認爲:我～他會來 ❸希望,打算:你～要什麽? ❹思念:～家 ‖ 連用式"想想 ɕiaŋ˥ ·ɕiaŋ",前字在輕聲前不變調

【想起來啊】ɕiaŋ˥˩ ·tɕ'i ·lɛ ·lia 記起來了

【想主意】ɕiaŋ˥˧ tʂu˥˩ ·i 想辦法:咱怎麽辦? 你想個主意! ‖"想"後多加"個"等

【想住】ɕiaŋ˥˩ ·tʂu =〖想着〗ɕiaŋ˥˩ ·tʂɿ ⇨〖記住〗tɕi˨˩˧ ·tʂu

【想頭兒】ɕiaŋ˥˩ ·t'our[<t'ou˦] ❶有好處可得的希望:給他留點～! ❷好的回憶,懷念:臨走了,幹點兒好事,給他留點兒～!

【響雷】ɕiaŋ˥ luei˦ 響聲大的雷

【向】ɕiaŋ˨˩ ❶朝着,面對着:～陽 ❷方向:風～ ❸偏袒:你别老～着他! ❹介詞,表示動作的方向:～他學習! |～右看齊! ～前看! |～他借一本書!

【向着】ɕiaŋ˨˩˧ ·tʂɿ ⇨〖衝着〗tʂ'uŋ˨˩˧ ·tʂɿ

【向陽】ɕiaŋ˨˩ iaŋ˦ ⇨〖朝陽〗tʂ'ɔ˦ iaŋ˦

【相貌】ɕiaŋ˨˩ mɔ˨˩ 人的容貌,多指面部長相 ‖ 相,另見 ɕiaŋ˨˩˧

【相片】ɕiaŋ˨˩˧ p'iã˨˩ =〖照片〗tʂɔ˨˩˧ p'iã˨˩ 照相定影的人或物的圖片

【相面】ɕiaŋ˨˩˧ miã˨˩ 相術的一種,以觀察人的面貌來推測其吉凶禍福

【相面兒的】ɕiaŋ˨˩ mier˨˩˧[<miã˨˩] ·ti 以相面爲業的人

【巷子】ɕiaŋ˨˩˧ ·tsɿ 狹窄的街道,全部都是兩頭可以走通的:普利門裏八大～,都是通的|～都是活的 ‖ 巷,另見 xaŋ˨˩

【象(相)】ɕiaŋ˨˩ ❶象棋的棋子,有藍色

和紅色各兩個，藍色爲象，紅色爲相：～走田象棋規則象的走法 ❷用象吃對方的棋子：～嘛

【象棋】ɕiaŋ˨˩ tɕʻi˦˨ 一種棋類運動，兩人對下，以一方將死對方的將或帥爲勝

【項墜】ɕiaŋ˨˩꜖ tʂuei˨˩ 某些項鏈垂在胸前正中的部分，有各種不同形狀

【項鏈兒】ɕiaŋ˨˩ liɛr˨˩［<liã˨˩］套在脖子上垂掛於胸前的環鏈形首飾

【項圈】ɕiaŋ˨˩ tɕʻyã˨˩˧ 套在脖子上的環形裝飾品

【橡皮】ɕiaŋ˨˩ pʻi˦˨ 橡膠製成的文具，用於擦去已經寫到紙上的字迹等

【橡皮樹】ɕiaŋ˨˩ pʻi˦˨꜒ ʂu˨˩ 常綠喬木，大葉片橢圓形，厚而平滑且有光澤，翠綠色，頂部葉子長針形，鮮紅色‖濟南橡皮樹是盆栽的觀賞植物

【橡膠】ɕiaŋ˨˩ tɕiɔ˨˩˧ ＝〖膠皮〗tɕiɔ˨˩˧ pʻi˦˨ 即硫化橡膠，具有不變黏、不易折斷的性質

iaŋ

【羊】iaŋ˦˨ 一種家畜。哺乳動物反芻類，一般頭上有一對角

【羊□肝兒】iaŋ˦˨꜒ ·tsʻɿ ·kɛr［<kã˨˩˧］羊脾臟

【羊蹄子】iaŋ˦˨ tʻi˦˨꜒ ·tsɿ 羊腳，趾端有角質物

【羊角蜜】iaŋ˦˨ tɕyə˨˩˧꜖ mi˨˩ 一種咬開有少量蜜水的羊角形點心

【羊白腰】iaŋ˦˨ pei˦˨꜒ ·iɔ 羊的睾丸

【羊毛衫】iaŋ˦˨ mɔ˦˨ ʂã˨˩˧ 羊毛紡成的上衣

【羊羔】iaŋ˦˨ kɔ˨˩˧ ＝〖羊羔子〗iaŋ˦˨ kɔ˨˩˧꜖ ·tsɿ 小羊‖也說“羊羔兒 iaŋ˦˨ kɔr˨˩˧”

【羊羔子風】iaŋ˦˨꜒ ·kɔ ·tsɿ fəŋ˨˩˧ ＝〖羊□子風〗iaŋ˦˨ kou˨˩˧꜖ ·tsɿ fəŋ˨˩˧ 癲癇

【羊□子】iaŋ˦˨ tʂou˨˩꜒ ·tsɿ 公羊生殖器

【羊肉】iaŋ˦˨꜒ ·ʐou 羊的肉，供食用

【羊油】iaŋ˦˨ iou˦˨ 羊的油

【羊板筋】iaŋ˦˨ pã˥꜖ ·tɕiẽ 羊筋

【羊圈】iaŋ˦˨ tɕyã˨˩ 養羊的建築

【仰頭】iaŋ˦˨ tʻou˦˨ 抬頭使臉向上‖仰，另見 iaŋ˥

【洋絲綫】iaŋ˦˨ sɿ˨˩˧꜖ ɕiã˨˩ 比棉綫稍細的洋紗綫

【洋柿子】iaŋ˦˨ ʂɿ˨˩꜒ ·tsɿ ⇨〖西紅柿〗ɕi˨˩˧ xuŋ˦˨꜒ ʂɿ˨˩

【洋梨】iaŋ˦˨ li˦˨ ＝〖老婆兒梨〗lɔ˥ pʻər˦˨［<pʻə˦˨］li˦˨ 一種軟甜多汁的梨，形似茄梨比茄梨大，成熟後淺黃色‖參見“茄梨 tɕʻiə˦˨ li˦˨”

【洋雞】iaŋ˦˨ tɕi˨˩˧ 一種肉食雞，毛多白色

【洋布】iaŋ˦˨ pu˨˩ 相對於土布而言的機織棉布

【洋蠟】iaŋ˦˨ la˨˩ 一種燭心由棉綫製成的蠟燭，有紅、白兩種顏色‖參見“蠟燭 la˨˩ tʂu˨˩˧”

【洋車】iaŋ˦˨ tʂʻə˨˩˧ ＝〖人力車〗ʐẽ˦˨ li˨˩ tʂʻə˨˩˧ 人力拉的載人雙輪車

【洋鐵】iaŋ˦˨ tʻiə˨˩˧ 白鐵：～壺‖也說“洋鐵皮 iaŋ˦˨ tʻiə˨˩˧ pʻi˦˨”，但構成合成詞如洋鐵壺等不能說洋鐵皮壺

【洋茄子】iaŋ˦˨ tɕʻiə˦˨꜒ ·tsɿ 舊稱氣球：買個～！

【洋火】iaŋ˦˨ xuə˥ ⇨〖火柴〗xuə˥ tʂʻɛ˦˨

【洋火圪棒兒】iaŋ˦˨ xuə˥ kə˨˩˧꜖ par˨˩［<paŋ˨˩］火柴桿兒：弄個～掏耳碎‖棒兒，屬第二類兒化音變，兒化韵爲

ar，不鼻化

【洋槐樹】iaŋ˦˨ xuɛ˦˨˧ ·ʂu 即刺槐，落葉喬木，枝上有刺，羽狀複葉，花白色有清香，結莢果

【洋白菜】iaŋ˦˨ pei˦˨˧ tsʻɛ˨˩ ⇨〖捲心菜〗 tɕyã˥ ɕiẽ˨˩˧˧ tsʻɛ˨˩

【洋鬼子】iaŋ˦˨ kuei˥˨ ·tsɿ 舊時對西洋人的憎稱

【洋灰】iaŋ˦˨ xuei˨˩˧ =〖水泥〗 ʂuei˥ ȵi˦˨ 一種粉末狀建築材料

【洋鎬】iaŋ˦˨ kɔ˥ 一頭尖、一頭稍扁有刃的鎬，尖的一頭可翻石頭

【洋狗】iaŋ˦˨ kou˥ 洋種狗

【洋油】iaŋ˦˨ iou˦˨ 煤油：～燈｜～桶｜打～去！

【洋油燈】iaŋ˦˨ iou˦˨ təŋ˨˩˧ 以煤油爲燃料的燈，帶有玻璃燈罩

【洋人】iaŋ˦˨ ʐẽ˦˨ 外國人，多指西洋人

【洋房】iaŋ˦˨ faŋ˦˨ 舊稱新式樓房：現在蓋的都是～嗝！

【洋薑】iaŋ˦˨ tɕiaŋ˨˩˧ 菊芋，地下塊莖可食用

【洋釘】iaŋ˦˨ tiŋ˨˩˧ 舊稱釘子

【洋葱】iaŋ˦˨ tsʻuŋ˨˩˧ 一種蔬菜，地下鱗莖扁球形，紫色或白色

【陽曆年】iaŋ˦˨ li˨˩ ȵiã˦˨ =〖元旦〗 yã˦˨˧ tã˨˩ 公曆新年的第一天

【陽曆】iaŋ˦˨˧ ·li 公曆：～年

【陽臺】iaŋ˦˨ tʻɛ˦˨ ⇨〖涼臺〗 liaŋ˦˨ tʻɛ˦˨

【陽宅】iaŋ˦˨ tʂei˦˨ 看風水的稱住房爲陽宅：看～ ‖ 參見“陰宅 iẽ˨˩˧ tʂei˦˨”

【陽溝】iaŋ˦˨ kou˨˩˧ ⇨〖陰溝〗 iẽ˨˩˧˧ kou˨˩˧

【陽傘】iaŋ˦˨ sã˥ 遮太陽光的傘

【揚而翻天的】iaŋ˦˨˧ ·ər fã˨˩˧˨ ·tʻiã ·ti 亂七八糟：你看這屋子～！

【揚擢】iaŋ˦˨˧ ·xuə ❶得意，故意張揚（含貶義）：别～｜你～什麼？ ❷排場，令人注意：他穿得真～！

【揚翻】iaŋ˦˨˧ ·fã 弄得亂七八糟：屋子～的凌亂！

【揚場】iaŋ˦˨ tʂʻaŋ˦˨ 把脱粒後的糧食或其他種子借風力揚去碎殼等雜物

【楊樹】iaŋ˦˨˧ ·ʂu 落葉喬木，種類很多：白～

【仰】iaŋ˥ 臉向上 ‖ 單字音上聲，仰擺、仰擺牙的仰也是上聲；仰頭、敬仰、瞻仰的仰讀陽平

【仰擺】iaŋ˥˨ ·pɛ（或 ·pa） 仰面躺：他～在牀上｜他在牀上～着

【仰擺牙】iaŋ˥˨ ·pɛ（或 ·pa） ia˦˨ =〖仰擺牙子〗 iaŋ˥˨ ·pɛ（或 ·pa） ia˦˨˧ ·tsɿ =〖仰擺叉〗 iaŋ˥˨ ·pɛ（或 ·pa） tʂʻa˨˩˧ 仰面朝天：蹿了個～！

【仰泳】iaŋ˥˧ yŋ˥ 一種身體仰卧水面的游泳姿勢

【養】iaŋ˥ ❶撫育，養活 ❷生育：夜來昨天她～了個小兒兒子 ❸飼養，培植：～豬｜～花｜培～ ❹撫養的：～子｜～母 ❺使身體得到滋補或休息：保～｜療～ ❻維護：～路

【養子】iaŋ˥˧ tsɿ˥ 抱養的兒子

【養殖蝦】iaŋ˥ tʂɿ˦˨ ɕia˨˩˧ 近年來沿海開發的一種人工養殖的蝦，青灰色

【養地瓜】iaŋ˥˧ ti˨˩˧ ·kua ⇨〖下地瓜〗 ɕia˨˩ ti˨˩˧ ·kua

【養母】iaŋ˥˧ mu˥ 指有撫養關係的非親生母親

【養父】iaŋ˥ fu˨˩ 指有撫養關係的非親生父親

288 iaŋ˥ – iaŋ˩ 養癢樣

【養樹苗】iaŋ˥ ʂu˩ miɔ˧ 培育樹的幼株

【養花】iaŋ˥ xua˩ 種花

【養活】iaŋ˥˩ ·xuə ❶撫養,供給生活費用:他那工資~這家人不容易!|老家還有老的兒要他~! ❷飼養(動物) ❸生育

【養蠶】iaŋ˥˩ ·ts'ã 飼養家蠶

【癢癢樹】iaŋ˥˩ ·iaŋ ʂu˩ 紫薇的俗稱,因手抓光滑的樹幹時樹會搖動而得名

【樣子】iaŋ˩˥ ·tsʅ ❶形狀 ❷作爲標準供人模仿的東西:拿個~比着做! ❸趨勢:看~天要下雨

uaŋ

tuaŋ

【□】tuaŋ˨˩ 物品碰撞聲：～，掉地上嘞！

tʂuaŋ

【莊兒】tʂuar˨˩˧［<tʂuaŋ˨˩˧］ 村子：俺倆一個～裏的 ‖ tʂuar˨˩˧ 是舊讀，屬於二類兒化。新讀 tʂuãr˨˩˧

【莊户人家】tʂuaŋ˨˩˧꜖ ·xu ʐẽ˦˨꜒ ·tɕia 經營農業的人或家庭

【莊稼】tʂuaŋ˨˩˧꜖ ·tɕia 長在地裏未收割的農作物，多指糧食作物

【莊稼孫】tʂuaŋ˨˩˧꜖ ·tɕia suẽ˨˩˧ 舊時對農民的蔑稱

【裝】tʂuaŋ˨˩˧ ❶服裝：中山～ ❷化裝：他～老頭兒 ❸假裝：～糊塗｜～傻 ❹把東西放進器物或運輸工具中：～箱｜～船 ❺安裝，裝配：～電燈 ❻裝訂：平～

【裝知不道】tʂuaŋ˨˩˧꜔ tʂʅ˨˩˧꜖ ·pu tɔ˨˩ 假裝不知道

【裝模作樣的】tʂuaŋ˨˩˧ mu˦˨꜒ tsuə˨˩˧꜖ ·iaŋ ·ti 故意裝樣子

【裝糊塗】tʂuaŋ˨˩˧ xu˦˨꜒ ·tʻu 假裝不清楚，常用於經濟往來一方想賴賬的場合等：你别～！ ‖ 塗，單字音 tʻu˦˨，此處輕聲，聲母不送氣

【裝傻】tʂuaŋ˨˩˧ ʂa˥ 裝成傻乎乎不精明的樣子

【裝傻賣獃】tʂuaŋ˨˩˧ ʂa˥ mɛ˨˩ tɛ˨˩˧ 裝作痴獃的樣子

【裝模兒】tʂuaŋ˨˩˧ mər˦˨［<mə˦˨］ 裝樣子，作假：給你你就拿着，别～嘞！

【裝模着】tʂuaŋ˨˩˧꜖ ·mə ·tʂʅ ＝〖裝量着〗 tʂuaŋ˨˩˧꜖ ·liaŋ ·tʂʅ 假裝，裝樣：他～要走的樣子｜～要揍他

【裝車】tʂuaŋ˨˩˧꜔ tʂʻə˨˩˧ 把物品裝到車上

【裝蒜】tʂuaŋ˨˩˧꜔ suã˨˩ 裝腔作勢，作出令人厭惡的姿態：别理他，這人老～！｜你别～，你這一套我很清楚！

【裝孫】tʂuaŋ˨˩˧꜔ suẽ˨˩˧ 裝糊塗，口氣比裝糊塗重：你别～，你那一套我知道！

【裝樣兒】tʂuaŋ˨˩˧꜔ iar˨˩［<iaŋ˨˩］ 裝模作樣：你别～，誰不知道你那兩下子！ ‖ “樣兒”多讀二類兒化，也讀 iãr˨˩

【壯實】tʂuaŋ˨˩꜒ ·ʂʅ （人）結實，多指小孩兒、老人：這家伙長的挺～｜老人八十多嘞，還挺～！

【狀子】tʂuaŋ˨˩꜒ ·tsʅ 舊時向衙門投遞的訴狀

【撞克】tʂuaŋ˨˩꜒ ·kʻə 婦女在丈夫死後，因精神失常而做出的很像她丈夫生前的舉止，迷信認爲是鬼魂附身：招～ ‖ 也說“撞克兒 tʂuaŋ˨˩꜒ ·kʻər”

tʂʻuaŋ

【窗户】tʂʻuaŋ˨˩˧꜖ ·xu ＝〖窗子〗 tʂʻuaŋ˨˩˧꜖ ·tsʅ 牆壁上通氣透光的裝置

【窗户外頭】tʂʻuaŋ˨˩˧꜖ ·xu vɛ˨˩꜒ ·tʻou 窗外

【窗户臺】tʂʻuaŋ˨˩˧꜖ ·xu tʻɛ˦˨ 窗臺

【窗户簾子】tʂʻuaŋ˨˩˧꜖ ·xu liã˦˨꜒ ·tsʅ ＝〖窗簾兒〗 tʂʻuaŋ˨˩˧ lier˦˨［<liã˦˨］ 遮蔽

窗户的簾子

【窗户框】tʂʻuaŋ˨˩˦ ·xu kʻuaŋ˨˩˧ 窗扇四周安在牆上的框子

【窗户欞】tʂʻuaŋ˨˩˦ ·xu liŋ˥ 舊式窗户的格子或條子，冬天都要用紙糊上

【窗扇】tʂʻuaŋ˨˩˦ ʂã˨˩ 能夠開閉的新式窗户

【牀】tʂʻuaŋ˦˨ ❶供人在上面睡覺的家具 ❷像牀的東西：車～｜機～ ❸量詞，用於被褥等：一～被子

【牀箅子】tʂʻuaŋ˦˨ pi˨˩˦ ·tsɿ 棕牀穿棕繩的木框

【牀底下】tʂʻuaŋ˦˨ ti˥˨ ·ɕia 牀下：鑽到～去嘞！｜～還塞了兩箱書！

【牀圍子】tʂʻuaŋ˦˨ vei˦˨˥ ·tsɿ 在牀的前沿鋪着的布

【牀罩】tʂʻuaŋ˦˨ tʂɔ˨˩ 把整個牀都蓋起來的布罩

【牀頭櫥】tʂʻuaŋ˦˨ tʻou˦˨ tʂʻu˦˨ 放在牀頭的小櫥子

【牀單兒】tʂʻuaŋ˦˨ tɛr˨˩˧[<tã˨˩˧] ＝〖襯單〗tʂʻẽ˨˩˥ ·tã 鋪在牀上蓋着褥子的長方形布

【牀幫】tʂʻuaŋ˦˨ paŋ˨˩˧ 牀沿

【闖勢】tʂʻuaŋ˥˨ ·ʂɿ 不怯場，敢闖敢幹：這人夠～的，幹麼都不膽怯！

ʂuaŋ

【霜】ʂuaŋ˨˩˧ 接近地面的水蒸氣在攝氏零度以下的氣溫時結成的白色微細冰粒

【霜降】ʂuaŋ˨˩˦ tɕiaŋ˨˩ 二十四節氣之一：△(種麥)～不出土，不如土裹捂

【雙】ʂuaŋ˨˩˧ ❶單雙的雙，即偶數的：～數 ❷成對的：～手｜～方 ❸加倍的：～倍‖另見 ʂuaŋ˨˩

【雙耳朵】ʂuaŋ˨˩˦ ər˥˨ ·tɔ ＝〖大耳朵〗ta˨˩ ər˥˨ ·tɔ 漢字偏旁，如“院”字的左邊部分，“那”字的右邊部分

【雙立人兒】ʂuaŋ˨˩˦ li˨˩ ʐer˦˨[<ʐẽ˦˨] 漢字偏旁，如“行”字的左邊部分

【雙木林】ʂuaŋ˨˩˦ mu˨˩ liẽ˦˨ 兩個木字合成的林，通報姓氏的習用語

【雙腿樓】ʂuaŋ˨˩˦ tʻuei˥˨ ·lou 過去用的一種兩腿的樓

【雙頭狗】ʂuaŋ˨˩˧ tʻou˦˨ kou˥ 交配中的狗：～咬人和瘋狗一樣！

【雙眼皮】ʂuaŋ˨˩˧ iã˥ pʻi˦˨ 上眼皮下緣有褶兒的眼皮‖也說“雙眼皮兒 ʂuaŋ˨˩˧ iã˥ pʻier˦˨”

【雙旋兒】ʂuaŋ˨˩˧ ɕyɛr˦˨[<ɕyã˦˨] 某些人頭髮長的兩個旋兒

【雙身子】ʂuaŋ˨˩˦ ʂẽ˨˩˦ ·tsɿ 懷孕：她～，不能來！

【雙巴】ʂuaŋ˨˩˥ ·pa ＝〖雙胞胎〗ʂuaŋ˨˩˦ pɔ˨˩˦ tʻɛ˨˩ 孿生‖雙，單字音及雙胞胎的雙都是陰平；雙巴的雙讀去聲，見集韵絳韵朔降切：“相偶也”

kuaŋ

【光】kuaŋ˨˩˧ ❶物體所發出的光綫：燈～ ❷明亮：～明 ❸光榮：他幹的好了你臉上也有～ ❹滑潤，光滑：這板鉋的溜光！ ❺没有剩餘的：吃～用～ ❻(身體)裸露：～腳丫｜～脊梁

【光】kuaŋ˨˩˧ 單，只：不説話～幹活！｜～吃肉不吃青菜不好！

【光腳丫子】kuaŋ˨˩˧ tɕyə˨˩˦ ia˨˩˦ ·tsɿ ＝〖光腳丫兒〗kuaŋ˨˩˧ tɕyə˨˩˦ iar˨˩˧[<ia˨˩˧] 赤腳

【光頭】kuaŋ˨˩˧ tʻou˦˨ 不長頭髮或剃光了

頭髮的頭：剃～

【光悠】kuaŋ˨˩˨ ·iou 光溜：桌子擦的棱～‖重叠式"光光悠悠的 kuaŋ˨˩˨ ·kuaŋ ·iou ·iou ·ti"：桌子上～，什麼東西也没放

【光棍兒】kuaŋ˨˩˦ kuer˨˩[<kuẽ˨˩] =〖光棍子〗kuaŋ˨˩˦ kuẽ˨˩˦ ·tsɿ 單身男子

【光棍】kuaŋ˨˩˨ ·kuẽ ❶性格倔强不肯吃虧，好吵鬧：這人挺～！｜耍～耍無賴 ❷辦事圓通：你這事兒辦的真～！｜充～！

【咣】kuaŋ˥˩ 敲鑼聲

【咣噹】kuaŋ˥˩˥ ·taŋ 物品撞擊振動聲：門～一聲帶過來嘞！‖連用式"咣噹咣噹 kuaŋ˥˩˥ ·taŋ kuaŋ˥˩˥ ·taŋ"：風颳的門～響！

【咣咣】kuaŋ˥˩˥ ·kuaŋ ❶敲鑼聲或敲鈸聲 ❷借稱鈸：買個～給孩子玩‖義項②也作"咣咣叉子 kuaŋ˥˩˥ ·kuaŋ tʂ'a˥˩˨ ·tsɿ"

【咣咣鑔花】kuaŋ˥˩˥ ·kuaŋ tʂ'a˨˩˦ xua˨˩ 蜀葵，多年生草本植物，莖直立，葉心形，花有紅、紫、黄、白、粉等多種顔色，花瓣五片

【廣貨鋪】kuaŋ˥ xuə˨˩ p'u˨˩ 出售以日雜用品爲主的雜貨店，一般有毛巾、手絹、瓶瓶罐罐、牙膏牙刷、玩具及牀單、枕頭等

【廣告】kuaŋ˥ kɔ˨˩ 通過報紙、電視、廣播、招貼等各種方式對商品或某項活動進行介紹宣傳，以招攬顧客、吸引有關人士：商品～｜招生～｜電影～

【逛】kuaŋ˨˩ 散步，閑游，游覽：出去～～｜～街｜～商店｜～長城

【逛街】kuaŋ˨˩ tɕiɛ˨˩ 在街上游覽

【逛蕩】kuaŋ˨˩˥ ·taŋ =〖逛悠〗kuaŋ˨˩˥ ·iou ❶閑逛，游蕩 ❷晃蕩，搖擺‖重叠式"逛逛蕩蕩的 kuaŋ˨˩˥ ·kuaŋ ·taŋ ·taŋ ·ti"：他～過來了｜這書架～不結實！連用式"逛蕩逛蕩 kuaŋ˨˩˥ ·taŋ kuaŋ˨˩˥ ·taŋ"：咱出去～

【逛噔兒】kuaŋ˨˩˥ ·tə̃r[<·təŋ] 晃動不牢穩：這桌子怎麼～嘞？

k'uaŋ

【筐】k'uaŋ˨˩ 用柳條、荆條等編成的容器，上面没有提梁，有多種：蘋果～｜抬～｜草～

【誆】k'uaŋ˨˩ 騙，一般用於開玩笑、作弄人的場合，語氣比騙輕：你别～我！

【狂風】k'uaŋ˥˩ fəŋ˨˩ 猛烈的風

【曠課】k'uaŋ˨˩ k'ə˨˩ 學生不請假而缺課

xuaŋ

【荒地】xuaŋ˨˩˦ ti˨˩ 没有耕種的地

【慌】xuaŋ˨˩ 不沉着，動作忙亂：心～

【皇曆】xuaŋ˥˩˥ li˨˩ 曆書

【黄】xuaŋ˥˩ ❶像鷄蛋黄的顔色 ❷特指黄河：治～

【黄米】xuaŋ˥˩ mi˥ 黍米，色黄，煮熟後有黏性

【黄土】xuaŋ˥˩ t'u˥ 黄色土，家庭常用於和煤

【黄鯝】xuaŋ˥˩˥ ·ku 一種體形像黄魚的魚，色黄但不發亮‖參見"黄花（魚）xuaŋ˥˩ xua˨˩ (y˥˩)"

【黄沙】xuaŋ˥˩˥ ·ʂa 即沙

【黄嘞】xuaŋ˥˩˥ ·lia 事情失敗不能繼續，計劃不能實現：他辦公司的事兒～｜這樁買賣～！

【黄瓜】xuaŋ˦˩ ·kua 一種普通蔬菜,圓柱形,皮綠色有小刺

【黄花(魚)】xuaŋ˦ xua˨˩ (y˦) 黄魚,身體的黄色部分發亮

【黄花菜】xuaŋ˦ xua˨˩˧ ts'ɛ˨˩ 金針未曾曬乾的花,可食用‖曬乾的叫"金針 tɕiẽ˨˩˧ tʂẽ˨˩"

【黄雀】xuaŋ˦˩ ·tɕ'yə 一種黄色羽毛的鳥

【黄雀子】xuaŋ˦˩ ·tɕ'yə ·tsɿ ⇨〖黑星星子〗xei˨˩˧ ɕiŋ˨˩˧ ·ɕiŋ ·tsɿ

【黄草】xuaŋ˦˩ ·ts'ɔ ❶坡地裏長的乾枯了的雜草,舊時窮人用它來燒火、鋪牀 ❷專指長在山上的一種草

【黄表紙】xuaŋ˦ piɔ˥˧ tʂɿ˥ 舊俗過年時燒來祭天地的黄色的紙:發燒~

【黄豆】xuaŋ˦˩ tou˨˩ 大豆

【黄酒】xuaŋ˦ tɕiou˥ 用糯米、大米、黄米等釀成的一種帶黄色的酒

【黄牛】xuaŋ˦ ȵiou˦ 牛的一種,角短,皮毛多黄褐色

【黄鼬】xuaŋ˦˩ ·iou =〖黄鼠狼子〗xuaŋ˦ ʂu˥ laŋ˦˩ ·tsɿ 一種身體細長的毛皮獸,吃老鼠或家禽‖出於忌諱心理,濟南人一般不説"黄鼠狼"一類的詞

【黄鼬皮】xuaŋ˦˩ ·iou p'i˦ 黄鼠狼皮

【黄疸病】xuaŋ˦ tã˥ piŋ˨˩ 黄病,指皮膚、黏膜、眼球的鞏膜發黄的症狀,多見於肝臟、膽道系統、胰腺和血液疾病

【黄鱔】xuaŋ˦˩ ·ʂã =〖鱔魚〗ʂã˨˩ ·y 一種淡水魚,身體像蛇而無鱗

【黄麵(糕)】xuaŋ˦˩ ·miã (kɔ˨˩) =〖黏年糕〗ȵiã˦˩ ·ȵiã kɔ˨˩ 黍米麵蒸成的糕,色黄,通常加紅棗

【黄仙】xuaŋ˦˩ ·ɕiã 傳説中修行得道的黄鼠狼

【黄煙】xuaŋ˦ iã˨˩ 一種色黄、氣味較溫和的煙

【黄棒子】xuaŋ˦ paŋ˨˩ ·tsɿ 一種最常見的玉米,子粒黄色

【黄薑】xuaŋ˦ tɕiaŋ˨˩ ⇨〖鮮薑〗ɕiã˨˩˧ tɕiaŋ˨˩

【黄香蕉】xuaŋ˦ ɕiaŋ˨˩˧ tɕiɔ˨˩ ⇨〖金帥〗tɕiẽ˨˩˧ ʂuɛ˨˩

【黄病拉叉的】xuaŋ˦˩ ·piŋ ·la ·tʂ'a ·ti 長期有病不健康的樣子(多用於説婦女):你看那個媳婦~!

əŋ

pəŋ

【迸】pəŋ˨˩ 顆粒狀的東西散射：～大米花｜～棒子玉米花‖聲調陰平，北京去聲

【迸豆】pəŋ˨˩˧ tou˩ 乾炒的黄豆

【崩】pəŋ˨˩ 胡扯，吹牛：瞎～

【崩没根兒】pəŋ˨˩ ·mu kər˨˩[<kẽ˨˩] 説些没影的事，吹牛：他專會～｜她説這毛衣是她自己織的——～！

【崩咧】pəŋ˨˩˨ ·lia ⇨〖槍斃咧〗tɕʻiaŋ˨˩˧ pi˩˧ ·lia

【绷】pəŋ˨˩ 在單音節形容詞前表示程度深：～緊

【嘣】pəŋ˨˩ ❶炸裂聲 ❷⇨〖嘭〗pʻəŋ˨˩

【嘣嘣】pəŋ˨˩˧ pəŋ˨˩ 叩擊聲：～敲門咧！

【甭】pəŋ˦ 見"甭 pẽ˦"

【甭價】pəŋ˦˩ ·tɕia 見"甭價 pẽ˦˩ ·tɕia"

【蹦蹦】pəŋ˩˧ ·pəŋ 評劇的舊稱：看唱～的去！

pʻəŋ

【澎】pʻəŋ˨˩ 濺：～了一身水‖廣韵庚韵薄庚切："擊水勢"

【嘭】pʻəŋ˨˩ =〖嘣②〗pəŋ˨˩ 車輪子等爆裂聲：車軲輪兒～一下炸咧！

【朋友】pʻəŋ˦˩ ·iou ❶彼此有交情的人 ❷指戀愛對象：他是我男～｜怎麼樣，有～咧？

【朋友們】pʻəŋ˦˩ ·iou ·mẽ 合稱有交情的人們

【棚】pʻəŋ˦ ❶遮蔽太陽或風雨的設備 ❷專指飼養牲口的簡陋的房屋，有一面(多向陽的一面)是敞着的：馬～｜驢～｜牛～

【篷】pʻəŋ˦ 遮蔽日光、風雨的設備，用竹、木、帆布、塑料等做成：船～｜敞～車

【篷子菜】pʻəŋ˦˩ ·tsɿ ·tsʻɛ 一種葉子很細、枝杈很多、棵很大的野菜，老了以後也可以當掃帚用

【碰巧】pʻəŋ˩ tɕʻiɔ˥ =〖湊巧〗tsʻou˩ tɕʻiɔ˥ 恰巧：～咧，我要來找你，正好你也來找我！

【碰見】pʻəŋ˩˧ ·tɕiã =〖碰上〗pʻəŋ˩˧ ·ʂaŋ =〖遇見〗y˩˧ ·tɕiã 不曾相約而見到

【碰傷】pʻəŋ˩ ʂaŋ˨˩ 碰撞致傷

məŋ

【蒙】məŋ˨˩ ❶騙：你别～我！ ❷亂猜：瞎～‖另見 məŋ˦

【蒙哧蒙哧的】məŋ˨˩˨ ·tʂʻʅ məŋ˨˩˨ ·tʂʻʅ ·ti 埋頭苦幹的樣子：～幹！

【濛星】məŋ˨˩˨ ·ɕiŋ 下牛毛雨：外面～着‖重叠式"濛濛星星的 məŋ˨˩˨ ·məŋ ɕiŋ˨˩˨ ·ɕiŋ ·ti"，下小雨的樣子：～下着雨｜雨下的大不大？——～！

【蒙】məŋ˦ 遮蓋：～上｜～頭睡‖另見 məŋ˨˩

【猛】məŋ˥ ❶猛烈 ❷突然：～的一下｜～一看嚇一跳！

【猛拉】məŋ˥˪ ·la （人）稍高：他長的比你～一點‖多用於比較句

【猛個丁的】məŋ˥˪ ·kə tiŋ˨˩˧˪ ·ti ＝〖猛不丁的〗 məŋ˥˪ ·pu tiŋ˨˩˧˪ ·ti 猛然：～來了一句誰也聽不明白！

【蠓蟲子】məŋ˥˪ ·tʂ'uŋ ·tsɿ 一種成群在空中飛的黑色小蟲，常飛進人的眼睛

【夢遊】məŋ˨˩ iou˦˨ 睡眠中無意識地起來走動並進行某些活動的總稱

fəŋ

【封齋】fəŋ˨˩˧˫ tʂɛ˨˩˧ ＝〖把齊〗 pa˥ tʂɛ˨˩˧ 伊斯蘭教規定，教曆九月白天（太陽出來前一個半小時到太陽下山）不吃不飲，並禁止房事的功課

【風】fəŋ˨˩˧ ❶自然界空氣流動的現象 ❷借風力吹乾：～乾 ❸風俗：移～易俗 ❹沒有確實根據的：～言～語

【風衣】fəŋ˨˩˧˫ i˨˩˧ 禦風的外衣

【風俗】fəŋ˨˩˧ ɕy˦˨ 一定地區內長期形成的社會風尚和社會習慣等

【風缺裂】fəŋ˨˩˧˪ ·tɕ'yə ·liə 部分人稱有缺口的月暈‖參見“缺裂 tɕ'yə˨˩˧˪ ·liə”

【風水】fəŋ˨˩˧ ʂuei˥ 指宅基地、墳地的地理形勢，如地脈、山水方向等，迷信的人認爲這可以決定人和家族的命運

【風水仙】fəŋ˨˩˧ ʂuei˥ ɕiã˨˩˧ ＝〖風水先生〗 fəŋ˨˩˧ ʂuei˥ ɕiã˨˩˧˪ ·ʂəŋ 舊時以看風水爲業的人

【風帽】fəŋ˨˩˧˫ mɔ˨˩ 一種尖頂布帽，舊時老人多戴

【風掀咕打】fəŋ˨˩˧˪ ɕiã˨˩˧˫ ku˨˩˧˪ ·ta 風箱兩頭通風口的小木板

【風掀】fəŋ˨˩˧˪ ·ɕiã ＝〖風箱〗 fəŋ˨˩˧˫ ɕiaŋ˨˩˧ 一種壓縮空氣而產生氣流幫助燃燒的裝置：拉～

【風掀桿子】fəŋ˨˩˧˪ ·ɕiã kã˥˪ ·tsɿ 風箱上連接把手和拉板的兩根平行圓木條

【風圈】fəŋ˨˩˧˫ tɕ'yã˨˩˧ 月暈

【風箏】fəŋ˨˩˧˪ ·tʂəŋ 紙鳶，在竹製骨架上用紙或絹糊成的一種玩具，上面繫有長繩，可使之乘風飛上天空，有蜈蚣、蝴蝶等多種形狀：放～|濰坊～會

【風景】fəŋ˨˩˧ tɕiŋ˥ 可供人觀賞的景象：大明湖歷下亭的～梭好！

【風鏡】fəŋ˨˩˧˫ tɕiŋ˨˩ 擋風眼鏡

【蜂】fəŋ˨˩˧ ＝〖蜂子〗 fəŋ˨˩˧˪ ·tsɿ 昆蟲，種類很多，有毒刺，能螫人，常成群住在一起

【蜂子兒】fəŋ˨˩˧ tser˥[<tsɿ˥] 蜂窩裏的蜂幼蟲

【蜂蜜】fəŋ˨˩˧˫ mi˨˩ 蜜蜂釀成的蜜

【蜂窩】fəŋ˨˩˧˫ və˨˩˧ ＝〖蜂子窩〗 fəŋ˨˩˧˪ ·tsɿ və˨˩˧ 蜜蜂的窩

【蜂窩(煤)】fəŋ˨˩˧˪ ·və （mei˦˨） ＝〖蜂窩兒〗 fəŋ˨˩˧˫ vər˨˩˧[<və˨˩˧] 煤末加石灰、黏土等和水製成的燃料，圓柱形，有許多上下貫通的圓孔

【瘋子】fəŋ˨˩˧˪ ·tsɿ 嚴重精神病患者

【瘋狗】fəŋ˨˩˧˪ ·kou ❶患狂犬病的狗 ❷喻指喪心病狂的人

【縫】fəŋ˦˨ 用針綫將原來不在一起或開了口的東西連上

【縫紉機】fəŋ˦˨ ʐẽ˨˩ tɕi˨˩˧ 做針綫活的機器

【奉承】fəŋ˨˩ ·tʂ'əŋ 用好聽的話恭維人：别聽他～人兒‖奉，此處在輕聲前不變調

【奉迎】fəŋ˨˩ iŋ˦˨ 奉承迎合人

【鳳尾菊】fəŋ˨˩ vei˥ tɕy˨˩˧ ＝〖蝎子草〗

ɕiə˨˦˫ ·tsʅ ts'ɔ˥ 一年生草本植物，開菊黃色小絨花

vəŋ

【嗡嗡】vəŋ˨˦˫ vəŋ˨˦ 飛機等飛行的聲音

【甕】vəŋ˨ 一種口小腹大的陶器，民間多用來盛水、麵等：水～｜麵～

təŋ

【登記】təŋ˨˦˫ tɕi˨ ❶把有關事項寫在特備的表册上以備查考：户口～ ❷特指結婚登記：～了才給房子！｜你倆～了啊罷？

【燈】təŋ˨˦ 通稱用於照明等的發光器具 ‖ 不說"燈盞"，可以說"一盞燈 i˨˦ tʂã˥ təŋ˨˦"

【燈謎】təŋ˨˦ mi˧˨ 書寫在花燈上的謎語，有時貼在牆上或懸掛在繩子上：猜～

【燈泡兒】təŋ˨˦˫ p'ɔr˨˦[<p'ɔ˨˦] 電燈泡，電燈的發光體

【燈草涼席】təŋ˨˦˪ ·ts'ɔ liaŋ˧˨ ɕi˧˨ 用燈草編的席子

【燈罩】təŋ˨˦˫ tʂɔ˨ 燈上集中燈光或防風的東西 ‖ 也說"燈罩兒 təŋ˨˦˫ tʂɔr˨"

【燈簍】təŋ˨˦˪ ·lou 燈籠，一種可懸掛可手提的照明用具

【燈簍皮】təŋ˨˦˪ ·lou p'i˧˨ 燈籠罩子

【燈油】təŋ˨˦ iou˧˨ 點燈用的油

【燈撚子】təŋ˨˦˫ ȵiã˥˪ ·tsʅ 帶燈罩的煤油燈可以上下擰動的燈心

【燈心】təŋ˨˦˫ ɕiẽ˨˦ 油燈上用來點火的燈草 ‖ 也說"燈心兒 təŋ˨˦˫ ɕier˨˦"

【燈心草】təŋ˨˦˫ ɕiẽ˨˦ ts'ɔ˥ 多年生草本植物，莖去皮後可做燈心，中醫入藥

【燈棍兒】təŋ˨˦˫ kuer˨[<kuẽ˨] ＝〖電棍〗tiã˨ kuẽ˨ 日光燈管

【蹬歪】təŋ˨˦˪ ·vɛ 踢蹬：小孩兒在大人懷裏亂～！｜好幾個人抓着他，他一個勁兒的～｜剛把雞綁起來，它一～，繩子就開咧！

【蹬倒山】təŋ˨˦˪ ·tɔ ʂã˨˦ ⇨〖油螞蚱〗iou˧˥ ·ma ·tʂa

【蹬板凳】təŋ˨˦ pã˥ təŋ˨ 一種雜技項目，一人仰卧在底座雙腳向上蹬板凳，另一人在層層添加的板凳上表演各種驚險動作。濟南市雜技團表演的這一項目曾多次獲國際雜技大獎賽金獎

【戥子】təŋ˥˪ ·tsʅ 測定貴重物品或中藥的衡器

【瞪眼】təŋ˨ iã˥ 睜大眼睛

t'əŋ

【熥】t'əŋ˨˦ ❶把涼了的熟食蒸熱：～饃饃 ❷把食物放在鍋裏烤 ❸因某種原因，將某人某事暫時置於一邊不予理睬：先～着他！ ‖ 連用式"熥熥 t'əŋ˨˦ ·t'əŋ"，前字陰平，這裏在輕聲前不變調

【疼】t'əŋ˧˨ ❶痛：頭～ ❷心疼，疼愛：别～那兩個錢！｜他爺爺奶奶都挺～他！

【謄清】t'əŋ˧˨ tɕ'iŋ˨˦ 抄寫清楚

【藤椅】t'əŋ˧˨ i˥ 藤製坐椅

【藤蘿】t'əŋ˧˨ luə˧˨ ⇨〖紫藤〗tsʅ˥˪ ·t'əŋ

nəŋ

【能的個他】nəŋ˧˥ ·ti ·kə ·t'a 批評人好自我表現，猶"把他能的"：這小子没有不知道的事兒，～！

【那麼】nəŋ˨˫(或 na˨˫) ·mə 指示代詞，指示性質、狀態、方式、程度等：他字寫的～好！｜那棵樹已經長的～高咧！｜

這屋～黑，我不敢進去！|你老是～不聽話，大人都不喜歡你嘛‖那，單字音 na˨˩，此處韵母多讀 əŋ

【那麼着】nəŋ˨˩꜓ ·mə ·tʂʅ 那樣：我看～罷！

【弄】nəŋ˨˩ ❶做，辦，搞：這事兒～不成嘛|怎麼～的？❷思索：～不明白 ❸買，設法得來，搬拿：你到小鋪兒～點醬油來！|～個收音機來，還是個破的！|你把這破桌子～來幹什麼？|把這些破爛～走罷！❹性交動作

【弄了半天】nəŋ˨˩꜓ ·lə pã˨˩ tʻiã˨˩˧ 原來，敢情：～是這麼回事啊！|～你還是不想去啊！

【弄進去】nəŋ˨˩꜓ ·tɕiẽ ·tɕʻi ＝〖逮進去〗tɛ˥꜖ ·tɕiẽ ·tɕʻi 被抓進公安部門

【弄景兒的】nəŋ˨˩ tɕiə̃r˥꜖［<tɕiŋ˥］·ti 動詞後綴，猶什麼的、之類（用於對一些不被認可的行爲）：踢天～，胡折騰！|吃喝～咱不辦！|上街游行～，咱不參加！|還是先教育，罰款～不太好！

ləŋ

【棱】ləŋ˨˩˧ 很，挺：～好|～新|～傻|～賽好‖另見 ·ləŋ

【棱賽玩】ləŋ˨˩˧꜔ sɛ˨˩ vã˦˨ 很好玩兒‖也說"棱賽玩兒 ləŋ˨˩˧꜔ sɛ˨˩ vɛr˦˨"

【冷】ləŋ˥ ❶冷熱的冷，指溫度低的，不熱情的，生僻少見或少有人問津的：～天|～淡|～笑|～門 ❷寂靜不熱鬧：～清

【冷子】ləŋ˥꜖ ·tsʅ ⇨〖雹子〗pa˦˨꜓ ·tsʅ

【冷笑】ləŋ˥ ɕiɔ˨˩ 含有諷刺、不滿、怒意的笑

【冷飲】ləŋ˥꜔ iẽ˥ 泛稱汽水、橘子水等涼的飲料

【愣】ləŋ˨˩ ❶魯莽，説話做事不考慮對不對：～小伙兒 ❷失神，發獃：嚇的他一～！

【棱】·ləŋ 用作動詞後綴，構成的雙音節動詞的重叠式VV棱棱的轉爲形容詞：立～|支～|側～|別～|撲～|立立～～的|別別～～的|撲撲～～的|支支～～的‖另見 ləŋ˨˩˧

tsəŋ

【怎麼】tsəŋ˥꜖ ·mə ❶疑問代詞，問狀况、方式、原因等：你～啦？|這個菜你～炒的？|這衣裳挺省布，你～鉸的？|這事兒～辦？|～這麼好！❷泛指方式、狀况等：我～説他都不聽！❸表示一定程度，用於否定式：這活我不～會幹|他不～喜歡吃魚‖怎，韵母讀 əŋ

【怎麼着】tsəŋ˥꜖ ·mə ·tʂʅ 怎麼樣：你要～？

【怎麼呢】tsəŋ˥꜖ ·mə ·ɳi 疑問代詞，怎麼啦，爲什麼：你～？|你在這兒吃飯罷！——我不這兒吃！——～！

【怎麼辦】tsəŋ˥꜖ ·mə pã˨˩ 疑問代詞，問方法：這事兒～？|你説～？

【怎麼樣兒】tsəŋ˥꜖ ·mə iãr˨˩［<iaŋ˨˩］怎樣

【憎惡】tsəŋ˨˩ u˨˩ 厭惡，憎恨‖憎，聲調去聲，北京讀陰平

【鋥】tsəŋ˨˩ ＝〖錚〗tʂəŋ˨˩ 在單音節形容詞前表示程度深：～亮|～明

【鋥亮】tsəŋ˨˩꜔ liaŋ˨˩ ⇨〖錚亮〗tʂəŋ˨˩꜔ liaŋ˨˩

【鋥明瓦亮的】tsəŋ˨˩ miŋ˦˨ va˥꜔ liaŋ˨˩꜓ ·ti ＝〖錚明瓦亮的〗tʂəŋ˨˩ miŋ˦˨ va˥꜔

liaŋ˩˦ ·ti 明亮有光澤的：桌面擦的～！

ts'əŋ

【曾經】ts'əŋ˧ tɕiŋ˨ 表示從前有過某種情況：我～在青島待過｜他～上過私塾！

【蹭】ts'əŋ˩ ❶摩擦：胳膊音 ·p'ə 在牆上～破了皮 ❷因擦過而沾上：～了一身灰 ❸慢吞吞地行動：磨～

【蹭破皮兒】ts'əŋ˩ p'ə˩ p'ier˧[<p'i˧] =〖擦破皮兒〗 ts'a˨˩ ·p'ə p'ier˧[<p'i˧] 摩擦以致皮破

səŋ

【僧人】səŋ˩ ʐẽ˧ 和尚，較文雅的說法

tʂəŋ

【正月】tʂəŋ˨˩ ·yə 農曆一月 ‖ 正，另見 tʂəŋ˥、tʂəŋ˩

【正月十五】tʂəŋ˨˩ ·yə ʂʅ˧˦ ·u =〖元宵節〗 yã˧ ɕiɔ˨˦ tɕiə˨ 農曆正月十五，是我國傳統節日，這一天習慣要吃元宵

【爭】tʂəŋ˨ ❶爭奪，力求達到：～東西｜～個理兒｜～第一 ❷爭論：兩人～起來啊

【爭嘴】tʂəŋ˨ tsuei˥ 爭吃：姊妹兩個～！

【爭競】tʂəŋ˨˩ ·tɕiŋ 爭論：你別和他～啊！

【蒸鷄蛋糕】tʂəŋ˨ tɕi˨˦ tã˩ kɔ˨ 鷄蛋羹 ‖ 也說"蒸鷄蛋糕兒 tʂəŋ˨ tɕi˨˦ tã˩ kɔr˨"

【蒸包兒】tʂəŋ˨˦ pɔr˨[<pɔ˨] 包子

【蒸饅頭】tʂəŋ˨ mã˧˦ ·t'ou 將饅頭放到籠屜中蒸 ‖ 通常家庭稱"蒸饃饃 tʂəŋ˨ mə˧˦ ·mə"

【蒸乾糧】tʂəŋ˨˦ kã˨˩ ·liaŋ 通稱蒸饅頭等麵食

【睜眼】tʂəŋ˨ iã˥ 張開眼睛

【正】tʂəŋ˥(或 tʂəŋ˩) 恰好，正在：～好｜～忙着 ‖ 此處聲調習慣上讀上聲。另見 tʂəŋ˨、tʂəŋ˩

【整】tʂəŋ˥ ❶全部在内，不殘缺；完整，不零碎：～個兒 ❷整齊：～潔 ❸整理，整頓：～隊｜～風 ❹使吃苦頭：～人

【整地】tʂəŋ˥ ti˩ 播種前進行耕地、耙地等勞作

【整個兒】tʂəŋ˥ kər˩[<kə˩] 完整的，不殘缺的

【整磚】tʂəŋ˥ tʂuã˩ 整塊的磚

【正】tʂəŋ˩ ❶不偏，不斜：～南 ❷正面：～反面 ❸合乎法則、規矩的，顏色滋味純：～派｜公～｜味兒不～ ❹基本的，主要的：～文｜～副書記 ❺大於零的：負負得～ ❻改正：～音 ‖ 另見 tʂəŋ˨、tʂəŋ˥

【正兒八經的】tʂəŋ˩˦ ·ər pa˨˦ tɕiŋ˨˩ ·ti 正經的，嚴肅的：别鬧玩兒，～說！

【正合適】tʂəŋ˩ xə˧ ʂʅ˨ 正好，符合實際情况和要求：這衣裳他穿～！

【正在】tʂəŋ˩ tsɛ˩ 表示動作在進行中：孩子～學習

【正好】tʂəŋ˩ xɔ˥ ❶恰好，指時間、位置、大小、數量、程度等合適：你來的～｜這衣裳我穿忒大，你穿～！ ❷恰巧遇到機會：他早想吃栗子，～集上有賣的，就買了幾斤 ‖ 重叠式"正正好好 tʂəŋ˩ tʂəŋ˩ xɔ˥˦ xɔ˥"：一個不多，一個不少，～！

【正言正語的】tʂəŋ˩ iã˧ tʂəŋ˩ y˥˩ ·ti

嚴肅認真地（說）：這事兒你要～說，別鬧離嬉開玩笑！

【正當】tʂəŋ˨˩˦ ·taŋ ❶正，不偏不斜：你坐～了！｜放～！❷人品端正，正派：這人不～！‖重疊式"正正當當的 tʂəŋ˨˩˦ ·tʂəŋ ·taŋ ·taŋ ·ti"：放的～｜他辦事兒～！

【政府】tʂəŋ˨˩ fu˥ 國家行政機關

【這麼】tʂəŋ˨˩˦（或 tʂə˨˩˦）·mə 指示代詞，指示性質、狀態、方式、程度等：你家～乾淨！｜不是～做，要那麼做！｜他要～幹，我有什麼辦法？｜你走的～快，我都跟不上！‖這，單字音 tʂə˨˩，此處韵母多讀 əŋ

【這麼着】tʂəŋ˨˩˦ ·mə ·tʂʅ 這樣：這事兒就～罷！

【真個的】tʂəŋ˨˩ kə˨˩˦ ·ti 確實的，（動）真的：～你不來？｜說句笑話，你來～嘛！‖真，單字音 tʂẽ˦˨，此處音同正 tʂəŋ˨˩

【症候】tʂəŋ˨˩˦ ·xou ❶疾病：有點兒小～不要緊，吃個藥片兒就好嘛 ❷矛盾，事故：這個車間的人成天鬧～｜開着開着，這車又出～嘛！｜出了大～嘛，可了不的嘛！

【掙子】tʂəŋ˨˩˦ ·tsʅ 綉花時用於綳緊布帛的綳子

【錚】tʂəŋ˨˩ ⇨〖鋥〗tsəŋ˨˩

【錚白】tʂəŋ˨˩ pei˦˨ 潔白

【錚亮】tʂəŋ˨˩˦ liaŋ˨˩ ＝〖鋥亮〗tsəŋ˨˩˦ liaŋ˨˩（器物等）很亮而有光澤‖連用式"錚亮錚亮的 tʂəŋ˨˩˦ liaŋ˨˩ tʂəŋ˨˩˦ liaŋ˨˩ ·ti"，有强調義

【錚明瓦亮的】tʂəŋ˨˩ miŋ˦˨ va˥˦ liaŋ˨˩˦ ·ti ⇨〖鋥明瓦亮的〗tsəŋ˨˩ miŋ˦˨ va˥˦ liaŋ˨˩˦ ·ti

【證人】tʂəŋ˨˩ ʐẽ˦˨ ❶法庭上能對案件提供證據的非當事人 ❷對某事能提供證明的人

tʂʻəŋ

【逞】tʂʻəŋ˦˨ 顯示自己（力量、才能等）：～利害｜～能幹‖逞，單字音陰平。逞利害、逞能幹的逞讀陰平，逞能的逞陰平、陽平兩可，逞强的逞讀陽平

【逞能】tʂʻəŋ˦˨（或 tʂʻəŋ˦˨）nəŋ˦˨ 顯示自己能幹：你盡～！

【稱】tʂʻəŋ˦˨ ❶量輕重：～大米 ❷名稱：簡～ ❸說，用於書面語：拍手～快 ❹稱贊‖另見 tʂẽ˨˩

【稱秤】tʂʻəŋ˦˨˦ tʂʻəŋ˨˩ 用秤稱

【稱稱】tʂʻəŋ˦˨˩ ·tʂʻəŋ ⇨〖約約〗iɔ˦˨˩ ·iɔ

【稱命】tʂʻəŋ˦˨˦ miŋ˨˩ 認命：銀子錢的事兒不要爭，要～！

【撐子】tʂʻəŋ˦˨˩ ·tsʅ 綉花時用於把布撐平的竹、木框架

【撐的慌】tʂʻəŋ˦˨˩ ·ti ·xuaŋ 吃得過多，感到胃部脹飽

【撐不住勁兒】tʂʻəŋ˦˨˩ ·pu ·tʂu tɕier˨˩［<tɕiẽ˨˩］受不了：吃多了～嘛｜這話說重嘛，他～！｜累的～嘛，我得歇歇！

【撐破天】tʂʻəŋ˦˨ pʻə˨˩ tʻiã˨˩ 頂多：這件衣裳～值五十塊錢！｜他～有一米七！

【撐着嘛】tʂʻəŋ˦˨˩ ·tʂuə（或 ·tʂɔ）·lia 吃得過飽引起不適

【撐腰】tʂʻəŋ˦˨˦ iɔ˦˨ 比喻給予支持

【撐桿兒】tʂʻəŋ˦˨˩ ·kɛr［<kã˥］一種汲水器具，丁字形木架，中間有滑輪，木架的一端吊着石頭墜子，另一端是鐵棍吊着汲水的斗子。使用時人拉鐵棍

下垂使水進斗，然後上提並利用另一端石頭墜子墜地的力使水斗上升，再用人力將水倒出

【撑船的】tʂʻəŋ˩ tʂʻuã˧˥ ·ti ＝〖玩船的〗vã˧ tʂʻuã˧˥ ·ti 艄公

【撑勁兒】tʂʻəŋ˩˨ tɕier˩[<tɕiẽ˩] 好，辦事容易：這個人辦事兒挺～的！｜人家的老同學是局長，挺～！

【撑窗】tʂʻəŋ˩˥ ·tʂʻuaŋ ⇨〖活窗户〗xuə˧ tʂʻuaŋ˩˥ ·xu

【蟶子】tʂʻəŋ˩˥ ·tsɿ 一種軟體動物，介殼兩片，形似捲煙而稍寬略扁

【成】tʂʻəŋ˧ 夠，達到一定的數量，强調數量多或時間長：～百｜～千～萬｜～天｜～年價

【成月價】tʂʻəŋ˧ yə˩ ·tɕia 整月

【成天】tʂʻəŋ˧ tʻiã˩ ＝〖成天價〗tʂʻəŋ˧ tʻiã˩˥ ·tɕia ＝〖一天到晚〗i˩˨ tʻiã˩ tɔ˩ vã˥ 整天

【成年價】tʂʻəŋ˧ ȵiã˧˥ ·tɕia ＝〖成年〗tʂʻəŋ˧ ȵiã˧ 整年

【成親】tʂʻəŋ˧ tɕʻiẽ˩ ＝〖結婚〗tɕiə˩˨ xuẽ˩ 男子和女子經過合法手續結合成爲夫妻

【成心】tʂʻəŋ˧ ɕiẽ˩ 故意：～跟我作對！｜～鬧騰！

【城】tʂʻəŋ˧ ❶城牆：～外｜長～ ❷城牆以内的地方：～裏｜～外 ❸城市，跟鄉、鎮相對：～鄉｜～鎮居民

【城市】tʂʻəŋ˧ ʂɿ˩ 人口集中、工商業發達、居民以非農業人口爲主的地區，跟農村相對：～農村｜～居民｜～户口

【城裏人】tʂʻəŋ˧˥ ·li ʐẽ˧ 居住在城裏的人

【城裏】tʂʻəŋ˧˥ ·ȵi(或 ·li) 市區以内：上～買東西

【城西】tʂʻəŋ˧ ɕi˩ 城的西部，城以西

【城西北】tʂʻəŋ˧ ɕi˩˨ pei˩ 城的西北部

【城西南】tʂʻəŋ˧ ɕi˩ nã˧ 城的西南部

【城外】tʂʻəŋ˧ vɛ˩ 市區以外

【城北】tʂʻəŋ˧ pei˩ 城的北部，城以北

【城南】tʂʻəŋ˧ nã˧ 城的南部，城以南

【城關】tʂʻəŋ˧ kuã˩ 城外靠近城門一帶的地方。舊城有東西南北四門，因有東關、南關、西關、北關四關：西門往東是城裏，出了西門是西關

【城門】tʂʻəŋ˧ mẽ˧ 舊時建在城牆上的門，濟南有東門、南門、西門、北門等

【城牆】tʂʻəŋ˧ tɕʻiaŋ˧ 圍築在城市四周又高又厚用於防守的牆：濟南原來有～啊，都拆嘞！

【城隍】tʂʻəŋ˧ xuaŋ˧ 迷信傳説中掌管一個城市的神

【城隍廟】tʂʻəŋ˧ xuaŋ˧ miɔ˩ 供奉城隍的廟，過去濟南有省城隍廟、縣城隍廟

【城東】tʂʻəŋ˧ tuŋ˩ 城的東部，城以東

【城東北】tʂʻəŋ˧ tuŋ˩˨ pei˩ 城的東北部

【城東南】tʂʻəŋ˧ tuŋ˩ nã˧ 城的東南部

【乘涼】tʂʻəŋ˧ liaŋ˧ 熱天在涼快的地方休息

【逞强】tʂʻəŋ˧ tɕʻiaŋ˧ 顯示自己能力强 ‖ 逞，另見 tʂʻəŋ˩

【盛飯】tʂʻəŋ˧˥ fã˩ 用勺等將飯從鍋裏取出放到碗裏

【秤】tʂʻəŋ˩ 測定物體重量的器具，有桿秤、磅秤、彈簧稱等多種

【秤低】tʂʻəŋ˩ ti˩ 稱物時秤尾低

【秤砣】tʂʻəŋ˩ tʻuə˧ 秤錘，稱物時用於使秤平衡的金屬塊

【秤高】tʂʻəŋ˩ kɔ˩ 稱物時秤尾高

【秤毫】tʂʻəŋ˨˩ xɔ˦˨ ＝〖毫繫〗 xɔ˦˨꜒ ·ɕi 秤桿上的提手，多用繩子製成‖也説"提心兒 tʻi˦˨꜒ ·ɕier[<ɕiẽ˨˩˧]"

【秤頭】tʂʻəŋ˨˩ tʻou˦˨ 稱物時秤的高低：△～上積兒女，口頭上積壽限

【秤鉤子】tʂʻəŋ˨˩ kou˨˩˧꜖ ·tsɿ ＝〖秤鉤〗 tʂʻəŋ˨˩ kou˨˩˧ 桿秤用於掛住所稱物體的金屬鉤

【秤盤兒】tʂʻəŋ˨˩ pʻer˦˨[<pʻã˦˨] 盤秤用以盛放所稱物品的盤子

【秤桿子】tʂʻəŋ˨˩ kã˥꜖ ·tsɿ ＝〖秤桿兒〗 tʂʻəŋ˨˩ ker˥[<kã˥] 桿秤上的木桿，上面鑲有秤星，一頭有秤毫和秤鉤

【秤星】tʂʻəŋ˨˩ ɕiŋ˨˩˧ 鑲在秤桿上作爲計量標志的金屬小圓點‖也説"秤星兒 tʂʻəŋ˨˩ ɕier˨˩˧"，還可單説"星 ɕiŋ˨˩˧"

ʂəŋ

【升】ʂəŋ˨˩˧ ❶由低往高移動 ❷容量單位，十升爲一斗 ❸用於量糧食的方形木器

【升級】ʂəŋ˨˩˧꜔ tɕi˨˩˧ 由較低的等級或班級升到較高的等級或班級

【生】ʂəŋ˨˩ 用在疼前表示程度深：手凍的～疼｜～疼～疼的‖另見 ʂẽ˨˩˧、·ʂəŋ

【生死簿】ʂəŋ˨˩˧ sɿ˥ pu˦˨ 迷信傳説中指判官掌握的記有人壽命的簿子

【生日】ʂəŋ˨˩˧꜖ ·ʐʅ 人在一年中出生的日子

【生氣】ʂəŋ˨˩˧꜔ tɕʻi˨˩ 因不合心意而不愉快：別～｜你對孩子生什麼氣！

【生意不好】ʂəŋ˨˩˧꜔ i˨˩ pu˨˩˧ xɔ˥ ⇨〖買賣不行〗 mɛ˥꜖ ·mɛ pu˨˩˧ ɕiŋ˦˨

【生意好】ʂəŋ˨˩˧꜔ i˨˩ xɔ˥ ⇨〖買賣好〗 mɛ˥꜖ ·mɛ xɔ˥

【生不拉嘰的】ʂəŋ˨˩˧꜖ ·pu ·la ·tɕi ·ti 不熟：你看這菜炒的，～！｜我和他～，不能往深裏説

【生髮油】ʂəŋ˨˩˧꜔ fa˨˩˧ iou˦˨ 舊時用於使頭髮光亮整齊的化妝品

【生活】ʂəŋ˨˩˧ xuə˦˨ ❶衣食住行等各方面的情況：他家收入高，～好！ ❷人或生物爲生存、發展而進行的各種活動：日常～｜和大家～在一起 ❸生存

【生角】ʂəŋ˨˩˧꜖ ·tɕyə 戲曲中扮演男子的角色，有老生、小生、武生等

【生菜】ʂəŋ˨˩˧꜖ ·tsʻɛ 一種蔬菜

【生孩子】ʂəŋ˨˩˧ xɛ˦˨꜒ ·tsɿ 婦女分娩

【生水】ʂəŋ˨˩˧ ʂuei˥ 未經燒開的水：小孩不能喝～！

【生水痘兒】ʂəŋ˨˩˧ ʂuei˥ tour˨˩[<tou˨˩] ⇨〖出水痘兒〗 tʂʻu˨˩˧ ʂuei˥ tour˨˩[<tou˨˩]

【生疹子】ʂəŋ˨˩˧꜔ tʂẽ˥꜖ ·tsɿ ⇨〖出疹子〗 tʂʻu˨˩˧꜔ tʂẽ˥꜖ ·tsɿ

【生辰八字】ʂəŋ˨˩˧ tʂʻẽ˦˨ pa˨˩˧꜔ ·tsɿ 舊時用天干地支表示人出生的年月日時，合起來是八個字。迷信的人認爲生辰八字決定一個人的命運

【生疼熱吱拉的】ʂəŋ˨˩˧ tʻəŋ˦˨ ʐə˦˨꜒ ·tsɿ ·la ·ti 誇張病痛的樣子：就破了個小口兒，別這麼～！

【牲口】ʂəŋ˨˩˧꜖ ·kʻou ＝〖頭牯〗 tʻou˦˨꜒ ·ku 用來幫助做活的大家畜，如牛、馬、驢、騾等

【牲口經濟】ʂəŋ˨˩˧꜖ ·kʻou tɕiŋ˨˩˧꜖ ·tɕi 專營牲口買賣的經濟人

【鉎鏉】ʂəŋ˨˩˧꜖ ·ʂu 鐵銹，生銹：刀上長了～咧！｜這塊鐵板～咧！‖鉎，廣韵庚韵所庚切："鐵鉎"；鏉，廣韵宥韵所祐

切："鐵生皺"

【聲音】ʂəŋ˦˪ ·iẽ 聲波通過聽覺所產生的印象：～好聽｜～太小

【什麼】ʂəŋ˦˥ ·mə ❶疑問代詞，問人或事物：你是他～人？｜～事兒這麼着急？❷任何人或事物：他～人也不見！｜我～也不要！❸表示驚訝、不滿、責備等：～，你説～？｜你裝～糊塗？‖什，另見 ʂʅ˦、ʂə˦

【什麼時候】ʂəŋ˦˥ ·mə ʂʅ˦˥ ·xou ⇨〖多咱〗tuə˦˥ ·tsã

【什麼地處】ʂəŋ˦˥ ·mə ti˩˥ ·tʂ'u 哪裏，什麼地方

【什麼樣兒】ʂəŋ˦˥ ·mə iãr˩[<iaŋ˩] 疑問代詞，問樣子：你做～的大衣？｜他對象長的～？

【繩子】ʂəŋ˦˥ ·tsɿ 兩股以上的麻、棕毛等擰成的長條

【省的】ʂəŋ˥˪ ·ti 免得：多穿件衣裳，～凍着！

【剩菜】ʂəŋ˩ ts'ɛ˩ 吃剩的菜

【剩飯】ʂəŋ˩ fã˩ 吃剩的飯

【剩湯涼飯】ʂəŋ˩ t'aŋ˦ liaŋ˦˥ ·fã˩ 泛稱吃剩的飯菜

【生】·ʂəŋ ❶形容詞後綴，含有輕鬆的口氣：輕～｜白～｜脆～ ❷動詞後綴：支～‖生，另見 ʂẽ˦、ʂəŋ˦

ʐəŋ

【仍然】ʐəŋ˥ ʐã˦ 依舊，還是：我～想不通！

kəŋ

【庚】kəŋ˦ 天干的第七位

【耕地】kəŋ˦˫(或 tɕiŋ˦˫) ti˩ ❶用犁翻鬆土地 ❷可耕地

【粳米】kəŋ˦ mi˥ 見"粳米 tɕiŋ˦ mi˥"

【埂子】kəŋ˥˪ ·tsɿ ❶專指爲種植某些作物培成一行一行的土壟，行間凹下的稱爲壟溝 ❷畦兩邊隆起的分界綫

【更(加)】kəŋ˩ (tɕia˦) 表示程度增加：～好｜～説不清楚嘛‖更，多用於多音節的形容詞或動詞前；更加後面有時可加的，更後面不行，如：以後要做的更加的好(不能説更的好)

k'əŋ

【坑】k'əŋ˦ 坑害，坑騙：我真讓他～的不輕！｜可把他～苦嘛！

【坑兒】k'ə̃r˦[<k'əŋ˦] 窪下去的地方：刨個～｜△一個蘿貝一個～

xəŋ

【橫】xəŋ˩ 粗暴不講理：這人真～！‖橫，濟南不讀陽平調

【橫二八三的】xəŋ˩˫ ·ər pa˦˫ sã˦˪ ·ti ＝〖橫兒巴嚌的〗xəŋ˩˫ ·ər pa˦˫ ·tɕi ·ti 蠻橫：這人～

【橫立着】xəŋ˩˫ ·li ·tʂɿ 橫着：這桌子～擋道

【橫幅】xəŋ˩ fu˦ 橫的字畫等

【橫頭座】xəŋ˩ ·t'ou tsuə˩ 座位中的最末等位置。在舊式房子中，八仙桌一般靠着條几安放，橫頭座即面對八仙桌、背對屋門的座位。如果把八仙桌拉開，那麼條几與八仙桌之間的座位也叫橫頭座

iŋ

piŋ

【冰】piŋ˨˩ ❶＝〖凍凍〗tuŋ˨˩˨ ·tuŋ 水在攝氏零度或零度以下結成的固體 ❷把東西貼近冰使變涼

【冰激凌】piŋ˨˩˨ ·tɕi liŋ˦˨ 用水加牛奶、鷄蛋、糖、果汁等冷凍成的半固體冷食

【冰糕】piŋ˨˩˨ kɔ˨˩ 用水和果汁等冰凍而成的冷食，扁形，有欛兒，有的帶奶味

【冰片】piŋ˨˩˨ p'iã˨˩ 一種中藥，有清涼味，可清熱止痛

【冰磚】piŋ˨˩˨ tʂuã˨˩ 用水加糖、果汁等冷凍成磚形硬塊的冷食

【冰棍兒】piŋ˨˩˨ kuer˨˩[＜kuẽ˨˩] 用水和果汁等冰凍而成的冷食，有小棍作欛兒，今已少見

【冰糖】piŋ˨˩ t'aŋ˦˨ 一種白色或帶淡黃色的結晶糖

【冰箱】piŋ˨˩˨ ɕiaŋ˨˩ 電冰箱

【兵】piŋ˨˩ ❶軍人，軍隊：工農～｜炮～ ❷軍隊中的最基層成員：官～｜△人當了～，鐵打了釘 ❸關於軍事或戰爭的：紙上談～

【甭】piŋ˦˨ 見"甭 pẽ˦˨"

【丙】piŋ˥(或 piŋ˨˩) 天干的第三位，常表示順序在第三位的

【餅】piŋ˥ ❶泛稱扁而圓的麵食：燒～｜月～｜煎～ ❷像餅的東西：豆～｜柿～

【餅子】piŋ˥˩ ·tsɿ 舊時用玉米麵或小米麵等做的一種大衆主食，手掌形，貼在鍋的上部周圈烙熟（鍋底放水）‖也說"貼餅子 t'iə˨˩˨ ·piŋ ·tsɿ"、"糊餅 xu˨˩ piŋ˥"

【餅乾】piŋ˥ kã˨˩ 麵粉加糖、鷄蛋等調和後烤成的酥脆的薄餅‖也說"餅乾兒 piŋ˥ kɛr˨˩"

【併骨】piŋ˨˩ ku˨˩ 將夫妻遺骨葬到一起

【病字旁】piŋ˨˩˦ ·tsɿ p'aŋ˦˨ 漢字偏旁，如"疾"字左上部分

【病啊】piŋ˨˩˦ ·lia ＝〖長病啊〗tʂaŋ˥˦ piŋ˨˩˦ ·lia 生病了

p'iŋ

【乒乓球】p'iŋ˨˩˦ p'a˨˩ tɕ'iou˦˨ ❶球類運動之一：～比賽｜～運動員 ❷用於乒乓球運動的球：打～‖乓，濟南讀 p'a˨˩，北京音 ˓p'aŋ

【平】p'iŋ˦˨ ❶表面没有凹凸，不傾斜 ❷平均，公平，持平：～分｜抱不～｜～局 ❸安定：～安｜～心 ❹尋常的：～時｜～常

【平地】p'iŋ˦˨˦ ·ti˨˩ ❶平坦的土地 ❷把土地整平坦

【平不拉塌的】p'iŋ˦˨˦ ·pu la˨˩˨ ·t'a ·ti 形容平淡無奇：這出戲～没意思，不好看！

【平鍋】p'iŋ˦˨ kuə˨˩ 一種平底鍋，多鐵鑄，用於烙餅、煎包子‖用平鍋做餅，動詞用"烙 luə˨˩"，如：烙餅

【平腳板】p'iŋ˦˨ tɕyə˨˩ pã˥ 平足，腳底不成弓狀的腳

【平臺】p'iŋ˦˨ t'ɛ˦˨ 平頂房子的房頂

【平輩】p'iŋ˦˥ ·pei ⇨〖同輩〗t'uŋ˦ pei˩

【平板三輪兒】p'iŋ˦ pã˥ sã˨˩ luer˦ [<luẽ˦] 運貨的三輪車，載貨的部分是平板

【平盤】p'iŋ˦ p'ã˦ 一種比較平的盤子：這個菜少，用個～吧！

【平原】p'iŋ˦ yã˦ =〖平川〗p'iŋ˦ tʂ'uã˨˩ 地勢平坦的廣大地面

【平分】p'iŋ˦˥ ·fẽ 平整：這地挺～｜把衣裳熨～了！‖重疊式"平平分分的 p'iŋ˦˥ ·p'iŋ ·fẽ ·fẽ ·ti"：把東西放的～，省的倒唡！

【平信】p'iŋ˦˥ ·ɕiẽ˩ 不掛號的一般信件

【平房】p'iŋ˦ faŋ˦ 只有一層的房子，跟樓房相對而言

【屏風】p'iŋ˦ fəŋ˨˩ 放在正屋擋着後面的屏障

【瓶子】p'iŋ˦˥ ·tsɿ 一種口小、頸細、腹大的容器，多玻璃或陶瓷製品：玻璃～｜瓷～｜酒～｜汽水～

【瓶子築兒】p'iŋ˦˥ ·tsɿ tʂur˨˩[<tʂu˨˩] =〖瓶子錐兒〗p'iŋ˦˥ ·tsɿ tʂuer˨˩[<tʂuei˨˩] =〖築兒〗tʂur˨˩[<tʂu˨˩] =〖錐兒〗tʂuer˨˩[<tʂuei˨˩] 瓶塞‖築，廣韵屋韵張六切："擣也"

【評書】p'iŋ˦ ʂu˨˩ 曲藝的一種，多講述長篇故事，用摺扇、手帕、醒木等做道具：說～

【評劇】p'iŋ˦ tɕy˩ 流行於華北、東北等地的地方戲曲劇種

【憑麼】p'iŋ˦ mə˦ 憑什麼：你～跟我要？找他去！

【蘋果】p'iŋ˦˥(或 p'iẽ˦) kuə˥ 一種常見水果，品種很多：煙臺～｜國光～‖蘋，p'iẽ˦ 是舊讀音

【蘋果醬】p'iŋ˦ kuə˥ tɕiaŋ˩ 用蘋果加糖製成的果子醬

miŋ

【名字】miŋ˦˥ ·tsɿ =〖名兒〗miõr˦ [<miŋ˦] 人或事物的稱號，代表這個人或事物：你叫什麼～？‖郊區"名兒"讀 miər˦，屬二類兒化

【名片兒】miŋ˦ p'iɛr˩[<p'iã˩] 交際用的長方形紙片，上面寫着自己的姓名、職位、地址等

【明】miŋ˦ ❶明亮 ❷明白，清楚：說～ ❸公開的，不隱蔽的：說在～處 ❹視覺：失～ ❺眼力好，能看清事物：聰～ ❻次於今天、今年的：～天｜～年

【明白唡】miŋ˦˥ ·pei ·lia ⇨〖懂(的)唡〗tuŋ˥˩ (·ti) ·lia

【明三暗五】miŋ˦ sã˨˩˦ ŋã˩ u˥ 明着三間實際五間的上房，中間一間以外，兩邊的兩間又各有裏間，稱爲東裏間、西裏間

【明天】miŋ˦ t'iã˨˩ 天亮，明了天

【明天】miŋ˦˥ ·t'iã 今天的下一天

【明年】miŋ˦ ·ɲiã(或 ɲiã˦) ⇨〖過年〗kuə˩ ·ɲiã ‖明，此處在輕聲前不變調

【明綫】miŋ˦˥ ·ɕiã 縫紉機穿在針上的綫

【明綃】miŋ˦˥ ʂaŋ˩ 不反過鞋面來和鞋底縫合的一種綃鞋方式‖參見"反綃 fã˥˩ ʂaŋ˩"

【冥壽】miŋ˦˥ ʂou˩ =〖冥忌〗miŋ˦˥ ·tɕi˩ 死者的生日

【命】miŋ˩ ❶生命，性命 ❷命運：～好｜～不濟

【命令】miŋ˨˩ liŋ˨˩ 上級對下級作指示。也指上級對下級的指示

tiŋ

【丁】tiŋ˨˩˧ ❶天干的第四位，常表示順序在第四位的 ❷舊指成年男子：壯～ ❸稱從事某些職業的人：園～

【丁香】tiŋ˨˩˧꜖ ·ɕiaŋ ＝〖工丁香〗kuŋ˨˩˧꜔ tiŋ˨˩˧꜖ ·ɕiaŋ 一種藥材，種子小長球形，可作調料

【丁香花】tiŋ˨˩˧꜖ ·ɕiaŋ xua˨˩˧ 落葉灌木或小喬木，開紫色或白色花，供觀賞

【釘子】tiŋ˨˩˧꜖ ·tsɿ 一種用來固定或懸掛物品等的金屬用品，細棍形，一頭尖銳，另一頭有扁平的小圓頭：用～釘起來｜掛～上！

【釘耙】tiŋ˨˩˧ p'a˦˨ ＝〖鐵耙〗t'iə˨˩˧ p'a˦˨ 平整土地的鐵耙子

【釘痂渣】tiŋ˨˩˧꜔ kə˨˩˧꜖ ·tʂa ⇨〖結痂渣〗tɕiə˨˩˧꜔ kə˨˩˧꜖（或 ka˨˩˧꜖）·tʂa

【釘鍋】tiŋ˨˩˧꜔ kuə˨˩˧ 結鍋巴，煳鍋，中間可以插入"了"：釘了鍋嘶！

【釘扣子】tiŋ˨˩˧꜔ k'ou˨˩꜓ ·tsɿ 把扣子釘到衣物上

【釘扣鼻兒的】tiŋ˨˩˧꜔ k'ou˨˩ pier˦˨꜓［<pi˦˨］·ti 上衣帶中式紐扣的服裝式樣：我要做帶～！

【頂支兒】tiŋ˥ tʂer˨˩˧［<tʂɿ˨˩˧］指過繼的兒子繼承家業，延續了這個家族的一支

【頂替】tiŋ˥ t'i˨˩ ❶頂名代替：冒名～ ❷專指親屬接替離職人員的工作：他媽提前退休，就是叫他好去廠裏～｜教師不能～！

【頂果】tiŋ˥꜔ kuə˥ 蘋果、梨等的幼果在花落後頂出

【頂嘴】tiŋ˥꜔ tsuei˥ 爭辯，各不相讓：你一句我一句，他倆又在屋裏～嘶！

【頂板】tiŋ˥꜔ pã˥ 頂牛：他倆一見面就～嘶，到現在關係也不好！

【頂針兒】tiŋ˥꜖ ·tʂer［<tʂẽ˨˩˧］做針綫活時戴在中指上用來頂住針鼻的金屬圈，上面有許多小窩兒

【頂上】tiŋ˥꜖ ·ʂaŋ（或 ·xaŋ）頂部以上的地方，上面：頭～｜屋～｜山～｜桌子～｜架子～

【頂棚】tiŋ˥꜖ ·p'əŋ 平房屋頂下面所加的一層棚子，過去多用高粱稭做成，有的下面糊上紙 ‖ 舊説"虛棚 ɕy˨˩˧꜖ ·p'əŋ"

【頂風】tiŋ˥꜖ ·fəŋ 迎着風

【定棵】tiŋ˨˩ k'ə˨˩˧ ⇨〖剜苗〗vã˨˩˧ mio˦˨

【定盤星兒】tiŋ˨˩ p'ã˦˨ ɕiə̃r˨˩˧［<ɕiŋ˨˩˧］❶戥子或秤上表示起算點的星兒 ❷比喻一定的標準、主意：他這人没有～

【定桿兒】tiŋ˨˩꜓ ·kɛr［<kã˥］紡車上纏綫的軸

【定親】tiŋ˨˩ tɕ'iẽ˨˩˧ ＝〖定婚〗tiŋ˨˩ xuẽ˨˩˧ ＝〖訂婚〗tiŋ˨˩ xuẽ˨˩˧ 男女定下婚約

【定心丸兒】tiŋ˨˩ ɕiẽ˨˩˧ ver˦˨［<vã˦˨］比喻能使人心安定的言語或行動

【訂合同】tiŋ˨˩ xə˦˨꜓ ·t'uŋ 訂立共同遵守的條文

【訂婚】tiŋ˨˩ xuẽ˨˩˧ ⇨〖定親〗tiŋ˨˩ tɕ'iẽ˨˩˧

【腚】tiŋ˨˩ ＝〖屁股〗p'i˨˩꜓ ·ku 臀部

【腚巴骨】tiŋ˨˩꜓ ·pa ·ku 尾骨

【腚呱】tiŋ˨˩ kua˦˨ 屁股，常用於被打或跸倒的場合：跸了個～！ ‖ 參見"踢腚呱 t'i˨˩˧ tiŋ˨˩ kua˦˨"

【腚錘子】tiŋ˨˩ tʂ'uei˦˨꜓ ·tsɿ 臀部兩旁的厚肉

【腚溝】tiŋ˩ kou˩ =〖屁溝〗p'i˩ kou˩ 屁股溝

【腚後頭】tiŋ˩ xou˩˧ ·t'ou ⇨〖背後頭〗pei˩ xou˩˧ ·t'ou

【腚眼】tiŋ˩ iã˥ =〖腚眼子〗tiŋ˩ iã˥˨ ·tsɿ 肛門 ‖ 也説“腚眼兒 tiŋ˩ iɛr˥”。另見 tiŋ˩˧ ·iã

【腚眼】tiŋ˩˧ ·iã ❶“腚眼孩子”的簡稱 ❷頑皮不正經：這孩子～，他家也不管他！ ‖ 多指男孩。另見 tiŋ˩ iã˥

【腚眼孩子】tiŋ˩˧ ·iã xɛ˦˧ ·tsɿ 調皮搗蛋的青少年：～胡蓑衣調皮麼？｜他廠裏盡～，能幹好活麼？

t'iŋ

【蜻蜓】t'iŋ˩˨ ·t'iŋ 一種常見昆蟲，身體細長，有兩對膜狀的翅，捕食蚊子等小飛蟲 ‖ 有人寫作“蜓蜓”，但前字“蜓”聲調並非陽平；“蜻”讀 t'iŋ˩ 顯然是韵母逆同化的結果

【聽】t'iŋ˩ ❶用耳朵接受聲音 ❷聽從，接受意見：～話｜～不進别人意見

【聽̥】t'iŋ˩ 回民商販暗語，數詞三

【聽着】t'iŋ˩˨ ·tsɿ 承擔（付款）：你先交三百五，剩下的我～

【聽話】t'iŋ˩˧ xua˩ 能聽從長輩或領導的話

【聽説】t'iŋ˩˧ ʂuə˩ ❶聽話：這孩子真～ ❷聽人説

【聽差】t'iŋ˩˧ tʂ'ɛ˩ 舊指在機關或有錢人家做勤雜工作的人

【聽頭兒】t'iŋ˩˨ ·t'our[<t'ou˦]（是否）值得聽：這相聲没～！

【聽診器】t'iŋ˩ tʂẽ˥ tɕ'i˩ 西醫聽診用的器械，即聽筒

【聽房】t'iŋ˩ faŋ˦ 新婚夫婦入洞房時别人在新房外面偷聽。舊時認爲，没有人聽房會不生小孩，所以如果没有人聽房，家人要倒放一把掃帚來代替

【亭】t'iŋ˦ 風景區供人游玩休息的建築：歷下～｜滄浪～

【停業】t'iŋ˦˧ iə˩ ⇨〖關門〗kuã˩ mẽ˦

【停電啢】t'iŋ˦ tiã˩˧ ·lia 停止供電了

【挺】t'iŋ˥ ❶硬而直：這布料棱～ ❷直起來：～起腰｜～胸 ❸勉力支撑：累的不行，還得～着幹！ ❹很：～好！

【挺卒】t'iŋ˥˦ tsu˥ 象棋術語，稱過河卒前行

【挺脱】t'iŋ˥˨ ·t'uə（衣着）挺括舒展：這鞋底納的多～！｜他穿的棱～

【挺仁義】t'iŋ˥ ʐẽ˦˧ i˩ 重友情，慷慨：他這人辦事～，千兒八百的不計較

liŋ

【㱥錐】liŋ˦˧ ·tʂuei ⇨〖凍凍㱥子〗tuŋ˩˨ ·tuŋ liŋ˦˧ ·tsɿ

【菱角】liŋ˦˧ ·tɕyə 菱的果實，殼硬有角，果肉白色，可食用

【菱角米】liŋ˦˧ ·tɕyə mi˥ 菱角肉 ‖ 山東微山湖出産較多

【翎子】liŋ˦˧ ·tsɿ ❶鳥尾部或翅膀上長的長而硬的羽毛 ❷專指戲臺上武將頭上插的兩根長毛 ‖ 參見“雉鷄翎 tɕi˦˧ ·tɕi liŋ˦”

【零】liŋ˦ ❶表示没有數量：一減一等於～ ❷數的空位：一百～一｜一千～二｜一千～兩個｜第一千～二個｜一千～二十｜一萬～二十

【零花】liŋ˦ xua˩ 零碎地花（錢）。也指零用的錢

【零花錢】liŋ˥ xua˩ tɕ'iã˥ 零花的錢

【零嘴】liŋ˥ tsuei˥ 正餐以外的零星小吃:不吃～

【零碎】liŋ˥˧ suei˩ 細碎,不完整:～材料|～東西|～活兒‖重叠式"零零碎碎的 liŋ˥˧ ·liŋ ·suei ·suei ·ti"

【零碎兒】liŋ˥˧ suer˩[<suei˩] 零碎的東西:你把那些～拾掇拾掇收拾收拾|這衣裳盡些～小裝飾

【零頭兒】liŋ˥ t'our˥[<t'ou˥] 零數,多指錢款:找～|個體户拿的～,比咱的工資還高來!

【零錢】liŋ˥ tɕ'iã˥ 幣值小的錢:没～,找不開!

【零分兒】liŋ˥˧ ·fer[<fẽ˩] 考試全錯,不得一分

【零工】liŋ˥ kuŋ˩ 短工:打～

【鈴鐺】liŋ˥˧ ·taŋ 一種摇晃發聲的金屬響器,供兒童玩耍或發報時信號等

【靈車】liŋ˥ tʂ'ə˩ 運送靈柩或骨灰盒的車‖現在一般已不用棺材

【靈位】liŋ˥˧ vei˩ =〖牌位〗p'ɛ˥˧ ·vei =〖神主〗ʂẽ˥ tʂu˥ 舊時寫着死者名字作爲供奉對象的木牌

【靈柩】liŋ˥˧ ·tɕiou 死者已經入柩的棺材

【靈泛】liŋ˥˧ ·fã 靈巧,聰明:這閨女棱～!

【靈堂】liŋ˥ t'aŋ˥ 放靈柩或骨灰、靈位、遺像供人吊唁的屋子

【靈牀】liŋ˥ tʂ'uaŋ˥ 停放屍體的牀鋪

【領子】liŋ˥˨ ·tsɿ 衣領

【領着】liŋ˥˨ ·tʂɿ 帶領:～小孩兒上街

【領帶】liŋ˥ tɛ˩ 穿西服時繫在襯衫領上懸在胸前的帶子‖也説"領帶兒 liŋ˥ tɛr˩"

【領帶卡子】liŋ˥ tɛ˩ tɕ'ia˥˨ ·tsɿ 領帶夾

【領口兒】liŋ˥˦ k'our˥[<k'ou˥] 衣領的口

【領扣兒】liŋ˥ k'our˩[<k'ou˩] 風紀扣兒

【另外】liŋ˩˦ vɛ˩ 在説過的之外的,此外:一斤饃饃,～再要一個窩窩頭!|給俺媽捎了件衣裳,～再給俺兄弟也捎上一件!

tɕiŋ

【京劇】tɕiŋ˩˦ tɕy˩ 我國全國性的主要劇種之一

【京韵大鼓】tɕiŋ˩˦ yẽ˩ ta˩ ku˥ 一種曲藝,用韵文演唱故事,夾有少量説白,用鼓、板、三弦等伴奏

【荊】tɕiŋ˩ 落葉灌木,枝條柔韌,可編籃筐等

【荊樹】tɕiŋ˩˦ ʂu˩ 大棵的荊:千佛山有茶缸那麼粗的～,有幾米高!

【荊棵】tɕiŋ˩˪ ·k'ə 小棵的荊

【荊條】tɕiŋ˩˪ ·t'iɔ 荊的枝條,可以編籃筐等

【耕地】tɕiŋ˩˦ ·ti 見"耕地 kəŋ˩˦ ti˩"

【粳米】tɕiŋ˩(或 kəŋ˩) mi˥ 米粒粗短略透明的一種米,稍有黏性

【經理】tɕiŋ˩ li˥ 某些企業單位的負責人:高～|公司～

【經紀】tɕiŋ˩˪ ·tɕi =〖中人〗tʂuŋ˩ ʐẽ˥ 在買和賣之間説合並取得酬金的人‖一般口頭上稱經紀,契約上寫中人

【經儀】tɕiŋ˩ i˥ 回民辦喪事時親友給喪主家的錢

【經綫】tɕiŋ˩˦ ɕiã˩ ❶假定的沿地球表

面連接南北兩極而跟赤道垂直的綫 ❷織布機上與梭子方向垂直的綫

【精】tɕiŋ˩ ❶機靈心細:這孩子真~! ❷細密:~細 ❸經過提煉挑選的:~鹽|風油~ ❹妖精:成~

【精】tɕiŋ˩ 在單音節形容詞前表示程度深,其構成的雙音詞可運用:~濕|~淡|~稀|~瘦~瘦的

【精鹽】tɕiŋ˩ iã˧ 經加工無雜質的細鹽

【精神】tɕiŋ˩˪ ·ʂẽ ❶人的思想作風等:有犧牲~ ❷內容實質:文件~ ❸表現出來的活力:~振奮|没~ ❹有生氣:這孩子真~!

【鯨魚】tɕiŋ˩ y˧ 生活在海洋中的哺乳動物:魚裏面没有大起~的没有比鯨魚大的!

【警察】tɕiŋ˩˫ tʂʻa˩ 國家維持社會秩序和治安的武裝力量的成員 ‖ 警,此處聲調陰平;民警、巡警的警讀上聲

【驚蟄】tɕiŋ˩ tʂə˧ 二十四節氣之一

【驚堂木】tɕiŋ˩ tʻaŋ˧ mu˩ 舊時衙門中官員審案子時用以拍打桌案的木塊:過去用~,現在晃鈴鐺唎!

【驚風】tɕiŋ˩˫ fəŋ˩ 小兒由高燒、吐瀉等引起的身體痙攣、眼睛發直或眼珠上翻等症狀

【井】tɕiŋ˥ ❶人工挖成的汲水深洞,洞壁多砌有磚石:水~|舜~濟南市内名勝之一 ❷形狀像井的:油~|礦~

【井裏】tɕiŋ˥˪ ·ȵi(或 ·li) 井裏面

【井臺兒】tɕiŋ˥ tʻɛr˧[<tʻɛ˧] 建於井口供人站立、放置汲水用品的平臺

【井水】tɕiŋ˥˫ ʂuei˥ 井裏的水

【井繩】tɕiŋ˥˪ ·ʂəŋ 吊着桶到井裏打水的繩子

【景芝白乾】tɕiŋ˥˪ ·tʂʅ pei˧ kã˩ 山東名酒,產於安丘縣

【緊】tɕiŋ˥ ❶指密合的、靠得極近的、經濟拮据的等:把鞋帶繫~了可! |手頭~ ❷使緊:~一~腰帶|把螺絲~~! ❸急迫:~急通知 ‖ 另見 tɕiẽ˥

【警察局】tɕiŋ˥ tʂʻa˩ tɕy˧ 舊稱公安局 ‖ 警,另見 tɕiŋ˩

【警車】tɕiŋ˥˪ ·tʂʻə 警察執行任務的車

【淨】tɕiŋ˩ ❶乾淨 ❷使乾淨:~身 ❸没有剩餘:喝~ ❹純:~重

【淨】tɕiŋ˩ 戲曲角色,多扮演性格、品貌等很有特點的男性,如張飛、李逵、曹操等

【淨】tɕiŋ˩ 副詞。光,只,總是:千佛山趕山會,~是人! |你~哭有麼用? |他家~吃米不吃麵!

【淨水】tɕiŋ˩ ʂuei˥ 乾淨的水 ‖ 回民多用

【淨面】tɕiŋ˩˫ miã˩ 入殮前由死者的兒女用棉球蘸酒擦臉,同時喊:爹(或媽),給你~唎!

【敬酒】tɕiŋ˩ tɕiou˥ 恭敬地請人飲酒

【鏡】tɕiŋ˩ ❶鏡子:穿衣~ ❷利用光學原理製成的用於幫助視力等的器具:花~|望遠~

【鏡子】tɕiŋ˩˦ ·tsʅ ❶能照見形象的光滑平面物體:照~ ❷指眼鏡

tɕʻiŋ

【青】tɕʻiŋ˩ ❶藍色,綠色,黑色:~天|~草|~布黑布 ❷年輕。也指青年:~春|老中~

【青衣】tɕʻiŋ˩˫ i˩ 戲曲角色,扮演莊重的中青年女子,因悲劇人物多着青(黑

色)衣而得名

【青魚】tɕʻiŋ˨˩˧˩ ·y 一種魚,形狀像草魚,較細而圓,青黑色,腹部色較淺

【青瓦】tɕʻiŋ˨˩˧ va˥ 青色瓦

【青沙】tɕʻiŋ˨˩˧˩ ·ʂa 深灰色的沙

【青果】tɕʻiŋ˨˩˧ kuə˥ 橄欖‖本地不產

【青豆】tɕʻiŋ˨˩˧˧ tou˨˩ 一種豆皮綠色的豆,豆粒兒比黃豆大,嫩豆及泡發的老豆可以製作菜肴

【青天大老爺】tɕʻiŋ˨˩˧˧ tʻiã˨˩˧ ta˨˩ lɔ˥˩ ·iə 舊時對清官的尊稱

【青蒜】tɕʻiŋ˨˩˧˧ suã˨˩ ⇨〖蒜苗〗suã˨˩ miɔ˦˨

【青醬】tɕʻiŋ˨˩˧˧ tɕiaŋ˨˩ 不放糖色的原色醬油

【青香蕉】tɕʻiŋ˨˩˧˧ ɕiaŋ˨˩˧˧ tɕiɔ˨˩˧ 蘋果的一個品種,青色,帶香蕉香味

【青秧】tɕʻiŋ˨˩˧˩ ·iaŋ 青苔,包括地上或牆腳上長的

【清漆】tɕʻiŋ˨˩˧˧ tɕʻi˨˩˧ 塗在木器表面使之發亮的塗料

【清水】tɕʻiŋ˨˩˧ ʂuei˥ 清淨的水

【清官】tɕʻiŋ˨˩˧˧ kuã˨˩˧ 稱廉潔公正的官吏

【清明】tɕʻiŋ˨˩˧ miŋ˦˨ 二十四節氣之一:△三月~榆不老,二月~老了榆|△逢春落雨到~

【清靜】tɕʻiŋ˨˩˧˧ tɕiŋ˨˩ 環境安靜不嘈雜:我喜歡~!‖重疊式"清清靜靜的 tɕʻiŋ˨˩˧˩ ·tɕʻiŋ ·tɕiŋ ·tɕiŋ ·ti":這地處~的棱好!連用式"清靜清靜 tɕʻiŋ˨˩˧˧ tɕiŋ˨˩ tɕʻiŋ˨˩˧˧ tɕiŋ˨˩",清靜一下:讓這孩子走了,我也~!

【輕】tɕʻiŋ˨˩˧ ❶指重量小的、程度淺的、言行輕率的、輕視的等:體重忒~|~傷|~信|~敵 ❷負載小、裝備簡單的:~騎 ❸數量少:年~ ❹不緊張,用力小的:~鬆|你~點!

【輕騎】tɕʻiŋ˨˩˧ tɕʻi˦˨ 小型輕便摩托車

【輕心】tɕʻiŋ˨˩˧˧ ɕiẽ˨˩˧ 省心:他家裏那些事兒也不~!

【輕生】tɕʻiŋ˨˩˧˩ ·ʂəŋ ❶重量輕:這東西掂在手裏挺~ ❷輕快,不費勁:你專找~活幹!

【情緒】tɕʻiŋ˦˨˥ ·ɕy˨˩ ❶從事某種活動時的心理狀態:~高|~低 ❷指不愉快的感情:有~|鬧~

【情況】tɕʻiŋ˦˨˥ kʻuaŋ˨˩ ❶情形:生活~ ❷事物的變化:有什麼~你告訴我!

【晴天】tɕʻiŋ˦˨ tʻiã˨˩˧ =〖好天〗xɔ˥ tʻiã˨˩˧ 無雲或雲很少的天

【晴綸布】tɕʻiŋ˦˨ luẽ˦˨ pu˨˩ 一種合成纖維織品

【睛着】tɕʻiŋ˦˨˥ ·tʂʅ =〖睛等着〗tɕʻiŋ˦˨ təŋ˥˩ ·tʂʅ 享現成的:你就~罷!|他~吃好的!|你~吃現成的還嫌孬!

【睛吃】tɕʻiŋ˦˨ tʂʻʅ˨˩˧ 吃現成,猶坐吃:你就~罷!

【睛受】tɕʻiŋ˦˨ ʂou˨˩ 繼承遺產:老一輩的東西全叫他~嘛!|你盼着我死了,好~我的東西!

【苘】tɕʻiŋ˥ 苘麻:~繩

【苘繩】tɕʻiŋ˥˩ ·ʂəŋ 用苘麻製成的一種粗繩子

【請假】tɕʻiŋ˥ tɕia˨˩ =〖告假〗kɔ˨˩ tɕia˨˩ 因事或因病請求准許在一定時期内不工作或不學習

【請假條】tɕʻiŋ˥ tɕia˨˩ tʻiɔ˦˨ ⇨〖假條〗tɕia˨˩ tʻiɔ˦˨

【請帖】tɕʻiŋ˥˩ ·tʻiə 邀請客人時送去的

帖子

【請大夫】tɕʻiŋ˥ tɛ˩˧ ·fu 請醫生治病 ‖ 舊時說"請先生 tɕʻiŋ˥ ɕiã˧˩ ·ʂəŋ"

【請客】tɕʻiŋ˥ kʻei˧ 請人吃飯、看戲等

【請客的】tɕʻiŋ˥ kʻei˧˩ ·ti 專指在婚事或喪事中在家幫忙邀請來賓的人

【親家】tɕʻiŋ˩˧ ·tɕia ❶兩家兒女相婚配的親戚關係 ❷稱兒子的岳父、岳母或女兒的公公、婆婆 ‖ 親，單字音 tɕʻiẽ，此處讀 tɕʻiŋ˩

【親家婆】tɕʻiŋ˩˧ ·tɕia pʻə˧ ＝〖女親家〗ȵy˥˩ ·tɕʻiŋ ·tɕia 親家母

ȵiŋ

【擰】ȵiŋ˧ ❶絞：～手巾 ❷扭轉：～螺絲 ‖ 另見 ȵiŋ˥、ȵiŋ˩

【擰】ȵiŋ˥ 顛倒，抵觸：他倆鬧～嘞！ ‖ 另見 ȵiŋ˧、ȵiŋ˩

【擰】ȵiŋ˩ 脾氣倔：～脾氣 ‖ 另見 ȵiŋ˧、ȵiŋ˥

ɕiŋ

【星】ɕiŋ˧ ＝〖星星〗ɕiŋ˧˩ ·ɕiŋ 夜間天空中閃爍發光的天體

【星期】ɕiŋ˧˧ tɕʻi˧ ＝〖星期天〗ɕiŋ˧˩ tɕʻi˧˧ tʻiã˧ ＝〖禮拜(天)〗li˥ pɛ˩ (tʻiã˧) 星期日，規定爲休息日 ‖ 期，聲調陰平，單字音同

【猩猩】ɕiŋ˧˩ ·ɕiŋ 一種形狀像猴子而比猴子大的哺乳動物，兩臂長：黑～

【腥】ɕiŋ˧ ❶魚蝦等的氣味：這魚棱～ ❷指魚肉一類食品：葷～

【興許】ɕiŋ˧ ɕy˥ ⇨〖也許〗iə˥˦ ɕy˥

【刑事】ɕiŋ˧˥ ·ʂʅ (案件)觸及刑法的：有人命要告～

【刑滿釋放】ɕiŋ˧ mã˥ ʂʅ˧˧ faŋ˩ 服刑期滿獲得釋放

【行】ɕiŋ˧ ❶走：步～ ❷流通，傳遞：通～｜發～ ❸做，辦：～不通 ❹能幹：這閨女真～！ ❺好，可以：～了，你走罷！｜光吃藥不打針～不～？ ‖ 另見 xaŋ˧

【行禮】ɕiŋ˧ li˥ 致敬禮

【行客】ɕiŋ˧ kʻei˧ 外地來的客人：△～拜坐客

【行賄】ɕiŋ˧˥ ·xuei 進行賄賂

【行牆】ɕiŋ˧ tɕʻiaŋ˧ 平房圍着院子的牆

【行令】ɕiŋ˧ liŋ˩ 行酒令

【行情】ɕiŋ˧ tɕʻiŋ˧ 回民稱用錢送禮，即送人情：他娶媳閨女，俺得～啊！

【醒】ɕiŋ˥ ❶睡醒。也指尚未入睡：睡～嘞！｜～着躺在牀上 ❷從酒醉或昏迷狀態中醒來 ❸醒悟 ❹醒目 ❺麵發好以後稍放一會兒再蒸：麵發好～在那裏嘞！｜～一～再蒸好吃

【擤鼻子】ɕiŋ˥˦ pi˧˥ ·tsʅ 擤鼻涕，按住鼻孔使勁出氣，使鼻涕排出

【杏】ɕiŋ˩ 一種常見水果，小圓形，品種很多

【杏仁兒】ɕiŋ˩ ʐer˧[<ʐẽ˧] 杏核中的仁兒

【杏黃】ɕiŋ˩ xuaŋ˧ 像成熟的杏子的顏色，黃而微紅

【幸虧】ɕiŋ˩ kʻuei˧ 副詞，表示借以免除困難的有利情況 ‖ 口語一般說"虧了 kʻuei˧˩ ·lɔ(或 lə)"、"虧的 kʻuei˧˩ ·ti"

【性命】ɕiŋ˩ miŋ˩ 人和動物的生命

iŋ

【櫻桃】iŋ˧˩ ·tʻɔ(或 iŋ˧ tʻɔ˧) 一種水

果，小球形，紅色，多汁

【瘿袋】iŋ˨˩˧˧ tɛ˨˩ ＝〖瘿布袋〗 iŋ˨˩˧˧ ·pu ·tɛ 長在脖子上的囊狀瘤子‖瘿，廣韵靜韵於郢切："瘤也"，濟南讀爲陰平

【鷹】iŋ˨˩˧ 一種兇猛的鳥，嘴鉤形

【鸚哥】iŋ˨˩˧˧ ·kə ＝〖鸚鵡〗 iŋ˨˩˧˧ ·u 一種鉤狀嘴、舌大而軟、能模仿人説話的鳥，羽毛有白、黄、綠等多種顏色

【迎客】iŋ˦˨ k'ei˨˩˧ 迎接客人

【迎門骨】iŋ˦˨ mẽ˦˨ ku˨˩˧ ＝〖迎面骨〗 iŋ˦˨ miã˨˩ ku˨˩˧ 脛骨

【迎春花兒】iŋ˦˨ tʂ'uẽ˨˩˧˧ xuar˨˩˧［<xua˨˩˧］早春開的一種黄色小花，是一種落葉灌木

【螢火蟲】iŋ˦˨ xuə˥ tʂ'uŋ˦˨ 一種腹部末端能發淡綠色光的昆蟲

【營利】iŋ˦˨˥ li˨˩ 謀求經營得利

【營業税】iŋ˦˨ iə˨˩ ʂuei˨˩ 工商業部門按營業額大小定期向政府交納的税款

【營業員】iŋ˦˨˥ iə˨˩ yã˦˨ 在銀行、郵局、商店等單位從事經營業務的人員

【營業執照】iŋ˦˨˥ ·iə tʂʅ˨˩˧˧ tʂɔ˨˩ 國家主管機關發給的允許營業的憑證

【營生菜】iŋ˦˨˥ ·ʂəŋ ts'ɛ˨˩ 郊區有的人稱莧菜

【蠅子】iŋ˦˨˥ ·tsʅ ＝〖蒼蠅〗 ts'aŋ˨˩˧˧ ·iŋ 一種昆蟲，傳染霍亂、傷寒等多種疾病，種類很多

【蠅甩子】iŋ˦˨˥ ·ʂuɛ ·tsʅ ＝〖蒼蠅甩子〗 ts'aŋ˨˩˧ iŋ˦˨ ʂuɛ˥˧ ·tsʅ 用布條紮成的用於甩打塵土、驅趕蚊蠅的撣子

【影子】iŋ˥˧ ·tsʅ ❶物體擋住光綫後映在地面或其他物體上的形象 ❷鏡子、水中等反映出的人或物體形象

【影壁】iŋ˥˧ ·pei 迎着大門建立的用作屏蔽的牆‖壁，韵母 ei

【硬】iŋ˨˩ ❶軟硬的硬，指堅硬：這孩子軟～不吃！❷剛强，堅定：强～ ❸勉强，固執：～撑｜叫他别去，他～要去！❹能力强，質量好：功夫～

【硬幣】iŋ˨˩ pi˨˩ 統稱金屬的貨幣，跟紙幣相對而言

【硬席】iŋ˨˩ ɕi˦˨ 火車上硬的座位或鋪位：～車箱

【硬卧】iŋ˨˩ və˨˩ 硬席卧鋪

【硬梆梆的】iŋ˨˩ paŋ˨˩˧˧ ·paŋ ·ti 堅硬：鍋餅～，咬不動！

【應酬】iŋ˨˩˥ ·tʂ'ou 交際：你看他挺會～來！‖連用式"應酬應酬 iŋ˨˩˥ ·tʂ'ou iŋ˨˩˥ ·tʂ'ou"：咱得～啊！

【應驗】iŋ˨˩ iã˨˩ 預言、預感等和後來的事實相符

uŋ

tuŋ

【冬至】tuŋ˨˩˧꜔ tʂʅ˨˩ 二十四節氣之一

【冬菇】tuŋ˨˩˧꜔ ku˨˩˧ 食用乾蕈，即香菇

【冬瓜】tuŋ˨˩˧꜖ ·kua（或 tuŋ˨˩˧꜔ kua˨˩˧）一種常見蔬菜，球形或長圓柱形，個大，表皮有毛和白粉，肉多汁

【冬天】tuŋ˨˩˧꜔ tʻiã˨˩˧ 冬季

【冬青】tuŋ˨˩˧꜔ tɕʻiŋ˨˩˧ ＝〖凍青〗tuŋ˨˩꜒ ·tɕʻiŋ 常綠灌木，多成行栽種，上面修剪成平面

【冬青綠籬】tuŋ˨˩˧꜖ ·tɕʻiŋ ly˨˩꜔ ·li 成行種植、修剪有序的起籬笆作用的冬青

【東】tuŋ˨˩˧ ❶方向，太陽升起的一方，跟西相對：～屋｜老～門濟南地名 ❷主人：房～｜～家

【東裏間】tuŋ˨˩˧꜔ li˥꜖ ·tɕiã 明三暗五的上房最東的一間 ‖ 參見“明三暗五 miŋ˦˨ sã˨˩˧꜔ ŋã˨˩ u˥”

【東西】tuŋ˨˩˧꜖ ·ɕi 泛指種種具體的或抽象的事物：上街買點兒～｜他家裏没點兒～

【東屋】tuŋ˨˩˧꜖ ·u 東廂房，四合院中坐東向西的房子

【東家】tuŋ˨˩˧꜖ ·tɕia 舊時受僱、受聘人員對僱主以及佃户對地主的稱呼

【東阿】tuŋ˨˩˧꜔ ŋə˨˩˧ 山東境内縣名 ‖ 阿，廣韵歌韵烏何切

【東頭】tuŋ˨˩˧ tʻou˦˨ 靠東方的一端：櫥子在～｜山～

【東邊兒】tuŋ˨˩˧꜔ piɛr˨˩˧［＜piã˨˩˧］靠東方的一邊兒 ‖ 又音 tuŋ˨˩˧꜔ pɛr˨˩˧［＜piã˨˩˧］

【涷涷】tuŋ˨˩˧꜖ ·tuŋ ⇨〖冰①〗piŋ˨˩˧ ‖ 涷，此處讀陰平，見廣韵東韵德紅切：“涷凌。”濟南有人寫作“冬”。另見 tuŋ˨˩

【涷涷凌子】tuŋ˨˩˧꜖ ·tuŋ liŋ˦˨꜒ ·tsʅ ＝〖凌錐〗liŋ˦˨꜒ ·tʂuei ＝〖龍錐〗luŋ˦˨꜒ ·tʂuei 冰錐

【懂(的)啢】tuŋ˥꜖ (·ti) ·lia ＝〖明白啢〗miŋ˦˨꜒ ·pei ·lia 懂了 ‖ 懂，有的人讀 tuẽ˥

【懂行】tuŋ˥ xaŋ˦˨ ⇨〖在行〗tsɛ˨˩ xaŋ˦˨

【洞子墳】tuŋ˨˩꜒ ·tsʅ fẽ˦˨ 掘墓時垂直挖到一定深度後又向另一方向掏一個洞作爲墓穴的墳，洞子墳裏的棺材並不直接在墳頭的下面 ‖ 參見“直坑子 tʂʅ˦˨꜒ ·kʻəŋ ·tsʅ”

【洞房】tuŋ˨˩ faŋ˦˨ ⇨〖新房〗ɕiẽ˨˩˧ faŋ˦˨

【凍青】tuŋ˨˩꜒ ·tɕʻiŋ ⇨〖冬青〗tuŋ˨˩˧꜔ tɕʻiŋ˨˩˧ ‖ 凍，另見 tuŋ˨˩˧

【動不動】tuŋ˨˩꜒ ·pu tuŋ˨˩ 表示極易產生某種現象或行動，多跟“就”連用，含厭煩意：～就感冒｜～就哭｜～發脾氣

【動腦筋】tuŋ˨˩ nɔ˥꜖ ·tɕiẽ 用腦思考

【動手】tuŋ˨˩ ʂou˥ ❶開始做，做：人家早～啢，你還在那兒迂磨！｜他只動口不～！ ❷用手觸摸：請勿～！ ❸用手打人：兩人吵着吵着就～啢！

【動手術】tuŋ˨˩ ʂou˥ ʂu˨˩ 醫生用刀剪針綫等醫療器械在病人身上進行切除、修補、縫合的治療

【動靜】tuŋ˩˧ ·tɕiŋ ❶聲音(多含貶義)：哪來的這麼大～？｜你～小點好不好？(不能説“他的～很好聽”) ❷發生某一事態的動向、消息：那事兒有～來没有？

【動刑】tuŋ˩ ɕiŋ˧ ＝〖動刑罰〗tuŋ˩ ɕiŋ˧˥ ·fa ⇨〖上刑〗ʂaŋ˩ ɕiŋ˧

t'uŋ

【通知】t'uŋ˩˧ tʂʅ˩ 把事情用書面或口頭告訴人知道：發個～｜把～寫在黑板上｜口頭～

【通緝】t'uŋ˩˧ tɕi˩ 下令搜捕在逃犯：下～令嘛！

【通草】t'uŋ˩˨ ·ts'ɔ 通脱木白色紙質的髓，入藥，也可做裝飾品

【通告】t'uŋ˩˧ kɔ˩ 普遍通知的文告：法院貼～嘛，通緝四十來個在逃犯！

【通條】t'uŋ˩˨ ·t'iɔ 通爐子等用的不帶鈎的鐵條 ‖ 有鈎的稱“火鈎子 xuə˥ kou˩˨ ·tsʅ”

【通宵】t'uŋ˩˧ ɕiɔ˩ ＝〖通宿〗t'uŋ˩˧ ɕy˩ 整夜：～没睡

【通紅】t'uŋ˩ xuŋ˧ 很紅：小手凍的～‖連用式“通紅通紅的 t'uŋ˩ xuŋ˧ t'uŋ˩˨ ·xuŋ ·ti”

【同志】t'uŋ˧˥ ·tʂʅ ❶有共同理想爲同一事業奮鬥的人：黨内～ ❷人們之間的互稱：張～｜這位～貴姓？

【同事】t'uŋ˧˥ ʂʅ˩ ❶在同一單位工作：他倆～多年 ❷稱在同一單位工作的人：他們是老～！

【同學】t'uŋ˧ ɕyə˧ ＝〖同窗〗t'uŋ˧ tʂ'uaŋ˩ 在同一學校學習

【同輩】t'uŋ˧ pei˩ ＝〖平輩〗p'iŋ˧˥ ·pei 輩分相同的人 ‖ 也説“同輩兒 t'uŋ˧ per˩”

【同謀】t'uŋ˧ mou˧ 參與謀劃做壞事。也指參與謀劃做壞事的人

【同案犯】t'uŋ˧ ŋã˩˧ fã˩ 同一案件的罪犯

【同仁】t'uŋ˧ ʐẽ˧ 舊稱同行業或在同一單位工作的人：諸位～

【同庚】t'uŋ˧ kəŋ˩ 同年：我和他～！

【茼蒿】t'uŋ˧˥ ·xɔ 一年或二年生草本植物，莖葉有特殊香氣，嫩時可吃

【桐樹】t'uŋ˧˥ ·ʂu 泡桐和油桐的統稱

【桐油】t'uŋ˧ iou˧ 油桐子榨的油

【童子】t'uŋ˧˥ ·tsʅ 特指泰山奶奶身邊的男神童

【銅】t'uŋ˧ 一種金屬元素

【銅絲籮】t'uŋ˧ sʅ˩ luə˧ 用銅絲做的篩麵器具

【銅壺】t'uŋ˧ xu˧ 銅製水壺

【銅殼螂】t'uŋ˧˥ ·k'ə laŋ˧ 金龜子，翅膀發銅綠色光澤的一種昆蟲

【銅錘(花臉)】t'uŋ˧ tʂ'uei˧ (xua˩ liã˥) 戲曲角色花臉的一種，偏重唱工，因《二進宮》人物徐延昭抱着銅錘而得名

【銅板】t'uŋ˧ pã˥ 銅元，舊時用的銅製圓形輔幣，中間無方孔

【銅匠】t'uŋ˧˥ ·tɕiaŋ 製造或修理銅器的手工業工人

【瞳人兒】t'uŋ˧ ʐer˧[<ʐẽ˧] 瞳孔

【捅】t'uŋ˥ ❶戳：～爐子 ❷觸，碰：我正要説，他在旁邊～了我一下，我就不説嘛！ ❸戳穿，傳播：這事都叫他～出去嘛！ ❹專指用刀戳：～他那裏！｜～死了｜～了他！

【筒子鷄】t'uŋ˥˨ ·tsʅ tɕi˩ 一種市面上

出售的腔内加有特殊香料的紅燒鷄

【筒子褲】t‘uŋ˥˩ ·tsɿ k‘u˩ 直筒褲

【統共】t‘uŋ˥ kuŋ˩ ⇨〖一共〗i˨˦ kuŋ˩

nuŋ

【農曆】nuŋ˦˥ ·li 見"農曆 nu˦˥ ·li"

【農哥兒們】nuŋ˦˥ ·kər[<kə˨] ·mẽ =〖農哥們兒〗nuŋ˦˥ ·kə ·mer[<mẽ˦] 農民:～現在都發起來嘞! ‖ 也説"農哥兒們兒 nuŋ˦˥ ·kər ·mer"

【農藥】nuŋ˦˥ ·yə˩ 見"農藥 nu˦˥ yə˩"

【農民】nuŋ˦ miẽ˦ 見"農民 nu˦ miẽ˦"

【農村】nuŋ˦ ts‘uẽ˨ 見"農村 nu˦ ts‘uẽ˨"

【膿包】nuŋ˦˥ ·pɔ ❶無用:一點本事没有,好～來! ❷無用的人

【膿膿獃獃的】nuŋ˦˥ ·nuŋ tɛ˨˩ ·tɛ ·ti ❶流膿的樣子:小孩頭上長了個癤子,～ ❷人不乾淨利落:這人～,别理他!

【□】nuŋ˩ 泥濘:一下雨這道兒就～的不好走嘞!

【□泥鋪嚓的】nuŋ˩˥ ·ȵi p‘u˨˩ ·ts‘a ·ti 泥濘的樣子:這道兒～怎麼走?

luŋ

【絨衣】luŋ˦ i˨ =〖衛生衣〗vei˩ ʂəŋ˨˦ i˨ 一種反面有絨的針織厚上衣

【絨褲】luŋ˦˥ k‘u˩ =〖衛生褲〗vei˩ ʂəŋ˨˦ k‘u˩ 一種反面有絨的針織厚褲子

【絨帽子】luŋ˦ mɔ˩˥ ·tsɿ 有絨的帽子

【龍鬚菜】luŋ˦ ɕy˨˦ ts‘ɛ˩ 用石花菜腌製的一種鹹菜

【龍蝦】luŋ˦ ɕia˨ 一種深紅色的蝦,近年山東微山湖有養殖的,濟南市場上常見

【龍錐】luŋ˦˥ ·tʂuei ⇨〖凍凍凌子〗tuŋ˨˩ ·tuŋ liŋ˦˥ ·tsɿ

【龍彎】luŋ˦˥ ·vã 車軲轆等扭彎變形:前軲輪兒撞～嘞!

【龍王(爺)】luŋ˦˥ ·vaŋ (iə˦) 傳説中住在水裏掌管水族及雨水的王

【龍王廟】luŋ˦˥ ·vaŋ miɔ˩ 供奉龍王的廟

【壟溝】luŋ˦˥ ·kou 壟與壟之間通水的溝

【聾子】luŋ˦˥ ·tsɿ 耳聾的人

【聾人會纂】luŋ˦ ʐẽ˦ xuei˩ tsuã˩ 諧稱音近致誤,因爲没有聽清而誤聽爲相近的音並加以發揮:真是～,纂的有鼻子有眼的!

【籠】luŋ˦ ❶籠子 ❷蒸籠

【籠嘴】luŋ˦˥ ·tsuei 役使牲口時套在牲口嘴上的套子:△爲了你吃帶上的,帶上你又吃不的謎語,謎底籠嘴!

【籠扇】luŋ˦˥ ·ʂã =〖籠屜〗luŋ˦˥ ·t‘i 多層蒸籠的一層:一起～

【蛹子】luŋ˥˩ ·tsɿ ❶昆蟲蛹的通稱 ❷特指蠶蛹 ‖ 蛹,廣韵腫韵余隴節:"蠶化爲之。"北京讀ʿyŋ,濟南讀l聲母

【攏子】luŋ˥˩ ·tsɿ 齒很密的梳子,只在一面有齒

tsuŋ

【棕樹】tsuŋ˨˦ ʂu˩ 棕櫚樹,在濟南是盆栽的觀賞植物

【棕色】tsuŋ˨˦ ʂei˨ 像棕櫚樹毛的顏色

【棕牀】tsuŋ˨ tʂ‘uaŋ˦ 有棕綳的牀

【總】tsuŋ˥ ❶總括,全部的,爲首的:匯～|～賬|～司令|～店 ❷經常,一直;畢竟,無論如何:他工作～那麼認真!

|你～不去也不好！|他～還是個孩子，和他置賭什麼氣？|你～得和他説明白了！

【總算】tsuŋ˥ suã˩ 副詞。❶終於：請了三次，～把他請來嘛！❷表示大體上還可以：考了九十分，～不錯嘛！

【總共】tsuŋ˥ kuŋ˩ ⇨〖一共〗i˩˥ kuŋ˩

【粽子】tsuŋ˩˥ ·tsɿ 見"粽子 tɕyŋ˩˥ ·tsɿ"

tsʻuŋ

【葱】tsʻuŋ˩ 一種常見蔬菜或調味品，葉細筒形，中間空：章丘大～|小～

【葱綠】tsʻuŋ˩˥ ly˩ 像嫩葱的綠色

【葱葉兒】tsʻuŋ˩˥ iər˩[<iə˩] 大葱和小葱的綠色部分‖參見"葱白兒 tsʻuŋ˩ per˧[<pei˧]"

【葱白兒】tsʻuŋ˩ per˧[<pei˧] 大葱的白色部分‖參見"葱葉兒 tʂʻuŋ˩˥ iər˩[<iə˩]"

【聰明】tsʻuŋ˩˪ ·miŋ 智力高，記憶力和理解力强：他閨女又～又聽話！

【從】tsʻuŋ˧ 介詞。❶由，自，表示地點、時間的起點：～這兒走|～濟南到上海|～明天起|～頭到尾 ❷在：～黑板上寫字|～學校上自習|～家裏吃飯‖義項②是濟南一帶的新用法，其介賓詞組一般作狀語不作補語，如可以説"從沙發上看書"，不能説"坐從沙發上"。目前這種説法特別在中青年口中已幾乎代替了"在"，有時還可單獨作謂語，如：你爸爸在家不在家？——從家

【從此以後】tsʻuŋ˧ tsʻɿ˥ i˥ xou˩ 從所説的某個時間之後：我小時候叫貓抓了一下，～見了貓就害怕！‖此，聲調陽平

【從小】tsʻuŋ˧ ɕiɔ˥ ＝〖起小〗tɕʻi˥˦ ɕiɔ˥ 從年紀小的時候：△～看大，三歲知老|他～就能吃苦

【從前】tsʻuŋ˧ tɕʻiã˧ 過去的時候，以前

suŋ

【松子兒】suŋ˩ tser˥[<tsɿ˥] 一種堅果，殼黑褐色，仁兒白色‖本地不産

【松子仁兒】suŋ˩ tsɿ˥ ʐer˧[<ʐẽ˧] 松子的果仁

【松樹】suŋ˩˥ ʂu˩ 見"松樹 ɕyŋ˩˥ ʂu˩"

【松花】suŋ˩˥ xua˩ 見"松花 ɕyŋ˩˥ xua˩"

【松球兒】suŋ˩ tɕʻiour˧[<tɕʻiou˧] 見"松球兒 ɕyŋ˩ tɕʻiour˧[<tɕʻiou˧]"

【松針】suŋ˩˥ tʂẽ˩ 見"松針 ɕyŋ˩˥ tʂẽ˩"

【松林】suŋ˩ liẽ˧ 見"松林 ɕyŋ˩ liẽ˧"

【松香】suŋ˩˥ ɕiaŋ˩ 見"松香 ɕyŋ˩˥ ɕiaŋ˩"

【鬆】suŋ˩ ❶指鬆散不緊密的，經濟寬裕的等：～緊帶|這行李綑的忒～|我這個月手頭～ ❷使鬆，解開，放開：～口氣|～綁|～手 ❸用肉、魚等製成的絨狀或細末狀食品：肉～|魚～|鷄蛋～

【鬆手】suŋ˩ ʂou˥ 放開手

【鬆緩鬆緩】suŋ˩˪ ·xuã suŋ˩˪ ·xuã 放鬆一下：下了車，可～！|趕完了這篇稿子，就～！

【鬆緊帶兒】suŋ˩ tɕiẽ˥ ter˩[<tɛ˩] 橡膠絲或橡膠條外面包着紗的可以伸縮的帶子

【聳眉頭】suŋ˥˪ mei˧˥ ·tʻou 見"聳眉頭 tɕyŋ˥˪ mei˧˥ ·tʻou"

【送禮】suŋ˩ li˥ 贈送禮金或禮品‖送禮品時也說“送東西 suŋ˩ tuŋ˨˩˪ ·ɕi”

【送粥米】suŋ˩˧ tʂu˨˩˪ ·mi 婦女生育後娘家送營養食品及禮物

【送嫁的】suŋ˩ tɕia˩˧ ·ti 舊俗結婚時女家所請的護送新娘到男家去的兩位有一定地位、比較年輕的已婚婦女

【送客】suŋ˩ k‘ei˨ 客人離去時陪着客人走到門口或到門外後又走一段

【送三】suŋ˩ sã˨ 舊俗出殯那天到十字路口燒紙錢等，傳說是給死者上西天的盤纏，因出殯一般在人死之後的第三天，所以稱送三，送三回來就出殯

【送緣房】suŋ˩ iã˦˥ ·faŋ 結婚前女家將嫁妝送到男家

【送人情】suŋ˩ ʐẽ˦ tɕ‘iŋ˦ =〖隨人情〗suei˦ ʐẽ˦ tɕ‘iŋ˦ 送禮，一般是送錢

【送殯】suŋ˩ piẽ˩ =〖送葬〗suŋ˩ tsaŋ˩ 出殯時陪送靈柩

【送漿水】suŋ˩˧ tɕiaŋ˨˩˪ ·ʂuei =〖潑湯〗p‘ə˨˧ t‘aŋ˨ 舊傳人死後鬼魂要在土地廟(城區是城隍廟)羈押三天，死者的親屬在三天内要每天三次送飯。在桶裏放水和小米等，一面燒紙錢、潑水，一面叫着死者的名字

tʂuŋ

【中指】tʂuŋ˨˧ tʂʅ˨ 中間的手指‖中，另見 tʂuŋ˩

【中師】tʂuŋ˨˧ ʂʅ˨ 中等師範學校

【中式衣裳】tʂuŋ˨˧ ʂʅ˩ i˨˩˪ ·ʂaŋ 中國的老式衣裳

【中伏】tʂuŋ˨ fu˦ =〖二伏〗ər˩ fu˦ 夏至後第三個庚日到立秋後第一個庚日前一天的一段時間：△熱在～‖參見“三伏 sã˨ fu˦”

【中午】tʂuŋ˨ u˥ ⇨〖晌午〗ʂaŋ˥˪ ·u

【中午飯】tʂuŋ˨ u˥ fã˩ ⇨〖晌午飯〗ʂaŋ˥˪ ·u fã˩

【中秋】tʂuŋ˨˧ tɕ‘iou˨ ⇨〖八月十五〗pa˨˩˪ ·yə ʂʅ˦˥ ·u

【中山裝】tʂuŋ˨˧ ʂã˨˧ tʂuaŋ˨ 一種由孫中山提倡而得名的服裝，上衣前身左右各有兩個口袋，領口有風紀扣

【中間兒】tʂuŋ˨˧ tɕiɛr˩[<tɕiã˩] ⇨〖當中間兒〗taŋ˨ tʂuŋ˨˧ tɕiɛr˩[<tɕiã˩] ‖間，此處讀去聲，同北京

【中人】tʂuŋ˨ ʐẽ˦ ⇨〖經紀〗tɕiŋ˨˩˪ ·tɕi

【中旬】tʂuŋ˨ ɕyẽ˦ 一個月中中間的十天

【盅子】tʂuŋ˨˩˪ ·tsɿ 小杯子：拿個～來

【終於】tʂuŋ˨ y˩ 表示經過較長過程後出現的結果(多是所希望的)：她考了五次大學，～考上了清華！|事情～辦成嘞！‖於，聲調去聲

【種豬】tʂuŋ˥˪ ·tʂu =〖牙豬〗ia˦˥ ·tʂu 配種的公豬‖種，另見 tʂuŋ˩

【種羊】tʂuŋ˥˪ ·iaŋ 配種的公羊

【中風】tʂuŋ˩ fəŋ˨ 一種具有突然口眼歪斜、嘴角流涎、頭暈頭疼或猝然昏倒、身體偏癱等症狀的急病‖中，另見 tʂuŋ˨

【重】tʂuŋ˩ ❶指重量大的、程度深的、言行不輕率的、重視的等：加～|～傷|慎～|看～ ❷重量：體～四十公斤 ❸要緊的：～任在肩|～地‖另見 tʂ‘uŋ˦

【重病】tʂuŋ˩ piŋ˩ 嚴重的疾病

【種地的】tʂuŋ˩ ti˩˧ ·ti 俗稱農民‖種，另見 tʂuŋ˥

【種樹】tʂuŋ˩ ʂu˩ 指下種子種樹，如種

槐樹、榆樹等‖參見“栽樹 tsɛ˩˫ ʂu˩”

【種麥子】tʂuŋ˩ mei˩˫ ·tsɿ 播種小麥

【種痘兒】tʂuŋ˩ tour˩[<tou˩] =〖種牛痘〗tʂuŋ˩ ȵiou˧˫ ·tou =〖種花兒〗tʂuŋ˩ xuar˩[<xua˩] 把痘苗接種在人體上使之産生對天花的免疫力

【種棉花】tʂuŋ˩ miã˧˫ ·xua 播種棉花

tʂ'uŋ

【充示】tʂ'uŋ˩˪ ·ʂʅ 裝腔作勢地顯示自己：這事用不着你，你别～！|這都是專家，你～麽？‖參見“做勢 tsou˩˫ ·ʂʅ”

【充能】tʂ'uŋ˩ nəŋ˧ =〖充能的〗tʂ'uŋ˩ nəŋ˧˫ ·ti 顯示自己能幹，逞能：這個人就好～，不該他説他也説

【冲鷄子兒】tʂ'uŋ˩˫ tɕi˩ tser˥[<ts'ʅ˥] =〖冲鷄蛋〗tʂ'uŋ˩ tɕi˩˫ tã˩ 開水冲的鷄蛋湯

【冲灌】tʂ'uŋ˩˫ kuã˩ ⇨〖沐浴〗mu˩ y˩

【重孫】tʂ'uŋ˧ suẽ˩ =〖重孫子〗tʂ'uŋ˧ suẽ˩˪ ·tsɿ 孫子的兒子‖重，另見 tʂuŋ˩

【重孫女】tʂ'uŋ˧ suẽ˩˪ ·ȵy 孫子的女兒‖也説“重孫女兒 tʂ'uŋ˧ suẽ˩˪ ·ȵyer”

【重陽節】tʂ'uŋ˧ iaŋ˧ tɕiə˩ ⇨〖九月九〗tɕiou˥˪ ·yə tɕiou˥

【蟲】tʂ'uŋ˧ =〖蟲蟻兒〗tʂ'uŋ˧˫ ·ier[<i˥] =〖蟲子〗tʂ'uŋ˧˫ ·tsɿ 通稱各種蟲子

【蟲牙】tʂ'uŋ˧˫ ·ia（或 tʂ'uŋ˧ ia˧）齲齒

【蟲眼】tʂ'uŋ˧˫ ·iã 水果、蔬菜等被蟲子鑽過的小眼兒：先吃那個有～的梨！|這豆角盡～，誰買啊！|這棵白菜有～，你怎麽没看見？

【寵】tʂ'uŋ˥ 寵愛，嬌縱偏愛：這孩子不聽話，都是大人～的！

【衝着】tʂ'uŋ˩˫ ·tʂʅ =〖朝着〗tʂ'ɔ˧˫ ·tʂʅ =〖對着〗tuei˩˫ ·tʂʅ =〖向着〗ɕiaŋ˩˫ ·tʂʅ 面對着：他～我直笑|這話他是～我來的！

kuŋ

【工資】kuŋ˩˪ tsɿ˩ =〖薪水〗ɕiẽ˩˪ ·ʂuei 作爲勞動報酬按期發給勞動者的貨幣或實物

【工夫】kuŋ˩˪ ·fu ❶占用的時間：幹這活兒他得三天～ ❷閑空：有～可我再給你做件衣裳 ❸過去的某一時候：從前我上中學那～天天從這裏走！❹本領，造詣：濟南雜技團的蹬板凳，演員個個都棱有～！‖也作功夫

【工作】kuŋ˩˫ tsuə˩ ❶從事體力或腦力勞動 ❷職業：找～

【工頭】kuŋ˩ t'ou˧ 受僱於資本家監督工人勞動的人

【工錢】kuŋ˩˪ ·tɕ'iã 做工的酬金

【工人】kuŋ˩ ʐẽ˧ 依靠工資收入爲生的勞動者，多指體力勞動者

【工丁香】kuŋ˩˫ tiŋ˩˪ ·ɕiaŋ ⇨〖丁香〗tiŋ˩˪ ·ɕiaŋ

【弓腰】kuŋ˩˫ iɔ˩ ⇨〖彎腰〗vã˩˫ iɔ˩

【弓長張】kuŋ˩ tʂ'aŋ˧ tʂaŋ˩ 通報姓氏用語，意在説明並非是與張同音的章：他姓張，～

【公子】kuŋ˩˪ ·tsɿ =〖公兒〗kuə̃r˩[<kuŋ˩] 泛稱雄性動物：會叫的蛐兒蛐兒是～，不會叫的是母子

【公事】kuŋ˩˫ ʂʅ˩ ❶親事或喪事：紅～|

白～ ❷公家的、公共的事：～公辦
【公鷄】kuŋ˧˩˦ tɕi˧˩ 雄性鷄
【公母倆】kuŋ˧˩ mu˥˦ lia˥ ⇨〖夫妻倆〗fu˧˩˦ tɕ'i˧˩ lia˥
【公路】kuŋ˧˩˦ lu˩ 市區以外可供車馬通行的寬闊平坦的道路
【公豬】kuŋ˧˩˪ ·tʂu ＝〖豥豬〗tɕyŋ˩˥ ·tʂu 雄性豬
【公務汽車】kuŋ˧˩˦ u˩ tɕ'i˩ tʂ'ə˧˩ 杆石橋一帶回民區的人又稱公共汽車
【公馬】kuŋ˧˩ ma˥ ⇨〖兒馬（蛋子）〗ər˧˥ ·ma (tã˩˥ ·tsɿ)
【公鴨】kuŋ˧˩˦ ia˧˩ 雄性鴨
【公鴨嗓子】kuŋ˧˩˪ ·ia saŋ˥˪ ·tsɿ 說話聲音尖而沙啞的嗓子
【公鵝】kuŋ˧˩ ŋə˧ 雄性鵝
【公費】kuŋ˧˩˦ fei˩ 由國家或團體負擔費用：～醫療｜～旅游
【公貓】kuŋ˧˩˪ ·mɔ ⇨〖男貓〗nã˧˥ ·mɔ
【公道】kuŋ˧˩˦ tɔ˩ ❶公正的道理：主持～｜說～話 ❷公平，合理：辦事～｜他那個字號買賣挺～｜價錢～
【公猴】kuŋ˧˩ xou˧ 雄性猴
【公牛】kuŋ˧˩ ȵiou˧ ⇨〖牤牛〗maŋ˧˩˪ ·ȵiou
【公安】kuŋ˧˩˦ ŋã˧˩ 有關社會整體的治安：～局｜～部門
【公章】kuŋ˧˩˦ tʂaŋ˧˩ 機關、團體使用的印章：蓋～
【公羊】kuŋ˧˩˪ ·iaŋ 雄性羊
【公共汽車】kuŋ˧˩˦ kuŋ˩ tɕ'i˩ tʂ'ə˧˩ 供乘客乘坐的汽車，有固定的路綫和停車站
【公公】kuŋ˧˩˪ ·kuŋ 丈夫的父親‖面稱一般隨丈夫稱"爸爸 pa˩˥ ·pa"、"爹 tiə˧˩"等
【功課】kuŋ˧˩˦ k'ə˩ 學生按規定學習的知識、技能
【拱卒】kuŋ˥ tsu˧ 象棋術語，稱卒前行
【碰子】kuŋ˥˪ ·tsɿ 大塊煤
【共總】kuŋ˩ tsuŋ˥ ⇨〖一共〗i˧˩˦ kuŋ˩
【供詞】kuŋ˩ ts'ɿ˧ 受審者所說或所寫的有關案情的話
【供桌】kuŋ˩ tʂuə˧˩ 陳設供品的桌子
【供神】kuŋ˩ ʂẽ˧ 供奉神明
【供認】kuŋ˩ ʐẽ˩ 承認犯罪事實
【供享】kuŋ˩˥ ·ɕiaŋ ＝〖供養〗kuŋ˩˥ ·iaŋ 擺供品祭祀祖先或神明：～上肉、魚、水果‖連用式"供享供享 kuŋ˩˥ ·ɕiaŋ kuŋ˩˥ ·ɕiaŋ"：過年煮出肉來先～祖宗！｜△心到神知，～人吃！

k'uŋ

【空調】k'uŋ˧˩ t'iɔ˧ 空氣調節器：他家安上～啊！
【空心菜】k'uŋ˧˩˦ ɕiẽ˧˩˦ ts'ɛ˩ 蕹菜
【孔雀】k'uŋ˥˪ ·tɕ'yə 鳥，頭上有羽冠，雄性的尾毛很長，閃亮有斑紋，展開時像大的摺扇
【孔雀開屏】k'uŋ˥˪ ·tɕ'yə k'ɛ˧˩ p'iŋ˧ 孔雀張開美麗的尾毛
【恐怕】k'uŋ˥ p'a˩ 副詞，表示估計、疑慮：～不在家，你上去看看去罷！｜～他不會願意！
【控】k'uŋ˩ ❶控告 ❷控制 ❸把容器口朝下使裏面的液體慢慢流盡：把油瓶的油～出來 ❹把洗好的菜等置於一處使水慢慢流下或揮發：雪裏蕻洗好後～～水再腌

xuŋ

【轟】xuŋ˩ ❶猛火突然燒起的聲音：～一聲着火嘛！❷比較沉重的聲音：～的一聲 ❸炮擊，爆炸：～炸 ❹趕(走)：把他～出去｜～麻雀

【轟出去】xuŋ˩˦ ·tʂʻu ·tɕʻi ⇨〖攆出去〗ȵiã˥˦ ·tʂʻu ·tɕʻi

【洪峰】xuŋ˧ fəŋ˧ 河流在漲水期間達到最高點的水位。也指漲到最高水位的洪水‖峰，聲調陽平

【紅】xuŋ˧ ❶像鮮血的顏色 ❷指喜慶：～公事 ❸象征革命：又～又專｜～軍 ❹象征順利、成功：走～｜唱～嘛！❺紅利：分～

【紅蜘蛛】xuŋ˧ tʂʅ˩˦ tʂu˩ 一種繁殖力很强、危害多種農作物及花卉的害蟲，體小色紅

【紅事兒】xuŋ˧˥ ʂer˨[<ʂʅ˨] ⇨〖親事〗tɕʻiẽ˩˦ ʂʅ

【紅麯】xuŋ˧ tɕʻy˩ 一種食物色料，加在煮好的肉、豆腐乳等上面，使成紅色

【紅玉】xuŋ˧˥ ·y˨ 蘋果的一個品種，紅色，今已不多見

【紅瓦】xuŋ˧ va˥ 紅色瓦

【紅茶】xuŋ˧ tʂʻa˧ 一種經過發酵的泡出的茶水成紅色的茶葉

【紅砂糖】xuŋ˧ ʂa˩ tʻaŋ˧ 沙粒狀的紅糖

【紅帖兒】xuŋ˧˥ ·tʻiər[<tʻiə˩] 舊俗訂婚時男方送到女方去的大紅帖子，寫有男方的生辰八字，跟女方交換

【紅蘿貝】xuŋ˧ luə˧˥ ·pei ＝〖死纓子蘿貝〗sʅ˥ iŋ˩˦ ·tsʅ luə˧˥ ·pei 一種長條形紅色蘿蔔，蘿蔔纓兒稀疏易斷

【紅墨水兒】xuŋ˧ mei˨ ʂuer˥[<ʂuei˥] 紅色的墨水

【紅包】xuŋ˧ pɔ˩ ❶裝着錢款的紅色紙包 ❷比喻用以買通弄權者的錢物：塞～

【紅帽子】xuŋ˧ mɔ˨˥ ·tsʅ 舊稱在火車站搬運行李、裝卸貨物的工人

【紅棗】xuŋ˧ tsɔ˥ 曬乾後的棗子，色紅

【紅燒肉】xuŋ˧ ʂɔ˩˦ ʐou˨ 用醬油等慢火燉成的豬肉‖牛、羊肉燉的分別稱“紅燒牛肉 xuŋ˧ ʂɔ˩ ȵiou˧˥ ʐou˨”、“紅燒羊肉 xuŋ˧ ʂɔ˩ iaŋ˧˥ ʐou˨”

【紅小豆】xuŋ˧ ɕiɔ˥ tou˨ 豆粒表皮紅色的小豆

【紅酒】xuŋ˧ tɕiou˥ 通稱顏色發紅的酒，如紅葡萄酒等

【紅棒子】xuŋ˧ paŋ˨˥ ·tsʅ 子實紅色的玉米

【紅糖】xuŋ˧ tʻaŋ˧ 食糖的一種，褐黄色

【紅香蕉】xuŋ˧ ɕiaŋ˩˦ tɕiɔ˩ 蘋果的一種品種，紅色，帶香蕉香味

【紅領巾】xuŋ˧ liŋ˥ tɕiẽ˩ ❶紅色領巾，中國少年先鋒隊員的標志 ❷特指佩帶紅領巾的少先隊員

【紅腫】xuŋ˧ tʂuŋ˥ 皮膚發紅腫起的症狀

yŋ

tɕyŋ

【聳眉頭】tɕyŋ˥˦(或 suŋ˥˦) mei˦˥ ·t'ou ⇨〖皺眉頭〗 tʂou˩ mei˦˥ ·t'ou

【粽子】tɕyŋ˩˥(或 tsuŋ˩˥) ·tsɿ 一種用粽葉包糯米煮熟後食用的食品‖粽，廣韵送韵作弄切：“蘆葉裹米。”通攝一等合口舒聲，濟南一般讀 uŋ 韵，此字讀 yŋ 韵母，較特殊

【綜豬】tɕyŋ˩˥ ·tʂu ⇨〖公豬〗 kuŋ˨˩ ·tʂu

tɕ'yŋ

【窮酸】tɕ'yŋ˦ suã˨ 譏刺好咬文嚼字裝斯文的人：～樣！|没念幾本子書，～麼？

ɕyŋ

【兄弟】ɕyŋ˨˦ ti˩ ＝〖弟兄〗 ti˩˥ ·ɕyŋ 哥哥和弟弟：兩～|俺家～多

【兄弟倆】ɕyŋ˨˦ ti˩ lia˥ ⇨〖弟兄倆〗 ti˩˥ ·ɕyŋ lia˥

【兄妹倆】ɕyŋ˨˦ mei˩ lia˥ 兄妹兩人

【松樹】ɕyŋ˨˦(或 suŋ˨˦) ʂu˩ ❶常綠喬木，樹皮鱗片狀，葉子針形 ❷特指柏樹，常綠喬木，葉鱗片狀‖松，廣韵鍾韵祥容切，又如人名武松 u˥ ɕyŋ˨，濟南今讀聲調都是陰平而非陽平。又讀 suŋ˨，是新起的讀音

【松花】ɕyŋ˨˦(或 suŋ˨˦) xua˨ ＝〖變蛋〗 piã˩ tã˩ ＝〖皮蛋〗 p'i˦ tã˩ 一種用石灰等原料使鷄鴨蛋凝固變味的食品，因蛋清上有像松葉的花紋而得名

【松球兒】ɕyŋ˨ (或 suŋ˨) tɕ'iour˦ [<tɕ'iou˦] 松樹的果穗

【松針】ɕyŋ˨˦(或 suŋ˨˦) tʂẽ˨ 松樹葉

【松林】ɕyŋ˨(或 suŋ˨) liẽ˦ 松樹林

【松香】ɕyŋ˨˦(或 suŋ˨˦) ɕiaŋ˨ 淡黄色透明物體，由松樹上滲出的膠狀液體製成

【胸脯】ɕyŋ˨ p'u˥ 胸部肌肉

【胸膛】ɕyŋ˨˩ ·t'aŋ 軀幹頸腹之間的部分

【傱】ɕyŋ˦ 怯懦，無能‖傱，廣韵鍾韵息恭切：“傱恭怯貌。”濟南讀陽平，有人寫作“熊”

【雄】ɕyŋ˦ 精液

【雄黄綠】ɕyŋ˦ xuaŋ˦˥ ·ly˩ 淺綠帶黄的顔色

【熊】ɕyŋ˦ ＝〖黑瞎子〗 xei˨˦ ɕia˨˩ ·tsɿ ＝〖狗熊〗 kou˥ ɕyŋ˦ 哺乳動物，體大頭大，四肢粗短，尾也短，腳掌大，能直立、爬樹，種類很多

【熊】ɕyŋ˦ 訓斥：我把他～了一頓！

【熊貓】ɕyŋ˦ mɔ˦ 貓熊，一種形狀像熊渾身白毛而眼圈黑色的哺乳動物，是我國特有的珍稀動物，生活在西南地區的高山中

【熊掌】ɕyŋ˦ tʂaŋ˥ 熊的腳掌，是珍貴食品

yŋ

【擁他一下】yŋ˨˦˩˨ ·tʻa i˨˦˧ ɕia˨˩ =〖推他一把〗tʻuei˨˦˩˨ ·tʻa i˨˦ pa˥˥ 用手推他一下

【永遠】yŋ˥˥˦ yã˥˥ 表示時間長久，没有終止：這事兒我～也忘不了！

【用】yŋ˨˩ ❶使用：～右手，别～左手！❷用處：有～

【用死你】yŋ˨˩˧ ·sɿ ·ȵi 用着你，一般用於否定式或反問句：一邊兒去，我用不死你！｜這事兒用的死你嗎？｜～管這種事兒嗎？

【傭錢】yŋ˨˩ tɕʻiã˦˨ 買賣成交後付給中間人的報酬

ŋ̍

ŋ̍

【嗯】ŋ̍˧˥ 語氣詞，表示出乎意外或不以爲然、不同意：～，他是這麼説來？｜～，話可不能這麼説！‖ŋ̍發音時雙唇微閉。表示不同意時聲調末尾上升後又降下，實際是降升降調。另見 ŋ̍˥、ŋ̍˨˩

【嗯】ŋ̍˥ ＝〖欸〗ɛ˥ ＝〖啊〗a˥ 語氣詞，表示疑問：～，你怎麼來嘛？｜這事兒是你幹的？——～，怎麼啦？‖此處聲調實際是高平升調，收尾上揚。另見 ŋ̍˧˥、ŋ̍˨˩

【嗯】ŋ̍˨˩ ＝〖欸〗ɛ˨˩ ＝〖啊〗a˨˩ 語氣詞，表示答應、同意：～！～！行，就這麼辦！‖另見 ŋ̍˧˥、ŋ̍˥

濟南方言義類索引

索引目錄

（右邊的號碼指索引正文的頁碼）

索引正文

(詞條右邊的號碼指詞典正文的頁碼)

貳 地理

(1)地

(2)山

(3)江、河、湖、海、水

(4)石沙、土塊、礦物

(5)城鄉處所

叁 時令 時間

(1)季節

(6)其他時間概念

肆 農業

(1)農事

(2)農具

伍 植物

(1)農作物

(5)花草、菌類

陸 動物

(1)牲畜

(2)鳥獸

(2)卧室用具

玖 稱謂

(1)一般稱謂

(2)職業稱謂

(3)其他稱謂

拾 親屬

(1)長輩

(2)平輩

(3)晚輩

(4)其他

拾壹 身體

(1)五官

(2)手、腳、胸、背

(3)其他

拾貳 疾病 醫療

(1)一般用語

(2)内科

拾叁 衣服穿戴

(1)服裝

(2)鞋帽

(2)米食

(3)麵食

(8)其他

拾伍 紅白大事

(1)婚姻、生育

(2)壽辰、喪葬

(3)宗教、迷信

拾陸　日常生活

(1)衣

(2)食

(3)住

拾捌 交際

拾玖 商業 交通

(1)經商行業

(3)賬目、度量衡

(4)交通

貳拾 文化教育

(1)學校

(2)教室、文具

(3)讀書識字

貳拾貳 動作

(1)一般動作

(2)心理活動

(3)語言動作

貳拾叁 位置

貳拾肆 代詞等

貳拾伍 形容詞

貳拾陸 副詞 介詞等

貳拾柒 量詞

384 濟南方言義類索引

貳拾捌 附加成分

貳拾玖 數字等

叁拾 其他

(1)一般名詞

(4)熟語等

濟南方言條目首字筆畫索引

（字右邊的號碼指詞典正文頁碼）

説　明

（一）本索引按詞典正文條目首字的筆畫由少到多排列。

（二）筆畫相同的字，按前五筆的横、竪、撇、點（包括捺）、折順序排列。

（三）一個字因讀音不同而在不同頁碼出現的，分别注上頁碼。

六畫

九畫

十一畫

十二畫

十三畫

398 濟南方言條目首字筆畫索引

十四畫

十五畫

十八畫

十九畫

後　記

我調查濟南方言開始於一九六三年,當時爲配合北京大學中文系語言學教研室《漢語方言詞彙》的編撰,曾經寫過《濟南話的變調和輕聲》一文,又應邀參加同處《漢語方音字彙》、《漢語方言詞彙》濟南點的修訂補充工作。後來又參加陳章太、李行健主編的《北方話基本詞彙調查》濟南點的紀錄。這些工作都不是連續做的,相對來説内容也比較簡單。一九九一年接受《濟南方言詞典》的編寫任務,在三年多的時間裏,集中了教學以外的全部時間、精力,從事調查編纂。先後收集的詞語近萬條,經删減後收入本書的約九千條。

我一九五八年隨山東大學從青島遷到濟南,雖説此生有大半時間在濟南度過,但對濟南方言仍舊不夠熟悉。我特别慶幸當初請的第一發音人是從事語言學研究工作的朱廣祁同志。他已有獨力編撰的詞典出版,多虧他對許多詞語從詞義、詞性、詞的用途多方面幫我進行分析。濟南籍同行路廣正、張鴻魁、劉曉東、林開甲等,也不時向我提供材料,幫我辨音釋義。回民發音人陳淑華大姐和農業發音人姚玉友同志都熱情主動,不厭其煩。向我提供濟南方言語料的還有:山東大學書畫研究院俞黎華同志的濟南口語詞,綠化處張培媛同志的花木類詞語和解釋,濟南回民中學孫曉紅老師的濟南西關回民特殊詞,山東話劇院左廷甫老師的幾個劇場用詞,以及中文系老師滕咸惠、回民女作家馬瑞芳等等。此外,生物系的有關老師還曾就濟南方言的幾個動植物詞語解答過我的問題。研究生劉祥柏和邢軍抄寫了部分卡片,劉祥柏還抄寫了全部義類索引。高曉紅、趙敏蘭、趙日新分别幫助看過一校或二校,指出原稿和排印中的許多錯誤。從一九九四年交了本書初稿至今,時間又過了整整三年,這三年中,江蘇教育出版社負責詞典編輯的葉笑春同志爲提高這部詞典的質量付出了大量的勞動。對於以上衆多同志的幫助,我將永遠銘記在心。

通過幾年來對《濟南方言詞典》的編寫,我體會到一部方言詞典幾乎是一部地方百科全書,深感自己受閱歷和社會生活的限制,知識面狹窄,加以濟南方言不是我的母語,因而做起來常常不能得心應手。有的詞義只能意會不易言傳,要體會它的貼切含義難,要用簡明的語言解釋清楚更難,往往只好請發音人多説例句,再從例句反復琢磨。幾年來雖經努力,對現在的稿子仍然覺得有許多不如人意之處,可時間已不允許我再拖延。但願還有修改補充的機會,希望得到讀者、專家的批評指正。

錢曾怡

一九九七年九月於山東大學

《現代漢語方言大詞典》第一步計畫編寫四十册分地方言詞典。現在已經出版的有:

蘇州方言詞典	葉祥苓		
廈門方言詞典	周長楫		
長沙方言詞典	鮑厚星	崔振華	
	沈若雲	伍雲姬	
崇明方言詞典	張惠英		
婁底方言詞典	顏清徽	劉麗華	
南昌方言詞典	熊正輝		
西寧方言詞典	張成材		
貴陽方言詞典	汪　平		
武漢方言詞典	朱建頌		
太原方言詞典	沈　明		
烏魯木齊方言詞典	周　磊		
梅縣方言詞典	黃雪貞		
南京方言詞典	劉丹青		
丹陽方言詞典	蔡國璐		
忻州方言詞典	溫端政	張光明	
柳州方言詞典	劉村漢		
黎川方言詞典	顏　森		
西安方言詞典	王軍虎		
揚州方言詞典	王世華	黃繼林	
徐州方言詞典	蘇曉青	呂永衛	
金華方言詞典	曹志耘		
海口方言詞典	陳鴻邁		
銀川方言詞典	李樹儼	張安生	
洛陽方言詞典	賀　巍		
哈爾濱方言詞典	尹世超		
牟平方言詞典	羅福騰		
上海方言詞典	許寶華	陶　寰	
寧波方言詞典	湯珍珠	陳忠敏	吳新賢
萬榮方言詞典	吳建生	趙宏因	
南寧平話詞典	覃遠雄	韋樹關	卞成林
東莞方言詞典	詹伯慧	陳曉錦	
濟南方言詞典	錢曾怡		

订 补

序號	頁碼	行數	條目	原句	改爲	備註
1	引論 16	8		详见叁㊂	详见贰㊂	
2	引論 19	7		打附於動詞踤踮呲搖踼磕	打附於動詞踤踮呲搖踼磕敲甩	
3	引論 19	13		活翻	活泛	
4	1	右欄 14~15	仔把細兒的	tsɿ˥˩˩ ·pa ɕier˨˩˦[<ɕi˨˩] ·ti	tsɿ˥˩˩ ·pa ɕier˨˩˦[<ɕi˨˩] ·ti	
5	3	右欄 12	死氣白賴的	sɿ˥˩˩ ·tɕʻi pe˧ lɛ˨˦ ·ti	sɿ˥˩˩ ·tɕʻi pe˧ lɛ˨˦ ·ti	
6	5	右欄 25~26	知不道	如《慈悲曲》第一段：“都知不道是甚麼緣故。”	如《慈悲曲》第一段：“都知不到是甚麼緣故。”	
7	6	左欄 11~12	指甲深子	指甲心兒，指甲和指甲肌肉的連接處	指甲心兒，指甲和手指肌肉的連接處	
8	7	右欄 1	置氣	鬧意氣	鬧意見	
9	7	右欄 18	吃拉拉	吃拉拉	嫠拉拉	
10	7	右欄 20	吃拉拉	口水	口水 ‖ 廣韵之韵俟甾切：“涎沫也。”	
11	8	左欄 16	吃睛食兒	tʂʻʅ˨˦ tɕʻiŋ˨˦ ·ʂer[<·ʂʅ]	tʂʻʅ˨˦ tɕʻiŋ˧˥ ·ʂer[<·ʂʅ]	
12	8	左欄 29	遲到	tʂʻʅ˧˥ tɔ˨	tʂʻʅ˧˥ tɔ˨	
13	10	右欄 22	氏牛	氏牛	牸牛	
14	10	右欄 23	氏牛	雌性牛	雌性牛 ‖ 牸，玉篇牛部疾利切：“母牛也。”廣韵志韵疾置切：“牝牛。”從母字，但濟南為 ʂ 聲母。	
15	15	右欄 15~16	畢業	學習期滿，達到規定要求而結束學習	學習期滿，達到規定要求而結束學業	
16	16	左欄 6	披縫	披縫	𤿎縫	
17	16	左欄 8	披縫	披，單字音 pʻei˨˦, 此處讀 pʻi˨˦	𤿎，廣韵支韵敷羈切：“器破而未離。”	
18	16	右欄 5	皮包	pʻi˧ pɔ˥	pʻi˧ pɔ˨˦	
19	19	左欄 19~20	地瓜牀	〖地瓜炕〗ti˨˦ ·kua kʻaŋ˨	〖地瓜炕〗ti˨˦ ·kua kʻaŋ˨	
20	21	左欄 24	踼腚呱	踼腚呱	踼腚瓜	
21	21	左欄 25~26	踼腚呱	最後讓他把我踼了腚呱 ‖ 參見“腚呱 tiŋ˨ kua˧”	最後讓他把我踼了腚瓜 ‖ 參見“腚瓜 tiŋ˨ kua˧”	
22	23	右欄 33	即墨老酒	ʿmi	mi˧	
23	34	左欄 29	一巴股	量詞	數量詞	

续表

序號	頁碼	行數	條目	原句	改爲	備註
24	35	右欄 2~3	一□	種植秧苗時一手將苗根放到埯兒裹，另一手把土從四周圍堆起來的動作	植苗時一手將秧苗根放到埯兒裹，另一手把土從四周圍堆起來的動作	
25	35	右欄 30~31	一葉蘭	多年生草本植物，無地上莖，葉片寬帶形有明顯縱條，花淺黃色	多年生草本植物，葉片寬帶形有明顯縱條，花淺黃色	
26	41	左欄 16~17	一蒙子	i⅃ǀ͡ məŋ⅃ǀ ·tsɿ i⅃ǀ məŋ⅃ǀ ·tsɿ ·ti	i⅃ǀ məŋ⅃ǀ ·tsɿ i⅃ǀ məŋ⅃ǀ ·tsɿ ·ti	
27	41	左欄 18	一蒙子	今天這樣，明天那樣	今天這樣，明天那樣！	
28	43	右欄 7	肄業	學習，没有畢業	修業，没有畢業	
29	47	左欄 13	捕捉	捉	捉拿	
30	49	左欄 4~5	木瓜	木瓜樹上結的黃色長橢圓形有濃香的果子	木瓜樹上結的黃色橢圓形有濃香的果子	
31	49	左欄 15~16	木頭疙瘩	比喻寡言語、遲鈍不靈活的人	比喻寡言少語、遲鈍不靈活的人	
32	49	左欄 24~25	木亂	因身體的某一部分感到不適而不安	因身體的某一部分感到不適或心緒亂而不安	
33	50	右欄 5	嘟囔	tu⅃ǀ ·naŋ	tu⅃ǀ ·naŋ＝嘟嚕 tu⅃ǀ ·lu	
34	51	左欄 18	度的傷	tu⅃˥ ·ti ·ʂaŋ	tu⅃ǀ ·ti ·ʂaŋ	
35	51	左欄 18~19	度的傷	〖度的慌〗tu⅃˥ ·ti ·xaŋ（或 ·xuaŋ）	〖度的慌〗tu⅃ǀ ·ti ·xaŋ（或 ·xuaŋ）	
36	51	左欄 30~31	禿嚕	❷ 編織品脱線：你這毛衣的袖子～嗰！	❷ 編織品脱線：你這毛衣的袖子～嗰！❸ 説出全部實情：警察一問，他就全～嗰！	
37	53	左欄 13~14	櫓	撥水使船前進的工具，比槳長大	撥水使船前行的工具，比槳粗長	
38	54	左欄 8	酥	食物鬆而易碎	食物鬆脆	
39	54	左欄 23	素油	su˩ iou˩	su˩ iou˦	
40	55	左欄 8	豬血	tʂu⅃ ɕiə⅃	tʂu⅃ǀ ɕiə⅃	
41	57	右欄 14	畜生	泛指禽獸	泛稱禽獸	
42	59	右欄 5	孤兒	～寡婦的日子不好過	～寡母的日子不好過	
43	67	右欄 21	碌礡	郊區也讀 li˩	郊區又讀 li˩	
44	67	右欄 28	綠豆	～麵	～糕	
45	68	左欄 32	鋸慮	鋸慮	鋸鑢	
46	69	左欄 3~4	黢	在單音形容詞前表示程度深：～黑	在單音形容詞前表示程度深：～黑 | ～綠 | ～白	
47	70	右欄 5	□	□	吁	
48	71	右欄 18~19	迂磨	迂，廣韵虞韵憶俱切："曲也。"	迂，廣韵虞韵憶俱切："遠也，曲也。"	

续表

序號	頁碼	行數	條目	原句	改爲	備註
49	73	左欄 3	扒叉	扒，扒開	拔動，扒開	
50	73	左欄 30~31	拔毒	可以重叠動詞説“拔拔毒 pa˧˥˥ ·pa tu˧˥”	可以重叠動詞“拔”，説“拔拔毒 pa˧˥˥ ·pa tu˧˥”	
51	76	左欄 4	麻繩菜	郊區説馬齒莧	郊區稱馬齒莧	
52	76	右欄 32~33	馬車社	舊時經營運輸的單位	舊時經營運輸的機構	
53	77	右欄 31~32	砝碼	放在天平一端的小盤上作為重量標準的金屬片	放在天平一端的小盤上作為衡量輕重標準的金屬片	
54	81	左欄 19~20	大	大小的大，指占空間多的、數量多的、力量強的、程度深的、聲音嚮的等	大小的大，指占空間大的、數量多的、力量強的、程度深的、聲音嚮的等	
55	81	右欄 16~17	大鹵麵	加有用肉蛋等製成的湯料的麵條	加有用肉蛋等製成湯料的麵條	
56	84	右欄 26~27	他爹	他爸爸 t ‘a˥ pa˩˥ ·pa	他爸爸 t ‘a˥ pa˩˧ ·pa	
57	86	右欄 30~31	拉腳的	拉着地排車等拉着運貨的人	拉着地排車等運貨的人	
58	87	右欄 13	辣椒	也可作調味品	可作調味品	
59	90	左欄 16	柵欄	也説“柵欄兒 tʂa˩˧ ·lɛr[＜lã˦]”	也説“柵欄兒 tʂa˩˧ ·lɛr[＜lã˧˥]”	
60	92	左欄 11	殺	這藥抹上～得慌！	這藥抹上～的慌！	
61	93	左欄 5	蛤拉蚰	[ɕia˨˦]	[tɕia˨˦]	
62	93	左欄 19	卡車	k‘a˥˨˦ tʂ‘ə˨˦	k‘a˥ tʂ‘ə˨˦	
63	93	右欄 8	哈拉子	吃拉拉	撥拉拉	
64	93	右欄 15~16	阿訇	伊斯蘭主持教儀、講授經典的人	伊斯蘭教主持教儀、講授經典的人	
65	94	左欄 19~20	嗰	新派讀 ·la。	新派用“啦 ·la”。	
66	96	左欄 14	瞎	眼睛看不見東西	失明	
67	98	左欄 4~5	下旬	一個月中從二十一號到月底的日子	一個月中從二十一日到月底的日子	
68	98	左欄 20	嚇	使害怕	害怕	
69	98	右欄 19~20	壓歲錢	過陰曆年時長輩給小孩兒的錢	過陰曆年時長輩給小輩的錢	
70	100	左欄 16	□	□	欻	
71	100	左欄 16	□	很快地抓取	迅速抓取	
72	101	左欄 20	呱打板兒	呱打板兒	呱嗒板兒	
73	102	左欄 1	花汽車	‖ 新詞		刪去

续表

序號	頁碼	行數	條目	原句	改爲	備註
74	102	右欄 7~9	花卷兒	一種用發麵捲成螺旋狀並加有少量油鹽等蒸熟而成的食品	一種用發麵捲成螺旋狀並加有少量油鹽等蒸熟的食品	
75	103	右欄 19~20	畫眉	一種身體褐棕色而眼上有白色如塗眉的鳥，叫聲好聽	一種身體褐棕色、眼上有白色如塗眉的鳥，叫聲好聽	
76	105	右欄 6~7	麼	“什麼 ʂəɣ˩˥ ·mə”	“什麼 ʂəŋ˦˥ ·mə”	
77	105	右欄 31	抹子	瓦工用來抹灰泥的工具	瓦工用來抹泥灰的工具	
78	106	左欄 7	末末了	mə˩˥ ·mə liɔ˥	mə˩ ·mə liɔ˥	
79	107	左欄 8~9	蝸牛	近年來可養殖了供食用	可養殖以供食用	
80	111	左欄 8~9	各別	這人忒～了	這人忒～嘛！	
81	117	左欄 28	蹀躞	《白頭吟》	《白頭吟》	
82	120	左欄 24	邪門兒	ɕiə˦ mer˩[<mẽ˦]	ɕiə˦ mer˦[<mẽ˦]	
83	120	左欄 27	涎綫	吃拉拉	膝拉拉	
84	121	右欄 29	額拉蓋兒	iə˩˥（或 ŋə˩˥）	iə˦˥（或 ŋə˦˥）	
85	122	右欄 25~26	舵	安在船尾控制行船方向的裝置	安在船上控制行船方向的裝置	
86	123	右欄 3	挼	挼莎也。	挼，挼莎。	
87	123	右欄 25~26	騾馬店	郊區的有安置、飼養騾馬牲口設備的旅店	郊區有安置、飼養騾馬牲口設備的旅店	
88	124	左欄 18	落	遺留在後	掉在後面	
89	126	左欄 31	撮古偏子	又音 ts‘uə˥, 撮口呼	又音 ts‘uə˥, 如：撮口呼	
90	130	左欄 35~右欄 1	火鈎子	通爐子用的鐵鈎子	捅爐子用的鐵鈎子	
91	130	右欄 11~12	火棍	茶館、飯店中用於通大火爐的長條鐵棍	茶館、飯店中用於捅大火爐的長條鐵棍	
92	130	右欄 13	火葬	用火焚化遺體的喪葬方法	焚化遺體的喪葬方法	
93	138	左欄 23~24	帶孝	人死後親屬穿孝服或帶黑紗表示哀悼	人死後親屬穿孝服或戴黑紗表示哀悼	
94	143	右欄 5~6	開行	主要經常農副產品	主要經營農副產品	
95	147	左欄 25	軲輪兒	不小心蹿倒在地	蹿倒在地	
96	147	右欄 3	了個腚呱子	蹿了個腚呱子	蹿了個腚瓜子	
97	147	右欄 4	了個腚呱子	蹾腚呱子	蹾腚瓜子	
98	147	右欄 20	帥	‖ 新起詞		删去

续表

序號	頁碼	行數	條目	原句	改爲	備註
99	151	右欄 26	白酒	（kar˩˧[<kã˩˧]）	（kɛr˩˧[＜kã˩˧]）	
100	152	左欄 19	背着手	pei˧˩˥ · tʂʅ ʂou˥	pei˧˩˧ · tʂʅ ʂou˥	
101	155	左欄 25	麥腰子	麥腰子	麥葽子	
102	156	左欄 30~31	肥皂	洗滌去污用的條塊狀化學製品	洗滌去污用的塊狀化學製品	
103	156	右欄 28~29	圍子（墻）	城墻外面的防禦建築	環城而建的防禦建築	
104	158	左欄 29~30	勒子	用兩片帶裏子的黑絨做成	用兩片帶裏子的黑絨布做成	
105	159	左欄 18	色子	一種遊戲或賭博用品	骰子，一種遊戲或賭博用品	
106	160	左欄 18	黑燈野兒裏	野兒	影兒	
107	162	左欄 8	雷劈唡	遭雷擊	遭雷擊了	
108	164	左欄 19~20	水車	今也稱運送水的車	今也指運送水的車	
109	164	左欄 32~33	水泡眼	眼泡兒鼓起的眼	上眼皮鼓起的眼	
110	164	右欄 20	水腌疙瘩	kɛ˩˧ · ta（tʻou˥˧）	kɛ˩˧˩ · ta（tʻou˥˧）	
111	167	左欄 22	保釋	pɔ˥ tʂʅ˩˧	pɔ˥ ʂʅ˩˧	
112	167	右欄 23	豹	pɔ˧˩˧ =〖豹子〗pɔ˧˩ · tʂʅ	pɔ˧˩ =〖豹子〗pɔ˧˩˧ · tʂʅ	
113	168	左欄 1	菢窩	母雞孵蛋	禽孵蛋	
114	170	右欄 13	搗鼓	這個錶叫他～壞了	這個錶叫他～壞唡！	
115	171	左欄 3	倒插筆畫兒	倒插筆畫兒	倒插筆劃兒	
116	171	左欄 4~5	倒插筆畫兒	畫，此處是舊音	劃，此處是舊音	
117	172	右欄 1~2	腦膜炎	流行性腦脊髓膜炎的通稱	流行性腦膜發炎的病症	
118	173	左欄 25	老師兒	稱工匠	舊稱工匠，今多用於見面時對人的尊稱	
119	173	左欄 26	老時截	lɔ˥ · ʂʅ tɕiə˥˧	lɔ˥˥˨ · ʂʅ tɕiə˥˧	
120	177	左欄 32	草稿	tsʻɔ˥˥˧ kɔ˥˧	tsʻɔ˥˥˧ kɔ˥	
121	181	右欄 5~6	高血壓	成年人的動脈血壓超過正常的病症	血壓超過正常的病症	
122	182	左欄 5~6	膏	向車軸等經常轉動的機器上加潤滑油	在車軸等經常轉動的機器上加潤滑油	
123	182	左欄 11~12	考糊唡	考糊，跟烤糊同音，指考試失敗	指考試失敗	
124	184	左欄 21	表妹夫	piɔ˥˥˧ mei˧˩˨ · fu	piɔ˥˥˧ mei˧˩˧ · fu	
125	186	左欄 25	調教	這孩子難～着話來	這孩子難～着來	

续表

序號	頁碼	行數	條目	原句	改爲	備註
126	186	右欄 5~6	跳大神兒	女巫或巫師裝出鬼神附體的樣子亂跳亂舞	女巫或巫師裝出鬼神附體的樣子又跳又舞	
127	193	右欄 3	咬癟嘴	咬癟嘴	咬憋嘴	
128	194	右欄 1~2	豆腐皮	結在熟豆漿表層的薄皮，揭下可製成腐竹等供食用	❶薄的片狀豆腐乾❷結在熟豆漿表層的薄皮，揭下可製成腐竹等供食用	
129	194	右欄 12~13	豆莢兒	豆類植物的果實	豆類植物的莢果	
130	194	右欄 16~17	豆奶	一種塑料袋包裝的豆製奶味飲料	一種豆製奶味飲料	
131	198	左欄 24	周吳鄭王	tʂou˩˧ u˥ tʂẽ˨˩ vaŋ˥	tʂou˩˧ u˥ tʂəŋ˨˩ vaŋ˥	
132	201	左欄 21	肉	~都露出來了	~都露出來嘛	
133	203	右欄 32~33	猴子	xour˦[<xou˥]	xour˥[<xou˥]	
134	209	右欄 11	牛子	濟南也讀 ȵiou˥	濟南讀 ȵiou˥	
135	212	右欄 8	半截腰兒裹	pã˨˩ ·tɕiə iɔr˥˦[<iɔ˩˧]	pã˨˩ ·tɕiə iɔr˩˧[<iɔ˩˧]	
136	219	左欄 32	難做	（人）難辦	（人）難相處	
137	220	左欄 19	爛	腐爛，破爛	腐爛，破碎	
138	222	左欄 23~24	三聯單	新式單據，三張相聯	三張相聯的單據	
139	223	左欄 24	抹布	ma˩˧˦ pu˨˩	ma˩˧ pu˨˩	
140	225	右欄 26~27	乾噦	你看他那模樣，讓人~！	你看他那模樣，讓人~！ ‖ 噦，廣韵月韵於月切：“逆氣。”	
141	226	左欄 24	趕	駕御	駕馭	
142	227	右欄 23~24	俺的	代詞，表示説話者或説話者一方之領有	表示説話者或説話者一方之領有	
143	229	左欄 8	扁	把它壓~了！	把它壓~嘛！	
144	232	左欄 3~4	點心	吃了~了没有？	吃了~没有？	
145	232	左欄 5~6	點心鋪	出售糕點的商店	製作、出售糕點的商店	
146	233	右欄 32	甜淡	甜淡	甜鹹	索引中無誤，見378頁左三欄第4行
147	234	左欄 17~18	連褲襪	近年引進的連着褲子的襪子	連着褲子的襪子	
148	235	右欄 1~2	煎包	用少量的油略煎後又加水烙熟的一邊焦黄的發麵包子	用少量的油略煎後又加水烙熟的一面焦黄的發麵包子	
149	237	右欄 4~5	前掌	桌子、椅子、板凳撐住前面兩條腿的木條	桌子、椅子、板凳撐住前面兩條腿的横木	
150	241	左欄 30~31	蔫悠	‖ 重叠式“蔫蔫悠悠的 iã˩˩ ·iã ·iou ·iou ·ti”	‖ 蔫，廣韵仙韵於幹切：“物不鮮也。”重叠式“蔫蔫悠悠的 iã˩˩ ·iã ·iou ·iou ·ti”	

续表

序號	頁碼	行數	條目	原句	改爲	備註
151	244	左欄 4	軟而各噴的	軟而各噴的	軟兒各噴的	
152	246	左欄 26	棺材	裝殮屍體的東西	裝殮屍體的棺木	
153	246	右欄 20	□轂螂	□轂螂	□殼螂	
154	248	右欄 10~11	蜷悠	别把紙弄～了！	别把紙弄～啊！	
155	249	右欄 11	圓杌子	yãɹ uɹr ·tsɿ	yãɹ uɹr ·tsɿ	
156	251	左欄 1~2	奔喪	從外地急急趕回料理長輩親屬的喪事	從外地急急趕回料理親屬的喪事	
157	253	左欄 22~23	溫鍋	另外的人將鹹水罐子和照明燈放到裏面	另外的人將鹹水罐子和照明燈放到裏面。解放後已廢止。現指搬新店，親友前去祝賀，一起吃飯	
158	255	右欄 1	稱心	稱，tʂʻəŋɹ	稱，另見 tʂʻəŋɹ	
159	256	左欄 23~24	人	能製造工具並使用工具進行勞動的高等動物	能製造、使用工具進行勞動並有語言進行交際的高等動物	
160	262	左欄 16	蹾腚呱子	蹾腚呱子	蹾腚瓜子	
161	262	左欄 17	蹾腚呱子	蹾腚呱兒	蹾腚瓜兒	
162	262	左欄 18	蹾腚呱子	踤了個腚呱子	踤了個腚瓜子	
163	263	左欄 22	春節	指農曆過年	指農曆新年	
164	263	右欄 32	舜耕山	耕，不讀 tɕiŋɹ	耕，此處不讀 tɕiŋɹ	
165	265	左欄 12~13	裙子	一種圍在腰部以下的服裝	一種圍在腰部以下没有褲腿的服裝	
166	269	左欄 17	紡車	紡紗或紡綫的工具	紡紗或紡綫的器械	
167	271	右欄 20	糖票	食糖計劃供應時期居民領取的購買食糖的票證	計劃供應時期居民領取的購買食糖的票證	
168	271	右欄 24	淌淚	眼有病流淚	流淚	
169	272	左欄 11	馕喪	馕喪	馕搡	
170	273	右欄 29~30	張跟頭兒	tʂaŋɹɩ kẽɹɩ ·tʻour[<tʻouɥ]	tʂaŋɹɩ kẽɹɩ ·tʻour[<tʻouɥ]	
171	275	右欄 6~8	長壽糕	一種長條形、兩頭圓、中間略微凹起的片狀點心，用麵條加雞蛋等烙成	一種長條形、兩頭圓、中間略微凹進的片狀點心，用麵粉加雞蛋等烙成	
172	278	右欄 21	□□着	□□着	將將着	
173	278	右欄 21~22	□□着	見“□□着 tɕiaŋɥr ·tɕiaŋ ·tʂʅ”	見“將將着 tɕiaŋɥr ·tɕiaŋ ·tʂʅ”	
174	282	右欄 21	□□着	□□着	將將着	
175	283	右欄 5~6	糨糊	商店裏出售的成瓶糨子	商店裏出售的成瓶糨糊	

续表

序號	頁碼	行數	條目	原句	改爲	備註
176	286	左欄 27~28	羊角蜜	一種咬開有少量蜜水的羊角形點心	一種咬開有少量蜜汁的羊角形點心	
177	287	右欄 5~6	揚翻	屋子～的凌亂！	屋子～的棱亂！	
178	289	左欄 19	裝糊塗	tʂuaŋ˨˩˧ xu˦˨˥ ·tʻu	tʂuaŋ˨˩˧ xu˦˨˥ ·tu	
179	290	右欄 25~26	光	這板鉋的溜光！	這板鉋的溜～！	
180	300	左欄 15~16	秤星	"秤星兒 tʂʻəŋ˨˩ çier˨˩˧"	"秤星兒 tʂʻəŋ˨˩ çiə̃r˨˩˧"	
181	301	左欄 9	什麼	另見 ʂʅ˦、ʂə˦	另見 ʂẽ˦、ʂə˦	
182	303	左欄 34	蘋果	pʻiŋ˦˨˥	pʻiŋ˦	
183	304	右欄 3~4	頂板	他倆一見面就～嘛	他倆一見面就～	
184	304	右欄 31	腚呱	腚呱	腚瓜	
185	307	右欄 30	青	年輕。也指青年：	年輕，也指青年：	
186	309	左欄 9	親家	tɕʻiẽ	tɕʻiẽ˨˩˧	
187	312	右欄 32~33	捅	這事都叫他～出去嘛！	這事兒都叫他～出去嘛！	
188	312	右欄 34	捅	～死了	～死嘛！	
189	313	右欄 23	蛹子	廣韵腫韵余隴節	廣韵腫韵余隴切	
190	315	左欄 19	送殯	出殯時陪送靈柩	出殯時陪送靈柩到安葬地	
191	319	左欄 8~9	豵豬	kuŋ˨˩˧˨˩ ·tʂu	kuŋ˨˩˧˨˩ ·tʂu ‖ 廣韵宋韵子宋切："牡豕。"	
192	330	左一欄 32		麥腰子	麥葽子	
193	334	左四欄 14		氏牛	牸牛	
194	336	左二欄 30		□轂轆	□殼螂	
195	347	左二欄 32		吃拉拉	蒺拉拉	
196	348	左一欄 30		腚呱	腚瓜	
197	352	左一欄 9		呱打板兒	呱嗒板兒	
198	360	左二欄 30		鑲喪	鑲搡	
199	363	左四欄 12		踢腚呱	踢腚瓜	
200	369	左一欄 18		倒插筆畫兒	倒插筆劃兒	
201	371	左三欄 14		蹾腚呱子	蹾腚瓜子	

续表

序號	頁碼	行數	條目	原句	改爲	備註
202	371	左三欄 15		踤了個腚呱子	踤了個腚瓜子	
203	372	左二欄 30		□ [tɕiaŋ˦˨] □着	將 [tɕiaŋ˦˨] 將着	
204	372	左二欄 32		□ [kaŋ˦˨] □着	將 [kaŋ˦˨] 將着	
205	373	左一欄 7		鋸慮	鋸鑢	
206	373	左二欄 2		□ [tʂʻua˨˩]	欻 [tʂʻua˨˩]	
207	381	左三欄 4		咬癟嘴	咬憋嘴	
208	381	左四欄 20		軟而各嚌的	軟兒各嚌的	
209	387	左三欄 22		披縫	翍縫	
210	389	左一欄 31		□ [y˨˩]	吁 [y˨˩]	
211	391	左四欄 34		吃 7	吁 70 吃 7	新增
212	394	左一欄 11		昧 154	翍 16 昧 154	新增
213	395	左一欄 35		郪 210	牸 10 郪 210	新增
214	397	左四欄 28		淒 198	欻 100 淒 198	新增
215	399	左五欄 30		葷 152	嫠 7 葷 152	新增

济南话音档

目 录

总　　序

侯　精　一

建立现代汉语方言音库的想法酝酿已久。近年来汉语方言的调查研究工作有所进展，特别是1987年《中国语言地图集》的出版以及其后一批汉语方言专著的问世，为现代汉语方言音库的研制提供了一个良好的基础。现代汉语方言音库作为中国社会科学院的重点项目，在1992年着手进行。

现代汉语方言音库是用有声的形式保存现代汉语方言。由于社会生活的急剧变化，各地汉语方言的变化越来越快，在一些大城市，这种变化尤为突出。因此，建立音库以保存现代汉语的主要方言就是一件刻不容缓的事情。

建立现代汉语方言音库是中国语言学的一项重要的基础工程。不仅对于语言教学、语言研究、语言应用有实用价值，对于汉文化的研究也具有重要的参考价值。从长远来看，音库的建立将为后人留下一份极为珍贵的现代汉语方言的有声资料。

现代汉语方言音库计划收录四十种汉语方言音档。其中：

吴语区　上海　苏州　杭州　温州

粤语区　广州　南宁　香港

闽语区	厦门	福州	建瓯	汕头
	海口	台北		
客家区	梅县	新竹		
赣语区	南昌			
湘语区	长沙	湘潭		
徽语区	歙县	屯溪		
晋语区	太原	平遥	呼和浩特	
官话区	北京	天津	济南	青岛
	南京	合肥	郑州	武汉
	成都	贵阳	昆明	哈尔滨
	西安	银川	兰州	西宁
	乌鲁木齐			

每一个地点方言的音档都有一盒录音带，包括五项内容：1. 语音系统。2. 常用词汇。3. 构词法举要。4. 语法例句。5. 长篇语料。语音系统注意用比字和发音练习的方法重点突出录制方言的语音特点。常用词汇和语法例句两部分，收录语词近两百条，例句近六十条。长篇语料选用赵元任先生用过的“北风跟太阳”的故事。这五项内容大致可以反映所录制方言的语音、词汇和语法的主要特点。常用词汇、语法例句、长篇语料三项尽可能安排一些共同的调查条目和语料内容，为的是便于方言之间的比较研究。各点补充的一些调查条目用“增补”的形式另类列出。

每一种音档的说明书包括上述五项内容，另有附论置于书后。附论部分大致有两项内容：1. 某一方言区记略。2. 所录制方言的概述。概述扼要描写该点方言语音、词汇、语法的特点,并列有同音字表。概述的内容注意语言事实的准确与反映当前的研究水平。

各地音档的编者多会说地道的本地话,均从事语言教学与研究工作多年,对所录制的方言素有研究。各地的发音标准通常是以当地政府所在地老派的发音为准。

谨向上海教育出版社表示诚挚的谢意,他们的远见卓识,为发展我国的语言事业再一次作出贡献。我们还要向关心、指导这个项目的各位师友表示由衷的谢意。

建立现代汉语方言音库是一项新的工作,限于我们的水平,疏漏失误之处当不在少,殷切期待大家批评指正。

1994年6月

一、语　音

发　　音：朱广祁
解　　说：方　舟
录音时间：1998年6月

1.1 声母

声母1号	p	帮布并白
声母2号	pʻ	派怕盘爬
声母3号	m	明门麻木
声母4号	f	非夫冯佛
声母5号	v	微晚文忘
声母6号	t	端到定夺
声母7号	tʻ	透太同徒
声母8号	n	拿南暖奴
声母9号	l	来罗乳瑞
声母10号	ts	增祖在族
声母11号	tsʻ	仓粗从存
声母12号	s	苏思饲随
声母13号	tʂ	知章浊助
声母14号	tʂʻ	彻昌澄崇
声母15号	ʂ	书生善时
声母16号	ʐ	日扰然人
声母17号	tɕ	精集见杰
声母18号	tɕʻ	清前轻群

声母 19 号　ȵ　泥牛年女
声母 20 号　ɕ　细邪晓匣
声母 21 号　k　贵根柜共
声母 22 号　k'　开康狂葵
声母 23 号　ŋ　爱袄安昂
声母 24 号　x　灰汉胡红
声母 25 号　ø　阿影疑屋云以

1.2　声母比字

(1) 舌尖前和舌尖后：
增 $tsəŋ^{213}$ ≠争 $tʂəŋ^{213}$
蚕 $ts'ã^{42}$ ≠缠 $tʂ'ã^{42}$
苏 su^{213} ≠书 $ʂu^{213}$

(2) 尖音和团音：
尖＝坚 $tɕiã^{213}$
千＝牵 $tɕ'iã^{213}$
仙＝掀 $ɕiã^{213}$

(3) 鼻音和边音：
南 $nã^{42}$ ≠蓝 $lã^{42}$
暖 $nuã^{55}$ ≠卵 $luã^{55}$
年 $ȵiã^{42}$ ≠连 $liã^{42}$
女 $ȵy^{55}$ ≠吕 ly^{55}

(4) ʐ 和 l(开口呼和合口呼不同,下面分列)
开口呼：
饶 $ʐɔ^{42}$ ≠牢 $lɔ^{42}$
柔 $ʐou^{42}$ ≠楼 lou^{42}
让 $ʐaŋ^{21}$ ≠浪 $laŋ^{21}$
合口呼：

如 = 炉 lu^{42}

软 = 卵 $lu\tilde{a}^{55}$

绒 = 笼 $lu\eta^{42}$

1.3 韵母

韵母 1 号	ɿ	资刺丝四
韵母 2 号	ʅ	知翅诗日
韵母 3 号	ər	儿而耳二
韵母 4 号	i	比低鸡衣
韵母 5 号	u	布土故乌
韵母 6 号	y	旅居徐雨
韵母 7 号	a	八袜沙哈
韵母 8 号	ia	加恰虾鸭
韵母 9 号	ua	抓刷瓜华
韵母 10 号	ə	波窝哥鹅
韵母 11 号	iə	灭铁茄野
韵母 12 号	uə	多错桌锅
韵母 13 号	yə	决缺学约
韵母 14 号	ɛ	牌歪斋该
韵母 15 号	iɛ	阶介鞋挨
韵母 16 号	uɛ	揣帅怪坏
韵母 17 号	ei	白威贼黑
韵母 18 号	uei	推最追规
韵母 19 号	ɔ	包刀遭高
韵母 20 号	iɔ	标刁交妖
韵母 21 号	ou	兜走周沟
韵母 22 号	iou	丢流纠优
韵母 23 号	ã	班弯山安

韵母 24 号 iã 边天尖烟
韵母 25 号 uã 端酸专官
韵母 26 号 yã 捐权玄渊
韵母 27 号 ẽ 奔温真根
韵母 28 号 iẽ 宾林今音
韵母 29 号 uẽ 敦尊春昏
韵母 30 号 yẽ 军皴熏晕
韵母 31 号 aŋ 帮汪张昂
韵母 32 号 iaŋ 良将娘央
韵母 33 号 uaŋ 庄双光荒
韵母 34 号 əŋ 崩翁争庚
韵母 35 号 iŋ 冰丁精英
韵母 36 号 uŋ 东宗中公
韵母 37 号 yŋ 窘穷兄拥

1.4 韵母比字

(1) 舌尖前元音和舌尖后元音：

资 $tsɿ^{213}$ ≠支 $tʂʅ^{213}$
词 $ts'ɿ^{42}$ ≠迟 $tʂ'ʅ^{42}$
四 $sɿ^{21}$ ≠试 $ʂʅ^{21}$

(2) iɛ 和 iə、ɛ、ia：

街 $tɕiɛ^{213}$ ≠接 $tɕiə^{213}$
解 $tɕiɛ^{55}$ ≠姐 tɕiə 55
蟹 $ɕiɛ^{21}$ ≠谢 $ɕiə^{21}$
挨~号 $iɛ^{213}$ ≠哀 $ŋɛ^{213}$
涯 $iɛ^{42}$ ≠芽 ia^{42}

(3) 古鼻韵尾-m、-n、-ŋ 的分混：

甘 = 肝 $kã^{213}$ ≠钢 $kaŋ^{213}$

监＝艰 tɕiã^{213} ≠江 tɕiaŋ^{213}

关 kuã^{213} ≠光 kuaŋ^{213}

针＝真 tʂẽ^{213} ≠蒸 tʂəŋ^{213}

音＝因 iẽ^{213} ≠英 iŋ^{213}

魂 xuẽ^{42} ≠红 xuŋ^{42}

裙 tɕʻyẽ^{42} ≠琼 tɕʻyŋ^{42}

(4) 古塞音韵尾-p、-t、-k 和阴声韵：

鸽＝割＝胳＝歌 kə^{213}

十＝实＝食＝时 ʂʅ^{42}

邑＝逸＝译＝意 i^{21}

(5) 其他：

百 ＝悲 pei^{213}

墨 ＝妹 mei^{21}

蕊 ＝儡 luei^{55}

锐 ＝类 luei^{21}

松～树＝兄 ɕyŋ^{213}

从 ＝穷 tɕʻyŋ^{42}

1.5 儿化韵(方括号里“＜”后的是该儿化韵的基本韵母)：

儿化韵 1 号	ar	[＜ a]	一霎儿	旮旯儿
儿化韵 2 号	iar	[＜ ia]	他俩儿	豆荚儿
儿化韵 3 号	uar	[＜ ua]	花儿	小褂儿
儿化韵 4 号	ur	[＜ u]	杏核儿	水珠儿
儿化韵 5 号	ər	[＜ ə]	肉末儿	大个儿
儿化韵 6 号	iər	[＜ iə]	红帖儿	烟叶儿
儿化韵 7 号	uər	[＜ uə]	座儿	罗锅儿
儿化韵 8 号	yər	[＜ yə]	角儿	家雀儿

儿化韵 9 号	ɛr	[<ɛ]	盖儿	小孩儿
		[<ã]	蒜瓣儿	老伴儿
儿化韵 10 号	iɛr	[<iɛ]	小鞋儿	台阶儿
		[<iã]	天儿	馅儿
儿化韵 11 号	uɛr	[<uɛ]	块儿	
		[<uã]	饭馆儿	一段儿
儿化韵 12 号	yɛr	[<yã]	圈儿	包圆儿
儿化韵 13 号	er	[<ɿ]	泚儿	挑刺儿
		[<ʅ]	米食儿	事儿
		[<ei]	葱白儿	纸媒儿
		[<ẽ]	盆儿	出门儿
儿化韵 14 号	ier	[<i]	老的儿	不离儿
		[<iẽ]	信儿	使劲儿
儿化韵 15 号	uer	[<uei]	跑腿儿	一会儿
		[<uẽ]	轱轮儿	没准儿
儿化韵 16 号	yer	[<y]	孙女儿	小雨儿
		[<yẽ]	一捆儿	小裙儿
儿化韵 17 号	ɔr	[<ɔ]	笔帽儿	小刀儿
儿化韵 18 号	iɔr	[<iɔ]	柳条儿	到了儿
儿化韵 19 号	our	[<ou]	老头儿	两口儿
儿化韵 20 号	iour	[<iou]	小牛儿	煤球儿
儿化韵 21 号	ãr	[<aŋ]	鞋帮儿	跳房儿
儿化韵 22 号	iãr	[<iaŋ]	撇腔儿	鞋样儿
儿化韵 23 号	uãr	[<uaŋ]	庄儿	小床儿
儿化韵 24 号	ə̃r	[<əŋ]	板凳儿	坑儿
儿化韵 25 号	iə̃r	[<iŋ]	小病儿	起名儿
儿化韵 26 号	uə̃r	[<uŋ]	种儿	没空儿

1.6 儿化韵比较

牌儿 =盘儿 $p^{‘}ɛr^{42}$

（小）鞋儿=（得）闲儿$ɕiɛr^{42}$

事儿 =（桑）葚儿$ʂer^{21}$

（小）鸡儿=今儿 $tɕier^{213}$

鱼儿 =（小）云儿yer^{42}

色儿 =身儿 $ʂer^{213}$

（一）对儿=（一）顿儿$tuer^{21}$

1.7 声调

声调1号	阴平	213	高猪低安	发接桌屈
声调2号	阳平	42	寒才人麻	杂敌活学
声调3号	上声	55	古纸走比	女老暖买
声调4号	去声	21	近盖共树	纳叶洛月

1.8 声调比字

（1）古清平和古浊平：

飞 fei^{213} ≠肥 fei^{42}

千 $tɕ^{‘}iã^{213}$ ≠钱 $tɕ^{‘}iã^{42}$

衣 i^{213} ≠移 i^{42}

冤 $yã^{213}$ ≠原 $yã^{42}$

（2）古全浊上和古去：

市=试事 $ʂʅ^{21}$

弟=帝递 ti^{21}

舅=救旧 $tɕiou^{21}$

动=冻洞 $tuŋ^{21}$

（3）古清入和古清平：

杀=沙 $ʂa^{213}$

哲=遮 $tʂə^{213}$

雪＝靴 ɕyə^{213}

室＝师 ʂʅ^{213}

(4) 古全浊入和古浊平：

十＝时 ʂʅ^{42}

服＝符 fu^{42}

滑＝华 xua^{42}

合＝荷 xə^{42}

(5) 古次浊入和古去：

麦＝妹 mei^{21}

立＝利 li^{21}

木＝慕 mu^{21}

玉＝遇 y^{21}

(6) 阴平和去声的调值：

丝 sɿ^{213} ≠四 sɿ^{21}

家 tɕia^{213} ≠价 tɕia^{21}

欢 xuã^{213} ≠换 xuã^{21}

区 tɕ‘y^{213} ≠去 tɕ‘y^{21}

(7) 阳平和去声的调值：

梅 mei^{42} ≠妹 mei^{21}

明 miŋ^{42} ≠命 miŋ^{21}

存 ts‘uẽ^{42} ≠寸 ts‘uẽ^{21}

拳 tɕ‘yã^{42} ≠劝 tɕ‘yã^{21}

1.9 变调

(1) 阴平＋阴平 (213－23)＋213

天空 飞机 公司 翻身

(2) 阴平＋去声 (213－23)＋21

铁树 知道 节气 出纳

(3) 阳平＋去声　(42－55)＋21

迟到　麻袋　杂技　屠户

(4) 上声＋上声　(55－42)＋55

土产　子女　洗手　起小

(5) 去声＋去声　(21－23)＋21

话剧　夏至　剁菜　树叶儿

1.10　变调比较

(1) 阴平＋去声和去声＋去声：

书目＝树木　　三步＝散步

(2) 阳平＋去声和上声＋去声：

同志＝统治　　图画＝土话

(3) 上声＋上声和阳平＋上声：

土改＝涂改　　起码＝骑马

1.11　轻声

(1) 阴平＋轻声　(213－21)＋1

机灵　嘟囔　饥困　张家

(2) 阳平＋轻声　(42－55)＋5

直实　迷糊　鼻子　娘家

(3) 上声＋轻声　(55－213)＋4

马虎　奶奶　椅子　耳朵

(4) 去声＋轻声　(21－544)＋2

夜里　地处　柿子　木头

1.12　文白异读字比较举例

(1) 古曾(开一、开三)、梗(开二)两摄部分入声字的文白异读：

得德(曾开一)　　文　$tə^{213}$　　白　tei^{213}

克刻(曾开一)　　文　$k‘ə^{213}$　　白　$k‘ei^{213}$

测(曾开三庄组)	文	ts‘ə^{213}	白	tʂ‘ei^{213}
色(曾开三庄组)	文	sə^{213}	白	ʂei^{213}
客(梗开二)	文	k‘ə^{21}	白	k‘ei^{213}
策册(梗开二)	文	ts‘ə^{213}	白	tʂ‘ei^{213}

(2) 其他文白异读字举例：

去	文	tɕ‘y^{21}	白	tɕ‘i^{21}
割	文	kə^{213}	白	ka^{213}
做	文	tsuə^{21}	白	tsou^{21}
嚼	文	tɕyə^{42}	白	tɕiɔ^{42}
淋	文	liẽ^{42}	白	luẽ^{42}
耕更三~	文	kəŋ^{213}	白	tɕiŋ^{213}

1.13 发音练习

(1) 声母发音练习：

声母 5 号	v	外文 vɛ^{21}vẽ^{42}
		窝囊 və$^{213-21}$·naŋ
		瓦罐子 va^{55}kuã$^{21-544}$·tsɿ
		万年青 vã^{21}ȵiã^{42}tɕ‘iŋ^{213}
声母 19 号	ȵ	牛年 ȵiou^{42}ȵiã^{42}
		腻外 ȵi$^{21-544}$·vɛ
		泥巴 ȵi$^{42-55}$·pa
		闺女 kuei$^{213-21}$·ȵy
		女婿 ȵy$^{55-213}$·ɕy
声母 23 号	ŋ	嗷嗷叫 ŋɔ$^{213-23}$ŋɔ$^{213-23}$tɕiɔ^{21}
		炸藕合 tʂa^{21}ŋou^{55}xə^{42}
		摁手印儿 ŋẽ^{21}ʂou^{55}ier^{21}
		平安 p‘iŋ^{42}ŋã^{213}

（2）韵母发音练习：

韵母 10 号　ə　　馍馍 mə$^{42-55}$·mə
　　　　　　　　胳膊 kə$^{213-21}$·pʻə
　　　　　　　　客车 kʻə^{21}tʂʻə^{213}
　　　　　　　　这个 tʂə$^{21-544}$·kə

韵母 11 号　iə　　姐姐 tɕiə$^{55-213}$·tɕiə
　　　　　　　　哆哆乱说 tiə$^{213-21}$·tiə
　　　　　　　　谢谢 ɕiə^{21}·ɕiə
　　　　　　　　歇歇 ɕiə^{213}·ɕiə

韵母 12 号　uə　　哆嗦 tuə$^{213-21}$·suə
　　　　　　　　火锅 xuə^{55}kuə^{213}
　　　　　　　　啰啰啰嗦 luə$^{55-213}$·luə
　　　　　　　　骆驼 luə$^{21-544}$·tʻuə

韵母 13 号　yə　　月月每月 yə$^{21-23}$yə^{21}
　　　　　　　　学徒 ɕyə^{42}tʻu^{42}
　　　　　　　　脚心 tɕyə$^{213-23}$ɕiẽ^{213}
　　　　　　　　雀斑 tɕʻyə$^{213-23}$pã^{213}

韵母 14 号　ɛ　　苔菜 tʻɛ$^{42-55}$·tsʻɛ
　　　　　　　　海带 xɛ^{55}tɛ^{21}
　　　　　　　　开斋 kʻɛ$^{213-23}$tʂɛ^{213}
　　　　　　　　晒太阳 ʂɛ^{21}tʻɛ^{21}iaŋ^{42}

韵母 15 号　iɛ　　街道 tɕiɛ$^{213-23}$tɔ^{21}
　　　　　　　　芥末 tɕiɛ$^{21-544}$·mə
　　　　　　　　鞋底 ɕiɛ^{42}ti^{55}
　　　　　　　　挨号 iɛ$^{213-23}$xɔ^{21}

韵母 16 号	uɛ	乖乖 kuɛ$^{213-21}$·kuɛ
		搋面 tʂʻuɛ$^{213-23}$miã^{21}
		筷子 kʻuɛ$^{21-544}$·tsɿ
		槐花 xuɛ$^{42-55}$xua
韵母 19 号	ɔ	宝宝 pɔ$^{55-213}$·pɔ
		叨唠 tɔ$^{213-21}$·lɔ
		薅草 xɔ^{213}tsʻɔ^{55}
		烧包 ʂɔ$^{213-23}$pɔ^{213}
韵母 20 号	iɔ	调料 tʻiɔ$^{42-55}$·liɔ
		约约用秤称称 iɔ^{213}·iɔ
		挑了卖了 tʻiɔ^{213}liɔ^{55}mɛ^{21}liɔ^{55}
		吊皮袄 tiɔ^{21}pʻi^{42}ŋɔ^{55}
韵母 23 号	ã	盘缠 pʻã$^{42-55}$·tʂʻã
		难看 nã^{42}kʻã^{21}
		赶山 kã^{55}ʂã^{213}
		案板 ŋã$^{21-544}$·pã
韵母 24 号	iã	腼腆 miã$^{55-213}$·pʻiã
		眼前 iã^{55}tɕʻiã^{42}
		千里眼 tɕʻiã$^{213-21}$·li iã^{55}
		鲜莲子 ɕiã^{213}liã^{42}tsɿ^{55}
韵母 25 号	uã	暖和 nuã$^{55-213}$·xuə
		蒜泥儿 suã^{21}ȵier^{42}
		专科 tʂuã$^{213-23}$kʻə^{213}
		开关 kʻɛ$^{213-23}$kuã^{213}
韵母 26 号	yã	卷心菜 tɕyã^{55}ɕiẽ$^{213-23}$tsʻɛ^{21}

全还 tɕʻyã$^{42-55}$·xuã

现贩现卖 ɕyã^{21}fã^{21}ɕyã$^{21-23}$mɛ^{21}

院墙 yã$^{21-544}$·tɕʻiaŋ

韵母 27 号 ẽ　人们 ʐẽ$^{42-55}$·mẽ

根本 kẽ^{213}pẽ^{55}

门镇石 mẽ^{42}tʂẽ$^{21-544}$·ʂʅ

疹子 tʂẽ$^{55-213}$·tsɿ

韵母 28 号 iẽ　引进 iẽ^{55}tɕiẽ^{21}

宾馆 piẽ^{213}kuã^{55}

金鱼 tɕiẽ^{213}y^{42}

银行 iẽ^{42}xaŋ^{42}

韵母 29 号 uẽ　顿魂清醒、醒悟 tuẽ$^{21-544}$·xuẽ

沦褪裤子等垂落累叠 luẽ$^{42-55}$·tʻuẽ

馄饨 xuẽ$^{42-55}$·tuẽ

舜耕山 ʂuẽ^{21}kəŋ$^{213-23}$ʂã^{213}

韵母 30 号 yẽ　俊巴 tɕyẽ$^{21-544}$·pa

参军 tsʻã$^{213-23}$tɕyẽ^{213}

看不清 kʻã$^{21-544}$·pu tɕʻyẽ^{213}

芸豆 yẽ$^{42-55}$tou^{21}

（3）声调发音练习：

声调 1 号 阴平 213　书包 ʂu$^{213-23}$pɔ^{213}

稀松 ɕi$^{213-23}$suŋ^{213}

七手八脚 tɕʻi^{213}ʂou^{55}pa$^{213-23}$tɕyə^{213}

不赖 pu$^{213-23}$lɛ^{213}

声调 2 号　阳平 42　食堂 ʂʅ^{42}t‘aŋ^{42}

蒲绒 p‘u^{42}luŋ^{42}

文凭 vẽ^{42}p‘iŋ^{42}

皮鞋 p‘i^{42}ɕiɛ^{42}

声调 3 号　上声 55　你俩 ȵi$^{55-42}$lia^{55}

洗脸 ɕi$^{55-42}$liã^{55}

祖奶奶 tsu^{55}nɛ$^{55-213}$·nɛ

滷水豆腐 lu$^{55-42}$ʂuei^{55}tou$^{21-544}$·fu

声调 4 号　去声 21　字据 tsɿ^{21}tɕy^{21}

记帐 tɕi$^{21-23}$tʂaŋ^{21}

素油 su^{21}iou^{42}

马路 ma^{55}lu^{21}

(4) 儿化韵发音练习：

儿化韵 1 号　ar　旮旯儿 ka$^{213-21}$·lar

找碴儿 tʂɔ^{55}tʂ‘ar^{42}

儿化韵 2 号　iar　豆芽儿 tou^{21}iar^{42}

弟兄俩儿 ti$^{21-544}$·ɕyŋ liar^{55}

儿化韵 3 号　uar　拉呱儿 la^{42}kuar^{55}

菜花儿 ts‘ɛ^{21}xuar^{213}

儿化韵 4 号　ur　在谱儿 tsɛ^{21}p‘ur^{55}

找主儿 tʂɔ$^{55-42}$tʂur^{55}

儿化韵 5 号　ər　咯儿咯儿鸡叫声 kər$^{213-23}$kər^{213}

墨盒儿 mei^{21}xər^{42}

儿化韵 6 号　iər　老爷爷儿 lɔ^{55}iə$^{42-55}$·iər

		树叶儿 ʂu$^{21-23}$iər^{21}
儿化韵 7 号	uər	合伙儿 ka^{213}xuər^{55}
		摆阔儿 pɛ^{55}k‘uər^{21}
儿化韵 8 号	yər	坤角儿 k‘uẽ$^{213-23}$tɕyər^{213}
		家雀儿麻雀 tɕia$^{213-21}$·tɕ‘yər
儿化韵 9 号	ɛr	月份牌儿 yə$^{21-21}$·fẽ p‘ɛr^{42}
		一多半儿 i$^{213-23}$tuə$^{213-23}$pɛr^{21}
儿化韵 10 号	iɛr	台阶儿 t‘ɛ^{42}tɕiɛr^{213}
		小青年儿 ɕiɔ^{55}tɕ‘iŋ^{213}ȵiɛr^{42}
儿化韵 11 号	uɛr	一块儿 i$^{213-23}$k‘uɛr^{21}
		蛐蛐罐儿 tɕ‘y$^{213-21}$· tɕ‘y kuɛr^{21}
儿化韵 12 号	yɛr	烟卷儿 iã^{213}tɕyɛr^{55}
		包圆儿 pɔ^{213}yɛr^{42}
儿化韵 13 号	er	蚕子儿 ts‘ã^{42}tser^{55}
		树枝儿 ʂu^{21}tʂer^{213}
		猜谜儿 ts‘ɛ$^{213-23}$mer^{21}
		纳闷儿 na$^{21-23}$mer^{21}
儿化韵 14 号	ier	眼皮儿 iã^{55}p‘ier^{42}
		捎信儿 ʂɔ$^{213-23}$ɕier^{21}
儿化韵 15 号	uer	一堆儿 i$^{213-23}$tsuer^{213}
		轱轮儿 ku^{55}luer^{42}
儿化韵 16 号	yer	侄女儿 tʂʅ$^{42-55}$·ȵyer
		连衣裙儿 liã^{42}i^{213}tɕ‘yer^{42}
儿化韵 17 号	ɔr	趁早儿 tʂ‘ẽ^{21}tsɔr^{55}

		一勺儿 i^{213}ʂɔr^{42}
儿化韵 18 号	iɔr	面条儿 miã^{21}t‘iɔr^{42}
		到了儿 tɔ^{21}liɔr^{55}
儿化韵 19 号	our	咕咕头儿 ku$^{213-23}$ku^{213}t‘our^{42}
		鱼钩儿 y^{42}kour^{213}
儿化韵 20 号	iour	一绺儿 i^{213}liour^{55}
		松球儿 ɕyŋ^{213}(又：suŋ^{213})tɕ‘iour^{42}
儿化韵 21 号	ãr	唱唱儿 tʂ‘aŋ$^{21-23}$tʂ‘ãr^{21}
		腮帮儿 sɛ$^{213-23}$pãr^{213}
儿化韵 22 号	iãr	装样儿 tʂuaŋ$^{213-23}$iãr^{21}
		撇腔儿 p‘iə$^{213-23}$tɕ‘iãr^{213}
儿化韵 23 号	uãr	小筐儿 ɕiɔ^{55}k‘uãr^{213}
		蟹黄儿 ɕiɛ^{21}xuãr^{42}
儿化韵 24 号	ə̃r	跳绳儿 t‘iɔ^{21}ʂə̃r^{42}
		悄没声儿的 tɕ‘iɔ$^{213-21}$·mu ʂə̃r$^{213-21}$·ti
儿化韵 25 号	iə̃r	到明儿到明天 tɔ^{21}miə̃r^{42}
		定盘星儿 tiŋ^{21}p‘ã^{42}ɕiə̃r^{213}
儿化韵 26 号	uə̃r	没空儿 mei^{42}k‘uə̃r^{21}
		种儿 tʂuə̃r^{55}

（5）音节发音练习：

luei^{42}	打雷 ta^{55}luei^{42}
	擂鼓 luei^{42}ku^{55}
luei^{55}	花蕊 xua^{213}luei^{55}
	傀儡 k‘uei$^{55-42}$luei^{55}

luei^{21} 眼泪 iã^{55}luei^{21}

肋条骨 luei$^{21-544}$·t'iɔ ku^{213}

二、常用词汇

（括号内"又、新、老"后的音分别是又读音、新派音、老派音；特殊字音下加"～～～"线）

2.1 自然现象

1 太阳	太阳 t'ε^{21}iaŋ^{42}
	老爷爷儿(用于冬季)lɔ^{55}iə^{42}iər^{42}
	日头(用于有的熟语)ʐʅ$^{21-544}$·t'ou
2 月亮	月亮 yə$^{21-544}$·liaŋ
3 星星	星 ɕiŋ^{213}/星星 ɕiŋ$^{213-21}$·ɕiŋ
4 打雷	打雷 ta^{55}luei^{42}
5 闪电	打闪 ta$^{55-42}$ʂã^{55}
6 下雨	下雨 ɕia^{21}y^{55}
7 下雪	下雪 ɕia^{21}ɕyə^{213}/落雪 luə^{21}ɕyə^{213}
8 冰雹	雹子 pa$^{42-55}$·tsɿ/冷子 ləŋ$^{55-213}$·tsɿ
9 结冰	冻冻 tuŋ$^{213-21}$·tuŋ
10 刮风	刮风 kua$^{213-23}$fəŋ^{213}
11 虹	虹 tɕiaŋ^{21}

2.2 时令、节令

12 端午节	五月端午 u$^{55-213}$·yə tuã$^{213-21}$(又 tã$^{213-21}$)·u

		端午 tuã^{213}u^{55}
13	中秋节	八月十五 pa$^{213-21}$·yə ʂʅ$^{42-55}$·u
		八月节 pa$^{213-21}$·yə tɕiə^{213}
		中秋 tʂuŋ$^{213-23}$tɕʻiou^{213}
14	除夕	年三十儿 ȵiã^{42}sã^{213}ʂer^{42}
		大年三十儿 ta^{21}ȵiã^{42}sã^{213}ʂer^{42}
		三十儿 sã^{213}ʂer^{42}
15	今年	今年 tɕiẽ^{213}ȵiã^{42}
16	明年	明年 miŋ^{42}·ȵiã
		过年 kuə^{21}·ȵiã
17	去年	去年 tɕʻy^{21}·ȵiã
		年时 ȵiã$^{42-55}$·ʂʅ
18	明天	明天 miŋ$^{42-55}$·tʻiã
19	昨天	昨天 tsuə^{42}·tʻiã
		夜来 iə$^{21-544}$·lɛ
20	今天	今天 tɕiẽ$^{213-23}$tʻiã^{213}
		今们儿 tɕi$^{213-21}$·mer
21	星期天	星期天 ɕiŋ$^{213-21}$tɕʻi$^{213-23}$tʻiã^{213}
		礼拜天 li^{55}pɛ^{21}tʻiã^{213}
		礼拜 li^{55}pɛ^{21}

2.3 植物

22	麦子	麦子 mei$^{21-544}$·tsɿ
23	大米	大米 ta^{21}mi^{55}
24	蚕豆	蚕豆 tsʻã$^{42-55}$·tou
25	向日葵	朝阳花 tʂʻɔ$^{42-55}$(又 tʂʻaŋ$^{42-55}$)·iaŋ xua^{213}
26	菠菜	菠菜 pə$^{213-21}$·tsʻɛ

27	卷心菜	卷心菜 tɕyã^{55}ɕiẽ$^{213-23}$tsʻɛ^{21}
		洋白菜 iaŋ^{42}pei$^{42-55}$tsʻɛ^{21}
		圆白菜 yã^{42}pei$^{42-55}$tsʻɛ^{21}
28	西红柿	西红柿 ɕi^{213}xuŋ$^{42-55}$ʂʅ^{21}
		洋柿子 iaŋ^{42}ʂʅ$^{21-544}$·tsɿ
29	茄子	茄子 tɕʻiə$^{42-55}$·tsɿ
30	白薯	地瓜 ti^{21}kua^{213}（又 ti$^{21-544}$·kua）
31	马铃薯	土豆儿 tʻu^{55}tour^{21}
		地蛋 ti$^{21-23}$tã^{21}
32	南瓜	南瓜 naŋ$^{42-55}$（新 nã$^{42-55}$）·kua
2.4	动物	
33	猪	猪 tʂu^{213}
34	公猪	公猪 kuŋ$^{213-21}$·tʂu
		猔猪 tɕyŋ$^{21-544}$·tʂu
		种猪（用于配种的）tʂuŋ$^{55-213}$·tʂu
		牙猪（用于配种的）ia$^{42-55}$·tʂu
35	母猪	母猪 mu$^{55-213}$·tʂu
		老母猪（用于繁殖的）lɔ$^{55-42}$ mu^{55} tʂu^{213}
36	公鸡	公鸡 kuŋ$^{213-21}$·tɕi
37	母鸡	母鸡 mu$^{55-213}$·tɕi
		草鸡 tsʻɔ$^{55-213}$·tɕi
38	麻雀	家雀儿 tɕia$^{213-21}$·tɕʻyər
		家雀子 tɕia$^{213-21}$·tɕʻyə·tsɿ
39	老鼠	老鼠 lɔ$^{55-213}$·ʂu
		耗子 xɔ$^{21-544}$·tsɿ
40	臭虫	臭虫 tʂʻou^{21}tʂʻuŋ^{42}

2.5 房舍

41 房子(整所) 房子 faŋ$^{42-55}$·tsɿ
屋 u^{213}

42 房子(单间) 屋子 u$^{213-21}$·tsɿ
屋 u^{213}
房子 faŋ$^{42-55}$·tsɿ

43 窗户 窗户 tʂʻuaŋ$^{213-21}$·xu
窗子 tʂʻuaŋ$^{213-21}$·tsɿ

44 门坎 门槛子 mẽ^{42}tɕʻiã$^{21-544}$·tsɿ
门槛儿 mẽ$^{42-55}$tɕʻiɛr^{21}

45 厕所 茅房 mɔ^{42}faŋ^{42}
茅厕 mɔ$^{42-55}$·sɿ
茅子 mɔ$^{42-55}$·tsɿ

46 厨房 饭屋 fã$^{21-544}$·u
厨房 tʂʻu^{42}faŋ^{42}

47 烟囱 烟筒(铁皮制成)iã$^{213-21}$·tʻuŋ
灶突(建在锅台上的出烟口)tsɔ$^{21-544}$tu^{42}
气烟(旧式房子中厨房的出气口)tɕʻi$^{21-544}$·iã

48 桌子 桌子 tʂuə$^{213-21}$·tsɿ

49 楼梯 楼梯 lou^{21}tʻi^{213}

2.6 身体

50 头 头 tʻou^{42}
脑袋 nɔ$^{55-213}$·tɛ

51 额头 额拉盖儿 iə$^{21-544}$·la kɛr^{21}

52 脸 脸 liã^{55}

53 鼻子 鼻子 pi$^{42-55}$·tsɿ

54 脖子 脖子 pə$^{42-55}$·tsɿ

脖儿梗(脖儿后部)pə^{42}ər^{42}kəŋ^{55}

55 左手 左手tsuə^{21}ʂou^{55}

56 右手 右手 iou^{21}ʂou^{55}

57 拳头 拳头 tɕ‘yã$^{42-55}$·t‘ou

拳 tɕ‘yã^{42}

58 手指头 手指头 ʂou^{55}tʂʅ$^{213-21}$·t‘ou

手指 ʂou^{55}tʂʅ^{213}

59 指甲 指甲盖儿 tʂʅ$^{213-21}$·tɕia kɛr^{21}

指甲 tʂʅ$^{213-21}$·tɕia

手指甲 ʂou^{55}tʂʅ$^{213-21}$·tɕia

60 膝盖 波勒盖 pə$^{213-21}$lə$^{213-23}$kɛr^{21}

波拉盖 pə$^{213-21}$la$^{213-23}$kɛr^{21}

胳拉瓣儿 kə$^{213-21}$la$^{213-23}$pɛr^{21}

61 腿 腿 t‘uei^{55}

2.7 亲属

62 父亲 爹 tiə^{213}

爸爸(新)pa$^{21-544}$·pa

大大 ta$^{42-55}$·ta

63 母亲 妈 ma^{213}

娘 ȵiaŋ^{42}

64 祖父 爷爷 iə$^{42-55}$·iə

65 祖母 奶奶 nɛ$^{55-213}$·nɛ

66 伯父 大爷 ta^{21}iə^{42}

67 伯母 大娘 ta^{21}ȵiaŋ^{42}

68 叔父 叔叔 ʂu$^{213-21}$·ʂu

		叔 ʂu^{213}
		小爸爸 ɕiɔ^{55}pa$^{21-544}$·pa
69	叔母	婶子 ʂẽ$^{55-213}$·tsɿ
70	外祖父	姥爷 lɔ$^{55-213}$·iə
71	外祖母	姥娘 lɔ$^{55-213}$·ȵiaŋ
72	舅舅	舅舅 tɕiou$^{21-544}$·tɕiou
73	舅母	妗子 tɕiẽ$^{21-544}$·tsɿ
		舅母 tɕiou$^{21-544}$·mu
74	丈夫	男人 nã^{42}·ʐẽ
		男的 nã$^{42-55}$·ti
		女婿 ȵy$^{55-213}$·ɕy
		对象 tuei$^{21-23}$ɕiaŋ^{21}
75	妻子	老婆 lɔ$^{55-213}$·pʻə
		女的 ȵy$^{55-213}$·ti
		家里的 tɕia$^{213-21}$·li·ti
		媳妇 ɕi$^{213-21}$·fu
		对象 tuei$^{21-23}$ɕiaŋ^{21}
76	儿子	儿 ər^{42}
		儿子 ər$^{42-55}$·tsɿ
		小子 ɕiɔ$^{55-213}$·tsɿ
77	女儿	闺女 kuẽ$^{213-21}$（又 kuei$^{213-21}$）·ȵy
2.8	饭食	
78	早饭	早饭 tsɔ^{55}fã^{21}
		早晨饭 tsɔ$^{55-213}$·tɕʻiẽ（又·tʂʻẽ）fã^{21}
		早点 tsɔ$^{55-42}$tiã^{55}
79	午饭	晌午饭 ʂaŋ$^{55-213}$·u fã^{21}

响饭 ʂaŋ$^{55-213}$·fã
午饭 u^{55}fã^{21}
80 晚饭 晚饭 vã^{55}fã^{21}
晚上饭 vã$^{55-213}$·ʂaŋ fã^{21}
81 面条 面条儿 miã^{21}t‘iɔr^{42}
面 miã^{21}
82 馒头(无馅) 馍馍(圆形,用手揉成)mə$^{42-55}$·mə
餋子(长方形,用刀切的)tɕyã$^{55-213}$·tsɿ
馒头 mã$^{42-55}$·t‘ou
83 包子(有馅) 蒸包儿 tʂəŋ$^{213-23}$pɔr^{213}
大包子 ta$^{21-544}$·pɔ·tsɿ
包子(有水饺、包子两义)pɔ$^{213-21}$·tsɿ
84 馄饨 馄饨 xuẽ$^{42-55}$·tuẽ(又·t‘uẽ)
85 醋 醋 ts‘u^{21}
忌讳 tɕi$^{21-544}$·xuei
86 酱油 酱油 tɕiaŋ^{21}iou^{42}
青酱(不加色糖的)tɕ‘iŋ$^{213-23}$tɕiaŋ^{21}
87 盐 盐 iã^{42}
咸盐 ɕiã^{42}iã^{42}
88 筷子 筷子 k‘uɛ$^{21-544}$·tsɿ
89 勺儿 勺子 ʂɔ$^{42-55}$·tsɿ
调羹 t‘iɔ^{42}kəŋ^{55}

2.9 称谓

90 男人 男人 nã^{42}ʐẽ^{42}
男的 nã$^{42-55}$·ti
爷们儿 iə$^{42-55}$·mer

91	女人	女人 ȵy^{55}ʐẽ^{42}
		女的 ȵy$^{55-213}$·ti
		娘们儿 ȵiaŋ$^{42-55}$·mer
92	男孩子	小子 ɕiɔ$^{55-213}$·tsɿ
		小小儿 ɕiɔ$^{55-42}$ɕiɔr^{55}
93	女孩子	闺女 kuei$^{213-21}$·ȵy
		妮儿 nier^{213}
94	老头儿	老头儿 lɔ^{55}tʻour^{42}
		老头子 lɔ$^{55-42}$tʻou$^{42-55}$·tsɿ
95	医生	大夫 tɛ$^{21-544}$·fu
		先生 ɕiã$^{213-21}$·ʂəŋ
96	厨师	厨师 tʂʻu^{42}ʂʅ^{213}
		厨子 tʂʻu$^{42-55}$·tsɿ
97	乞丐	要饭的 iɔ^{21}fã$^{21-544}$·ti
		叫花子 tɕiɔ$^{21-544}$·xua·tsɿ
98	保姆	保姆 pɔ$^{55-42}$mu^{55}
		老妈子 lɔ^{55}ma$^{213-21}$·tsɿ

2.10 疾病

99	病了	长病 tʂaŋ^{55}piŋ^{21}
		病唡 piŋ$^{42-544}$·lia
		不熨贴 pu$^{213-21}$·y ·tʻiə
		不舒坦 pu$^{213-23}$ʂu$^{213-21}$·tʻã
		不好 pu$^{213-21}$·xɔ
100	伤风	受凉 ʂou^{21}liaŋ^{42}
		凉着唡 liaŋ$^{42-55}$·tʂɔ·lia
		伤风 ʂaŋ$^{213-23}$fəŋ^{213}
		感冒 kã^{55}mɔ^{21}

101	泻肚	拉肚子 la^{213}tu$^{21-544}$·tsɿ
		拉稀 la$^{213-23}$ɕi^{213}
		跑茅子 p'ɔ$^{55-42}$mɔ$^{42-55}$·tsɿ
102	瘸子	瘸子 tɕ'yə$^{42-55}$·tsɿ
		瘸腿儿 tɕ'yə$^{42-55}$·t'uer
		拐子 kuɛ$^{55-213}$·tsɿ
103	驼背	锅腰子 kuə$^{213-21}$·iɔ·tsɿ
		罗锅儿 luə^{42}kuər^{213}
		罗锅腰 luə$^{42-55}$·kuə iɔ^{213}
104	死了	死啊 sɿ$^{55-213}$·lia
		不在啊 pu^{213}tsɛ$^{21-544}$·lia
		过去啊 kə$^{21-544}$·tɕ'i·lia
		殁啊 mu$^{42-55}$·lia
		老啊老人死 lɔ$^{55-213}$·lia
105	看病	看病 k'ã$^{21-23}$piŋ^{21}
2.11	代词	
106	我	我 və^{55}
		俺 ŋã^{55}
107	你	你 ȵi^{55}
108	他	他 t'a^{55}
109	我们	我们 və$^{55-213}$·mẽ
		俺 ŋã^{55}
		俺们 ŋã$^{55-213}$·mẽ
		俺这伙 ŋã^{55}tʂə^{21}xuə^{55}
110	你们	你们 ȵi$^{55-213}$·mẽ
		你这伙 ȵi^{55}tʂə^{21}xuə^{55}
111	他们	他们 t'a$^{55-213}$·mẽ

		他这伙 t‘a^{55}tʂə^{21}xuə^{55}
112	咱们	咱 tsã^{55}
		咱们 tsã$^{55-213}$·mẽ
		咱这伙 tsã^{55}tʂə^{21}xuə^{55}
113	自己	自家 tsɿ$^{42-55}$·tɕia
		自个儿 tsɿ^{42}kər^{213}
114	谁	谁 ʂei^{42}
115	什么	么儿 mər^{42}
		么 mə^{42}
		什么 ʂəŋ$^{42-55}$·mə
116	这里	这里 tʂə$^{21-544}$·ȵi(又·li)
		这儿 tʂər^{21}
		这窝里 tʂə$^{21-544}$·və ·ȵi(又·li)
117	那里	那里 na$^{21-544}$·ȵi(又·li)
		那儿 nar^{21}
		那窝里 na$^{21-544}$·və ·ȵi(又·li)
118	哪里	哪里 na$^{55-213}$·ȵi(又·li)
		哪 na^{55}
119	这个	这个 tʂə$^{21-544}$·kə
120	那个	那个 na$^{21-544}$·kə
121	哪一个	哪一个 na$^{55-213}$·i ·kə
122	怎么样	怎么样儿 tsəŋ$^{55-213}$·mə iãr^{21}

2.12 量词

123	一位客人	一位客人 vei^{21}
124	一双鞋	一双鞋 ʂuaŋ^{213}
125	一床被	一床被窝 tʂ‘uaŋ^{42}
126	一辆车	一辆车 liaŋ^{55}

		一挂车(大车)kua^{21}
127	一条牛	一条牛 t‘iɔ^{42}
		一个牛 kə^{21}
128	一口猪	一口猪 k‘ou^{55}
129	听一会儿	听一会儿 xuer^{21}
130	打一下	打一下儿 ɕiar^{21}

2.13 方位词

131	上头	上头 ʂaŋ$^{21-544}$·t‘ou
		上边儿 ʂaŋ^{21}·piɛr(又pɛr^{213})
		顶上 tiŋ$^{55-213}$·ʂaŋ
132	下头	下头 ɕia$^{21-544}$·t‘ou
		下边儿 ɕia^{21}·piɛr(又pɛr^{213})
		底下 ti$^{55-213}$·ɕia
133	左边	左边儿 tsuə^{21}·piɛr(又·pɛr)
134	右边	右边儿 iou^{21}·piɛr(又·pɛr)
135	当中	当中间儿 taŋ^{213}tʂuŋ$^{213-23}$tɕiɛr^{21}
		中间儿 tʂuŋ$^{213-23}$tɕiɛr^{21}
		当央儿里 taŋ^{213}iãr$^{42-55}$·ȵi(又·li)
136	里面	里头 li$^{55-213}$·t‘ou
		里边儿 li^{55}·piɛr
		里面 li^{55}·miã(又·miɛr)
137	外面	外头 vɛ$^{21-544}$·t‘ou
		外边儿 vɛ^{21}·piɛr
		外面 vɛ^{21}·miã(又·miɛr)

2.14 形容词

138	甜	甜 t‘iã^{42}

139 酸　酸 suã^{213}

140 咸　咸 ɕiã^{42}

141 淡　淡 tã^{21}

甜 tʻiã^{42}（跟咸对举：咸了加水，～了加盐）

142 胖　胖 pʻaŋ^{21}

143 瘦　瘦 ʂou^{21}

144 冷　冷 ləŋ^{55}

145 热　热 ʐə^{21}

146 香　香 ɕiaŋ^{213}

147 臭　臭 tʂʻou^{21}

148 粗　粗 tsʻu^{213}

149 细　细 ɕi^{21}

150 长　长 tʂʻaŋ^{42}

151 短　短 tuã^{55}

152 脏　脏 tsaŋ^{213}

邋遢 la$^{213-21}$·tʻa

腌臜 ŋa$^{213-21}$·tsa

窝囊 və$^{213-21}$（老 ŋə$^{213-21}$）·naŋ

153 干净　干净 kã$^{213-21}$·tɕiŋ

154 便宜　便宜 pʻiã$^{42-55}$·i

2.15 副词、连词、介词

155 刚～来　刚 tɕiaŋ^{213}（又 kaŋ^{213}）

刚才 tɕiaŋ^{213}tsʻɛ^{42}

刚刚的 tɕiaŋ$^{213-21}$tɕiaŋ$^{213-23}$·ti

156 刚～合适　刚 tɕiaŋ^{213}（又 kaŋ^{213}）

157 正好　刚好 tɕiaŋ^{213}（又 kaŋ^{213}）xɔ^{55}

正好 tʂəŋ^{21}xɔ^{55}

正正好好 tʂəŋ^{21}tʂəŋ^{21}xɔ$^{55-42}$xɔ^{55}

158 和　和 xə^{42}

跟 kẽ^{213}

给 tɕi^{42}(又 kei^{42})

159 只　只 tʂʅ^{42}

160 从　从 ts'uŋ^{42}

打 ta^{55}

161 替　替 t'i^{21}

给 tɕi^{42}(又 kei^{42})

162 拿　拿 na^{42}

163 故意　特为的 tei$^{42-55}$·vei ·ti

特为意儿的 tei$^{42-55}$·vei ier$^{21-544}$ ·ti

2.16 数词

164 一　一 i^{213}

165 二　二 ər^{21}

166 三　三 sã^{213}

167 四　四 sɿ^{21}

168 五　五 u^{55}

169 六　六 liou^{21}

170 七　七 tɕ'i^{213}

171 八　八 pa^{213}

172 九　九 tɕiou^{55}

173 十　十 ʂʅ^{42}

174 十一　十一 ʂʅ^{42}i^{213}

175	十二	十二 ʂʅ$^{42-55}$ər^{21}
176	二十	二十 ər^{21}ʂʅ^{42}
177	二十一	二十一 ər$^{21-544}$·ʂʅ i^{213}
178	一百二十	一百二十 i$^{213-23}$pei^{213}ər^{21}ʂʅ^{42}
		一百二 i$^{213-23}$pei^{213}ər^{21}
179	第一	第一 ti^{21}i^{213}
180	第二	第二 ti$^{21-23}$ər^{21}
181	两里	二里 ər$^{21-544}$·li
		两里 liaŋ$^{55-213}$·li
182	二两	二两 ər$^{21-544}$·liaŋ

2.17 增补

183	水桶	筲 ʂɔ^{213}
184	手电筒	电棒子 tiã^{21}paŋ$^{21-544}$·tsɿ
185	肥皂	胰子 i$^{42-55}$·tsɿ
186	尿布	褯子 tɕiə$^{42-55}$·tsɿ
187	被子	被窝 pei$^{21-544}$·və
188	枕头	豆枕 tou$^{21-544}$·tʂẽ
189	放（～置）	搁 kə^{213}
190	拉	拽～住他 tʂuɛ^{21}
191	扔	拽把它～了 tʂuɛ^{213}
192	拔（毛、发等）	薅 xɔ^{213}
193	搔	扤～痒痒 k'uɛ^{55}
194	倒（～出）	豁～了那水 xuə^{213}
195	踩	跐～着鼻子上脸 ts'ɿ^{55}
196	蹲	跍堆 ku$^{213-21}$·tuei
		跍蹲 ku$^{213-21}$·tuẽ
197	蠕动	顾拥 ku$^{21-544}$·yŋ

198 打扮 扎刮 $tʂa^{213-21}$·kua
199 济南 $tɕi^{213}nã^{21}$
200 趵突泉 $pɔ^{21}$·tu tɕ'yã^{42}

三、构词法举要

3.1 前缀

(1) 名词前缀

大 ta^{21}（用于对非亲属关系人士的亲属称谓，含尊敬义）：

大姨　大姑　大婶子　大爷　大娘

大哥　大嫂子　大兄弟　大姐姐　大妹妹

大工（称有技术的泥瓦匠）　大师傅（称厨师）　大力士

(2) 形容词前缀

飞 fei^{213}：飞快　飞细　飞脆　飞碎

其他：苗 $miɔ^{42}$细　悲 pei^{213}苦　瓢 $p‘iɔ^{42}$偏

　　　贼 $tsei^{42}$胖　齁 xou^{213}咸　煞 $ʂa^{213}$白

3.2 后缀

(1) 名词后缀

巴·pa：　双巴　结巴　瘸巴　哑巴　力巴

　　　　嘲巴傻瓜　瘫巴　泥巴　疙巴

　　　　磕巴

头·t‘ou：　舌头　木头　石头　砖头　罐头

　　　　馒头　前头　后头　上头　下头

　　　　里头　外头

头儿 $t‘our^{42}$（在动词或形容词后，构成名词）：

　　　　吃头儿　喝头儿　奔头儿

　　　　念头儿　盼头儿　稀头儿

　　　　甜头儿　苦头儿

(2) 动词后缀

巴·pa：　撕巴　捆巴　揉巴　洗巴　打巴
　　　　脱巴　摔巴　擦巴　扫巴　剁巴

拉·la：　耷拉　扑拉　划拉　扒拉　拨拉
　　　　谝拉

悠·iou：　搓悠　搏悠　转悠　逛悠　晃悠
　　　　踡悠

么·mə：　捞么　寻么　踅么　抠么　舔么
　　　　揣么

乎·xu：　嫌乎　占乎　搅乎

棱·ləŋ：　扑棱　支棱　侧棱　立棱

打·ta：　摔打　踮打　搐打　踢打　磕打
　　　　呲打老是责备

和·xuə：　凑和　虚和　对和　搀和

溜·liou：　提溜　嬉溜嘻嘻哈哈

鲁·lu：　秃鲁　顾鲁

(3) 形容词后缀

巴·pa：　紧巴　窄巴　挤巴　瘦巴

拉·la：　粗拉　侉拉　斜拉　枵拉很薄

悠·iou：　光悠　蔫悠

乎·xu：　邪乎　粘乎　烂乎　稠乎　热乎

溜·liou：　稀溜　酸溜

和·xuə：　忙和　软和

实·ʂʅ：　皮实　硬实　壮实　结实　瓷实

古·ku：　彆古别扭　拐古古怪

发·fa：　大发　细发

生·ʂəŋ：　轻生　脆生　白生

不叽的·pu·tɕi·ti：酸不叽的　苦不叽的
咸不叽的

其他：平分·fẽ　活翻·fã　宽快·kʻuɛ
凉森·ʂẽr　正当·taŋ　紧帮·paŋ
挺脱·tʻuə　齐截·tɕiə　慢腾·tʻəŋ
腻外·vɛ

(4) 副词后缀

价·tɕia：　别价　没价　成天价

3.3 重叠

(1) 动词连用

洗巴·pa洗巴·pa　拨拉·la拨拉·la

转悠·iou转悠·iou　磕打·ta磕打·ta

(2) 形容词重叠(以下各式“的”皆为轻声·ti)

“AA的”式：　厚厚的　大大的　好好儿的

“BAA的”式：　老深深的　老厚厚的　老粗粗的
精浅浅的　精薄薄的　精细细的

“ABB的”式：　脆生生的　硬梆梆的　直勾勾的

“ABAB的”式：　扑棱扑棱的　铺嚓铺嚓的
眨巴眨巴的　做势做势的

“AABB的”式：　马马虎虎的　鼓鼓捣捣的
旮旮旯旯的　二二乎乎的
吱吱咧咧的

“A里AB的”式：糊里糊涂的　古里古怪的

“BBA”式：　溜溜酸　齁齁咸　梆梆硬
黢黢黑　喷喷香

“BABA的”式：　溜光溜光的　厚辣厚辣的
精湿精湿的　死沉死沉的

3.4 合音词

甭 “不用”合音，可读 pẽ⁴²、pəŋ⁴²、piŋ⁴²三音。

四、语 法 例 句

（先出普通话例句，后出济南话例句）

4.1 谁啊？我是老三。

谁呀？俺是老三啊。

ʂei$^{42-55}$·ia？ŋã^{55}ʂʅ^{21}lɔ^{55}sã$^{213-21}$·ŋa.

4.2 老四呢？她正在跟一个朋友说着话呢。

老四来呢？她正和个朋友拉着呱呢。

lɔ^{55}sɿ$^{21-544}$·lɛ·ȵi？tʻa^{55}tʂəŋ^{21}xə$^{21-544}$·kə pʻəŋ$^{42-55}$·iou la$^{42-55}$·tʂʅ kua$^{55-213}$·ȵi.

4.3 她还没有说完吗？

她还没拉完吗？

tʻa^{55}xã$^{42-55}$·mei la^{42}vã$^{42-55}$·ma？

4.4 还没有。大概再过一会儿就说完了。

还没价。大约摸儿再过一会就拉完俩。

xã^{42}mei$^{213-21}$·tɕia. ta^{21}yə^{213}mər^{55}tsɛ^{213}kuə$^{21-544}$·i xuei^{21}tɕiou^{21}la^{42}vã$^{42-55}$·lia.

4.5 他说马上就走，怎么这半天了还在家里？

他说马上马就走，怎么老半天了还在家里？

tʻa^{55} ʂuə^{213} ma$^{55-213}$·ʂaŋ ma^{55} tɕiou^{21} tsou^{55}，tsəŋ$^{55-213}$·mə lɔ^{55} pã^{21} tʻiã$^{213-21}$·la xã^{42} tsɛ^{21} tɕia$^{213-21}$·ȵi？

4.6 你到哪儿去？我到城里去。

你上哪里去啊？俺上城里去。

ȵi^{55} ʂaŋ^{21} na^{55} · ȵi tɕʻi$^{21-544}$ · a? ŋã^{55} ʂaŋ^{21}
tʂʻəŋ$^{42-55}$·li tɕʻi^{21}.

4.7 在那儿，不在这儿。
在那里来，不在这里。
tsɛ^{21}na$^{21-544}$·ȵi·lɛ, pu$^{213-23}$tsɛ^{21}tʂə$^{21-544}$·ȵi.

4.8 不是那么做，要这么做。/不是那么做，是这么做。
不是那么着干，得这么着干。
pu$^{213-23}$ʂʅ^{21}na$^{21-544}$·mə·tʂʅ kã^{21}, tei^{213}tʂə$^{21-544}$ ·mə·tsʅ kã^{21}.

4.9 太多了，用不着那么多，只要这么多就够了。
太多俩，用不着那么多，有这么点儿就足够俩。
tʻɛ$^{21-23}$tuə$^{213-21}$·lia, yŋ$^{21-544}$·pu tʂɔ^{42}na^{21}·mə tuə^{213}, iou^{55}tʂə^{21}·mə tiɛr^{55}tɕiou^{21}tɕy^{213}kou$^{21-544}$ ·lia.

4.10 这个大，那个小，这两个哪一个好一点儿呢？
这个大点儿，那个小点儿，这俩哪个好点儿呢？
tʂə^{21}·kə ta^{21}tiɛr^{55}, na^{21}·kə ɕiɔ$^{55-44}$tiɛr^{55}, tʂə^{21} lia^{55}na^{55}kə^{21}xɔ^{55}tiɛr$^{55-213}$·ȵi?

4.11 这个比那个好。
这个比那个好。
tʂə^{21}·kə pi^{55}na^{21}·kə xɔ^{55}.

4.12 这些房子不如那些房子好。
这些房子赶不上那些好。
tʂə^{21}·ɕiə faŋ$^{42-55}$·tsʅ kã$^{55-213}$·pu·ʂaŋ na^{21}·ɕiə

xɔ^{55}.

4.13　这句话用济南话怎么说？

这句话济南话怎么说？

tʂə^{21} · tɕy xua^{21} tɕi^{213} nã^{42} xua^{21} tsəŋ$^{55-213}$ · mə ʂuə^{213}?

4.14　他今年多大岁数了？

他今年多大岁数俩？

t'a^{55}tɕiẽ^{213}ȵiã^{42}tuə$^{42-55}$ta^{21}suei^{21}ʂu^{21}·lia?

4.15　大概三十来岁吧。

大约摸儿三十朗当岁儿吧。

ta^{21}yə^{213}mər^{55}sã$^{213-21}$·ʂʅ laŋ$^{42-55}$·taŋ suer^{21} ·pa.

4.16　这个东西有多重呢？

这玩意儿有多么沉呢？

tʂə^{21}vã$^{42-55}$ier^{21}iou^{55}tuə$^{42-55}$·mə tʂ'ẽ$^{42-55}$·ȵi?

4.17　有五十斤重呢。

得有五十斤沉呢。

tei^{213}iou^{55}u$^{55-213}$·ʂʅ tɕiẽ^{213}tʂ'ẽ$^{42-55}$·ȵi.

4.18　拿得动吗？

拿的动吗？（又：拿动了啊吧？）

na$^{42-55}$·ti tuŋ$^{21-544}$·ma?（又：na^{42}tuŋ$^{21-544}$ ·liɔ·a·pa?）

4.19　我拿得动，他拿不动。

我拿的动（又：我拿动了），他拿不动。

və$^{55-42}$na$^{42-55}$·ti tuŋ^{21}（又：və^{55}na^{42}tuŋ$^{21-544}$ ·lɔ），t'a$^{55-42}$na$^{42-55}$·pu tuŋ^{21}.

4.20　真不轻，重得连我都拿不动。

真不轻，沉的我都拿不动。
tʂẽ^{213}pu^{21}tɕʻiŋ^{213}，tʂʻẽ$^{42-55}$·ti və^{55}tou^{213}na$^{42-55}$ ·pu tuŋ^{21}.

4.21 你说得很好，你还会说点儿什么呢？
你说的□赛来，你还会说点儿么呢？
ȵi^{55}ʂuə$^{213-21}$·ti kaŋ^{42}sɛ$^{21-544}$·lɛ，ȵi$^{55-42}$xã$^{42-55}$ ·xuei ʂuə$^{213-21}$·tiɛr mə$^{42-55}$·ȵi?

4.22 我嘴笨，我说不过他。
咱嘴笨，咱说不过他。
tsã$^{55-42}$tsuei^{55}pẽ^{21}，tsã^{55}ʂuə$^{213-21}$·pu kə$^{21-544}$ ·tʻa.

4.23 说了一遍，又说一遍。
说了一遍，又说一遍。
ʂuə$^{213-21}$·lə i$^{213-23}$piã^{21}，iou^{21}ʂuə^{213}i$^{213-23}$piã^{21}.

4.24 请你再说一遍。
你再说一遍行啊吧？
ȵi^{55}tsɛ$^{213-23}$ʂuə$^{213-21}$·i piã^{21}ɕiŋ$^{42-55}$·a·pa?

4.25 不早了，快去吧。
不早俩，快去吧。
pu^{21}tsɔ$^{55-213}$·lia，kʻuɛ^{21}tɕʻi^{21}·pa.

4.26 现在还早着呢，等一会儿再去吧。
现在还早着呢，过一会儿再去吧。
ɕiã^{21} tsɛ^{21} xã^{42} tsɔ$^{55-213}$ · tʂʅ · ȵi，kuə$^{21-544}$ · i xuer^{21}tsɛ$^{213-23}$tɕʻi^{21}·pa.

4.27 吃了饭再去好吗？
吃了饭可再去行吧？
tʂʻʅ$^{213-21}$ · lɔ fã$^{21-544}$ · kʻə tsɛ$^{213-23}$ tɕʻi^{21}

ɕiŋ$^{21-544}$·pa?

4.28 慢慢儿地吃啊，不要着急。

慢慢儿的吃啊，别急火。

mã^{21}mɛr$^{21-544}$·ti tʂʻʅ$^{213-21}$·a, piə^{42}tɕi$^{213-21}$ ·xuə.

4.29 坐着吃比站着吃好些。

坐着吃比站着吃好点儿。

tsuə$^{21-544}$·tʂʅ tʂʻʅ^{213} pi^{55} tʂã$^{21-544}$·tʂʅ tʂʻʅ^{213} xɔ$^{55-42}$tiɛr^{55}.

4.30 他吃了饭了，你吃了饭没有呢？

他吃了饭俩，你吃了吗？

tʻa^{55}tʂʻʅ$^{213-21}$·lə fã$^{21-544}$·lia, ȵi^{55}tʂʻʅ$^{213-21}$·lɔ ·ma?

4.31 他去过上海，我没有去过。

他上过上海，俺没去过。

tʻa^{55}ʂaŋ^{21}·kuə ʂaŋ^{21}xɛ^{55}, ŋã^{55}mei^{213}tɕʻi$^{21-544}$ ·kuə.

4.32 来闻闻这朵花香不香。

来闻闻这朵花香啊吧。

lɛ^{42}vẽ$^{42-55}$·vẽ tʂə^{21}·tuə xua$^{213-23}$ɕiaŋ$^{213-21}$·a ·pa.

4.33 给我一本书。

给俺本书。

kei$^{42-55}$·ŋã pẽ^{55}ʂu^{213}.

4.34 我真的没有那本书啊。

俺实在是没那本儿书啊。

ŋã$^{55-42}$ʂʅ$^{42-55}$·tsɛ·ʂʅ mei$^{213-23}$na^{21}per^{55}ʂu$^{213-21}$

·a.

4.35 你告诉他。

你告诉他。

ȵi^{55}kɔ$^{21-544}$·suŋ·t‘a.

4.36 好好地走,不要跑。

老把实儿的走,别跑。

lɔ$^{55-213}$·pa ʂer$^{213-21}$·ti tsou^{55},piə^{42}p‘ɔ^{55}.

4.37 小心跌下去爬不上来。

小心摔下去爬不上来可。

ɕiɔ$^{55-213}$·ɕiẽ ʂuɛ$^{213-21}$·ɕia·tɕ‘i p‘a$^{42-55}$·pu ʂaŋ^{21}lɛ$^{42-55}$·k‘ə.

4.38 医生叫你多睡睡。

大夫让你多睡一会儿。

tɛ$^{21-544}$·fu ʐaŋ^{21}ȵi^{55}tuə^{213}ʂuei$^{21-544}$·i·xuer.

4.39 抽烟或者喝茶都不许。

抽烟喝茶都不行。

tʂ‘ou$^{213-23}$iã^{213}xə^{213}tʂ‘a^{42}tou$^{213-23}$pu^{21}ɕiŋ^{42}.

4.40 烟也好,茶也好,我都不喜欢。

烟也罢,茶也罢,咱都不喜欢。

iã^{213}iə^{55}pa^{21},tʂ‘a^{42}iə^{55}pa^{21},tsã^{55}tou$^{213-23}$pu^{21}ɕi$^{55-213}$·xuã.

4.41 不管你去不去,反正我是要去的。

不管你去不去,反正俺得去。

pu^{21}kuã^{55}ȵi^{55}tɕ‘i$^{21-544}$·pu tɕ‘i^{21},fã$^{55-213}$·tʂəŋ ŋã^{55}tei^{213}tɕ‘i^{21}.

4.42 我非去不可。

俺非得去。

ŋã^{55}fei$^{213-23}$tei^{213}tɕ‘i^{21}.

4.43 你是哪一年来的?

你是哪一年可来的?

ȵi^{55}ʂʅ^{21}na$^{55-213}$·i ȵiã^{42}·k‘ə lɛ$^{42-55}$·ti?

4.44 我是前年到的北京。

俺是前年可上北京来的。

ŋã^{55}ʂʅ^{21}tɕ‘iã$^{42-55}$·ȵiã·k‘ə ʂaŋ^{21} pei$^{213-23}$tɕiŋ^{213} lɛ$^{42-55}$·ti.

4.45 今天开会谁的主席?

今天开会谁的主席啊?

tɕiẽ$^{213-23}$ t‘iã^{213} k‘ɛ$^{213-23}$ xuei^{21} ʂei$^{42-55}$ · ti tʂu$^{55-42}$ ɕi$^{42-55}$·ia?

4.46 你得请我的客。

你可得请请我。

ȵi$^{55-42}$k‘ə^{55}tei^{213}tɕ‘iŋ$^{55-213}$·tɕ‘iŋ və^{55}.

4.47 一边走,一边讲。

随走着,随讲着。

suei^{42}tsou$^{55-213}$·tʂʅ, suei^{42}tɕiaŋ$^{55-213}$·tʂʅ.

4.48 越走越远,越说越多。

越走越远,越说越多。

yə^{21}tsou^{55}yə^{21}yã^{55}, yə^{21}ʂuə^{213}yə^{21}tuə^{213}.

4.49 把那个东西拿给我。

把那个玩意儿拿给我。

pa^{55}na^{21}·kə vã$^{42-55}$·ier na$^{42-55}$·kei və^{55}.

4.50 有些地方把太阳叫日头。

有的地处啊把太阳叫成日头。

iou$^{55-213}$ · ti ti$^{21-544}$ · tʂ‘u · a pa^{55} t‘ɛ^{21} iaŋ^{42}

tɕʻiɔ^{21}tʂʻəŋ^{42}ʐʅ$^{21-544}$·tʻou.

4.51 您贵姓？我姓王。

贵姓啊？我姓王。

kuei^{21}ɕiŋ$^{21-544}$·ŋa? və^{55}ɕiŋ^{21}vaŋ^{42}.

4.52 你姓王，我也姓王，咱们两个人都姓王。

你姓王，俺也姓王，咱俩都姓王。

ȵi^{55} ɕiŋ^{21} vaŋ^{42}, ŋã^{55} iə^{42} ɕiŋ^{21} vaŋ^{42}, tsã$^{55-42}$ lia^{55} tou$^{213-23}$ɕiŋ^{21}vaŋ^{42}.

4.53 你先去吧，我们等一会儿再去。

你先去吧，俺这伙儿过一会儿再去。

ȵi^{55}ɕiã$^{213-23}$tɕʻi^{21}·pa, ŋã^{55}tʂə^{21}xuər^{55}kuə$^{21-544}$ ·i xuer^{21}tsɛ$^{213-23}$tɕʻi^{21}.

4.54 你抽烟不抽？/你抽不抽烟？

你抽烟啊吧？/你抽烟不抽烟？/你抽烟啊还是不抽烟？

ȵi^{55}tʂʻou$^{213-23}$iã$^{213-21}$·a·pa? /ni^{55}tʂʻou$^{213-23}$ iã^{213} pu^{21}tʂʻou$^{213-23}$iã^{213}? /ȵi^{55}tʂʻou$^{213-23}$iã^{213} ·a xã^{42}ʂʅ^{21}pu$^{213-23}$tʂʻou$^{213-23}$iã^{213}?

4.55 你认得那个人不认得？/你认得不认得那个人？/你认不认得那个人？

你认的那个人啊吧？/你认的不认的那个人？/那个人你认的啊还是不认的？

ȵi^{55}ʐẽ$^{21-544}$·ti na^{21} kə^{21} ʐẽ$^{42-55}$·a·pa? /ȵi^{55} ʐẽ$^{21-544}$·ti pu^{21}ʐẽ$^{21-544}$·ti na^{21}kə^{21}ʐẽ^{42}? /na^{21} kə^{21} ʐẽ^{42} ȵi^{55} ʐẽ$^{21-544}$ · ti · a xã^{42} ʂʅ^{21} pu$^{213-23}$ ʐẽ$^{21-544}$·ti?

增补：

4.56 他学习比你好。
他学习强起你。
t'a$^{55-42}$ɕyə$^{42-55}$·ɕi tɕ'iaŋ$^{42-55}$·tɕ'i ȵi^{55}.

4.57 他学习不比你好。
他学习不强起你。
t'a$^{55-42}$ɕyə$^{42-55}$·ɕi pu^{21}tɕ'iaŋ$^{42-55}$·tɕ'i ȵi^{55}.

4.58 他学习比你好吗？
他学习强起你啊吧？
t'a$^{55-42}$ɕyə$^{42-55}$·ɕi tɕ'iaŋ$^{42-55}$·tɕ'i ȵi$^{55-213}$·a ·pa?

4.59 我女儿铅笔有的是，用不了。
俺闺女铅笔有的是，使不了的使。
ŋã^{55}kuẽ$^{213-21}$·ȵy tɕ'iã$^{213-23}$pei^{213}iou$^{55-213}$·ti ʂʅ^{21}，ʂʅ$^{55-213}$·pu liɔ$^{55-213}$·ti ʂʅ^{55}.

4.60 这教室从长里说不到十米，从宽里说也就六七米，坐不下这么多学生。
这教室长里下不到十米，宽里下也就六七米，坐不开这么些学生。
tʂə^{21}tɕiɔ^{21}ʂʅ^{213}tʂ'aŋ^{42}ȵi$^{55-213}$·ɕia pu$^{213-23}$tɔ^{21} ʂʅ^{42}mi^{55}, k'uã$^{213-23}$ȵi$^{55-213}$·ɕia yə^{55}tɕiou^{21} liou^{21}tɕ'i^{213}mi^{55}，tsuə$^{21-544}$ pu k'ɛ^{213}tʂə^{21}·mə ·ɕiə ɕyə$^{42-55}$·ʂəŋ.

4.61 这个游戏机很好玩儿。
这个游戏机棱赛玩儿。
tʂə^{21}kə^{21}iou$^{42-55}$ɕi^{21}tɕi^{213}ləŋ$^{42-55}$sɛ^{21}vɛr^{42}.

五、长篇语料

pei$^{213-21}$ ·fəŋ xə^{42} t‘ɛ^{21} iaŋ^{42}
北 风 和 太 阳

iou$^{55-213}$ ·i xuer^{42}, pei$^{213-21}$ ·fəŋ xə^{42}
有 一 回儿，北 风 和
t‘ɛ^{21} iaŋ^{42} tsɛ^{21} na$^{21-544}$ ·ȵi tʂəŋ$^{213-23}$
太 阳 在 那 里 争
luẽ^{21} ʂei$^{42-55}$ ·ti pẽ$^{55-213}$ ·ʂʅ ta^{21},
论 谁 的 本 事 大，
tʂəŋ$^{213-21}$ ·kə lɛ^{42} tʂəŋ$^{213-23}$ kə$^{21-23}$ tɕ‘i^{21}
争 过 来 争 过 去
tɕiou^{21} ʂʅ^{21} fẽ$^{213-21}$ ·pu ·tʂ‘u ·kə
就 是 分 不 出 个
kɔ$^{213-23}$ ti^{213} lɛ^{42}. tʂə^{21} ʂʅ$^{42-55}$ ·xou
高 低 来。这 时 候
lu$^{21-544}$ ·ʂaŋ lɛ$^{42-55}$ ·lɔ kə^{21} tsou^{55}
路 上 来 了 个 走
tɔ$^{21-544}$ ·ti, t‘a^{55} ʂẽ$^{213-21}$ ·ʂaŋ tʂ‘uã$^{213-21}$
道 的，他 身 上 穿
·tʂʅ tɕiã^{21} xou^{21} ta^{21} tʂ‘aŋ^{55}. t‘a$^{55-42}$
着 件 厚 大 氅。他
lia^{55} tɕiou^{21} ʂuə^{213} xɔ$^{55-213}$ ·lia: ʂei^{42}
俩 就 说 好 啢：谁

nəŋ^{42} tɕiɔ^{21} tʂə^{21} ·kə tsou^{55} tɔ$^{21-544}$ ·ti
能 叫 这 个 走 道 的

pa$^{213-21}$ ·ɕia t'a$^{55-213}$ ·ti xou^{21} ta^{21}
扒 下 他 的 厚 大

tʂ'aŋ^{55} lɛ^{42}, tɕiou^{21} suã^{21} ʂei$^{42-55}$ ·ti
氅 来， 就 算 谁 的

pẽ$^{55-213}$ ·ʂʅ ta^{21}. pei$^{213-21}$ ·fəŋ tɕiou^{21}
本 事 大。 北 风 就

ʂʅ$^{55-213}$ ·tʂʅ tɕier$^{21-544}$ ·ti kua$^{213-21}$ ·tɕ'i
使 着 劲儿 的 刮 起

·lɛ ·lia, k'ə$^{55-42}$ t'a^{55} kua$^{213-21}$ ·ti
来 唡， 可 他 刮 的

yə^{21} li$^{21-544}$ ·xɛ, na^{21} kə^{21} tsou^{55} tɔ$^{21-544}$
越 厉 害， 那 个 走 道

·ti tɕiou^{21} pa^{55} ta^{21} tʂ'aŋ^{55} kuə$^{55-213}$ ·ti
的 就 把 大 氅 裹 的

yə^{21} iã$^{42-55}$ ·ʂʅ. xou^{21} lɛ^{42} pei$^{213-21}$ ·fəŋ
越 严 实。 后 来 北 风

mei$^{213-23}$ tʂɔ$^{213-21}$ ·lia, tʂʅ^{42} xɔ^{55} tɕiou^{21}
没 招 唡， 只 好 就

sã^{21} xuə$^{55-213}$ ·lia. kuə$^{21-544}$ ·lɔ i$^{213-21}$
散 伙 唡。 过 了 一

·xuer, t'ɛ^{21} iaŋ^{42} tʂ'u$^{213-21}$ ·lɛ ·lia,
会儿， 太 阳 出 来 唡，

t'a^{55} ʐə^{21} xu^{42} liɔ^{55} la^{21} ·ti i$^{213-23}$ ʂɛ^{21},
他 热 乎 了 辣 的 一 晒，

na^{21} kə^{21} tsou^{55} tɔ$^{21-544}$ ·ti ma$^{55-213}$
那 个 走 道 的 马
·ʂaŋ tɕiou^{21} pa^{55} na^{21} tɕiã^{21} ta^{21} tʂ'aŋ^{55}
上 就 把 那 件 大 氅
pa$^{213-21}$ ·ɕia ·lɛ ·lia. tʂə^{21} ·ɕia ·tsɿ
扒 下 来 啢。 这 下 子
pei$^{213-23}$ fəŋ^{213} tʂɿ^{42} xɔ^{55} ʐẽ$^{21-544}$ ·lia:
北 风 只 好 认 啢:
t'a$^{55-42}$ lia^{55} xã^{42} ʂɿ^{21} t'ɛ^{21} iaŋ$^{42-55}$ ·ti
他 俩 还 是 太 阳 的
pẽ^{55} ʂɿ^{21} ta^{21}.
本 事 大。

北风跟太阳
(普通话对照)

有一回，北风跟太阳在那儿争论谁的本事大。争来争去就是分不出高低来。这时候路上来了个走道儿的，他身上穿着件厚大衣。他们俩就说好了，谁能先叫这个走道儿的脱下他的厚大衣，就算谁的本事大。北风就使劲儿地刮起来了，不过他越是刮得厉害，那个走道儿的把大衣裹得越紧。后来北风没法儿了，只好就算了。过了一会儿，太阳出来了。他火辣辣地一晒，那个走道儿的马上就把那件厚大衣脱下来了。这下儿北风只好承认，他们俩当中还是太阳的本事大。

附论一：山东方言概述

一、地理分布和使用人口

山东省位于我国东部沿海，黄河下游，全省包括内陆和半岛两部分。山东半岛伸入黄海与渤海之中，跟辽东半岛隔海相望。

据1990年统计，山东省总人口8439万，共有39个民族，其中汉族占总人口的99.42%。各民族通用汉语进行交际。山东方言就是分布于山东省境内的汉语方言。

二、山东方言的由来及历史地位

山东历史悠久，沂源猿人化石的发现，说明远在四五十万年以前旧石器时代就有古人类在山东的土地上生存。我国古代文献将山东一带的东方各民族统称为"东夷"。东夷族在距今7000—4000年之间相继创造了后李文化、北辛文化、大汶口文化和龙山文化。我们今天虽无从了解山东东夷先民的语言状况，但可以作两点推测：第一，从邹平丁公龙山文化遗址所发现的陶片文字来看，在距今4200—4000年之间，在山东就已有了文字的使用。文字是记录语言的工具，可以想见，当时东夷的语言，已到了相当发达的程度。第二，方言的历史，可以追溯到人类定居时代的开始，"跟人文历史至少是一样的古老"（袁家骅:《汉语方言概要》1983年第二版1页),方言的形成要经历漫长的过程,《礼记·王制》所记“五方之民,言语不通”的情况,是长期发展的结果,那么山东境内的东夷话,该是在很早的时候就作为一种方言跟中原及其他地区的华夏、苗蛮等的方言相对而存在的。

文献说明,夏商周时期,东夷族文化已与中原华夏族文化有着长期的交流与融合。周定天下,太公封齐、周公长子封鲁,山东地区遂有齐鲁之称。齐鲁之邦是我国古代经济发展较早的地区之一,齐鲁文化更是中华文化辉煌的代表,对我国传统文化有着深远的影响。从语言的角度来看,齐鲁学者的著述,不仅是汉语共同语较早的书面记录形式,许多成语和语言典故的源头,也是历史上相当长的时期内教育的必读教材,其在汉语发展中所具有的举足轻重的地位是不言而喻的。

我国古代对方言研究的历史很早,东汉应劭《风俗通义·序》:“周秦常以岁八月遣辎轩使者求异代方言,还奏籍之,藏于密室。”历史上关于山东境内方言的记录,西汉扬雄《辎轩使者绝代语释别国方言》有一百多条,分别按地域的不同或地域的交叉称为齐、东齐、中齐、鲁、海岱及齐鲁之间、东齐海岱之间等等不一。据统计,扬雄《方言》中单独提到“东齐”或“东齐之间”的有30处,“齐”12处,齐鲁并举的如“齐鲁”、“齐鲁之间”、“齐鲁之交”共9处(参见丁启阵《秦汉方言》东方出版社,1991年),说明当时山东东部方言跟西部不同,相对来说,西部的齐、鲁则虽有区别，却又是比较接近的。这从《孟子》分别说到的“齐语”和“齐东野人之语”，以及郑玄《诗经》笺、“三礼”注举到的“齐鲁之间声近”、“齐鲁之间谓蛙为蝈”等等，都可得到证明。

现代山东方言是山东土著居民的语言从远古以来自身发展的结果，当然这也有与外地方言交融和局部移民的影响。山东方言虽然有显著特点，而且因自然地理及历史等原因存在着区域的不同，但从总体来说，还是与官话方言比较接近，属于汉民族共同语的基础方言。山东方言因齐鲁文化的独特地位，对汉语特别是书面语的发展具有既是丰富充实又有统一规范的作用。

三、山东方言的特点和地域差异

山东方言属于官话方言，具有官话方言的基本特征。其中如：声母方面塞音和塞擦音没有清浊对立，中古全浊声母今读清声母，塞音和塞擦音为平声送气、仄声不送气；韵母方面作韵尾的辅音少，没有口辅尾 -p、-t、-k、-ʔ，鼻辅尾只有 -n 和 -ŋ，而且不少地方 -n 尾也已弱化；声调方面入声基本消失，调类较少，以阴平、阳平、上声、去声四类为较普遍。

山东方言除从总体看具有上述官话方言的共同特征以外，跟普通话或其他官话方言相比，也还存在许多明显的特点。由于多数特点并非都是分布于山东全境，所以要介绍山东方言的特点就必须说明这些特点的地域分布，而各项特点在不同地域的分布情况，也正是山东方言地域差异之所在。

山东方言可以按其特点的不同分为东、西两大区：东部的山东半岛为东区，从北部的莱州湾南岸向南到海洲湾北岸画一弧线，包括寿光、青州、临朐、沂源、蒙阴、沂南、莒南及其以东的40个县市；其余为西区，包括鲁西北、鲁西南及鲁中、鲁南的部分地区，共70个县市。

东区又可以分为东莱和东潍两片：东莱片包括招远、莱西、海阳及其以北、以东的威海、烟台等15个县市；东潍片包括胶莱河、潍河流域一带，从莱州、平度到即墨一线及以西、以南的青岛、潍坊、日照等25个县市。

西区也可以分为西齐和西鲁两片：西齐片包括鲁西北和鲁中的滨洲、德州、聊城、济南、淄博、泰安和莱芜、新泰等42个县市；西鲁片包括鲁西南及鲁南的菏泽、济宁、枣庄、临沂等28个县市。

从单字音系说，山东方言的特点可以总括为两句话：一是声母丰富，二是韵母和声调呈简化趋势。下面以声母、韵母、声调为序介绍山东方言的特点及地域差异。

3.1 声母

3.1.1 山东方言特点中最引人注意的是塞擦音和擦音发音部位的分类问题，涉及到中古精知庄章见五组声母交叉复杂的分合情况。先看以下五组例字：

(1) 增　操　三　(古精组洪音)

(2) 争　抄　山　(古知系甲组)

（3）蒸　超　扇　（古知系乙组）

（4）精　悄　先　（古精组细音）

（5）经　敲　掀　（古见组细音）

说明：古知系字甲、乙两组的分类为：甲组字包括，庄组全部、知组开口二等、章组止摄开口、知章组遇摄合口三等以外的合口；乙组字包括，知组开口三等、章组止摄以外的开口、知章组遇摄合口三等。另外，山臻两摄合口三等知章组的属类存在不同：东莱片（除威海）归甲组，威海及其余地方归乙组。

以下从三方面说明上述五组字在山东方言中的分混问题。

3.1.1.1　(2)(3)两组字的比较　中古知庄章三组今普通话读 tʂ tʂʻ ʂ 声母的字，山东有 49 点分为甲乙两类。这 49 点包括东区的全部 40 点，西齐片的无棣、乐陵、商河、临邑、陵县、平原 6 点，西鲁片的东明、成武、曹县 3 点。甲乙两组的不同读音有六种类型，各举一点比较如下：

	例字	荣成	崂山	潍坊	烟台	长岛	莱州
(2)组	争	tʂ	tʂ	tʂ	ts	ts	ts
(3)组	蒸	tʃ	ts	tʂz	tɕ	tʃ	tʂ

3.1.1.2　(4)(5)两组字的比较　中古精见两组字在今韵母细音前同音不同音，也就是尖团分不分。东区除寿光、潍县、潍坊、临朐、益都、蒙阴 6 点不分以外，其余 34 点都分尖团。西区大多不分尖团，分尖团的有：西齐片的滨县、广饶、利津 3 点，西鲁片聊城、荷泽地区的冠县、范县、鄄城、郓城、巨野、

菏泽、成武、曹县8点和临沂地区的费县、临沂、苍山、郯城4点。尖音和团音的不同，西区全部是精组读ts ts‘ s、见组读tɕ tɕ‘ ɕ，东区有七种不同类型，仍各举一点进行比较：

	例字	荣成	福山	长岛	青岛	沂源	昌乐	诸城
(4)组	精	ts	tɕ	tʃ	ts	tθ	ts	ȶ
(5)组	经	c	c	c	tɕ	tɕ	tʃ	tʃ

3.1.1.3 (1)(2)(3)(4)(5)五组字的综合比较

所谓山东方言声母发音部位分类之细，主要是东区的多数地方既分尖团而知系字又分两组，有的点存在五组不同发音部位的塞擦音和擦音，例如平度、莒南等。但是既分尖团而知系又分两组的方言并非都有五种不同部位的塞擦音和擦音，其中还有一些类的合并。类的合并比较复杂，什么类在何处跟什么类合并，这也是山东方言令人关注的问题。例如：知系甲组在烟台、莱州等地跟精组洪音合并，争＝增。又如：知系乙组在烟台和尖音合并，蒸＝精，而在诸城则和团音合并，蒸＝经。以下列出六点对五组字进行比较：

	例字	平度	莒南	荣成	莱州	烟台	诸城
(1)组	增	tθ	tθ	ts	ts	ts	tθ
(2)组	争	tʂ	tʂ	tʂ	ts	ts	tʂ
(3)组	蒸	tʃ	tʃ	tʃ	tʂ	tɕ	tʃ
(4)组	精	ts	ts	ts	ts	tɕ	ȶ
(5)组	经	c	tɕ	c	tɕ	c	tʃ

山东方言中也存在知系字读为一类、尖团不分的方言，塞擦音和擦音的类大致和普通话相同，例如济南等西区的多数点，而西鲁片的曲阜、济宁等地，则是ts tʂ也不分的，古知系字与精组洪音相同。比较如下：

	(1)组增	(2)组争	(3)组蒸	(4)组精	(5)组经
济南	ts	tʂ	tʂ	tɕ	tɕ
曲阜	ts	ts	ts	tɕ	tɕ

3.1.2　普通话ʐ声母字的读音　普通话的ʐ声母字大多来自中古止摄开口以外的日母，少数来自云母（荣）和以母（容蓉镕融锐）等。这类字在山东各地大致有七种读法：东区绝大多数点读零声母（韵母为齐齿呼或撮口呼，与普通话的开口呼或合口呼相对应），人=银、软=远；西区西齐片的武城、博山、章丘等读l声母，然=蓝、如=炉，而济南、肥城等则是开口呼读ʐ声母、合口呼读l声母；西鲁片曲阜等不分ts tʂ的地区读z，枣庄、滕县是开口呼读z、合口呼读v，平邑、郯城则开口呼读ʐ、合口呼读v；和普通话一样读ʐ的有西齐片的德州、利津及西鲁片的菏泽、阳谷、临沂等。比较如下：

	例字	烟台	博山	济南	曲阜	枣庄	平邑	德州
开口	染	ø(i-)	l	ʐ	z	z	ʐ	ʐ
合口	软	ø(y-)	l	l	z	v	v	ʐ

3.1.3　普通话开口呼零声母字的读音　来自中古影疑两母普通话读开口呼零声母的字，山东各

地有三种读法：东莱片全部和东潍片接近东莱片的昌邑、高密、平度等地读零声母；东潍片其他地区及西齐片多读 ŋ 声母；西鲁片读 ɣ 声母。比较如下：

例字	荣成、莱阳	德州、潍坊	菏泽、枣庄
爱安	ø	ŋ	ɣ

3.1.4 几项分布地域较小的特点

3.1.4.1 中古全浊平声字今读清音，塞音和塞擦音老派口语为不送气，这项特点的分布地为东莱片的荣成和文登，约计 50 多字。例如荣成：盆瓢盘(p－)、头甜团(t－)、裁瓷墙晴(ts－)、缠沉陈(tʃ－)、长肠虫(tʂ－)、骑茄穷(c－)。这类字的读书音或作为新词语素时都是与之相对的送气音，例如：锅台(t－)、舞台(t‘－)，团团(t－)的、团(t‘－)员。

3.1.4.2 中古精清两母分别按韵母洪细跟端透两母合并，分布于东潍片诸城、五莲交界的石门、皇华、许孟一带，其中细音合并的范围比洪音要宽，除诸城、五莲的绝大多数地区以外，还向东延伸到胶南等地。以下比较的例字"＝"前为精或清，后为端或透：

洪音	在＝代	增＝登	租＝都	总＝董(t－)
	菜＝太	草＝讨	醋＝兔	葱＝通(t‘－)
细音	挤＝底	焦＝刁	尖＝颠	精＝丁(ȶ－)
	妻＝梯	切＝铁	千＝天	清＝听(ȶ‘－)

3.1.4.3 普通话 tʂ tʂ‘ʂ 的合口呼字，西鲁片的泗水、滕州、枣庄等地读 pf pf‘f，其中 ʂ 拼合口呼读 f 声母的范围比 pf pf‘的分布范围要宽，像梁山、菏

泽、曹县、平邑、苍山等地为 tʂ tʂʻ f，单县、微山读 ts tʂʻ f。比较如下：

例字	泗水、枣庄	菏泽、平邑	单县、微山
追	pf	tʂ	ts
吹	pfʻ	tʂʻ	tsʻ
水	f	f	f

3.1.5　山东方言特有的声母　前面所说的山东方言声母丰富，除音类分合的复杂情况以外，也指声母的种类之多。除去普通话所有的 21 个辅音声母以外，山东方言中还有普通话没有的 18 个声母。以下列出的 18 个声母基本按发音部位分组，v 较特殊单独列出，分布地只举一点为例。

声母	pf pfʻ	v	tθ tθʻ θ	z	ȶ ȶʻ
例字	猪穿	晚　软	资刺四	人　照	精清
地点	泗水	济南泗水	高密	曲阜沂水	诸城
声母	tʃ tʃʻ ʃ	ɭ	c cʻ ç ŋ		ɣ
例字	照超烧	二	交敲枵袄		袄
地点	荣成	博山	文登	济南	菏泽

3.2　韵母

3.2.1　韵母简化的趋势

3.2.1.1　复合元音韵母单元音化　普通话中的复合元音韵母 ai、uai 和 ɑu、iɑu 四个，发音时从主要元音 a、ɑ 到韵尾 i、u 的舌位动程都比较大，山东各地除东莱片的荣成、牟平以外，烟台的动程比普通话略小，其余各地大多接近单元音。比较如下：

例字	荣成	烟台	青岛	济南	菏泽	临沂
买	ai	aɛ	ɛ	ɛ	ɛ	ɛ
怪	uai	iaɛ	uɛ	uɛ	uɛ	uɛ
包	au	ɑo	ɔ	ɔ	ɔ	ɔ
苗	iau	iɑo	iɔ	iɔ	iɔ	iɔ

3.2.1.2 前鼻韵尾弱化为主要元音鼻化 凡普通话 n 韵尾的字，包括 an ian uan yan 和 ən in uən yn 八韵，山东方言除东莱片的荣成、牟平、烟台等以外，其余地方 n 尾基本失落而读为主要元音鼻化。例如济南：安烟官捐的韵母读 ã iã uã yã，根今坤军的韵母读 ẽ iẽ uẽ yẽ。

3.2.1.3 介音失落

3.2.1.3.1 普通话 t tʻ n l、ts tsʻ s 七个声母拼 uei、uan、uən 三个韵母的字，东莱片全部读开口呼。这种现象也波及与东莱片相连接的东潍片北部莱州、平度、青岛、潍坊等地，但不如东莱片整齐。比较如下：

	对	醉	暖	算	钝	寸
荣成	ei	ei	an	an	ən	ən
蓬莱	ei	ei	an	an	ən	ən
莱州	ei	uei	uã	uã	ə̃	uə̃

以上方言 u 介音的丢失，造成部分音节合并，主要是普通话的 uan、an 两韵逢上述声母时合为一类。例如烟台：端 = 丹꜀tan、团 = 谈꜁tʻan、乱 = 滥 lan꜄、酸 = 三꜀san。

3.2.1.3.2 普通话 p pʻ m l 四个声母拼 in 韵

母的字，东潍片的日照、诸城、沂水、临朐等地读为开口呼，尤其是日照、诸城、沂水，普通话 tɕ tɕʻ ɕ 拼 in 韵母的部分字（尖音）也读为开口呼。比较如下：

	宾	贫	民	邻	进	亲	心
诸城	꜀pə̃	꜀pʻə̃	꜀mə̃	꜀lə̃	tθə̃꜄	꜀tθʻə̃	꜀θə̃
沂水	꜀pə̃	꜀pʻə̃	꜀mə̃	꜀lə̃	zə̃꜄	꜀tsʻə̃	꜀sə̃
临朐	꜀pẽ	꜀pʻẽ	꜀mẽ	꜀lẽ	tɕiẽ꜄	꜀tɕʻiẽ	꜀ɕiẽ

这些方言 i 介音的丢失同样也伴随部分音节的合并，例如诸城：贫 = 盆꜀pʻə̃、民 = 门꜀mə̃。

3.2.1.4 韵母合并 东潍片平度、即墨、青岛、安丘、诸城、胶南等地，普通话的 əŋ 和 uŋ、iŋ 和 yŋ 分别合并。比较如下：

	灯 东	能 脓	形 雄	硬 用
普通话	꜀təŋ≠꜀tuŋ	꜀nəŋ≠꜀nuŋ	꜀ɕiŋ≠꜀ɕyŋ	iŋ꜄≠yŋ꜄
胶南	꜀təŋ = ꜀təŋ	꜀nəŋ = ꜀nəŋ	꜀ɕiŋ = ꜀ɕiŋ	iŋ꜄ = iŋ꜄

3.2.2 与中古音的对应比较整齐

3.2.2.1 中古果摄一等开、合口见系字，普通话开口字除“我”字以外全读 ɤ，合口字多数读 uo，但也有不少读 ɤ 的。山东东部不论开口、合口皆以读 uo（或 uə）的居多，读 uo 韵母的字由东向西逐渐减少，大致是古开口字今读 ə 的增多，到西部过渡为基本上古开口字读 ə、古合口字读 uo。比较如下：

	古开口：歌	可	河	古合口：过	科	和
烟台	꜀kuo	꜂kʻou	xuo꜄	kuo꜄	꜂kʻuo	xuo꜄

博山	꜀kuə	꜂kʻuə	꜂xuə	kuə꜄	꜀kʻuə	꜂xuə
济宁	꜀kə	꜂kʻə	꜀xə	kuə꜄	꜀kʻuə	꜀xuə

3.2.2.2 中古曾梗摄开口一二等入声字，普通话分化为 o、ai、ɤ、ei 四个韵母，山东除东莱片和西齐片黄河以北的无棣、德州等地以外，其余各地读 ei 韵母的规律相当整齐。比较如下：

	北	墨	德	白	摘	客
普通话	꜂pei	mo꜄	꜀tɤ	꜀pai	꜀tʂai	kʻɤ꜄
莱州	꜂pei	꜀mei	꜂tei	꜀pei	꜂tsei	꜂kʻei
菏泽	꜀pei	꜀mei	꜀tei	꜀pei	꜀tʂei	꜀kʻei

3.2.2.3 中古咸山两摄开口一等入声字，普通话知系字的韵母读 a 而见系字读 ɤ，山东东部相对来说比较整齐，除见系少数字读 uo（或 uə）以外，其余不论端系、见系多读 a。以下用于比较的例字，“答”是咸摄端母，鸽喝合、割渴是咸、山摄见系字。

	答	鸽	喝	合	割	渴
普通话	꜀ta	꜀kɤ	꜀xɤ	꜀xɤ	꜀kɤ	꜂kʻɤ
烟台	꜂ta	꜂ka	꜂xa	xuo꜄	꜂ka	꜂kʻa
日照	꜂tɑ	꜀kuə	꜀xa	꜀xə	꜀kɑ	꜂kʻɑ

3.2.2.4 通摄合口三等端系字，普通话读撮口呼的限于“续绿”两字，其余多读合口呼，少数读齐齿呼，山东则以读撮口呼的字居多，以中部的寿光、新泰等地更为突出。比较如下：

	宿	足	俗	龙	从	松～树
普通话	su꜄、꜂ɕiou	꜀tsu	꜀su	꜀luŋ	꜀tsʻuŋ	꜀suŋ
寿光	꜀sy	꜀tsy	꜀sy	꜀lyŋ	꜀tsʻyŋ	꜀syŋ
济宁	꜀ɕy	꜀tɕy	꜀ɕy	꜀lyŋ	꜀tsʻuŋ	꜀ɕyŋ

3.2.3 山东方言特有的韵母

3.2.3.1 iai(或 iɛ)韵母 遍及山东全省的 iai(多数地方读 iɛ)韵母，是跟 ai、uai(或 ɛ、uɛ)两个韵母配套而存在的。例如：荣成有 ai、uai，也有 iai；济南有 ɛ、uɛ，也有 iɛ。普通话没有这个韵母，普通话“解 = 姐꜂ tɕiɛ”，济南话“解꜂ tɕiɛ≠姐꜂ tɕiə”。

3.2.3.2 辨义的 ye、yo 两个韵母 普通话的 yɛ 韵母字，除来自中古果摄合口三等见系以外，其余都来源于中古山摄和宕江摄的入声。这类字在东莱片的荣成、文登及蓬莱、长岛等地分为两个韵母，也即“决≠觉”、“月≠药”。普通话的 yɛ 韵母字在这些方言中分为两套，有相当整齐的规律：果摄和山摄入声读 ye 韵母，宕江摄入声(古 k 尾，“镢”字例外)读 yo 韵母。

3.2.3.3 来源于通摄的 m 韵尾 在现代汉语方言中，有 m 韵尾的主要是闽、粤等方言，是中古咸深摄 m 韵尾的保留。山东方言的 m 韵尾字则是来自中古读 ŋ 韵尾的通摄，分布于平度、平邑等地。例如平邑：东꜀tom、宗꜀tom、虫꜀ʧʻom、公꜀kom、胸꜀ɕiom、用 iom꜄。

3.2.4 儿化韵 山东方言中儿化韵构成的基本形式是元音卷舌，跟普通话相比除具体读音有所不同以外，方式并无不同。但是在此基础上，山东各地的儿化音变又有许多特殊的形式，有的影响到介音和声母。以下择要介绍山东方言中存在的五种特殊儿化音变情况。

3.2.4.1　儿化韵是平舌元音　西区西齐片的淄博、章丘及西鲁片的定陶、平邑等地，表示事物小称有一套特殊的变韵形式，但是只限于 ã iã uã yã、ə̃ iə̃ uə̃ yə̃、ɿ ʅ i u y 三组韵母。例如平邑：

ɛ←ã	小胆儿	iɛ←iã	一点儿
uɛ←uã	撒欢儿	yɛ←yã	猪圈儿
ei←ə̃、ɿ	月份儿、写字儿	iei←iə̃、i	抽筋儿、小米儿
uei←uə̃、u	打盹儿、小树儿	yei←yə̃、y	合群儿、小鱼儿

平邑点基本韵母没有 ʅ。ʅ 韵母读变韵 ei 的如博山：侄儿ᶜtʂei、不吃食儿ᶜʂei、啥事儿 ʂeiᵓ。

3.2.4.2　舌尖后边音 ɭ 作韵尾　儿化时以 ɭ 作韵尾的方言主要在西齐片北部的滨州、寿光一带。以寿光为例，寿光的儿化韵尾有 r、ɭ 两个。r 表示元音卷舌，ɭ 则是音节末尾的辅音尾，一般是低元音儿化时为元音卷舌，高元音儿化时为 ɭ 尾，tʂʅ tʂʻʅ ʂʅ ʐʅ 儿化时则为 t ɭ̩ tʻɭ̩ ɬ ɭ̩ ɭ̩。ɭ 尾如：地儿 təɭᵓ、字儿 tsəɭᵓ、丝儿꜀səɭ、心儿꜀səɭ、针儿꜀t ɭ̩、齿ᶜtʻɭ̩、事儿 ɬ ɭ̩ᵓ、人儿꜀ɭ̩。

3.2.4.3　细音变洪音　儿化韵由于元音卷舌或其它原因影响到韵母洪细，使 i 介音丢失为开口呼、y 介音变 u 而为合口呼。儿化时伴随介音变化的情况分布在东潍片的莱州、平度、即墨、诸城、寿光及西齐片的利津、临清等地。诸城方言儿化韵只有洪音没有细音，例如：

丢 i 介音　豆芽儿꜁ʐɑr、小碟儿꜁tɾər、小米儿꜀mɾər

　　　　　纸条儿꜁t‘ɾɔr、小袖儿 θɾour꜄、小名儿 mɾə̃r꜄

变 y 介音　小月儿 ʐuər꜄、下雨儿꜀ʐur、跳远儿꜀ʐuɛr

　　　　　小云儿꜁ʐuər、小雪儿꜀θɾuər、小驴儿꜁ɭur

3.2.4.4　出现闪音　儿化韵元音卷舌使声母或介音带闪音 ɾ，主要分布于东潍片莱州、平度、即墨、诸城及西齐片的利津、宁津，西鲁片的菏泽、定陶、金乡、郓城等地。多数地方的闪音主要出现在声母 t t‘ n l 和 ts ts‘ s（或 tθ tθ‘ θ）及介音 i y 的后面，有的地名也可在 p p‘ m 后面。例如莱州：小凳儿꜁tɾə̃r、塔儿꜀t‘ɾɑr 埠（地名）、挂零儿꜁lɾə̃r、打杂儿꜁tsɾɑr、小草儿꜀ts‘ɾɔr、小九儿꜀tɕiɾəur，几儿꜀tɕiɾər、小鱼儿꜁yɾər。

3.2.4.5　声母发音部位转移　因儿化而影响到声母发音部位变化的情况，主要也是分布于东潍片和西区的一些地方，有舌叶音或舌尖前音后移为舌尖后音、舌尖中边音变为舌尖后浊擦音 ʐ（或元音 ʅ）的。例如即墨：

tʃ→tʂ	侄儿꜁tʂer	tʃ‘→tʂ‘	尺儿꜀tʂ‘er
ʃ→ʂ	小叔儿꜀ʂur	l→ʅ	小楼儿꜁ʅour

又如金乡：

ts→tʂ	小卒儿꜁tʂur	ts→tʂ‘	小虫儿꜁tʂ‘uə̃r
s→ʂ	小四儿 ʂər꜄	z→ʐ	瓜瓤儿꜁ʐɑ̃r

上述几种特殊儿化音变形式并不都是单一存在的，除平舌元音一项以外，其余各项多由元音卷舌引起，几种变化常常是相伴而存在的。如 t tʻ 带闪音、l 变 ʐ 等声母的变化往往使韵母由细音变为洪音。

3.3 声调

3.3.1 调类 山东方言声调的调类多数点为四个，跟中古四声的对照，规律大致和普通话相同，即平分阴阳、全浊上归去、入派三声。但是山东方言中已确知只有三个调类的点有 13 个之多，有的地方虽还保留一个独立的清入调，也已明显处于消失的过程中，山东方言中声调发展的这种简化趋势，是很值得注意的。当然，古入声字的不同归向也使山东方言具有显著的区域特征。

3.3.1.1 只有三个声调 跟普通话相比，山东方言中只有三个声调的方言有三种类型：第一类，东莱片的烟台、威海、海阳、莱西、青岛 5 点，普通话读阳平的字和去声字合为一类，例如：游＝幼；第二类，西齐片的博山、博兴、高青、无棣、庆云 5 点，普通话读阳平的字和上声合为一类，例如：游＝有；第三类，东潍片的莱州、平度、即墨 3 点一线，普通话读去声的字(包括古全浊上、古去、古次浊入)分归阴平或阳平，这些字的归类没有严格规律，而且许多字可以阴平、阳平两读，例如：幼诱$_{文}$＝优、佑诱$_{文}$＝游。以上三类各举一点与普通话比较：

	诗	时	使	试	是	士
普通话	꜀ʂʅ	꜁ʂʅ	꜂ʂʅ	ʂʅ꜄	ʂʅ꜄	ʂʅ꜄

烟台	꜀sɿ	sɿ꜄	꜂sɿ	sɿ꜄	sɿ꜄	sɿ꜄
博山	꜀ʂʅ	꜂ʂʅ	꜂ʂʅ	ʂʅ꜄	ʂʅ꜄	ʂʅ꜄
平度	꜀ʂʅ	꜀ʂʅ	꜂ʂʅ	꜀ʂʅ	꜀ʂʅ	꜀ʂʅ、꜀ʂʅ

3.3.1.2 古清声母入声字独立为一调类 据现有材料，山东方言中有入声调的是西齐片的利津、章丘、邹平、桓台四点。从利津和章丘的情况来看，清入调的主要特点是：第一，没有塞音尾，也没有独立的入声韵母。第二，保留入声的读音都是属于老派，而且正逐渐与其他调类合并，例如章丘县城的明水，1983 年调查时读入声的字占全部清入字的 85%，到 1996 年调查已降为 66%。第三，并不是全部古清入的字都读为入声；今读入声调的也并非都是来自古入声。例如利津，在对 304 个古清入字的调查中，读清入的字是 240 个，约占古清入的 80%；而在今读清入的 286 字中，来自古舒声的有 38 个，占 13.6%，其余 8 字来自古浊入。但是章丘和利津的声调系统并不相同，主要是普通话的阳平、上声在章丘合为一类，所以章丘虽有入声，也只有平、上、去、入四个调类，而利津有阴平、阳平、上声、去声、入声五类。此外，两地的新派都没有入声，章丘的清入大多归上声，而利津多归阴平。

3.3.1.3 古入声字的归类 在没有入声调的地区，古入声字的归向大致是：古全浊入声随浊平走，即东莱片三个调类的烟台等归去声，西齐片三个调类的淄博等归上声，其余各地归阳平。次浊入声字东区一般归去声，但东莱片的许多地方少数次浊入声归上声，东潍片莱州等三个调类的三点归阴平、阳平已见上文；西区的西齐片也归去声，西鲁片则归阴平。以上情况列六点比较如下(下面的比较"阴"、"阳"表示"阴平"、"阳平")：

	别	白	日	力	接	郭
东莱烟台	去	去	上	去	上	上
东潍平度	阳	阳	阴、阳	阴	上	上
诸城	阳	阳	去	去	上	上
西齐淄川	上	上	去	去	阴	阴
德州	阳	阳	去	去	阴	阴
西鲁曲阜	阳	阳	阴	阴	阴	阴

3.3.1.4 古次浊平声字的分化　东莱片除黄县、蓬莱、长岛3点以外，其余12点中古次浊平声字分为两类：荣成等有四个调类的分归阴平和阳平，烟台等只有三个调类的则为平声和去声。分化是无条件的，但相同的字在不同点的归类恰是基本一致的。例如"媒"、"煤"两字同是蟹摄合口一等灰韵明母字，在荣成是"媒"阴平、"煤"阳平，烟台是"煤"平声、"煤"去声。以下比较：

	猫	矛	蓝	篮	人	仁	蚊	文
荣成	阴	阳	阴	阳	阴	阳	阴	阳
烟台	平	去	平	去	平	去	平	去

3.3.2 调值　山东方言的调值存在大范围的调形近似，特别是中部地区，比较特殊的是东莱片与中部地区差异较大，西鲁片的去声值和中部地区也

有不同。下面两区四片的调值比较只是调形的大致情况。

	阴平（或平）	阳平	上声	去声	入声
东莱	降	高平	降升	高平、升降	
东潍	低降升	高降	高平	低降	
西齐	低降升	高降	高平	低降	中平
西鲁	低降升	高降、高平	高平、中升	高降升、低降	

西鲁片的去声写作"高降升"，实际上开头的音达不到上声高平的高度，这里只说明开头比收尾高，以别于同样是降升调而开头比收尾低的阴平调。这个片许多点的去声还存在一类两值的情况，即单字调有高降升和低降两个调形，语流中常为降调，强调时用降升调。

山东方言在词汇语法方面也有一些明显的特点。词汇特点如：存在一批由不同地理、历史和社会文化生活等条件影响而产生的特殊词语；保留了许多古汉语词，像"夜来"（昨天）、"鸾远"（僻远）、"褯子"（尿布）、"妗子"（舅母）、"嬎蛋"（下蛋），等等。语法特点如，动词后缀和形容词生动形式丰富；第一人称代词"俺"的普遍使用及某些地区所存在的指示代词"这"（近）和"乜"（远）、"那"（更远）三分；比较句式"他学习强起我"（他学习比我好）、选择问句"你去啊不"（你去不去）；"知不道"（不知道）、"很手冷"（手很冷）、"看他看"（看看他）、"吃不了的吃"（很多，吃不完）等特殊语序和格式，等等。以上特点仅仅是举例性的，有的将在下文“附论二：济南话概述”中详细介绍，此处从略。

附论二：济南话概述

济南是我国著名文化古城之一，因地处古济水之南而得名。济南话指济南市内通行的方言，属于汉语官话方言的冀鲁官话，在山东省内，则是属于西区的西齐片。济南话在鲁西中部方言中具有代表性，是我国重要的曲艺山东快书和地方戏曲吕剧的艺术语言基础。

济南市内语音系统基本一致，其内部差异主要存在于文读和白读、新派和老派的不同。文读接近普通话、新派向普通话靠拢，所以有些文读音实际上也是新派的口语音。例如："客"有 $k'ə^{21}$、$k'ei^{213}$ 二音，前者是文读音也是新派的口语音，后者是老派的口语音。

本书记录的济南话以市内通行的老派口语为准，文白、新老的差异详见下文"一、语音 1.7"，其余的不同必要时随文作出说明。

一、语音

1.1 *声母* 25个

(1)	p	边杯别	(2)	p'	拍胖朋
(3)	m	买米母	(4)	f	风飞凡
(5)	v	瓦王翁	(6)	t	多短夺

(7)	t‘	天跳头	(8)	n	难男农
(9)	l	老吕如	(10)	ts	资走字
(11)	ts‘	刺菜才	(12)	s	丝三送
(13)	tʂ	支正阵	(14)	tʂ‘	翅唱陈
(15)	ʂ	诗声树	(16)	ʐ	柔认让
(17)	tɕ	酒举截	(18)	tɕ‘	秋去求
(19)	ȵ	你宁娘	(20)	ɕ	霞仙虚
(21)	k	高古跪	(22)	k‘	考口葵
(23)	ŋ	藕艾俺	(24)	x	好婚汗
(25)	ø	言有元			

声母的特点：

（1）有 v ȵ ŋ 三个声母。v 是齿唇浊擦音，普通话除单韵母 u 以外的合口呼零声母字，济南读 v 声母，韵母为开口呼，如：“挖”va^{213}、“窝”və^{213}、“歪”vɛ^{213}、“温”vẽ^{213}、“翁”vəŋ^{213}；ȵ 是舌面前鼻音，普通话 n 声母拼齐、撮两呼的字，济南读 ȵ 声母，如：“年”ȵiã^{42}、“女”ȵy^{55}；ŋ 是舌根鼻音，普通话开口呼的零声母字，济南一般读 ŋ 声母，如：“鹅”ŋə^{42}、“艾”ŋɛ^{21}、“袄”ŋɔ^{55}、“藕”ŋou^{55}、“安”ŋã^{213}、“昂”ŋaŋ^{42}。新派“阿姨”的“阿”读 a^{213}，老派一般称“大姨”。

（2）尖团不分。如：尖＝肩 tɕiã^{213}、千＝牵 tɕ‘iã^{213}、仙＝掀 ɕiã^{213}、俊＝郡 tɕyẽ、全＝权 tɕ‘yã^{42}、迅＝训 ɕyẽ^{21}。

（3）普通话合口呼的 ʐ 声母字，济南读 l 声母。例如：入＝路 lu^{21}、若＝洛 luə^{21}、锐＝类 luei^{21}、软＝卵

luã^{55}、容＝笼 luŋ^{42}。

（4）中古的知庄章三组字，普通话多读 tʂ tʂʻ ʂ，但有少量的庄组字和知组澄母的“泽择”读 ts tsʻ s，这些字济南大多读 tʂ tʂʻ ʂ，举例比较如下：

	所	淄	邹	岑	策册	泽择
普通话	suo^{214}	tsɿ^{55}	tsou^{55}	tsʻən^{35}	tsʻɤ^{51}	tsɤ^{35}
济南话	ʂuə^{55}	tʂʅ^{213}	tʂou^{213}	tʂʻẽ^{42}	tʂʻei^{213}	tʂei^{42}

1.2 韵母 37 个

（1）	ɿ	子此思	（2）	ʅ	支尺师
（3）	ər	儿耳二	（4）	i	米机一
（5）	u	夫姑五	（6）	y	吕区鱼
（7）	a	麻大茶	（8）	ia	俩家牙
（9）	ua	耍挂花	（10）	ə	播车河
（11）	iə	爹姐爷	（12）	uə	妥坐火
（13）	yə	确靴月	（14）	ɛ	排才开
（15）	iɛ	街界鞋	（16）	uɛ	甩乖槐
（17）	ei	杯拆格	（18）	uei	对岁会
（19）	ɔ	宝早考	（20）	iɔ	苗小咬
（21）	ou	头口欧	（22）	iou	刘牛有
（23）	ã	满三甘	（24）	iã	棉坚言
（25）	uã	专欢穿	（26）	yã	全宣元
（27）	ẽ	盆问恩	（28）	iẽ	拼心音
（29）	uẽ	吞村准	（30）	yẽ	君训云
（31）	aŋ	忙唱钢	（32）	iaŋ	粮江央

(33) uaŋ 窗广黄　　(34) əŋ 朋冷生
(35) iŋ 平灵英　　(36) uŋ 冬工红
(37) yŋ 粽雄永

韵母的特点：

(1) 复合元音韵母单元音化。普通话 ai、uai 和 au、iau 两套韵母，济南是 ɛ、uɛ 和 ɔ、iɔ。如："晒"ʂɛ²¹、"帅"ʂuɛ²¹，"包"pɔ²¹³、"标"piɔ²¹³。

(2) 鼻辅韵尾减少。没有舌尖中鼻韵尾 n，普通话的 an、ian、uan、yan 和 ən、in、uən、yn，济南是鼻化元音韵母 ã、iã、uã、yã 和 ẽ、iẽ、uẽ、yẽ。如："边"piã²¹³、"天"t'iã²¹³、"端"tuã²¹³、"捐"tɕyã²¹³，"门"mẽ⁴²、"林"liẽ⁴²、"村"ts'uẽ²¹³、"君"tɕyẽ²¹³。

(3) 保留"注音字母""结合韵符"的"ㄧㄞ"韵母。中古蟹摄开口二等见系字的韵母，"注音字母"注为"ㄧㄞ"韵母，例如："崖"。这类字普通话读为 ie 韵母，跟假摄开口三等读齐齿呼的韵母相同，例如：界蟹开二＝借假开三tɕie⁵¹，济南则界 tɕiɛ²¹ ≠ 借 tɕiə²¹。济南的 iɛ 韵母跟 ɛ、uɛ 配套，限于 tɕ、ɕ、ø 三个声母，如："街"tɕiɛ²¹³、"鞋"ɕiɛ⁴²、"矮"iɛ⁵⁵。

(4) 中古曾摄开口一等和梗摄开口二等的入声字，普通话读 o、ɤ、ai、ei 四个韵母，济南则大多读 ei 韵母。如：

曾开一：墨默 mei²¹　得德 tei²¹³　塞 sei²¹³　黑 xei²¹³
梗开二：伯柏 pei²¹³　策册 tʂ'ei²¹³　白 pei⁴²　麦脉 mei²¹

(5) 没有 lei 音节。中古蟹摄合口一等和止摄合口三等来母字，普通话读 ei 韵母，济南读合口呼 uei。如："雷擂"$luei^{42}$、"儡"$luei^{55}$、"类泪"$luei^{21}$。

（6）中古通摄三等精组字，普通话多读合口呼，济南话则多读撮口呼。如："从"$tɕ‘yŋ^{42}$、"嵩松～树"$ɕyŋ^{213}$、"颂诵讼"$ɕyŋ^{21}$、"足"$tɕy^{213}$、"肃宿粟"$ɕy^{213}$、"俗"$ɕy^{42}$。

1.3　儿化韵　26 个

（1）　ar　麦茬儿 $mei^{21}tʂ‘ar^{42}$

（2）　iar　豆芽儿 $tou^{21}iar^{42}$

（3）　uar 牙刷儿 $ia^{42}ʂuar^{213}$

（4）　ur　牛犊儿 $ȵiou^{42}tur^{42}$

（5）　ər　几个儿个儿 $tɕi^{55-213}$·kər·kər

（6）　iər　爷儿俩 $iər^{42}lia^{55}$

（7）　uər 大伙儿 $ta^{21}xuər^{55}$

（8）　yər 家雀儿 $tɕia^{213-21}$·tɕ‘yər

（9）　ɛr　买儿卖儿 $mɛr^{55-213}$·mɛr，玩儿 $vɛr^{42}$

（10）iɛr　台阶儿 $t‘ɛ^{42}tɕiɛr^{213}$，一点儿 $i^{213}tiɛr^{55}$

（11）uɛr　拐弯儿 $kuɛ^{55}vɛr^{213}$，小罐儿 $ɕiɔ^{55}kuɛr^{21}$

（12）yɛr　花卷儿 $xua^{213}tɕyɛr^{55}$

（13）er 刺儿 $ts‘er^{21}$，事儿 $ʂer^{21}$，辈儿 per^{21}，盆儿 $p‘er^{42}$

（14）ier　玩意儿 $vɛ^{42-55}ier^{21}$，手印儿 $ʂou^{55}ier^{21}$

（15）uer 一对儿 $i^{213-23}tuer^{21}$，没准儿 $mei^{42}tʂuer^{55}$

（16）yer 小驴儿 $ɕiɔ^{55}lyer^{42}$，合群儿 $xə^{42}tɕ‘yer^{42}$

（17）ɔr　末末了儿 $mə^{21-544}$·mə $liɔr^{55}$

（18）iɔr　小小儿小男孩 $ɕiɔ^{55-42}ɕiɔr^{55}$

（19）our 土豆儿 $t‘u^{55}tour^{21}$

（20） iour小刘儿 ɕiɔ^{55}liour^{42}

（21） ãr 帮忙儿 paŋ^{213}mãr^{42}

（22） iãr 地瓜秧儿 ti$^{21-544}$·kua iãr^{213}

（23） uãr 鸡蛋黄儿 tɕi$^{213-23}$tã^{21}xuãr^{42}

（24） ə̃r 门缝儿 mẽ$^{42-55}$fə̃r^{21}

（25） iə̃r 小名儿 ɕiɔ^{55}miə̃r^{42}

（26） uə̃r 抽空儿 tʂʻou$^{213-23}$kʻuə̃r^{21}

儿化韵的特点：

（1） 济南话儿化韵的形式都是元音卷舌，卷舌程度比普通话稍轻。

（2） 济南 37 个基本韵母，除了 yŋ 和原来就是卷舌元音韵母的 ər 没有发现儿化词以外，其余 35 个基本韵儿化后合并为 26 个儿化韵。如：ɛr 的基本韵是 ɛ 和 ã 两个，er 的基本韵是 ɿ、ʅ、ei、ẽ 四个。以上 26 个儿化韵所举的例词有两个或四个的，分别表示不同的基本韵。

（3） 郊区有些地方 ŋ 尾韵的一部分词儿化韵有两种形式，一种跟市内相同，另一种可读成元音不带鼻化。如利农庄："面汤儿"miã^{21} tʻãr^{213} ~ miã^{21} tʻar^{213}、"样儿"iãr^{21} ~ iar^{21}、"庄儿"tʂuãr^{213} ~ tʂuar^{213}，"缝儿"fə̃r^{21} ~ fər^{21}、"名儿"miə̃r^{42} ~ miər^{42}、"种儿"tʂuə̃r^{55} ~ tʂuər^{55}。aŋ、iaŋ、uaŋ，əŋ、iŋ、uŋ 的第二种儿化形式跟 a、ia、ua，ə、iə、uə 是相同的。如：（药）方儿 =（没）法儿 far^{213}。

1.4 **声调** 4 个

（1） 阴平 213 开天初居百铁说决

（2） 阳平 42 房田文云合别读局

（3）　上声 55　　　口比普许马有五雨

（4）　去声 21　　　抗大用是麦六人药

声调的特点：

（1）没有入声。中古入声清声母字归阴平、次浊声母字归去声、全浊声母字归阳平。

（2）有阳平、去声两个降调。受普通话影响，去声调值的开头有提高的趋势，但跟阳平对比时仍有明显区别。

1.5　变调　15 种双字调调型

（1）	23 + 213	阴平 + 阴平	插花 tʂʻa$^{213-23}$xua^{213}
（2）	213 + 42	阴平 + 阳平	香油 ɕiaŋ^{213}iou^{42}
（3）	213 + 55	阴平 + 上声	稀软 ɕi^{213}luã^{55}
（4）	23 + 21	阴平 + 去声	积木 tɕi$^{213-23}$mu^{21}
		去声 + 去声	立夏 li$^{21-23}$ɕia^{21}
（5）	42 + 213	阳平 + 阴平	茶杯 tʂʻa^{42}pei^{213}
（6）	42 + 42	阳平 + 阳平	皮鞋 pʻi^{42}ɕiɛ^{42}
（7）	42 + 55	阳平 + 上声	鱼米 y^{42}mi^{55}
		上声 + 上声	雨水 y$^{55-42}$ʂuei^{55}
（8）	42 + 21	阳平 + 去声	罚站 fa^{42}tʂã^{21}
（9）	55 + 213	上声 + 阴平	马车 ma^{55}tʂʻə^{213}
（10）	55 + 42	上声 + 阳平	雨鞋 y^{55}ɕiɛ^{42}
（11）	55 + 21	上声 + 去声	马路 ma^{55}lu^{21}
		阳平 + 去声	鱼刺 y$^{42-55}$tsʻɿ^{21}
（12）	21 + 213	去声 + 阴平	立冬 li^{21}tuŋ^{213}

（13） 21 + 42　去声 + 阳平　大寒 ta^{21}xã^{42}

（14） 21 + 55　去声 + 上声　大楷 ta^{21}k‘ε^{55}

（15） 21 + 21　去声 + 去声　大概 ta^{21}kε^{21}

变调的特点：

（1） 济南话 4 个单字调两字组的 16 种组合有变调的是 5 种，都是只变前字不变后字。变调后产生一个变调调值 23。

（2） 变调后“阴平 + 去声”和“去声 + 去声”、“阳平 + 去声”和“上声 + 去声”、“上声 + 上声”和“阳平 + 上声”三组合并。如：

蒸 tʂəŋ^{213} ≠ 正 tʂəŋ^{21}　蒸气 = 正气 tʂəŋ^{23}tɕ‘i^{21}

图 t‘u^{42} ≠ 土 t‘u^{55}　图画 = 土话 t‘u^{55}xua^{21}

彩 ts‘ε^{55} ≠ 财 ts‘ε^{42}　彩礼 = 财礼 ts‘ε^{42}li^{55}

（3） 同一种组合有的有两种读法。如：“阳平 + 去声”可读 55 + 21 也可读 42 + 21，“去声 + 去声”可读 23 + 21 也可读 21 + 21，其中有一种是读原调不变的。

（4） “阴平 + 阳平”和“阴平 + 上声”的前字收尾不到 3，实际是 212；“阳平 + 阳平”的前字实际是 43，皆按不变处理。

1.6　轻声　4 种后字为轻声的两字调调型

（1） 21 + 1　阴平 + 轻声　机灵 tɕi$^{213-21}$liŋ^{1}

（2） 55 + 5　阳平 + 轻声　萝贝 luə$^{42-55}$pei^{5}

（3） 213 + 4　上声 + 轻声　挤巴 tɕi$^{55-213}$pa^{4}

（4） 544 + 2　去声 + 轻声　利索 li$^{21-544}$suə^{2}

轻声的特点：

（1）两字组带轻声的词语，轻声在后字。

（2）轻声读得轻而短，其音高决定于前字音高的变化趋势。本书在其他各章节都用“·”表示轻声。

（3）四个单字调在轻声前一般都发生变调，但是少量的时间词、叠音词等，单字调在轻声前不变。如：

阴平＋轻声　擦擦 tsʻa^{213}tsʻa^{4}　老嬷嬷 lɔ^{55}ma^{213}ma^{4}

阳平＋轻声　昨天 tsuə^{42}tʻiã^{2}　年年 ȵiã^{42}ȵiã^{2}

上声＋轻声　眼前 iã^{55}tɕʻiã^{2}　走走 tsou^{55}tsou^{2}

去声＋轻声　过午 kə^{21}u^{1}　划划 xua^{21}xua^{1}

1.7　文白异读和新老差异

（1）有明显系统性的文白异读是曾摄开口一等、开口三等庄组和梗摄开口二等入声字中普通话读 ɤ 韵母的，济南话文读 ə 韵母，白读 ei 韵母。如：

	曾开一：得德	特	克刻	曾开三庄：测	色
文	tə^{213}	tʻə^{42}	kʻə^{213}	tsʻə^{213}	sə^{213}
白	tei^{213}	tei^{42}	kʻei^{213}	tʂʻei^{213}	ʂei^{213}

	梗开二：格	客	吓	责	策册	隔
文	kə^{213}	kʻə^{21}	xə^{213}	tsə^{213}	tsʻə^{213}	kə^{213}
白	kei^{213}	kʻei^{213}	xei^{213}	tʂei^{213}	tʂʻei^{213}	kei^{213}

（2）其他文白异读的常用字如：

	去来～	磕	角	做	谁	淋	耕更打～
文	tɕʻy^{21}	kʻə^{213}	tɕyə^{213}	tsuə^{21}	ʂuei^{42}	liẽ^{42}	kəŋ^{213}
白	tɕʻi^{21}	kʻa^{213}	tɕia^{213}	tsou^{21}	ʂei^{42}	luẽ^{42}	tɕiŋ^{213}

（3）新老差异成系统的主要是普通话开口呼零声母的字老派读 ŋ 声母而新派为零声母、普通话 ʐ

声母的合口呼字老派读 l 声母而新派为 ʐ 声母。如：

	恶	艾	袄	欧	鹌	恩	昂
老	ŋə^{213}	ŋɛ^{21}	ŋɔ^{55}	ŋou^{213}	ŋã^{213}	ŋẽ^{213}	ŋaŋ^{42}
新	ə^{213}	ɛ^{21}	ɔ^{55}	ou^{213}	ã^{213}	ẽ^{213}	aŋ^{42}

	如	乳	若弱	瑞锐	软	容荣
老	lu^{42}	lu^{55}	luə^{21}	luei^{21}	luã^{55}	luŋ^{42}
新	ʐu^{42}	ʐu^{55}	ʐuə^{21}	ʐuei^{21}	ʐuã^{55}	ʐuŋ^{42}

(4) 其他新老差异的常用字如：

	逆	农	阻	蛇	矮	深伸	从
老	i^{21}	nu^{42}	tʂu^{55}	ʂa^{42}	iɛ^{55}	tʂʻẽ^{213}	tɕʻyŋ^{42}
新	ȵi^{21}	nuŋ^{42}	tsu^{55}	ʂə^{42}	ŋɛ^{55}、ɛ^{55}	ʂẽ^{213}	tsʻuŋ^{42}

此外，个别字如“我”、“国”等的旧读音 ŋə^{55}、kuei^{55}已基本消失，不论新派、老派都已读成了 və^{55}、kuə^{55}。

1.8 音变

(1) 顺同化，后字的声母或韵母变得跟前字相同或相近。如：

腼腆 miã$^{55-213}$·pʻiã(腆·tʻiã 的声母变为 pʻ)

多少 tuə$^{213-21}$·ʂuə(少·ʂɔ 的韵母变为 uə)

蝼蛄 lou$^{42-55}$·kou(蛄·ku 的韵母变为 ou)

亲戚 tɕʻiẽ$^{213-21}$·tɕʻiẽ(戚·tɕʻi 的韵母变为 iẽ)

邻舍家 liẽ$^{42-55}$·ʂẽ·tɕia(·舍 ʂə 的韵母变为 ẽ)

(2) 逆同化，前字的声母或韵母变得跟后字相同或相近。如：

蜻蜓 tʻiŋ$^{213-21}$·tʻiŋ(蜻 tɕʻiŋ$^{213-21}$的声母变为 tʻ)

曲里拐弯 $tɕ'i^{213-21}$·li $kuɛ^{55}vã^{213}$（曲 $tɕ'y^{213-21}$的韵母变为 i）

陆续 ly^{55-213}·tɕy（陆 lu^{55-213}的韵母变为 y 陆，单字调 21）

埋怨 $mã^{42-55}$·yã（埋 $mɛ^{42-55}$的韵母变为 ã）

姊妹们 $tsɿ^{55-213}$·mẽ·mẽ（妹·mei 的韵母变为 ẽ）

闺女 $kuẽ^{213-21}$·ȵy（闺 $kuei^{213-21}$的韵母变为 uẽ）

茴香 $xuẽ^{42-55}$·ɕiaŋ（茴 $xuei^{42-55}$的韵母变为 uẽ）

判官 $p'aŋ^{21}kuã^{213}$（判 $p'ã^{21}$的韵母变为 aŋ）

南瓜 $naŋ^{42-55}$·kua（南 $nã^{42-55}$的韵母变为 aŋ）

暖和 $naŋ^{55-213}$·xuə（暖 $nuã^{55-213}$的韵母变为 aŋ）

朝阳花 $tʂ'aŋ^{42-55}$·iaŋ xua^{213}（朝 tʂ'ɔ 的韵母变为 aŋ）

真个的 $tʂəŋ^{21}kə^{42-544}$·ti（真 $tʂẽ^{213}$的韵母变为 əŋ，声调为去声）

(3) 轻声音节产生的声母或韵母变化，除上述同化以外，还有声母由不送气塞音、塞擦音或擦音变为送气音和韵母的明显变化等。以下的例词在括号中标出该轻声音节原来的声母或韵母：

胳膊 $kə^{213-21}$·p'ə（p－）

抽斗 $tʂ'ou^{213-21}$·t'ou（t－）

孝顺 $ɕiɔ^{21-544}$·tʂ'uẽ（ʂ－）

和尚 $xə^{42-55}$·tʂ'aŋ（ʂ－）

夹肢窝 $tɕia^{213-21}$·tʂ'ʅ（tʂ－）$və^{213}$

耳朵 $ər^{55-213}$·tɔ（－uə）

拾掇 $ʂʅ^{42-55}$·tɔ（－uə）

割舍 $kə^{213-21}$·ʂɔ（－ə）

咳嗽　kʻə$^{213-21}$·suə(-ou)

影壁　iŋ$^{55-213}$·pei(-i)

1.9　特殊字音举要

济南话有的字读音特殊，以下按声母、韵母、声调的顺序各举常用字10例：

声母：埠商～ pʻu^{55}　腻～虫 mi^{21}　提～溜 ti^{213}
特～为的 tei^{42}　只～有 tsɿ^{42}　堆 tsuei^{213}
踏 tʂa^{213}　缩 tʂʻu^{213}　售 tʂʻou^{21}　牛～子 iou^{42}

韵母：农 nu^{42}　磕 kʻa^{213}　理不～他 ər^{55}
做～饭 tsouʾ生～火 ʂẽ^{213}　含 xẽ^{42}　淋 luẽ^{42}
清看不～ tɕʻyẽ^{213}　诉告～ suŋ^{21}　粽 tɕyŋ^{21}

声调：济～南 tɕi^{213}　胡～同 xu^{213} 个～人 kə^{213}
自～家 tsɿ^{42}　讨 tʻɔ^{42}　乎之～者也 xu^{42}
毛一～钱 mɔ^{55}　权 tɕʻyã^{55}　巾毛～ tɕiẽ^{55}
左 tsuə^{21}

二、词汇

2.1　古语词

炙 tʂɿ^{213}　在靠近火或夏季的阳光下感到灼热：～的伤。炙，《广韵》昔韵之石切：《说文》日炮肉也，从肉在火上。

稙 tʂɿ^{213}　早种的(庄稼)：～棒子、～地瓜。稙，《广韵》职韵竹力切：早种禾。

𠷈缝 pʻi$^{213-21}$·fəŋ　开裂的隙缝：这木头有～，打柜子不行！𠷈，《广韵》支韵敷羁切：器破而未离。济南人多写作“披”。

攲 tɕi^{213}　用筷子搛：～菜。攲，《广韵》支韵居宜切：箸取物也。

𡁏晾 tɕʻi$^{213-21}$·liaŋ　逐渐干燥。𡁏，《广韵》缉韵去急切：欲燥。

蚁蛘 i$^{55-213}$·iaŋ　一种小蚂蚁。蛘，《广韵》阳韵与章切：虫名。

秫秫 ʂu$^{42-55}$·ʂu　高粱。秫，《广韵》术韵食聿切：谷名。

跍堆 ku$^{213-21}$·tuei　蹲，也说跍蹲 ku$^{213-21}$tuẽ。跍，《广韵》模韵枯胡切：蹲貌。按，济南及周围地区“跍”字声母皆不送气。

搰 xu^{213}　用手掌打：～一巴掌。搰，《广韵》没韵苦骨切：击也。

葫弄 xu$^{213-21}$·luŋ　大蒜、韭菜的气味：你吃蒜来，满嘴子～味！葫，《广韵》模韵荒乌切：大蒜也。

糂 sa^{42}　一种粥类食品。糂，《广韵》感韵桑感切：羹也。按，济南及鲁西南枣庄等地写作糁。糁和糂，《广韵》音义相同。

挼 nuə^{213}　用双手捏紧挤压：把菜馅儿的水～出来！挼，《广韵》戈韵奴禾切：挼莏也。

搉 tɕʻyə^{213}　捣：～蒜。搉，《广韵》觉韵苦角切：击也。《说文》从手搉声。

㔟 tɕʻyə^{55}　折断：～断。㔟，《广韵》薛韵子悦切：㔟断物也。

搋 tʂʻuɛ^{213}　用手压揉：～面。搋，《广韵》丘皆切：以拳加物。

枵 ɕiɔ^{213}　织物稀疏不厚密，棉絮薄。枵，《广韵》宵韵许娇切：玄枵虚危之次。

糗 $tɕ^{ʻ}iou^{55}$ 米饭或面食成块状或糊状；做乾饭或粘稠的饭：剩面条～哂：糗，《广韵》有韵去久切：乾饭屑也。孟子曰：舜饭糗茹草。《集韵》：食物烂也。

牛子 $iou^{42-55}·tsɿ$ 米象，一种粮食中常见的昆虫。郝懿行《尔雅义疏·释虫》蛄䗪、强蛘："今米谷中蠹，小黑虫是也。……今按：此虫大如黍米，赤黑色，呼为牛子，音如瓯子，登莱人语也。"按：牛子，今山东文登、乳山、招远等地人读꜀ou·tsɿ，即墨、临朐、青州、莱芜、临清、济南等大片地区读꜀iou·tsɿ。

唵 $ŋã^{55}$ 将粉状食物或药品用手一下按进嘴里。唵，《广韵》感韵乌感切：手进食也。

貜 $naŋ^{21}$ 人多拥挤。《广韵》董韵奴动切。《方言》卷十：多也。

鉎锹 $ʂəŋ^{213-21}·ʂu$ 铁锈、生锈。鉎，《广韵》庚韵所庚切：铁鉎。锹，《广韵》宥韵所枯切：铁生锹。

瘿袋 $iŋ^{213-23}tɛ^{21}$ 长在脖子上的囊状瘤子。瘿，《广韵》静韵於郢切：瘤也。

冻冻 $tuŋ^{213-21}·tuŋ$ 冰。冻，《广韵》东韵德红切：冻凌。

豵猪 $tɕyŋ^{21-544}·tʂu$ 公猪。豵，《广韵》宋韵子宋切：牡豕。

㣉 $ɕyŋ^{42}$ 怯懦，无能。㣉，《广韵》锺韵息恭切：㣉恭怯貌。按：㣉，济南读阳平，有人写作熊。

2.2 新旧差异

关于新词和旧词有两个方面：一是新陈代谢，即旧事物消亡，旧词不再使用；新事物出现，又有新词产生。二是同一事物，新的说法和旧的说法不同。随着社会发展，新事物层出不穷，济南话中表现新事物的新词大多接近普通话，如电脑、球迷、面的等等举不胜举，这里略去不细述。下面列举同一事物有新老不同说法的词语 18 例：

旧	夜来	新媳妇	老公	长果	莪子	黑瞎子
新	昨天	新娘	太监	花生	香菇	熊
旧	大氅	电棒子	胰子	洋钉	馃子	金镏子
新	大衣	手电	肥皂	钉子	油条	金戒指
旧	店	电驴子	饭庄	饭屋	饥困	关饷
新	旅馆	摩托	饭馆	厨房	饿	发工资

2.3 词义特点

跟普通话相比，济南话有些词在词的义项或用法上有明显不同。下面的例子都是日常用词。

娶 tɕʻy^{55}　除指男子娶亲以外，还指女子出嫁，被娶：他家～闺女|你闺女～了啊吧?

对象 tuei^{21}ɕiaŋ^{21}　除指恋爱对方以外，还用于指配偶，如：你～生了个么？|俺～弟兄俩，他哥哥在烟台工作。

外甥 vɛ$^{21-544}$ · ʂəŋ、外甥闺女 vɛ$^{21-544}$ · ʂəŋ kuẽ$^{213-21}$·ȵy　除指姐妹的孩子以外，还指女儿的孩子。

妈妈 ma$^{213-21}$·ma　除新派用于称母亲以外，还指乳房、乳汁，如：～头儿|吃～。

包子 pɔ$^{213-21}$·tsɿ　通常指水饺，有必要区别普通的水饺或包子时，前者称下包子、小包子，后者称蒸包儿、大包子。

米 mi^{55}　专指小米，如：~食儿小米面。如果说大米就要加“大”字。

吊死鬼儿 tiɔ$^{21-544}$·sɿ kuer^{55}　兼称尺蠖，一种昆虫。

鼻子 pi$^{42-55}$·tsɿ　兼称鼻涕。

合嗓（眼儿）xə$^{42-55}$·saŋ（iɛr^{55}）　通称嗓子。济南话的嗓子有食嗓 ʂʅ$^{42-55}$·saŋ、气嗓 tɕʻi$^{21-544}$·saŋ 之分，前者指食道，后者指气管，合起来就是合嗓。

茶馆儿 tʂʻa^{42}kuɛr^{55}　烧开水卖的地方。过去济南每条街都有茶馆儿，先买牌子，凭牌打水。济南的茶馆儿不设茶座。设茶座的叫茶社 tʂʻa^{42}ʂə^{21}，可供顾客坐下喝茶交谈，其中有的还有说唱演出。

当面 taŋ$^{213-23}$miã^{21}　其中“当”在普通话里只能跟少数名词组合，不和处所词组合，济南话结合范围稍宽。如：屋~面屋里的地面｜~院里院子里｜~街。

赛 sɛ^{21}　可作形容词，犹好，前面一般还要加副词。如：真~｜棱~。还可跟玩字结合：真~玩。

三、语法

3.1　词缀

济南话的词缀很丰富，主要是后缀。

3.1.1　表称谓的名词前缀“大”。济南话对非亲属关系的人用亲属称谓时，常常在前面加“大”ta^{21}以表示尊重亲切，有时也加在对某些手艺人的称呼前。如：

大姨	大姑	大婶子	大爷	大娘
大哥	大嫂子	大兄弟	大姐姐	大妹妹

大工称有技术的泥瓦匠　大师傅称厨师　大力士

3.1.2　形容词前缀。济南话形容词带前缀如“雪白、崭新、冰冷”等跟其他方言大多相同，但也有比较特殊的。如：苗细、悲苦、瓢偏、贼胖；飞快、飞细、飞脆、飞碎。

3.1.3　广用式后缀

巴·pa　(动词后缀)：撕巴　眨巴　揉巴　洗巴
脱巴　打巴　撸巴　薅巴　摘巴　扫巴
捆巴　捏巴
(形容词后缀)：紧巴　窄巴　挤巴　瘦巴
(名词后缀)：双巴　哑巴　结巴　瘸巴
嘲巴　磕巴　瘫巴　力巴　泥巴　疙巴

拉·la　(动词后缀)：扑拉　划拉　扒拉　拨拉
白拉　谝拉　耷拉　糊拉
(形容词后缀)：粗拉　侉拉　斜拉　楞拉
(名词后缀)：痂拉　疤拉

悠·iou　(动词后缀)：搓悠　抟悠　踡悠　逛悠
晃悠　转悠
(形容词后缀)：光悠　蔫悠

么·mə　(动词后缀)：捞么　揣么　舔么　抠么
寻么　踅么
(形容词后缀)：迂么

乎·xu　(动词后缀)：搅乎　嫌乎　占乎
(形容词后缀)：邪乎　粘乎　烂乎　稠乎
热乎

溜·liou　(动词后缀)：提溜　嬉溜
(形容词后缀)：稀溜　酸溜

棱·ləŋ (动词后缀)：扑棱 支棱 立棱
(形容词后缀)：斜棱 侧棱

打·ta (动词后缀)：摔打 踮打 呲打 踢打 磕打

和·xuə (动词后缀)：凑和 虚和 对和 搀和
(形容词后缀)：软和 忙和

实·ʂʅ (形容词后缀)：皮实 硬实 壮实 结实 瓷实

3.1.4 窄用式后缀

动词后缀：摸拾·ʂʅ 闯势·ʂʅ 秃鲁·lu 顾鲁·lu
骨搐·tʂʻu 捣古·ku 溜达·ta 扑撒·sa
爬查·tʂʻa 怄作·tsuə 掂对·tuei
眍瞜·lou 挠当·taŋ 当朗·laŋ
挠登·təŋ 折腾·tʻəŋ 糊弄·luŋ
摆弄·luŋ 支生·ʂəŋ

形容词后缀：做势·ʂʅ 弯古·ku 拐古·ku 大发·fa
细发·fa 挺脱·tʻuə 齐截·tɕiə 腻外·vɛ
宽快·kuɛ 活翻·fã 平分·fẽ 凉森·ʂẽ
紧帮·paŋ 正当·taŋ 慢腾·tʻəŋ
脆生·ʂəŋ 轻生·ʂəŋ

3.2 代词

3.2.1 人称代词。第一人称代词口语常用的是俺 ŋã^{55}、俺们 ŋã$^{55-213}$·mẽ。俺也可作复数，如：~弟兄俩。

单数：我 və^{55} 俺 ŋã^{55} 咱 tsã^{55}；你 ȵi^{55}；他 tʻa^{55}

复数：俺 ŋã^{55} 俺们 ŋã$^{55-213}$mẽ 俺这伙 ŋã^{55}tʂə^{21}xuə^{55}
(包括式)咱 tsã^{55} 咱这伙 tsã^{55}tʂə^{21}xuə^{55}

你这伙 $ȵi^{55}tʂə^{21}xuə^{55}$
他这伙 $t'a^{55}tʂə^{21}xuə^{55}$

复数形式也可说我们 $və^{55-213}$·mẽ、你们 $ȵi^{55-213}$·mẽ、他们 $t'a^{55-213}$·mẽ，但口语以带“这伙”的为常用。其他人称代词有：

自家 $tsɿ^{42-55}$·tɕia 自己，独自：你～不说，旁人怎么知道？|他～去俺不放心。

旁人 $p'aŋ^{42}ʐẽ^{42}$，也说别人 $piə^{42}ʐẽ^{42}$

大伙儿 $ta^{21}xuər^{55}$，也说大家伙 $ta^{21}tɕia^{213}xuə^{55}$、大家 $ta^{21}tɕia^{213}$

这伙儿 $tʂə^{21}xuər^{55}$ 这些人：～是干什么的？

3.2.2 指示代词（以下轻声字“里”·ȵi 又读·li）

这里 $tʂə^{21}$·ȵi 这窝里 $tʂə^{21}və^{213-21}$·ȵi 这□儿 $tʂə^{21}$·xər
那里 na^{21}·ȵi 那窝里 $na^{21}və^{213-21}$·ȵi 那□儿 na^{21}·xər
这户 $tʂə^{21}$·xu 犹这种，这类：碰上～事儿真倒霉！
那户 na^{21}·xu 犹那种，那类：这户菜不如～好吃。

3.2.3 疑问代词

么 $mə^{42}$ 即什么：这是～啊？|晌午吃～饭？有～吃～。

多咱 $tuə^{42-55}$·tsã 什么时候：你～来的？～走？

又：口语中指示代词这么 $tʂəŋ^{21-544}$·mə、那么 $nəŋ^{21-544}$·mə 和疑问代词什么 $ʂəŋ^{42-55}$·mə，怎么 $tsəŋ^{55-213}$·mə，前一字的韵母都是 əŋ。

3.3 助词

3.3.1 了和啊。普通话“吃了$_1$饭了$_2$”的了$_1$和了$_2$都读·lə。了$_1$用在动词后表示动作完成或预期的事态将要实现，如果有宾语，宾语在了$_1$后；了$_2$用在句末或句中停顿的地方，肯定事情发生或将发生，有成句的作用，如果有宾语，宾语在了$_2$前。济南话了$_1$读·lɔ或·lə，·lə是新派音，目前较通行；了$_2$读·lia，新派也读·lə。本书将了$_1$写作了，了$_2$写作啊。如：

了$_1$　下了一场雨｜等水凉了可再喝｜去了三次了

了$_2$　下雨啊｜要下雨啊｜水凉啊，喝吧｜去过啊

3.3.2　可·k‘ə。多用于句中停顿处，意为“…的时候”、“…以后”、“…再说”、“…的话”，表示许诺、商量、假设等语气，在句中有使语句舒缓的作用。如：

他来～，你告诉我！｜从前～，俺跟他在一个院里住。｜等水凉凉～再喝！｜你等等，我写完作业～！｜这事儿当时马上解决不了，以后～吧！｜有钱～咱家也买电脑。｜这衣裳你喜欢～就给你啊！

像“他小嫑可棱皮”这样的句子只是一般的叙述，没有转折的意思。此外，“可”还在某些词语后表示注意防止某些情况的发生，如：别跑，看摔着了～！｜凉了再吃，烫着～！

以上的“可”一般都可省去，省去后基本意思不变，但是失去了上述带“可”的语气和地道济南话的特色。

3.3.3　来·lɛ。句末语气助词，多用于疑问或陈述的句子，表示曾发生什么事情。如下面的对话：头午上午你上街～？—没上。—干么～？—回家～！

3.3.4　的·ti。相当于普通话的“的、地、得”。

如：他～书包　　好好～写　　他唱～真好

3.4　介词

3.4.1　从 ts'uŋ⁴²。除了跟普通话相同的用法如"～这里走"、"～明天起"、"～实际出发"等以外，济南话的"从"还有一个新兴的用法是表示"在"的意思，其介词结构表示行为的场所。如：～家里吃饭｜～学校上自习｜～黑板上写字。这种说法在中小学生中特别普遍。目前的发展"从"作为"在"的意思还可以单独作谓语，如：你妈在家不在家？—～家。但是"从"并没有完全取代了"在"，例如："在家不在家"不能说"从家不从家"，其介词结构也不能作补语，"放在桌子上"不能说"放从桌子上"。

3.4.2　给 tɕi⁴²（～kei⁴²）。使用范围较宽，大致有以下四种意思：

（1）替，为：～他倒杯水｜你～我写封信｜你～我问问

（2）被：茶杯～他打破哂｜行李～雨淋湿哂

（3）向，对：～他要｜我～你打听个事儿｜你去～他说

（4）和，跟：他～我棱好｜我～他不同

3.5　程度副词

常用的有：挺 t'iŋ⁵⁵、棱 ləŋ²¹³、□kaŋ⁴²、很 xẽ⁵⁵、真 tʂẽ²¹³、怪 k'uɛ²¹（～kuɛ²¹）、乔 tɕ'iɔ⁴²、忒 t'uei²¹³等。其中挺、棱、□kaŋ⁴²、乔四个口语较常用。□kaŋ⁴²含有赞叹的口气，其所组成的形容词短语后面可加语气词"来"：□kaŋ⁴²好来｜□kaŋ⁴²凉快来，而"挺好"、"棱好"等都不能加"来"。乔只用于贬义，表

示对一些感觉不舒服或某些事物不满意的程度，如：乔热｜乔难闻｜他走的乔慢，不能说“乔好”。

3.6 形容词生动形式

主要有以下 10 种：

3.6.1 A—AA 的，单音形容词 A 重叠，口语中后一音节常常儿化，也可两个音节都儿化。如：

厚厚的　大大的　慢慢儿的　蔫儿蔫儿的

3.6.2 A—BAA 的，单音形容词 A 重叠前加表程度的 B，大多是有正反义对立的形容词。如：

老深深的—精浅浅的　　老粗粗的—精细细的

老长长的—精短短的　　老宽宽的—精窄窄的

老厚厚的—溜薄薄的　　乔脏脏的精小小的

3.6.3 A—ABB 的，单音形容词 A 加重叠后缀 BB 构成，可分三类：

(1) AB 成词：紧巴巴的　烂乎乎的　平分分的

(2) BA 成词：硬帮帮的　黑黢黢的　冷冰冰的

(3) AB、BA 均不成词：　急拉拉的　直勾勾的

辣滋滋的　傻乎乎的

有的 A 可以是动词或名词，如：哭叽叽的、笑眯眯的、面兜兜的。重叠的后一音节有的儿化，有的两个音节都儿化，如：凉森森儿的、咸泽儿泽儿的、甜丝儿丝儿的，儿化后含有喜爱的感情色彩。

3.6.4 A—ABC 的，单音形容词 A 加后缀 BC 构成，多含贬义。如：

酸不叽的　苦不叽的　咸不叽的　咸格当的

甜么索的

3.6.5 A—ABCD 的，从所得语料分析，可划为

三类：

(1) 单音形容词 A 加后缀 BCD 构成：

生不拉叽的　苦不溜丢的　软而格叽的

圆鼓仑敦的　曲里拐弯的　黑不溜秋的

懈拉咣当的　正而八经的　胡而马约的

(2) AB 和 CD 是两个双音词组的并列结构：

撇腔拉调的　头疼脑热的　鸡零狗碎的

丢三拉四的　胡吹海唠的　装模作样的

拿乔作乱的　七零八碎的　一星半点儿的

(3) 双音词 AB 后加 CD 构成

吆喝皇天的　囫囵个儿的　热气腾腾的

蔫悠不拉的　叽溜咣当的　狗尿不臊的

屁臭寡淡的　稀溜咣当的

3.6.6　AB—ABAB 的，AB 大多是动词，重叠式必须后加“的”才能转而为形容词，如果不加“的”则仍为动词，有尝试义。比较：你嘴不咂不咂的吃么来？—你不咂不咂这是么滋味！

拐拉拐拉的　踮拉踮拉的　扑棱扑棱的

铺嚓铺嚓的　呱叽呱叽的　做势做势的

眨巴眨巴的　挤巴挤巴的　搐搭搐搭的

3.6.7　AB—AABB 的，双音形容词、动词、名词、副词等分别重叠前后两个音节构成。如：

形容词：窄窄巴巴的　贫贫气气的　皮皮实实的

　　　　做势做势的　急急火火的　迂迂磨磨的

动词：　鼓鼓捣捣的　摸摸拾拾的　咋咋唬唬的

　　　　扑扑棱棱的　骨骨搐搐的　呲呲打打的

名词：　旮旮旯旯的　半半青青的　肉肉头头的

结结巴巴的 吃吃症症的 里里外外的

副词： 凑凑付付的 好好歹歹的 二二乎乎的

象声词：吱吱�吩的 铺嚓铺嚓的 呱叽呱叽的

3.6.8 AB—A里AB的，双音节形容词前一音节重叠并在其间插入"里"。如：

马里马虎的 古里古怪的 慌里慌张的

3.6.9 BA—BBA，BA成词，B重叠加强形容程度，后面一般不加"的"。如：

溜溜酸 齁齁咸 喷喷香 黢黢黑

3.6.10 BA—BABA的，带前缀的双音形容词BA重叠，作用跟BBA相同，但用得比BBA宽泛，差不多所有BA式双音形容词都可以有BABA式。如：

锃亮锃亮的 溜光溜光的 刹白刹白的

死沉死沉的 厚辣厚辣的 精淡精淡的

3.7 补语

3.7.1 可能补语 普通话"吃得"、"吃不得"，济南话大多不用"得"，而用动词前加"能"表示。"拿得动"、"拿不动"，济南话肯定式有几种说法，否定式跟普通话相同。比较：

普通话 吃得 吃不得 拿得动

济南话 能吃 不能吃 能拿动、拿的动、拿动了

普通话 拿不动 好得了 好不了

济南话 拿不动 能好了、好的了 好不了

3.7.2 程度补语"的伤"·ti·ʂaŋ、"的慌"·ti·xuaŋ两者用法和意义相同，口语以前者居多，用在某些动词后，表示不快的心理状态或感觉的程度深，相当于普通话的"得很"。如：

气～　急～　饿～　使累～　热～　冻～

济南话的这种“V＋的伤”式跟普通话还有一个明显不同是：济南话在这之前还可以再加程度副词“真”、“乔”、“□kaŋ⁴²”等，如：□kaŋ⁴²气的伤、乔冷的伤，普通话不能说“太气得很”、“很冷得很”之类的。

3.8　被动句

济南话的被动句引出施动者的介词用“叫、让、给”，不用“被”。有以下三种句式：

(1) 茶杯叫(～让)他给我打破啢！

(2) 茶杯叫(～让)他给打破啢！

(3) 茶杯叫(～让、给)他打破啢！

普通话的被动句可以不出现施动者，可以说“茶杯被打破了”，济南话则施动者必须出现，不能说“茶杯叫(～让、给)打破啢”。“给我”可以单说“给”，也可以没有。一句中不能同时出现两个“给”，如果后面有“给我”或“给”，那么前面引出施动者的介词就只能用“叫”或“让”。

3.9　比较句

济南的比较句主要有两种形式，其中第二种在山东东部相当普遍。

	一式	二式
肯定比较：	他学习比我强。	他学习强起我。
否定比较：	他学习不比你强。	他学习不强起你。
疑问比较：	他学习比你强啊吧？	他学习强起你啊吧？

3.10　反复问句

相当于普通话反复问句的说法在济南有三种形

式。其中的第三种跟普通话相同，新派说的较多。

一式	二式	三式
你去啊吧？	你去啊还是不去？	你去不去？
学习啊吧？	学习啊还是不学习？	学习不学习？
有啊吧？	有啊还是没有？	有没有？
能行啊吧？	能行啊还是不能行？	行不行？

3.11 几种特殊结构

3.11.1 V人 “V”是表心理状态的动词，“V人”是使动用法，意为令人觉得怎么样。普通话也有这种用法，济南话用得较多。如：

棱吓人 真烦人 气人 急人 恨人 讴人

3.11.2 V不了的V “V”是单音动词，“V不了的V”表示使用、花销等足够有余。如：

他家的钱花不了的花｜他的铅笔使不了的使｜吃不了的吃｜喝不了的喝｜煤烧不了的烧。

3.11.3 A里下 “A”是“长、宽、高、深”一类形容词，“里下”音 ȵi˙ ɕia˙。“A里下”表示“从A里说”、“从A里看”等意思。如：

这教室长里下不到十米，宽里下也就六七米，坐不开这么些学生｜这井深里下有两丈。

四、济南话同音字汇

说　明

(1) 字汇按照老派济南方言音系排列，先按韵母分部，同韵的字按声母排列，声韵母相同的再按声调排列。

（2）韵母的排列次序是：

ɿ	ʅ	ər	
	i	u	y
a	ia	ua	
ə	iə	uə	yə
ɛ	iɛ	uɛ	
ei		uei	
ɔ	iɔ		
ou	iou		
ã	iã	uã	yã
ẽ	iẽ	uẽ	yẽ
aŋ	iaŋ	uaŋ	
əŋ	iŋ	uŋ	yŋ

（3）声母的排列次序是：

p	pʻ	m	f	v
t	tʻ	n	l	
ts	tsʻ	s		
tʂ	tʂʻ	ʂ	ʐ	
tɕ	tɕʻ	ȵ	ɕ	
k	kʻ	ŋ	x	ø

（4）声调的排列次序是：

阴平　阳平　上声　去声　轻声

（5）字下加双线（＝）的，表示是文读音，字下加单线（－）的，表示是白读音。

（6）字右下角的小字，有的是例词，有的是字义，有的说明这个字是又读或老派音、新派音、旧读音。

ɿ

tsɿ^{213}	资姿咨恣兹滋辎吱
tsɿ^{42}	自～己只～有
tsɿ^{55}	子姊紫滓
tsɿ^{21}	字恣渍自～来水
tsʻɿ^{213}	差参～，新龇滋喷射蛴～螬
tsʻɿ^{42}	瓷慈磁辞词祠此雌跐
tsʻɿ^{55}	跐又
tsʻɿ^{21}	刺次伺侍～候疵吹毛求～
·tsʻɿ	鸶
sɿ^{213}	斯撕厮嘶私丝咝司思
sɿ^{55}	死
sɿ^{21}	四泗肆赐似寺巳祀饲耜
·sɿ	厕茅～

ʅ

tʂʅ^{213}	知蜘支枝肢脂指～头之芝汁质只一～炽织职执稚秩掷栀淄窒
tʂʅ^{42}	侄直值植咫
tʂʅ^{55}	纸只旨指止址趾
tʂʅ^{21}	至致志痣治置智制痔滞
·tʂʅ	着助词，看～
tʂʻʅ^{213}	吃尺豉眵差参～，老
tʂʻʅ^{42}	池驰迟匙茌持痴治～鱼
tʂʻʅ^{55}	耻齿赤斥殖

tʂ'ʅ^{21} 翅

·tʂ'ʅ 肢夹～窝

ʂʅ^{213} 师狮诗尸逝湿虱失室适识饰释嗜实老么～儿的

ʂʅ^{42} 时十什拾实食蚀石识～字

ʂʅ^{55} 史驶使始矢屎施适～当

ʂʅ^{21} 世势誓是示视士市柿事氏式试释新侍又似～的俟

·ʂʅ 匙钥～

ʐʅ^{213} □象声词，东西扔出去的声音

ʐʅ^{21} 日

ər

ər^{42} 儿而

ər^{55} 尔耳饵理不～他

ər^{21} 二贰

i

pi^{213} 屄

pi^{42} 逼鼻荸

pi^{55} 比秕鄙必

pi^{21} 鄙敝蔽弊币毕毙陛篦碧滗辟避璧壁臂又闭

p'i^{213} 批蚍蚂～匹疋辟僻霹劈～木头

p'i^{42} 皮疲琵枇脾啤

p'i^{55} 癖劈～开譬脾～脏痞

p‘i^{21}	屁
mi^{213}	眯觅又
mi^{42}	迷谜眯～了眼弥靡縻
mi^{55}	米靡又蚁～蛘
mi^{21}	秘泌密蜜觅腻～虫
ti^{213}	低滴堤提～防，打～溜
ti^{42}	敌狄荻籴迪笛嫡嘀～咕涤提～溜的～确
ti^{55}	底抵牴的目～
ti^{21}	帝蒂地弟第递
t‘i^{213}	梯踢剔体～己
t‘i^{42}	提题啼蹄涕
t‘i^{55}	体
t‘i^{21}	替涕又剃惕剔又嚏屉
li^{213}	□捋
li^{42}	黎藜犁梨离璃篱狸厘劙
li^{55}	里理鲤礼李履
li^{21}	例丽隶棣利莉痢立粒笠莅历励历荔雳力吏栗砾离旧
tɕi^{213}	鸡基几饥机讥肌击墼已单念激及又级汲圾疾稽脊棘济～南，救～技妓歌～迹绩积即鲫寂缉辑奇～数急又戟吉羁籍～贯
tɕi^{42}	集急及极籍原～给供～畸～形蒺嫉
tɕi^{55}	挤己几～个虮
tɕi^{21}	祭剂济～公，不～计继寄妓纪记忌既季际冀稷系～鞋带荠～菜藉楫即新

tɕʻi^{213}	妻凄栖欺期七漆膝弃泣曝~干蹊曲~里拐弯
tɕʻi^{42}	齐脐蛴奇骑其棋旗麒歧祈祁乞岂戚姓缉~鞋口
tɕʻi^{55}	启起
tɕʻi^{21}	契器气汽砌去过~戚
·tɕʻi	荠荸~箕簸~
ȵi^{213}	妮
ȵi^{42}	尼泥呢倪新
ȵi^{55}	你拟新
ȵi^{21}	腻溺匿逆新
·ȵi	里这~，那~，又
ɕi^{213}	西牺犀奚溪希稀吸息媳熄昔惜析悉蟋嘻锡兮熙夕隙袭
ɕi^{42}	习席畦
ɕi^{55}	洗喜禧嬉
ɕi^{21}	细系戏屑不~吸~铁石
i^{213}	衣依一乙伊医揖译驿抑
i^{42}	宜谊移夷姨胰疑遗怡饴贻沂肄异彝仪懿倪颐屹逸
i^{55}	倚椅已以拟蚁亦尾~巴矣
i^{21}	逆艺吃义议易意瘾臆亿忆益缢溢疫役诣翼毅邑宜又医~生

u

pu^{213}	不拨~拉

pu^{42}	醭不～是，错误
pu^{55}	卜补鸨老～子
pu^{21}	布怖部簿步
·pu	埠蚌～
$p‘u^{213}$	朴扑捕铺～设
$p‘u^{42}$	匍蒲菩扑～拉
$p‘u^{55}$	埠商～脯胸～圃蒲～子浦哺普谱仆璞堡又
$p‘u^{21}$	铺店～堡二十里～
mu^{213}	木单音词，麻木
mu^{42}	谋模～子没～有殁
mu^{55}	母拇亩某牡模大约～儿
mu^{21}	暮慕墓幕募目苜睦木沐穆牟侔牧
fu^{213}	夫伕肤麸福幅复腹蝮佛拂
fu^{42}	敷孵浮俘符附腐扶芙服伏弗覆讣～告
fu^{55}	府俯腑斧甫脯果～辅抚
fu^{21}	付傅父富妇负赋赴洑副服—～药
·fu	咐
tu^{213}	都首～嘟突督笃
tu^{42}	独牍读毒
tu^{55}	赌堵睹肚猪～
tu^{21}	杜肚～子度渡镀妒斁
$t‘u^{213}$	秃
$t‘u^{42}$	徒涂途图屠
$t‘u^{55}$	土吐～痰
$t‘u^{21}$	兔吐呕～

nu^{42}	奴努农
nu^{21}	怒
lu^{213}	撸
lu^{42}	芦炉庐卢颅如
lu^{55}	鲁橹卤虏戮汝儒乳辱
lu^{21}	露~水路鹭赂鹿辘陆录碌禄绿又入褥
·lu	噜—嘟~
tsu^{213}	租组诅阻沮
tsu^{42}	卒族足新
tsu^{55}	祖阻新组~合橱
tsʻu^{213}	粗促
tsʻu^{21}	醋
su^{213}	苏酥速
su^{21}	素嗉塑诉
tʂu^{213}	猪诸朱珠蛛诛硃株竹烛嘱触逐筑又阻旧
tʂu^{42}	轴~子妯~娌
tʂu^{55}	主拄煮阻老
tʂu^{21}	筑著驻注蛀柱住助祝箸
·tʂu	帚扫~碡碌~
tʂʻu^{213}	初出输~了搐~水
tʂʻu^{42}	除锄畜~类雏殊厨橱楚
tʂʻu^{55}	储贮础褚杵
tʂʻu^{21}	处~理，~所怵畜~生
ʂu^{213}	梳疏蔬书舒抒输叔枢束
ʂu^{42}	赎熟秫蜀

ʂu^{55}	黍暑署薯曙鼠数动词属
ʂu^{21}	数名词竖树漱术述恕
ku^{213}	姑咕辜轱孤骨谷箍
ku^{42}	骨～擂
ku^{55}	古估～计股鼓
ku^{21}	故固估～衣雇顾
kʻu^{213}	哭枯酷窟
kʻu^{55}	苦
kʻu^{21}	库裤
xu^{213}	呼忽糊～巴掌弧胡～同葫～弄，大蒜味
xu^{42}	胡湖糊蝴葫狐～仙壶忽一～儿囫核枣～乎不在～
xu^{55}	虎唬琥狐浒
xu^{21}	户沪护糊～弄扈瓠互
·xu	蝠檐憋～子
u^{213}	乌坞屋污巫诬侮兀
u^{42}	吴蜈无芜
u^{55}	午忤五伍吾捂梧鹉舞戊
u^{21}	恶可～误悟寤务雾勿物坞～车，车陷在泥水中

y

ly^{213}	捋～槐花
ly^{42}	驴
ly^{55}	吕侣铝闾旅屡缕捋陆～续理又
ly^{21}	虑滤律绿碌～碡率效～

tɕy^{213} 足居拘驹马～子橘菊鞠掬锔车～马炮

tɕy^{42} 局驹护～子

tɕy^{55} 举矩

tɕy^{21} 铸据锯剧巨拒距苣具俱惧聚句遽

tɕʻy^{213} 蛆区岖躯驱屈曲蛐麴渠瞿趋黢龋

tɕʻy^{55} 取娶

tɕʻy^{21} 去趣

ȵy^{55} 女

ɕy^{213} 宿粟虚墟嘘须需恤戌旭肃胥畜～牧

ɕy^{42} 俗徐絮～叨

ɕy^{55} 许

ɕy^{21} 絮棉～序叙绪蓄新续婿

y^{213} 愚域淤吁命令牲口停止的吆喝

y^{42} 鱼渔余于姓盂虞俞榆舆

y^{55} 语雨宇禹羽熨～贴

y^{21} 娱愉喻愈与给～，参～誉予预豫遇寓欲裕
浴育玉钰御郁驭于关～迂～磨狱

a

pa^{213} 巴芭疤吧～嗒八扒剥～皮

pa^{42} 拔跋雹

pa^{55} 把靶

pa^{21} 霸坝罢爸把刀～耙

·pa 琶叭喇～

pʻa^{213} 趴啪乓乒～球

p'a^{42}	爬耙扒～手
p'a^{21}	怕帕
ma^{213}	妈嬷抹～布，～桌子麻～将
ma^{42}	麻痳嘛蟆
ma^{55}	马码蚂吗
ma^{21}	骂蚂～蚱
·ma	蟆蛤～
fa^{213}	发法
fa^{42}	乏罚伐筏阀
va^{213}	挖哇洼
va^{42}	娃蛙娲
va^{55}	瓦□用力搔破
va^{21}	袜瓦～刀
ta^{213}	答搭嗒耷
ta^{42}	达瘩打～听，一～沓一～
ta^{55}	打
ta^{21}	大
t'a^{213}	塔塌榻溻褟～头儿趿獭
t'a^{55}	他她它
na^{213}	呐纳～鞋底
na^{42}	拿
na^{55}	哪
na^{21}	那娜捺纳
la^{213}	拉啦～～队垃邋
la^{42}	落～下拉割旯拉～呱儿

la^{55}	喇
la^{21}	落蜡腊辣
·la	啦蝲蛤~
tsa^{213}	咂
tsa^{42}	杂砸
tsʻa^{213}	擦礤嚓喀~，断裂声
sa^{213}	撒~手仨卅萨
sa^{42}	糁~汤
sa^{55}	撒~种洒飒
tʂa^{213}	扎札渣楂眨劄踏砟~子拃~拏
tʂa^{42}	闸铡炸油~轧
tʂa^{55}	扎~古
tʂa^{21}	炸~弹诈咋乍榨栅
·tʂa	蚱
tʂʻa^{213}	插察嚓叉~鱼差~别，~错刹喳
tʂʻa^{42}	茶搽查碴茬察观~
tʂʻa^{55}	叉裤~蹅
tʂʻa^{21}	叉打~汊杈差~错，又岔
ʂa^{213}	沙纱砂杀刹~车煞霎杉又
ʂa^{42}	蛇啥
ʂa^{55}	傻
ʂa^{21}	厦沙动词，把沙~出来
ka^{213}	旮嘎割犄~拉夹~肢窝
ka^{42}	尜嘎又蛤
ka^{55}	生

k'a^{213}	喀～嚓；断裂声磕～倒咖～啡揩～油
k'a^{21}	咯□～拉，油质品坏了
ŋa^{213}	腌～臜
xa^{213}	哈
xa^{42}	蛤～蟆
a^{213}	阿
a^{55}	啊语气词，表惊讶疑问（去声）
a^{21}	啊表答应同意
·a	啊

ia

pia^{213}	□摔东西的声音：～一下摔到地上
pia^{42}	□枪声
p'ia^{213}	□用手掌打的声音：～～两巴掌
p'ia^{42}	□枪声，又
lia^{55}	俩
·lia	唡去～，好～，来～
tɕia^{213}	家傢加嘉痂枷佳夹颊甲角
tɕia^{55}	夹～袄假真～贾钾角巴～，一种虫
tɕia^{21}	稼嫁架驾价假放～胛
tɕ'ia^{213}	掐恰卡发～
tɕ'ia^{55}	卡～子
ɕia^{213}	虾瞎
ɕia^{42}	霞暇遐瑕匣辖侠峡狭
ɕia^{21}	下吓又夏

ia^{213}	丫亚椏压押鸦鸭
ia^{42}	牙芽呀蚜衙
ia^{55}	雅讶哑
ia^{21}	轧压又
·ia	夜白～

ua

tʂua^{213}	抓
tʂua^{55}	爪老，鸡～子
tʂ‘ua^{213}	□一把～过来：抢别人的东西
ʂua^{213}	刷
ʂua^{55}	耍
kua^{213}	瓜呱～～叫刮
kua^{42}	呱腚～：臀部两边
kua^{55}	寡剐呱拉～
kua^{21}	卦挂褂
k‘ua^{213}	夸刮～脸
k‘ua^{55}	垮侉
k‘ua^{21}	跨挎胯
xua^{213}	花哗～拉
xua^{42}	华哗喧～桦铧滑猾划
xua^{21}	化画话划又华姓

ə

pə^{213}	波菠玻簸动词播剥拨搏博泊粕勃渤

$pə^{42}$	驳脖鹁薄钹箔箥
$pə^{21}$	簸~箕
$p‘ə^{213}$	颇坡膊泼
$p‘ə^{42}$	婆
$p‘ə^{21}$	破
·p‘ə	膊胳~
$mə^{213}$	摸
$mə^{42}$	摩魔磨~刀蘑么模漠膜馍摹
$mə^{55}$	抹~药□小~子，小男孩模~糊
$mə^{21}$	磨石~末沫茉~莉莫没沉~陌新
$fə^{42}$	佛□呼痛声缚
$və^{213}$	窝蜗握倭沃
$və^{55}$	我
$və^{21}$	卧
$tə^{213}$	嘚咯~儿：物品落地声得患~患失德~高望重
$tə^{42}$	得~了吧
$tə^{21}$	嘚命令牲口往前走的吆喝
$t‘ə^{42}$	特~别
$lə^{213}$	勒
·lə	了吃~饭哟，新
$tsə^{213}$	仄则责
$ts‘ə^{213}$	测恻策册
$ts‘ə^{21}$	侧厕
$sə^{213}$	色啬老
$sə^{21}$	啬新

tʂə^{213}　遮折~断哲蜇浙摺
tʂə^{42}　辙蔗
tʂə^{55}　者
tʂə^{21}　这
·tʂə　蔗甘~
tʂʻə^{213}　车
tʂʻə^{55}　扯
tʂʻə^{21}　撤彻
ʂə^{213}　佘赊奢
ʂə^{42}　舌折~了蛇马~子：蜥蜴
ʂə^{55}　舍
ʂə^{21}　社射麝赦舍宿~涉设
ʐə^{55}　惹
ʐə^{21}　热
kə^{213}　哥歌戈个~人割合容量单位鸽革疙葛咯~嘚儿：轻的物品落地声阁搁胳骼袼~背格隔膈角银~儿
kə^{42}　嗝打~硌~牙胳~肢□~疑
kə^{55}　阁~子后街葛花丝~：一种带花的丝织品
kə^{21}　硌~应个过~去，~河
kʻə^{213}　科蝌棵颗苛坷坎儿壳渴颏咳刻瞌磕克
kʻə^{55}　可坷~垃：土块
kʻə^{21}　课刻一~钟客锞纸~子骒
ŋə^{213}　恶窝~囊阿东~，~胶
ŋə^{42}　蛾鹅俄峨腭鳄愕鄂噩阿~朗蛛子扼轭讹额遏

ŋə^{55}	我旧，今不用
ŋə^{21}	饿
xə^{213}	喝鹤吓郝涸
xə^{42}	何河菏荷禾和~气合盒颌阂核~核蛤~蟆，又
xə^{21}	贺鹤新喝~采货~郎

iə

piə^{213}	鳖憋瘪~三
piə^{42}	别
piə^{55}	蹩~了一下脚
piə^{21}	别~扭
p‘iə^{213}	撇瞥
p‘iə^{55}	苤撇左~子
miə^{213}	咩
miə^{42}	篾秫秸~儿
miə^{21}	灭蔑
tiə^{213}	爹跌□~丧：拉长脸，不给人好脸色
tiə^{42}	蝶蹀碟谍叠迭
t‘iə^{213}	贴帖铁
liə^{213}	咧乱说
liə^{42}	咧~涎：口水
liə^{55}	裂咧~嘴
liə^{21}	猎列烈裂~纹趔劣
·liə	咧

tɕiə^{213}	接结节疖揭
tɕiə^{42}	截捷睫杰竭劫结完～洁
tɕiə^{55}	姐
tɕiə^{21}	借藉褯
tɕ‘iə^{213}	切且
tɕ‘iə^{42}	茄
tɕ‘iə^{21}	怯妾窃趄
ȵiə^{213}	捏摄蹑
ȵiə^{21}	孽聂镊
ɕiə^{213}	些血楔歇蝎屑
ɕiə^{42}	邪协胁斜涎～线，咧～挟携
ɕiə^{55}	写
ɕiə^{21}	泻泄卸谢
iə^{213}	噎液掖动词腋冶谒咽哽～
iə^{42}	爷耶
iə^{55}	也野揶
iə^{21}	夜掖～县叶业页额～拉盖

uə

tuə^{213}	多哆掇啄鸡～米
tuə^{42}	夺铎
tuə^{55}	朵躲垛～口
tuə^{21}	惰堕舵驮～子剁垛跺
·tuə	朵耳～，新
t‘uə^{213}	拖脱托拓庹

t'uə⁴²	驼陀砣鸵驮椭唾
t'uə⁵⁵	妥
nuə⁴²	挪糯懦诺
luə²¹³	啰箩～～烙～饼掠
luə⁴²	罗锣箩骡螺田～
luə⁵⁵	裸啰～～
luə²¹	洛骆络烙～铁略酪落若弱螺～丝乐快～
tsuə²¹³	作～揖，～弄
tsuə⁴²	昨凿琢捽
tsuə⁵⁵	撮一～毛佐
tsuə²¹	左做作坐座
ts'uə²¹³	搓
ts'uə⁴²	挫矬
ts'uə⁵⁵	撮又
ts'uə²¹	错措锉
suə²¹³	蓑梭娑嗦
suə⁴²	唆□孩子调皮
suə⁵⁵	索锁唢琐
·suə	嗽咳～
tʂuə²¹³	捉拙卓桌
tʂuə⁴²	着浊镯濯擢琢啄酌灼茁
tʂ'uə²¹³	绰焯～芹菜戳手～啜辍
tʂuə⁴²	戳动词
ʂuə²¹³	说
ʂuə⁴²	勺硕烁

ʂuə^{55} 所缩
ʂuə^{21} 朔
·ʂuə 少多～
kuə^{213} 锅郭
kuə^{55} 国果裹馃～子；油条括又
kuə^{21} 过
k'uə^{213} 阔括包～扩廓
k'uə^{21} 阔～气
xuə^{213} 豁攉劐霍藿壑
xuə^{42} 活和～面获新
xuə^{55} 火伙夥
xuə^{21} 祸货和搅动惑

yə

tɕyə^{213} 觉诀角脚爵噘撅镢
tɕyə^{42} 绝决橛掘倔嚼
tɕyə^{55} 角鸡蛋～儿
tɕ'yə^{213} 缺却确鹊雀壳
tɕ'yə^{42} 瘸
tɕ'yə^{55} [illegible]～断
ɕyə^{213} 血新靴薛削雪
ɕyə^{42} 学穴踅
yə^{213} 约
yə^{55} 哕抈折断
yə^{21} 虐疟悦阅月钥越岳乐音～药粤曰

ε

pε^{213}	伯~~
pε^{42}	白~跑别不要
pε^{55}	摆
pε^{21}	拜败稗
p‘ε^{42}	排牌
p‘ε^{55}	排地~车
p‘ε^{21}	派
mε^{42}	埋
mε^{55}	买
mε^{21}	卖迈
fε^{42}	□呼痛声
vε^{213}	歪喂
vε^{55}	𨂿
vε^{21}	外
·vε	味腻~
tε^{213}	呆待停留
tε^{55}	歹逮在
tε^{21}	戴待怠代袋贷带大~夫
t‘ε^{213}	胎态苔舌~
t‘ε^{42}	台抬苔
t‘ε^{21}	泰太
nε^{55}	乃奶
nε^{21}	耐奈

lɛ^{213} 赖不～
lɛ^{42} 来
lɛ^{21} 赖～皮
tsɛ^{213} 灾栽再
tsɛ^{55} 宰载三年五～仔在又
tsɛ^{21} 载～重在
tsʻɛ^{213} 猜
tsʻɛ^{42} 才材财裁
tsʻɛ^{55} 采睬彩
tsʻɛ^{21} 菜蔡
sɛ^{213} 腮鳃
sɛ^{21} 赛塞
tʂɛ^{213} 斋
tʂɛ^{21} 债寨摞
tʂʻɛ^{213} 差钗
tʂʻɛ^{42} 柴豺
tʂʻɛ^{55} 踩
ʂɛ^{213} 筛
ʂɛ^{21} 晒
kɛ^{213} 该
kɛ^{55} 改
kɛ^{21} 概溉盖丐钙
kʻɛ^{213} 开揩
kʻɛ^{55} 慨楷凯恺铠
ŋɛ^{213} 哀挨新，～号，又

ŋɛ⁴²	呆不灵活挨新，～打癌
ŋɛ⁵⁵	矮新癌又
ŋɛ²¹	艾爱碍隘
xɛ⁴²	孩核～对
xɛ⁵⁵	海
xɛ²¹	害亥
ɛ²¹³	唉哎～唷
ɛ⁵⁵	欸表疑问惊讶
ɛ²¹	欸表同意，应诺

iɛ

tɕiɛ²¹³	皆秸阶街
tɕiɛ⁵⁵	解
tɕiɛ²¹	介芥疥界届戒诫解押～
ɕiɛ²¹³	鞋
ɕiɛ²¹	解姓懈蟹澥械偕谐
iɛ²¹³	挨老，～号□叹词；～你来了
iɛ⁴²	挨老；～打涯崖
iɛ⁵⁵	矮老

uɛ

tʂuɛ²¹³	拽扔
tʂuɛ⁵⁵	跩
tʂuɛ²¹	拽拉
tʂ‘uɛ²¹³	搋

tʂ‘uɛ^{55}	揣
tʂ‘uɛ^{21}	踹嘬
ʂuɛ^{213}	衰摔
ʂuɛ^{55}	甩
ʂuɛ^{21}	帅率~领蟀
kuɛ^{213}	乖蝈
kuɛ^{55}	拐
kuɛ^{21}	怪
k‘uɛ^{55}	扤
k‘uɛ^{21}	会~计块快筷刽
xuɛ^{42}	怀槐淮获踝~骨
xuɛ^{55}	坏又
xuɛ^{21}	坏

ei

pei^{213}	伯柏泊梁山~百彼笔杯卑碑悲北掰
pei^{42}	白帛
pei^{21}	臂背辈贝倍被备
·pei	珀琥~壁影~
p‘ei^{213}	迫拍披丕坯胚魄
pei^{42}	培赔陪裴
pei^{21}	配佩沛辔
mei^{213}	没~价
mei^{42}	梅霉媒煤枚玫眉没~的
mei^{55}	每美

mei^{21}	默墨麦脉妹昧迈谜破～
fei^{213}	飞非菲匪翡妃
fei^{42}	肥
fei^{55}	榧～子
fei^{21}	废肺费沸痱吠
vei^{213}	威偎
vei^{42}	为作～围
vei^{55}	危桅微薇维惟唯委伪慰伟苇违尾
vei^{21}	卫畏喂胃渭猬未味位魏为因～纬
tei^{213}	得德
tei^{42}	特～为
tʻei^{42}	颓又
nei^{55}	馁
nei^{21}	内
lei^{213}	勒
tsei^{213}	则
tsei^{42}	贼
sei^{213}	塞～住
tʂei^{213}	责侧摘窄
tʂei^{42}	择泽宅翟仄摘～鸡
tʂʻei^{213}	测恻厕策册拆
ʂei^{213}	涩瑟啬色骰
ʂei^{42}	谁
kei^{213}	格隔 嗝又
kei^{42}	给

k‘ei^{213} 克刻客

k‘ei^{42} 剋～了一顿

xei^{213} 黑吓～唬

uei

tuei^{213} 堆

tuei^{21} 对队兑

t‘uei^{213} 推忒

t‘uei^{42} 颓

t‘uei^{55} 腿

t‘uei^{21} 退褪蜕

luei^{42} 雷

luei^{55} 累积～儡垒蕊磊擂胡吹白～

luei^{21} 累连～类泪肋勒～紧擂～台锐瑞

tsuei^{213} 堆

tsuei^{55} 嘴

tsuei^{21} 罪最醉

ts‘uei^{213} 崔摧催

ts‘uei^{21} 脆翠悴粹

suei^{213} 虽尿名词

suei^{42} 随隋髓遂

suei^{21} 碎岁穗

·suei 荽芫～

tʂuei^{213} 追椎锥

tʂuei^{21} 缀坠赘

tʂʻuei^{213}	吹炊
tʂʻuei^{42}	垂锤棰槌
ʂuei^{213}	摔~打
ʂuei^{42}	谁
ʂuei^{55}	水
ʂuei^{21}	税说游~睡
kuei^{213}	规龟归轨闺
kuei^{55}	鬼诡刽国旧，今已不用
kuei^{21}	桂柜跪贵瑰
kʻuei^{213}	亏盔窥
kʻuei^{42}	葵奎逵魁
kʻuei^{55}	傀
kʻuei^{21}	愧溃
xuei^{213}	灰诙恢挥辉徽
xuei^{42}	回蛔茴或
xuei^{55}	悔毁
xuei^{21}	贿汇会绘惠慧彗讳晦秽溃~脓

ɔ

pɔ^{213}	褒包雹鲍
pɔ^{55}	宝饱保堡鸨
pɔ^{21}	报抱刨暴瀑爆豹趵~突泉
pʻɔ^{213}	抛胞细~泡灯~剖
pʻɔ^{42}	袍刨
pʻɔ^{55}	跑

pʻɔ^{21} 炮泡
mɔ^{213} 猫瞧～儿
mɔ^{42} 毛髦矛茅猫单用锚
mɔ^{55} 卯毛—～钱□在水里煮一下□～了：脱落
mɔ^{21} 冒帽茂贸貌
fɔ^{55} 否
tɔ^{213} 刀叨□用筷子～
tɔ^{55} 岛捣导祷倒～塌悼
tɔ^{21} 到倒～水道稻盗
·tɔ 朵耳～眼儿掇拾～
tʻɔ^{213} 滔涛掏
tʻɔ^{42} 桃逃陶讨
tʻɔ^{21} 套
·tʻɔ 萄
nɔ^{213} 孬
nɔ^{42} 挠
nɔ^{55} 恼脑
nɔ^{21} 闹
lɔ^{213} 唠～叨
lɔ^{42} 牢劳捞唠又
lɔ^{55} 老
lɔ^{21} 涝酪
·lɔ 了吃～饭嗝，老
tsɔ^{213} 糟遭
tsɔ^{55} 早枣澡

tsɔ^{21}	躁燥糙粗～造皂灶
ts‘ɔ^{213}	操糙粗～
ts‘ɔ^{42}	曹槽
ts‘ɔ^{55}	草
ts‘ɔ^{21}	肏
sɔ^{213}	臊～味骚
sɔ^{55}	嫂扫～地
sɔ^{21}	臊害～扫～帚
tʂɔ^{213}	朝～夕昭招
tʂɔ^{42}	着睡～，～火
tʂɔ^{55}	爪～子，新找
tʂɔ^{21}	罩赵兆照笊肇
tʂ‘ɔ^{213}	抄钞吵～～超绰
tʂ‘ɔ^{42}	巢朝～代潮
tʂ‘ɔ^{55}	吵炒
tʂ‘ɔ^{21}	抄用勺子～
ʂɔ^{213}	烧稍梢捎
ʂɔ^{42}	勺新芍绍
ʂɔ^{55}	少多～
ʂɔ^{21}	少～年邵绍新潲
·ʂɔ	舍不割～
ʐɔ^{42}	饶
ʐɔ^{55}	扰
ʐɔ^{21}	绕
kɔ^{213}	高膏羔糕

kɔ^{55}	稿搞镐篙膏石~
kɔ^{21}	告膏~油
k‘ɔ^{55}	考拷烤
k‘ɔ^{21}	靠犒铐
ŋɔ^{213}	熬~肉嗷~~叫
ŋɔ^{42}	熬~夜
ŋɔ^{55}	袄
ŋɔ^{21}	傲鳌奥懊拗
xɔ^{213}	蒿薅
xɔ^{42}	豪嚎毫耗消~，~费
xɔ^{55}	好~坏
xɔ^{21}	好喜~耗~子号

iɔ

piɔ^{213}	标彪膘
piɔ^{55}	表裱
piɔ^{21}	鳔鱼~
p‘iɔ^{213}	飘漂~白
p‘iɔ^{42}	瓢嫖
p‘iɔ^{21}	票漂~亮
miɔ^{213}	喵猫叫声
miɔ^{42}	苗描瞄
miɔ^{55}	秒淼渺藐
miɔ^{21}	庙妙
tiɔ^{213}	刁雕貂

tiɔ^{55}	屌
tiɔ^{21}	钓掉吊调
t‘iɔ^{213}	挑肩～
t‘iɔ^{42}	条调～和笤～帚
t‘iɔ^{55}	挑～拨
t‘iɔ^{21}	眺跳粜
liɔ^{42}	聊辽疗寥僚燎～泡撩缭嘹
liɔ^{55}	了燎
liɔ^{21}	料镣
tɕiɔ^{213}	交郊较胶教～书焦蕉椒骄娇浇缴角三～尺
tɕiɔ^{42}	嚼
tɕiɔ^{55}	绞狡饺铰搅侥缴～裹儿
tɕiɔ^{21}	叫轿窖酵教～育校～对觉睡～
tɕ‘iɔ^{213}	敲锹跷缲
tɕ‘iɔ^{42}	樵瞧乔侨桥
tɕ‘iɔ^{55}	巧
tɕ‘iɔ^{21}	窍撬翘俏
ȵiɔ^{55}	鸟
ȵiɔ^{21}	尿～尿
ɕiɔ^{213}	肖消宵霄硝销逍萧箫潇嚣枵
ɕiɔ^{55}	小晓
ɕiɔ^{21}	孝笑校效
iɔ^{213}	夭妖要～求腰邀么凹约～一～多重
iɔ^{42}	肴淆摇谣窑遥姚尧腰半截～儿里
iɔ^{55}	咬舀

iɔ^{21}	钥跃耀要靿药卖野~的

ou

tou^{213}	都~是兜哆~嗦
tou^{55}	斗抖陡
tou^{21}	豆逗痘斗~争
tʻou^{213}	偷
tʻou^{42}	头投
tʻou^{55}	敨
tʻou^{21}	透
·tʻou	斗抽~
lou^{213}	搂~柴火
lou^{42}	楼蝼耧
lou^{55}	搂~抱篓
lou^{21}	漏陋露~出
tsou^{55}	走
tsou^{21}	奏揍做~活，~饭
tsʻou^{21}	凑
sou^{213}	搜馊飕
·sou	嗦哆~
tʂou^{213}	邹周舟州洲粥
tʂou^{42}	轴新妯新
tʂou^{55}	肘
tʂou^{21}	咒宙纣绉皱骤昼
tʂʻou^{213}	抽

tʂʻou^{42}　绸稠筹愁仇酬
tʂʻou^{55}　丑瞅
tʂʻou^{21}　臭售~货员
ʂou^{213}　收
ʂou^{55}　手首守
ʂou^{21}　瘦兽受授寿
ʐou^{213}　□抓住长绳的一端，加力使之旋转
ʐou^{42}　柔揉蹂
ʐou^{21}　肉
kou^{213}　勾沟构购钩佝枸媾
kou^{55}　狗苟
kou^{21}　够垢彀构又购又
kʻou^{213}　抠眍
kʻou^{42}　□利害，这人真~
kʻou^{55}　口
kʻou^{21}　叩扣寇蔻
ŋou^{213}　欧殴讴偶
ŋou^{55}　藕呕
ŋou^{21}　沤怄
xou^{213}　齁
xou^{42}　侯猴喉吼
xou^{21}　厚后候

iou

tiou^{213}　丢

liou^{213} 溜镏

liou^{42} 流硫琉刘留榴

liou^{55} 柳绺

liou^{21} 六遛馏溜一~

tɕiou^{213} 揪究鸠纠灸

tɕiou^{42} 揪掐：把花~下来

tɕiou^{55} 酒九久玖韭

tɕiou^{21} 旧就救舅

tɕ'iou^{213} 丘秋鞦阄

tɕ'iou^{42} 囚泅求球仇姓

tɕ'iou^{55} 糗

ȵiou^{213} 妞

ȵiou^{42} 牛

ȵiou^{55} 扭纽

ȵiou^{21} 谬拗

ɕiou^{213} 休修羞朽宿住一~

ɕiou^{21} 秀锈绣袖嗅宿星~

iou^{213} 忧优悠邮幽

iou^{42} 尤犹由油蚰游牛~子：米象

iou^{55} 有友酉

iou^{21} 又右佑柚釉鼬诱幼

·iou 唷哎~

ã

pã^{213} 班斑颁扳般搬

$pã^{55}$	板版
$pã^{21}$	扮半拌绊柈~子办瓣
$p‘ã^{213}$	潘攀
$p‘ã^{42}$	盘蟠
$p‘ã^{21}$	盼判叛襻
$mã^{42}$	蛮瞒馒鳗埋~怨
$mã^{55}$	满
$mã^{21}$	曼慢幔漫蔓又
$fã^{213}$	帆番翻幡
$fã^{42}$	烦繁凡藩番三~五次范模~
$fã^{55}$	反返
$fã^{21}$	犯范姓泛贩饭
$vã^{213}$	弯湾剜豌
$vã^{42}$	完丸玩顽
$vã^{55}$	碗婉惋晚挽皖绾
$vã^{21}$	万腕蔓
$tã^{213}$	丹单担~任耽
$tã^{55}$	胆掸
$tã^{21}$	旦但担挑~淡蛋诞弹子~
$t‘ã^{213}$	贪坍滩摊瘫
$t‘ã^{42}$	谈痰檀覃潭谭坛昙弹~琴团粉~，蒲~
$t‘ã^{55}$	坦袒毯
$t‘ã^{21}$	叹炭探
$nã^{42}$	男南难~易
$nã^{55}$	暖~鸡

$nã^{21}$	难患～
$lã^{42}$	兰栏拦篮蓝岚
$lã^{55}$	览揽榄懒褛
$lã^{21}$	烂滥
$tsã^{213}$	簪
$tsã^{55}$	咱攒
$tsã^{21}$	暂赞
tsʻ$ã^{213}$	参餐
tsʻ$ã^{42}$	蚕残
tsʻ$ã^{55}$	惨惭
tsʻ$ã^{21}$	灿
$sã^{213}$	三
$sã^{55}$	伞散松～
$sã^{21}$	散解～
tʂ$ã^{213}$	沾粘占～卜毡
tʂ$ã^{55}$	斩展盏
tʂ$ã^{21}$	占～领站战绽栈蘸颤
tʂʻ$ã^{213}$	搀掺
tʂʻ$ã^{42}$	蝉禅潺馋谗缠
tʂʻ$ã^{55}$	产铲
tʂʻ$ã^{21}$	忏颤又
ʂ$ã^{213}$	山衫杉扇珊删
ʂ$ã^{55}$	陕闪
ʂ$ã^{21}$	扇～子骟善赡擅单姓
ʐ$ã^{42}$	然

ʐã^{55}	燃染
kã^{213}	甘泔柑干肝竿杆旗~尴
kã^{55}	敢橄杆枪~赶擀秆感
kã^{21}	干~活赣
k'ã^{213}	堪
k'ã^{55}	刊坎砍勘龛
k'ã^{21}	看瞰
ŋã^{213}	安鞍庵鹌
ŋã^{55}	俺揞
ŋã^{21}	暗岸案按
xã^{213}	鼾[illegible]酣憨
xã^{42}	含函涵寒韩还副词
xã^{55}	喊
xã^{21}	汉旱汗翰

iã

piã^{213}	边鞭编蝙
piã^{55}	扁匾贬
piã^{21}	变遍便方~辨辩辫
p'iã^{213}	篇偏
p'iã^{42}	便~宜缏
p'iã^{55}	谝
p'iã^{21}	片骗
·p'iã	腆腼~
miã^{42}	棉绵眠

miã^{55} 免勉娩靦
miã^{21} 面
tiã^{213} 颠巅掂
tiã^{55} 点典碘
tiã^{21} 店电殿佃垫
tʻiã^{213} 天添
tʻiã^{42} 田甜填
tʻiã^{55} 舔
liã^{42} 连莲鲢廉镰帘联怜
liã^{55} 脸敛
liã^{21} 殓潋练炼链楝恋
tɕiã^{213} 尖煎笺歼又监间时～兼艰奸肩坚犍
tɕiã^{55} 减碱检俭简柬拣剪茧
tɕiã^{21} 渐剑间中间涧箭贱溅践件建健腱键毽荐见舰鉴谏
tɕʻiã^{213} 千迁歼签谦牵铅虔遣潜钦
tɕʻiã^{42} 钳钱前乾～坤
tɕʻiã^{55} 浅遣
tɕʻiã^{21} 欠芡纤歉
ȵiã^{213} 蔫
ȵiã^{42} 年拈鲇粘
ȵiã^{55} 辇撵捻碾动词蹍
ȵiã^{21} 念碾名词
ɕiã^{213} 先鲜仙掀锨
ɕiã^{42} 咸衔嫌闲贤弦纤～维

ɕiã^{55}　险显
ɕiã^{21}　陷馅限线宪献县现苋羡
·ɕiã　箱风～
iã^{213}　淹腌阉烟焉蔫
iã^{42}　岩盐檐阎严颜延言研炎沿缘～故芫～荽
iã^{55}　眼掩演衍兖
iã^{21}　厌验雁晏砚燕咽宴谚堰酽艳

uã

tuã^{213}　端
tuã^{55}　短
tuã^{21}　断段缎锻
t‘uã^{213}　湍
t‘uã^{42}　团
nuã^{55}　暖
luã^{42}　鸾□～地瓜：复收白薯
luã^{55}　软卵
luã^{21}　乱
tsuã^{213}　钻～进去躜
tsuã^{55}　纂
tsuã^{21}　钻电～攥
ts‘uã^{213}　氽蹿
ts‘uã^{21}　窜篡
suã^{213}　酸
suã^{21}　算蒜

tʂuã²¹³ 专砖
tʂuã⁵⁵ 转～变
tʂuã²¹ 转～动篆传小～赚撰
tʂʻuã²¹³ 川钏穿串
tʂʻuã⁴² 传～达船椽
tʂʻuã⁵⁵ 喘
tʂʻuã²¹ 串长～
ʂuã²¹³ 闩拴栓
ʂuã²¹ 涮
kuã²¹³ 官关鳏观参～冠衣～
kuã⁵⁵ 管馆
kuã²¹ 贯惯罐灌观寺～冠～军
kʻuã²¹³ 宽
kʻuã⁵⁵ 款
xuã²¹³ 欢獾
xuã⁴² 还环桓
xuã⁵⁵ 缓
xuã²¹ 唤焕换幻患宦

yã

tɕyã²¹³ 捐娟涓
tɕyã⁵⁵ 卷～尺
tɕyã²¹ 卷～子倦眷券圈猪～绢鄄
tɕʻyã²¹³ 圈圆～
tɕʻyã⁴² 泉全痊拳蜷颧

tɕʻyã^{55}	权犬
tɕʻyã^{21}	劝券旧
ɕyã^{213}	宣喧轩
ɕyã^{42}	旋玄悬
ɕyã^{55}	选癣
ɕyã^{21}	楦旋～子，～做～吃
yã^{213}	冤鸳渊
yã^{42}	元园员圆原源袁辕猿缘援垣
yã^{55}	远阮
yã^{21}	院愿怨

ẽ

pẽ^{213}	奔锛
pẽ^{42}	甭
pẽ^{55}	本
pẽ^{21}	笨奔投～
pʻẽ^{213}	喷～水
pʻẽ^{42}	盆
pʻẽ^{21}	喷～香
mẽ^{213}	闷焖
mẽ^{42}	门
mẽ^{21}	闷愁～
fẽ^{213}	分芬吩纷
fẽ^{42}	坟
fẽ^{55}	粉焚

fẽ^{21}	粪奋忿份愤
·fẽ	喷打嚏~
vẽ^{213}	温瘟
vẽ^{42}	文纹蚊闻
vẽ^{55}	稳吻刎
vẽ^{21}	问璺
tsẽ^{55}	怎又
tsʻẽ^{213}	参~差，新
tʂẽ^{213}	针斟真珍胗砧甄榛~子
tʂẽ^{55}	珍又诊疹
tʂẽ^{21}	枕~头镇振震阵朕
tʂʻẽ^{213}	抻伸深琛参~差，老
tʂʻẽ^{42}	沉陈尘晨辰岑忱臣
tʂʻẽ^{21}	趁衬称相~沉~底
ʂẽ^{213}	森深新身申伸新参人~莘生~火
ʂẽ^{42}	神什又
ʂẽ^{55}	婶审沈
ʂẽ^{21}	渗瘆甚葚肾慎
·ʂẽ	舍邻~家
ʐẽ^{42}	人仁壬
ʐẽ^{55}	忍
ʐẽ^{21}	任刃纫韧认
kẽ^{213}	跟根
kẽ^{42}	哏
kẽ^{55}	艮~萝卜

kẽ^{21}	艮亘
k'ẽ^{55}	肯啃垦恳
k'ẽ^{21}	裉
ŋẽ^{213}	恩
ŋẽ^{21}	摁
xẽ^{42}	痕含～着
xẽ^{55}	很狠
xẽ^{21}	恨

iẽ

piẽ^{213}	宾滨彬斌
piẽ^{21}	殡鬓
p'iẽ^{213}	拼姘
p'iẽ^{42}	贫频
p'iẽ^{55}	品
p'iẽ^{21}	聘姘又牝
miẽ^{42}	民
miẽ^{55}	敏泯抿悯闽
liẽ^{42}	林淋临邻鳞磷
liẽ^{55}	廪凛檩
liẽ^{21}	吝赁
tɕiẽ^{213}	今金巾红领～斤筋津又禁～不住襟浸
tɕiẽ^{55}	紧仅谨锦巾毛～
tɕiẽ^{21}	尽禁～止进近劲晋妗
tɕ'iẽ^{213}	亲侵浸又钦

tɕʻiẽ⁴² 琴禽擒秦芹勤

tɕʻiẽ⁵⁵ 寝

tɕʻiẽ²¹ 吣

·tɕiẽ 晨早～

ɕiẽ²¹³ 心辛新薪欣

ɕiẽ⁴² 寻～思

ɕiẽ²¹ 信衅新芯提～儿

iẽ²¹³ 音阴因姻殷吟呻～

iẽ⁴² 银寅淫

iẽ⁵⁵ 饮隐瘾引尹吟～诗

iẽ²¹ 印饮～牛窨

uẽ

tuẽ²¹³ 敦墩蹲吨

tuẽ⁵⁵ 趸盹

tuẽ²¹ 顿钝炖囤粮食～盾遁

·tuẽ 饨馄～

tʻuẽ²¹³ 吞

tʻuẽ⁴² 屯囤～积豚臀

tʻuẽ⁵⁵ □挺起肚子

tʻuẽ²¹ 褪

luẽ⁴² 岺伦轮沦抡论～语淋

luẽ²¹ 论～文嫩

·luẽ 囵囫～

tsuẽ²¹³ 尊遵

tsʻuẽ^{213}	村
tsʻuẽ^{42}	存
tsʻuẽ^{21}	寸
suẽ^{213}	孙
tʂuẽ^{213}	谆
tʂuẽ^{55}	准
tʂʻuẽ^{213}	春椿
tʂʻuẽ^{42}	唇纯蠢
·tʂʻuẽ	顺孝～
ʂuẽ^{42}	□害羞
ʂuẽ^{21}	顺舜瞬
kuẽ^{213}	闺～女
kuẽ^{55}	滚
kuẽ^{21}	棍
kʻuẽ^{213}	昆崑坤
kʻuẽ^{55}	捆
kʻuẽ^{21}	困睏
xuẽ^{213}	昏婚荤
xuẽ^{42}	浑魂馄～饨茴～香划～儿划的
xuẽ^{21}	混

yẽ

tɕyẽ^{213}	津均钧君军
tɕyẽ^{55}	菌窘
tɕyẽ^{21}	俊骏浚郡

tɕʻyẽ²¹³ 皴清看不～
tɕʻyẽ⁴² 群裙
tɕʻyẽ⁵⁵ 捆
ɕyẽ²¹³ 薰熏醺
ɕyẽ⁴² 寻旬询循巡
ɕyẽ⁵⁵ 损笋榫旬上～
ɕyẽ²¹ 迅讯逊训勋
yẽ²¹³ 晕
yẽ⁴² 云芸匀
yẽ⁵⁵ 允
yẽ²¹ 闰润运孕郓熨韵

aŋ

paŋ²¹³ 邦梆帮
paŋ⁵⁵ 榜膀绑
paŋ²¹ 棒蚌磅谤
pʻaŋ²¹³ 滂乒
pʻaŋ⁴² 旁螃庞
pʻaŋ⁵⁵ 耪
pʻaŋ²¹ 胖判～官
maŋ²¹³ 牤
maŋ⁴² 忙芒茫盲新
maŋ⁵⁵ 莽蟒氓盲
faŋ²¹³ 方芳坊妨～人
faŋ⁴² 房肪

$faŋ^{55}$	妨纺仿彷访防
$faŋ^{21}$	放
·faŋ	缝裁～
$vaŋ^{213}$	汪
$vaŋ^{42}$	王亡芒麦～
$vaŋ^{55}$	网往枉
$vaŋ^{21}$	忘妄旺往～后望
$taŋ^{213}$	当应当噹裆
$taŋ^{55}$	党挡
$taŋ^{21}$	荡宕当上～档挡
$t‘aŋ^{213}$	汤蹚
$t‘aŋ^{42}$	堂棠唐塘糖搪
$t‘aŋ^{55}$	淌躺
$t‘aŋ^{21}$	烫趟
$naŋ^{213}$	齉
$naŋ^{42}$	囊
$naŋ^{55}$	攮暖～和
$naŋ^{21}$	𨭆人多，拥挤
$laŋ^{42}$	狼郎廊螂锒
$laŋ^{21}$	浪朗
$tsaŋ^{213}$	脏赃臧
$tsaŋ^{21}$	葬脏五～藏～族
$ts‘aŋ^{213}$	仓苍
$ts‘aŋ^{42}$	藏隐～
$ts‘aŋ^{21}$	□～了一身土

saŋ213	桑丧婚～
saŋ55	嗓搡
saŋ21	丧～失
tʂaŋ213	张章樟
tʂaŋ42	□加进一点
tʂaŋ55	掌长生～涨水～
tʂaŋ21	丈仗杖帐账胀涨障
tʂʻaŋ213	昌倡提～娼
tʂaŋ42	长～短肠场～院朝～阳花常尝偿
tʂaŋ55	厂场敞氅
tʂaŋ21	唱倡～议怅畅
·tʂaŋ	尚和～
ʂaŋ213	商伤
ʂaŋ55	晌赏
ʂaŋ21	上尚
ʐaŋ213	嚷～～
ʐaŋ42	瓤穰
ʐaŋ55	嚷壤攘酿
ʐaŋ21	让
kaŋ213	冈岗～子钢刚纲肛缸缰
kaŋ42	□很，非常
kaŋ55	港岗站～䏶～子
kaŋ21	杠钢～一～
kʻaŋ213	康糠慷
kʻaŋ21	抗炕扛

ŋaŋ^{213}	肮
ŋaŋ^{42}	昂
ŋaŋ^{55}	□烧
xaŋ^{213}	夯
xaŋ^{42}	航杭行银～绗
xaŋ^{21}	巷～道

iaŋ

liaŋ^{42}	良粮凉梁粱量动词
liaŋ^{55}	两
liaŋ^{21}	亮谅晾凉动词量度～辆
·liaŋ	梁脊～，又
tɕiaŋ^{213}	将浆桨豇江姜僵疆
tɕiaŋ^{42}	□～～着，小孩骑在大人脖子上
tɕiaŋ^{55}	蒋奖讲耩
tɕiaŋ^{21}	将大～酱匠糨犟执拗降～落虹
tɕ‘iaŋ^{213}	枪呛腔羌
tɕ‘iaŋ^{42}	墙强
tɕ‘iaŋ^{55}	抢
tɕ‘iaŋ^{21}	戗炝
ȵiaŋ^{42}	娘
·ȵiaŋ	梁脊～
ɕiaŋ^{213}	相～互箱厢湘襄镶香乡
ɕiaŋ^{42}	详祥翔降投～
ɕiaŋ^{55}	想享响饷

ɕiaŋ²¹	相长～象像橡向项巷
iaŋ²¹³	央秧殃
iaŋ⁴²	羊洋扬杨阳仰～头
iaŋ⁵⁵	养痒仰～着
iaŋ²¹	样恙
·iaŋ	鸯

uaŋ

tuaŋ²¹	□物品撞击声
tʂuaŋ²¹³	庄桩装
tʂuaŋ²¹	状壮撞
tʂʻuaŋ²¹³	窗疮创～伤
tʂʻuaŋ⁴²	床
tʂʻuaŋ⁵⁵	闯
tʂʻuaŋ²¹	创～造撞又
ʂuaŋ²¹³	双霜孀
ʂuaŋ⁵⁵	爽
ʂuaŋ²¹	双～巴
kuaŋ²¹³	光胱
kuaŋ⁴²	咣敲锣声
kuaŋ⁵⁵	广
kuaŋ²¹	逛
kʻuaŋ²¹³	匡筐诓框～～
kʻuaŋ⁴²	狂
kʻuaŋ²¹	矿旷况框～子眶

xuaŋ^{213}	荒慌
xuaŋ^{42}	黄簧皇蝗煌
xuaŋ^{55}	谎恍晃~眼幌
xuaŋ^{21}	晃摇~
·xuaŋ	蟥蚂~

əŋ

pəŋ^{213}	崩绷嘣
pəŋ^{42}	甭
pəŋ^{21}	蹦泵迸
p'əŋ^{213}	烹怦嘭澎
p'əŋ^{42}	朋棚鹏彭膨篷蓬
p'əŋ^{55}	捧
p'əŋ^{21}	碰
məŋ^{213}	蒙瞎猜
məŋ^{42}	盟萌蒙~上朦檬濛
məŋ^{55}	蒙~古猛虻牛~蠓~虫子
məŋ^{21}	梦孟
fəŋ^{213}	风讽疯丰封蜂烽
fəŋ^{42}	冯逢缝~补峰锋
fəŋ^{21}	凤奉俸缝一条~
vəŋ^{213}	翁
vəŋ^{21}	瓮
təŋ^{213}	登灯噔咯~儿:重物落地声
təŋ^{55}	等

təŋ^{21}	邓瞪凳
t‘əŋ^{213}	熥腾热气～～
t‘əŋ^{42}	疼腾藤誊
nəŋ^{42}	能
nəŋ^{21}	弄那～么，又
ləŋ^{213}	棱～好
ləŋ^{55}	冷
ləŋ^{21}	愣棱睖立～
tsəŋ^{213}	曾增
tsəŋ^{55}	怎～么，又
tsəŋ^{21}	憎赠锃～亮
ts‘əŋ^{42}	曾～经层
ts‘əŋ^{21}	蹭
səŋ^{213}	僧
tʂəŋ^{213}	贞侦争睁筝挣狰蒸正～月征
tʂəŋ^{55}	整拯正刚
tʂəŋ^{21}	正政证症郑这～么，又铮～亮真～个的
tʂ‘əŋ^{213}	撑称～呼逞～能
tʂ‘əŋ^{42}	乘丞承澄橙呈逞～能，又程成诚城盛～满惩
tʂ‘əŋ^{55}	骋
tʂ‘əŋ^{21}	秤
ʂəŋ^{213}	升生甥牲笙声
ʂəŋ^{42}	绳什～么
ʂəŋ^{55}	省

ʂəŋ^{21}	胜圣剩盛兴～
ʐəŋ^{213}	扔
ʐəŋ^{55}	仍
kəŋ^{213}	庚更～改，打～耕
kəŋ^{55}	耿颈羹梗粳
kəŋ^{21}	更～加
k‘əŋ^{213}	坑吭
k‘əŋ^{55}	倾
xəŋ^{213}	亨哼
xəŋ^{42}	恒衡
xəŋ^{21}	横蛮～

iŋ

piŋ^{213}	冰兵丙
piŋ^{55}	饼禀秉
piŋ^{21}	病并摒
p‘iŋ^{213}	乒
p‘iŋ^{42}	平苹评坪萍屏瓶凭
miŋ^{42}	明盟又鸣名铭冥溟
miŋ^{21}	命
tiŋ^{213}	丁钉铁～
tiŋ^{55}	顶鼎
tiŋ^{21}	定锭腚订钉～住
t‘iŋ^{213}	听厅汀
t‘iŋ^{42}	亭停廷庭

tʻiŋ^{55}	艇挺梃
·tʻiŋ	蜓蜻~
liŋ^{42}	灵菱凌陵零伶铃龄玲羚翎
liŋ^{55}	领岭
liŋ^{21}	另令
tɕiŋ^{213}	警~察精睛晶京鲸惊荆经更耕
tɕiŋ^{55}	井景境警民~
tɕiŋ^{21}	竟镜竞敬径茎颈静净
·tɕiŋ	菁蔓~
tɕʻiŋ^{213}	青清蜻轻卿
tɕʻiŋ^{42}	情晴赡擎
tɕʻiŋ^{55}	请顷一~地
tɕʻiŋ^{21}	庆磬亲~家
ȵiŋ^{42}	宁拧狞凝
ȵiŋ^{55}	拧又
ȵiŋ^{21}	宁姓拧脾气~
ɕiŋ^{213}	星腥猩兴~旺
ɕiŋ^{42}	行刑形型
ɕiŋ^{55}	醒省反~
ɕiŋ^{21}	性姓杏幸兴高~
iŋ^{213}	莺英鹰应~当婴缨樱鹦
iŋ^{42}	迎蝇营萤茔盈赢颖凝又
iŋ^{55}	影
iŋ^{21}	硬应答~

uŋ

$tuŋ^{213}$	东冬冻~~
$tuŋ^{42}$	咚象声词
$tuŋ^{55}$	董懂
$tuŋ^{21}$	动洞侗冻栋
$t‘uŋ^{213}$	通
$t‘uŋ^{42}$	同铜桐童瞳
$t‘uŋ^{55}$	统桶筒
$t‘uŋ^{21}$	痛
$nuŋ^{42}$	农浓脓
$nuŋ^{21}$	弄又
$luŋ^{42}$	龙笼聋隆荣戎绒茸容蓉溶熔融庸
$luŋ^{55}$	拢垄陇蛹蚕~
$luŋ^{21}$	弄又
$tsuŋ^{213}$	宗棕综踪鬃
$tsuŋ^{55}$	总
$tsuŋ^{21}$	纵新
$ts‘uŋ^{213}$	聪囱匆葱丛
$ts‘uŋ^{42}$	从新
$suŋ^{213}$	嵩新松~紧，~树
$suŋ^{55}$	怂
$suŋ^{21}$	宋送诵新颂新讼新诉告~
$tʂuŋ^{213}$	中忠盅衷钟终
$tʂuŋ^{55}$	肿种~类冢

tʂuŋ²¹ 中打～仲众重～量种～地
tʂʻuŋ²¹³ 充冲舂
tʂʻuŋ⁴² 虫崇重～复
tʂʻuŋ⁵⁵ 宠
tʂʻuŋ²¹ 冲说话～
kuŋ²¹³ 公工功攻弓躬恭供～给宫
kuŋ⁵⁵ 巩汞拱
kuŋ²¹ 共供～着贡
kʻuŋ²¹³ 空天～
kʻuŋ⁵⁵ 孔恐
kʻuŋ²¹ 空有～控
xuŋ²¹³ 轰烘
xuŋ⁴² 宏弘洪鸿红虹訇阿～
xuŋ⁵⁵ 哄～骗
xuŋ²¹ 哄起～

yŋ

tɕyŋ⁵⁵ 窘迥
tɕyŋ²¹ 粽纵耸～肩
tɕʻyŋ²¹³ 顷倾琼
tɕʻyŋ⁴² 穷琼秦～从
ɕyŋ²¹³ 兄凶胸松～树,老淞嵩老雄～黄
ɕyŋ⁴² 雄熊
ɕyŋ²¹ 讼老诵老颂老
yŋ²¹³ 拥雍

$yŋ^{55}$	永泳咏甬勇涌踊
$yŋ^{21}$	用佣

主要参考文献

1. 钱曾怡《济南话的变调和轻声》,《山东大学学报》1963 年第 1 期。

2. 钱曾怡、高文达、张志静《山东方言的分区》,《方言》1985 年第 4 期。

3. 曹志耘《济南方言若干声母的分布和演变——济南方言定量研究之一》,《语言研究》1991 年第 2 期。

4. 高文达《济南方言志》,《山东史志丛刊》增刊,1992 年山东地方史志办公室出版。

5. 钱曾怡《济南方言词典》1997 年江苏教育出版社出版。

后 记

1993年7月，在青岛召开的全国汉语方言学会第七届年会上，侯精一老师插空就有关建立汉语方言音档的问题召开了一次小型座谈会，我因年会的事情未能抽身参加。会后侯老师单独向我布置任务，让我承担济南点的编写工作，并告诉我，建立汉语方言音档是丁梧梓(声树)先生生前的计划。既是先师遗愿，又有侯老师主持，我自然是义不容辞而且很高兴地接受了这个任务。

有声语言一发即逝。汉语方言研究的历史虽然已经很长，西汉后期扬雄的《方言》是世界上第一部方言专著，距今已有两千多年，我国文献也保存了大量的方言资料，但是我们无法读出扬雄《方言》所记录的全部词汇，也不能从其他书面材料了解古代汉语方言的具体说法。现代方言学的建立，随着研究内容的深入和扩大，方言研究从方法上也有了多次变革，呈现一派百花齐放的繁荣局面。在方言研究方面，例如瑞典学者高本汉将现代汉语方言的材料用于拟测古音，是汉语方言研究和音韵学研究相结合的一大创举，然而这也无法得到完全的验证。建立方言音档正是利用现代化的手段为方言研究开辟的又一条崭新的途径，将为人们提供亲耳可闻的语料，有益于今人，泽惠于后人。

本书文字部分正文的编写体例以先出版的《广州话音档》为样本，内容的基础是《济南方言词典》。音系和词汇语法的材料基本上是现成的，只是对个别地方的描写有了一些调整，例如去声在轻声前的变调《济南方言词典》记为44而本书记为544，更接近方言事实。

两个"附论"花去了许多精力和时间，特别是"附论一"，其中论述了山东方言的由来和历史地位，这是以前还没有任何人谈到的一个问题，现在根据阅读各种文献资料所得出的一些看法，例如"山东方言是山东土著居民从远古以来自身发展的结果，当然这也有与外地方言交融和局部移民的影响"，"山东方言因齐鲁文化的独特地位，对汉语书面语的发展具有既是丰富充实又有统一规范的作用"等等，都有待于作进一步的论证。文中对山东方言的语音特点和差异作了较全面的说明。"附论二"记述济南方言语音词汇语法的特点，因为语音方面的研究过去已经做了一些，这次有意加强语法方面的内容。

济南方言属于汉民族共同语的基础方言，素来被认为和普通话很接近，没有太大的调查研究价值。但是通过对这一方言的调查，我们看到了济南方言的许多特点，像两套不同的儿化音变、丰富的语缀、多种多样的形容词生动形式，以及各种特殊的句式等，都使我们对济南方言作了重新认识，同时也进一步体会到任何方言都是有特点的，只要我们能够深入的去发掘。官话方言区的方言在汉语方言中发展较快，以往没有受到足够的重视，加强官话方言的调查研究,是官话区方言工作者刻不容缓的责任。

我和发音合作人朱广祁同志就济南方言的研究合作多年,我对济南方言的了解和认识仰仗于他的很多。这次工作仍然由我执笔全部书稿,广祁同志负责审读,着重于济南方言的正文部分并补充、修改同音字表。

本书的出版,首先要感谢侯精一老师和上海教育出版社,感谢他们高瞻远瞩为音档立项;还要感谢唐发铙和冯战两位编辑,他们为本书的稿子、录音等花费了不少心血;再要感谢研究生高晓虹帮助抄写了同音字表并提出许多改正意见、赵日新和吴永焕每人看过一遍清样。

在本书的编写过程中,脑子中不时浮现梧梓师亲切的笑容,督促我务求学术上有所创新,工作上一定要认真仔细。但是我做得很不够,只有今后继续努力。本书的缺点错误在所难免,希望得到同行师友及其他各方面人士的批评指正。

钱曾怡

1998年3月写于山东大学